知非文集

——马振犊论文选

上 册

九州出版社
JIUZHOUPRESS | 全国百佳图书出版单位

图书在版编目（CIP）数据

知非文集：马振犊论文选 / 马振犊著.
—北京：九州出版社，2011.1
ISBN 978-7-5108-1184-5

Ⅰ. ①知… Ⅱ. ①马… Ⅲ. ①中国历史－研究
－民国－文集 Ⅳ. ①K258.07

中国版本图书馆CIP数据核字(2011)第202113号

知非文集——马振犊论文选

作　　者　马振犊　著
出版发行　九州出版社
出 版 人　徐尚定
地　　址　北京市西城区阜外大街甲35号（100037）
发行电话　（010）68992190/2/3/5/6
网　　址　www.jiuzhoupress.com
电子信箱　jiuzhou@jiuzhoupress.com
印　　刷　涿州市星河印刷有限公司
开　　本　720毫米×1020毫米　16开
印　　张　45.75
字　　数　560千字
版　　次　2011年1月第1版
印　　次　2011年1月第1次印刷
书　　号　ISBN 978-7-5108-1184-5
定　　价　168.00元

2010年，北京藏研中心展览馆留影

自　序

人生百年，余今五十矣。

积三十年来生活的体验，深感人生之意义即在于不断努力前行。历史长河之中，百年人生诚如白驹过隙，时光稍纵即逝，故余不必临川亦感叹曰：逝者如斯夫！

子曰："三十而立，四十而不惑，五十而知天命"，此言道出人生之真谛。五十岁，恰是个尴尬的年龄，站在人生之途的中间点，瞻前顾后，进退失据，不免心生无限感慨：一为去日苦多，成功有限；二为来日虽长，却不免是人生的光亮已过正午，即将步入夕阳西下之途，虽曰"老骥伏枥"，然又有几人能够"志在千里"？故此，五十岁乃人生高速路上的驿站，理应于此梳理过去，盘算未来，以使自己今后宝贵的十年工作时间，不再碌而无为，不再拘于苟且，而是要活出真我，活出价值，这样，才能在耳顺之时，心怀满意地退出岗位，开始新的生活。为此，一年之前，萌生出编辑一本论文集的设想，以为前三十年的学术努力做一阶段性的保留，不是为了显示，更非以为总结，而只是一次中途的回顾。

《淮南子·原道训》有云："伯玉年五十，而有四十九年非。"故称五十为"知非之年"，此说于偏激之中或有一定道理，取其"应知"之意，定名为《知非文集》，引为留念。

上册目录

三、德意篇

四、特务篇

下册目 录

五、暴行篇

六、其他篇

习作篇 | 一

南京国民政府成立后胡汉民曾出任主席质疑

发表于《民国档案》1985年第2期，

是为在陈鸣钟副主编指导下的一篇习作。

1927年4月18日南京国民政府成立后，胡汉民曾否出任主席，这是一个值得探讨的问题。我们认为，如果从1927年4月18日南京国民政府成立起至同年8月13日蒋介石下野这一时期南京国民政府稿纸判行页的形式以及其所收到的来文来电上的称谓加以判断，所谓胡汉民曾任主席之说，实难置信。谨为此文，以抒所见。

一

建国以前，一般的私人著作中，多谓胡汉民在南京国民政府成立后，曾出任过国民政府主席。陈公博《苦笑录》亦谓："南京国民政府成立，……胡展堂先生在上海被请出来当国府主席。"其所持之理由，当为下列诸端：

（一）当时各方文电中，多称胡汉民为南京国民政府主席或主席委员。

（二）1929年国民党中央执行委员会党史史料编纂委员会编纂的《民国十八年中国国民党年鉴》确称胡汉民曾被推选为国民政府主席。《年鉴》所刊国民党第三次全国代表大会推选的中央执监委员照片页均附本人简历。其中胡汉民之简历称："国民革命军克服东南，与中央委员蒋介石、吴稚晖诸同志定计清党，定都南京，被推为中央宣传部长、政治会议主席及国民政府主席、军事委员会常务委员"。

（三）某些政制史著作认为南京国民政府成立，仍沿用1925年7月1日所公布的《中华民国国民政府组织法》（简称《粤法》）。钱瑞升《民国政制史》谓：南京国民政府成立，“大体上仍沿用十四年公布之国民政府组织法”。至1927年9月国民党中央特别委员会成立，又另推国民政府委员，“根据十六年三月国民政府组织法（简称《汉法》——引者）组织国民政府”。陈之迈《中国政府》谓：“至于十六年四月在南京的国民政府，则未修改组织法，理论上仍用十四年七月一日之法。”按《粤法》，国民政府采合议制，置主席一人，又于委员中推定常务委员五人。国民政府主席为五常务委员之一，亦即国民政府委员会议主席。按《汉法》，国民政府采合议制，仅推定常务委员五人，不置主席。南京国民政府成立，既“大体上”或“理论上”仍沿用《粤法》，自应推定主席，因此胡汉民出任国民政府主席也就有了“法”的依据。

（四）胡汉民在其自述中强调说他自己在南京国民政府成立后，确曾出任过国民政府主席。据胡汉民《革命过程中的几件史实》载：1931年2月28日，胡对蒋介石云：“民国十六年，同你进南京，哪一个主席不是我做了？中央党部、政治会议、国民政府的主席是我，甚至军事委员会的主席也是我。但我可以使人不称我为主席，而仍称我为胡先生，他人能做得到吗？”

但是，如果我们以此和其他资料相对照，就会发现若干可疑之点。在同一本《民国十八年中国国民党年鉴》中，所刊的1929年3月19日谭延闿在国民党第三次全国代表大会上所作的《政治报告》中，提到了广州国民政府主席为汪兆铭、又提到了1928年2月1日国民党二届四中全会推定谭延闿为国民政府主席，而独不提南京国民政府在成立后曾推胡汉民为国府主席。特别是1936年6月17日南京国民政府在胡汉民逝世后予胡饰终之典的《国葬令》中，称胡职衔为“国民政府委员、前常务委员、立法院院长”，亦即谓胡在当时的政府中职务为国民政府委员，以前的职务为国民政府常务委员及立法院院长。

建国以后，在台湾译印、出版的专著中，有的仍沿用所谓胡汉民出任南京国民政府主席旧说。特别是《“蒋总统”秘录》一书，甚且说明将胡推为主席系于1927年4月17日南京国民党中央政治会议所决定。原文云：“于

4月17日正式举行中央政治会议，议决：‘国民政府于本月十八日开始在南京办公。’国民政府主席、中央政治会议主席推举胡汉民担任。……在政治会议中又决定了国民政府秘书长钮永键、总政治部主任吴敬恒等各部的负责人。”也有人对胡出任主席一说提出不同的看法。张其昀《党史概要》云：“南京国民政府成立，胡汉民以常务委员代理国民政府主席。”陈天锡《戴季陶先生编年附记》云：当时“张人杰（静江）为主席。”陈锡璋《广州枢府史话》采张其昀之说。蒋永敬在其1981年出版的《民国胡展堂先生汉民年谱》中云：“国民政府奠都南京后，展堂先生代理国民政府主席。”其注释有云：“按原国民政府主席汪兆铭及原代理主席谭延闿均在武汉。应以代理为是。”

究竟胡汉民当时曾否出任国民政府主席或以常务委员代理国民政府主席，实有进一步探讨的必要。

二

为了进一步探讨南京国民政府成立后胡汉民是否出任主席或代理主席这一问题，我们曾经对这一时期的南京国民政府档案作了一些研究分析。

这一时期南京国民政府档案对这一问题所提供的情况有两个方面：一是南京国民政府稿纸判行页的形式，一是政府所接来文来电的称谓。

关于这一时期南京国民政府稿纸判行页的形式：据我们所接触到的档案，南京国民政府稿纸判行页并无“委员会议主席”栏，而只有“国民政府常务委员”栏，常务委员均在此栏下签署（如图1）。这与广州国民政府稿纸判行页的形式，迥然异趣。广州国民政府稿纸判行页，首为“委员会议主席栏”，次为“常务委员”栏，而“委员会议主席”栏较“常务委员”栏为高（如图2）。委员会议主席、常务委员分别在相应栏下签署。

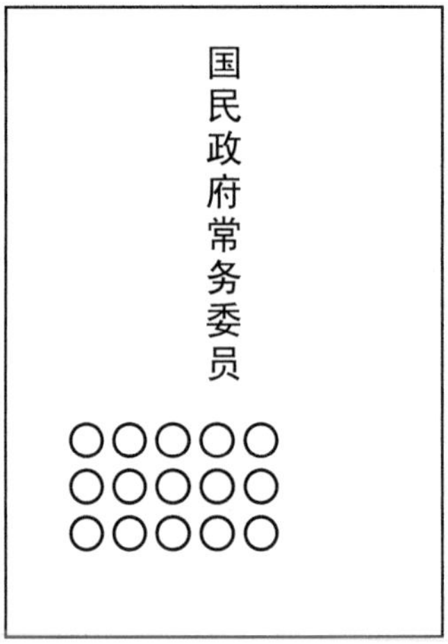

图1

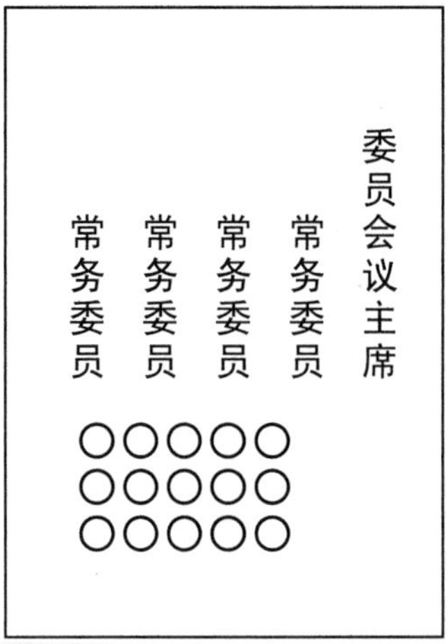

图2

1927年9月以后，南京国民政府虽经改组，但其稿纸判行页的形式，一如改组以前。

关于各地来文来电的称谓：据我们所接触到的这一时期南京国民政府所收来文来电，1927年5月中旬以前无称胡为“主席”或“主席委员”者，称胡为“主席”或主席委员的来文来电，始于5月中旬，现选列如下：

1927年4月20日福州驻军来电称“汪主席”。

1927年4月23日、24日厦门两份来电分称“胡委员展堂”、“国民政府胡委员”。

1927年4月28日江苏省句容县党部来电并称“汪主席”、“蒋总司令”。

1927年5月1日江苏省吴江县来电并称“汪主席”、“张主席”。

1927年5月17日福建省同安县来电称“胡主席”。

1927年5月17日福建省云霄县来电并称“汪、谭、胡各主席”、“蒋总司令”。

1927年7月1日杭州张人杰、蔡元培来电并称“胡主席”、“蒋总司令”。

1927年7月4日上海陈群来电称“胡主席”。

1927年7月6日洛阳冯玉祥来电称“胡主席”。

1927年7月9日上海林虎、陈群来电并称“蒋总司令”、“胡主席委员”。

1927年7月16日上海各界讨汪大会来电并称“胡主席”、“蒋总司令”。

1927年7月19日上海民众反日经济大同盟委员会来电称“胡主席”。

1927年7月24日冯玉祥分别致电宁汉双方，称胡为同志，称汪、谭为主席。

1927年7月26日云南省来电称“胡主席”。

1927年7月28日洛阳冯玉祥来电称“胡主席展堂”。

1927年8月3日、4日、7日云南来电称“胡主席”。

南京国民政府档案中所提供的情况，对我们进一步探讨胡汉民曾否出任国民政府主席或代理主席这一问题实有裨益。

三

根据这一时期南京国民政府档案对胡汉民是否出任或代理主席一职所提供的情况，我们认为所谓胡汉民出任主席之说，实难置信。

这一时期南京国民政府稿纸判行页无“主席委员”栏，及至1927年9月国民党中央特别委员会成立，依《汉法》改组南京政府后，政府稿纸判行页形式仍沿用未变。然而时隔不久几日，1927年10月8日主持国民政府工作的常务委员李烈钧、蔡元培曾联名提出一份《国民政府应推举一主席委员以利政务案》，连同《国民政府组织大纲》，一并由国民政府秘书处函请国民党中央特别委员会讨论，虽然我们没有看到国民党中央特委会对此案所作出的议决和是否推定了主席人选，但与此相应的是自此以后国民政府稿纸判行页的形式就有了改变，改用了广州国民政府稿纸判行页的形式，增加了“委员会议主席”一栏。只是未见有人在此栏下署名。一个机关公文用纸形式必然反映它本身的组织情况。机关组织形式有了变化，其公文判行形式必然会作出相应的变动。由此推知，《国民政府应推举一主席委员以利政务案》可能经过国民党中央特别委员会的议决而又一时未能确定主席委员人选。其后国民党中央特别委员会已不能再起什么作用，蒋介石的回国与准备再起，使国民党中央特别委员会始终没能推定国民政府主席。

从这一时期国民政府稿纸判行页无“委员会议主席”一栏，我们认为南京国民政府成立后，与其说是沿用《粤法》，毋宁说沿用《汉法》。

台湾出版的由国民党中央委员会党史史料编纂委员会编纂的《革命文献》丛书，在其附录的历年国民政府委员名单中，广州时期国民政府置主席，即“委员会议主席”，因而名单中有“委员会议主席”项。1927年3月国民党二届三中全会后，在武汉的国民政府不置主席，因而国民政府委员名单中无“委员会议主席”项，只有“常务委员”项。1927年4月18日在南京成立的国民政府的委员名单，和同年9月经国民党中央特别委员会改组的南京国民政府委员名单均无“委员会议主席”项。1928年2月国民党二届四中全会所通过的《国民政府委员人选案》中载明国民政府主席为谭延闿。两相对比，更进一步说明这一时期南京国民政府所沿用者为《汉法》。

如果确认南京国民政府成立后沿用《汉法》，那么胡汉民的出任主席就无“法”可依了。所谓以国民政府常务委员身份代理国民政府主席，亦无可自圆其说。

南京国民政府在1927年4月18日成立后至5月中旬间所接来文来电中无称胡为“主席”或“委员会议主席”，我们认为这是可以理解的。台湾出版的《革命文献》所录的1927年4月17日南京中央政治会议第73、74两次会议记录，只言国民政府于4月18日开始在南京办公，而无推定胡为主席的记载，说明了南京这两次中央政治会议，并没有推定胡为国民政府主席，此其一。4月18日在南京举行的“庆祝建都南京与恢复国民党党权大会”上，蔡元培代表南京国民党中央授“国民政府”大印，而胡汉民代表国民政府受印，当时及事后的国民党官书都如此记载，而不言国民政府主席胡汉民受印。在南京国民政府成立前三天（4月15日），南京国民党中央监察委员会致函迁汉前国民政府常务委员汪精卫、谭延闿、宋子文、张人杰、胡汉民、伍朝枢、古应芬等七人，请“依照政府定在南京之政策”，未赴宁者请即“遄赴”，“行使职权”。胡汉民以前广州国民政府常务委员身份来宁行使职权，与张人杰、伍朝枢、古应芬等组成国民政府，并代表国民政府受印，这是顺理成章的事，也是胡汉民再次出山的依据。此其二。又：“庆祝建都南京与恢复国民党党权大会”还通过《请汪兆铭、谭延闿来京行使职权案》，如果此时期胡仅为来宁行使职权的国民政府常务委员，固与此案无抵触，如果此时期胡已被推为国民政府主席，那么何以对原未解职的国民政府主席汪精卫与代理主席谭延闿？上述蒋永敬在《民国胡展堂先生汉民年谱》中所作之按语，当即据此。此其三。

1927年5月1日江苏吴江县致电南京称：“汪主席”、“张主席”。这里所称的“张主席”，当系张人杰。据上引陈天锡《戴季陶先生编年附记》所云，当时“张人杰（静江）为主席”，是否此时南京方面又踢开汪精卫，恢复《粤法》，而另推主席，且拟以张人杰为国民政府主席呢？5月中旬以后，南京政府所收来文来电中有称胡为主席者，其中包括了张人杰、蔡元培、林虎、陈群以及冯玉祥等人的来电，能以此而证实胡汉民在5月中旬以后被推为国民政府主席吗？如果答复是肯定的，那么为什么南京国民政府的稿纸判行页形式不做相应的变动？而这一时期南京政府稿式所反映的情况又是和《革命文献》所附历年国民政府委员名单中这一时期不列“委员会议主席”项是一致的。再者，吴江县来电并称“汪主席”、“张主席”，张人杰从来没有承认过他曾任过此职。7月24日在冯玉祥致宁、汉双方电报中又为什么称汪、谭为主席而称胡汉民为“委员”呢？这里也许不排除这样一种可能，继张人杰以后，南京确曾拟以胡汉民为国民政府主席，但未经过任何形式加以确认。如果正式推选胡为主席，必须首先自此时起确定南京国民政府成立，其本身组织依《粤法》，或另制定一新的国民政府组织法。凡此种种皆必先通过中央常务会议议决。根据我们所接触到的资料，南京国民党中央并没有做出此类相应的决定。我们认为南京方面请胡来宁，主持国民党中央常务委员会、政治会议、国民政府及军事委员会全面工作，这是事实。胡汉民《革命过程中几件史实》所述“哪一个主席不是我做了”一言，也可以此而理解，但是胡的任何一个“主席”职务，均未通过任何法的形式加以确定。这也可说，胡汉民所谓“使人不称我为主席而仍称我为胡先生”亦在此。如果情况果真如是，那么当时亲南京的各方以及写冯玉祥在函电尊称胡为“主席”，大体上也出之于此。然而冯在同时电宁汉双方时，又尊重事实称胡为“同志”，这也许就是冯对胡两种不同称谓的来由。

综上所述，我们认为胡汉民在南京国民政府成立以后未曾出任国民政府主席，即以常务委员正式代理国民政府主席之说亦不可信。鉴于所接触到的资料尚不全面及水平所限，我们的看法是否正确，敬请海内外学者不吝赐教。

邵元冲与张默君

载《民国档案》，1986 年第 1 期。

邵元冲（1890–1936），字翼如，浙江绍兴人。早年曾参加同盟会。1911年东渡日本求学，始识孙中山。辛亥革命后回国，任上海《民国新闻》总编辑。同盟会改组为国民党后，任上海交通部评议员，编辑部主任。1913年3月，宋教仁被袁世凯派人刺杀于上海，凶手匿居租界，邵元冲据法理与租界当局力争，促成罪犯引渡。同年7月赴江西湖口参加讨袁之役，任长江各军总司令部秘书长，失败后复去日本。1914年加入中华革命党，任《民国》杂志编辑。后受任中华革命军绍兴司令官，奉命由日返国图浙江，以事泄败。1915年12月5日参与上海肇和舰反袁起义，1916年赴山东任中华革命军山东戒备司令，与居正举兵反袁，亦告失败。

1917年9月，广州军政府成立，孙中山任大元帅，邵元冲在大元帅府任机要秘书代行秘书长事。1919年赴美留学，先后肄业于威斯康星大学与哥伦比亚大学，并奉孙中山令视察海外党务。1923年11月参加赴俄考察团，在莫斯科与蒋介石相晤。复由俄去德游学。1924年国民党第一次全国代表大会在广州召开，选举邵元冲为候补中央执行委员，不久递补为中央执行委员。旅欧期间，邵元冲对马克思主义理论及各种社会主义学说有所涉猎。

1924年，邵元冲归国，入粤后，任代理国民党中央执行委员会常务委员兼政治委员会委员、大本营法制委员会委员、粤军总司令部秘书长、黄埔军校政治教官兼代理政治部主任等职。同年冬，随孙中山北上，为行营机要秘书、北京《民国日报》社社长、北京政治分会委员。孙中山逝世时，他为遗嘱证明人之一。

1925年，邵元冲一度南下任潮梅海陆丰行政长。11月又至北京参加“西山会议”，后去上海，主持所谓上海“国民党中央执行委员会”，和其他“西山会议”派分子共同反对孙中山“联俄、联共、扶助农工”三大政策，与广州国民党中央对立，受到广州国民党第二次全国代表大会的书面警告。

1926年3月，邵元冲在上海筹建“中山学院”。上海国民党“中央执行委员会”召开所谓“第二次全国代表大会”时，邵元冲被推选为“中央执行委员”。同年5月，蒋介石邀其赴粤，任国民党中央执行委员会青年部部长。次年南京国民政府成立，邵元冲出任浙江政治分会委员、浙江省党部改组委员会委员兼宣传部长，浙江省政府委员兼杭州市长。因将杭州市工程局公款十余万元存入沪行，遭杭人责难而辞去杭州市长职务。

1928年初，邵元冲任广州政治分会秘书长。4月返回上海，创办《建国》周刊，大力为蒋介石从事理论宣传工作。1929年《建国》周刊迁南京，改名《建国月刊》，邵元冲出任社长。1929年3月被选为国民党中央执行委员，政治会议委员，并任国民党党史史料编纂委员会常务委员。1930年任考试院考选委员会委员长，1931年任国民政府委员、立法院副院长、代理院长。同年冬被选为国民党第四届中央执行委员，兼政治会议委员、宣传委员会主任委员。1933年解除代理立法院长，仍任副院长。1935年春，辞宣传委员会主任委员职。后赴陕西祭黄帝陵。是年冬又被选为国民党第五届中央执行委员，兼国民党中央党史史料编纂委员会主任委员。

1936年10月，邵元冲入桂考察。12月应蒋介石电召入陕，适逢西安事变，被围于西京招待所，12日晨，因跳窗逃跑被西北军士兵开枪击伤，14日死于陕西省立医院。卒年46岁。

邵元冲擅书法，喜收藏碑帖古籍。著有《孙文主义总论》、《建国之路》、《美国劳工状况》、《中华革命党略史》、《读书目录》、《国家建设论》等及诗文若干集。

张默君（1884–1965），原名昭汉，出生于湖南湘乡。先后肄业于上海务本女子学校师范科及上海圣约翰女子书院文科。早年加入同盟会，武昌起义发生后，曾赴苏州参与说服苏抚程德全起义。后主办《江苏大汉报》，组织“神州女界协济社”。1918年赴美，留学于哥伦比亚大学。1920年归国，任南京江苏省立第一女子师范学校校长。1924年在上海与邵元冲结婚。1927年后，历任国民党上海政治分会委员、杭州市教育局局长、考试院考选委员会专门委员、立法院立法委员、国民党中央监察委员、中央评议委员等职。1965年因患胃癌死于台北。其一子名天宜，早逝，一女名英多。

抗战篇 | 二

“八一三”淞沪战役起因辨正

载《近代史研究》，1986年第6期。

“八一三”淞沪战役是抗战初期一次著名的反击日本侵略之役，历时三月余，中日双方投入了主要兵力，使中日战争的主战场从华北移向华中，其结果直接影响了抗战全局。长期以来，关于这一战役的起因与作用一直存在着两种不同的观点，简言之，即是关于战役的发动者是中方还是日方的争论。由于事关对于国民党政府在抗日初期对日方针政策的估价，弄清这一重要问题将有助于正确、全面地研究抗日战争的历史。

一

“八一三”淞沪战役的起点是1937年8月9日发生的上海“虹桥机场事件”。为了阐明“八一三”战役的起因，有必要回顾一下8月9日以前中日双方的军事态势及在上海地区的战备情况。

长江中下游地区为我国政治、经济重心所在，以经济中心上海与政治中心南京相连接的宁沪地区是中国当时的心腹要地。因此，上海便成为我国的东大门及保卫首都的屏障，在战略上具有重要的地位。由于这一原因以及地理上接近日本，上海一向被日本军阀视为侵略中国的入口要道，成为中日矛盾冲突的敏感地带。1932年“一·二八”战役时，日军就曾经攻击上海迫使国民党政府迁都洛阳，借以巩固其在东北的侵略利益，接着又逼迫国民党政府签订了妥协让步的《上海停战协定》，藉此日军得以在上海地区驻扎大批海军陆战队，修筑了大量战备设施。上海从此成为中日战争又一个潜在的爆发点。

1937年7月7日日本发动全面侵华战争后，日本政府与军方确立了吞并华北、彻底击败中国军队、逼降中国政府以实现灭华的最终目标。7月29日，日军参谋本部制定了《中央统帅部对华作战计划》，规定首先占领平津地区完成华北作战，同时准备一部分兵力，预备在“迫不得已”时对青岛及上海发动进攻。

对于中国的东南地区，日本帝国主义虽然垂涎已久，但是由于当时战事集中在华北，在开战之时，日方并无在上海作战的具体计划，只不过考虑到了在青岛与上海两地派兵保护日侨的可能。所以在《对华作战计划》中写明“在情况不得已”时才对青、沪作战，而所下达的“兵力编制及任务”，也只限于在平津及青岛附近的布置，尚未计划向上海派遣正规陆军。[1]7月9日，日军参谋本部在其《处理华北时局要领》的命令中明确规定：“即使抗日行动波及华中华南，陆军仍以不出兵为原则。”[2]日方之所以如此计划，不外乎出于以下的原因:第一，遵循集中全力吞并华北的战略方针。日军准备以“行使必要的实力来收拾事态”，通过逼降中国政府实现“全面地打开重建日华关系新局面”的目的。这说明他们此时尚无武力消灭国民党政府的具体部署。第二，对日苏发生军事冲突的严格防备。“参谋本部曾预想到在中国事变中对苏作战的问题”，“判断本年11月左右将面临对苏危机”。因此日军不便过久地拖延与扩大对华作战，而只希望以“必要的力量在10月底以前完成对华作战计划”。日方甚至规定“以上作战不能达到目的时，即使当时的形势有所变化，也要停止陆上兵力之积极作战……将必要的部队调到满洲及华北待机，整顿对俄作战的准备”。[3]出于这种考虑，中日战争开始后，日方在华中华南地区首先采取的措施便是撤退侨民之类。由于驻防区域及掩护侨民撤退，日本海军在我国沿海地区及长江中下游异常活跃起来，并以青岛及上海两地为据点，开始参与侵华战争。

根据“一·二八”后的“停战协定”，上海地区驻有日本海军陆战队三千余人，他们以红口陆战队本部为中心构筑了八十余处阵地，并进行了储存战备物资与集中海军舰只、陆战队兵力的工作。7月，华北战争爆发时，以长江方面为“警备区域”的日本海军第三舰队长谷川清司令官正在台湾指挥演习，闻讯后即赶赴上海。7月11日，他在上海召集了“特别警备会议”，根据日本海军省7月8日下达的紧急训令，讨论海军“保护日侨问题”。会议决定驻华海军分成三组特务舰队。上海方面由长谷川清亲自指挥。7月16日，长谷川向日本海军军令部提出报告，认为有必要在上海、南京一带发动战争，全力消灭中国海空军，同时派遣陆军五个师团攻占上海与南京，将中国政府置于死地，以尽快结束战事。“如果局限战域，则有利于敌方兵力之集中，深恐将使我方作战困难。为制中国于死命，须以控制上海、南京为最要着”。[4] 8月4日长谷川又一次请求东京增兵上海，但得到的答复是“要谨重行事”，“待继续观察形势再作考虑”。8月7日上午，日海相米内光政向陆相杉山元送交了准备提交内阁的《请紧急派遣陆军进驻青岛、上海案》，但内阁并没有讨论这一提议。[5]直至8月上旬末，日方的作战方针仍然是“陆军仅派至华北，为保护日侨可动用海军，勿须陆军出兵上海”。[6]直至“虹桥机场事件”前夕，我们尚未发现日本最高军政当局有在上海开战的计划及下达明确的作战命令。然而，日本海军由于急于加入对华战争，其领导机关与下属舰队不顾一切地开始了在华中、华南的备战。上海地区因地理与历史的原因，是其备战的重点区域。对于日本海军在上海的备战，日本政府与陆军方而并没有表示出积极态度，驻上海的日军只有少量海军陆战队而没有正规陆军，因此日方没有在上海大战的准备。直至8月中旬上海战事全面爆发后，日方才匆忙从各地抽调陆军增援上海。[7]

以上便是8月9日以前日方在上海地区的备战情况。由此，我们只能得出结论说，日方此时还没有具备对上海地区发动全面进攻的必要条件。

但是，中国方面的情形就不同了。自“一·二八”事变以后，国民党政府即意识到日军如再由上海人侵，将轻易威胁国都南京，故而对宁沪杭腹地的防御计划给予了相当重视。出于自身防卫的需要，自1931年起，国民党政府开始在这一地区构筑国防战备设施。经过数年的努力，花费了一百几十万元的资财，修成了三道国防作战线。第一是上海至杭州国防线，第二是吴江至福山国防工事（苏福线），第三是无锡至澄江（江阴）国防工事（锡澄线）。到1937年，全部工程已基本完成。毫无疑义，这些备战工作的目的是为了对付日寇的侵略。1935年秋，中国最高军事当局着手制订了完整的《国防作战计划》，其主要目的是阻止日寇扩大侵华战争。这份计划由军事委员会铨叙厅厅长林蔚主持制订，其总方针规定：“为保全国土的完整，维持民族生存起见，应拒止敌人于沿海岸及平津张以北之地区，作韧强之抗战。随战争之推移相机转移攻势，将敌人歼灭之”。它将察哈尔、河北、绥远、山西、山东、江苏、浙江、福建及广东九省划为抗战区，其中又进一步划为6个防卫区。规定“各防卫区如遇敌人袭击应尽力抵抗以保国土”，“在开战初期各区应按预定计划在统一指挥下尽力拒止敌人登陆或侵入内地”。计划还具体规定:在郑州、开封、徐州、海州和宁沪杭一带设置防御。郑汴徐海地区由刘峙负责，宁沪杭地区由唐生智负责，并在中央军事委员会内设一执行部主持其事。宁沪杭地区内又设三个分区。南京分区（南京至镇江）由南京警备司令谷正伦负责；沪杭分区（浙东沿海至黄浦江以东）由张发奎主持，在嘉兴设立苏浙边区司令部；“京沪”分区（自无锡、江阴至上海）由张治中指挥，并计划以湖南全省、安徽南部、江西北部驻军为京沪杭地区后援部队。《国防作战计划》规定：在江浙方面，“驻江南部队应集结于京沪线及首都附近，一面任淞沪方面之增援，并相机扑灭上海之敌势力，一面防止长江内敌舰之侵扰以维护首都，……海州、吴淞、乍浦、澉浦、镇江、海门、温州等地各配置海岸守备部队以防止敌之登陆”[8]。仅就这一计划具体内容来看，很显然，中国方面对于防御日军侵略是有比较全面的设想的。

中国方面在宁沪杭地区的备战工作并没有仅仅停留于纸面。1936年张治中向国民党最高当局建议，划分全国为若干防区，以宁沪为核心着手准备抗日工作。他的建议被采纳，根据对日作战实际需要，陆续分设了四大地区。宁沪杭一带为京沪警备区，由张治中任警备司令（“八一三”后改为第三战区，以冯玉祥、顾祝同为正副司令），其所属有张治中的第九集团军，驻苏州河以北沿黄浦江地区，张发奎的第八集团军驻苏州河南与浦东地区。张治中上任后，积极着手对日抗战准备工作。他在陆军军官学校内设立了一个

“高级教官室”，以军校教育处长徐权为首，专门主持制订“京沪分区”防御计划及实施，以后又扩充组织，为严格保密起见迁往苏州留园办公，改名为“军校野营办事处”，其内部分设政治、军事两个组，陆续对沪宁间各重要地区进行了具体调查，对防御作战的兵力部署、指挥系统、防线设置、兵员补充、后勤供应，甚至发动民众、舆论准备等多方面的问题进行了研究设计。根据综合分析，他们认为：日本发动侵华战争，上海必然是战场之一，我们不能重演“九一八”和“一·二八”被动挨打的教训，应在敌方发动战事以前，主动出击进攻，彻底摧毁日军在沪军事据点，然后封锁海岸，确保宁沪安全。他们的这一战略设想得到了最高当局的同意。除此以外，张治中还主持了一些实际备战工作，曾组织五个师的演习，模拟阻击日军登陆。1936年底又组织军事参谋人员到苏州、常熟、太仓、浏河、吴淞一带进行考察与布置，同时进行了一些组训民众工作，宁沪铁路沿线各火车站也奉命进行了军运准备。按照《一二八停战协定》，安亭—太仓—七丫口一线以东地区不许中方军队驻扎，因而上海只驻有我方一个保安总团（约二个步兵团）的兵力。为防备不测，张治中提议派一加强旅伪装成保安队进驻上海虹桥地区，并得以实现。京沪警备司令部又与上海市合作，在市区设置了防御工事，阻止日军由黄浦江登陆。“七七事变”后，张治中又提出立即封锁长江水道，围歼长江上游日舰，但这一计划被国民党行政院秘书黄浚密告日方，使日舰得以迅速逃脱，并将汉口日海军陆战队转运上海，加强了日军驻护兵力。[9]种种事实表明，国民党政府在宁沪杭地区进行了抵抗日本侵略的先期准备。对于国民党军政当局的这些工作，应实事求是地给予评价和肯定。

这里应当指出的是，1937年以前国民党的抗战准备是极不充分的。在反共政策没有改变以前，国民党当局是以反共为主、抗日为辅的，所进行的抗战准备只是有限的防卫措施。直至西安事变以后，国共达成了第二次合作，国民党才改变其立场转向抗日。到全国抗战爆发，国民党当局原先所进行的抗战准备才发挥了较大作用，才可能有抗日的主动表现。

华北战事开始后，国民党最高当局立即召开各部会署负责人及军事首脑会议商讨对策，在进行外交交涉并允诺让步的同时，又命令军队保卫国土抵抗侵略。7月19日蒋介石在庐山发表谈话，强调“卢沟桥事变的推演，是关系中国国家整个生存问题”，公开表明了抗战决心。8月0日国民党政府召开了第一次最高国防会议，决定了对日作战方针“以长期抗战为原则”。[10]中国统帅部认为：华北是一大平原，有利于日军机械化部队及大兵团活动，并距日方东北补给基地较近，附近又有冀东等地伪组织活动，所以形势于我不利。如果全面开战，我方应充分利用在淞沪间既设国防工事，在此投入重兵用以牵制敌人兵力，保卫政治、经济中心，同时还可能使日军触犯列强在华利益引起国际干预。[11]一旦上海开战，应争取迅速歼灭上海日军，封锁海洋；如战事不利，则可退守苏福国防线打持久战，借以待机调停战事，阻止日军侵略。8月7日，各地军事将领云集南京商讨作战计划。

中国方面对于淞沪地区抗日的准备与计划，造成了中方发动“八一三战役”的客观条件。

二

正当华北战事愈演愈烈之时，日本当局唆使在华的军队、浪人到处寻衅闹事，制造冲突纠纷。七、八月间，在上海连续发生了日本海军陆战队队员宫崎贞雄“失踪”及“虹桥机场”事件，一时成为新的冲突焦点。特别是在“宫崎事件”被中方妥善应付后，“虹桥事件”的处理便成为能否维持上海和平的关键。

1937年8月9日，驻上海的日本海军陆战队第一中队长大山勇夫与一等水兵斋滕要藏驾车冲击我虹桥机场，被我方机场保安队击毙。这就是所谓的“虹桥机场事件”。由此，中日双方大举增兵上海，开始了直接冲突。“虹桥事件”是“八一三”事变的起点。在此期间内，日方开始向上海增兵，“司令长官决心增强海军兵力，命令在佐世保待机的部队进入上海”[12]。日本驻沪海军陆战队的兵力从原来的三千余人猛增为一万二千余人，从长江开入黄浦江的日舰亦达29只。中国政府也于同时下令调遣京沪警备司令张治中所部之八十七、八十八两师部队向上海市区推进，并迅速设立了作战指挥部，在江湾—吴淞间布置了防线。上海形势急剧恶化。8月11日下午，日本驻沪总领事冈本季正赴上海市政府访市长俞鸿钧，交涉“虹桥事件”。冈本首先质问中国政府对事件的态度，其次提出两点要求：（一）将上海保安队撤退；（二）将保安队已筑工事悉数拆除。中国方面对此无理要求坚决予以拒绝。俞鸿钧回答冈本：中国政府必将此事照外交方式解决，但日方尚在交涉之际即大举增兵上海，这是赤裸裸的威胁。然而，“我方抱定方针非威胁可改变”。冈本威吓无效，只好退出。次日下午，有各国代表参加的“淞沪停战协定委员会”在租界工部局召开会议，俞鸿钧在会上痛斥日方要求中国撤军之荒谬，他声明“惟我国军队在本国领土行动有绝对自由之权，此则未容他人置喙”，并提出以日方先撤兵为让步条件。冈本对此不能回答，会议乃以无结果而告终。[13]

“虹桥事件”是由日军挑起的。中国保安队击毙在中国领土上横行的日军完全是正义的。在这次事件中，中方一改过去妥协退让方针，自始至终采取强硬立场，对日方的挑衅行为及无理要求予以坚决的回击。

“虹桥事件”为淞沪战役点燃了导火线，但就8月9日至月底大战全面展开这段时间内的情况分析，中日虽都决心在上海一战，然双方的作战计划与准备工作却大有不同。

事变发生后，日本军政当局开始重视上海方面的局势。“海军中央部研究了解决大山事件的方案，决定了向中国方面提出要求事项，在采取外交措施的同时，和第三舰队进行了联络，要求慎重行事。尽管事态的最后解决只能诉诸武力，但在陆军派兵的情况下，攻击开始的时间也须在动员后的20天，因此当前要尽可能不使事态迅速恶化。”“在10日的阁议上……再次确认了就地保护上海侨民的方针，答应准备派遣陆军部队。”[14]日方利用外交谈判拖延时间，从各地调派了三个师团的陆军赶运上海。日军参谋本部此时的观点是：“上海方面已超出单纯的保护侨民目的以外，具有给中国方面以沉重打击的意义。”[15]因此，其在8月20日制定的《作战计划大纲》中规定："以上海派遣军（以五个师团为基干）击败上海周围之敌，而后以一个军（大概以三个师团为基干）确保上海周围的重要阵地线，切断上海、南京间的联系并谋求占领地区的稳定"。[16]这表明，日军在战役开始时只计划攻占上海而没有在华中大战的具体部署和准备。即使在开战以后，日军参谋本部第六百号命令仍规定："华中方面军的作战地区大概定为联结苏州、嘉兴线以东"，"意在预期方面军主力不超过该线"。[17]曾任中国战场高级指挥官的今本熊男的回忆也说明日方在初期并无使华东成为主战场的计划[18]，日军在华中作战的决心是逐步确定的。

然而，中国方面在"虹桥事件"发生后即决定了开战措施与大战计划。事件发生后，在对日采取强硬外交的同时，国民党最高当局宣布从此进入对日抗战，命令参加庐山会议的将领回到各部队，开始全面抗日部署。8月11日晚，国民党政府军事委员会命令："张司令官治中率八十七、八十八师于今晚向预定之围攻线挺进，准备对淞沪围攻。"8月13日深夜，蒋介石下令张治中发动总攻击，决定将第五十六师主力、第五十七师的一部及独立第二十旅向前推进，采取逼向南下在长江方面作战的敌之侧面的有利态势。[19]中国军队源源不断开赴上海战场。张治中所率领的参加过"一·二八"战役的部队士气高昂，进人南翔指挥所的一些士兵甚至拒绝下车，要求一直开赴前线参战。中日双方剑拔弩张。到8月13日上午九时许，中国军队在部分日军士兵首先越过对峙线的情况下，奉命发起全面攻势，揭开了淞沪百日大战的序幕。8月14日中国政府发表《自卫抗战声明书》，宣布"实行天赋之自卫权"。

8月18日，蒋介石派陈诚、熊式辉赴沪视察战况，20日返回南京。陈诚向蒋汇报说：敌对南口在所必攻，同时亦为我所必守，是则华北战事扩大已无可避免，故敌如在华北得势，必将利用其快速装备沿平汉路南下直扑武汉，于我不利，不如扩大沪事以牵制之。蒋对此表示："一定打。"陈诚又说："若打，须向上海增兵。"蒋即派陈诚为第七集团军总司令率部赴沪增援[20]，至此，淞沪大战再次升级。8月20日国民党政府军事委员会将全国划分为南北五个战场，下达了如下作战方针："国军一部集中华北持久抵抗，特别注意确保山西之天然堡垒。国军主力集中华东，攻击上海之敌，力保淞沪要地巩固首都。另以最少限度兵力守备华南各港口。”[21]这就是国民党抗日初期战略设想的基本原则。从这里我们可以看出，国民党军发动上海抗战是有目的、有计划的，而且早已做了必要的准备。

上海战事开始后，由于中国军队未能及时攻克虹口日军据点，贻误了战机，使日本援军得以登陆，双方激烈混战。日军20万人凭借强大的火力与优势的装备，海陆空配合作战，中国方面投入40余万兵力，由蒋介石亲自指挥，双方反复冲杀互相包围，猛烈的战斗使双方伤亡惨重，中国参战官兵表现了高度的献身救国精神，与日军拼死搏斗，使日军寸步难进，付出了惨重代价，战事持续胶着。但中方由于装备落后，供给不足，也遭受了极大损失，特别是由于中方最高决策者的指挥错误，动摇不定反复无常，幻想国际力量的干涉，导致军事指挥上朝令夕改，失去了一次次夺取胜利及有组织按计划退守苏福线的机会，使我军逐步陷于被动。最后，当日军大量增兵并从杭州湾迂回包围上海之时，我军连续放弃了两道国防工事而溃退下来，坚持了三个月之久的淞沪抗日之役归于失败。11月9日上海失守，而日军则不断“扩大作战”，突破了“制令线”限制，最终使得中方战略计划归于破产。

三

根据以上论述，我们可以明确以下几点。

第一，“八一三”战役是中国发动的。中方在战事开始时处于主动地位，这一点完全可从中方的作战准备、战略计划以及日方参战经过诸种事实中得到证实。第二，中方战斗的结果没有达到预期的目的，反由主动变为被动。日本方面虽然战前在上海没有充分准备，还没有形成在上海进行大战的计划，但在开战后随着战事扩大而倾全力参战，上海方面逐步成为其“主战场”。它逐步增至75个师的兵力，并利用在上海周围的胜利准备新的攻势，以攻击南京和其他地区。日本政府内阁的决策也相应地由在上海附近以击退敌人胜利结束战局升级为“放弃不扩大方针”，最后成为

“不以国民政府为对手”。由于不断“扩大作战”的需要，日军从本土、台湾、朝鲜、东北抽调了大批援军参战，甚至从华北战场抽出了主力部队，并投入了伪满军队。[22]日本政府初期规定的“十月底前结束战事”的时限及“不得越过苏州—嘉兴线以东”的地限也随之废除了，最后日军直趋南京。所以说，上海战役的结果是日方从中方手中夺取了战争主动权，变得更为主动。第三，国民党政府发动上海抗战的目的，依事前的计划，在战术上是以积极的攻势清除日军驻沪部队，封锁海洋，保卫宁沪安全。据史料判断，也有吸引华北日军分兵南下的意图，最后在客观上也达成了这一目的。[23]国民党发动上海抗日的战略目的是要向日本及英美各国显示自己的力量，希望以此迫使日寇放弃灭华企图，同时争取英美的干涉调解，达成妥协停战阻止日本灭华的政治目的。“中枢除积极准备发动全面抗战外，仍秉不求战而应战之一贯主张，准备彻底牺牲。若寇方能停止侵略恢复七月八日前之状态，则犹可（原文如此）最后一线希望。”[24]这说明，上海与华北的抵抗，都是为了恢复“七七事变”前不战不和的局面。第四，“八一三战役”的结果，使日本对华战争陷入持久作战，粉碎其“速战速决”的迷梦。这正是“八一三战役”的作用与意义所在。当然国民党政府虽然出于政治及军事上的需要而主动在上海对日作战，表现出了一定的抗日积极性，但没有驱逐日本侵略者收复全部国土的远大计划，抗日决心尚缺乏坚定性与彻底性。

【注】

[1] 《日本帝国主义对外侵略史料选编（1931–1945）》，第240页。

[2] 日本防卫厅战史室：《中国事变陆军作战史》，第一卷第156页，转引自《汪精卫集团投敌》一书。

[3] 《中国事变陆军作战史》，第一卷二分册第30页。

[4] 二史馆藏：《中国现代史大事月表》，1937年7–9月本。

[5] 《中国事变陆军作战史》，第一卷二分册第 1 页。

[6] 日本防卫厅编 :《日本大本营陆军部》，第一部第四章。

[7] 据重光葵《昭和的动乱》一书载 :“对于中国的作战计划，自从 1932 年第一次上海战役以来，海军认为上海及华中扬子江流域应为对华作战的重点，陆军省不赞成，以为中国不是日本的对手，只要动用驻在华北的少数部队便可。”这说明了日本陆海军在侵华途径上存在分歧。

[8] 《国防作战计划》，中国第二历史档案馆藏国民党军事委员会档案。

[9] 余湛邦:《抗日战争中的张治中将军》,《团结报》,1989 年 8 月。又见《八一三淞沪战役纪略》，载《上海文史资料选辑》，1980 年第五辑。

[10] 《卢沟桥事变发生后统帅部重要会议记录》，二史馆藏国防部史政局及战史编纂委员会档案。

[11] 这一时期英国在华投资的 72%，美国在华资产的 64% 都集中于上海。国民党当局认为在上海开战必将导致英美出面干预，造成停战结果。

[12] 《中国事变陆军作战史》第一卷二分册第 2 页。

[13] 二史馆藏《抗战史料丛稿》第十种《战纪》，“上海之战”第三册。

[14] 《中国事变陆军作战史》第一卷二分册第 2 页。

[15] 同上书第 20 页。

[16] 同上书第 30 页。

[17] 《中国事变陆军作战史》，第一卷二分册，第 94 页。

[18] 参见蒋纬国 :《蒋委员长如何战胜日本》，第 21 页。

[19] 《中国事变陆军作战史》，第一卷二分册，第 16 页。二史馆藏《淞沪会战张发奎文电》亦载 :8 月 12 日张给蒋介石、何应钦发电称 :“文白兄方面，似已决心主动。”何在来电上批复 :“可。已令保安队即开淞江，归张文白指导共同作战。”

[20] 二史馆藏国民政府军事委员会战史会档案 :《陈诚私人回忆资料》。

[21] 虞奇 :《抗日战争简史》上册，第 135 页。

[22] 据《中国事变陆军作战史》第一卷二分册载 : 此期从华北战场调往上海的日军部队有第六、第十八、第一一四等各师团。

[23] 此期日军在华北与上海两个战场兵力情况变化如下 :8 月，华北为 9 个师团，上海为 2 个师团，9 月，华北为 8 个师团，上海为 5 个师团 ;9 月 5 日日军统帅部决定抽调华北兵力南下，“把主作战转移到上海方面”，华北日军减为 7 个师团，上海日军则增为 9 个师团。

[24] 二史馆藏《抗战史料丛稿》第十种《战纪》，“上海之战”第三册。

1936～1937年国民党政府国防作战计划剖析

载《民国档案与民国史学术讨论会论文集》，档案出版社，1988年10月版。

1936～1937年是国民党政府从坚持“攘外必先安内”错误政策逐步转向团结抗日政策的时期。在这两年中，随着国民党当局政略方针的改变，其国防战略思想也发生了根本的变化，其中最明显的标志便是其国防作战计划内容的更改与修正。作为国家政略思想的体现与战略方针的产物，1936～1937年的国防计划不仅可以为我们提供研究国民党政权确立抗战方针的具体时间，而且还可以清楚地反映出在抗战前夕，国民党领导集团对于敌情、国力及未来抗战战略、战术设计的具体构想。本文拟就此问题，对这两年中国民党政府参谋本部秉承最高当局旨意而拟定的国防作战计划以及实施情况作一点分析。

（一）1936年国民党政府国防计划分析

1936年初，南京国民党政府在内外交困情况下制定出了《民国廿五年度国防计划大纲草案》、《国防设施纲要草案》、《作战计划》等数份文件，具体规划了1936年国防军事主要任务。当时的南京政府一方面在国际上受到日本帝国主义的严重威胁，自身预感到“现时整个的国家均陷于非常的状态，环境险恶危急”[1]。另一方面却在国内坚持反共内战，拒绝中国共产党团结抗日的倡议，其基本的政治方针仍为“安内攘外为现时我国之国是”[2]。由于这一错误决策，当局将自己置于对内对外两面为敌的境地。其1936年度国防计划明确规定在全国范围内划分“抗战区”、“警备区”、“绥靖区”、“预备区”四种区域，以分别执行“剿共”与“抗日准备”两项任务。

关于“绥靖区”内的反共作战，《国防计划大纲》中规定：“绥靖区内各国军应在最短期按预定计划将破坏国脉之共产党歼灭之”。《作战计划》中则进一步明确部署了对陕甘、川黔及湘鄂边地区红军的围剿计划，同时强调指出：“至小限度，在抗日期间务封锁之，不使其外窜”。这表明国民党当局内战立场并未改变，并且拒绝联合共产党共同抗日。尽管如此，由于日本侵华严峻局势所迫，南京政府也不得不考虑防范与抵抗外敌入侵的办法。

对1936年国民党政府国防计划中有关抗战内容的分析可包括以下几个方面。

其一：国民党政权对日本侵略严重性的认识及对日本侵略军力量的估计。1936年国防计划阐述到：“暴日现正急进，实现其传统的大陆政策。既横占我东北四省以为根据地，更进而蹂躏冀东、察东，控制平津，支配冀察两省军政，近拊齐鲁，远窥绥远。……故其陆军主力便于由东北向西南进展，更仗其海军空军之优势，随时可能于青岛、连云港、长江、杭州湾、福州、厦门等处掩护其陆军之一部任意登陆”[3]。因此，可以认定“今日我国之预想敌国应以侵略我国最急，加我危害最甚之日本为预想敌国，故凡国防军事一切建设准备，当以日军为对象而筹划之”。[4]对于日本可能动用的侵华力量的预测，《作战计划》认为：一旦战事发生，日本陆军可调动120万兵力，海军驻华舰队、空军常备飞机3000架即可全部出动。但由于苏美英在远东军力的威胁，日军所得用于对我侵略者，亦不过其一部而已”[5]。基于这种认识，当局错误地以为一旦开战，日军“控置对苏联之兵力必且较侵我者为多”。[6]日军的入侵将使我防不胜防，而彼乃尚有余力以应付欧美各国。”[7]分析以上内容可以得出两点结论：(1)此时，国民党当局对日寇的亡华野心与手段已经有了相当明确的认识与充分的估计。(2)当局认为日本不会以全力侵华，其陆军兵力大部将用于对抗苏美等国。事实上，这种“乐观”估计与后来的战争实际很不相符，1937年7月开战之始，日本便以在“十月底前结束战事”为目标，在中国战场投入了16个师团的兵力，其兵力总数为其部署在我国东北军队数之两倍余，为其部署在本土与朝鲜军队数之四倍。[8]

其二：关于对日抗战总方针的确定与战略计划的设计。基于上述认识，南京政府确定对日作战的总方针是："为保全国土完整，维持民族生存起见，应拒止敌人于沿海岸及平津以东与张家口以北地区，不得已时逐次占领预定阵地，作韧强之抗战，随时转移攻势，相机歼灭之。"[9]根据这一方针之宗旨就是要拒敌于内陆之外，依靠阵地阻击战制止敌人入侵。当局为此又进一步划出五道自北向南的"抵抗线"。为便于指挥，在"抗战区"内又划分出冀察、晋绥、山东、浙江、福建、粤桂五个防卫区，并详细确定了各区驻军部属与防卫线。

1936年国防计划中值得注意的一点是其关于抗战发动时间的设计："国军与预想敌国开战时期最好是预想敌国在西伯利亚酣战时，则国军进出黑山白水之间，一举将敌歼灭之，复兴民族握东亚之牛耳不难也，但不得已时，受预想敌国袭击时，则抗战区内之国军尽力抵抗，求时间之余裕，以待国际间之变化"。[10]这就充分表明了南京政府在转变内战立场前，对发动抗日的根本态度。从其作战总方针及对开战时间预期来看，国民党政府是本着消极的态度来准备抗日的。由于这些指导思想的错误，其关于抗战总方针与开战时机的预计结果都与以后战争实际相背离。

在《国防计划大纲草案》有关"作战指导要领"中，南京政府确定："以四川为作战总根据地，大江以南以南京、南昌、武昌为作战根据地，大江以北以太原、郑州、洛阳、西安、汉口为作战根据地"。对于这一决策的制定，国民党当局付出过许多努力，并以此构成了国民党政府抗战战略路线的主体。具体的工作内容包括：(1)建立四川总根据地。根据中国的地理态势，为有效地抵抗从东部及北部入侵之敌，建立大西南基地便是抗战必由之路。1927年南京国民党政权建立后，为了"统一全国"，蒋介石一直在进行着分化、消灭盘踞四川及西南的地方军阀的努力。当南京政府被日本无止境的侵略所压迫决心抵抗时，"谋川"之举便有了新的意义。经过南京政府多种努力，1935年2月10日，其辖下的四川省政府在重庆成立，结束了川境长期分裂割据的局面。3月，蒋介石亲自飞渝，设立“军事委员会委员长重庆行营”，把持了川省军政大权，以致1936年“两广事变”、“西安事变”先后发生时，四川方面都未发生异动。1937年6月，蒋介石派遣何应钦入川，以“缩编军队”、“军民分治”为目的，召开“川军整军会议”。结果达成了控制川军武装的预期目标。[11]南京政权经营四川的结果，客观上为抗战爆发后建立以四川为中心的后方根据地创造了必要的条件。(2)作为长江南北共同的作战基地，南京政府认为华中重镇武汉是“国防作战中心”。1935年4月起，当局便在“武汉行营”内特设“武汉城防整理委员会”，先后由蒋介石的亲信钱大钧、陈诚主持，在武汉周围长100公里范围内建立了环形防线，并对长江内之日军舰只及汉口日租界内潜伏势力作出了“歼灭性的处置”计划。总计用于修建武汉国防设施的经费总额高达913228元。[12](3)国民党的统治中心宁沪地区，由于地处沿海，必为日军入侵要道，对其国防设备建设，当局予以了相当重视。1931年起，国民党政府就开始在这一地区修筑工事，前后花费了一百余万元的资财，修成三道国防线：上海至杭州、吴江至福山(苏福线)、无锡至澄江(锡澄线)。到1937年，全部工程已基本完成。南京政府采纳张治中等人的建议，开始了以宁沪为核心的抗战准备工作，由张治中出任“京沪警备区司令长官”，具体负责指挥，在南京陆军军官学校内设立了一个“高级教官室”，专门设计制定“京沪区”防御计划，并负责实施工作。他们具体制定了在紧急情况下采取先发制人军事进攻手段消灭驻沪日军，而后封锁海岸阻敌入侵的作战方案，并进行了实战演习，1936年底又组织人员在苏州、常州、太仓、吴淞一带进行了考察部署。向上海增派了武装。这些努力为以后中国方面发起“八·一三”淞沪抗日之役做了必要的准备。南京政府几年中在长江上中下游三地区的备战努力及其在1936年的国防计划都向我们展示了这样一个事实，即：当局试图以长江一线作为未来抗日战争的主战场，这项战略意图已为以后的战争所验证。

除上述内容而外，国民党政府在1936年国防计划中还就重要的工矿企业、学校、机关内迁提出了积极的设想。“各重要工厂、学校均应设法迁移于根据地或总根据地。”[13]依照这一计划，在次年开战时才演出了中国现代史上规模宏壮的工矿学校大举西迁的一幕，这对于保护国家生产、科研力量，维持抗战物质供给起了重要作用。此外，1936年国防计划还包括调整战时工农业生产、地方行政机构战时军事化等多项内容。这些有关政治、经济、军事各方面的设想，较为全面系统。但就各条文具体内容而言，有些则不免显得官样化，空泛不实。

总之，1936～1937年的国防计划充分表明了南京国民党政权在继续进行反共反人民内战的同时不得不准备对付日本入侵的态度。由于国民党当局坚持“安内攘外”的错误政策，其1936年的国防计划中关于国防总方针的规定从总体上分析是错误的，当然，我们应该承认其决心抵抗侵略以及具体的备战工作具有积极的作用。

（二）关于 1937 年国民党政府国防计划要点的研究

进入1937年以后，南京政府的内外方针逐步发生了转变。由于西安事变的促动与影响，蒋介石被迫放弃了他的“安内攘外”政策，开始趋于团结抗日。国民党逐步接受了中国共产党建立抗日民族统一战线的倡议，在国内达成了第二次国共合作。这一切促使南京政府在停止“剿共”内战后，开始集中精力考虑怎样抵抗日本的侵略。

1936年底国民党政府参谋本部奉命拟订《民国廿六年度国防作战计划》，次年1月完成“甲案”与“乙案”两套草稿。3月修订完毕，经参谋总长程潜，次长杨杰、熊斌审定后，送交庐山，由军政部次长陈诚转呈蒋介石审阅。这份作战计划甲、乙两案，根据对日采取的消极与积极两种不同的作战态势，分别拟定了抗击日军侵略的具体战斗计划。

在关于内战的条文中，1937年国防计划在其“消极之甲案”作战指导第十四条中规定：“作战期间如‘赤匪’尚未肃清，则内地未列入战斗序列之国军，继续清剿及绥靖警备之责。并统编总预备军，待命集中”[14]。而在其“积极之乙案”中则已完全取消了反共作战的内容，更改为：“作战期间，负有绥靖地方之国军未列入战斗序列者，则编为预备军，待命集中”。[15]这说明1937年的国民党政府至少已将其基本立场转向了抗日方面，准备或已经取消了继续内战的计划。这是国民党从内战转向抗日的开始。

1937年国民党政府国防作战计划是一份专门对付日本侵略的计划。我们仅就这份计划甲、乙两案中关于抗战设计的几个要点稍加分析，便可对国民党当局在抗战爆发前夕关于抗日作战的战略战术思想有一个基本的了解。

其一：对日军军备实力的估计及其侵略我国时机、地域之判断。《民国廿六年度国防作战计划》(以下简称《计划》)甲乙两案中预测，由于苏美等国在远东军事力量的牵制，倘若中日两国单独开战，日军除留大部以防俄、留守本土等等而外，可以动用侵华的兵力“以十二至十四个师团为最高额”，若日本对苏、美、中同时开战，则在中国战场取攻势时使用35至40个师团，守势时或在20个师团以下，但日海军及空军力量则“足以扰乱我海疆而有余”[16]。至于日军的侵略路线，《计划》认为“其主战场以华北为中心，并以有力之一部沿平绥路西进及由山东半岛、海州等处登陆，截断我南北联络线，策应其主力军之作战，以囊括我华北全部，同时以一部由扬子江口及杭州湾上陆……威胁我首都，并以台湾部队向闽粤沿海岸登陆，期助援其主力军作战进展容易”[17]。关于开战时间的预测，《计划》认定，日军如扩大侵略步伐，而对华北、绥远、山东、福建、淞沪等要地再犯一步时，便可能以局部军事行动而揭开战争之序幕。[18]以上这些估计基本上是切合实际的。对于开战时机的认定充分表明了国民党政府决心抵抗日本侵略不再让步的态度，而对于日军侵华兵力的预测，由于受到最高当局错误观念的左右，仍然对敌手估计不足。事实上，日军在开始战争时，除驻东北之关东军(4个师团)外，1937年9月便在中国战场投入了16个师团的兵力。1941年太平洋战争爆发后，日军在中国战场取守势时驻兵仍达35个师团，1945年战争结束时已多达51个师团，占日军外侵总兵力的一半以上[19]。这大大超过了《计划》中的预计。

其二：国民党政府对日抗战总方针及作战指导、战略部署概要。关于对日抗战方针，《计划》乙案规定："国军以复兴民族收复失地之目的，于开战初期，以迅雷不及掩耳之手段，于规定同一时间内，将敌在我国以非法所强占领各根据地之实力扑灭之。并在山东半岛经海州及长江下游亘杭州湾迤南沿海岸，应根本扑灭敌军登陆之企图。在华北一带地区应击攘敌人于长城迤北之线，并乘好机，以主力侵入黑山白水之间，采积极之行动而将敌陆军主力歼灭之。"而《计划》甲案则以较为保守的观点，以拒止日军在中国沿海登陆，阻止敌人越过天津—北平—张家口一线为主要任务，同时明示："不得已时应逐次占领预定阵地，作韧强之抗战，随时转移攻势，以求最后之胜利。"关于作战指导，《计划》甲案以"守势作战"为原则，制定出"于不得已时实行持久战，逐次消耗敌军战斗力、乘机转移攻势"的方针。此案还计划以平汉路为重点集中兵力，在华北与敌决战，而后逐步后撤预定防线。在敌后则"采用游击战术，以牵制敌军并扰乱其后方"。《计划》乙案基本内容与甲案相同，只是没有关于退却安排的计划。根据作战需要，《计划》规定划全国为山东、冀察、河南、晋绥、徐海、江浙、闽粤7个作战区及陕甘宁青、湘鄂赣皖、川康、滇黔、广西5个警备区，并分别规定了第1至第5方面军分别在山东、冀察、晋绥、江浙、闽粤各地的具体部署与战斗任务。

比较之下，《计划》甲案中有关作战指导方针与战略部署的设想比乙案的内容更加切合战时实际。首先，这一时期中国军队陆军总数计有步兵18个师、独立步兵46个旅、骑兵9师并6个独立旅、炮兵旅又20个独立团。但是由于治安、训练及装备等原因，其中只有2个师的步兵并9个独立旅、9个骑兵师、2个炮兵旅及16个独立团可以开赴第一线作战。[20]仅就作战兵力而言，欲达成《计划》乙案所规定的目标显然是不实际的。其次，关于各大战区国防工事修建情形，依照"以首都为中心逐次向国境线推进"、"先完成各阵地之骨干，…以后逐渐加强"的原则，当局积极进行建设，至1937年2月止，除冀察、晋绥两区分由宋哲元、阎锡山负责外，河南区国防工事已近全部完成，而国防腹地江浙区国防线的修建亦加快速度进行，完成了基础工程。长江、沿海各要塞炮台也进行了改造与增建。其国防工事建设总支出已达717

万余元。就抵抗侵略之防御战而言，按照《计划》分甲案部署，这些国防设施将发挥出至为重要的作用。再者，关于中国当时海空军建设：空军方面，据1937年10月的统计，共有9个飞行大队26个中队，包括轰炸、驱逐各3个大队，侦察2个大队，攻击1个大队，另外并5个直属中队、4个运输队的兵力，全部飞机总数600余架。其中可用于第一线作战者仅200架。而海军情形更不如空军，“未能作大量之建设”。[21]根据这些情况分析，中国的抗战只能是以守势防御为方针。南京政府在实践中逐步认清了这一点，这才导致了“以空间换时间”、“积小胜为大胜”的持久抗战思想的形成。

其三：关于抗战时期各方面总动员备战应战部署的设计。除军事方面外，《计划》中还包括战时交通、通信、卫生、物资、治安等多方面的内容。在交通方面，拟将全国铁路、水运统归“最高统帅”直辖或授权使用，公路分属各集团军兵站使用；建立战时通讯系统；在汉口、南昌、南京、徐州、太原、郑州、西安设立主要兵站，在年底前储存野战军50个师3个月之军粮、一个半月之弹药、6个月之燃料；在战时医疗救护方面，“作战初期须准备兵站医院二十个”，在武昌、汉口、南昌、西安、南京设立重伤病院；组织四支守备军分任津浦至平汉南段、陇海及湘赣诸铁路之警备。[22]除上述内容外，有关战时防空、民众动员、江海岸要塞之备战、组建化学兵团等等内容，《计划》中也都作了相应的安排。

及至卢沟桥事变发生，当局实际上已基本完成了《计划》中所拟各项主要任务。总计已在全国设立军需总库6所(金陵、蚌埠、信阳、华阴、南昌、武昌)，分别负责京浦、京沪、津浦、平汉、陇海、福建、浙江之补给任务。下辖之各分库、独立库达29个，又成立野战仓库15所，以南昌、武昌为全国核心库。[23]其中军用品之储备量为：(一)弹药：长江北岸各地共存储约6000万发，武昌存4000万发，南京存1亿发。总计可供20个师三个月之用。(二)军用粮秣：存储量为50万人、10万匹马一个月之用数。(三)燃料：汽油储备300万加仑、航空汽油250万加仑。[24]关于战时医疗救护方面，已成立后方医院10所，可收容1万病员；临时医院20所，可容纳1万病员，加旧有医疗机构，总计可收容8万伤病员。储备了100个师六个月所需卫生材料[25]。其余如南京、武汉等重要都市防空设施也都已着手布置。由于战争在7月初爆发，《计划》中所列内容并未能全部完成。

综上所述，1937年国民党政府的国防作战计划，客观地分析是一部具体周密的抗日作战方案，其中“甲案”以长期作战为准备，比单纯拒敌入侵之“乙案”更切实可行。因此，国民党政府参谋本部参谋次长杨杰在审阅两案后的批示中明确指出了这一点，并建议以中日双方是否单独开战为区别条件，进一步修改这两套方案，使之更加实际。总的看来，两套方案基本点是相同的，它可以证明，南京政府在1937年的国防战略思想中已经确立了抗日第一的原则。

（三）几点结论

比较1936～1937年南京政府制订的两套国防作战计划方案，我们可以得出以下几点结论：第一，关于国民党政府真正确立抗战路线的时间，根据其两年中国防计划内容的更变，我们可以看出：1936年年底至1937年年初是当局真正开始全力致力于抗战的时间界限。在此之前，自1934至1936年，国民党政府始终是将反共内战作为其“国防”主要内容的，只是在经历了艰难的转折以后，随着国共二次合作的酝酿与建立，1937年的国防计划才以抗日为其唯一的内容。只有这样，南京政府才有可能正视日本侵略的现实，做出符合我们民族根本利益的抗日抉择及计划。第二，国民党政府在抗战的准备阶段做了一些实际的工作，其中一些国防建设与设计经以后的抗战实际证明是有远见的，并且在走上抗日道路以后，当局为实施抗日计划也付出了积极的努力。如建设国防工事线、开展敌后游击战的计划、确立四川根据地、部署武汉城防、重要厂矿学校内迁、整军、战略物资储备等等，在战略上确立持久战的思想，这些对于争取抗战最后胜利都具有很大意义。其他又如对日军入侵时间、地域的估计，对敌我实力对比的预测等也都被证明是正确的。至于对战争初期，我国军队应采用之“先发制人”的战略，清除日军在华据点的设想，虽未成功地付诸实施，但就当时的情况分析，也是值得肯定的有效计划。第三，分析这两年的国防作战计划，我们还可以看出，国民党政府设计的抗日方案立足点是不够正确的。由于其发动抗战的根本原因是受到日军侵略的致命威胁而被迫自卫，并且对抗战前途缺乏明确认识，故而不论何种对日作战计划，均将最后希望寄托于“国际形势的变化”，即苏、美、英等国对日本的干涉、牵制乃至宣战。其“不得已”发动抗战是为了“等待国际间之变化”，收复失地则更待于日苏“在西伯利亚酣战”。南京政府不相信、不依靠中国人民的力量，甚至不愿联合国内一切抗日党派共同救国。这种错误一直延续到抗战开始后的战争全过程。因此，南京政府的1936～1937年国防作战计划在树立必胜信心，客观估计国际形势，确立正确的“持久战”路线，发动和组织人民抗日力量，团结各爱国党派、各种社会力量一致对外等多方面都缺少正确的认识，暴露出或盲目乐观或悲观失望的情绪，以及在战术上主张单纯的阵地战，与强敌拼消耗，片面强调拒敌于国门之外和不求最后胜利的临时性、自欺性观点，缺乏对抗战的坚定信念与必胜信心。这些都是由于南京国民党政权抗战战略思想错误所造成的必然结果。

对于以上这些成绩与错误，我们都应予以实事求是的评价，以求得历史的真实与公允。

【注】

[1] 中国第二历史档案馆藏国民党国防部史政局及战史编纂委员会档案（简称二史馆档案）：《民国廿五年度国防计划大纲草案》七八七 -1356。

[2] 《民国廿五年度国防计划大纲草案》，二史馆档案：七八七 -1356。

[3] 《一九三六年度作战计划》，二史馆档案：七八七 -1507。

[4] 《民国廿五年度国防计划大纲草案》，二史馆档案：七八七 -1356。

[5] 《一九三六年度作战计划》，二史馆档案：七八七 -1507。

[6] 《一九三六年度作战计划》，二史馆档案：七八七 -1507。

[7] 《一九三六年度作战计划》，二史馆档案：七八七 -1507。

[8] 耿成宽、韫文编：《抗日战争时期的侵华日军》，春秋出版社，第 4 页。

[9] 《一九三六年度作战计划》，二史馆档案：七八七 -1507。

[10] 《民国廿五年度国防计划大纲草案》，二史馆档案：七八七 -1356。

[11] 《四川省政府及重庆行营成立经过》、《刘湘与蒋介石勾心斗角》等，《全国文史资料》第 5、33 辑。

[12] 二史馆藏《陈诚私人回忆资料》，《民国档案》，1987 年第 1 期，第 13 页。

[13] 《一九三六年度国防设施纲要草案》，二史馆档案：七八七 -1357。

[14] 《民国廿六年度作战计划（甲案）》，二史馆档案：七八七 -1509。

[15] 《民国廿六年度作战计划（乙案）》，二史馆档案：七八七 -1508。

[16] 《民国廿六年度作战计划（甲案）》，二史馆档案：七八七 -1509。

[17] 《民国廿六年度作战计划（乙案）》，二史馆档案：七八七 -1508。

[18] 《民国廿六年度作战计划（甲案）》，二史馆档案：七八七 -1509。

[19] 徐德源：《太平洋战争期间日本法西斯陆军兵力编成与部署变更述略》，《辽宁大学学报》，1986 年第 2 期。

[20] 《卢沟桥事变前之中国军备情况》，何应钦对国民党五届三中全会军事报告（1937 年 2 月）《中华民国重要史料初编——对日抗战时期绪编（三）》，第 351 页。

[21] 《卢沟桥事变前之中国军备情况》，同上出处。

[22] 《民国廿六年度作战计划（甲案）》，二史馆档案：七八七 -1509。

[23] 《卢沟桥事变后国民党政府军事机关长官会报第十六至卅二次会议记录》，《民国档案》，1987 年第 3 期，第 17 页。

[24] 《卢沟桥事变后国民党政府军事机关长官会报第一至第十五次会议记录》，《民国档案》，1987 年第 2 期，第 4 页。

[25] 《卢沟桥事变后国民党政府军事机关长官会报第十六至卅二次会议记录》，《民国档案》，1987 年第 3 期，第 17 页。

蒋汪关系与华北危局

载《民国档案》，1990 第 2 期。
《卢沟桥事变与八年抗战》，北京出版社，1990 年 10 月版。

1932年3月，蒋介石拉拢汪精卫进入南京政府，由此开始了蒋、汪合作的国民政府时期。在论及这一时期的蒋、汪关系，特别是双方在对日外交问题上的态度时，一般史论都认为，蒋、汪的立场是基本甚至完全一致的。然而，根据蒋、汪二人的言行及其在应付华北危局态度上的变化细致分析，我们却可发现，在肯定蒋、汪负有丧权辱国共同责任的前提下，由于双方在对日关系根本指导思想上的不同，在处理对日外交特别是华北危机问题时，蒋、汪有合作一致，也有矛盾与分歧，而其中最具根本性的还是争夺政治权利，利用华北问题的处理达成各自政治目标的矛盾因素。本文拟就这一问题做出一点分析，从这一角度探讨一下南京政府处理华北危局策略的前因后果。

一

这一时期蒋、汪合作的政治基础是“攘外必先安内”的国策。在这一基础之上，蒋、汪在内政外交上就有了许多共同认识。

在对内政策方面，在合作前期，蒋、汪之间的关系是比较稳固的，这主要表现在反共的共同目标及其平息党内纠纷的一致冀望上。汪氏对于蒋介石围剿红军的努力自始至终给予了全力的赞扬与支持。他在许多场合发表演讲评论，咒骂共产党与红军是“洪水猛兽”，竭力鼓吹“军事剿共为治标，政治剿共为治本”的反共政策。在施政方针上，他全力配合蒋介石，集中人力物力财力推进对苏区的围剿。而在另一方面，在处理国民党内各派系间矛盾时，汪氏从自己的利益出发，亦对蒋氏表示了一定的支持。1934年2月，蒋、汪曾联名发表“真电”，号召在国民党内开展一场“团结统一运动”。他们声称中央“对于各地方间偶生差池无不务为容忍，委曲求全”，现在为了实现“真正的统一”，中央与各地方势力间宜“亲密合作”，“多做平凡救国图存之工作”[1]，这场“团结统一运动”的主要目标是针对两广方面以及阎锡山、冯玉祥等地方军阀势力的。需要指出的是，蒋、汪在目标一致的背后却又各自隐藏着私心。在蒋介石方面，认为他的“剿共”战事已经取得相当成绩，今后“安内”的任务将转移到平息党内分歧上来，运用政治、军事各种手段将地方军阀势力削除，以达成以他为中心的党内统一。为了实现这一目标，利用汪的政治影响尤为适当。在汪精卫方面则幻想充分利用他组阁后的内政外交大权有所建树，通过“团结统一运动”，树立自己的威信，扩大自身影响与号召力，最终达成在国民党内与蒋氏分庭抗礼平起平坐，一个政治领袖（汪），一个军事领袖（蒋）的政局。

由于政治目标上的一致，在这一阶段处理中日关系及华北问题时，蒋、汪之间表现了密切的合作与一致。

1933年5月，长城抗战结束后，在华北出现了两套代表南京政府的机构，其一是以汪派人物黄郛为首的行政院北平政务整理委员会，另一是蒋介石的代表何应钦为首的军事委员会北平军分会。这两套主要用于维持华北危局办理对日交涉的机构，实际成为蒋、汪双方在华北的代理人。“塘沽协定”签字前后，何、黄秉承蒋、汪的旨意进行了一致的行动。5月31日，在汪精卫直接授意下，黄郛派熊斌与日方代表冈村签订了丧权辱国的《塘沽停战协定》，这一协定的实质即是承认以长城一线为中日“国界”，将大片国土拱手让敌。协定成立后，汪精卫致电何、黄表示“倘因此而招国人之不谅，反对者之乘间抵隙，弟必奋身以当其冲”[2]。签约消息公布后，举国抗议。汪精卫为了掩饰其卖国行径，果然出面为黄郛辩护，说“塘沽协定”是在“不丧权不辱国原则之下”，“专讨论军事部分”，“决非屈服”。为了平息全国人民的抗议浪潮，汪精卫提出两项解决中日矛盾之方法，对内宣扬

“以国力收复失地”，对外主张由“国联及签约各国共同负责来解决中日纠纷”[3]。汪氏这套理论即是蒋介石“攘外必先安内”政策在处理华北问题上的具体表现，这表明此时蒋、汪对于华北危局处理意见是完全一致的。何应钦与黄郛执行蒋、汪的指示，在停战后以十分屈辱的姿态从日本人手中讨回了长城以南停战区域的“挂旗”权，而实际控制权仍在日本与汉奸掌握之中。何、黄二人甚至还默认了日伪军对被察哈尔抗日同盟军收复的多伦的重新占领。在这场卖国丑剧中，汪精卫活动于台前，蒋介石支持于幕后，双方关系中“合作”性占据了主导地位。

二

手握军事大权的蒋介石，坚定地推行他的内政外交政策，并不顾及这些政策是否会影响他与汪氏的“合作”关系。在外交方针上，蒋氏推行亲英美路线，这就和执行亲日政策的汪氏产生了矛盾。1933年4—5月，南京政府派行政院副院长兼财政部部长宋子文前往美国出席世界经济讨论会，并与美国朝野进行了政治经济合作会谈，签订了五千万美金的“棉麦借款”合同，扩展经济合作。5月19日，宋子文与罗斯福总统发表了联合宣言，中美关系有了实质性的进展。宋子文又赴伦敦出席了世界经济会议，在会上他宣布“吾人欢迎西方之资本与技能”[4]。经过他的各国巡访活动，国联成立了对华“技术合作委员会”。一时间，英美路线取得了很大进展。宋子文在回国途中路经日本，他拒绝了日本政府的会谈邀请，给了日本以相当难堪。宋氏的欧美之行得到了蒋介石的高度赞许，表明了蒋氏在对日政策上的根本态度，同时亦加深了蒋、宋与汪之间的分歧。汪氏对蒋、宋“面向欧美背朝日本”的态度十分不满，加上宋的行为招致日本政府强烈反应，东京声明反对中国引进第三势力来对抗日本，并以“必要的自卫行动”相要挟。对此汪氏在8月28日纪念周上发表讲话，针对宋氏大借款表明“对于国际的经济及技术援助”不可“借以纵横捭阖，重贻东亚及世界之纠纷。”他强调不宜多求外援，并比喻说“我国此时如大病临危”，“与人拉拢求援便是病重如进补品，危险孰甚”[5]。其矛头所指十分明显。

蒋介石为了巩固统治基础，利用英美抵抗日本缓解华北危局，采取了一系列重大措施，除了加深反共内战并谋求党内统一而外，在财政经济方面亦迈出了重要步骤。他依靠孔祥熙整顿税收整理财政，又在英国特派财政顾问李滋罗斯的直接参与下以一千万英镑贷款为准备，进行了币制改革，统一了全国货币金融，以财经统一来保证政治统一。这一重要改革是蒋氏根本倾向西方的表示，得到了西方各国的支持与好评，而日本则采取了不合作的抵制态度。汪精卫对蒋介石在内政外交上的专断十分恼火，他曾试图以强调“法治”为名通过制定多种法律法规来限制蒋的权力，然而法律对蒋不起作用；他又支持胡汉民等人的主张，反对“军人干政”，结果又遭蒋介石的回击。汪氏亦无可奈何。在政治斗争方面，手无寸铁的汪自然是难以与蒋为敌的。

如果说蒋介石的内外政策已在不同程度上与汪产生了分歧矛盾的话，那么这时在处理华北问题上他们双方似乎仍然是有着共同的语言。

“塘沽协定”成立后，日本政府内阁与军部之间就对协定的评价产生了不同意见。在1934年1月召开的日本内阁第65次会议上，强硬派军方势力终于占据了主导地位，会议通过了庞大的军费开支预算，确立了逼迫南京政府承认伪满、放弃抗日、与日本合作反共的对华方针。关东军并于1月间借“龙门所事件”向中方提出了华北与伪满间通车、通邮、设关的“三通”要求。与此同时，日本外务省训令在华北外交人员，以“小让大不让”为原则，就地解决“对华外交悬案”，日本的方针是要以军事与外交相配合，刚柔相济达成目的，在“中日亲善”烟幕下逼迫中方与伪满“三通”。

坐镇华北的黄郛，无法应付日本人的攻击，匆匆飞往江西向蒋、汪请示对策。汪精卫自南京赶至江西，与蒋商讨了华北局势，决定：为了应付日本，通车、通邮、设关都可相机行事，但决不能承认伪满，他们要黄“相机应付”[6]。对此，不仅全国人民反对，就在国民党内部，反对派呼声也愈来愈高。4月13日，南京政府立法院召开讨论华北局势秘密会议，会上出现了反对华北退让政策的高潮，众人矛头直指黄郛，要求将其撤办并拒绝“三通”。黄郛无奈，宣布请假养病。

4月间，日本驻华大使有吉明分别在宁沪访问了汪精卫与黄郛，探听中方对于解决华北问题的态度。在会谈中，尽管汪、黄向他一再声明在华北问题上蒋介石的态度与他们一致，但狡猾的日本人已经看出了其中的破绽。有吉回到南京，汇报说南京政府内部有黄、汪一派“悉知东亚大势，以自己独得之见地谋得以随行国策者”，他们与蒋、宋“欧美信赖派”相对立，日本方面必须鼓励“亲日派”顶住“英美派”的压力与日本合作。外务省根据有吉的报告很快做出四点决议，决定充分利用“悉知东亚大势”分子的势力，与中方直接交涉，迫其让步，解决中日“悬案”。5月2日，日本驻南京总领事须磨与汪精卫会见，汪氏对他说：中日间问题纯属地方性质，倾向由华北当局地方解决，但以不损害主权、不割让领土为原则[7]。

在“地方解决”的方针下，汪精卫多次派员赴日商讨华北“三通”问题，经过与有吉、须磨及日本外务省亚细亚局佐藤等人的穿梭访问，在与汪、黄、蒋会谈中产生了“华北通车方案”。5月30日，汪氏在中政会上作了关于《通车办法大纲》的“沉痛演说”，他称此举为“无办法中想办法”，是万不得已之举。会议批准了“通车办法”，并电促黄郛早日北上办理通车事宜。经过“多方努力”，7月1日，首次“平沈”特快通车，当日便遭到爱国志士的袭击，国内舆论界也就此发表了大量对蒋、汪政府的抨击言论。

蒋氏在通车问题上之所以向日方妥协，其重要目的之一是想通过这一让步，使华北危局得以根本缓解，进而废除遭国人痛骂的“塘沽协定”。这种希望无疑将成为泡影。日本外务省发表一纸声明，说如果中方想废除“塘沽协定”，那么就必须再签订一项满足日方各种要求的新协定，轻而易举地粉碎了蒋氏的梦想。

由于国内舆论的抨击以及日本人的不合作态度，更因为蒋介石要亲自控制华北对日本交涉大权，亲日派黄郛无力抵挡来自国民党内外的反对，迟迟不肯北上复职，向蒋闹起情绪来。汪精卫对此十分着急，亲自上庐山见蒋，要求其放权。蒋介石为了避免对日外交出现大波折，终于答应给予黄郛处理华北政务全权。汪精卫于是得意地向黄郛宣布："关于外交之原则固由中央决定、中央负责，而执行此原则及就近处理一切已发生或可发生之纠纷，则有赖黄委员长之坐镇也。"[8]蒋介石放权之后，华北与伪满间的通邮、设关得以很快实现。

在处理"三通"危机问题上，蒋、汪之间虽然依旧保持了目标上的一致，但亦显露了矛盾的端倪。蒋氏的意图是要通过汪、黄来办理对日外交，解决中日矛盾。这一手具有两重作用，一为缓解中日矛盾，继续维护蒋氏渴求的中日和局；另一方面，他对汪、黄的利用也是为了做自己的"替罪羊"，实际大权却不肯放松。在这种情形下，汪、黄只好穿梭于南京、庐山、南昌等地，追踪蒋氏请示方策。蒋介石甚至还在私下容忍庇护国民党内反汪势力对汪派降日外交的猛烈攻击，孙科主持立法院会议屡屡猛烈抨击汪、黄在华北的行为，5月4日还通过《外交建议案》，主张唤起民众，促使国联阻止日本侵华，并明确提出要求："中日外交应切实由中央负责"[9]。这就明白地道出了蒋氏的心声，亦暴露了蒋、汪在对日交涉华北问题上的矛盾。其后，"欧美派"又联合监察院长于右任弹劾汪派铁道部长顾孟余在华北通车一事上"丧权辱国"，但这一弹劾案被汪氏操纵中政会加以否决。此举证明汪氏对蒋已有一定抵抗能力，蒋介石想打击汪派而操其于股掌之中已不是件容易的事情。不仅如此，这一轮争斗的结果，蒋氏为黄郛"罢工"所胁迫，交出了处理华北事务的"全权"，这就使汪氏势力又一次膨胀，从而埋下了蒋、汪更大争斗的祸根。

三

进入1935年后，日本在华北软硬兼施连连得手，更加积极地推行全面的政治、军事、经济攻势，开展所谓"啄木鸟"外交。在进攻华北的成功经验中，日方已深知南京政府内汪派力量对日本的特别作用，只要充分利用亲日派力量可以"不战而胜"。1月23日在日本第67次议会上，广田外相发表了赞扬南京政府积极反共及在华北让步政策的演说，并表示日本将“力求其善邻之实现”。他要求中国政府进一步取缔抗日，以谋求两国关系进一步之改善。

蒋氏得知日本有“对华亲善”之表示不禁喜出望外，而汪氏则更是欣喜若狂。他们分别发表演说，表示对广田的演讲“有深切之谅解”，“愿以满腔的诚意”，“裁制一时冲动及反日行动，以示信义”。在“中日提携”高调声中，蒋介石派王宠惠在赴海牙途中经过日本，会见冈田首相等人，说明中国并无拉拢欧美抗日之意。而后，双方外交公使升级为大使，日本决定对华贷款。为了不得罪西方，蒋介石又将驻西方各国使节升格以示“公平待遇。”

在日本政府对华大施“亲善”烟幕的同时，关东军却在察东不断制造事端，虽然何应钦奉令继续以让步求和，但关东军与华北日军遵照“逐渐削弱国民政府在华北的政权势力”的既定方针仍向华北“一意迈进”，直接提出了要南京政府让出华北的赤裸裸的要求。5月间，关东军借口中方违约及天津租界两汉奸被刺案，扬言要有所行动。接着，日本外务省与陆军部亦分别发表声明，诬蔑中方制造事端。在华各地日方军政要员纷纷开展活动威吓中国政府，汪精卫在蒋的赞同下召开会议研讨对策，决定令驻日大使蒋作宾与广田外相交涉，但被广田拒绝。

6月间，何应钦在请示南京之后答应了日方撤退河北省政府及驻河北的中央军、解散抗日团体、赔偿抚恤被刺汉奸等六项要求，可是日方并不满足，又提出了新的更多的条件。何应钦为了讨好日方，于6月8日发出命令，取缔平津两市反日活动，他对日本记者发表谈话，说明蒋介石及南京政府处理华北问题的方针在于“达到中日亲善提携”，“蒋委员长并主张凡于中日两国国交有碍之事情，必须一律加以改善”[10]。日本方面向何应钦提交一份备忘录，重申了从河北撤退国民党机构、中央军以及地方政府官员等一系列要求。何应钦急电报告南京，汪精卫接电“彻夜苦思”，“并召集中央负责同志共议”，结果认为“51军本已调川陕甘，排外本已禁止，只须重申前令；关于河北省党部取消可由中央秘书处密令处理，不见痕迹；至于中央军，现驻河北只有二师，即使撤退，其它军队为数尚众，忍痛承诺较之平津重开战祸为害较轻”[11]。于是，电令何应钦.全部接受了日方的要求。同日，南京政府并在汪氏主持下颁布《敦睦友邦令》，宣布对“妨害国交”者将予严惩。

“河北事件”未了，紧接着又发生了“察北事件”。为了平息关东军在察北的挑衅，6月18日汪精卫主持行政院会议，决定免除宋哲元察哈尔省主席一职，改由秦德纯代理，又因为黄郛仍未北上，决定由王克敏代理北平政整会委员长职。秦德纯在日人逼迫下签订了出卖察省主权的《秦土协定》。7月6日何应钦又回函日方梅津美治郎，重申答应日人的条件，这就形成了所谓“何梅协定”，以这两个协定为基本，蒋、汪政府完成了对华北主权的出卖。

在这场出卖华北主权的丑剧中，汪精卫虽然在原则目标上与蒋一致，但在实际过程中已超越蒋的许可范围而直接在操纵华北对日交涉，他丢开黄郛直接主持对日交涉，又打着蒋的旗号抵挡国人的斥责。6月10日，他在给孔祥熙的密电中说：关于《何梅协定》的交涉，“今晨报告国防会议，颇起议论，谓宜由介兄处决，经弟恳切说明，当华北纠纷初起，弟即电介兄，至不得已时，当由弟负责决定，如介兄不以为然，可加改正”。“故已电敬之，嘱其相机办理，弟决共负责，以待介兄续电矣”。表明他对华北问题决心“独立负责”的态度，不仅如此，他还对蒋的牵制发牢骚说：“若事事取决于介兄，无论时不我待，且介兄远在前敌，若后方同志一毫不负责任，何以对之？”至于他的对日外交能有什么结果，汪氏亦表示悲观：“如此退让能否告一段落尚未可知，只有尽力做去，时局艰迍，至于如斯，尤恐影响金融，危及财政，真乃百忧交集”[12]。虽然前途未卜，但汪氏仍要按照自己方针“尽力做去”而毫不犹豫，特别是他在未请示蒋的情况下即撤销宋哲元察省主席一职之举，足证其已羽毛渐丰，不再把蒋氏放在眼里了。

由于华北中日交涉自战区接收、通邮、通车、设关到察东、河北事件、“何梅”、“秦土”协定之成立，汪氏的亲日态度愈来愈为日人所理解，汪精卫在日本人眼中的身价亦越来越高。汪氏权力膨胀，在南京政府内已形成一股不容忽视的势力并对蒋产生了威胁，所以蒋、汪矛盾不可避免地扩大尖锐起来并日趋公开化。6月19日在关于华北谈判的国民党中央政治会议上，“亲欧美派”及“抗日民主派”联合向汪发起了攻击。蔡元培质问汪氏：“对日外交究持何策？际此时局，殊有请外交当局说明之必要。”汪回答：“对日外交这几年来均持忍辱求全四字而行，现在亦复如是。”蔡又问：“忍辱云云我辈固极明白，求全如何却望予以解释。”汪尚未及回答，吴稚晖在一旁即讽刺道：“求全两字极易解释，简而言之，是只忍辱以后求整个国家能完完全全送给敌人，勿兴抗敌之师而糜乱地方罢了”[13]。汪闻后愤然退席，但仍未能阻止住对他的斥责，孙科更拍案大骂：“不料以一二小人公然卖国”。面对国内反对派的攻击而蒋介石又不肯出面支持甚至暗中纵容，汪精卫决定采取强硬措施抵抗。6月30日，汪精卫突患“严重胆结石症”在上海住入医院，从此闭门谢客，罢官而去。8月，汪由青岛致电南京中央表示：“月余以来，标病虽去，本病未治。今若不自量度，仍然尸位，一身不足惜，贻误国事，何堪设想？为此沥诚恳请准予辞去行政院长兼外交部长职务。”同时，汪派各大员亦相随提出辞呈。南京政府内一时混乱，头面人物四处奔走，从中斡旋，试图挽回局面。8月11日，叶楚伧等抵青岛，代表国民党中央对汪表示挽留。13日，国民政府主席林森派文官长魏怀亦专程赴青岛慰问。15日，国民党中央电汪“务望打消辞意……迅速到京以固中枢”[14]。但汪氏并不为此所动，他要等待蒋介石的出场。此时，日本陆相发表谈话称：“汪氏辞职将使中日合作前途受极大挫折，同时日本深感今后失却与此东方伟大政友接触机会，尤属不幸。”日本军部亦发出恐吓，说汪之辞职是南京政府反对派对“对日外交理解派”的无端攻击，中国对日方若因此而发生重大变化，则中日前途不可预料[15]。汪氏见日人出来撑腰更加胆壮，他一面四处游览，一面对外宣称“集大病于一身”，“坚辞各职”。

蒋介石眼看汪氏此举竟招来内乱外哄，事态严重，不得不自四川飞庐山，会见各方要员讨论善后，驻日大使蒋作宾等从中日外交大局出发力劝蒋复汪职，蒋氏束手无策，连电汪氏请上庐山一谈，汪竟拒绝。8月21日，双方在南京会晤，长谈二次。蒋氏为了完成统一四川稳固西南及追剿红军的计划，只得再次让步以保全“中日和局”，他答应立即明示对日外交方针，由汪全权负责中日间政治、经济合作，取消中政会对行政院的政治、外交、财政监督，对汪放手，但蒋坚决不允许汪氏所提中日军事合作一项。除此而外，他对汪做了最大让步。汪氏在国民党中政会上宣布复职，汪派中委全部出席，而宋子文、陈立夫等拒绝参加，说明其中矛盾已到了不可调和的地步。

蒋介石深知，汪的企图是利用辞职向他要挟索取更大的权力，最终在日本人的帮助下在国民党内形成一股政治势力，抢占一块地盘，与他抗衡，进而争夺国民党最高统治权，所以他时时提防着这个政治敌手。但蒋氏更深刻地认为目前还不可改变“安内攘外”的国策，否则将危及其统治，而现在能为日人接受维系中日关系的唯一人选就是汪精卫。他只有依靠他来办理中日交涉，为他分担“卖国”责任。但是其中有一个原则不可破坏，这就是无论汪氏或日本都不能动摇他的军权根本，所以他严词拒绝了“中日军事合作”的媾和条件。

在这种思想指导下，在华北舞台上只能继续延续着卖国丑剧。

1935年6月，日本为加速华北特殊化，开始策动华北汉奸武装暴动，同时又加紧对华北经济开发投资，企图由经济控制而过渡到政治控制。8月，蒋、汪、日三方妥协，决定由宋哲元出任平津卫戍司令。10月18日，日本策动汉奸在香河暴动，发生“香河事变”，成立了“自治政府”。日本人向宋哲元施加压力，逼其宣布华北脱离南京政权而自治。

就在这时，1935年11月1日，在国民党四届六中全会开幕式上，汪精卫遇刺受重伤，不得不中断了他的政治活动。这一偶然的突发事件改变了蒋、汪关系的历史，亦改变了南京政权对华北政策的基点。

四

汪氏的被刺使日本对华工作失去了一个理想的对手，于是他们转而集中力量猛攻宋哲元，企图与华北当局直接交涉，达成华北自治脱离南京政府的目的。土肥原等人连连威逼宋氏早日表态，宋哲元在日人压力之下，一方面致电南京提出“还政于民”口号，要求中央给予华北自主权力，另一方面对日本的要求搪塞敷衍，以拖延应付。此时日外相广田并向南京提出了“改善中日关系三原则”，以此作为“中日提携”的前提。

在南京方面，蒋介石亦不得不开始直接与日人交涉华北问题及其他中日“悬案”。11月20日，日本驻华大使有吉明到达南京访问蒋氏。在会谈时，有吉对中国政府宣布实行币制改革表示不满，认为此举触犯了日本在华经济及对华贸易利益。有吉还要求蒋介石对广田所提三原则明确表态。蒋介石在答辞中除了向有吉委婉解释中国币制改革的必要性而外，对“三原则”问题“原则上完全赞同，但无对案”[16]。他又对日本大使特别表示：希望中日交涉过程中任何问题都由中央政府交涉，勿在地方作枝节交涉，反对日本在华北的分裂行动。这是南京政权对日本历来在华北侵略性要求的少有的强硬表示。这暗示了一种趋向，即南京政府对华北问题的态度已由汪氏的软弱开始转向蒋氏的“软中有硬”策略。

11月24日，河北蓟密区行政督察专员殷汝耕被日人收买，在通县成立了“冀东防共自治委员会”，宣布河北22县“独立”。宋哲元急电南京请示对策。26日，南京政府行政院做出六项决议：（1）撤销北平军分会；（2）华北政务收归中央军事委员会处理，（3）特派何应钦为行政院驻平办事长官；（4）宋哲元为冀察绥靖主任；（5）将“独立”区专员公署撤销；（6）明令通缉汉奸殷汝耕。[17]这些措施不仅有力地打击了华北分裂的阴谋，而且将华北大权收归南京政府，难怪引起了日本人强烈反应。日本驻南京总领事须磨27日在会见孔祥熙时当面指责中国政府惩办殷汝耕，日本内阁训令广田外相对华交涉，逼南京承认华北伪政权，反对何应钦北上，同时关东军一部开入关内，日本浪人在天津闹事，要求保护殷汝耕。宋哲元无法应付日本的挑衅与华北民众抗日高潮，电请辞职，南京不准。蒋介石再次会见日本大使，要求日方停止“华北自治”运动，他答应如果日方做到这一点，南京政府就可以考虑接受广田三原则，与日方研究解决华北问题的措施。有吉拒绝取消华北伪组织，进而还要求中方承认广田三原则并具体化。结果双方不欢而散。28日，南京外交部就日本策动“华北自治”及日军侵占丰台车站，向日政府提出抗议。并同时电告各国，通报中方不承认伪组织之立场。日本人急不可耐，限令宋哲元在11月30日前宣布自治，为宋所拒。

12月2日，南京政府代表何应钦抵达北平，宋哲元向他报告了华北局势并明确表态：绝对听令于中央政府，不向日人屈服，并说明他与日人之间并无任何秘密协定。其后，宋氏又发表了“本人责任从此当可减轻，此后一切困难问题，当悉听命何部长负责处理”的宣言[18]，退居西山，表示了他对南京政府削其权力的不满情绪。

对于何之北上，日方大为恼怒，日本大使有吉于11月26日会见新任南京政府外长张群时，明确指出日方认为何之北上是中日关系之“倒退”而非“进步”，他暗示，何不去则华北问题难以解决，只有非蒋嫡亲的宋哲元才是日方愿意合作的对象。

何应钦为了挽回华北危局，电请南京批准于12月11日宣布成立“冀察政务委员会”，负责华北政务，以宋哲元任委员长兼河北省主席。又向宋氏交回了权力。冀察政务委员会是南京向日方妥协的产物，也是蒋介石此时还不肯与日本撕破脸皮的必然结果。日方认为，有了“冀政会”，既已驱逐南京势力于华北，并为下一步“自治”铺平了道路，而南京却认为，“冀政会”仍是自己的下属机构，它破坏了日本“华北全面自治”的计划并起到对日缓冲作用，符合最高国策之需。事实上，由于全国人民抗日浪潮不断兴起以及南京政府的干预，已经决定了“冀政会”最终不可能成为日本的傀儡工具。

1935年11月，国民党“五全大会”在南京召开，这是一次具有一定历史意义的大会，它标志着国民党的内外政策开始由“安内”向“攘外”转变，也是蒋、汪关系中的一个较大转折点。

大会重申，最高统帅权在于“本党文武兼备伟大崇高之领袖”，“全党同志听其指挥”。同时宣布应蒋介石的要求，授予中央政府处理外交事务

“进退伸缩之全权”。大会后产生的中央执、监委扩大了各派系代表面，但明显减少了汪系人数，削弱了汪派力量，这明确地显示蒋介石已完全占了上风。12月，五届一中全会安排党政机构成员，汪精卫连发三封电报辞职。7日蒋介石接替汪氏出任行政院长，由张群接任外交部长。汪精卫出任中央政治会议主席，又因病由副主席蒋介石代理职务，汪氏失去了全部权力，汪派人马职权亦纷纷被替换。汪精卫一气之下转沪养伤。蒋介石为了缓和关系亲赴上海探视，但并未见效。1935年12月25日，汪系外交得力干将、亲信分子唐有壬在沪被刺身亡，汪精卫坐卧不安，他计划再拉胡汉民共同反蒋，又被蒋捷足先登将胡稳住，胡汉民拒绝来沪与汪会见。1938年2月29日，汪精卫终于以认输姿态离沪赴欧“转地休息”。蒋、汪合作的历史自此告一段落。

“五全大会”之后，蒋介石按照他的外交方针开始了一系列行动。他积极拉拢各派力量，初步造成“团结一致共赴国难”的局势。在他指示下，国民党某些要员主动地与中共方面建立了直接联系。虽然国内“剿共”与镇压抗日的大气候尚未根本改变，但南京政权毕竟开始了迈向团结抗日的第一步。

新任行政院长的蒋氏在会见满腹狐疑的日本大使时一改汪氏的笑脸姿态，驳斥日方观点。他宣布华北问题不应只看作地方问题，而应当从整个中日外交出发，解决中日间一切“悬案”。蒋介石提出了“整个谈判”中日外交的方针，用以抵抗日本以局部事件解决而分裂华北的阴谋。[19]遵照这一方针，中国驻日大使代表丁绍伋于1936年1月28日拜访日外务次官重光葵，转达南京政府训令，建议举行中日会谈，对两国间政治、经济、文化等一切问题作全面会商。南京政府外长张群在与日方大使等要员的会谈中亦一再声明：“在进行商讨解决中日双方问题时，日方在华北一切行动务须停止，否则，不良影响之所及，一切问题将无从解决。”“我方感觉贵方要求无厌，太难应付，此后吾人如不求两国关系根本的调整，将所有纠纷告一段落，则中日前途不堪设想。”“我国所最希望者，中日问题有一根本解决之方法。”[20]此后，南京政府在华北与日本的交涉与争斗便按照蒋介石的方针走上了制止分裂“整个交涉”之路。这对比汪氏在华北问题上软弱退让外交及其“中央对日交涉难有整个计划”[21]的言论不能不说是一个明显的进步。

综上所述，在处理华北危局及与日本不断的妥协与斗争之中，蒋、汪双方合中有分，分中有合，由于双方对日关系指导思想的不同，最终还是走向了分裂。蒋介石在推汪精卫于台前应付华北危机时，始终同意汪氏在华北采取对日妥协立场，尽管蒋、汪妥协各自的目的不同。但由于汪氏的行为比蒋的计划走得更快更远，超过了蒋的容忍限度，故而双方间不断产生矛盾摩擦，蒋介石被迫多次向汪妥协。汪的被刺使彼此矛盾有了一个转机，蒋介石不得不站到台前与日本直接交涉华北问题。由于蒋的根本立场是准备抗日，更由于日本方面步步紧逼，蒋介石一反汪氏态度，对日采取较为强硬的抗拒姿态，提出了“整个解决”中日悬案的主张，与汪氏的立场相对立，这也就是蒋介石迈向抗日的第一步。

从蒋、汪关系的变化及其对华北时局的影响经过的考察中，我们可以把握住南京政府处理华北危局政策的脉搏。

【注】

[1] 《国闻周报》第十一卷第9期。

[2] 中国第二历史档案馆藏国民党政府行政院档案：《汪精卫致何应钦、黄郛电》。

[3] 《国闻周报》第十卷23期。

[4] 《国闻周报》第十卷第3期。

[5] 《国闻周报》第十卷第25期。

[6] 张同新《蒋、汪合作的国民政府》，黑龙江人民出版社，1988年版，第298页。

[7] 中国第二历史档案馆藏国民政府外交部档案：《汪精卫与须磨会谈纪录》（1934年5月2日）。

[8] 《国闻周报》第十卷第2、35期。

[9] 中国第二历史档案馆藏国民政府立法院档案：《外交建议案》（1934年5月4日）。

[10] 《国闻周报》第十卷第3、31期。

[11] 《民国档案》，1989年第2期第27页。

[12] 《民国档案》，1989年第2期第27页。

[13] 张同新 :《蒋、汪合作的国民政府》，第 365 页。

[14] 《国闻周报》第十二卷 32 期。

[15] 张同新《蒋、汪合作的国民政府》第 367 页。

[16] 《民国档案》，1988 年第 2 期，第 23 页。

[17] 《国闻周报》第十二卷 47 期。

[18] 《国闻周报》第十二卷 48 期。

[19] 中国第二历史档案馆藏国民党政府行政院档案 :《蒋介石与日本大使会谈记录》。

[20] 《民国档案》，1988 年第 2 期，第 23 页。

[21] 《国闻周报》第十卷 21 期。

华北地方实力派抗日态度之比较研究

载《民国档案》1993第2期。

《第二届近百年中日关系史国际研讨会论文集》，中华书局，1995年7月版。

抗日战争爆发之前，中国北方五省(晋绥察冀鲁)地方政权实际掌握在以宋哲元、阎锡山、韩复榘为代表的地方实力派手中，他们并不完全听从南京中央政府的命令，保持着自身内外政策的独立性，因而在战前对日关系与战后抗日态度上都体现了各自不同的特色。因为华北五省地处抗日前线，又是日本军阀长期觊觎之地，故各种势力之间的矛盾错综复杂，其最终斗争结果，对中国抗日战争正面战场造成了严重的影响。在这当中，主政河北平津的宋哲元、掌握晋绥的阎锡山与把持山东的韩复榘三巨头与日本的关系及其抗日态度，成为影响中国抗战的重要因素。本文试图从他们三人与日本关系之比较研究入手，寻求抗战爆发后华北战场战事成败得失之根源所在。

一、宋哲元求安不成

宋哲元与日本的关系经历了从抗日到妥协求安最后被迫再次抵抗的复杂过程，这一变化源于他保持华北独立性的幻想。

早在1933年初宋哲元主政察哈尔时，他就曾率部在喜峰口、罗文峪等地参加“长城抗战”，与日本作过拼死搏斗，赢得了“自九一八以来北方战场首次之胜利”，他亦曾作为“抗日英雄”而被国人所称道。由于南京政府的对日妥协与退让，日军不断南侵，“长城抗战”成果尽失，而宋氏的二十九军却被命令开往南方参加“剿共”内战。宋氏汲取“中原大战”之教训，决不愿再参加此种“内耗”，决心“枪口对外”。他“为国家，为地方计”，决定“挺身而出”[1]率部乘隙开入河北，抢占平津，造成了控制华北地方之事实。从此走上了对日交涉的第一线。

宋哲元的突然介入，打破了蒋日之间达成的妥协局面，出乎双方的意料，但却很快地得到了双方的认可，这是因为从日本方面来看，宋氏是原西北军旧部，与蒋介石有历史旧怨，并为蒋所不容。虽然他有抗日历史，但他与南京政府过去和现在都有着深刻矛盾，而且手握重兵。只要“引导得法”，那么，宋氏将会成为日本促成“华北自治”分裂中国之理想人选。所以，日本致力于拉拢胁迫宋氏，企图使之“将来不得不和日满提携”。[2]而从南京政府方面来看，日本军阀对于华北地方“志在必得”，政府方面因“攘外必先安内”，无法顾及华北，已经准备“忍辱”相让，宋氏的突然进入，虽然含有抗命的成分，但宋及二十九军毕竟是中国的军队，与其将华北让日，不如让宋来掌握，何况宋氏居间，一方面可作缓冲，另一方亦可限制其发展，兼收一举两得之效。于是蒋介石顺水推舟，要宋哲元“完全负起北方的责任”，并希望二十九军“务必忍辱负重，苦撑华北局面”，“三年后方可言战”。[3]这样，宋哲元及其二十九军便成为夹在蒋日之间的第三种力量，成为河北与平津的实际统治者。

从1935年6月至1937年7月的两年时间中，宋哲元被迫在蒋日之间“走钢丝”，为了自己及二十九军的利益，他不得不收敛抗日的锋芒，改变对日策略，以求得日方对其存在的容忍。这一“化敌为友”的过程对宋氏来说，是十分痛苦的，他曾坦白地说过：“对日本前倨而后恭，不但国人不谅解，而且良心也过不去。”但严酷的现实亦使他清楚地认识到“只要设法使二十九军不参加‘剿共’，能在华北站住脚，以后的事‘逆来顺受’，便可运用自如了”。从这一点出发，他萌发了与日方直接交涉，以求保全自己地位与华北地盘的想法。

在处理与南京政府的关系方面，宋哲元准备与南京保持一种不即不离的关系。他曾对部下表示：“咱们对中央绝不说脱离中央的话，对蒋介石绝不做他个人玩弄的工具。”[4]其意图在于求得在中央政府旗帜之下拥有处理华北地方事务之自主权。

宋哲元为其对日关系定下的一个原则是“舍小利而保大权”，具体地说就是“只要大权能归我们所有，地方上的小利即或为日方稍为染指，为顾全大局计亦未尝不可”。[5]这种方针之确定虽然在主观上是出于无奈，并且保持了一定的原则分寸，但他的让日方“稍为染指”及与中央政府“不即不离”的态度，在外界看来却充满了投靠日本的倾向。当时国内舆论对宋及二十九军擅自进入华北，把持地盘，“依赖日本”向中央政府施加压力，以求“自主”之举措，多有非议。特别是1935年12月冀察政务委员会成立之后，表面上宋氏与日本华北驻屯军打得火热，并屡次致电南京政府，要求“下放权力”，力图“自治”，在华北经济开发上又允诺与日本人合作，还镇压“一·二九”爱国运动，这一切都给人以“宋日合流”之印象，增加了南京政府对宋的疑心，亦为国人所不谅。但实际上，宋哲元在华北并没有做过一件出卖国家主权危害民族利益的事情，除了在政治上从不签署任何卖国协约而外，即使在较为复杂敏感的“经济合作”方面，亦未迈出什么实际性的步骤。

本来，宋哲元与日本商谈“合作开发华北经济”的真实意图是在于希望利用日本的财力与技术发展华北经济，从而壮大自己的力量，增加与南京方面抗衡的资本。这一方面是由于其自身不断发展的政治、军事的需要，另一方面也是为了反抗南京政府的压迫。蒋介石出于排斥异己的本性，为了防止西北军在宋哲元领导下“东山再起”，除了在政治、军事各方面加紧限制排斥外，在财政方面亦采取了压缩手段，尽管这一时期二十九军兵员增加了三倍，但南京政府每年核拨的军费却减少了五分之四，以财政困难，从“长城抗战”时的“月津贴30万，改为12万，继又减为6万元”。宋哲元因此对蒋介石“极为不满”，他一再要求南京“如数照付”应允的款项，但无结果。[6]不得已，他决定自力更生发展经济，以求自给。为此他准备对日本“舍小利”而换来“大利”。

日本为了进一步勾引宋哲元“下水”，并加紧其对华北之经济侵略，向宋提出了一系列“经济合作”的要求，如修筑津石铁路、开发龙烟铁矿、开辟航空线路、向日本输出华北棉花、长芦余盐等。1936年9月，双方经过协商，宋哲元与日华北驻屯军司令田代皖一郎达成了合作开发华北“四原则八要项”方案。为了避免“越权”，宋哲元及时向南京政府报告了这些协议的内容。11月间，国民政府行政院两次下令，对宋日协议做了否决，表示凡涉外经济合作“非经中央核准，依法不能生效”。[7]阻止了宋哲元单独与日交涉的活动。宋哲元也没有再坚持原议，表示听从中央命令。以后，他便以“彼此虽曾协商，但实现非咄嗟间可立致”[8]为借口，对日方的紧逼进行搪塞与拖延，最终没有与日本签约。

除了经济侵略之外，日本对宋哲元更加紧进行政治攻势。1935年10月，关东军奉天特务机关长土肥原贤二亲自出面找宋，逼他“促成华北自治”。宋哲元一面对之软顶硬磨，一面明确表示了自己“不脱离中央政府”的态度。土肥原恼羞成怒，拿出一份《华北高度自治方案》，以最后通牒方式逼宋在11月20日中午前签字发布，宋哲元进退两难，最后只好一走了之，借口探亲避往天津，使日人阴谋不能得逞。日本人看拉宋无望，这才转而扶植汉奸殷汝耕成立“冀东防共自治委员会”，另砌炉灶。这正好说明了宋哲元坚持爱国立场，而使日本阴谋不能得逞。

宋哲元在对日关系上坚持了基本的爱国立场，在方式上采用灵活变通的办法，“表面亲善，实际敷衍，绝不屈服”，“不说硬话，不办软事”，并在中日开战前夕做了一些军事准备，对学生爱国运动也由镇压转而实行保护，并委托代表向中国共产党方面表达了他拥护抗日民族统一战线之态度，受到了毛泽东主席的复函称赞。[9]

宋哲元对于他在华北之艰难斡旋深感烦恼，同时，他又坚定地认为他可以继续坚持下去，蒋日双方都不至于对他撕破脸皮。然而，他对日本的侵略野心认识过浅了，由于他对日本不肯俯首贴耳，日本军方已经认定宋哲元“不甘受人利用”，决心以武力制造事端，尽快驱逐宋氏，进兵华北。加上西安事变以后中国内部民族抗日统一战线形成，更刺激了日本军阀的侵华野心。于是，他们迫不及待地发动了七七卢沟桥事变，准备武力占领华北，制造第二个伪满傀儡。

卢沟桥战事爆发之时，宋哲元正在山东乐陵原籍修养，他对日军行动的真实目的尚缺乏认识。接到前线的报告，他命令部队“扑灭当前之敌”，但“只许抵抗，不许出击”[10]，准备像以往应付日军挑衅一样，在反击之后，仍然停战保和，维持华北“三足鼎立”之局面。

可是他万没想到，日军对他已起杀念。7月11日下午，宋携家人回天津时，日本特务在铁轨上埋下炸弹，企图重演“皇姑屯事件”，因炸弹迟爆，宋氏幸免于难。19日，宋哲元在由津赴平途中再次遇上日人之刺杀，又因地雷故障未能得手。

此时的宋哲元，因尚弄不清南京政府对七七事变的真实态度，不便决断。更因认不清日军的企图，未能下决心抵抗侵略。他幻想经过自己的软硬兼施可以平息此次事变。所以，他在接到南京政府派兵北上增援的电报时，首先想到的便是“恐中央军北上渐次夺其地盘”。[11]加上日方为掩护其增兵而大放和谈烟幕，挑拨宋蒋关系，“谓日军此次行动系拥护冀察利益，拒止中央军来占冀察地盘”。[12]为安抚日方和阻止中央军北上，宋哲元在天津与日本华北驻屯军新任司令香月清司举行了会谈，并“派了张自忠、张允荣与日方议定三条”，作为解决事变的条件。他在回到北平后为向日方显示“和平诚意”，竟下令拆毁北平城内防御工事，打开城门，犯下了一个不可挽回的重大失误。他还拒绝接受各方的援助，公开对外表示“和平解决已无问题”。[13]

7月22日，蒋介石亲自致电宋哲元，对其拆除工事之举给予了严厉批评，告诫其对日本人要“刻刻严防、步步留神、勿为所算”；“此次胜败，全在兄与中央共同一致。无论和战，万勿单独进行”[14]，并要他把与日议和条件上报中央，立即去保定布置抵抗，由中央拨调4个师加强平津防守力量。

对于中央的批评与指示，宋哲元还是认为不能全信，他唯恐南京方面尚未下定抗日决心而意在夺他的地盘，或让他与日本杀个两败俱伤，南京再居中渔利。于是，宋一面对外宣称已做好抗日准备，“决不怕日军压迫”，一面又以二十九军“兵力大部在平津附近，故先到津部署”为由，拒去保定，对北上之中央军“则均令其止于河北南境”。[15]他还密电老上级冯玉祥，请其“探询中央内情”，[16]以供决策参考。

7月23日，南京政府专使在北平与宋见面，对他分析了日军扩战意图，转达了中央决心武力抗日的立场，并解释蒋宋间误会。宋哲元表示自己“向以国家为前提，以民族利益为依归，本中央意旨办理，丧权辱国之事决不去做”。他同时并表示，“华北局面难办，责任不在我身上，主要问题是《何梅协定》、《塘沽停战协定》，你们给日本人签下卖身契”；“我有决心，决不屈辱，将来即会与日人成立何种协定，必较以往之《何梅协定》为佳”。[17]此次会谈，使宋对日本之幻想逐步减弱。次日，他停止了从北平周围的撤兵行动，但为时已晚。

24日，日方代表今井武夫等人又来见宋，迫其继续撤兵。宋哲元回答一个月以后再办，日人问为什么?宋竟回答“眼下天气太热，等凉快点再办”。日人闻之哭笑不得，今井认为“他这种对时局漠不关心的态度，毋宁说是挑逗我们发火”。[18]在这种形势下，宋哲元想以“不丧权辱国”的“局部让步”来使日军停止侵略，保全自己的地盘与利益，已经是不可能的了。

日军利用宋哲元的麻痹赢得了时间，向华北开来了大批援军。26日，日军按计划准备完毕，同时向北平、廊坊等地发起了进攻，宋哲元这才意识到“敌有预定计划，大战势所不免”。他立即下令“抵抗任何进一步的侵略”，“固守北平，誓与城共存亡”，并电促中央援兵北上。[19]但只可惜这一切都已迟了。

由于各地守军仓促上阵准备欠周，而日军攻势凶猛，虽然我军将士拼死力战，但终归抵抗不住，包括二十九军副军长佟麟阁、一三二师师长赵登禹在内的一批将士壮烈殉国，平津等地战事很快陷于失败。28日下午，宋哲元在北平召开了最后一次军政长官会议，决定留下张自忠为代理人，继续与日交涉，为“和平”做最后努力，而宋自己却率部后撤保定“指挥所部继续抗战”。之后，平津华北大部分地区很快沦于敌手，正面战场战线随之向西延伸。作为抗日第一战役的平津之战就这样因内外交错的原因，在短期内便以中国军队的全线撤退而告结束了。

二、阎锡山决心抗日

华北失守后，日军很快西进，兵锋直指山西要地，企图攻陷太原，堵塞平汉路我军西退之路，完成包围聚歼我军华北主力之计划。

负责守卫山西的第二战区司令长官是以“山西王”而闻名的阎锡山。

阎锡山是一个以具有浓厚的封建割据思想，在山西苦心经营多年创造了一个“独立王国”而著称的地方军阀。早年他因不满于蒋介石的“统一”，曾联合冯玉祥等发动空前规模的“中原大战”，企图推翻蒋介石政权。战事失败后，冯玉祥的西北军被蒋分化瓦解，而阎锡山却以他丰富的政治经验，利用蒋日矛盾，逃往日本势力控制下的大连，求得日人的庇护而逃过了这一关。

说起阎锡山与日本人的关系，可追溯到他青年时代赴日留学时期。他在日期间结识了不少日本人士，了解了明治维新后日本依靠军国主义对外侵略掠夺而不断发达的历史，从而决心效法日本。他参加了推翻清王朝的革命，通过武装斗争挽救国家，同时建立私人的武装，打出自己的天下。在阎锡山的思想深处，对日本军阀十分欣赏，对其所宣扬的“有强权无公理”、“优胜劣败”、“弱肉强食”的理论深信不疑，同时，由于对日本的充分了解，他又对日本的侵华野心具有深刻的认识，对日本的干涉与侵略十分警惕。

阎锡山中原大战反蒋失败避居大连时，曾十分谨慎地就利用日本势力反蒋一事与日方进行过讨论，日本人对阎氏竭尽拉拢威逼之能事，想要他公开出面充当日本的走卒。1931年春，日本人派汉奸赵欣伯请阎出山“以其治晋之方救之东北”。“拯救”在张学良统治下“水深火热的东北民众”，并坦言“此为东北人之希望，亦为关东军之意见”。阎锡山一眼识破日本要他当傀儡的企图，坚决不见赵欣伯。1931年夏，阎锡山曾一度准备联合原西北军石友三、韩复榘两部起兵反抗南京政府，并约日本人共同行动，日方表示将进兵东北，抄张学良的后路。但这一计划因内部生变而流产，阎锡山因此曾向日方表示歉意，他同时也获悉了日方将在东北“有所行动”的情报，于是决定立即返回山西，免生意外。他答应了日方的条件，表示回晋后继续发动反蒋，重金租用了一架日本飞机飞回山西。部下问他：“你回山西，不怕蒋介石和张学良压迫吗?”阎答：“恐怕不久全国就要行动起来反对他们，他们将自顾不暇，对我也无可奈何。”[20]果然，一周之后便发生了震惊中外的九一八事变，南京政府顿时陷入内外交困之中，再也无法顾及阎锡山的潜回山西之行，只能听之任之了。

阎锡山利用日本的帮助和侵略东北之机实现了东山再起的计划，而后，他便十分聪明地收起了反蒋大旗，抛弃了对日方的诺言，让日人上了一个大当。这是因为他从来也没有把日本人视作知己。他不可能也没有必要来对日本尽责去反对南京政府。

出于对日本军阀之了解，阎锡山对日军在九一八后的不断南侵保持着十分警惕的态度，他认为一旦中国沦为日本殖民地，也就意味着他的地盘与统治将不复存在。虽然过去他曾一度与日本合作，但如果日人侵占到他的势力范围以内，他也将起而反抗。因为对他来说，日本的威胁与南京的威胁一样，都是致命的，不能不加以抗拒。

1936年后，日军已入侵热河、冀东、察哈尔，从北面威胁山西。太原、归绥等地频频发现日特活动，阎锡山为了对付这种威胁，明确表示了抗日的决心。他曾屡屡告诫部下说：“日本以亡我国为目的”，“在日本国策上来看，统治我国为其唯一方策”。[21]是年8月间，他提出了“守土抗战”的政治口号，并将其对内政策做了重大修改，准备“联共抗日”。他停止了反共活动，并通过张学良与陕北中国共产党建立了联系，还邀请共产党人去山西与他“共策保晋大业”。

1936年11月，阎锡山为了遏制日本的南下，决心乘日军及伪蒙军进犯绥远之时“以晋绥军全体在平绥线上与敌一拼”，[22]发动了著名的“绥远抗战”。傅作义将军指挥部队经过激战，收复了绥北重镇百灵庙，取得了重大胜利，鼓舞了全国人民的抗日热情，南京中央政府亦派团前往慰问。一时山西成为全国抗战之热点。但阎锡山之抗日不是为了国家，而是为了“自保”。正当傅作义准备率部乘胜追击敌军之时，阎锡山却电令立即停止行动，其原因即出于他的“自保”原则。只要日本不进攻山西、绥远，他用不着为了蒋介石去抗日，但如果日本进兵山西威胁阎氏生存，那他将作全力抵抗。

七七事变发生后，阎锡山以他同日本打交道之经验，知道在华北已不可能取得和平。他“派张荫梧赴天津，有最恳切函致宋明轩，劝其接受中央之援助，协同抗战，不可妄听汉奸之挑拨”。[23] 8月间，他还亲自赴南京，参加最高国防会议，接受山西抗战部署。

8月6日下午，阎锡山在与军政部长何应钦的谈话中具体表明了他对抗日战略的有关设想。他提出在战略上应实行持久战，“放弃土地无关重要”，“最好在敌傲慢之下，第一次会战须求得胜利，以正世界观听，尔后再将军队疏散实行持久战”。“我宜在有利之地形与之作战，使其飞机、战车、大炮皆失作用”。“我非支持一年不能得苏俄之援助”。[24]这些谈话说明阎氏对持久抗战抱着赞成与支持的态度。从他对敌情的分析、对敌人本质的认识及其对抗战的战略设计来看，阎氏对于抗日是有着比较正确的态度和有所准备的，这一切为山西当局的抗战奠定了基础。

战争开始以后，阎锡山率领第二战区国民党军与共产党领导的八路军共同作战，相互配合，充分体现了举国一致抵抗侵略共赴国难的团结精神。1937年10月间，日军统帅部下令开始“太原作战”。阎锡山率部居守忻口阵地，南京方面又给山西派来了援军。以后整整一个月时间内，敌我双方在忻口一线开展了空前激烈的大战，经过无数次冲击，我军阵地屹然不动，实为抗战开始以来所少见之战绩。由于日军指挥官坂垣征四郎在战前曾凭借他与阎锡山过去的同学关系考察过山西，他利用山西地理特征攻入我防线薄弱环节，破坏了我军“大同会战”计划，晋北不久失守。阎锡山及时调兵布置在内长城一线，决心以平型关为中心，再与日军较量。我第八路军在平型关打了一个漂亮的伏击战。是为抗战以来我军著名胜仗之一。11月初，我军被迫撤出忻口阵地，太原随即沦陷。但忻口战役大大消耗了日军的力量，并使其在华北围歼我军主力之企图破产。山西的作战对抗战正面战场总体战局产生了深刻的影响。

三、韩复榘和日避战

占领山西之后，日本华北派遣军主力转而开回冀南，开始了南下打通津浦线之作战。在此之前，日本华东派遣军已经攻占上海、南京，国民政府撤往武汉。华东日军曾欲北上打通津浦线，因在淮河一线遭到我军沉重打击，不能前进。日军统帅部只得命令华北派遣军由北向南发起南下之役，首当其冲的攻击目标便是山东省。此时山东省正处于原西北军旧将，后因叛冯投蒋而受封山东的韩复榘统治之下。

韩复榘行伍出身，没有文化，早年跟随冯玉祥，因作战勇敢，逐步升为西北军一员大将。后因生活腐化追逐酒色，他受到冯玉祥的严厉批评，因而萌发私心，加上蒋介石的蓄意拉拢，终于在蒋冯大战前夕率部叛冯投蒋，并参加了中原大战，为蒋介石守卫山东。战后，蒋介石便把山东封给了韩氏。

韩复榘在山东的统治一直持续到抗战爆发以后，在这近八年的治鲁期间，韩复榘以他的充满封建主义与江湖英雄特色的性格在山东省大搞行政“改革”，“整顿”社会。在处理对蒋关系上，他将山东境内国民党势力排挤出境，保持自己统治的独立性。

在对日关系方面，韩复榘因在历史上与日本没有什么渊源，故而他的对日原则是有利则行，无利则止。他在蒋日矛盾中同样处于夹缝中间之地位，平时他不愿开罪任何一方，相反地却要利用他的这一特殊地位居中渔利。由于山东不像冀察那样是中日冲突前沿所在，故而在战前得以稍安无事。日本人对韩采用以拉拢为主的策略，而韩则以自己利益为基本出发点，对日本有利则和，无利则拒。

1935年11月间，日本驻济南领事馆武官花谷受命与韩交涉共同开发山东矿产事宜，并胁迫韩氏公开宣布“山东独立”，与南京中央断绝关系。韩氏虽倾向“独立”，但又怕因此招来国人抗议，引起南京报复，最终未敢答应。日人仍强行威逼，韩复榘不禁恼火，斥责日本之无理，并拒绝去天津响应“华北自治”活动，又表现了“豪气”的性格，宣称不怕与日本撕破脸皮。[25]

韩复榘在战前处理其对日关系问题时，与他对付南京政府的态度相仿，都是以自己的利益为衡量取舍一切之标准。当与日合作于他有利时他就干，所以，日本要他搞“山东独立”，他便提出以日军保证不进入山东为原则，否则就不干。其本质还是要确保山东统治权掌握在他的手中，而不愿做一个傀儡。由于日方不能答应他的条件，更因为包括他属下在内的绝大多数人反对他分裂中国，故而这一阴谋最后没有成功，韩复榘终究没有坐上日本的贼船。相反地通过这一事件，他却察觉了日本的野心。到抗战前夕，他与日本的关系已处于低潮。韩氏在公开场合曾明确表示他将“站在自家人一边”而“不得不得罪日本了”。[26]但是，他的这一表示并不意味他已下定抗日决心，在抗日问题上，他还留下了一条“尾巴”，这就是要保护他的军队与利益，不愿为国家与民族而弃舍一切。这种倾向在抗战爆发后逐步演化发展，最终导致了他的不战而逃。

抗战开始后，韩复榘立即电请南京政府拨调炮兵部队来山东协防。当日本放出“不扩大事变”烟幕时，韩氏笑道：“这是日本人的缓兵之计，想借机调动力量，仗一定要打，日本人不拿下北平不得罢休。”由此可见他比宋哲元的战略眼光还要高上一筹。韩复榘下令各部队安排好眷属后勤，集中待命。他又下令要驻济南的日侨及日本领事馆人员立即撤走。他对日本领事说：“你们把我韩复榘当汉奸看，那你们瞎了眼！你们明天不走，你们的安全我就不负责了！”他对部下说“他们希望我们中立，真是异想天开。”[27]

1937年7月30日，韩复榘应召去南京参加最高国防会议，临行前他致电中央政府，“主张抗战到底”，“态度良好”。[28]但在南京期间，他向蒋介石提出抗日作战建议却受到了冷落，加上他观察蒋介石，觉得他“一肚子心事却一点也不吐露”，使其顿起疑心。他回济南后对左右说：“我看蒋介石并无抗日决心。”[29]

这次进京的结果使韩氏认为中央政府并无抗日决心，这便使他的抵抗意志一落千丈。回鲁后，他立即通知全体照常工作，不要“听信谣言”，又召见日本领事及侨民代表，表示他并未出任抗日军职，日侨留去与否，“听其自便”，凡未离开者，“照旧保护”，意在让日本人对他放心。同时，日军飞机在济南投下致韩信件，劝告韩氏不要与日为敌，日本特使又秘密来济见韩，说只要韩不参加抗日，则日本亦不打韩，日军不想在山东驻兵，但须途经山东运兵。韩深知日方骗术，坚决表示不论是驻兵或是运兵他都不许日军过山东，于是会谈遂告破裂。[30]

由于韩复榘对抗日态度转向消极，使山东救亡工作陷入一种混沌局面，战备工作未能开展。韩氏公然表示他将率部撤退保全实力。他宣称，只要保住军队，“退到天边，也能有吃有喝，谁也不敢轻视我们”。

进入10月以后，华北形势紧急，战火迫近山东，韩复榘被任命为第五战区副司令长官。11月，日军攻击鲁北，韩复榘在黄河北岸视察部队时被日军包围，险些丧命，他突围逃回济南，恼怒地喊：“打!打!几乎回不来!”表现了强烈的厌战情绪。韩复榘认定南京政府无诚意抗日，他也决定不做蒋介石的“牺牲品”。他说：“我认为山东是守不了的，我们打不过日本人，唯一的办法就是保存实力，把军队撤到平汉路以西，等待国际上的援助，然后再反攻，别的出路没有。欧美是不会让日本独吞中国的，这些道理蒋介石肚子里比我明白得多，还装什么样子。”[31]“我们就有这几万人，这个家底牺牲完了，蒋忽然跟日本又来什么协定，华北就没有我们的份了。”当部下问他还抗不抗日时，他着重地说：“我们要最后参战。”[32]这番话道出了韩氏内心的真实思想。

在这种避战思想指导下，韩复榘下令将全军辎重运往河南，军队从鲁北战场全线撤退，准备过河南最后撤往汉中，与刘湘的川军合作，共同拒止蒋介石中央政府入川，“和日倒蒋”。[33]在中华民族外患临头之际，这种不顾大局制造内乱的计划，无疑是一种背叛国家与民族的行为。

蒋介石接到第五战区司令长官李宗仁报告韩部异动的情报，表示他“早已知道”。当韩部放弃济南，将山东战场各要点拱手让敌之后，蒋已决定对其采取断然处置。1938年1月，韩复榘在开封被诱捕，25日以“抗令擅自撤退”等罪状被判处死刑，随即枪决。韩氏之被正法，罪有应得。其余部随后在李宗仁指挥下参加了鲁南抗日战役，打出了“台儿庄大捷”的胜仗。由此可见韩复榘个人之弃责逃跑对山东战场乃至整个正面战场已产生恶劣影响。

四、结论

综合河北宋哲元、山西阎锡山、山东韩复榘三人战前与日关系、战后抗日态度及其对战争之影响后果，我们可以说，在当时特定历史环境下，其个人对日关系之不同，直接成为影响中日战争进程的重要因素。

宋、阎、韩三人的对日态度有其共同的一面，但又具有完全不同的一面。他们在战前对日关系的共同点是在于与日方相互利用来抗衡蒋介石政府的排挤与打击，借助日方的帮助与支持，增强自己的力量。由于他们都处于地方实力派的地位，最终不能为蒋介石所容忍。时时遭到蒋的打击，不得而利用蒋日矛盾，在蒋日之间“走钢丝”，其目的在于求平衡之中保住自己的地盘与地位。其中宋哲元身居蒋日矛盾中心地区，处境最困难；阎锡山在中原大战后求庇日本人帮他恢复了生机；韩复榘则设想利用日本促成“山东独立”。阎韩两人位居对日冲突之二线地区，矛盾相应较少。而日方则本其分裂中国、制造混乱之一贯宗旨，对反蒋实力派一概给予支持、资助，最终拉拢其走向分裂中国之路。正如日军驻北平特务机关长松室孝良在其上关东军密报中所说的那样：“中国实力派之大部采个人或小集团的繁荣主义，缺乏为国为民的观念，因此就形成独霸一方、独裁私兵的状况。”“故以后帝国对华工作应以破大的对象、寻获小的对象，以分散其势力集中，增加彼此之疑嫉”为目的。[34]但随着日本与华北地方实力派相互“合作”的深入，矛盾也因此而产生了，日本支持他们的目的是要他们宣布“华北自治”、“山西反蒋”、“山东独立”，这无疑是要宋阎韩叛国投日，在这种大是大非的原则问题面前，他们三人虽表现不尽相同，但在战前都基本坚持了忠于祖国的立场，所存在的差别也就是态度坚定性之差异。

阎锡山对日本亡我之心认识较清，故而在回到山西后便拒绝再与日本合作，相反地却以较为积极的姿态，联共联蒋起而抗日，其结果使山西之抗日在战前的“绥远抗战”、战后的“忻口战役”中走在了全国的前列。在这一时期内，其积极抗日的态度与行为是应该受到肯定与赞赏的。至于在抗战后期他又重新与日方勾结谋求“和平”，那是另当别论的，也是事出有因的。宋哲元虽然在河北没有干一件卖国之事，但是他受日方的蒙骗，认为日本真的可以助他反蒋并维持华北局面，故而对日始终持着妥协求安的态度，力求息事宁人，保住自己的利益，甚至在日本频频对他下毒手之时，依然相信日本不会对他动武，以“一万”之努力去追求“万一”之和平，犯下了贻误战机自毁长城的错误，直接造成了平津战事的很快失利，等到他明白“大战不可免”时，已经为时晚矣。河北之失守，对抗日正面战场造成了重大影响。而韩复榘则更是糊涂，受个人学识水平所限，他以为可以利用日本促成他“山东独立”的梦想，但日本却拒绝了不在山东驻兵的条件，其实际上就是不能让韩对蒋日双方搞“独立”，而是要他投日对蒋介石搞“独立”。韩复榘意识到了这一点，最终拒绝与日“合作”出卖山东，这是应予肯定的。但是他却摆不正自己小集团利用与国家民族大义之关系，并且认为抗战必败，为保住自己的势力，他最终竟置国家利益于不顾，弃战逃跑，最终受到应有的惩罚。因为他的过失，使山东北部中部以及济南、泰安等大城市不战而失，对中国抗日造成了巨大的不利影响，加速了日军侵华进程，这一后果是十分严重的。以上这些便是阎、宋、韩三人对日态度不同点，这些不同和差异是造成抗战正面战场上山西之抵抗、平津之沦陷、山东之弃守的根本原因所在。

宋哲元之妥协、阎锡山之抵抗、韩复榘之逃跑皆发源于他们对日本认识之不同，这些出自战场外的因素却严重影响了抗战正面战场之战局，这些历史经验与教训是不能不加以总结的。从中我们也可以得出结论，即中华民族的团结与中国国家的统一是抵御外侮振兴中华的前提与基本条件。

【注】

[1] 转引李世军 :《宋哲元与蒋介石关系始末》，载陈世松《宋哲元研究》，四川省社会科学院1987 年版，第 15 页。

[2] 转引陈世松前引书，第 70 页。

[3] 转引陈世松前引书，第 16 页。

[4] 转引陈世松前引书，第 76 页。

[5] 齐协民《宋哲元与冀察政权》，载《天津文史资料选辑》第四辑。

[6] 中国第二历史档案馆馆藏档案，(五)589。

[7] 《民国档案》，1986 年第 4 期，第 55 页。

[8] 《宋故上将哲元将军遗集》(上)，台北传记文学出版社，1985 年版，第 568 页。

[9] 《毛泽东书信集》，人民出版社，1983 年版，第 40 页。

[10] 何基沣等 :《七七事变纪实》，见全国《文史资料选辑》第 1 辑。

[11] 何基沣等 :《七七事变纪实》，见全国《文史资料选辑》第 1 辑。

[12] 《民国档案》，1989 年第 2 期。第 6 页。

[13] 《今井武夫回忆录》，中国文史出版社，1987 年版，第 3 页。

[14] 《蒋介石致宋哲元电》(1937 年 7 月 22 日)，中国第二历史档案馆馆藏档案七八七。

[15] 《历史档案》，1985 年第 1 期，第 66 页。

[16] 《民国档案》，1987 年第 2 期，第 16 页。

[17] 《历史档案》，1985 年第 1 期，第 66 页。

[18] 《今井武夫回忆录》，中国文史出版社，1987 年版，第 37 页。

[19] 武月星等 :《卢沟桥事变风云篇》，中国人民大学出版社，1988 年版，第 295 页。

[20] 蒋顺兴等 :《山西王阎锡山》，河南人民出版社，1990 年 10 月版，第 111 页。

[21] 阎锡山 :《应付国难之我见》，载《阎百川言论辑要》第 9 册，1935 年 12 月版，第 26 页。

[22] 《阎锡山致蒋委员长电》1936 年 9 月 6 日，中国第二历史档案馆馆藏档案七八七。

[23] 《民国档案》，1987 年第 2 期，第 3 页。

[24] 《民国档案》，1987 年第 3 期，第 13 页。

[25] 参见《一代枭雄韩复榘》一书，中国文史出版社，1988 年版。

[26] 何思源 :《我与韩复榘共事八年的经历和见闻》，参见《一代枭雄韩复榘》，第 70 页。

[27] 何思源 :《我与韩复榘共事八年的经历和见闻》，参见《一代枭雄韩复榘》，第 71 页。

[28] 《民国档案》，1987 年第 3 期，第 13 页。

[29] 梁漱溟 :《七七事变前后的韩复榘》，见《一代枭雄韩复榘》，第 224 页。

[30] 王道生 :《大本营派我到韩部》，见《一代枭雄韩复榘》，第 234 页。

[31] 汪东林 :《访梁漱溟问答录》(五)，见《人物》，1986 年第 6 期，第 53 页。

[32] 何思源 :《我与韩复榘共事八年的经历和见闻》，参见《一代枭雄韩复榘》，第 72 页。

[33] 何思源 :《我与韩复榘共事八年的经历和见闻》，参见《一代枭雄韩复榘》，第 73 页。

[34] 《民国档案》，1987 年第 4 期，第 33 页。

开辟淞沪战场有无“引敌南下”战略意图?

载《抗日战争研究》，1994年第2期。

国民政府发动淞沪会战是否有计划地诱敌南下，改变日军进攻中国的路线（从由北往南变为由东向西）？关于这一问题，在大陆学者与台湾学者之间存在着观点分歧。余子道先生在《抗日战争研究》1992年第3期发表的《论抗战初期正面战场作战重心之转移》一文中对此做出了否定的结论。他认为：“引敌南下”，改变日军侵华路线是“出乎蒋介石意料之外的”，是战后“总结战争时人为地所追加的一种概括”。他的最有力的论证是：至今仍没有披露过“任何一种说明这一决策形成过程的档案材料，足以令人置信”。余先生的论证具有相当的说服力。但是，根据现有的资料为线索进行考察，完全排除国民政府在发动淞沪会战过程中具有某种程度的“引敌南下”的战略意图，也不一定妥当。

早在卢沟桥事变初起时，国民政府及其最高统帅蒋介石即在淞沪一带加紧备战部署。“八一三”淞沪战役是中国军队主动发起的战略攻势，其目的就是牵制日军在华北战场的兵力，避免日军迅速沿平汉路南下，造成对中国不利的情况。8月18日，蒋介石派陈诚、熊式辉赴沪视察战况。陈、熊二人于20日返回南京，向蒋介石汇报。陈诚说；“敌对南口在所必攻，同时亦为我所必守，是则华北战事扩大已无可避免，故敌如在华北得势，必将利用其快速装备沿平汉路南下直扑武汉，于我不利，不如扩大沪事以牵制之。”蒋对此表示：“一定打！”陈诚又说：“若打，须向上海增兵。”蒋即派陈诚为第十五集团军总司令，率部赴沪增援。[1]

据载，蒋介石在战争爆发前就曾明确指出：“这一仗打起来，上海、南京都不能守，我之所以要打，是因为我在日本读书的老师，如今都身担大任，日本人对中国的战略战史的研究，有时比中国人还深刻。现在我们与日本人打仗，不怕从南方打也不怕从北方打，最担心的是日本人由卢沟桥入山西再经汉中入四川，这是当年忽必烈灭亡南宋的战略。如果日本人到西南，从云南、贵州到广西一抄，我们即便保守南京、上海，这个仗也打不下来。现在唯一的办法是在上海作战，引导他沿江西上，届时他就败了。”[2]蒋介石的这一分析，比陈诚更深远一些，但其中“引敌南下”的战略意图，两人则是一致的。又据当年在抗战初期参与军机的徐永昌在日记中所载：1937年10月16日，蒋介石约见徐永昌会商军情，他曾谈到自己对于北方日军渡黄河南下的担心。徐氏在日记中写道：“余以为只要上海不失，山西能坚固一半，海州方面不出事（恐敌攻上海不下急而由海州上陆威胁我徐州，则心腹受敌矣）。蒋先生以为海州决无事。又一二战区兵力不足。”“蒋先生以为，敌如越黄河南下，斯真不「得]了。”[3]这足证蒋氏集中兵力在上海与日军作战是有充分设计的，是避免日军主力从河南、山西渡黄河南下的战略谋算。

8月20日，国民政府军事委员会下达的作战令也证实，淞沪战役发动之初，国民政府已决心集中我国陆军主力在华东战场与敌一拼。当时规定的作战指导方针为：“国军一部集中华北持久抵抗，特别注意确保山西之天然堡垒；国军主力集中华东，攻击上海之敌，力保淞沪要地，巩固首都，另以最少限兵力守备华南各港口。”[4]这项指令发布后，长江以南我军停止北调，纷纷向淞沪战场增援，中央军及各地方军陆续开抵淞沪地区。8月底，在陇海线东部机动待命的胡宗南部第一军以及由汉口向保定输送，先头部队已抵达郑州的第十八军，均奉命转赴华东战场，这就形成了在淞沪汇集重兵展开大战的态势。

“八一三”以后，在我军猛烈攻击之下，日军统帅部被迫不断向上海战场增兵救援，从其本土、朝鲜、台湾、东北等地抽调了部队，最后竟抽调了正在华北战场上作战的部队南下增援淞沪日军。9月5日日军统帅部决定，“把主作战转移到上海方面”。此时日军在我国南北战场上的作战师团比例数已由8月间的2:9改变为9:7[5]，我方在事实上已达到了“引敌主力南下”的战略目的。

由于日军发动全面侵华战争首先是从华北开始的，故而8月20日，我军大本营颁布的《国军作战指导计划》中尚称“主战场之正面在第一（战）区，主战场侧背在第二（战）区”。但随着战事的迅速发展，主战场很快便转到了华东，这显然是我方统帅部执行“引敌南下”的战略决策起到了作用。

当然，我这里所引证的上述种种资料，只是为分析研究国民政府及蒋介石指导发动淞沪战役的战略意图寻找一些线索。除此而外，目前我们确未发现其他更直接更有力的档案资料。但是，既然这是最高统帅部的秘密军事谋略决策，没有留下公开的文字资料，也许会是保守军事机密的缘故。

联系到全面抗战开始前，国民政府蒋介石有关对日战备的战略构想和战略部署：引敌沿长江西进，中国军队逐步自东向西撤退，以西南西北为持久抗战之根据地，这种设计与淞沪战役引敌南下西进，在战略思想上是一脉相通的。

蒋介石认为：“强国之国防，重边疆，取攻势；弱国之国防，重核心，取守势。”[6]因此，他主张我国的抗战，应在防御性战略守势原则下进行国防准备，“中国同日本作战，即无所谓决战”。[7]当时，蒋介石左右的中外军事专家亦曾不约而同地建议过“向西”后退以求持久抗日的主张。例如，我国著名军事理论家蒋百里，就曾分析未来的抗日战争不仅是一场全面战争，而且是一场十年八年的长期战争。在战争初期，中国军队会在日军猛攻之下守不住沿海地区而后退，所以应以湖南一带的内陆省份为我国抗战之后方基地。虽然中国可能失去上海、南京等大城市，但这并不意味着抗战的失败。“中国因为是农业国家，国力中心不在都会，敌人封锁了与内地隔绝的上海，只是一个死港，点缀着几所新式房子的南京，只是几所房子而已，它们与中国的抵抗力量，完全没有影响”。[8]“我们对于敌人制胜的方法就是事事与之相反，就是他利于速战，我却用持久之方针来使他疲弊，他的武力中心放在第一线，我们却放在第二线，而且在腹地内深深地藏着，使他一时有力没用处。”[9]

蒋介石的另一位高参，德籍军事总顾问法肯豪森，也提出过类似的建议。1935年8月20日，他就中国未来抗日战略问题专门向蒋呈送了一份《关于应付时局对策之建议》。他在这份建议书中写道：“对海正面有重大意义者，首推长江，敌苟能控制中国最重要之中心点至武汉一带，则中国之防力已失一重要之根据……于是直至内地，中国截分为二。”如果开战后“固守南京、南昌”，“此种作战方式足使沿海诸省迅速陷落，于此陆军所必需战具迅即告罄，无大宗接济来源，川省若未设法工业化，能自造必要用品，处此种情况必无战胜希望，而不啻陷中国于灭亡”。“终至四川为最后防地，富庶而因地理关系特形安全之省份，宜设法筹备使作最后预备队，自有重大意义。”[10]“因南北两大干路更重要者为长江”，“故必华方寸土不肯轻弃，仿二十一、二年淞沪及古北口等处成例，方能引起长江流域有利益关系之列强取积极态度”。对于北方战场“最后战线为黄河，宜作有计划之人工泛滥增厚其防御力”。[11]法肯豪森明确建议蒋介石以长江一线为未来抗战之主战场，希望以此来延续抵抗而引起国际干涉，不得已时则放弃东南沿海退保四川，作为抗日最后基地。他还进一步提出，在四川这个“造兵工业最良地方”，“由重庆经贵阳修筑通往昆明之铁路，使能经滇越路得向外国连络，有重要意义”。[12]

蒋百里与法肯豪森有关抗日战略地理设计之建议，对蒋介石产生了重要影响，蒋氏在抗战准备过程中欣然采纳了蒋百里与法氏将抗战军力“深藏腹地”、“经营四川根据地”以及“以长江为抗战主线”等战略主张，“制造黄泛以增加防御力”的意见，后来也在战争中予以采纳实施。由此可见，向西退却以防敌将中国南北一截为二，阻止敌由华北西进后迅速南下等策略，早就盘旋于蒋介石的脑际了。

1935年，蒋介石选择四川及西南作为未来抗日基地，派遣了以贺国光、康泽为首的“参谋团”、“军事委员会别动队”数千人的庞大干部队伍入川，把握了川省政治要害。蒋氏还亲自飞渝，建立“军事委员会委员长重庆行营”，进行直接控制，这一切便奠定了“建立抗战后方基地”之基础。7月4日，蒋介石明确宣布了他对于未来抗战战略路线之设想：“对倭应以长江以南与平汉路以西地区为主要阵线，以洛阳、襄阳、荆州、宜昌、常德为最后阵线，而以四川、贵州、陕西三省为核心，甘肃、云南为后方。”[13]这就是他“以南方为主线”、“以西南为后方”的抗战战略方针。

根据这一战略方针，国民政府还下决心在长江流域建立国防设施准备。1935年起，蒋介石下令在长江中游的武汉重镇筹建“国防作战中心”；在东南对日前哨重地宁沪杭地区则大力修建国防工事，到1937年，全部工程已基本完成。1936年后，国民政府又采纳了张治中等人的建议，秘密开始了以宁沪为核心的全面战备工作，为此特别成立了“京沪警备区”，以张治中为司令，制定了详细的作战、训练、通讯、后勤、运输、宣传乃至民众训练等全面工作计划并立即付诸实施，取得了实际的成效。他们甚至计划，一旦开战，立即以精兵攻击上海日租界及日本驻军营地，将之一举歼灭，而后封锁海岸，拒止日军登陆，同时封锁长江水道，与武汉方面联合作战，消灭长江内日本军舰，达成先发制人的目的。[14]为此，蒋介石将其最先整训完毕的全部以德式武器装备起来的国防军第八十七、八十八两师精锐部队调给张治中统率。与此同时，国民政府还大力做好开发西南及抗战基地建设的先期准备。这些事实均表明，国民政府确实早就准备以长江一线为未来抗日战争之主战场。

1936年7月，蒋介石在接见即将回国的英籍财政顾问李滋罗斯爵士时说：“对日抗战是绝对不能避免的，由于中国力量尚不足击退日本的进攻，我将尽量使之拖延。但当战争来临时，我将在临海地区做可能的最强烈的抵抗，然后逐渐向内陆撤退，继续抵抗。最后，我们将在西部某省，可能是四川，维持一个自由中国，以等待英美的参战，共同抵抗侵略。”[15]这是蒋氏对未来抗战战略设计的最直接的说明。

在侧重长江一线备战的同时，国民政府对北方地区的防务也做出了详细的规划与设计，在北方重镇平、津、张以及太原、开封、郑州、洛阳等地都部署了国防设施。不过重点在南而不在北，国防工事全都修筑于黄河以南以及新建交通干线战略通道大都在长江以南流域。

军事后勤通讯补给方面的安排，也把重点放在长江流域。国民政府在其《民国廿六年度作战计划（甲案）》中，曾指定在全国范围内设立主要兵站7所，其中4所在江淮流域（汉口、南昌、南京、徐州），3所在黄河一线（太原、郑州、西安）；主要野战医院5所，南方4所（武昌、汉口、南昌、南京），北方1所（西安）。至战争爆发，建成军需总库6所，用以分别供给南北各战场之我军军需，其中南方4所（武昌、南昌、南京、蚌埠），北方2所（信阳、华阴）；野战军备仓库15所，其中核心库两所，分别位于南昌、武昌；在全军弹药贮存方面，长江北岸各地共存储约6000万发，而南方仅南京、武昌两地，贮存量已达1.4亿发之多。[16]这些数据再次证明国民政府早就部署以长江一线为未来抗日战争的主战场。

以上种种事实，均旁证了国民政府淞沪之役引敌南下的战略谋算是完全可能成立的。

余子道先生文章中还强调，“八一三”之役的结果并未能改变日军侵华路线，其依据是：“八一三”后日军依然按照其既定计划，在1938年1月至2月间，重新调兵华北，欲打通同蒲、津浦两线，占领豫鲁间战略要区，然后再南攻武汉或北攻潼关。他并引李宗仁将军的论述为证，说明日军只有先打通津浦线，而后才能西进。

我认为，日军在“八一三”以后打通津浦线之作战，并不表明日军又要从北线西进。日军攻占南京后，确曾调兵北上，但所谓淞沪战役改变日军作战路线，是指改变其由北西进然后南下的路线，并不是说自上海之战后，日军便完全放弃其他战线的攻势而专攻长江。日军攻打津浦线不能说明其恢复由北线西进之战略。况且打通津浦线之战是先由其华中方面军发动的，只因在淮河一线遭到了我军猛烈抵抗，不能前进，这才转令其华北方面军主力第二军等部从山西战场调头发起南下之役。[17]可见，日军这时仍然是以南线为重点而以北线为辅助的，不能因日军攻打津浦线而证明淞沪之战未能引敌南下。其后，我军在鲁南台儿庄等地的成功作战，迫使日本华北方面军主力不断南下增援，最后竟倾全力于徐海之间，这恰恰造成了日军主力向南线集结的事实。李宗仁将军在其回忆录中的原文是这样写的："敌人在京沪线得手之后必定要打通津浦线以清除其右侧面的威胁，然后才可以西进。"[18]这段叙述也正好说明，日军打通津浦线的作战是为了更顺利地从南线西进。

台儿庄之役后我第五战区主力成功突围，撤向华中地区。为防止日军主力再次北调，沿北线西进而造成南下攻击武汉的不利局面，国民政府按既定方针于1938年6月初炸开黄河花园口大堤制造黄泛，在战略地理上成功地断绝了日军沿北线西进之通道，使北线日军之攻势完全停止。北线日军为避免灭顶之灾，动用了海空军力量帮助陆军后撤。[19]这样便消除了日军攻占潼关南下武汉、西进西安从而威胁我川陕抗日根据地的致命隐患。这一"迫敌南下"之举措，可视为我军"引敌南下"战略的进一步补充与完善。此后日军进攻武汉，只能循沿江西进的路线。

综上所述，尽管现在没有直接的证明资料，但从我们现已掌握的资料线索来看，似不能完全否定国民政府发动淞沪战役，具有引敌南下，迫使日军变由北南进为由东西进的战略意图。联系抗战准备阶段，我方在长江一线部署防卫，加强西南抗日后方基地建设，筹谋与日开战后逐步西撤之事实，倒使人相信，国民政府在发动"八一三"淞沪战役时，具有引敌南下的战略意图，是完全可能的。

【注】

[1] 国民政府军事委员会战史会档案《陈诚私人回忆资料》，中国第二历史档案馆馆藏。

[2] 蒋纬国：《中日战争之战略评析》，载《中华民国建国史讨论集》第4册，台北国民党党史会1985年版。

[3] "中央研究院"近代史研究所编：《徐永昌日记》，第4册（民国廿六年一月到廿七年十二月），台北，1991年影印版。

[4] 虞奇 :《抗日战争简史》(上), 台北黎明文化事业股份有限公司, 1977 版, 135 页。

[5] 据日本防卫厅战史室《中国事变陆军作战史》, 第 1 卷第 2 分册, 中华书局, 1981 年版, 第 20 ~ 30 页。

[6] 张其昀 :《党史概要》第 1 册, 台北中央文物供应社, 1979 年版, 第 675 页。

[7] 见《敌乎? 友乎? 》一文, 载《中华民国重要史料初编——对日抗战时期》绪编(三), 台北, 1981年版, 第618页。

[8] 陶菊隐 :《蒋百里先生传》, 中华书局, 1984 年版, 第 184 页。

[9] 《蒋百里先生全集》第 4 册, 台北传记文学出版社, 1971 年版, 第 152 ~ 153 页。

[10] 此处档案原稿旁有圈阅者写"最后根据地"字样。

[11] 《民国档案》, 1991 年第 2 期, 第 24 ~ 27 页。

[12] 《民国档案》, 1991 年第 2 期, 第 24 ~ 27 页。

[13] 张其昀 :《党史概要》第 2 册, 第 1014 页。

[14] 见《张治中回忆录》, 文史资料出版社, 1985年版, 史说《八一三淞沪战役纪略》, 上海, 《文史资料选辑》, 第32辑。

[15] 蒋纬国 :《中日战争战略评析》, 前引书, 第 10 页。

[16] 《民国廿六年度作战计划》(甲案), 中国第二历史档案馆馆藏档案, 七八七, 1509。

[17] 《李宗仁回忆录》(下), 广西区政协, 1980 年版, 第 707 页。

[18] 《李宗仁回忆录》(下), 广西区政协, 1980 年版, 第 707 页。

[19] [日]防卫厅防卫研究所战史室:《中国事变陆军作战史》第2卷第1册分册, 中华书局, "中华民国史资料丛稿", 第81页。

关于台儿庄战役背景的几点考察

发表于《台儿庄大战和中国抗战——台儿庄大战，55周年国际学术研讨会论文集》
山东大学出版社，1997年8月版。

55年前的台儿庄战役是一场中国军队以弱胜强的成功战例。这场战役之所以成为抗战初期我国军队取得的一场较大规模的胜利之战，其原因除了我方战役指挥比较得当而外，还有其在战略背景上的更深一层的因素。这当中，既有日军在战略决策上的失误，更有我方在战略指挥上的成功因素。联系台儿庄战役的发生背景加以考察，我们便可明了其根源之所在。

当今日本史学界一些学者，由于受到日方资料的片面影响，对台儿庄战役持有不同看法，而另一部分右翼分子，出于掩饰侵华战争中日军劣迹之需要，对台儿庄战役持有完全否定一说。他们强调日军在鲁南是作“主动之战略撤退”，根本不是吃了败仗，试图为侵略者贴金。为了批驳这种错误观点，还历史以本来面目，并从一个侧面弥补台儿庄战役研究之不足，本文试图就这一战役之发生背景从以下几方面开展讨论。

一、抗战初期我方抗日战略决策造成了日军南北战场分兵状态，使其不能集中全力猛攻山东。

抗战爆发后，由于日本在华北启衅，造成了敌我以华北为主战场之战局。国民政府最高当局依据其既定战略计划，一面派出有力部队北上增援，并严令督促华北守将宋哲元率部抵抗，一面积极筹划在东南要地上海开展主动军事行动，围歼上海日本驻军，而后封锁海岸，拒止后续日军登陆。此时正巧遭遇日本海军第三舰队按捺不住侵略野心，计划在中国南方沿海开辟第二战线。于是大战一触即发。8月13日，蒋介石先发制人下令上海我军发起主动攻击，掀开了淞沪“八一三”大战的序幕。[1]于是，中日战争第二战场正式开辟。经过历时三个月的惨烈搏杀，我军虽然最终撤守淞沪，但在客观上却达成了吸引日军主力从华北战场南下，将淞沪战场演变成中日战争主战场的战略目的。这一重要的战略局面之改变，不仅决定了今后中日战争的总体战略路线，而且也给后来的台儿庄战役创造了必要的前提与条件。它迫使日军侵华主力作战路线从由北向南转变为由东向西，并使徐州会战前的中日战事在华北与东南两大战场上同时展开，大大地分化了日军的兵力，使其不可能从北方集中全部兵力而发起南下之役，从而使我津浦线守军因力量对比悬殊而无力抵抗。这是我军后来得以集中优势兵力抗御进而围歼孤军深入鲁南的日军的前提条件。

“八一三”战役爆发后，日军为了实现速战速决三个月取胜的计划，不惜倾全力于南方战线，于11月中旬攻略上海，12月中旬攻占南京，南线战事至此告一段落。我军主力沿长江一线西撤，东南地区仅留下第五战区李宗仁将军所率领的各支非嫡系“杂牌”部队及部分中央军。日军为了稳定占领区，首先急需清除来自其右侧面的我第五战区部队之巨大威胁，同时亦是为了沟通南北两大战场，使其在华北与东南两片占领区连成一片，因而日军下一步的作战目标，必然是要消灭我津浦线及徐淮地区守军。而我方统帅部为了争取时间，重新在华中地区部署军队准备再战，亦命令第五战区全力对敌作战，以拖住敌军的西进步伐。因此，位于南北两大战场之间的鲁南徐淮海地区成为正面战场上一个新的主作战区域，便成为战局发展之必然。究其根源，还是因为我方的“引敌南下”战略造成了日军分兵西进的局面。这种状况之出现，较之日军主力攻下华北后再沿平汉路西进转而南下，与在我国沿海各地登陆之部队“迅速会师武汉，迫使中国军队主力向东南旋转，背海决战”[2]造成的对我压力险境要轻松得多，也是台儿庄一役我军夺取胜利的战略基础条件。

二、日军打通津浦线作战，是其西进侵华战略之前提与保证。因此，日军不可能在台儿庄地区作“主动的战略撤退”。

日军占领南京后，一方面标志着前一阶段战事之告一段落，另一方面，他们也需要规划下一阶段的作战目标。

1938年1月18日，日本华中方面军在畑俊六大将指挥下，开始实行北上打通津浦线之作战。经过激烈战斗，日军占领了明光、池河。我守军炸毁淮河铁路大桥，退往淮河北岸拒守，淮河战役由此开始。日军的这一举措，是其以长江一线为西进主攻方向的战略行动必不可少的保障。从战略角度考虑，不失为一项正确的选择。但是，经过月余反复激烈苦战，日军北上之举并未成功。在我张自忠、于学忠等部将士的猛烈反击之下，南线日军被迫放弃已占领的阵地，退回淮河南岸。敌我两军在淮河一线形成隔河对峙局面。日军北上打通津浦线之企图至此完全失败。这场发生在抗战初期的淮河阻击战，使日军损兵折将三千余人而败归，实在是出乎其意料，不仅给予气焰嚣张的日本军阀以迎头痛击，而且直接为后来的台儿庄之役创造了不可缺少的基础条件。

日军在南线攻击失败以后，不得已将北线原作辅攻的部队加强力量，从山西调来第五师团等生力军作为主攻部队，开始由北向南打通津浦线作战。[3]北路日军指挥官贪功心切且蔑视中国军队之战斗力，在不得南线配合情况下孤军深入，结果犯下了大错，造成了台儿庄一役的失败。正如毛泽东同志在《论持久战》一文中所指出的那样：日军“津浦南段打小蚌埠时，北段不动；北段打台儿庄时，南段不动”。[4]双方如此不配合，结果造成两头皆败。

至此，我们可以明了，日军在占领南京、太原之后的下一步作战目标是无论如何都要打通津浦线，消灭我第五战区主力，以清除其侧翼之威胁，巩固占领区。而不论是由南北上或由北南下，日军在不受到沉重打击时是不可能放弃这一战略企图而主动地作出“战略撤退”的决定的。战后日方一些人为了掩饰台儿庄的战败，将日军在鲁南的败退说成是“符合华北方面军与大本营谈妥的总归要撤的方针”的，是一种主动的“撤离”，“自台儿庄后退并不是败退”、“所以并没当成问题”。[5]这些观点不值一驳，且不论其并没有提供什么有力的史料根据，就是从当时战局一般背景推论，在日军于华北、东南连连得手凶焰高涨的情况下，以“常胜之皇军”忽然在台儿庄“转进”，其唯一的解释便是他受到了沉重的打击，否则他们又为何要“自坏传统”？日本防卫厅防卫研究所编印的《中国事变陆军作战史》一书，在其第二卷第一分册中对台儿庄战役记载是：日军因“联络不上”而“主动转进”。虽然这份“官书“仍不肯坦白明书“战败”字样，但“转进”即是退却，“脱离战场”更可明确理解为“撤退溃逃”。这一点还可从当时日军师团长电令其部队“中止转进”的命令中得以证实。日军主战台儿庄的濑谷支队之所以敢于“从全面情况着眼”而一反日军自吹之传统，抗命后退，足见其在惨败之余实已无力再战。因此，战役结束后，濑谷启支队长被勒令退伍，以“破坏日军传统”之罪“把濑谷少将编入预备役”，[6]而所谓华北方面军与大本营谈过的“总归要撤”的决定则更不存在。事实上，虽然当时日军大本营对中国战场前线部队超越命令许可，一味自由行动扩大战事之举多有不满，认为这样做会有失控之虞，但在海陆两军的强烈要求之下，大本营最后亦不得不放弃原定的“休整巩固”计划与“稳定占领区”之战略设计，而批准了华北方面军“旨在巩固占领区进行有限扫荡”的“南进”申请，正如秦郁彦所说的那样：“统帅部终于信赖第二军之建议，增加一部分军队，唯许其扫荡作战”，“驱逐眼前之敌”，“第二军此举使日本中央的战局不扩大方针为之瓦解”，“当时日本军人之骄横大有‘将在外君命有所不受’之概”。[7]

种种证据表明，日军从战略到战术都对打通津浦线之举志在必得，非遇重大打击，他们绝不可能在台儿庄作主动之“转进”。台儿庄一役是我军大胜而日军大败了，又因为这一胜利是在敌强我弱战略大背景下取得的，因此就更加显得其意义重大。

三、我军取得台儿庄大捷，是与战役指挥者李宗仁将军及其桂系武装的抗日决心密不可分的。

“九一八”以后，以李宗仁、白崇禧为代表的国民党桂系地方实力派，鉴于国难当头，民族危亡，曾一再呼吁蒋介石及其南京政府“先国难而后私仇”，[8]停止内战一致抗日，但蒋氏置若罔闻。不得已他们才树起“抗日反蒋”旗帜，发动“两广事变”，并积极拥护和推动第二次国共合作。“七七”事变发生，桂系与中共方面秘密达成了共同抗日纲领，并坚定地致电南京政府，表示了“誓本血忱，统率全体将士与广西全省一千三百万民众拥护委座抗日主张，任何牺牲在所不惜”的决心。[9]

抗日战争开始后，李宗仁受命组织和指挥第五战区。南京失守后，李宗仁以战略家的眼光看出：“敌人在京沪线得手后，必定要打通津浦线以清除右侧面的威胁，然后才可西进。”“我如能在津浦线上将敌人拖住数月，使武汉后方有充分时间重行部署，则我们抗战还可继续。”“如我军在津浦线上的抵抗迅速瓦解，则敌人一举可打下武汉，囊括中原，是我方无喘息机会，则抗战前途不堪设想。”[10]他认为日军在新胜之后杀气腾腾，以为打通津浦线不过“旅次行军”，但“骄兵必败”，只要我们集中力量抓住战机，攻防得当，战胜日军是完全可能的。

当韩复榘率部避战逃跑，弃守鲁北鲁中以后，李宗仁面对险恶战局，镇定自若，设法团结一切抗日部队，主动收留了被其他战区排斥的川军、东北军等多支“杂牌武装”，给他们补充装备械弹，并赋予信任、委以重任，调动了大家的抗日爱国热情，加上战略战术指挥应用得当，最后终于取得了来之不易的一次空前胜利。正如第五战区在战后总结报告中所述的那样：“最高指挥官之镇静于前方士气之影响极大。徐州二月上旬敌由兖州南下，蚌埠北进时，岌岌可危，战区司令部本应早已离徐后撤，然以长官之镇静处之，不仅得地支持三个月之久，且获台儿庄之胜利。”这一胜利“第一为李司令长官之坚决沉着，看破战机，集中主力机动使用”之结果[11]。所以，李宗仁对于台儿庄大捷是立下了首功的，而白崇禧等人翼赞有方也是值得肯定的。

他们之所以能够在这场战役中指挥得当，这完全源于他们正确的抗日政治立场与持久抗战的军事路线。台儿庄大捷后，中共方面高度赞扬与肯定了李、白等人的功绩，而武汉国民政府最高当局却阻止对李宗仁的宣传，要求把功劳归功于蒋介石，不免显得心胸狭窄。

四、台儿庄战役前中共方面的辅助作用及其对战役成功意义的评价

过去大陆史学界在谈及台儿庄一役时，曾有人详细探讨了中共与台儿庄大捷的关系，其基本内容有以下几方面：一是战前中共领袖之一的周恩来曾在武汉向白崇禧明确提出过关于第五战区防卫津浦线作战方针的建议。他提议在“津浦线南段采取以运动战为主、游击战为辅的联合行动”，使南线日军不敢贸然北上支持华北方面军南下作战，在鲁南我军则必须采取运动战与阵地战相结合的方针，守点打援，达成各个击破敌人的目的。[12]白崇禧听了这些建议十分赞同，并在赴徐州协助李宗仁指挥作战时，采纳了这些方针，最终取得了胜利。此外，3月间，周恩来、叶剑英还曾派遣张爱萍以八路军代表的身份赶赴徐州，敦促李宗仁抓住战机组织会战，李宗仁同意周恩来等人的意见，表示“请秉周主任，请他候我捷音!”[13]再者，在台儿庄战役期间，活动在淮河流域的我方共产党游击队，积极配合战役，袭扰日军，有力地牵制了南路敌人，保障了鲁南我军的成功作战。[14]而活动在五战区国民党军内部的我地下共产党员也在战役中发挥出了先锋作用等等。对于这些史实，我们不应忽视。但无论如何，这些都是战役成功的辅助性因素而不是决定因素，不能提高到一个不恰当的位置。在肯定其意义的前提下，不能过于拔高，否则会造成“过犹不及”之弊。台儿庄大捷之功劳主要是属于李宗仁及其所部广大的爱国将士的，其中也包括了参加战役的指挥与作战的共产党人的功绩。这正像我们在评价八路军平型关一役的胜利时用不着过分强调是“在第二战区阎锡山司令的领导下”之类的提法一样。我们应当以实事求是的态度来看待历史、研究历史。

在查阅日本方面有关台儿庄战役的资料时，我们多次发现郭沫若先生在

《抗日战争回忆录》一文中的一段话曾屡屡被日人引用，作为日军在台儿庄非败主动撤退之根据。这段话的原文是这样的：“想起来，也许是走运，开展宣传周的第三天碰上了台儿庄的大胜利，当时消息说，……敌人板垣、矶谷两师团主力已被我方歼灭，今天来看，这消息简直令人喷饭，事实上是敌人自台儿庄一带作战略撤退，以便全面进攻，而我们的‘军师们’把这个加以夸大了，其是所谓扩大宣传，这虽然是‘军师们’惯用的手段，但确使当时的一般人陶醉在胜利之中了。”[15]虽然我们一时不能详切了解作为中国文坛与史坛巨星之一的郭沫若先生在说这段话时的背景与具体情形，但就历史事实而言，这段评论与历史事实真相是有出入的。当然，在台儿庄战役究竟歼灭了多少日军的确切数字上，国民政府方面的宣传确有“扩大”之处，这在当时是为了政治宣传与鼓舞民心士气之需要，但是台儿庄之战确实击溃了日军濑谷、坂本两个旅团，取得了重大胜利，这一点是不容否认的。有关台儿庄一役歼敌数目尚可继续探讨，但日军绝不是主动作“战略撤退”，而是战败逃跑。这是历史事实，不容否认。从这一点出发来分析，当今日本一些人仍然使用这段缺乏史料根据的话来为日军战败作辩护，这种手法也就显得十分拙劣了。从这一事例中，我们应当汲取应有的教训，不要让别人钻了我们民族内部斗争的空子。历史告诉我们，民族的团结、国家的统一是抵御外侮、振兴中华的前提与保证。

以上几点探讨，其目的在于从研究台儿庄战役背景的有关几方面问题中追寻这一战役我方取得胜利之原因所在，不足之处敬请各位同仁赐教。

【注】

[1] 关于“八一三”战役之起因及结果，请参阅拙著《八一三淞沪战役起因辩证》一文，载《近代史研究》，1986年第6期。

[2] 蒋纬国：《中日战争战略评析》，载《中华民国建国史讨论集》第4册，第109页。

[3] 《抗日战争时期国民党正面战场重要战役介绍》，四川人民出版社，1985年版，第43–53页。

[4] 《毛泽东选集》第 2 卷，人民出版社，1991 年版，第 505 页。

[5] [日] 森松俊夫 :《日本军台儿庄大败) 之真相》，转引自《台儿庄战役资料汇编》，中华书局 1989 年版，第 300 页。

[6] [日] 秦郁彦 :《日中战争史》，第七章《军事作战概史》。

[7] [日] 秦郁彦 :《日中战争史》，第七章《军事作战概史》。

[8] 《李宗仁回忆录》(下册)，广西政协文史委，1980 年印行，第 658 页。

[9] 中国第二历史档案馆馆藏档案七八七。

[10] 《李宗仁回忆录》(下册)，广西政协文史委，1980 年印行，第 707 页

[11] 二史馆编 :《中国现代政治史资料汇编》第 3 辑，第 32 册。

[12] 程思远 :《政坛回忆》，广西人民出版社，1983 年版，第 116 页。

[13] 《张爱萍与台儿庄大战》，载《光明日报》，1991 年 9 月 3 日。

[14] 革命军事博物馆藏 :《新四军战绩汇刊》。

[15] 载《郭沫若文集》第 9 卷，第 55—56 页，转引自《台儿庄战役资料选编》，中华书局，1989 年版，第 300 页。

再论抗战后期周佛海思想之变化

载《学海》，1994 第 4 期。

众所周知，周佛海是汪伪集团中的第三号人物，他“下水”为奸是其在“抗战亡国”思想指导下主动的自觉行为，并且有一套汉奸“和平”理论以为根据。然而，在其投敌后，几年来奴才生涯，也使其思想心态发生了一些变化。这些变化，使其在抗战后期产生了欲摆脱日方钳制，暗里向渝方“输诚效力”。这种思想随着战争之发展、日本之败象毕现而愈益强烈。本文试图从这一角度入手，探讨一下周佛海及其势力集团在抗战后期行为指导的根源所在。

一

周佛海自始至终参与了汪氏的“和平运动”，是汪伪政权的主要策划者与统治者。他对于抗日的“低调”态度及策划“和平运动”叛国理论可见于他叛逃前后的许多言论中。概括起来说就是他坚决地认为中国不能抵抗日本的侵略，只能以“和平”方式来结束这场战争，“战必大败，和却未必大乱”。并且，他与汪精卫都相信日本人是“有诚意”与中国“和平提携合作”的，使他们可以在“不至亡国”的条件下求得苟安。出于这种动机以及他在重庆政府内部的派系矛盾，而积极参加了汪精卫集团的叛国活动。1940年3月，汪精卫在日本占领下的南京成立了伪政府。周佛海在伪政府内以其资历及“和运功绩”担任了党政要职，主管财政、警务、特工等要害部门，堪称汪伪政权之台柱。在这一时期里，他死心塌地投靠日本，帮助日军进行侵略战争，掠夺中国财产资源，出卖民族利益。太平洋战争爆发后，他又积极主张以伪政府名义“参战”，对日本表忠心。但是随着世界反法西斯同盟的形成，德国逐步陷入困境，日本被迫转攻为守，其在中国战场上又代之以利用伪政权诱降重庆政府的政治战略，周佛海的思想发生了急剧的变化。从1943年下半年开始，周佛海的思想动态主要有三方面的内容：一是对世界反法西斯阵线的胜利心存恐惧，对日军在中国战场的日趋衰落无可奈何地叹息；二是对日方的态度，由依赖、幻想变为动摇、抱怨甚至某种程度上的反感；三是在绝境中企图寻求生存的一线希望，对重庆政府由对立劝降转变为沟通联系，暗中效力，直至最后公开投靠。

在对待日方的态度方面，虽然在投敌之初周佛海亦曾为“争面子”等枝节问题与日本人有过矛盾争执，但总的说来他认为日方“所作所为均较合理”，“我觉得日本当局和在野有识之士是有诚意的”。[1]他尤其对于日本人把他及汪精卫等作为中国“新的政治力量”来对待是感激涕零的。但是随着与日方“合作”的加深，由于日本侵略者一点也没有答应他们哪怕是形式上的“独立自主”的要求，而且又总习惯于以使唤奴才的姿态来利用他们，周氏感到不满，特别是在1943年以后，战争结局逐渐明朗，日本“必短命无疑”。[2]日本加紧搜括中国资产，而且不给伪政权留一点；伪政权统治地区经济政治形势日趋恶化、物价暴涨及金融紊乱，周佛海顿生悔意。他在《日记》中写道：“冷静考虑”之后，“深觉在汉在渝时对日本之观察甚为错误，今事实表现在在足以证明抗战派之理论正确”，而他自己对日本“认识不足，固罪有应得”。当然，他的这些言论是其在决定再次投靠蒋政府之后而发，其中亦不免含有为自己开脱罪责，试图说明自己苦心“本意”的意图，但无论如何，周氏有此认识，足证其在当时已对日本人产生了反感。

周佛海认为，“中国问题之解决必在世界问题解决之后”，因而他对国际间战争局势之发展至为关心。在日军发动太平洋战争并一度取得胜利时，他极力主张以伪政府名义“参战”，幻想以进一步为日本全球战略效力来换取自身地位之提高。然自1943年以后，欧洲战场及太平洋战局朝着有利于盟国的方向发展，日军不断遭到失败，周佛海担忧不已。他在《日记》中写道："反轴心军几如入无人之境，德尚有抵抗能力耶？士气已丧，物质精神两俱不能振作矣。"美军在太平洋战场开始反攻后，周佛海唯恐美军将在华登陆，与日军决战，而使南京伪府首当其冲，成为日本的炮灰与陪葬。《日记》中记有："近日欧亚两方均有急转直下之势。德国……不能撤退，美国……深入日本防卫内圈。东西双方进展如此之速，且牺牲较预期为小，均出意料之外。常预料战事必于民国卅五年结束，以目前情形观之，恐不出明年。但美军如于中国登陆，化大陆为战场，即使将日军击退，一则中国之破坏损失恐非数十年所能恢复。……大势所趋，非中日两国所能单独决定，悲哉！""欧洲今年，亚洲明年，苟无意外奇迹必生强大变化，吾人无力转移局势，唯有坐待暴风雨之来临而且牺牲。"他哀叹："兵力上、物质上、精神上均将江河日下，大乱之情形想今年年内即将逐渐实现。""治安情形愈下，中下级干部人心涣散各谋出路，将来之形势必将愈劣。""大势所趋，若无救济之策，相对唏嘘而已。"法国维希政府及意大利法西斯政权相继灭亡之后，周佛海对照之下已清楚地意识到了其自身的下场，在《日记》里绝望地说："墨索里尼政府复与我南京政府运命彼此，诚流泪眼观流泪眼，断肠人慰断肠人也。""贝当政府之下场之悲惨，应付之困难，均为吾人龟鉴。""南京与维希处境同，用心同，将来之遭遇亦必同也。"依照他的分析，"盖时局一有变化，至少有三层风波必须阻挡：第一，时局愈紧，战局愈不利，日本对华亦必愈紧。苟军事政治均失利，日方必不反省，自责自己办法之不对，而必怨我政府之不协力或无力，将来一切怨毒必丛集我政府少数要人之身，尤以其少壮军人为然，此种波涛必极汹涌。如果被迫撤兵，尤将焚杀，使我膏腴之地变成焦土。此其二。长江下游遍布新四军，如果日本撤兵，重庆之正规军未到而共产党先来，且青黄不接之时，当时之保安队、警察必与地痞流氓勾结肆行掠劫。当时之保安队、正规军来，而民族英雄之气焰必使人难受。此其三"。"应付之难，实属空前。""余辈大有为大浪卷去而沉入海底之可能也。""瞻念前途，忧心曷极。""中国、个人出路两均黑暗，心烦意乱，三时不能成寐。"他甚至准备"必要时也许自裁"。

为了摆脱烦恼，周氏及大小汉奸们纵情酒色，寻欢作乐。在这种情况下，周寄希望于以其效力于渝方之行动求得蒋介石日后对其谅解与包庇。

对于重庆方面，周佛海一向采取了比汪精卫更为和缓的态度，因为他原本就是属于蒋系的要员，并且在历史上与汪有宿怨。抗战爆发前夕，蒋介石为了拉拢汪精卫与他合作，暗令亲信周佛海“多与汪先生接触”，借以冰释前嫌化敌为友。谁知在抗日问题上，周、汪之间产生了共鸣，周佛海遂成为汪派对日谋和“低调俱乐部”主要分子，最后直至叛蒋投汪，共同叛国，这一结果也是出乎蒋氏预料的。但无论如何，周佛海在个人感情上是倾向蒋氏的，他曾坦言：自己与蒋介石“因为主张不同，事实上不能不处于对立的地位，在私情上是万分难受的”。他曾一再说明：“吾辈虽参加和运，但不可忘记娘家，无论娘家对吾辈谅解与否均不忘记。”[3]因此周佛海投敌后对蒋介石仍然是言必称先生且不妄加攻击，他反复说明当初离渝是因为他相信自己的主张是正确的，虽然“两个政府的对立在一个时候是难免的”，“但是过了相当的时期……无形中是会逼着重庆政府与中央政府合并而使中国统一的”，“重庆方面只要是和我们主张相同的人我们是极端欢迎的”[4]。这也就是说：周佛海相信一旦抗战失败，重庆政府就会主动投到他这边来。然而到了战争后期，周氏自己的思想发生了动摇，他所希望的日军胜利、蒋汪合作之结局均成泡影，而他不愿看到的抗战胜利即将成为事实，他逐渐相信自己下错了赌注，故而必须尽快回头，以输诚的姿态与渝方沟通联系。他通过被捕的渝方特工与戴笠建立了秘密联系，致电蒋介石表示忏悔效忠，得到了蒋的回电“恩准”，周佛海受宠若惊，同时他又将蒋介石的回电密存起来，以备今后佐证之用。此时周佛海的对渝态度已完全由劝降而转变为投降。

二

周佛海为效忠重庆，从以下几方面做了一些工作。

第一，进一步加强与渝方联络，通过提供情报、营救渝方被捕人员等手段来显示自己的价值与作用。1942年10月，他派遣被俘的渝方特务程克祥潜回重庆，与蒋介石直接联系。1943年5月，程回到南京，向周转达了蒋的意见：要他“悔过思改”，并“暂留敌营戴罪图功”。周在家中开设了秘密电台，直接与重庆通报，建立了频繁的联系。据周佛海在《日记》中记载，从1943年5月至1945年6月两年时间内，周直接与重庆通报80余次，几乎每周都有联络。在此期间，经周佛海“允予营救”的渝方被俘要人就有国民党江苏省党部主任马元放、胡宗南的代表洪复礼以及蒋伯诚等人。在军事部署方面，他命令伪军对渝方武装“不予攻击”，取“和平相处”态度。周佛海经过长期努力与渝方许多要人都恢复了联系，其中有案可查的就有胡宗南、顾祝同、何应钦、戴笠、戴季陶、陈布雷、陈诚、陈立夫、陈果夫等等。其中他还与顾祝同利用辖区相邻之便合作走私物资，大发国难财，并开展联合剿共行动。1945年初，周佛海根据渝方命令抢先出任伪上海市长，为占领并确保宁沪杭要地做准备。1月3日，周佛海接到戴笠来电，同意他的做法，这对于“绝境求生”的周氏来说无疑是像注射了一支“定心剂”。2月15日，周佛海向重庆提交了一份通过日蒋和平求得宁渝合并与日本“体面”撤军的计划，这集中体现了周氏集团对于时局发展的最大希望。他们认为，谋求日蒋单独媾和是使他们免受惩罚的最好途径。在日蒋双方默许之下，周氏在其中做了许多牵线搭桥的工作，但由于日蒋双方要价相差太远，讨价还价不成，渝方对周氏的计划未予答复，使之最后落空。

第二、周佛海为取悦渝方挽救颓运，在伪政权之内做了一些“善后”准备工作。首先在内部实行“大换班”，以“军政一元化”来改革其政权体制，派遣心腹把持各要害部门及重要地方，排斥陈公博及汪精卫遗孀陈璧君的“公馆派”势力，增设苏杭等地绥靖公署，严密控置伪“中储行”及“财政部”税警团武装，兼任上海市长，把握东南腹地，为日后应变创造条件。在军事上，他将伪军主力用以加强宁沪杭地区守备力量，把陇海路以北、商丘以东的伪军尽可能地南调，以确保南京安全。如将山东吴化文部伪第三方面军调安徽，将河南的伪第二方面军孙良诚部调驻苏北，伪第一方面军一部调驻南京，伪十二军项致庄部调浙江。同时，周佛海提出要给伪军各部增补弹药装备，加强实力。并警告伪军各将领“必须团结始有出路，各人各部各谋出路必不可能生存”。他甚至预料在战争结束后假如蒋介石仍不能宽恕他的话，他便可以凭借这些军队另立局面，以苏北“作混乱时期喘息之地”。在财政金融方面，周佛海也为迎接蒋介石准备了一份“厚礼”。他采取经济紧缩政策，一方面要求日本放松控制，改变“实权操诸日人之弊”。[5]请伪“中储行”的日本顾问出面让日方同意限制“中储券”的使用，减少货币发行额，同时命令“中储行”发行局“秘密保存数百万纸币于紧急时备中国官民使用”，命令发行局长将“日方所欠我款项之财目须抄副本二通，分别密藏于各处”，防备遗失，以免今后“无法向‘国家’交待”。[6]

第三：周佛海深知宁渝日三方有一个共同的敌对目标，就是中国共产党。因此，他加紧反共。在反共中，他利用自己的特殊地位，与渝方合作交换情报多达20余次。而且还出动伪军与渝军共同合击共产党武装。1945年夏初，周佛海就派张海帆率伪警卫军按事前预定计划，配合渝方二战区马志超部联合“会剿”茅山地区的新四军。周还建议重庆“保全实力，预备战事结束后对付共党”。[7]

三

面对如此危局，伪政权中人人自危，各寻出路，其中亦不乏准备靠拢中国共产党而谋自身出路者，周佛海对“联共”的态度是怎样呢？这在其《日记》中亦可找到答案。

1943年3月8日，新四军司令部参谋处冯少白科长奉军长陈毅、政委刘少奇之命密赴上海采购物资，侦察敌情。冯少白的姑父邵式军，时任汪伪财政部税务署长兼苏浙皖税务总局局长。邵带冯见周佛海。周与之会谈了一小时，结论是对中共方面之用意“殊难揣测”，但他也没有一口回绝，表示要“一面与之周旋，一面监视其发展”。他还说到“公博对此事亦颇注意，允与冯晤谈”。以后，8月13日，周佛海又与邵式军再一次谈到了与“冯龙（少白）联络问题”。12月22日，周佛海与日本参谋本部辻政信大佐谈及此事，过氏问周“有无与中共联络之必要与可能”，周回答说：“联系并非不可能，但必须先定一方针，如一时彼此利用，恐反为中共所乘，殊不可也。”明确表示了他反对向共产党方面投降的态度。当他得知陈公博想将一部分人马投新四军时，立即密报重庆。

尽管周佛海在抗战后期为了绝境求生而向蒋介石押下生命赌注，并在战争结束前后为蒋立了大功，特别是在日军投降而蒋军未到之际为蒋介石稳住了宁沪杭重要地区，但他的一切努力并没有能挽救他的前程，在国内外正义力量的强大压力下，蒋介石不得不把他送上审判台，最后，还是蒋介石同意其投诚的密电救了他一命，改死刑为无期徒刑。

【注】

[1] 《汪精卫国民政府成立》，上海人民出版社，1984 年版，第 797 页。

[2] 《周佛海日记》，上海人民出版社，1984 年版，第 563 页。

[3] 《周佛海日记》，上海人民出版社，1984 年版，第 319 页。

[4] 《汪精卫国民政府成立》，上海人民出版社，1984 年版，第 802 页。

[5] 《周佛海日记》，上海人民出版社，1984 年版，第 550 页。

[6] 《周佛海日记》，上海人民出版社，1984 年版，第 550 页。

[7] 《周佛海日记》，上海人民出版社，1984 年版，第 364 页。

略论抗战中后期正面战场研究中的若干问题

载《中国人民抗日战争纪念馆文丛》，第5辑1995年8月版。

1938年10月底，武汉失守，中国抗日战争进入战略相持阶段。

民国史学界传统观点认为，在这一时限之后，国民政府及其领导下的军队在正面战场上的抗日战事，已逐步陷入消极及停滞阶段，相反地却将其主要精力转向国内反共溶共之争，制造了若干次“反共高潮”。在国际反法西斯战争战略全局上，中国国民政府也以“等待”的姿态，让美英苏盟国去抵抗日本，直至迎来最后胜利。这些观点之论据，在于过去被广泛反复引证的若干史料，并且是偏重于中共党史研究角度的观点，故成一家之言。

随着民国史研究的不断深入，新的史料不断发掘，促使我们对传统观点作出再思考与探索，从中得出符合史实的真实结论。本文拟就我国抗战进入中后期以后，正面战场研究中的若干问题，谈谈自己的一些观点与看法，以求教于史学界同仁。

第一，我国抗战正面战场进入战略相持阶段的具体标志究竟为何？

武汉战役结束后，日军在我国正面战场上的战略攻势已接近顶点。毛泽东曾在其所著《论新阶段》一文中对此做出过精辟的分析：“敌人占领武汉之后，他的兵力不足与兵力分散之弱点所给予他的极大的困难，必将发展到他的进攻阶段之最高度，这就是我之正面主力军的顽抗与我之敌后广大领土内游击战争的威胁，所以加给敌人兵力不足与兵力分散现象上的极大困难。”“对日本的整个国力来说，他要北防苏联，东防美国，南对英法，内镇人民，他只有那么多的力量，可能使用于中国方面的用的差不多了”，这“就不得不使其总的战略进攻接近了一个顶点”[1]。毛泽东在这里所做出的敌方战略进攻“接近”了一个顶点的估计，是十分准确而精辟的论断。

从“七七”事变到武汉失守这一年零三个月时间内，日军已占据中国全部领土的23%，但在实际上，日军只占据了华北主要城镇交通线以及华中、华南的部分地区。在沦陷区广大的农村范围内，以八路军、新四军为主体的我敌后抗日武装已逐步掌握了战争的主动权。

日本是一个人力、物力、财力均极有限的弹丸之国，其军力虽经大力扩展，但用以侵略地大物博人口众多的中国，战事一久，其作战首尾不能兼顾、经不起长期大规模战争消耗之窘态已现端倪。到1938年底，日本陆军总兵力，已由战前的17个师团扩充为34个师团外加5个独立混成旅团和一个骑兵集团，其国内留守兵力仅余两个师团，陆军主力之大部均已派往国外作战，其中除驻扎朝鲜的一个师团和驻防中国台湾、东北的8个师团、1个独混旅团之外，投入中国关内战场的部队总数已达23个师团、4个独混旅团和1个骑兵集团，占全部兵力之三分之二[2]。在中国战场上，日军在华北投入了9个师团，在华南使用了3个师团，在华东地区及长江中下游沿线使用了5个师团，这样，日军只有5至6个师团的兵力可供用于武汉及华中地区作战，再除去用于保卫武汉之兵力，剩余日军想要再向西或向南发动大规模的进攻已是力不能及的了。

受对华战争的影响与制约，日本国内的政治经济状况亦逐步陷入困难境地，1938年度的国民经济计划只完成了80%，严重的电力不足与粮荒使全国都陷入了极困难的状态。为解决军费困难，日本陆军省曾计划用减少参战兵力的方法来节省开支，并测算出每削减一个赴华参战士兵便可节省2000日元。陆军省据此提出方案，准备在1939年内将对华参战总兵力从85万降为70万，到1941年减为40万。但这一计划一经提出，就遭到中国派遣军上下一致的强烈反对，最后虽然裁兵计划没有实行，但日本国内已不可能再对华增派一兵一卒了。当时日军大本营参谋次长泽因茂曾描述说：“外强中干是我国今日之写照，时间一长就维持不住了。”[3]

鉴于这种状况，日军大本营于武汉战役之后，明确指示中国派遣军改变进攻态势，以“确保占领区”为下一步作战指导方针，把主要兵力用于对我敌后战场根据地实行大规模的“扫荡战”、“治安战”，以图“稳定后方”。在正面战场上则停止战略进攻，对国民政府及军队实行“以政治诱降为主、军事打击为辅”的方针，在军事上以局部战术攻势来达成全局战略守势上的有利地位，不断地消耗中方军队的战斗力，配合以政治、经济、外交等手段，瓦解中国抗日阵营，从而达成不战而胜的目的。

占领武汉之后，日本华中派遣军司令官畑俊六大将曾拟定计划，准备立即发兵攻占长沙，但却未得到大本营之批准。他后来在《关于武汉广州两战役善后处理的形势判断》一文中写道：“国民党军队虽自开战以来屡吃败仗，受到打击，经过攻占汉口和广州之战，其战斗力更会下降。但遗憾的是，仍拥有相当大的兵力，保持着余力。其主力军(尤其是中央军)大概部署在湖南、江西及贵州省方面，强有力的一个兵团群部署在河南西部及西安方面。”“其中江西、湖南两省是抗战的屏障。”他原拟“在长沙方面发动新的作战”，“岂料不获同意”。因此，他再次向日军统帅部提出建议：“在作战上大致已经达到前进限度的目前形势下，进行政略尤其谋略的重要性更加大了”，但在军事上“如对本来已被压缩的蒋政权采取放任，也将成为严重祸根，带来后患，因而应适当地进行促使其崩溃的各项工作，为支援此等工作，必要时应进行一部分作战”[4]。11月间，畑俊六在对德国柏林《金融报》记者发表谈话时也曾公然表示：“倘有必要，将跟随华军至重庆、昆明。”[5]

由于日本华中派遣军指挥官的这种积极态度，导致在占领武汉后日军的战略攻势并未立即停止。

当时中国方面对于日军的继续进攻是有所预料与准备的。

10月31日，蒋介石发表《武汉撤守告全国军民书》，表示武汉保卫战之意义“厥在掩护我西部建设之准备与承接西北交通之运输，故保卫武汉之军事，其主要意义原在于阻滞敌军西进，消耗敌军实力，准备后方交通，运积必要武器，迁移我东南与中部之工业，以进行西北西南之建设”。[6]按照蒋介石的计划，西南地区的防御体系是以衡阳为中心，以黔滇川为基地，因此，广州、武汉、长沙都不是防御重点。在广州、武汉失守后，国民政府军事当局认为日军已经取得对湖南南北夹击之态势，下一步进攻长沙是不可避免的，而我方亦不必死守长沙。时任湖南省政府主席的张治中，对蒋介石弃守长沙的意图深为了解，故在武汉会战后期，他就开始做放弃长沙之准备。武汉失守，张治中下令搬迁湖南省政府，11月上旬，搬迁工作已近完成。

国内一般舆论，在当时形势下几乎都认为日军继续进攻湖南是不可避免的。《新中华报》1938年11月10日曾在“时事分析”专栏中发表《敌占武汉后继续前进》一文，文章写道：“敌人在占领武汉后，继续向西向南推进，并未停止其进攻行动。我们早已指出：以后敌人的进攻方向，当为长沙、南昌及西北。……比如武汉敌人，现在以其主力继续南下，中心目标，当然在夺取长沙，这几天战事已经发展至湘鄂边境，咸宁、汀泗桥、蒲圻、嘉鱼、崇阳相继失守，敌已进入湖南边境，离岳州——长沙门户——已经不远了。”

11月12日，日本军队攻占岳阳，并以一部分兵力继续向新墙河一线作试探攻击。中国统帅部根据自身判断，决定“以衡山为防御中心”，在必要时弃守长沙。为汲取武汉匆忙撤退之教训，不给敌人留下一草一木，湖南省府决定在撤退前举火焚城，以显示“焦土抗战”之决心。13日，当局在忙乱惊慌之中，竟误信传闻，提前放火，将长沙城繁华市区烧得一干二净。这场大火燃烧3天3夜，“虽远在数十里外而光可烛人，犹如咫尺”[7]，总计焚屋5万多间，居民生命财产损失无算。

然而，长沙烧了，日军却没有到来。国民政府在气急败坏之中悟出了一个道理，这就是他们日夜所盼的日军“攻势已竭”的时刻终于到来了，这就使得国民政府最高当局终于享受到了一份在惨痛之后的“意外之喜”。这一事实告诉重庆政府，张牙舞爪的日军终因疲惫力竭而不得不中止了他们在中国正面战场上连续的大规模攻势，中国抗战的相持阶段已经到来了。

蒋介石在分析这一现象时曾以十分兴奋的口吻宣布说："日军占了武汉并且接着占领我们岳州以后，照敌人的理想，他何尝不想一鼓挺进攻占我们长沙和南昌，然而他进到岳州以后，就不能再攻进来，这就证明他的力量不够，气势已竭。"[8]

日军攻占岳阳后，虽面对我方长沙焚城弃守之举而不能趁乱攻占，其中基本原因正如前述。从战略角度分析，日军大本营的指令起到了决定性作用，而促使大本营作出这种停止攻势决定的因素正是其内外交困和力量已竭。虽然日军前线指挥官尚有继续进攻之野心，然事实上已无力遂其所愿。

直至次年9月间，日军为配合汪伪政权之出台而重新发动"第一次长沙会战"之时，其力量不足之弱点依然明显，并导致其在长沙市郊"望城而返"，其中除我方守军顽强抵抗之外，日军无力持久作战仍是其主要因素。

综上所述，我国抗战战略相持阶段到来的具体标志是1938年11月12日岳阳失守后日军之主动罢兵。这种结论似乎更符合历史事实。

第二，国民政府在抗战进入相持阶段后一段时间内究竟是"消极抗日"还是"积极抗日"？

传统的观点都认为武汉失守后，随着抗战战略相持阶段的到来，国民党的内外方针已转变为"积极反共、消极抗日"，并以许多事例证明自五届五中全会以后，国民党已由"联共抗日"转向"排共反共"，而其抗日战线则基本停留在一个较为稳定的局面上，没有太大的变化。对此，笔者认为应作进一步的具体分析研究。

从一方面考察，此时重庆政府的对内政策由"联共"转向"排共反共"，这是不可否认的事实。

抗战开始以后，中国共产党领导的八路军、新四军深入敌后，广泛开展人民游击战争，先后开辟了10多块敌后根据地及游击作战区，其武装力量也在与日伪的斗争中不断壮大，八路军兵力到1938年10月已发展到15万余人，新四军发展到2．5万人[9]。共产党在敌后通过自己的艰苦奋斗壮大了力量，造成了有力的革命声势，虽然大有益于全民族抗战，但却引起了国民党方面的严重不安，他们唯恐共产党“利用抗战壮大”，以致威胁到自己，故而不惜置民族大义于不顾，在各地开展“反共”活动。

根据“第二次南岳军事会议”的精神，国民政府军事委员会制定了《第二期作战指导方针》，对敌后作战场之作战指导方针，他们明确提出要“策应敌后之游击部队，加强对敌后方之控制与扰袭，化敌人后方为前方”，“游击战重于正规战”。同时计划派遣60个师的兵力深入敌后作战，为此还专门举办过“游击干部训练班”。[10]这些设计，虽然说明了国民党当局对于此阶段在敌后开展抗日作战的态度还是积极的，但其加强敌后作战的目的之一也是为了反共，是要在敌后与中共争地盘。当时，留在敌后的国民党军多数是在抗战初期因日军进展迅速而未及撤出的部队，如石友三、朱怀如、秦启荣等部。这些部队既没有深厚的民众基础又没有开展敌后游击战的经验，因此在战争中实际并没有发挥出太大的作用，相反却在反共摩擦方面制造了一系列事件，而正中重庆政府之下怀。在此期间发生的“确山惨案”、“博山惨案”、“皖南事变”等等正是其具体表现。

另外，我们也应看到，这一时期国民党在正面战场上的抗日态度也是积极的。此时期，国民政府根据相持阶段的战略特点，改变了抗战初期那种以阵地为核心的单纯防御作战方针，确立了“连续发动有限度之攻势与反击，以牵制消耗敌人”的方针。其作战目的是“一定要巩固军事防御，打退敌人可能的战役进攻”。[11]显然，这是在巩固防御、积聚力量的基础上，利用适当时机以攻为守、控制战场主动权的高明一着。当然，这种攻势作战是局部的、有限的，但在战略相持阶段则是十分必要的和正确的。

遵照这一方针，国民政府及其军队在“抽调部队轮流整训”以期恢复部队战斗力之同时，也布置各主要战区部队发动了一系列较大战役，并取得了不少战果。总计在武汉失守后3年左右的时间内，我军在正面战场上组织了南昌、长沙(第一、第二次)、随枣、桂南、枣宜、豫南、上高、晋南(中条山)等9次较大规模的战役，占整个抗战时期22次大会战的41%，其中虽有因日军的进攻而引发的战事，但也有由我军主动发起的攻击作战，如1939年底发生的“冬季攻势”便是如此。除了较大规模的会战之外，从武汉失守到太平洋战争爆发的一段时间内，我军在正面战场上还进行了各类大小战斗496次，占全部抗战时期战斗次数的44%，其中我军伤亡人数达137．6万，占抗战全部阵亡将士总数的43%。这些数目，超过了抗战第一阶段及太平洋战争爆发后至抗战胜利的第三阶段的数目。

上述事实表明，进入相持阶段后，国民政府实行的是既抗日又反共的政策，在其反共“积极性”大涨的同时，在对日抵抗方面也没有立即消沉，而是从正面战场到敌后战场，都保持了一种较为积极的抗日态度，只不过因为战场形势及敌我力量对比的变化，这种积极性不像防御阶段拼命抵抗时那样显著罢了。

重庆政府真正消极抗日是始于太平洋战争开始以后，那时，中国政府在一度积极准备联合英美反攻日本而遭到盟国冷遇之后，不得已才真正消极下来，“等待胜利”。

有人认为，国民党在抗战中期积极反共是为了对日投降作准备，反共是投降的序幕。关于这一点，从当时的战争形势看，尽管已进入了战略相持阶段，但日本的侵略依然是国民党政权最严重的威胁。抗日是出于民族利益之大局，是解决重庆政府第一号敌人——日本的侵略之威胁所必需；而反共则是出自其阶级私利的考虑，是为了消除战后共产党夺取政权的潜在的威胁，是居于第二位的需要。在中日民族矛盾超过了国内阶级矛盾的时期，孰重孰轻，蒋介石应该是有其衡量标准的。正因如此，一旦日军攻势加剧或国内外抗日压力增加之时，他便不敢破坏抗日民族统一战线，不敢公开反共，而面临制造民族分裂成为历史罪人的危险，相反地却要国内各种力量在他领导下共同抗日，更不可能自毁政权公开投降，去做日本人的奴才。但是，只要日军一旦停止进攻，正面战场稍有稳定，他即按捺不住地进行反共，企图削弱共产党的力量。这种“反共”行动是以不与共产党公开决裂为限度的，每当其反共活动使国共合作濒于破裂之时，他便会在国内舆论压力下使之缓和下来，使之不至于对抗战大局与民族根本利益产生致命性的破坏。例如，在国共摩擦的最高潮“皖南事变”发生后，国民党便又有所收敛，宣布这一事件“纯属军纪，与政治无关”等等[12]，以求不使国共合作彻底破裂。

因此，我们可以说，国民党的反共与投降是两个性质不同的问题，两者间并没有必然的联系，更没有因果关系。为了民族利益与自身生存，国民党必须抗日；为了阶级利益和维护其统治地位，国民党需要反共。可以说在太平洋战争爆发前的战略相持阶段，国民党的抗日与反共都是“积极”的。如果说其中还有差别的话，那只是在各阶段、各地方其“积极”倾向有所不同。因此，我们不能简单地给其做出“积极反共、消极抗日”的结论，更不能说蒋介石及其政府的“积极反共”目的是为了对日投降。

第三，我国抗战正面战场究竟是否存在“战略反攻”阶段问题。

要搞清这一问题，首先必须对国民政府最高当局对抗战战略发展阶段的认识进行一些考察。

抗战爆发后，国民政府统帅部确立以“持久消耗”战略，为我国抗战“最高战略思想”，并认为这一战略之实施包括了前后两个阶段。蒋介石曾就这一问题阐述说：“这次抗战，依照预定的战略政略来划分，可以说只有两个时期。”[13]“自广州失守、武汉撤退以前是第一期，武汉退出以后是第二期。第一期的任务，在于尽量消耗敌人的力量，掩护我们后方的准备工作，确立长期抗战的基础，完成我们第二期抗战战略与政略的一切布置。第二期的任务，就是要承接前期奋斗的成绩，实现我们第一期中所布置的一切计划，发挥我们抗战的力，转败为胜的时期。”[14]也就是说，我国抗战在经过防御退却之后，可以很快直接转变到战略反攻时期，“转败为胜”，其间不需要经过一个“战略相持”阶段。

由于国民政府匆忙投入全面抗战，缺乏对于整个战争过程的理论研究与探讨，虽在战前提出过一些较为正确的抗战战略的指导思想，如沿长江一线节节抵抗、以西南为抗日基地以图“持久抗日”等等，但就全盘“国防战略设计”而言是远远不够完整的，加上从战争一开始，当局就把结束战事的希望寄托于国际力量的干预与参战，故而对于怎样依靠自己的力量进行“战略反攻”，根本未来得及作任何设想，因而最高当局始终未曾拿出过一份像样的“反攻”计划。

与之相反，1938年5月，中共领袖毛泽东发表了著名的《论持久战》一文，提出了对于中国抗日战争战略发展三阶段的科学解释。他认为，我国抗战必然要经过战略防御、战略相持最后达成战略反攻三大阶段。而其中又以改变敌我力量对比的战略相持阶段为整个战争最困难而又是最重要的阶段，它是第三阶段“反攻与收复失地”阶段的基础。《论持久战》发表后，在社会上引起了广泛反响。经周恩来的介绍，“抗战三阶段”理论也传达到了国民党上层人物中，白崇禧深为赞赏，认为这是克敌制胜的最高战略方针。后来白崇禧又把它向蒋介石转述，蒋也十分赞成。在蒋介石的支持下，白崇禧把《论持久战》的精神归纳成两句话：‘积小胜为大胜，以空间换时间’。”[15]但可惜的是，国民党人并没有真正完全接受毛泽东的“三阶段”持久抗战理论。

武汉失守后，抗战即将进入相持阶段，随着正面战场战事的相对减弱，蒋介石重新调整战略，把精力转向对付共产党，并未真正致力于积蓄力量准备反攻。太平洋战争爆发后，重庆政府逐步进入“消极抗战”阶段，彻底放弃了依靠自身力量反攻的打算，要坐等盟国援助，以增加自己实力，准备在战争结束后与共产党争一高低。对于抗日正面战场．则尽量维持现状，最终造成了胜利前夕正面战场上空前规模的豫湘桂大溃败。

然而，就在豫湘桂战役发生前夕，随着国际反法西斯战局的不断好转，国民政府眼见日本之失败已成定局，为了在最后胜利到来时不致十分被动，便不得不强振精神，开始筹划将来的“反攻”计划。

1944年2月，国民政府统帅部召开了有第3、4、6、7、9等战区主要将领参加的“第四次南岳军事会议”，蒋介石在会上首次提出了他的“战略反攻”设想。他说：“我们的抗战，经过这整整五年的奋斗牺牲，到今天已经到了一个新的转折点，就是第二期抗战已将结束，我军向敌反攻决战的阶段——第三期抗战开始的时候到了。”[16]他论述说：“敌人在我国境内的不过六个军，而我们用以抗战的有一百二十个军，以二十个军来对付敌人一个军。”[17]在数量上我方占有绝对优势。从战场态势上来看，“以现在敌军正面之广，空隙之大，兵力之弱与士气之衰落，我们真的要打它哪一点，就可以打它哪一点。”所以，“今后的战局，敌我的形势已经完全转换过来了，现在我们是处于主动的地位，处处采取攻势，而敌寇则是处处受敌，被迫退守”。[18]举行战略反攻的条件已经具备了。他说：“在今年五六月的时候，我们第一、三、四、五、六、七、九各战区一定要实行反攻”，由于“可能遭遇两种不同的情况，所以反攻作战“必须准备两种不同的方案”：一是准备抵挡日军可能发动的先行攻势，二是我方主动发起反攻。蒋介石提出，如果日军先发动攻击则我军除以主力部队作正面抵抗外，每个战区都要抽调两个精锐的军按照预定目标，主动侧击敌后各大城市，作为战略反攻之先声，同时破坏敌人的攻势，使之首尾难顾。按照预定计划，第9战区将反攻武昌，第6战区反攻宜昌，第5战区反攻汉口。如果“敌不先来进犯，而我们到了五六月间，准备完成之后，必须堂堂正正地实行反攻”。[19]

蒋介石在第四次南岳军事会议上提出的“战略反攻”设计，是国民党最高当局关于“抗日战略反攻”计划的最明白、最具体的阐述，当然具有积极意义。但是，如果就当时中国战场上敌我百万大军相对阵的实际而言，这寥寥数语的“反攻计划”未免显得过于空泛。它既不是一国统帅关于反攻战略的直接命令，也不是全军指挥关于反攻作战的完整计划，而仅仅是一种政治军事的号召与表态。蒋介石之所以要做出这种表态，与其说是出于军事目的，不如说是为了政治上的需要。一个足以为证的事实是：国民政府实际上从未对战略反攻进行过具体的研究、准备和部署，国民政府军事委员会也从未制定过任何一个有关反攻的详细作战计划。

蒋介石之所以要大谈“反攻”，其基本原因多半是出于国际政治与外交上的需要。太平洋战争开始后，英美盟国执行“先欧后亚”的国际战略，将其主要力量放在欧洲战场，欲先打败德国，而在亚洲及太平洋战场采取消极态度，希望以抬高蒋介石身份来换取中国担负主要的抗日责任。蒋介石从中国政府首脑的角度出发，为维护中方利益，同时也是为了保存自己实力，相反地却一再呼吁英美“迅速改变先解决德国后解决日本之战略”，“运用优势之海空军，先击破日本”[20]。他认为这样“太平洋形势，即可大定，不待欧陆、北非战局揭晓，而日本必由主动变为被动，由被动而趋于消灭”[21]。为了达到这一“借刀杀日”的战略目的，蒋介石希望通过渲染“反攻”，制造声势，吸引盟国注意力，有助于引其上钩。

在这一动机支配下，蒋介石的“战略反攻”计划之特色，便可用以下三句话加以概括，这就是“保存自己、利用盟军、打倒日本”，即仍然是以“消极抗日”为宗旨。为了解决“不肯牺牲又要求胜”的矛盾。蒋介石只好粗略地设计出一项奇特的“反攻战略计划”，即准备动用少量的部队（每战区两个军），在一个较大范围内（第1、3、4、5、6、7、9战区），攻击几个重点（武汉、宜昌）。由此可见，这种“反攻”行动，既无主攻方向，亦无战略配合，一切举措，在于全面开花式地“造声势”、“造影响”。况且，当时日本在中国大陆及东亚地区还有200万陆军主力，其中在中国战场（包括东北）就有130万兵力，1000余架飞机以及千余艘战车战舰，这些部队并未受到任何重创，具有较强的战斗力。按照蒋介石的“反攻计划”部署，根本不可能轻易打倒日本。所以说，这种所谓的“反攻”充其量只是一种姿态，其“反攻计划”在战略思想上是极不成熟的。

在“反攻”作战战术设计上，由于受到战略指导思想的限制，也显得十分被动和消极。其“反攻”战术指导是以“跟进”为基本原则，即试图通过攻击几个地方据点或在盟军发动大反攻之后，迫使日军撤退，而后我军沿袭“跟进”，逐次收复失地，并未准备以消灭敌人有生力量来夺取最后胜利。

在这种战略战术指导下，蒋介石便把希望寄托在外力作用之上，一方面想让美国扩大在华空军力量，利用盟军进行“空中反攻”，“直接为我们所盼望之总攻铺平道路”[22]，把日本“炸死”。一方面又寄希望于日军内部在盟军打击下分裂，产生内乱，从而创造机会，早日结束中日战争。但是，后来的战争事实充分证明，尽管有了中美空军优势之支援，国民政府军依然没能挡住日军的“一号攻势”，在豫湘桂战役中一败涂地。更谈不上什么“反攻”了。这种消极抗战的战略直接造成了国民政府军队普遍的涣散、麻痹、动摇以及投机取胜之心理，反而给抗战带来了更大的损失。至于1945年春夏之际国民政府军在广西、广东部分地区发动的局部“反攻”作战，那只不过是在日军实施“战略收缩”行动之后，国民政府军相应的“跟进”作战行动，并不具备真正意义上的“反攻”性质，故不能视之为正面战场上的“战略反攻”阶段之体现。

据此，可以认为，国民政府统帅部只是提出了“反攻”的战略号召，但并无真正意义上的“反攻”战略计划与行动。在我国正面战场上并不存在“抗战反攻”阶段。由于国内外各方面诸多因素之作用，我国抗日正面战场从战略相持阶段末期及准备反攻阶段急速进入了全面胜利阶段，这里面，虽然有美国的原子弹及苏军参战等外部因素，但最主要和最基本的还在于我国人民艰苦卓绝的势力奋斗和惨重牺牲，最终拖垮了日本帝国主义，使之在内外交困绝望之中宣告投降。所以，抗战的胜利是属于全体中国人民的，尤其是共产党领导的在敌后战场之反攻作战成绩显著。正面战场虽然没经过大规模反攻，但其依然是我国抗战最基本与最重要的两条战线之一，其抗战历史功绩与作用是应予首肯的。

【注】

[1] 毛泽东：《论新阶段》，载《中共党史参考资料》第八册，第189页。

[2] 李惠等：《侵华日军序列沿革》，解放军出版社，1987年版，第271页。

[3] [日]《中国事变陆军作战史》，第三卷第一分册，第96页。

[4] 《中国事变陆军作战史》第二卷第二分册，第53—56页。

[5] 《申报》1938 年 11 月 6 日。

[6] （台）吴相湘《第二次中日战争史》（上），综合月刊社，1973 年版，第 462 页。

[7] 《新华日报》1938 年 11 月 6 日。

[8] 蒋介石：《第一次南岳军事会议开会训词》，见《蒋总统集》第一册第 1058 页。

[9] 《中国共产党历史》（上卷），人民出版社，1991 年版，第 506 页。

[10] 周恩来、叶剑英：《关于蒋介石训话主要内容以及具体军政步骤的报告》（1938 年 12 月），见《中共党史教学参考资料》第 16 册，第 102 页。

[11] 《毛泽东选集》第二卷，人民出版社，1991 年版，第 588 页。

[12] 《中国现代史大事记》，黑龙江人民出版社，1984 年版，第 216 页。

[13] 蒋介石：《第一次南岳军事会议开会训词》，见《蒋总统集》第 1058 页。

[14] 蒋介石：《以事实证明敌国必败及我国必胜——在国民党五届五中全会上的演说》，见（台）《蒋总统集》第 1090 页。

[15] 程思远：《政坛回忆》，广西人民出版社，1983 年版，第 119 页。

[16] 蒋介石：《第四次南岳军事会议训词》，《蒋总统集》第 1484—1485 页。

[17] 蒋介石：《第四次南岳军事会议训词》，《蒋总统集》第 l484—1485 页。

[18] 蒋介石：《第四次南岳军事会议训词》，《蒋总统集》第 l484—1485 页。

[19] 蒋介石：《第四次南岳军事会议训词》，《蒋总统集》第 1485 页。

[20] 《蒋介石致宋子文转驻美军事代表团团长熊式辉电》，载（台）《近代中国》第 43 期。

[21] 《蒋介石致宋子文转驻美军事代表团团长熊式辉电》，载（台）《近代中国》第 43 期。

[22] 《史迪威资料》，中华书局，1978 年，第 435-436 页。

平心静论“八一三”

载《抗日战争研究》，2001 年第一期。

有关1937年中国军队发起“八一三淞沪战役”战略意图及其作用问题之讨论，沸沸扬扬已经进行了数年之久，关键的分歧在于中方发动此役有无“引敌南下”的战略意图之争。辩论双方引据同样的一些史料但观点各异，主要表现为：一、对现有史料的理解分析不同；二、对某些关键史料可靠性的认识有分歧；三、对有关档案史料缺乏的原因理解各异。当然只要我们本着实事求是的科学态度与知错必改从善如流的作风，这些分歧完全是可以通过相互交流共同探讨而渐趋一致的。鉴于对此问题的讨论已充分地展开，其史实背景也已有了清楚的介绍，本文中不拟重复叙述，只想就“八一三淞沪战役”中的几个热点问题，阐述个人的一些新的见解如后，欲使之最大限度地符合有关历史的真相，从而对有关“八一三淞沪战役”的起因及其意义的评价之争论，有一个比较完满的结束。是否能达成这一目的，敬请各位专家学者不吝赐教。

一、关于“八一三战役”我方军事战略目的的再认定

中方主动发起“八一三淞沪战役”，自然有其军事、政治、外交等多方面的目的。但就军事战略目的而言，我方在上海作战的战略意图究竟为何？作为否定“引敌南下”论的代表性作品，《淞沪战役的战略企图和作战方针论析》[1]一文论述说：“淞沪之战确有吸引敌军兵力、牵制敌军在华北的进攻，打乱其预定计划的意图和目的。但是说当时蒋介石已经设定了改变日军作战方向……的战略谋算……并无任何事实根据。”[2]此种观点似有结

论过早之嫌。就该文中所引据的史料看，蒋介石曾在1938年1月11日的开封军事会议上说："我们此次为什么要在上海作战呢？就是要打破敌人的战略，使他们不能按照预定计划集中兵力侵略我们的华北。"[3]对此，我们不禁要问，所谓"要打破敌人的战略，使他们不能按照预定计划集中兵力侵略我们的华北"其实际的含意是什么？难道仅仅是限于"吸引"、"牵制敌军吗"？退一步言，"吸引"敌军转攻上海是手段呢还是目的？前文的观点认为是手段，也就是说，上海作战的目的是为了配合华北战场的抗战。但我们根据开战前几年南京国民政府在长江流域经营国防准备的多种设想与努力及蒋介石的军事顾问蒋百里、德国军事顾问团长法肯豪森（Falkenhausen）明确提议"以长江流域为未来抗日战争之主战场"，联系蒋介石当时尚未有效控制华北地区的历史背景等多种原因综合分析[4]，我们依然可以认为，中方要"打破敌人的战略"，必须就要"引敌南下"，它本身就是一种战略目的，而不是为了实现其他目的服务的一种手段。否则中方为何要早早地把最精锐的德式装备的部队部署在华东？

二、中方建立西南抗日基地的准备与"引敌南下"战略的关系

持否定论的文章认为，中方建立西南抗日基地的准备与"引敌南下"战略间并无直接的关系，"至今并无任何论据能够对此作出肯定的回答……想以四川和西南为抗战基地的构想来证明蒋介石作出过引敌南下西进的决策，是没有说服力的"。对此，我们只要再回顾一下蒋纬国的一段回忆便可有结论。

蒋纬国在《中日战争之战略评析》一书中曾记载到，"八一三战役"开始前，蒋介石明确地说过："这一战打起来，上海、南京都不能守。我之所以要打是因为我在日本读书时的老师，如今都身担大任，日本人对中国战略战史的研究有时比中国人还深刻。现在我们与日本人打仗，不怕从南方打也不怕从北方打，最担心的是日本人由卢沟桥入山西再经汉中入四川，这是当年忽必烈灭亡南宋的战略。如果日本人到西南，从云南、贵州到广西一抄，我们即便保守南京、上海，这个仗也打不下来。现在唯一的办法是在上海作

战，引导他沿江西上，届时他就败了。”[5]由此分析，中方上海作战与建立“四川基地”之间有无必然的联系不是一目了然之事吗？

三、中方“引敌南下”转移战略重心是主导还是被迫

解决这一问题的关键就是对1937年8月20日国民政府军事委员会下达的“国军一部集中华北持久抵抗……主力集中华东，攻击上海之敌”一纸作战指导计划的真伪考定问题。

前引论文曾指出军委会“8 · 20”华东作战指导计划“是一件以讹传讹的史料”，并以此为据指责有关的台湾学者作伪，导致这份史料“严重的失实，在方法上是以结果演绎原因，导致其结论与历史事实相背离”。[6]这一观点，遂成为持否定论者的观点支柱。

对上述看法，史学界早有质疑，认为其结论过于武断。经查考，该件史料出自台湾“国防部史政局”所编印的《抗日战史：全战争经过概要（三）》第255页。该指导计划全文如下：“国军以一部集中华北，重叠配备，多线设防，特注意固守平绥路东段要地，最后确保山东、山西，力求争取时间，牵制消耗敌人。以主力集中华东，迅速扫荡淞沪敌海军根据地，阻止后续敌军之登陆，或乘机歼灭之，并以最小限兵力守备华南沿海各要地。”至此，我们至少可以明白：1.这段史料不是“何应钦1955年所作的……一种概述”，更不是台湾学者们的“以讹传讹”；2.同时我们也认为，在大陆保存的民国档案中现在尚未发现这件史料的原稿及副本，但这并不是确认其存在与否的唯一根据；3.这件档案来自台湾的史料书，具体保存在何处，未见公布。

除此之外，需要解决的另一个相关的问题就是，“8 · 20”华东作战指导计划与同一天中方大本营所下达的关于华北战场的另两份作战命令《国军作战指导计划》、《战争指导方案》在内容上是否有矛盾的问题。

前引文认为在这两份“华北作战命令”中曾明确指出当时的“主战场在第一战区”，我方在第一、第二战区总的作战指导方针是坚守平绥路、南

口、万全等地，使之“始终为国军保有”，以达成“平津方面之敌绝不敢冒险南下”[7]的战略目的。这样一来，便与同日中方军委会下达的“华东作战指导计划”内容相左，因此可以反证后者的不真实。其实不然，只要我们细加分析便可明了，这几份作战方案并不是相互矛盾互不相容的，而是各有所指各为所用的。

由于当时日军是在华北发动的战争，我方首先要对付华北日军的进攻而不可能弃之不顾，因此当时中方的抗战主战场客观上也只能在华北，但这并不是意味着我方不会另有所图，对华北我军的作战指导方针只是即时性针对性的，我们可以视之为华北战场我方的应战方案。细细分析这两份文件，我们倒可发现，我方指挥当局在当时作为主战场的第一战区，采取的是较为被动的应战政策，在主战场侧背的第二战区，则采取了较为积极的固守抵抗方针。前文中所谓的要使“敌绝不敢冒险南下”的命令，则指的是蒋介石所讲的日军在占领华北后沿平汉线或津浦线自北向南的南下，而不是指被我沪战牵引空海运到华东战场的南下。对于这一点，当时中方的前线主将之一的陈诚，有下面精彩的说明：

“我以装备关系，不能在华北平原决战，因此在华北方面……行纵深配备，多线设防，以主力毅然使用于淞沪方面……不惜任何牺牲，予以强韧作战，双方作战重心乃由华北移至华中……所获政略上之成效尤伟。”“此役强韧之作战大出敌作战指导预想之外……就全国地形言，如当时在黄河流域与敌作战，殊不若在长江流域利用湖沼山地较为有利也，由此战役演成之结果，使敌被我诱引，不得不逐次被动增援，使在华之敌军，不能任意行动，造成我华北有利之形势，尤其使山西之我军有准备之余裕，结果在山西之敌军，始终不能西越黄河一步。此实为我战略上最大之成功。”[8]陈诚的这段说明再次证明了“引敌南下”是我方主动的战略设计，而体现这一设计的便是那份军委会“8 · 20”华东作战指导计划。

仅从作战指挥方针上来看，与在北方的决策相比，南京当局似乎更积极致力于淞沪第三战区的作战指导。尽管在本战区“作战指导方针”中并未明书以“引敌南下”，改变其战略路线为目的，但在实际上是贯彻实施了这一方针。“对于侵入淞沪之敌，应迅速将其扫荡，以确保京沪政治经济重心”，[9]“迅速围歼上海市附近之敌人，并打破其沿海沿江登陆之企图”。[10]同时，在8月20日中方下达的几份作战令中都明确规定，全部海空军力量投入上海战场，协同陆军即将发动的攻击作战。[11]

以上事实说明，中方在“8·20”时，对北方采取的是应战抵抗；对淞沪采取的是出击制敌。

南京国民政府要在长江一线摆开对日战场的设想并非一时的仓促决定。早在七七事变发生后的7月30日晚，军政部长何应钦在南京主持了军事长官会报第20次会议，通过了8项决议，其中就包括了：对上海日本海军陆战队之应付计划；对汉口日租界之扫荡计划；长江中下游各要塞之阻塞及对日舰之扫荡计划[12]等等，这些决议充分说明了当局在长江一线开战的战略意图，它与南京政府多年来在宁沪间修筑三道国防战线、制定歼灭汉口日租界计划、经营武汉国防中心以及在西南筹建“最后根据地”的设想是一脉相承的。

8月11日下午，在何应钦主持的另一次会议上，与会的中国共产党军事将领发表了他们对我方抗战战略的看法。尽管当时中共的军队都在北方战场，但朱德说：“第一第二战区为主战区，兵力已有相当多，但仍须准备兵力于该两战区，因敌必不以大兵在他方策动也。故在长江上海占先制，以各个击破敌人，以各方面之胜利而巩固主战场之胜利。”[13]叶剑英也发表了讲话，他不赞成在上海大打，认为“我之重点在上海，虽胜利不能转移全局，如在平绥线置重点则可转移全战局，而破坏敌人整个计划”。[14]朱德、叶剑英的这番话，可从侧面与反面证明，当时在会议上确实讨论了在上海开战“引敌南下”的战略计划。

在这种情况下，加上战前已经制定好的“一旦开战二战区即以全力先围攻上海之敌，以屏障首都”的作战计划[15]，南京政府于8月11日下令京沪警备司令张治中率第八十七、八十八师等精锐部队，开始总攻上海日军据点，打响了“八一三淞沪战役”。

这次战役的战术目标是围歼淞沪日军，而后封锁海岸拒止日军登陆；其所宣示的战略目标是“巩固首都及保有经济策源地”。尽管我们从多方资料中可以考察出“八一三战役”的战略目标绝不止于此，但从现有档案史料出发，我们可以认为在1937年8月中旬时，中方尚没有宣示出明确的“引敌南下”的战略计划，但无论如何，“八一三战役”在开始阶段就是有其战略意图的，并不是“走一步看一步”，更不能说其“作战指导方针具有相当的不确定性”。[16]

战事开始后不到一周，蒋介石派陈诚赴淞沪视察，于是就有了以前多次引用过的陈诚向蒋建议“扩大沪战”以避免“敌如在华北得势，必将利用其快速装备沿平汉路南下，直扑武汉，于我不利”的情况，和蒋介石“一定打”的决策。[17]尽管我们现在对陈诚的建议本身存在着见仁见智的差别，但不可否认的是陈诚建议的含意就是引敌主力南下，破坏其“自北而南”的侵略计划，而不仅仅是为了牵制日军在华北的进攻。[18]其后，陈诚便奉命率十五集团军赴沪增援[19]，上海战事便逐步扩大成为中日的主战场。

8月20日蒋介石的决策及当日军委会下达的作战指导计划向我们展示了这样一个事实，到8月20日后，中方已经有了明确的在上海扩大战事“引敌南下”的决定及其实际行动。其目的是为了使日军主力从华北转移到淞沪，在客观上造成其只能沿长江“由东向西”进攻的结果。对于这一点蒋介石没有说，但他做了。从“8 · 13”到“8 · 20”，短短的一周时间内，中方作出了在上海大打的决定与布置，如果没有战前的充分思想准备，如此迅速果断的决策是极难想象和解释的。

果然，在中方的激战之下，到8月底，上海日军陷入了困境，日军参谋本部鉴于日军在淞沪战场的伤亡数已达华北战场的两倍，且“打开上海方面的悲惨状况”陷入“苦战”，于是决定向上海大举增兵，加派3个师团1个旅团及空军来沪参战。9月中旬，日军在沪兵力已达陆军5个师团15个大队12万人。9月6日，我方“大本营情报”载：“当初东京计划，决以第三舰队在华南各海口为牵制动作，待华北军事发展，后以陆战队屡战屡败，南口相持不下，乃不得不变更战略，侧重沪战……敌前日续到援军2个师团，昨日多加入作战，双方死伤均巨，明日尚有2个师团到沪，主力战必在8日午前。”[20]11日，军委会第一作战组又获情报：“日军参谋本部对华战略有所变更，因我方在上海一带兵力雄厚，不易得手，拟在大批援军开沪后下总攻击令。”[21]这说明日方在9月中旬已将侵华战略做了变更，将淞沪作为其侵华战争的主战场。

对于淞沪主战场的具体形成日期是9月还是10月中旬的问题，我以为不必过分计较，其关键是淞沪最终成为了中日的主战场，时间的早晚并不影响对我方战略设计的评价。

四、“引敌南下”战略的相关史料再证明

曾有观点认为，沪战“引敌南下”战略不成立的主要理由之一就是缺少当时决策者及参与军机人士的个人记录及其回忆资料，但实际上仅就蒋介石而言，便有比较完整的系统资料说明他的这一思想的存在与形成过程。

1934年4月底，蒋介石在庐山与来华访问的德军名将塞克特（Seeckt）讨论中国对日国防战略时，有过以下一段论述。蒋介石主张对日国防重点区域应在长江流域而不在华北。他对塞将军说，一旦中日开战，他准备在必要时放弃华北而集中全部力量保卫长江流域，所以“抗日之发动必须在江西剿共之后”，“蒋对华北感到悲观，他说自己未能控制住黄河以北地区，而北方军无用，不同于南方军队，陇海线以北的人对政治不感兴趣，他们甚至不知道日本人是敌人”，所以，“为了替代北方防守，蒋说要不惜代价建设强化据点”，“他决定只有16%的军事预算可用于华北，因而那里只能选择战略要点构筑国防工事”，“他又表示从政治上来看，长江以南远比长江以北地区重要，况且华北的地方实力派军队没有任何军事价值”。[22]

1935年7月，蒋介石又一次明确提出：“对日应以长江以南与平汉线以西地区为主要阵线，以洛阳、襄阳、荆州、宜昌、常德为最后阵线，而以四川、贵州、陕西三省为核心，以甘肃、云南为后方。”[23]

1936年7月，蒋介石在接见即将离任的英籍财政顾问李滋罗斯时对他说："对日抗战是不可避免的，由于中国的力量尚不足以击退日本的进攻，我将尽量使之拖延，当战争来临时，我将在临海地区做可能的最强烈的抵抗，然后逐步向内陆撤退，继续抵抗，最后将在西部某省，可能是四川，继续维持一个自由中国，以待英美的参战，共同抵抗侵略者。"[24]

其后，蒋介石又在中日开战之初，有过本文前引之"现在我们与日本人打仗……唯一的办法是在上海作战，引导他沿江西上，届时他就败了"这一段论证。

"八一三战役"结束后，蒋介石在1938年11月5日"第一次南岳军事会议"的训词中说："在去年平津失陷的时候，我们不能将全国所有的部队调到华北去与敌人争一城一池的得失，而要将我们主力部队，作机动的使用，节节抵抗，逐步消耗敌人，一定先要诱他到长江流域来……孙子兵法上说：'凡先处于战地而待敌者逸，后处战地而趋战者劳，故善战者致人而不致于人。'我们能诱敌深入……完全是以逸待劳步步致敌而不为敌所致。"[25]

当时参与军机的中方军委会作战部部长黄绍竑也曾回忆到："八一三事变的发生是出乎日本意料之外的，亦可以说日本是被动的，我国是主动的，最高统帅的决策，是要以主动的姿态，先把上海的敌军根据地摧毁……即使不能把敌人根据地铲除，亦须吸引其兵力到这方面，以搅乱其既定的计划。"[26]

以上所引证的蒋介石在战前战后的一系列的讲话及黄绍竑的回忆都可作为"八一三战役"之"引敌南下"战略意图的证据，至此所谓当年"参与军事机密的主要将领都未说过有这样的一个重大决策"[27]之说可视为并不符合实际。

五、几点最后的结论

关于"八一三战役""引敌南下"战略是否存在及如何评价的问题，我以为根据现有的资料及研究结果可得出以下几点结论：

（一）"八一三战役"是存在"引敌南下"、"改变日军侵华路线从由北向南到由东向西”的战略目的的，有许多史料可对此加以证实。如蒋介石、陈诚、法肯豪森等人的讲话及书面建议、报告；南京国民政府经营宁沪汉川国防线与国防基地的行为；设计湘赣“国防中心区”的计划；修筑浙赣铁路线；“图川”及建设西南大后方等等战略措施。如果根本否认了这一战略构想的存在，那么上述这些史实将无从得到合理的解释。

（二）七七事变后，日本军方的企图是在华北战场一举击溃或围歼中方主力。以达成速战速决逼降中国的目的。而中方则依据战前的设想，决心与日本开展持久战。实行这一战略的第一步就是主动发起“八一三淞沪战役”以打破日本的战略企图。因此，从全盘战局分析，中方不可能按照日方的意图，把主力开往华北去与日军决战。这一思想在“七七”之后我方对于华北战局的作战指导方针中已有明确的宣示。8月前后的华北主战场是由日本侵略造成的客观存在，不是中方的选择；而9月以后的华东主战场才是中方的选择。试图用8月之前我方指挥华北主战场战事的文件来证明9月以后华东不是中日主战场，这从逻辑上来说也是不通的。“八一三淞沪抗日之役”是我方实施“持久抗战”战略的一个开始。

（三）依迄今为止所发现的史料考察与分析，从“七七”到“八一三”，中方具体的应战方法客观上来看应当说是存在着一个变化的过程的。由于战事的突然爆发及华北地方实力派对与日和谈存在着幻想，开战之后，中方一面应战，一面忙于协调内部，期望能够一致对外。南京中央召开最高军事长官会报，研讨对敌抵抗方针，会上各方将领提出了许多意见，会议记录也并不完全。许多极具价值的提案甚至没能记录，如有关将四川划入第一战区的提议便是如此。[28]在这种情况下，若以未见到正式文件为唯一的理由便轻率根本否定中方有“引敌南下”的战略思想，似觉过于草率武断。

（四）最后，我们在肯定“引敌南下”的战略设计的同时，必须申明的是，我个人从未说过“引敌南下”是蒋介石在战前就早已设计好了的作战计划。[29]我在《开辟淞沪战场有无“引敌南下’战略意图》一文中的原话是“这足证蒋氏集中兵力在上海与日军作战是有充分设计的”，[30]意即指

“八一三战役”是有充分设计的，而不是特指“引敌南下”。我认为，“引敌南下”一直是一种盘旋于蒋介石等人脑际的战略思想，而不是一项已经明确的可以公布示人的战略计划。由于开战后中方没能实现“赶敌下海封锁海岸”的预案，上海战事陷入胶着状态，此时因为中方最高领导层早已有了要把日军引来长江流域以己之长克敌之短的设想，故而自然地便产生了陈诚的建议与蒋介石的大打决定。至此，沪战便具有了“引敌南下”的战略含意。“引敌南下”的目的绝不仅仅是为了使日军分兵以支援华北战场我军的作战，而直接是为了改变日军“自北向南”的侵华路线，其客观结果便是吸引日军主力到华东，使其进兵路线一变而成为“由东向西”。对于这一设计与结果，蒋介石等中方指挥者，说了也做了，只不过没有高度概括为前述“八个字”而已。

总而言之，“八一三战役”“引敌南下”改变日军侵华路线是中方的战略意图，但它只是一种在战前设想的并被后来战争实际所证明是正确的战略意识，而不是一份曾经公布过的作战方案。这就是我的最后的结论。

【注】

[1] 载《抗日战争研究》，1995 年第 2 期，第 26–44 页。

[2] 同上出处，第 29 页。

[3] 蒋介石：《抗战检讨与必胜要诀》，载《蒋委员长训词选辑》第 2 册，第 554 页，中国第二历史档案馆藏。

[4] 请参见拙著《开辟淞沪战场有无“引敌南下”战略意图》，载《抗日战争研究》，1994年第2期。

[5] 《中华民国建国史讨论集》第 4 册，台北，国民党中央党史会，1985 版。

[6] 余子道：《淞沪战役的战略企图和作战方针论析》，载《抗日战争研究》，1995年第2期，第39页。

[7] 中国第二历史档案馆编：《抗日战争正面战场》（上），《国军作战指导计划》（1937 年 8 月 20 日），江苏古籍出版社，1987 年版，第 4–5 页。

[8] 陈诚：《八年抗战经过概要》，第 9–10 页，中国第二历史档案馆馆藏。

[9] 《抗日战争正面战场》（上），《国军作战指导计划》第 5 页。

[10] “国防部史政局”：《抗日战史》淞沪会战（一），第 9 页，“我军作战指导”。

[11] 《抗日战争正面战场》（上），《国军作战指导计划》第 13 页。

[12] 《卢沟桥事件第 20 次会报》，载《民国档案》，1995 年第 2 期，第 14 页。

[13] 《8 月 11 日下午四时谈话会》，载《民国档案》，1995 年第 2 期，第 21 页。

[14] 同上出处，第 22 页。

[15] 《抗日战争正面战场》（上），《国军作战指导计划》第 6 页。

[16] 《抗日战争研究》，1995 年第 2 期，第 35 页。

[17] 《陈诚私人回忆资料》，载《民国档案》，1987 年第 1 期，第 14 页。

[18] 《抗日战争研究》，1995 年第 2 期，第 37 页。

[19] 《陈诚私人回忆资料》，载《民国档案》，1987 年第 1 期，第 14 页。

[20] 《抗日战争正面战场》（上），《国军作战指导计划》第 271 页、第 273 页。

[21] 《抗日战争正面战场》（上），《国军作战指导计划》第 273 页。

[22] 德国联邦军事档案馆藏：《塞克特与蒋介石会谈记录》（1934 年 5 月 4 日），No：02-4415,p.207。

[23] 张其昀：《“中华民国”史纲》第 4 卷，台北，中华文化出版事业委员会，1954 年版，第 211 页。

[24] 蒋纬国：《中日战争战略评析》，载《“中华民国”建国史讨论集》第 4 册，台湾，国民党中央党史会，1985 版，第 10 页。

[25] 蒋介石：《第一次南岳军事会议开会训词》，载《蒋委员长训词选辑》第 3 册，第 454–455 页。

[26] 《黄绍竑回忆录》，广西人民出版社，1991 年版，第 339 页。

[27] 《抗日战争研究》，1995 年第 2 期，第 31 页。

[28] 《8 月 11 日下午四时谈话会》，朱德讲话中“四川划入第一战区不相宜”等内容，载《民国档案》，1995 年第 2 期，第 22 页。

[29] 《抗日战争研究》，1995 年第 2 期，第 35 页。

[30] 《抗日战争研究》，1995 年第 2 期，第 214 页。

笔谈抗日战争与中国现代化进程

载《抗日战争研究》，2006年第3期。

编者按：2006年4月21日至4月24日，由浙江省民国浙江史研究中心、杭州师范学院近代史研究所及《抗日战争研究》编辑部联合举办的“抗日战争与中国现代化进程”学术研讨会在杭州举行，20余人出席了会议。会议的主旨，是想推动研究者从一个不算很新，却少为人们重视的视角，对抗日战争的历史进行审视。这个视角就是“现代化”。而关于历史研究中的“革命范式”与“现代化范式”，两者的异同比较，最近较为引人关注。究其原因，除了史学方法方面不断深入的探讨之外，历史为现实服务的功能受到重视，也似是原因之一。以往对于抗日战争史的研究，无论是宏观或是微观，大致不脱民族民主革命的视角，是因这段历史确实与之密切相关。而今天的现实发生了变化，以抗日战争为开端的中国复兴，不仅走向了正轨，而且有了不断加速的迹象。因此，重新总结历史的经验以为现实服务，不仅是重要的，也是必要的。本次笔谈，虽然只是在上述主旨下的一种粗浅尝试，但见仁见智，或者多少能给读者一些启发。本组笔谈是从会议发言中挑选而经言者整理过的。需要说明的是，由于笔谈内容广泛，故不做归类，仅以收稿时间排序。

笔谈人：袁成毅、范展、金普森、苏智良、王希亮、马振犊、李仲明、左玉河、马勇、荣维木

马振犊（中国第二历史档案馆研究馆员）：

抗日战争使中华民族经历了一场血与火的残酷洗礼，从而实现了整个民

族的浴火重生。这场锻炼与考验是全面的、深刻的，且具革命性。其中，抗战对于中国民众近代意识的开启和民智的提高，具有特别的作用和深远的历史意义。

鸦片战争后，列强用大炮轰开了封建中国闭关的大门，中国被迫开始与西方各国打交道，虽然中西交涉对话在不平等的状况下进行，外部世界的影响不断渗入，但就普通城乡民众而言，屡屡的割地赔款和局部的中外战争，并未能根本冲击和影响到他们日常的生活模式，对内地的普通民众来说，外患可能也就是赋税的加重和洋人洋货的涌入而已，这使他们本已艰难的微薄生计雪上加霜。尽管中国的革命志士流血牺牲，推翻了封建王朝建立了共和国，但孙中山先生所提出的通过训政来开启民智从而实现民主先政的设想，因多种因素而未能实现，因此就民众教育和思想启蒙而言，到全面抗战爆发之前，中国社会仍处于民智未开的混沌状态之中，普通民众尤其是内地闭塞地区的人民，甚至对外部的世界一无所知，基层民众的思想意识还停留在封建制度残留阶段，他们对国家民族的生存危机并无切身的认识和感受。而当局忙于平定反抗和剿灭异己的内战，根本无暇亦无力顾及民众教育和思想、知识的启蒙，近代教育系统初创，尚来不及发挥出有效的功能。是伟大的全民族抗日战争，给中国予重生的机会，中华民族经历了一次残酷战火的洗礼。为了求得这场民族存亡大战的胜利，中国所有的党派团体，所有的民族地区，社会各界的力量空前地团结起来，发挥出了前所未有的智慧。在国共第二次合作的巨大政治影响力之下，中国的政治体制及其运作得以改善，人们的民主意识空前加强。中国共产党政治活动的合法化，使之在民众宣传、社会动员方面的特长得到了充分发挥，以周恩来、郭沫若等为主的国民政府军事委员会政治部第三厅，在抗战民众动员、宣传、鼓动等方面，发挥出了卓越的领导作用，取得了巨大的成就，国内教育、文化、艺术界人士纷纷行动起来，在城市乡村，举办各种形式的通俗易懂的宣教活动。他们宣传抗战、启迪民众、普及文化，提高人民的民族民主意识和爱国主义觉悟，号召人们有钱出钱，有力出力，为民族抗战贡献力量。其参加人数之多，教育形式之丰，受惠民众之广，效果之显著，为历史所罕见。在这场全民族抵抗侵略求生存的洪流中，上至达官贵人，下至贫民村夫，统一了意志，增强了团结，社会各阶层之间得到了联系与沟通，民众的精神面貌得以改观。为了赢得战争，国共两党都意识到要发动民众才能争取抗战的最后胜利。尽管还存在思想和行动上的差距，但在强敌入侵，国难临头之时，大方向和目标得到了统一。抗战时期“爱国献金运动”、“救国公债劝购活动”、“知识青年从军运动”等等，都得到了人民群众的热烈响应，是为民众觉醒的明证。上至军事委员会委员长蒋介石、副委员长冯玉祥，下至人力车夫乃至街头乞丐，都根据所能，献出了自己的一份钱财和力量；海外侨胞毁家纾难；千万青年踊跃投笔从戎奔赴杀敌前线；他们都懂得，覆巢之下无完卵，要保住自己和家庭，就必须先保卫国家。这些百年以来前所未有的新气象，标志着一个古老民族的觉悟和复兴的开始。

抗战时期中国社会与民众近代思想意识的启蒙和提升，具体表现在：第一，国难当头民众团结救国目标的高度一致；第二，把抗战与建国融为一体，建国的内涵已不仅仅是维持战争的物质建设需要，而且更重要的是民主思想的初步教育和普及；第三，在中共领导下地区民主选举制度的实行和其示范影响，包括组织各种民众团体和从扫盲开始的各类启蒙活动，意义深远；第四，民主党派的建立和活跃，形成了在野的政治制约力量；第五，抗战大大提升了中国融入国际社会的过程，开拓了国人的视野，推进了中国的国际化。

这些前所未有巨大而本质性的进步，不仅是夺取抗战最后胜利的重要保障条件，而且为后来新中国的诞生，奠定了一方面的社会政治基础。

置之死地而后生，在论及全民抗战给中国现代化进程带来的历史性影响时，应当注意到，中国民众的觉醒是其中最重要的一个方面。

中国的抗日战略

2001年哈佛大学“中日战争国际共同研究”夏威夷第二次会议论文，
发表于“中日战争国际共同研究之二”——《战略与历次战役》，
社会科学文献出版社，2009年1月版，第64-102页。

1937至1945年发生的中日战争是中国和世界近代历史上的一场著名的战争，在这场战争中，中国国民党及其国民政府作为中国的执政者，指导了抗日作战，在中国共产党及其军队的合作下，最终打败了日本侵略者。国民党确定的抗日军事战略对于取得这场战争的胜利具有重要的作用。因此，研究国民党的抗日战略的形成与变化过程就对于研究整个抗战历史具有特别的意义。

一、国民党的决策机制与中方抗日战略的形成

战前中国实行的政治体制是“以党治国”的集权统治，即所谓“一个政党、一个主义、一个领袖”。清末以来，中国虽然经过了疾风骤雨式的民主革命，建立了共和国，其政权形式比封建时代有了历史性的进步，但其实质并未发生彻底的改变。在一个拥有几千年封建传统的国家，封建君王思想和实施独裁统治的习惯根深蒂固，深入社会底层。民国初期，国家刚刚从清王朝的旧臬中脱胎而出，从国家领导人到普通百姓，皆深受封建思想的浸淫，这种状况，决非经过一两次革命所能彻底改变。辛亥革命之后，尽管国家政治体制发生了变化，在国民党人效仿西方共和制国体建立的中华民国政权机构内，国家大政方针的最后裁定权仍然掌握在国民党最高领袖蒋介石一人手中，在军事作战领域内尤其如此。因此其抗日战略的形成与制订也不能例

外。在这种情形下，中方的抗日战略基本上是以蒋介石个人的意志观点为导向，其他人的意见只能给蒋起到参考辅助作用，而一般不能在公开场合进行讨论和辩论研究，更无法直接对蒋的决定形成否决。这是当时中国有别于西方国家的不同点，也是中国的决策机制的实际情况。

国民党的军事决策体系是怎样运作的呢？概括地说，就是以一人为中心而形成的一部官僚机器。

因此，在这个意义上说,研究中国抗日军事战略的形成与制定过程，实际上就是对蒋介石基本抗日战略思想形成的研究，虽然它不是全部，但却是其基本的内容，而这种思想，在战前就已经开始形成了。

我们首先对蒋介石国民党在抗战前关于未来中日战争的设计和谋划进行简单的回顾。

在战前的内外方针与国防政策方面，当时蒋介石的观点是有错误的。他对内厉行“攘外必先安内”的政策，把主要精力用于剿共内战；在外交战略上则实行防苏甚于防日的方针。“认为当今中国的威胁，苏俄第一，日本第二”。在这种思想指导下，其抗日战略的制订便呈现出先天不足的特征。他把主要精力以及军力、财力都用在了内战上，对于日本军阀的不断侵略，只能采取步步退让的方法。直到1935年后，“剿共”内战取得了一定的进展，加之日本的威胁加剧，国内抗日呼声高涨，使当局逐步意识到再不准备抗日，政府有倒台的危险，这才开始进行若干的思考与准备。当时蒋的许多谋士，包括军事家蒋百里与德国军事总顾问法肯豪森等人在内，都曾向他提出过具体的抗日战略设想，其中包括了持久战思想的萌芽和“引敌南下”的战略设计等等。这些分析建议对于蒋介石肯定产生了一定的影响，是直接造成他后来确定战略政策的基础。以至于在1935年后，国民政府的国防指导方针便逐渐地转向以抗日为中心，并在实际工作中进行了一些实战的准备。但纵观其战前的抗日战略，其主导思想仍是“应战而不求战”，以及“以战求和”，以“恢复九一八前的态势”为首要的目标。

二、战争爆发后的战略应付

1937年“卢沟桥事变”爆发时，蒋介石正在庐山准备召集全国各党派人士及社会名流举行谈话会，共商国防大计。他在听取有关“七七”事变的汇报之后，立即下令“通饬一体戒备，准备抗战”。[1]

7月8日，蒋介石电令正在四川办理整军的军政部长何应钦火速回京，拟定军事动员、作战计划等项事宜。9日又下令调遣两师兵力“向石家庄或保定集中”，准备抗战。[2]13日，他向宋氏明确表示：“卢案必不能和平解决，……中正已决心运用全力抗战，宁为玉碎，不为瓦全，以保持我国家及个人之人格。”[3]他同时十分自信地表示：“平津国际关系复杂，如我能抗战到底，只要不允签任何条约，则在华北有权利之各国必不能坐视不理，而且重要数国外交皆已有把握，中央决宣战。”[4]蒋氏的这一讲话，确定了国民党对日作战的方针，对国民政府初期抗战起到了动员作用，受到了全国人民的拥护。

7月17日，蒋介石在第二次庐山谈话会上发表了著名的讲话，提出了解决“卢案”四项强硬条件。他郑重表示：“万一到了最后关头，吾人当然只有牺牲，只有抗战。”但是，“我们的态度只是应战而不是求战，应战是应付最后关头必不得已的办法。”“在和平根本绝望前一秒钟，我们还是希望和平，希望以和平外交方式，求得卢事的解决。”“如果战端一开，那就地无分南北，人无分老幼，无论任何人皆有守土抗战之责任。”[5]

自7月11日开始，南京国民政府军事机关各主要长官、幕僚及有关人员在军政部部长何应钦官邸举行连续会议，紧急商讨对付卢事方针及国内军备动员、兵力调遣等应战措施。到8月12日止，会议共举行了33次，这些会议对于制定抗战初期南京政府政治、军事方针具有重要意义，其所涉及的内容有：

第一，关于派遣参谋本部次长熊斌北上，向宋哲元转达南京政府抗战决心的决定。

第二，调遣中央军北上，做好应战准备。

第三，商讨目前对日谋略与外交方针。我方最高军事会议主张“现在我准备未周，开战难操胜算”，因此“我们希望缓兵，以完成我方准备。即对长江设备完成，可以确实控制长江之安全而保长江之枢纽，则无论实行持久战或歼灭战，乃有把握”。“故目前中央宜表示强硬，而任宋明轩之妥协运动之进行，如果结果不超出中央期望之外，则中央可追认之，否则，中央仍予以否认。至军事准备尤不可忽”。

第四，关于国民党内各地方实力派对卢事的反应。除了位于第一线的宋哲元部而外，桂系李宗仁、白崇禧决心参加抗战。山东韩复榘“态度良好”，他致电南京政府“抵抗日本之侵略”，其战略为“实行持久战”。四川刘湘通电“请缨抗日，并谓遵令整军待命”。[6]

第五，关于接纳中共领导的红军参加抗日作战，标志着国共合作抗日的正式告成。

总括南京国民政府对卢沟桥事变的态度，仍然为“应战而不求战”，但蒋介石是抱着不惜与日本全面开战之意图来调兵遣将的，准备以军事实力来与日本周旋一时，最终迫使日方适可而止，双方各让一步，达成事变的最终和平解决。

事实上，南京中央政府的意图并没有得到很好的贯彻，华北的战事在地方实力派宋哲元的妥协求安撤防指导下，很快归于失败。日军占领北平、天津之后，兵分三路，沿平绥、平汉、津浦路向西、向南前进，战事不断扩大。

8月20日，国民政府军事委员会鉴于目前战局，制定并颁布了《战争指导方案》，将全国划分为5个战区。晋绥战场被划分为第二战区，阎锡山被任命为战区司令长官，负责统一指挥该区域的作战部队。该战区的作战任务规定为：“打破敌惯用包围行动之企图，使其对我第一战区不敢放胆施行正面之攻击，同时牵制热河以东之敌军，使其对青岛、淞沪之作战，不能转用兵力。”[7]

8月上旬，日军独立混成第十一旅团在第五、第十师团等部配合下向察绥和山西的前哨要地南口发起猛烈进攻。阎锡山在岭口召集军事会议，布置了设在繁峙、沙河间的“口袋阵”，以图围歼日军坂垣部队。但在具体实施时，由于判断错误擅改部署，被敌从平型关右侧后绕袭成功，我军退守平型关。10月13日，忻口战役开始。激战至26日，娘子关阵地被打开缺口，忻口战场腹背受敌。11月8日，日军攻击太原。晚9时，守城部队全部撤退，太原城失守。[8]太原失守，标志着我军在山西正面战场的抗日战事基本结束。阎锡山所部退往晋南地区。而日军因在山西消耗过甚，一时亦无力继续追击作战，北方的战事暂时停息下来。

三、上海的主动出击

北方战场战事的扩大暴露了日本全面侵华的企图。国民政府统帅部不得不面对现实，确认现在已不再是谈论是战是和的时候，而是面临着怎样打的抉择。

长江中下游地区，为我国政治、经济重心所在，以经济中心上海与政治中心南京相连的宁沪地区是中国当时的心腹要地。因此，上海便成为我国的东大门及保卫首都的屏障，在战略上具有十分重要的地位。对于中国的东南地区，日本帝国主义虽然垂涎已久，但是由于当时战争集中在华北，在开战之时，日方并无在上海作战的具体计划，只不过考虑到了在青岛与上海两地派兵保护日侨的可能。

根据“一·二八”后的“停战协定”，上海地区驻有日本海军陆战队3000余人，他们以虹口陆战队本部为中心构筑了80余处阵地，并储存了必要的战备物资。7月，华北战争爆发，以长江方面为“警备区域”的日本海军第三舰队司令官长谷川清正在台湾指挥演习，闻讯后他即赶赴上海。7月11日，他召集了“特别警备会议”，向海军军令部提出报告，认为有必要在上海、南京一带发动战争，“如果局限战域，则有利于敌方兵力之集中，深恐将使我方作战困难。为制中国于死命，须以控制上海、南京为最要着”。[9]但至8月上旬末，日方的作战方针仍然是“陆军仅派至华北，为保护日侨可动用海军，勿须陆军出兵上海”。[10]直到“虹桥机场事件”前夕，我们尚未发现日本最高军政当局有在上海开战的计划及下达明确的作战命令。然而，由于日本海军急于加入对华战争，其领导机关与下属舰队不顾一切地开始了在上海的备战。

此时，在中国方面，自1932年“一·二八”事变以后，国民政府意识到日军如再由上海入侵，将轻易威胁国都南京，故而对宁沪杭腹地的防御计划给予了相当重视。自1931年起，国民政府开始在这一地区构筑国防战备设施。经过数年的努力，花费了一百几十万元的资财，修成了三道国防作战线，即上海至杭州国防线、吴江至福山国防工事（苏福线）、无锡至澄江（江阴）国防工事（锡澄线）。到1937年，全部工程已基本完成。毫无疑义，这些战备工作的目的是为了对付日寇的侵略。

1935年秋，中国最高军事当局还着手制定了完整的《国防作战计划》，其内容包括阻止日军扩大侵华战争。这份计划总方针规定：“为保全国土的完整，维护民族生存起见，应拒止敌人于沿海岸及平津张以北之地区，作韧强之抗战。随战争之推移相机转移攻势，将敌人歼灭之。”它将察哈尔、河北、绥远、山西、山东、江苏、浙江、福建及广东9省划为抗战区，其中又进一步划为6个防卫区。计划在郑州、开封、徐州、海州和宁沪杭一带设置防御。宁沪杭地区由唐生智负责，并以湖南全省和安徽南部、江西北部驻军为京沪杭地区后援部队。[11]仅就这一计划具体内容来看，很显然，中国方面对于防御日军侵略宁沪是有比较全面的设想的。

中国方面在宁沪杭地区的备战工作并没有仅仅停留于纸面。1936年后，京沪警备区司令张治中，积极着手对日抗战准备工作。他在陆军军官学校内设立了一个“高级教官室”，专门主持制订“京沪分区”防御计划及实施，以后又扩充组织，改名为“军校野营办事处”，内设政治、军事两个组，陆续对沪宁间各重要地区进行了具体调查，对防御作战的兵力部署、指挥防线、后勤补充乃至发动民众、舆论准备等多方面的问题进行了研究设计。根据综合分析，他们认为：日本发动侵华战争，上海必然是战场之一，我们不能重演“九一八”和“一·二八”被动挨打的悲剧，应在敌方发动战事以前，主动出击进攻，彻底摧毁日军在沪军事据点，然后封锁海岸，确保宁沪安全。他们的这一战略设想得到了最高当局的同意。除此以外，张治中还主持了一些实际备战工作，如曾组织5个师的演习，模拟阻击日军登陆；1936年底又组织军事参谋人员到苏州、常熟、太仓、浏河、吴淞一带进行考察与布置等，宁沪铁路沿线各火车站也奉命进行了军运准备。

“七七事变”后，张治中又提出立即封锁长江水道，围歼长江上游日舰的建议，但这一计划被国民政府行政院秘书、日本间谍黄浚密告日方，使日舰得以迅速逃脱，并将汉口日海军陆战队转运上海，加强了日军驻沪兵力。[12]种种事实表明，国民政府在宁沪杭地区进行了抵抗日本侵略的先期准备，而在这些准备中包含了一定程度上先发制人的战略目的。

华北战事开始后，中国统帅部认为：华北是一大平原，有利于日军机械化部队及大兵团活动，并距日方东北补给基地较近，附近又有冀东等伪组织活动，所以形势于我不利。如果全面开战，我方应充分利用在淞沪间既设国防工事，在此投入重兵用以牵制敌人兵力，保卫政治、经济中心，同时还可能使日军触犯列强在华利益引起国际干预。[13]一旦上海开战，应争取迅速歼灭上海日军，封锁海洋。如战事不利，则可退守苏福国防线打持久战，借以待机调停战事，阻止日军侵略。

中国方面对于淞沪地区抗日的计划与准备，造成了中方发动“八一三”战役的客观条件。

8月9日发生的“虹桥机场事件”为淞沪战役点燃了导火线，但就8月9日至月底大战全面展开这段时间内的情况分析，中日虽都决心在上海一战，然双方的作战计划与准备工作却大有不同。

事变发生后，日本军政当局开始重视上海方面的局势。“海军中央部研究了解决大山事件的方案，决定向中国方面提出要求事项，在采取外交措施同时，和第三舰队进行了联络，要求慎重行事。尽管事态的最后解决只能诉诸武力，但在陆军派兵的情况下，攻击开始的时间也须在动员后的20天，因此当前要尽可能不使事态迅速恶化”。“在10日的阁议上……再次确认了就地保护上海侨民的方针。答应准备派遣陆军部队”。[14]日方利用外交谈判拖延时间，从各地调派了三个师团的陆军赶运上海。日军参谋本部此时的观点是：“上海方面已超出单纯的保护侨民目的以外，具有给中国方面以沉重打击的意义。”[15]因此，其在8月20日制定的《作战计划大纲》中规定：“以上海派遣军(以五个师团为基干)击败上海周围之敌，而后以一个军(大概以三个师团为基干)确保上海周围的重要阵地线，切断上海—南京间的联系并谋求占领地区的稳定。”[16]这表明，日军在战役开始时只计划攻占上海而没有在华中大战的具体准备。即使在开战以后，日军参谋本部第六百号命令仍规定：“华中方面军的作战地区大概定为联结苏州—嘉兴线以东”，“意在预期方面军主力不超过该线”。[17]曾任中国战场高级指挥官的今本熊男的回忆也说明日方在初期并无使华东成为主战场的计划，[18]日军在华中作战的决心是逐步确定的。

然而，中国方面在“虹桥事件”发生后即决定了开战措施与大战计划。事件发生后，在对日采取强硬外交的同时，国民党最高当局宣布从此进入对日抗战，命令参加庐山会议的将领回到各部队，开始全面抗日部署。8月11日晚，国民政府军事委员会命令：“张司令官治中率八十七、八十八师于今晚向预定之围攻线挺进，准备对淞沪围攻。”8月13日深夜，蒋介石下令张治中发动总攻击，实现“赶敌下海封锁海岸拒敌登陆”的作战计划。同时，决定将第五十六师主力、第五十七师的一部及独立第二十旅向前推进，采取逼向南下在长江方面作战的敌之侧面的有利态势。”[19]中国军队源源不断开赴上海战场。

8月13日上午9时许，中国军队在部分日军士兵首先越过对峙线的情况下，奉命发起全面攻势，揭开了淞沪百日大战的序幕。

8月18日，蒋介石派陈诚、熊式辉赴沪视察战况，20日返回南京。陈诚向蒋汇报说：敌对南口势所必攻，同时亦为我所必守，是则华北战事扩大已无可避免，故敌如在华北得势，必将利用其快速装备沿平汉路南下直扑武汉，于我不利，不如扩大沪事以牵制之。蒋对此表示："一定打。"陈诚又说："若打，须向上海增兵。"蒋即派陈诚为第十五集团军总司令率部赴沪增援。[20]至此淞沪大战再次升级。蒋介石的这一决心体现了国民政府最高当局对中日战争的总体战略部署。

8月20日，国民政府军事委员会将全国划分为5个战区，下达了如下作战方针："国军一部集中华北持久抵抗，特别注意确保山西之天然堡垒。国军主力集中华东攻击上海之敌，力保淞沪要地巩固首都。另以最少限度兵力守备华南各港口。"[21]这就是国民政府抗战初期战略设想的基本原则。从这里我们可以看出，国民党军发动上海抗战是有目的、有计划的，而且早已做了必要的准备。在明知北方战事扩大不可避免之时，中国最高统帅部仍决定将中国军队之精锐投入上海战场，以期促使日军分散兵力和改变侵华路线。虽然此举有其政略外交与战术上的考虑，但不可否认，从上海战事扩大的客观效果联系中方战前在沪宁间的战备成绩来考察分析，这一决定对整个抗日战争正面战场的战略影响具有关键性的意义。可以说，如果没有上海方面的激烈抵抗而单凭北方战场苦撑后的败退，以后的战局很可能出现如陈诚所意料的日军从北方战场西进后南下占领武汉，断绝国民政府的退路并合围夹击，使中方陷入灭顶之灾的局面。由于当时华北地区在西北军掌握中，南京政府对北方战场作战的指挥不可能得心应手，万一出现失控，将会造成破坏大局的后果。而在淞沪战场的抵抗则正可以收以我之长克敌之短之效。从这一点来看，淞沪战役之意义不在战斗之输赢得失，战役发动后在战略上我方既已首先赢得了主动，争得了至关重要的战略上的主动权，而中国所得的这一分又是在敌强我弱的形势下争得的，这也就是"八一三"淞沪战役对于抗战全局的最大意义之所在。

8月20日，国民政府军事委员会发布新的作战指导计划："国军以一部集中华北，重叠配备，多线设防特注意固守平绥路东段要地，最后确保山东、山西，力求争取时间，牵制消耗敌人，以主力集中华东，迅速扫荡淞沪敌海陆军根据地，阻止后续敌军之登陆，或乘机歼灭之，并以最小限兵力守备华南沿海各要地。”[22]其基本方针是在上海战场集中主力部队，直接歼灭上海日军，阻止其援军登陆以保护宁沪安全。从此，长江以南国军停止北调，纷纷向淞沪战场增援，中央军及广东军、广西军陆续派出主力军赴沪。8月底在陇海线东部机动待命的胡宗南部第一军以及已由汉口向保定输送、先头部队已抵郑州的第十八军均奉命转向华东战场南下增援。自8月上旬至9月中旬，淞沪战场中国部队及其陆续开到之大批后援部队总计约70万人在地域狭窄、水网密布的淞沪三角地带与不断登陆的日军开展了一场空前激烈的搏斗。由于中国官兵的顽强抵抗，使日军两个师团陷入上海苦战中，伤亡4000余人，而不得推进兵力。日军上海派遣军司令部及第三舰队司令官，不得不再次急电东京求援。9月6日，日本“决定增派第九、第十三、第一〇一师团及台湾守备队（重藤支队）到上海”，[23]日方不惜代价投入陆海空重兵，准备突破中方淞沪防线占领上海，而我方守军持久鏖战损失过大，“每小时死伤辄以千计”，军力逐渐不济，这样整个淞沪战局开始发生不利于我的变化。延迟到10月21日，中国军队全线停止进攻而转入防御。

10月底，日军统帅部为了改变目前困难状况迅速解决上海战事，决定再次向淞沪战场派兵，使淞沪战场日军全部兵力达两个军9个师团，这个数目已比华北战场日军全部兵力还多了2个师团。从这点来看，上海战局的发展已实现了中方“引敌南下”的战略意图，但就实际战况而言，日军的压力已超过了中方所能承受的限度，特别是11月5日三个师团的日军在杭州湾登陆之举,抄了中方的后路，出乎中方统帅部的预料，成为导致上海战局发生逆转之关键因素。

此时日军已从前后两面对中国军队形成夹击包抄之势，沪杭铁路已被切断，中国军队面临被围歼之危险。8日晚，中国统帅部决定上海守军全线向吴福国防线转移。但是由于战局变化太快，中方撤退令下达过迟，“部队已陷于极度紊乱状态，各级司令部已很难掌握其部队了”。[24]11日，上海沦陷。

从“八一三”战役的发生背景、发动经过、战役发展及其对抗战全局的影响等方面综合分析，我们可以得出以下几点结论：

第一，“八一三”战役是中国发动的。中方在战事开始时处于主动地位，这一点完全可从中方的作战准备、战略计划以及日方参战经过诸种事实中得到证实。

第二，战役最后，中方没有达到预期的目的，反由主动变为被动，其中原因是多方面的。从宏观角度来看，当时中国的综合国力与军力都比不过日方，暂时的局部的失败在所难免。从具体战役指挥上看，中国方面在如此狭窄的江南水网地带投入70万重兵与强大的敌人开展拼消耗的阵地战，使中方主力战斗部队遭受了巨大的损失，使得接踵而来的南京保卫战严重缺乏参战生力军，很快归于失败，甚至对整个抗战初期正面战场都产生了不利影响。

第三，国民政府发动上海抗战的目的，依事前的计划，在战术上是以积极的攻势清除日军驻沪部队，封锁海洋，保卫宁沪安全。据史料判断，也有吸引华北日军分兵南下的意图，最后在客观上也达成了这一目的。[25]国民政府发动上海抗日的战略目的是要向日本及英美各国显示自己的力量，希望以此迫使日本放弃灭华企图；或最低限度拖延战争进程，迟滞日军侵略步伐，同时争取英美的干涉调解，达成妥协停战阻止日本灭华的政治目的。“中枢除积极准备发动全面抗战外，仍秉不求战而应战之一贯主张，准备彻底牺牲。若寇方能停止侵略恢复7月8日前之状态，则犹可(原文如此——引者注)最后一线希望”。[26]这说明，上海与华北的抵抗，都是为了恢复“七七事变”前不战不和的局面。

第四，“八一三”战役的结果，在战争中给予来犯之日军以迎头痛击，大量杀伤了日军，迫使其一再增兵，动用了主力野战军。同时亦为我国沿海工业内迁及政府机构转移赢得子宝贵的时间，并极大鼓舞了全国人民的抗战热情。在战略上使日本对华战争陷入持久作战，粉碎了日方“速战速决”的美梦。这正是“八一三战役”的实际作用及最大意义所在。

战后几十年来，国民党方面的史家与学者对“八一三”战役进行了详细的研究与论述，他们较多地肯定了对这场战役“引敌南下”战略作用与意义的评价，把它归结为是国民政府有预谋的设计，认为由此改变了日军的侵华战略路线从“由北向南”而变为“由东向西”，这使得中国军队避免了被日军从平汉路南下包抄在华东与华中围歼的灭顶之灾，改变了整个抗战的战略大局，蒋介石的这一谋划其意义重大而深远。但在事实上，我们根据现有的史料客观地分析，“八一三”战役“引敌南下”战略作用与意义是实际存在的，但如果说它是战前的具体预谋与计划则不免有言过其实之誉，国民党当局战前是有这样的意识的，这从前面的论述中可以得到证明，但它的确不是一份明确的作战方案，而只限于一种朦胧的感觉。“八一三”战役之发起，直接的目的是要“赶敌下海”保卫首都和“搅混水”引来英美的干涉。“引敌南下”是它的结果而不是起初的动因，这一意图是在战役过程中逐步形成和明确的。

上海战事急转直下，使中国首都南京全面暴露在日军的枪口面前。经过3个月淞沪大战的中国军队，其精锐已经丧失殆尽，其主力部队向宣城、芜湖方向撤退，另外相当一部分军队则集中退入镇江、南京地区。这些残破的军队稍事补充便又充当了保卫南京的主力部队，以致南京保卫战从尚未开始就显示了失败的征兆。

从当时的战场形势及敌我力量的对比两方面来说，南京保卫战是注定要失败的。但不幸的是，国民政府最高统帅部并没有像对待上海作战那样来对待南京作战，整个南京战役没有制定一份像样的周密的作战计划。而作为最高统帅的蒋介石不仅不能公开表明自己象征性防守的作战意图，而且也没有正视现实，听取正确的建议，做好应变善后工作，只是原则上做出了“要守”、“准撤”的命令。从战前蒋介石的讲话和下令撤退的时间来看，蒋氏对于南京守城战必然失败是心中有数的，他的坚守两个月的要求以及带兵来援的允诺都是不可能实现的。但蒋氏为了他自己及其政府的脸面，为了政治、外交上的需要，却对死守南京的计划与措施“坚定不疑”，这实际上是对参战部队的遗弃性的处置。

在这样的情况下，中外注目的中国首都保卫战迅速地以中方的战败而告结束。此役的失败对于整个抗日战争正面战场的影响不仅仅在军事上，更重要的是在于政治上，因为它影响了中国的国际声誉和国人的抗战情绪。

就军事战略方面而言，上海战役失败后，孤城南京已无多少战略价值，此时中国军队所需要的是替换、撤退、整补，以重新聚集力量抵抗日军下一步的进攻。但南京贵为中国首都，完全弃守有碍国民政府形象，从政治及国际影响角度考虑，南京要守，但不可死守、固守，因为在敌强我弱形势下，死守是不可能的也是不现实的。

如果说蒋介石下令守卫南京的意图在于完成其预定战略计划，进一步引敌南进的话，那么，他付出的代价未免太大了。这次战役最后造成的事实是，南京城虽然坚守了几天，但随之而来的却是抗战开始以后正面战场上最严重的惨败。日军为了报复与发泄兽欲杀害了三十万中国士兵及平民，烧毁了城内1/3的房屋建筑，抢掠损坏了无数财产，中国首都的精华被毁灭一空。这在全国人民心中及世界观感上所造成的影响并不比弃守南京要轻。当然，这并不是说南京不要守，也不是说日军不遇抵抗就会改变其兽性，问题关键不在于守不守，而是怎样守。如果当时中国统帅部能够比较清醒地分析形势，对南京战役作出客观合理的部署，为守城部队进退提供详密的计划与周全的安排，那么，此战起码不会造成撤退时的混乱与溃逃。即使中国守城部队能够在给予日寇痛击之后有秩序地撤走，那对于抗战全局及国际视听的影响也许会好得多。

这里，还有一个值得讨论的问题，就是对于南京保卫战的战略地位的评价。过去，多数学者认为南京保卫战不是一次完整的战役，而是正面战场众多战斗中的一次战例。近年来，南京一些学者经过从南京保卫战的战役发起、敌我双方态势以及作战计划部署等多方面论证，认为南京之役是一个独立的完整的抗日战役。笔者认为如果从抗战全局高度来综合考虑，将南京之役看成是“八一三”淞沪战役的直接后果和阶段性结束之战更为恰当。虽然中方在南京战役前有部署有计划，但这一切都是匆忙进行的，缺乏冷静周密的部属与处置。另外从日军方面看，攻打南京之日军部队就是在上海作战的部队，而且日本最高当局事前亦无准备攻占南京之明确计划，直至12月初，华中方面军已兵临南京城下时，日军统帅部才发出了含有承认事实意味的“大陆命第8号”作战命令：“华中方面军司令官须与海军协同，攻占敌国首都南京。”[27]所以，纵观整个华东战场，日军在苏州以西的行动含有华中方面军的独立行动的因素，只不过得到了日本内阁与统帅部的承认而已。日军从上海到南京的作战是一气贯通的，没有产生间隔。所以，从敌我双方的主要因素上分析，我们认为南京之役虽然可以称之为一次规模不大的战役，但其在战略上的从属性大于它的独立性。从这一点出发，不必过分强调南京保卫战的独立性及其作用。

四、外部因素对抗日战略的影响

德国驻华大使陶德曼与蒋介石的德国军事顾问团团长法肯豪森等人，秉承德国政府旨意，在南京政府军政界要员中开展广泛活动，散布“和谈”空气，欲调解中日战争。法肯豪森向孔祥熙、白崇禧等“指出战局的严重”，要他们注意“如果战争拖延下去，中国的经济崩溃，共产主义就会在中国发生”。[28]南京政府内以汪精卫为首的“对日主和派”更借机推波助澜，要求与日和谈，停止抗日军事。

这种情形在一定程度上，直接干扰与影响了中国军队的抗战战略的制定与部署。当日军在杭州湾登陆，上海守军陷入两面夹击之后，本来我军完全可以按照作战计划主动撤离战场，进入吴福线既设国防工事继续抵抗日军，但蒋介石认为，九国公约会议已开，期待已久的国际干涉马上就要实现，更重要的是德国人的积极调停或许对日军的进攻会有所滞制，因此，中国军队应该在淞沪坚持下去，以利于中日和谈与国际干涉之进行。他复令中国军队坚守阵地，已撤出的部队重新返回，未撤出的不许再撤。这样，致使我军前线阵地陷入一片混乱，并直接造成了随之而来的大溃逃。这是蒋介石受德国调停等外部因素的影响，脱离战场实际，以政治、外交干扰军事战略，而造成的战役失利的典型事例。

比较中日两方的情况，我们发现，日本是军方在战争上掌握着绝对的主动权，以致在华北及淞沪战场上都出现了日本内阁的政令追随着前方军令及战争发展而不断变化的情况。日方贯彻的是战争第一、战场需要第一，政治外交都是为了军事战略服务的宗旨。而中方则以政治、外交等非军事因素来左右战争指导，结果造成军令朝令夕改，前方将士无所适从，使整个战争偏离了战争规律。

除此而外，在当时中国内部，蒋介石的中央与实力尚存的地方实力派之间的矛盾，并没有因抗战而完全去除，一旦面临生死考验，就会出现问题。如抗战初期的山东省主席韩复榘避战自保，就是一个影响到抗日战略的大事件。

对日本的蓄意侵略，韩复榘在战前及战争开始阶段早已有了认识。他曾明确表示“主张抗战到底”。[29]“七七事变”后，他还向蒋提议“各路同时出击”日军。但到他在南京开会期间，韩复榘根据自己的观察，认为“我看蒋介石并无抗日决心”。[30]此次进京给韩氏造成不良的印象。8月2日，他回到济南后便停止了抗战的准备工作。但对于日本方面诱其“中立”的企图，韩复榘仍深知日本用心，坚决表示不管是驻兵或是运兵，日军都不准进入山东。日韩关系“遂告破裂。”[31]

当日军攻占南京以后，华北日军发动了南下打通津浦线战役，试图将南北战场连成一线。日军攻入山东后，韩复榘率部弃守济南，向河南撤退，使鲁北鲁中失陷，给全盘抗战造成了恶劣的影响。蒋介石为了严肃纪律，特别在郑州召开会议，将韩复榘正法。

韩复榘在全面抗战开始后，因摆不正国家民族利益和个人利益的关系，在大敌当前之际避战自保弃土失责，试图继续在敌我之间钻空子，最后终于受到了国法的制裁。虽然在这当中不能排除外界因素对他的影响，但关键原因还在他自己把个人利益置于国家利益之上。这是在抗战中少有的地方实力派影响抗日战略的例子。除此而外，在整个抗战期间，并没有其他地方派系军队不听调遣的例子。相反地，在团结抗战问题上，国民党内各地方派系首脑及其军队对于全民族抵抗侵略的神圣抗战都表现出了高度的觉悟与勇敢的战斗精神。如川系刘湘部，从抗战开始就派兵出川，在山西战场上对日作战；桂系、滇系及原东北军、西北军各部队都全面投入了抗日战争，他们对于中央政府的抗日战略是持着完全拥护的态度的。

日军攻占南京后，并没有全力追击向浙皖境内撤退的中国军，而是集中力量回头攻打津浦线，欲清除南北战场日军西进的侧翼，以确保其下一步作战及占领区之安全。国民政府统帅部为了赢得时间重新部署军队，准备再战，命令第五战区在鲁南徐海地区全力对日军作战，以拖住敌人西进的步伐。以司令长官李宗仁为首第五战区虽由桂系、川军及西北军各地方派系军队合组而成，但他们在李宗仁的领导下，以徐州为中心，团结一致，对沿津浦线南下的日本华北方面军和沿津浦线北上的日本华中方面军实施了腹背作战。于是，抗日主战场上便演出了淮河、滕县、临沂、台儿庄、徐州会战的壮烈一幕。最后竟造成了抗战开始以来最大的一次“台儿庄大捷”的胜利，围歼日军主力一万余人，极大地鼓舞了抗战军民的斗志，对抗日全盘战略造成了有利的影响。这也说明了地方派系军队的抗日决心与态度。

日军攻占徐州后，下一个战略目标便是武汉。日军统帅部计划，以主力由徐州沿陇海路西南，再沿平汉线南下攻打武汉。另以华中方面军由合肥趋信阳，溯长江而上武汉，作为辅攻，准备在武汉地区捕捉并围歼中国主力军。

蒋介石对北方日军之凶猛进攻忧心忡忡。在战略上遏制日军在北线西进的步伐，他根据程潜提出的阻敌方案，决定在郑州东北的花园口把黄河南岸堤坝掘开，让河水向东南方豫、皖、苏地区流去，淹没敌军。

6月11日，滔滔黄水，一泻千里，经过陇海路涌入皖境，越过淮河、运河，直趋长江。豫皖苏3省20余县顿成一片泽国，造成了数千公里的黄泛区，给人民生命财产造成了巨大的损失。[32]

黄河决口在一定程度上也达到了国民政府阻止日军西进的战略目的，给侵华日军造成了较大的威胁。以机械化部队及骑兵为主的土肥原师团，陷入泥泞与大水之中不能自拔，造成了前后部队的分离。而更重要的是，黄河决口阻断了日军从北方战线西南之路，日军现代化部队无法在北线展开，使其进兵中原的计划顿成泡影。决口之后，西进日军陷入洪水围困之中，准备东撤。光是17、18两日，日军由铁路线东撤兵力即达万余。同时，日本空海军亦全力投入了救援被围部队的工作，“在16日至24日之间给两个师团投下补给粮秣、卫生材料等，合计约61吨半”[33]。日军统帅部原定作战计划被打乱，只好变更战略进攻路线，改以华中方面军绕道合肥、安庆，沿长江一线主攻武汉。这样，便演成武汉会战之结局。这在抗战战略上具有重要意义。

日军占领徐州，沟通了南北战场。本来日军可以南北两地齐头并进，以北线为主拿下陇海线，使南、北、西三个战场连成一片，然后直取西北再下西南，占领中国军队西退基地而后给予围歼。但因黄河决口，大片河泛区使南北战场处于隔绝状态，从而形成同蒲、平汉北段、津浦三条纵线长期分立的状态，日军因此不得不继续以长江一线为战略主攻路线，而将北方战场战事停顿下来。这一局面直至抗战末期也未改变。这种战局变化适应了国民政府所期望的长期抗战的战略需要，使抗战后方基地西南地区得以保存。这虽然不能完全归功于黄河决口，但其中河泛之作用亦应给予如实的肯定。

五、进入相持阶段的战略对策

1938年6月13日，日本内阁召开御前会议，正式作出决定：进攻武汉，彻底打击国民政府。日本大本营陆军部认为“攻占汉口作战是早日结束战争的最大机会”，只要占领武汉就可摧毁国共合作抗日的基地，就可以控制中原，支配中国。[34]

针对日军的进攻，国民政府军事委员会于6月5日召开会议，讨论武汉防守的问题。会议最后决定调集兵力，部署保卫武汉之战斗。[35]

中国统帅部鉴于以前南京保卫战演成瓮中之鳖的惨重教训和武汉三镇在地理位置上无险可守之情形，决定一改过去守城阻击的作战方式，把防守作战重点放置在武汉外围地区。在江南，以浙赣山区为新成立的第九战区的主战场，在江北，以鄂豫皖交界处大别山地区为第五战区主战场。统帅部位居武汉，居中协调指挥。

国民政府调动百万大军与日军进行武汉会战，总兵力超过敌军一倍，并且占有地利之优势，按理说应该有所成功。但在整个战役中，由于蒋介石始终是以消极防御的阵地作战来节节抵抗日军，加上国民党军内部腐败作风以及由此造成的大量内耗，致使战斗力受到严重影响，结果会战未达预期的目的。

日军第一〇六师团以轻敌姿态冒险深入万家岭西北，我统帅部果断决定将留在庐山准备游击战的第六十六军叶肇部调下山来参加决战，10月6日至9日并向敌发起总攻。终将被围之敌大部歼灭，这就是武汉会战中著名的“万家岭大捷”。此战挫败了日军突破南浔线之企图，对全国抗日战局产生了积极影响。

在长江以北武汉外围战场，以李宗仁将军为首的我第五战区官兵亦投入了空前激烈的战斗。经过数月的激战，中方军队在给日军大量的杀伤与迟滞后，基本达成了战略目的，于10月27日下令武汉守军全线撤退。武汉保卫战至此全部结束。

广州、武汉失守后，抗日战争发展到了一个新阶段——战略相持阶段。国民政府最高当局在徐州会战时所设想的日军转攻为守的战略阶段终于到来了。

毛泽东在其所著《论新阶段》一文中对此阶段日军的态势曾作过以下的分析：“敌人占领武汉之后，他的兵力不足与兵力分散的弱点将更形暴露了。如果他要进攻西安、宜昌、长沙、南昌、梧州、福州等地并做占领之企图，他的兵力不足与兵力分散之弱点所给予他的极大的困难，必将发展到他的进攻阶段之最高度，这就是我之正面主力军的顽抗与我之敌后广大领土内游击战争的威胁，所以加给敌人兵力不足与兵力分散现象上的极大困难。”“在日本的整个国力上说来，他要北防苏联、东防美国，南对英法、内镇人民，他只有那么多的力量，可能使用于中国方面的用的差不多了”，这“就不得不使其总的战略进攻接近了一个顶点”。[36]

攻下武汉之后，华中派遣军总司令畑俊六大将曾拟定计划，准备立即攻打长沙，但未得大本营的批准。不仅如此，大本营还明确指示在华日军改变作战态势，以“确保占领区”为指导方针，把兵力转向日占区战场，对共产党武装及抗日根据地实行大规模的“扫荡战”、“治安战”，以稳定后方。在正面战场上停止战略进攻，对国民政府及军队实行以“政治诱降为主，军事打击为辅”的方针，在军事上以局部战术攻势来达成全局战略守势上的有利地位，不断地消耗中国军队的战斗力，配合以政治、经济、外交等手段，对中国实施反消耗战，以瓦解中国抗日阵营，从而达成不战而胜的目的。

由此正面战场便得到了一个相对较为稳定的时期。

然而，中国当局当时并没有认识到这一点。

武汉失守后，战火燃到湖南省境内，蒋介石及中国统帅部估计日军将继续南下，故而决定“以衡山为防御中心”，[37]准备在必要时放弃省府长沙。为了不给敌人留下一草一木，以张治中为首的湖南省政府，汲取武汉匆忙撤退之教训，准备在敌人入城前便举火烧毁长沙，以显示“焦土抗战”之决心。结果发令过早，敌军未至而自毁城市，引出一场闹剧。

“长沙大火”案发生后，日军却按兵不动，国民政府在气急败坏中悟出了一个道理，这就是他们日夜所盼的日军进攻“气势已竭”的时刻终于到来了。这使得国民政府最高当局终于享受到一份在惨重损失之后的“意外之喜”。蒋介石在分析这一现象时曾十分兴奋地宣布说：“日军占领武汉并且接着占领我们岳州以后，照敌人的理想，他何尝不想一鼓挺进攻占我们长沙和南昌，然而他进到岳州以后，就不能再攻进来，这就证明他的力量不够，气势已竭。”[38]

为了面对新局势及时调整我方的战略部署，1938年11月25日至28日，蒋介石在南岳主持召开了有第三、第九战区各部队指挥人员参加的“第一次南岳会议”。蒋介石在会议上作了重要讲话，他首次提出了把中日战争划分为第一第二两个时期的理论。他认为以岳阳沦陷前为第一时期，即日军进攻我们防御的时期。他说：“就一时的进退看，表面上我们是失败了，但从整个长期的战局上说，我们已经依照预定的战略，陷敌军于困敝失败莫能自拔的地位。”我军已经实现了“消耗敌人，疲困敌人，诱敌深入于有利我军作战”阵地的目的。他评价这一时期我军战略的指导特点是：“我们能诱敌深入，处处地方我军是先处战地以待敌，敌人处处是后处战地而趋战，在我们完全是以逸待劳，步步制敌而不为敌人所制。”[39]“长沙大火”以后，日军无力继续南下，说明他们已经“陷于进退维谷”的境地，抗战已进入一个新阶段，这一新阶段的到来说明我们的第一期抗战战略已经成功。“第二期抗战就是我们转守为攻，转败为胜”的时候，现在就应着手把这种战略“布置完成”。[40]

第一次南岳会议制定了新的全面抗日战略，强调在第二期战略阶段到来以后，主要要把整训军队、提高军队素质、增强作战能力放在重点突出的地位，并计划在一年内分三期将整训军队工作完成，以迎接对日战争总反攻阶段的到来。这项计划总的战略意图是立足于依靠自己的力量争取对日实行总反攻。应该说这还是一项积极的战略。但其中也有不足之处，即它缺乏对敌我力量过渡演变的预计，以为我方可以直接从战略防御转入战略反攻，缺乏对居于两者之间的一个较长的“战略相持”阶段的科学认识。在这一点上，中共领导人则要高出一筹。毛泽东于1938年5月发表了著名的《论持久战》，对抗日战争的发展阶段做了科学的解释。他认为我国抗战必然经过战略防御、战略相持而达成战略反攻三个阶段，而其中又以改变敌我力量对比的战略相持阶段为整个战争的最困难亦是最重要阶段，它是第三阶段“反攻收复失地阶段”的前提与基础。《论持久战》发表后在社会上引起了广泛反响，周恩来还把其基本精神向国民党上层人物作了介绍，“白崇禧深为赞赏，认为这是克敌制胜的最高战略方针，后来白崇禧又把它向蒋介石转述，蒋也十分赞成。在蒋介石的支持下，白崇禧把《论持久战》的精神归纳成两句话：‘积小胜为大胜，以空间换时间’。”[41]

第一次南岳军事会议还根据战场形势的新变化，重新调整划分了各战区作战区域及战斗序列。会议决定设立战地党政委员会以及增设桂林、天水行营，以加强对全面抗战的指导。会后，国民政军事委员会特地根据会议决议制定了一份《第二期作战指导方针》，提出了“发动有限度之攻势反击”，“策应敌后之游击队，加强敌后方之控制与扰袭”的具体作战指导原则。[42]

以第一次南岳会议提出的第二期抗战战略决策为标志，国民政府完成了从战略防御向战略相持阶段的过渡。由此，正面战场抗日战争亦进入了一个新阶段。

1938年底，国民党副总裁汪精卫投敌，日军为了配合汪伪政权之出台，在1939年中“决定乘加快在华建立中央政权的势头，于9月下旬把敌第九战区军队消灭在赣湘北境地区，挫败敌军抗战企图”。[43]由此造成了“赣湘作战”之起因。

重庆国民政府军事委员会针对战局变化，决定我军后撤掩护湘桂、湘黔铁路，必要时准备放弃长沙，战术上采用步步抵抗或让开大路之方法。蒋介石认为主动让开大路将给外界视听造成不良影响，因而决定采用节节抵抗办法，诱敌深入，在株洲、浏阳、醴陵等地部署预备兵力，在长沙附近与敌决战。[44]在湖南守将薛岳的指挥下，中国军队和民众破坏了战区内的道路桥梁，处处设伏、不断截击，使日军陷入被动挨打的局面。9月30日，在经过多次外围战斗后，日军在对长沙发动最后攻击，随即主动撤兵，仅余少数部队掩护作战。10月14日，战场已恢复战前态势。第一次长沙之役结束。国民党方面对此胜利十分兴奋，誉之为“湘北大捷”。

“湘北大捷”对国民政府的抗日战略产生了十分重要的影响。其一，重庆政府由此确认了日军攻击力量已达极限，从而增强了坚持抗战的决心。其二，在当时苏日达成“诺门坎停战协定”、德国军队席卷欧洲、英法诸国新败之后，“湘北大捷”之讯传出，对世界人民反法西斯斗争的勇气是个很大的鼓舞。此役在国内外造成了有益的影响，

第一次长沙战役是进入相持阶段后正面战场上发生的第一场典型的战例，在抗战战略与战术上都具备了在相持阶段中各战役的代表性特征。具体来说，在战略上，日军为准备和发动太平洋战争，必须抽调兵力开赴南洋，因此必须在中国战场收缩兵力，巩固占领区稳定战线。对重庆政府采取以政治攻势为主、以军事攻势为辅的方针，在军事上不再是以攻城略地为作战目的，而只以局部的出击与攻势，打击中国军队，捕捉歼灭其有生力量，“打

痛他而不是打死他”，以此来协助其政治、外交攻势，达成在全局上“不战而胜”解决中国事变的目的。客观显示其对武力消灭中国政府已失去信心。当然，这种变化是由于日军力不从心造成的，并非出于什么别的原因。在这一战略思想指导下，日军才从距长沙几十里处自动撤回原防，这也是后来正面战场诸役中日军每每忽然未败先退的原因之所在。

在战术上，我军在此次战役中采用的是节节抵抗，诱敌深入，让开大路，集重兵于后方要地，待日军孤军深入疲惫不堪之时，加以重兵围歼。其结果往往使日军非溃即退，收到较为理想的效果。以后在二战长沙、三战长沙乃至整个相持阶段各战役中，我军多采取此种战术。日军因为处于战略守势，无法纠集大量军队开展全面攻势和持久之斗，即使占领某些城镇亦无法固守，最后无论胜败与否都不得不撤兵原防。

此种以“空间换兵力”之战略战术，是国民政府军事当局根据保存实力的原则，利用日军无长久耐力的弱点和华中华南地理特征所制定的符合战地实际的作战方法。它同时也说明国民党军在正面战场上抗日作战积极性的下降。这一现象是国民政府当局面对变化的国际国内形势调整抗战战略的必然结果。

“长沙之役”后，国民党当局于1939年10月底在南岳召开了“第二次南岳会议”，明确中国政府对于抗日的立场与态度。蒋介石在会上发表讲话说：在“湘北大捷”之后，国民政府坚定信心，决不与日本妥协，坚持抗战。但是，随着欧战的爆发，只有等待“世界问题得到解决之日，始能获得抗战的最后成功”。“世界问题尚未解决以前，我们如就要与日本妥协讲和，这就是自取失败！自取灭亡！”“所以今后我们只有继续努力，抗战下去！”“无论日俄停战或苏俄进军波兰，与我国抗战并没有什么妨碍，而且我们抗战始终是靠自己努力，只要我们自身能持久奋斗，愈战愈强，国际形势就会朝有利于我们的方面着着好转”。[45]

由此可以看出，此时蒋介石对抗日的态度是：受湘北之役的鼓舞，挫抑了失败主义情绪，坚信依靠自己的力量能够维持住抗日战线；同时认为中国抗日战争最后必须与世界反法西斯战争同时结束，与世界人民共同迎来最后胜利。这样，今后在正面战场上我军抗日的战略指导方针便是“静观时局、保存实力、待机而动”。简而言之，就是要执行一种在政略上“等待胜利”，在战略上“待机而动”的方针。此种战略的核心，把“最后反攻，打倒日本”的希望寄托于外部世界的力量，而最终放弃自己的主观努力。这比较“第一次南岳会议”时蒋氏所提出的“第二期战略反攻”即“寻找机会，转向大规模的攻势，以驱逐入境之敌”[46]的战略思想要退后了一大步，显得十分消极。

此种“消极”战略思想之出现，是源于当局对抗战“持久性”的消极认识，以及从蒋介石开始自上而下地认为中国在抗击日军方面已经“打够了”、“付出的已经太多”这样一种情绪。蒋介石一直认为，日本不仅是中国的大敌，而且是英、美、苏诸国的大敌。抗战初期，他要求美英阻止日本侵略的希望落空，对列强已经充满抱怨。现在欧战爆发，日本南进迹象已现，蒋介石认为英美诸国终究不得不被德、日拖入战场，以其强大的国力来与法西斯对阵，而已在抗日战场上艰苦奋斗了三年的中国应该歇口气了。何况中国共产党的力量正在抗战中快速壮大，势将成为今后的心腹大患，国民党必须为今后解决国内问题留点力量。

何应钦在国民党五届五中全会上解释这一时期的作战指导计划时说：“国军的第二期作战是：一方面保持我军的有利形势，继续消耗敌人的力量，同时在另一方面，积极进行部队的整备训练，培养战斗力，寻找机会，转向大规模的攻势，以驱逐入境之敌。”具体地说：“一、各战区的第一线，要保持从武汉转进后的状态，并以约三分之一的兵力，加强扩大敌占区内的游击，以牵制和消耗敌人的兵力，造成于我军有利的形势，以便今后作战的顺利进行。二、将全部正规军分三期实行整备训练，待训练结束后，预定开始大规模的反攻，但在情况有利时，随时进行反攻。三、努力从事积聚武器、调整指挥机构，整备交通，扩充空军等各项工作。”这说明政府当局在此阶段并没有放弃正面战场的抵抗。由于日军在战略上退居守势，国民党军在战略上亦相应摆脱了被追击的状态，反而“相机而动”地开展了一些局部攻势作战。这种“等待政略”与“局部主动战略”的矛盾现象，是不足为奇的，因为它们是一对矛盾的两个方面。

笔者也认为，从实际情况来看，此一时期国民党在正面战场上的抗日态度也是积极的。国民政府根据相持阶段之战略特点，改变了抗战初期那种以阵地为核心的单纯防御作战方针，确立了“连续发动有限度之攻势与反击，以牵制消耗敌人”的方针。其作战目的是“一定要巩固军事防御，打退敌人可能的战役进攻”。[47]显然，这是在巩固防御、积聚力量的基础上，利用适当时机以攻为守、控制战场主动权的主动之举。当然，这种攻势作战是局部的、有限的，但在战略相持阶段则是十分必要和正确的。

遵照这一方针，国民政府军在“抽调部队轮流整训”以期恢复部队战斗力之同时，部署各主要战区部队发动了一系列较大战役，并取得了不少成果。总计在这三年左右的时间里，国民政府军队在正面战场上组织了南昌、长沙（第一次、第二次）、随枣、桂南、枣宜、豫南、上高、晋南（中条山）等9次较大规模的战役，另外还有1939年冬季攻势暨桂南会战，随枣、枣宜会战，上高会战，以及后来的中条山战役，长沙三战等。其中值得一提的有“浙赣战役”和“常德保卫战”。这些战役占整个抗战时期22次大会战的41%。其中虽有因日军进攻而引发的，但亦有由我军主动发起的战役，如1939年底的“冬季攻势”便是如此。

从武汉失守到太平洋战争爆发的一段时间内，我军在正面战场上进行了大小战斗约计496次，占全部抗战时期战斗次数的44%，其中我军伤亡人数达137.6万，占整个战争时期我方伤亡数之43%，超过了抗战第一阶段及太平洋战争后至抗战胜利的第三阶段之数目。

上述事实表明，进入相持阶段以后，国民党当局实行的是既抗日又反共的政策，即其在“反共”积极性提高的同时，在对日抵抗方面并没有消沉，而是从正面战场到敌后战场，都保持了较为“积极”的态度，只是因为战场形势及敌我力量对比之变化，这种积极性不像防御阶段拼命抵抗时那样显著。国民政府消极抵抗真正是始于太平洋战争爆发后。

就整个抗日战略全局而言，这阶段的变化发展相对前阶段是越来越少了。

六、太平洋战争爆发后的抗战战略

1941年12月，日本在中国事变无法在短期内解决的情况下，孤注一掷地对英美发动了太平洋战争。

蒋介石意识到历史给了他一次难得的机会。早在中国抗战爆发之初，蒋介石就认为中日战争的最后结束只能是在国际范围内得以解决。对于坚持抗战，“蒋介石的坚定，并不是由于他相信中国自身能够聚集起足够的力量把日本人赶出去。而是由于他确信日本迟早会卷入与某个或某几个大国的纠纷中”。[48]虽然这一期望的实现来得太慢，但是这一时刻毕竟到来了。机不可失，蒋介石及其政府要利用这一历史性的机会以及中国人民5年苦战日本军阀的资本来提高自己的国际地位，寄希望在战后解决世界问题时能够拥有一份发言权和决策权。蒋氏的这一动机，在他回答军令部部长徐永昌关于中国对缅甸出兵支援英美抗日指导方针问题时有明确表现。徐永昌在向蒋介石汇报时说：“在目前状态下，中国策略似有两条路线可循，其一，听其自然，希望不靠自身努力而日本被盟军击败，如此则战事结束时中国将无战胜之威；其二，及时利用其物资，殚精竭虑使中国之努力成为日本失败之重要因素。”蒋介石立即表示“中国所采取者应为第二路线”。[49]

这样，便构成了中国出兵缅甸参加盟军抗日作战的近期目的与远期战略目的。

中国政府对于出兵缅印战场抵抗日本南进是抱有十分积极的态度的。因为除了军事的考虑，中国政府派兵入缅还有其政治与外交目的。

太平洋战争爆发后，英美首脑面临着在欧亚两个战场上对德意日三个法西斯国家的作战，他们与中苏组成了世界反法西斯同盟，并确定了“先欧后亚”的战略。为保证在欧洲对德意的作战，他们需要中国发挥出牵制日本军力的战略作用，给予重庆政府大量的军事与经济援助。蒋介石利用这一机会，一方面尽可能多地取得外援巩固自己的地位，另一方面在中国战场上尽量地节省力量消耗，以准备战后对付中共。这样，除了派出中国远征军出国配合盟军抗日以外，在国内正面战场上就没有发动什么影响到战略发展的大战役。而日本则一面将部分主力军调配南洋，一面又集中力量回头对付日益壮大的中共武装在占领区的抗日活动，也无力再对国民党发动大战。中日战争主战场由正面转向敌后，蒋介石及其政府在战略上开始执行静观待变的方针。

与此同时，重庆政府加强了对日本与汪伪政权的工作，以争取在政治军事上的主动权。蒋介石的手下多方派出秘密人员在香港、南京等地与日方进行“谋和”商谈，并对汪伪政权进行分化拉拢。这些工作虚虚实实，一面获取敌方情报，一面对美英造成压力，凸现了蒋政权的作用，而这也可算得上是一种战略性的举措。

这一时期，日军主力在占领区对中共军队开展了攻击，在东北基本驱逐了抗日游击队；在华北对八路军开展了大规模的“扫荡战”，执行残酷的“三光政策”；对南方新四军开展“清乡”作战，而八路军与新四军也对日军进行了“百团大战”和“反清乡”。国民党军队趁机积极进行反共，各地反共摩擦不断出现，最后演成了“皖南事变”的国共内战。这种形势也在客观上造成了中日正面战场上的相对平稳状态。

中国远征军在缅甸的作战取得了重大的成果，成功地掩护了英美联军的撤退，对日军的突进给予了沉重打击。这些成果在盟国军事、政治、外交上意义较大，但对国内的抗日态势并未发生根本性的影响。

七、胜利前的战略指导

抗战爆发后，国民政府统帅部确立以“持久消耗战略”为我国抗战“最高战略思想”，但进入相持阶段之后，“持久战略”逐步变成了“静观待变”，中国军队并没经过认真有效的整训，最后竟在最后胜利前夕导致了中方自抗战以来少有的大被动，造成了在正面战场上一次空前规模的豫湘桂大溃败。

然而，就在豫湘桂战役发生前夕，随着国际反法西斯战局的不断好转，重庆当局也看到了日本的失败已成定局，为了在最后胜利到来之时不致十分被动，便也不得不强振精神，开始筹划未来的“反攻”。

1944年2月，国民政府统帅部召开了由第三、四、六、七、九等战区主要将领参加的第四次南岳军事会议。在会上，蒋介石改变口气，首次提出了有关抗日战场战略反攻的初步构想。他说：“我们的抗战，经过这整整五年的奋斗牺牲，到今天已经到了一个新的转折点，就是第二期抗战已将结束，我军向敌反攻决战的阶段——第三期抗战开始的时候到了。”[50]他论述说：“敌人在我国境内的不过六个军，而我们用以抗战的有一百二十个军，以二十个军来对付敌人一个军”，[51]在数量上我方占有绝对优势。从战场态势来看，“以现在敌军正面之广，空隙之大，兵力之弱与士气之衰落，我们真的要打它那一点，就可以打它那一点”。所以，“今后的战局，敌我的形势已经完全转换过来了，在我们是处于主动的地位，处处要采取攻势，而敌寇则是处处受敌，被迫退守”。[52]举行战略反攻的条件已经具备了。他说：“在今年五六月的时候，我们第一、三、四、五、六、七、九各战区一定要实行反攻。”蒋介石提出，如果日军先发动攻击，则我军除以主力部队作正面抵抗外，每个战区都要抽调两个精锐的军按照预定目标，主动侧击敌后各大城市，作为战略反攻之先声，同时破坏敌人的攻势，使之首尾难顾。按照预定计划，第九战区将反攻武昌，第六战区反攻宜昌，第五战区反攻汉口。如果“敌不先来进犯，而我们到了五六月之间，准备完成之后，必须堂堂正正的实行反攻”。”[53]

蒋介石在第四次南岳军事会议上提出的“战略反攻”设计，是国民党最高当局关于抗日“战略反攻”计划的最明白最具体的阐述，当然具有积极意义。但是，如果就当时中国战场敌我几百万大军相对阵之实际而言，这寥寥数语的“反攻计划”未免显得过于空泛和单薄，它既不是一国统帅关于反攻战略的直接命令，也不是全军指挥关于反攻作战的完整计划，而仅仅是一种政治的与军事的号召和表态。蒋介石之所以要作出这种表态，与其说是出于军事目的，不如说是为了政治上的需要。一个足可引以为证的事实是，蒋氏实际上从未对战略反攻进行过具体的研究、准备和部署，国民政府军事委员会也从未制定过任何一个有关反攻的详细作战计划。

蒋介石之所以要不惜篇幅地大谈“反攻”，首先是出于国际政治与外交上的需要。他希望美英盟国用先解决日本的方法，来击破东西法西斯“轴心国”联盟，改变二次大战之格局。为此，他指示中国驻美军事代表团团长熊式辉，向盟国华盛顿“太平洋作战会议”提出他的这一主张，要求盟方“接纳我方建议，迅速改变‘先解决德国后解决日本’之战略”，“乘此时机，运用优势之海、空军，先击破日本”。[54]

为了达到这一目的，蒋介石提出了“战略反攻”的口号。

蒋介石关于“战略反攻”计划的基本特色，可概括为“保存自己，利用盟军，消灭敌人”12个字，即仍然是“消极抗日”。为了解决“不肯出力又要求胜”的矛盾，蒋介石只好在他的“反攻战略计划”上大做文章，即准备动用少量的部队(每战区两个军)，在大范围内(第一、三、四、五、六、七、九战区)，攻击几个重点城市(武汉、宜昌等)。由此可见，蒋介石的“反攻”既无主攻方向，亦无战略配合，一切举措，在于全面开花式地“造声势”、“造影响”。况且，当时日本在中国大陆及东亚地区还有陆军200万兵力，其中中国派遣军尚有130万兵力、1000架飞机以及千余艘战车战舰，这些部队并未遭受到任何形式的沉重打击，仍然具有较强的战斗力，按照蒋介石“反攻讲话”的布置，根本不可能轻而易举地取得最后胜利。所以说，蒋氏的“反攻”充其量只是一种姿态，其“反攻计划”在战略上是极其不成熟的。

据此，我们认为，蒋介石及其政府在抗日正面战场“反攻”问题上的态度只是说说而已。国民政府只提出了“反攻”的战略号召，并无切实可行的“反攻”战略计划与行动。

进入1943年后，日本大本营为了使南洋守军与中国派遣军建立直接联系，摆脱被动扭转战局，决心孤注一掷，动用中国派遣军主力，开展一次空前规模的攻势作战。日军计划一举突破中国军队的防线，沿平汉、粤汉、湘桂铁路线向前推进，彻底打通中国大陆通往东南亚半岛的交通线。此次战役日方称之为“一号作战”。中国方面根据这一战役作战地域特点，称之为“豫湘桂战役”。

当时正面战场上的中国军队总兵力达650万人，编制上有340多个步骑兵师。但这支部队经过长期与敌对峙，指导思想上消极避战，养成了散漫、腐朽之习气，其战斗力已较抗战初期大为下降。总计豫湘桂战役，共打了8个月，我方损兵五六十万，“放弃了河南、湖南、广西、广东等省的大部分和贵州、福建省的一部分领土，总计面积约20万平方公里，丢掉了大小城市有146座，6000余万人沦陷在日军奴役之下”，[55]国家人民的生命财产遭到了空前严重的损失。

这次空前的溃败，充分暴露了国民政府的政治腐败、战略错误与指挥无方。但蒋介石却故意文过饰非，说战役之惨败情形“不足为奇”，“战局根本绝无危险”。他甚至把战败的原因统统归罪于美军在华指挥官史迪威在缅北过多地动用了中国精兵，使国内战场无兵可用和盟方对华接济太少，他甚至说“华东几均沦陷，史将军不能不负此重大责任”。[56]

豫湘桂战役大溃败，从战略上讲有两个原因：一是国民政府的“防共重于抗日”的思想所致。在战役开始阶段，我们看到的北方情形是，一方面我军在河南战场一败涂地，而另一方面几十万国军却用于围困中共陕甘宁边区。二是抗战后期消极抗日造成的国民党军队素质下降、内部矛盾激化，各种腐败现象增长所致。在整个战役中，我军各部间私自保存实力；敌军未至即闻风而逃。豫中会战，汤恩伯部行动迟缓，致使包围日军之部队反被日军包围击溃；衡阳一战，“围绕在附近各县我军”为数颇众，“却没有什么部队肯热心去救”，[57]甚至连蒋的手令也无人肯听，无奈之下蒋只好祈求上帝佑助，这是对在衡阳城内浴血苦战的军队的一种不负责任的荒唐行为。总之，豫湘桂战役所反映的是，不是敌人太强大，而是国民政府太腐败了。

然而大陆交通线的打通，并未能挽救日军必然失败的命运。此时，一方面美军在太平洋战场迅速挺进，已经攻入日本的防卫内圈。另一方面中美空军已掌握了中国战场的制空权，日军打下的大陆交通线，在盟机大肆攻击下，“实际上这条红线上天天在冒火光”，大批桥梁、车站、机车甚至铁路机修厂都被炸烂，“大陆交通线”已没有实际价值。

为打击中美空军挽回最后之局，日本中国派遣军司令冈村宁次决定于1945年春夏之际开展局部攻势，发动豫西鄂北战役和湘西战役(芷江战役)，以摧毁豫西、湘西我空军基地为作战目的。为反击敌军，我军投入部队6个军11个师计20万人与日激战，共伤亡1.9万余人，歼敌2万余。[58]重庆《大公报》曾转引《纽约日报》的评论说，这场战役“为一九三七年亚洲战争发生以来，华军首次以其与敌同等之武器在国内与日军作战。在空军密切掩护下，具有优良装备之华军，现已粉碎日军进犯重庆东南二百五十英里芷江美军基地之企图。此一佳音，可视为中日战争转折点之暗示”。[59]

湘西战役是日本投降前发生在中国正面战场上的最后一战，以我军全胜而告结束，敌军连芷江机场都没看见便大败而归。从此，日军结束了在中国战场上的全部战略进攻。

面对最后的战局，1945年秋，日军统帅部决定改变原来的战略，集中兵力加紧防守日本本土、朝鲜及中国沿海核心地区。为此，下令立即从中国西南收缩战线，把战略重心转向以日本本土为中心的“最后防卫圈”，布置“大陆决战”。

重庆政府鉴于“湘西会战我军胜算在握，广西敌军抽调，遂提前发动反攻桂柳作战”，“决定提前攻略桂柳，与湘西方面相策应，开拓总反攻之机运，遂令陆军总部，以第二方面军夺取南宁，第三方面军一部沿黔桂铁路直取柳州，主力沿桂穗路攻略桂林，将桂境之敌各个包围而歼灭之”。[60]5月初我第二方面军开始行动，26日收复南宁，7月3日占领龙州、凭祥，将日军驱出国境。第三方面军也于5月20日占领河池，6月14日克服宜山，29日又收复柳州，然后沿桂柳铁路前进，7月28日收复桂林。这便是所谓的“桂柳反攻”战役。但明眼人一看就清楚，此役虽然光复了桂、柳、南宁等重要城市，但都未捕捉到敌军主力，也未发生什么大战斗，歼敌甚少。连重庆统帅部人士亦承认“反攻桂柳各部队……虽有绝对优势之步兵，并未能遇敌归路，捕捉歼灭之，历次战斗皆然”。[61]可见，其实质上是趁日军收缩战线之机的“跟进”，严格来说还算不上是“反攻”。这种“跟进”式的“反攻”充分反映了国民政府消极抗日的战略姿态。

八、结语

在整个抗日战争期间，中国的抗战战略是以蒋介石为首的国民党政府所制定和执行的国家战略。总结上述，我们可以看出，这一战略总的来看是成功的，但它又是很不完整和欠周密的，在很大的程度上具有变化性和临时性的特征。在上个世纪30–40年代，中国始终处于内忧外患之中，艰难的客观条件和国民党人固有的弱点，使他们不可能对抗日战争的战略作出理想的未雨绸缪。但从更高的出发点来看，中国的持久抗日战略是成功的，因为它包含了国共两党领袖在内的中国精英阶层的共同认识，这是中国克敌制胜的法宝。

对于国民党抗日战略的具体认识，可以分为以下三点：一、在抗战爆发前，蒋介石把主要精力用于剿共内战，对内严行“攘外必先安内”，在外交战略上则实行防苏甚于防日的方针。在这种思想指导下，其抗日战略的制订呈现出先天不足的特征。但他的许多谋士，包括军事家与外籍顾问等人在内，都曾向他提出过具体的抗日战略设想，这其中就包括了持久战思想的萌芽和“引敌南下”的设计。这些对于蒋介石肯定产生了一定的影响，是直接造成他后来确定战略政策的基础。到1935年后，国民政府的国防指导方针便逐渐地转向以抗日为中心。其主导战略思想是“应战而不求战”，以及“以战求和”。二、抗战开始后到武汉战役，是国民党的抗日战略发展形成的主要阶段。在这一阶段中，蒋介石明确提出了持久抗战的方针，并将毛泽东在《论持久战》一书中阐述的抗战三阶段理论转化成他的“积小胜为大胜”、“以空间换时间”，并在有意无意之中地开始执行“引敌南下”的战略意图，结果在客观上取得了改变日军侵华路线，使之深陷战争泥潭的效果，而中国则达成了以己之长克敌之短的目的，这才使得国力相差悬殊的中日两国在战场上形成了对峙，使抗战在战略上能够顺利过渡到相持阶段。三、太平洋战争爆发后，蒋介石政府认为苦撑待变的目的已达到，今后打败日本，端赖美英列强，故对抗日转而采取“静观待变”的战略，要以最小的牺牲，换取最大的价值，保存实力以准备战后解决国内问题。在这种战略思想之下，不仅抗战积极性有所减退，在“豫湘桂战役”中一溃千里，就连最后的反攻作战，也成了口头的号召。中国对日作战的重担不可避免地落在了中共武装的肩上。四、就国民党内非蒋的地方实力派而言，他们在抗战中的表现，根本上是忠于国家民族的，并对抗战出力甚多牺牲很大，立下了汗马功劳。他们对于持久抗日战略是拥护的，除个别的军阀如韩复榘外，并没有破坏抗战的现象发生。这表明，在国难当头之际，中国人是团结一致经得起考验的，中华民族的脊梁是坚不可摧的。

中国的抗日战略为民族的反侵略历史留下了丰富的内涵，其中的经验教训值得认真地思考总结。中国人民在抗日战争中所表现出的精神、智慧、毅力和勇气将万世流芳。

【注】

[1] 《蒋介石通饬各行营主任各绥靖主任各省主席各特别市长电》，(1937年7月10日)，载(台)《中华民国重要史料初编——对日抗战时期》，第二编(二)，第37页。

[2] 《蒋介石致孙连仲电》(1937年7月9日)，中国第二历史档案馆藏“委员长侍从室电稿”。

[3] 《蒋介石致宋哲元电》，1937年7月13日，二史馆馆藏国民政府军令部战史会档案七八七。

[4] 《蒋介石致宋哲元电》，1937年7月13日，二史馆馆藏国民政府军令部战史会档案七八七。

[5] 蒋介石《在庐山谈话会上的讲话》，二史馆馆藏档案七八七。

[6] 《民国档案》，1987年第二期，第7页，第10页，第5页。

[7] 《南京国民政府大本营关于全面抗战作战指导方案等训令四件》，《民国档案》，1987年第一期。

[8] 《第二战区忻口会战纪要》，二史馆馆藏档案七八七。

[9] 《中国现代史大事月表》(1937年7—9月本)，二史馆馆藏。

[10] 日本防卫厅编《日本大本营陆军部》，第一部，第四章。

[11] 《国防作战计划》，二史馆馆藏档案七八七。

[12] 《余湛邦忆抗日战争中的张治中将军》，载《团结报》1984 年 8 月；又见《八一三淞沪战役纪略》，载《上海文史资料》1980 年第五辑。

[13] 这一时期英国在华投资的 72%，美国在华资产的 64% 都集中于上海。国民党当局认为在上海开战必将导致英美出面干预，造成停战结果。

[14] 《中国事变陆军作战史》，第一卷，第二分册，第 2 页。

[15] 《中国事变陆军作战史》，第一卷，第二分册，第 20 页。

[16] 《中国事变陆军作战史》，第一卷，第二分册，第 30 页。

[17] 《中国事变陆军作战史》，第一卷，第二分册，第 94 页。

[18] 蒋纬国：《蒋委员长如何战胜日本》，第 21 页。

[19] 《中国事变陆军作战史》，第一卷，第二分册，第 16 页。二史馆馆藏《淞沪会战张发奎文电》亦载：8 月 12 日张给蒋介石、何应钦发电称："文白兄方面，似已决心主动。" 何在来电上批复："可。已令保安队即开淞江，归张文白指导共同作战。"

[20] 国民政府军事委员会战史档案：《陈诚私人回忆资料》，二史馆馆藏档案。

[21] 转引自虞奇：《抗日战争简史》，上册，第 135 页。

[22] 蒋纬国主编《抗日御侮》，第五卷，第 17 页。

[23] 日本防卫厅防卫研究所战史室：《中国事变陆军作战史》，第一卷，第二分册，第 28 页。

[24] 张发奎：《八一三淞沪战役回忆》，载（台）《传记文学》第 60 期。

[25] 此期日军在华北与上海两个战场兵力情况变化如下：8 月，华北为 9 个师团，上海为 2 个师团；9 月，华北为 8 个师团，上海为 5 个师团；9 月 5 日日军统帅部决定抽调华北兵力南下，"把主作战转移到上海方面"，华北日军减为 7 个师团，上海日军则增为 9 个师团。

[26] 《抗战史料丛稿》，第十种，《战纪》，"上海之战" 第三册，二史馆馆藏。

[27] 日本防卫厅研究所战史室：《中国事变陆军作战史》，第一卷，第二分册，第 109 页。

[28] 施子愉译：《抗战初期德日法西斯诱降的阴谋》（1937 年 10 月—1938 年 1 月）。

[29] 《卢沟桥事变后国民党政府军事机关长官会报纪录》（第 21 次），载《民国档案》，1987 年第 3 期

[30] 梁漱溟：《七七事变前后的韩复榘》，第 224 页。

[31] 王道生：《大本营派我到韩部》，载《一代枭雄》，第 234 页。

[32] 朱振民：《爆破黄河铁桥及花园口决堤执行记》，载《文史资料选辑》第 54 辑，第 177 页。

[33] 《中国事变陆军作战史》，第二卷，第一分册，第 81 页。

[34] 毛磊等：《武汉抗战史要》，第 328 页，湖北人民出版社，1985 年版。

[35] 《国民政府军事委员会会议纪录》，1938 年 6 月 5 日，二史馆馆藏档案七八七

[36] 毛泽东 :《论新阶段》，载《中共党史参考资料》第八册，第 189 页。

[37] 史说 :《长沙大火见闻录》，载《上海文史资料选辑》第 6 辑。

[38] 蒋介石 :《第一次南岳军事会议开会训词》见《蒋总统集》第一册，第 1058 页。

[39] 蒋介石 :《第一次南岳军事会议开会训词》见《蒋总统集》第一册，第 1082 页。

[40] 蒋介石 :《第一次南岳军事会议开会训词》见《蒋总统集》第一册，第 1082 页

[41] 程思远 :《政坛回忆》，第 119 页。

[42] 《第一次南岳军事会议文件》，二史馆馆藏档案，七八七全宗。

[43] 《中国事变陆军作战史》，第二卷，第二分册，第 145 页。

[44] 贺执圭 :《记第一次长沙会战》，载《湖南文史资料选辑》，第十八辑。

[45] 《蒋委员长南岳党政军联席会议训词（一）》，二史馆馆藏档案七八七。

[46] 何应钦 :《对国民党五届五中全会军事报告》，1939 年 1 月，二史馆馆藏档案。

[47] 《毛泽东选集》，第二卷，588 卷，人民出版社，1991 年版。

[48] [英] F.C. 琼斯等 :《1942—1946 年的远东》，第 227 页，上海译文出版社 ,1972 年 2 月版。

[49] 中国第二历史档案馆编 :《中国现代政治史资料汇编》，第三辑，第 41 册。

[50] 蒋介石 :《第四次南岳军事会议训词》，《蒋总统集》，第 1484—1485 页。

[51] 蒋介石 :《第四次南岳军事会议训词》，《蒋总统集》，第 1484—1485 页。

[52] 蒋介石 :《第四次南岳军事会议训词》，《蒋总统集》，第 1484—1485 页。

[53] 蒋介石 :《第四次南岳军事会议训词》，《蒋总统集》，第 1485 页。

[54] 《蒋介石致宋子文转驻美军事代表团团长熊式辉电》，载（台）《近代中国》第 43 期。

[55] 鸿鸣 :《蒋家王朝》，第 200 页，香港中原出版社，1988 年版。

[56] 《中华民国重要史料初编——对日抗战时期》，《战时外交》（三），第 686 页。

[57] 参见熊向晖回忆录《地下十二年与周恩来》。

[58] 《湘西会战王耀武之文电》，二史馆馆藏档案七八七。

[59] 重庆《大公报》，1945 年 5 月 15 日。

[60] 张秉均 :《桂柳反攻作战》，载（台）《中国现代历次重要战役之研究》第三册，第 79—81 页。

[61] 张秉均 :《桂柳反攻作战》，载（台）《中国现代历次重要战役之研究》第三册，第 91 页。

德意篇｜三

德国军事总顾问与中国抗日战争

载《档案与史学》，1995 第 3 期。

《中日战争期间的德国军事顾问》，载（台）《历史月刊》，1996 年 1 月号。

《蒋介石身边的德国军事顾问》，载《民国春秋》，1996 第 1 期。

民国时期的中德关系是民国外交史中不可忽视的一个重要方面，而德国赴华军事顾问团则是中德关系史上主要内容之一。本世纪二、三十年代，德国军事顾问团在历任德国顾问的带领下，活跃于中国大地上，在南京国民政府的“安内攘外”以及重建近代化军事工业过程中发挥了重要的作用。可以说，德国军事顾问团的工作，在一定程度上直接影响了南京国民政府的发展，就其规模、影响与作用而言，抗战前的德国顾问团，直可以与战后美国军事顾问团比较，只不过在当时，德国因受国际环境之制约，其对华活动往往处于保守秘密的状态。军事顾问团的活动也因此而鲜为人知罢了。今天，随着大量有关史料及研究成果之问世，这段历史之隐密逐渐大白于天下，引起了后人浓厚的研究兴趣。

关于德国军事顾问团的在华活动，过去在大陆史学界零散的研究成果中，主要是叙述其在帮助蒋介石政权进行“剿共”内战方面的历史活动，并由此而得出结论说，德国军事顾问是帝国主义者支持蒋政权镇压中国革命的工具，是帝国主义伸向中国的侵略之手。对于这一点，我们应该承认，德国军事顾问的确曾在帮助南京政府进行反共内战方面起过一定的作用，但从他们在华整个历史活动总体分析，我们可以发现，德国顾问团帮助中国政府整军备战的主要目的是为了加速中国国防的现代化，经他们训练、武装的军队，其主要的作战目标是一直觊觎中国领土的日本军队。历任德国总顾问对于中国国防假想敌的认识也一致确认为日本，并以他们各自的观点及分析，向国民政府最高当局提出了对日国防的战略建议。

有关这一问题的讨论目前在大陆史学界才刚刚起步，本文试图围绕这一论题，初步进行一些探讨，给德国军事顾问团(以其历任总顾问为代表)对于中国抗日战备之作用及其活动作一个比较适当的历史定位。不足之处，敬祈国内外学者指教。

一

德国军事顾问之来华，起源于1926年11月，鲍尔上校（Max Bauer）应蒋介石之邀，来华为蒋“提供军事及工业参谋咨询服务”。当时蒋介石已准备与中共及苏俄分裂，为了寻找适当的外国顾问来替补苏联军事顾问撤走后所遗空缺，蒋介石通过多方渠道，找到了鲍尔等人，又经过多次洽商和艰难的努力，勉强得到了德国政府的默许。1928年11月，鲍尔率领第一批顾问团员25人，踏上了中国的土地。

鲍尔在华工作仅历时半年，就因患病去世。他的主要工作一是参与中国北伐结束之后国民政府当局“军队编遣”工作，帮助拟定方案；二是为中方高级军官教授现代军事知识，提供现代整军建军方案，三是发展中国与德国工商企业巨头的关系，积极为德方开拓中国市场，参与中国军事工业的创建。接替鲍尔统率顾问团的克里拜尔（Kriebel）在他代理顾问团长的一年任期内，随蒋奔波于内战前线，参与蒋桂战争及蒋冯之战。由于他不太善于应付内外关系，引起顾问团内部矛盾激化，最终于1930年5月辞职下台。他在任期间也与鲍尔一样，没能就中日矛盾与对日国防发表什么见解。

第三任德国军事总顾问佛采尔（Wetzell）中将于1930年5月24日正式抵达中国履职。他在中国工作了4年，参加了中原大战、江西“剿共”以及“一二八淞沪抗日”及“长城抗战”，为蒋介石的“安内攘外”提供了全方位的参谋服务。

佛采尔抵达中国之初，正值蒋桂冯阎“中原大战”开场之时，佛采尔马不停蹄地赶往内战前线，率领各位德国顾问，全力辅佐蒋系中央军开展“讨逆”作战，他甚至乘上了蒋介石的专列，与蒋同食同住共生死，[1]在他有效的参预下，南京政府军队以“中央突破扩张两翼”的战术，瓦解了冯阎反蒋军的战线，并成功地进行了蒋军历史上第一次大规模步炮空联合作战。佛采尔及其德国步炮空军事顾问在这场战役中立下了汗马功劳。

“一·二八”淞沪抗日战役开始后，第十九路军奋起抵抗，蒋介石派遣中央军增援上海。佛采尔总顾问跟随由德国顾问一手培训出来的中央军“模范师”第八十八师赴沪参战。这是德国军事顾问第一次出现在中国抗日战场上。

佛采尔此去上海的目的，并非要指挥对日作战，而是为了具体考察德国顾问们为中国练兵的实际成效，考察经过特训后中国“模范师”的实战能力。经过跟踪观察，佛采尔得出了满意的结论。事后，佛采尔在他致蒋介石的一份报告书中称：四年来在德国顾问团的精心培训之下，陆军第八十八师“确已成为一种教导部队”，他建议在第八十七、三十六师等部队中积极推广德式训练经验，使之“于短期内练成新式劲旅”。佛采尔希望中央军校亦能“切实遵照钧座所示途径，决心按德式教育之实验，建设中国陆军”，他对该校“各项成绩均极满意，且深信该校造就之数千军官，将来必能有益于中国陆军”。[2]

1933年初，日本继续侵华，出兵占领热河。3月，中国守军被迫发动“长城抗战”，反击日军的侵略。佛采尔总顾问又率领由他训练的中国第七军北上，参加了“长城抗战”的布置与指挥工作。3月24日，佛采尔在战役进入尾声之时向南京政府最高当局呈送了一份《对攻击侵入热河日军我国应取之军事行动之意见》的报告，报告中写道：“当前长城战役已告沉寂，乃由于日军于古北、喜峰诸口及其他各要隘经试探性攻击后未能得逞，实为其(日伪两国)兵力不足之故。我军若欲获得胜利，未始不可由喜峰、古北两口同时出击而夺回承德、宽城线内之失地，击退日军至相当地点。然而日军为对其国民以自卫为藉口，必要求军事上之扩大，果尔，我方无足够之预备可资使用，基于战略、政略之估量得失，不如将主动权暂委诸于日军，敌越长城继续作战，则我方可采用攻势以还击敌人，其利远胜于出击，局部小规模之攻击，可由前方部队主动。得失足可抵偿，并似可利用当前沉寂之时机继续部队训练，保持攻击精神，加紧阵地之工事较宜。”[3]他的这种建议后来为中方所采纳。

佛采尔此次北上，时间长达半年之久。“溏沽停战协定”签字后，他又参加了部署北方国军防务的工作，随后即赴南昌，参加了对中央红军的第五次“围剿”。他提出了“分区围剿”及“分进合击”的战术建议，深得蒋介石的赞许。并在第五次“围剿”中贯彻运用。

正在这时，德国军界元老之一、具有“国防军之父”美誉的塞克特将军(Seeckt)应邀访华，由于佛采尔及顾问团行动的保密性，故而后人甚至包括连当时中共红军将领都把蒋军的“新式战术”与塞克特联系在一起，传出塞克特为蒋介石筹划“剿共”新战略的猜测，并被后来史家引为根据。其实赛克特没有参与“剿共”战事，甚至也没到过南昌，真正在前线助蒋“剿共”的是佛采尔而不是塞克特。[4]

佛采尔在华辅蒋在军事上连连得胜，滋长了一些骄傲自大心理，并与中方高级将官发生矛盾，特别是在“剿共”战争之中，经常发生争吵，每遇战事失利，佛氏便指责蒋军军官无能，不能如实执行他的计划，而军官们则反言佛氏不了解中国国情，双方各不认账，对军事行动不无影响。

在军事之外，佛采尔使华期间对商业及贸易工作不很热心，他不愿费心于介绍德国军工贸易企业对华商务，而将之悉数委托给自己的助手布凯斯特(Bukist)办理。布凯期特是一名久居中国的商人，在华关系复杂，他利用这一机会在中德贸易中大做手脚，牟取厚利，引起了中方官员不满。佛采尔经布氏介绍与中国财长宋子文建立了密切关系，并在组训新式中国军队工作中得到了宋子文的积极支持。“宋氏常以国家预算外之财源，支持佛采尔所欲建立之特种部队”，[5]并企图把这支军队练成自己掌握的武装。“长城抗战”期间，佛采尔还曾邀请宋子文一同北上视察军队，宋氏并发表了主张坚决抗日的演讲，蒋介石对佛采尔引宋插手军界之举十分不满，再加上军方、经济界官员对于佛氏的不断告状，遂起意准备“换马”，准备用塞克特取代佛采尔。

佛采尔虽不甚热心商务，但他对中国国防军的建设却倾注了心血，他将前任总顾问开办的“教导队”、“教导团”扩充为“教导师”，并进一步推广其训练经验到其他师团，1933年又帮助中方组建了10个炮兵营，引进了德国生产的卜福尔15cm轻榴弹炮及7.5cm高射炮。他还建议中方组建工兵、汽车、高射炮、海岸要塞、电信等新兵种部队，开设首都演习场、射击场，建立炮兵及航空观测机队，使中国军队向国防现代化迈出了一大步。在军事教育方面，佛采尔亲自兼任中央军校总教官，并帮助建立了各军兵种训练学校及培训班，完善了军事教育门类，佛采尔还曾致函蒋介石，就中国军事指挥体系的改造，从上自军事委员会下到各部队兵种机关职能划分、效率培养等提出了一整套建议，他的这些建议深得蒋介石之赞许。

1934年2月及5月，佛采尔针对当时中国国防工作及准备对日抗战的实际，给蒋介石写了两份整理部队建议书。在这两份文件中，佛采尔对中国未来抵抗日本的战略战术、军事装备、兵种武器之改进部署以及采用新式练兵方法等多方面内容，提出自己的设计。佛采尔在报告最后总结说：“中国陆军显著之进步，为近四年来中央军校所施后起之军官训练”，“华北战事足以证明德人在中央方面所旋用之德国训练与战斗原则完全适当”。“中国人民确能练成良好陆军，中国亦应如他国在此基础上建设陆军，逐渐发展，自有造成强大国军之必要”。

蒋介石对佛采尔的建议十分重视，并在卷首附上了如下批语：“中以为意见甚对，非此不能使陆军进步也”。[6]

佛采尔虽然具有较高军事才能，但他在工作中却不会处理好人事关系，特别是在“剿共”战事中反对蒋介石把“模范师”投入反共战场，认为此“无谓消耗”有违抗日国防本意，他甚至主张由南京政府出资，重新训练、装备退入关内的张学良东北军，发挥其对日本的国仇家恨，将其训练为抗日劲旅。这大大地触犯了蒋介石排斥异己“不计一切反共到底”的大忌，蒋氏决心要让佛采尔“让贤”。蒋介石对塞克特说：“佛将军之忠诚与作战经验能力皆极可佩，但建军工作不尽令人满意，至于政治与外交（亦可能包括人事关系）彼亦未甚注意”。[7]蒋氏的这番评语，注定了佛采尔为中国政府“劳而无功”的结局。

总的来看，鲍尔与克里拜尔在主持顾问团期间并未涉及中国抗战。而佛采尔对于中国抗战的贡献则是从“整军备战”的总体角度出发的考量。真正对中国抗战做出贡献的是他们的后继者塞克特与法肯豪森两位将军。

二

继佛采尔之后来华出任军事总顾问的是塞克特将军。

汉斯·冯·塞克特（Hans Von Seeckt）是德国国防军元老，曾主持一次世界大战后德国重建军队工作。人称“国防军之父”，在德国军界享有崇高的声望。因此，他在退休之后便成为蒋介石急欲聘请来华的重点对象。

1933年4月，他启程来华作短期访问，中国政府给予他热烈的欢迎。5月间，塞克特在庐山与蒋介石举行了3天长谈，就中国新式国防军之建设与训练问题发表了他的见解。他的主要观点是：中国练兵贵在精而不在多，国防军有60个师即可够用。可通过训练“教导部队”逐步扩大普及面，练兵需要一个相对稳定的环境及自给的兵工业，不能完全依赖购买外国武器，在创办中国军工企业方面他可以帮忙，介绍德方企业对华合作。蒋介石对此深表赞同与感谢。随后，塞克特奔赴中国华北对日前线，视察了华北军队。6月底，他谢绝了蒋介石留华聘请，登轮回国。作为对于中方盛情之回报，塞克特临行前向蒋介石提交了一份《陆军改革建议书》，具体阐述了他的访华经验所得及对中国整军备战之建议。

塞克特在建议书中详细说明了他的建军思想，阐述了建设中国新式国防军之必要，当然塞氏所策划的建军目的已不仅仅是为了中国的内战，而是更多地为了对付日本的侵略。例如，在阐述中国军队更新装备的重要性时，塞克特写道：“九一八事变后，日本窥伺中国，若无相对炮兵与之抗衡，（中方）在未来的抗日战争中防御和获胜的可能性将微乎其微。”“如不加强训练和供应足够的武装配备，将来在战场上势必遭受严重损失甚至溃不成军。”[8]对于战时交通建议，他写道：“中国如无相当的工业基础，现代化的军队将无从建起，独自地与有效地生产自己的武器以及发展具有战略性的交通系统，在日本入侵时可以迅速地输送部队至危急的地区，实为当前首要之任务。”[9]在这份《建议书》中，塞克特还就中国未来抗日战争的实际，提出了他关于加强长江中下游防备的建议：“在长江流域各重要据点，有设置鱼雷和炮台的必要，以封锁敌舰的通航和侵袭，为保障国家政治及军事中心的安全，防范任何危机的发生，依本人看来，似为刻不容缓的急务。”令蒋介石特别满意的一点，是塞克特在《建议书》中提出了大力加强蒋氏对军队独裁统治的建议：“必须建立一支在您本人统帅下经过正规训练的军队”，“整个军事体系，包括训练、管理、发展，必须置于一位最高统帅之下”，“由于最近数次对抗日本军事行动中的显示，今后在任何情况下，决不能再允许地方或较高军事当局有任何独自为政之举。”[10]

蒋介石高度赞赏塞克特的这份《建议书》，并将之广泛下发各军事及有关单位，研讨执行。此后，他更坚定了请塞克特来华充当他最高顾问的决心。经过多方努力，1934年3月，塞克特第二次来华，出任蒋介石的军事总顾问，并以其助手法肯豪森将军取代佛采尔管理顾问团。

蒋介石给予塞克特以最高的行政及生活待遇，委以自己“代理人”之头衔，此后近一年时间内，塞克特为中国的整军及军工企业之创建，做了大量工作，并直接参与了中国抗日战备筹划工作。

塞克特对中国抗日战备的贡献主要表现在以下几方面：第一，他为中国的抗日国防军建设提出了初步设计。应蒋介石的请求，他重新为中方审定了新式军队整训扩充计划。塞克特认为：目前中国政府“剿共”内战已近尾声，但中国内部并不稳定，更何况有日本的强大威胁，中方决不可贸然裁军。眼下之计是要集中有限的财力、物力，赶快组建一支小型核心武力，新编6个全新的“国防师”，同时加紧培训军官，准备扩编国防军之用。当时蒋介石及其手下以国内战事尚未结束，各处兵力不敷使用，不如先给旧式军队更换武器，增加战斗力，以求早日“安内”，然后再去“攘外”。塞克特坚决反对这种“修补”方法，甚至以辞职回国相要挟，使蒋介石同意了他的组建“模范军”的计划。[11]到抗战爆发时，初步编成了一支规模不大的“德式中央军”（German trained Chinese Central Army）在“八·一三”抗日战役中，这支部队发挥了重要作用。

第二，塞克特还就中国抗日战略设计提出了一些独到见解。蒋介石曾要求塞克特为其制定一整套长短期“应变”防御措施，塞氏同意先为中方制定在长江中下游地区的防御计划。

1934年4月底到5月初，蒋介石与塞克特就中国未来抗战战略部署进行了讨论。蒋介石主张对日国防重点区域应放在长江流域而不在华北，他对塞克特说，一旦中日开战，他准备在必要时放弃华北而集中全部兵力防卫长江流域。他又解释说，只有16%的国防预算可以用于华北。塞克特则不同意蒋的意见。他认为这样做的结果会使日军很容易绕过这些要塞，长驱直入，于整个抗战大局不利。蒋介石坚持说：“那么日本人无论如何不能够占领这些要塞。”[12]他还说，从政治上来看，长江以南地区远比江北地区重要，况且在华北的中国地方实力派军队没有任何军事价值。塞克特说：“那么，是否在华北一旦危险时可以抽调在江西剿共的部队北上？”蒋介石给予否决，他说：“当务之急是剿共，在江西剿匪战事未完成之前，不可能抽调主力部队去对付日本人。”[13]塞克特没有办法，他最后只好表示，对蒋介石的华北防御方案不承担任何责任。[14]不过他仍然答应了蒋介石的请求，为其设计了从上海到南京间的江南国防工事图，这座被称为“中国的兴登堡防线”的国防体系建成之后，成为中国抗日战备的重要工程之一。[15]

蒋介石又委托塞克特全权负责长江与沿海地区之布防，塞克特认为这项任务艰巨，非一人可以完成，他推荐了空防顾问施太秋中将（Streccius）及海防顾问拉维上尉（Rave）参加工作。1934年，中国首都南京举行了第一次空防演习，蒋介石在塞克特陪同下参观了演习并对德国顾问团的工作成绩给予高度评价。[16]

第三，塞克特还对中国国防工业及交通建设做出了重要贡献。他曾建议国民政府在江南修建铁路网，并介绍德国著名企业奥托·俄普夫（Otto-Wolff）公司投资于此项计划，参与了浙赣等铁路干线的修建工作。

塞克特一贯认为，有效的国防实力要以相应的工业基础作后盾，否则现代化国防之建设将无从谈起。他建议蒋介石以德国的技术与资金援助为“工作起点”发展中国军工企业。这样便把中国国防现代化与德国的经济利益紧密联系在一起了。在他的建议下，南京国民政府在抗战前几年筹建了一批遍布全国各地的兵工厂，如太原、济南、昆明、重庆、南宁、广州等地均有设置，并对江阴、巩县等旧军工厂进行了技术改造，能够生产从步枪子弹到德式迫击炮、100毫米口径大炮、防毒面具等多类军火装备，这些国防企业的发展为后来中国坚持长期抗战提供了必不可少的物质保证。[17]塞克特为此做了极细致的工作，他甚至详细计算了中国6～18个整编师每月所需的军火数量，并规划了一批兵工企业建设进度计划。[18]他的工作得到了蒋介石及德国国防部双方的好评。

1935年3月，塞克特因年老体弱，遵医嘱辞职回国，结束了他的旅华生涯，并于1936年底病逝于家乡。南京政府为其举行了隆重的追悼大会，何应钦代表蒋介石致悼词，盛赞塞克特“为中国军官团树立了良好的榜样”。他为中国抗日战备所做出的开拓性贡献将永存历史。

三

塞克特临回国时，曾以“最诚恳之心情”向蒋介石推荐他的助手亚历山大·冯·法肯豪森（Alexander Von Falkenhausen）将军接替他的工作，成为最后一任德国顾问团长。

法肯豪森是一位职业军官，他早年曾任德国驻日本大使馆武官，对日本军队有过较多研究。他出任德国军事顾问团长后，在中国工作了4年多时间，直到中国抗战爆发后，他还参加了正面战场抗日作战，最后在1938年6月间被德国政府“勒令率团回国”。法肯豪森在华的主要工作是协助国民政府部署对日国防，提供抗日战略参考意见，继续训练中国国防军，协助中国发展国防工业。抗战爆发后，他便直接参与了战役参谋及指挥工作。所以说，法肯豪森对中国抗战所做出的贡献超过了他的几位前任。他是中国的“患难之友”，并以他自己的丰富阅历、经验学识对中国的抗日战争做出了重要的贡献。

1935年3月法肯豪森正式出任顾问团长。

当时中国的形势是：国民政府在迫使红军长征北上后，自以为“剿共”战事已近完成，加上日本不断在华北挑衅，中日关系紧张，抗日国防迫在眉睫。以法肯豪森为首的德国军事顾问团工作重心自然也就转移到中国对日国防方面来。

1935年8月20日，法肯豪森向蒋介石提交了一份《关于应付时局对策之建议》，全面阐述了他对于中国国防及抗日战略的构想。他指出：“目前威胁中国最严重而最迫切者，当然日本。日本对中国之情，知之极悉。其利害适与中国相反，故必用尽各种方法破坏中国内部之团结与图强，至少设法迟延其实现。华方宜求时间余裕，作整军经武之用，故日方益求急进。”[19]他批评了国民政府对日本在华北制造事端的“一味退让”，指出“日方苟遇真实抵抗，则局势迥异”，我政府应有“坚韧意志”，“断无不抵抗而即承认敌方要求，沉默接受。鄙意民气即是造成抵抗意志，故不容轻视。苟领袖无此种意志，则人民亦不肯出而抵抗。”[20]这种劝告正中蒋介石对日妥协政策之要害，正可谓一针见血。

按照法肯豪森的预计，一旦日本对华发动军事攻击，华北地区首当其冲，同时长江流域各海口也将受到侵犯。因此，中国军队必须在战略上确立一个“集结兵力区域”，以此为基地来部署对日国防。这个区域范围大概在徐州—郑州—南昌—南京一线，我军应在此区域向北推进，以“沧县—保定为绝对防御线”，“最后战线为黄河”。长江陆防须推进至上海附近，南京作为首都“宜固守”，华中则以南昌、武昌作为战略支撑点，全国以四川为“最后防地”。法肯豪森最后写道：“综结言之，就民族、政治、经济、心理、军事上各种情况，俱有前方应战之必要，万不可不战而放弃寸土”。“仿二十一、二年淞沪及古北口等处成例，方能引起与长江流域有利害关系之列强取积极态度。中国苟不于起首时表示为生存而用全力奋斗之决心，列强断不起而干涉。”[21]

法肯豪森这份报告书提出了几个具有重大战略意义的建议。第一，他主张以长江一线为未来抗日战争的主战场，“因南北二大干路更要者为长江”，故而他赞同蒋介石的见解，提出自长江下游宁沪、中游南昌武汉，到上游之四川，建立层层防御体系，以之为未来抗日战争的主战场。第二，关于长江一线防御，法氏主张“东部有两事极关重要，一为封锁长江，一为警卫首都，二者有密切之连带关系。屡闻长江不能守之议，窃未敢赞同”。“长江封锁于中部防御最关重要，亦即为国防之最要点，防御务须向前推进。江防须封锁江阴，陆防须利用许多地险及天然便于防御之地形，推进至上海附近。”“南京为全国首都，必应固守，故极宜增筑东正面及东南正面之工事。次之为南昌、武昌，可做主支撑点，宜用全力固守，以维持通广州之连络。”“终至四川为最后防地，富庶而因地理关系特形安全之省份，（旁批：最后根据地）宜设法筹备使作最后预备队，自有重大意义。”[22]

第三，法肯豪森还明确提出了“黄河宜作有计划之人工泛滥，增厚其防御力”的具体建议。后来抗战爆发后，国民政府在花园口掘开黄河大堤，以水代兵，阻止了日军在北线的西进攻势，这不能不说是法肯豪森的一项有价值的见解。第四，法肯豪森在报告中还提出建立四川抗战根据地的战略构想，他认为四川是个“富庶而地理关系特形安全之省份”，“实为造兵工业最良地方。由重庆经贵阳建筑通昆明之铁路，使能经滇越路得向外国连络，有重要意义。”[23]“川省若未设法工业化能自造必要用品，处此种情况，必无战胜希望，而不啻陷中国于灭亡。”[24]法肯豪森在这时不仅指出了四川工业化为抗战提供军需的前景，而且指出了开辟西南外运交通线以获得抗日外援的必要性及重要意义。

法肯豪森的战略建议后来逐项被国民政府采纳，并在以后的抗战实践中加以运用，最终为持久战，“以空间换时间”夺取抗战的最后胜利奠定了必要的基础。在这个意义上来看，这不仅是法肯豪森而且是整个德国军事顾问团对于中国抗战事业的重要贡献。他以这份建议书为蓝图，开展部署，以之确定为顾问团的工作指导。他根据德国重建国防军的经验，按照塞克特的设计，迅速着手训练与装备了全副德国装备的8万中国军队，更之以全副德式装备，另成立了若干炮兵团与装甲旅，准备在战事一旦发生之后，迅速驰援前线。其中第八十七、八十八师重点驻扎在宁沪国防要地，在后来的“八一三”淞沪抗日之役中发挥了作用，给予野心勃勃的日本侵略军迎头痛击。

到抗战爆发时为止，在法肯豪森主持下，中国军队整编30万人的计划已完成了80%，这一计划未能全部完成的原因，一是由于时间的不足，二是由于在“剿共”完成后投入“整编”的部队比蒋介石与塞克特达成的协议数目为多，而“新编师”与旧式部队之间也存在一些矛盾，使蒋介石不得不放宽选择“整编”的标准，以求内部公平与稳定。[25]

蒋介石十分珍惜他的经过德国顾问整训的军队，并改变了他过去的作法，不用之于内战而专待抗日。1936年10月间，军政部长何应钦曾通过国民党中政会代秘书长朱家骅去劝告蒋介石，将新编部队调往陕西“剿共”，替换不愿打内战的东北军，但被蒋介石拒绝了。[26]蒋介石对于这些新编军寄予未来抗日之厚望，德国顾问团的工作无疑在增加蒋介石的抗日决心方面起到了一定作用。

法肯豪森在其任职期内，对中国的军事教育及中德易货贸易也投入了许多精力。有关这两方面的工作，在其前任佛采尔及塞克特主持工作期内已经初步奠定基础，形成规模，各项工作得以有条不紊进行，法肯豪森的任务在于领导督促各部门德国顾问的具体工作，并对中德关系加以协调，在其任内加以进一步的扩充与推进。值得一提的是，法氏在介绍德国投资商及出口商对华合作时，颇能坚持公正立场，以中国的利益及需要为出发点，而不对德方商人唯利是图之举加以无条件袒护，尤其对纳粹党人要求他“站在德国利益方面”之举，“很不以为然”，“认为他们此种立场，不仅会损伤德国的信誉，也将削减商业方面的利益”。他公开宣布：“因为我在中国服务。

惟有介绍适合中国需要的物品，才算称职。”[27]当时中德易货贸易及工业合作，已由双方政府专职部门管辖办理，有些德国奸商贿赂中国主管官员，以高于国际市场的价格对华推销德货，有时并不符合中方要求。他们希望法肯豪森利用其与蒋介石等中方大员的关系，促成他们的生意，法氏对此坚加拒绝。他坚持以中国实际需要为出发点，表现了一个正直军人的作风。例如，主办德国对华贸易的“合步楼”(Hapro)公司准备对华供应一批国防军械，法氏认为，“这种武器固然适合于欧洲战场，但依中国人之需要却没有考虑的余地，因此我曾代表中国提出异议。”“我常竭力介绍于中国有利益而适合中国实际情况的物品及列定公平的价格，而不顾虑到原产地的情形和商号，上述立场我一直坚持到底。”[28]

法肯豪森这样做的结果，不免开罪了许多德国官员及商人。以至于1936年5月间德国国防部部长助理、希特勒的亲信莱谢劳(Reichmann)将军访华，与蒋介石会商中德合作事宜时，竟把身为德国顾问团团长的法肯豪森晾在一边，不让他参加会谈。[29]由此可见他们彼此矛盾之深。

法肯豪森以自己的行动赢得了中国友人的信赖，赋予他筹划中国抗日国防之重任，并让他参与了中国最高军事机关的工作。法肯豪森曾向蒋介石拍胸脯说“足以把日本人赶出长城。”他的乐观态度使蒋介石备受鼓舞，坚定了他的抗日决心。

1936年11月13日，国民政府军事当局鉴于日本军队在我国华北的频繁挑衅，针锋相对地举行了大规模军事演习。法肯豪森率领德顾问团参加了这次演习，中方共计出动了5个师的兵力，演习获得了圆满成功。法肯豪森对演习部队的表现给予了高度评价，其后，他与蒋介石一起参加了阅兵式。

不久之后，法肯豪森又应蒋介石之邀与9位美国空军顾问一起视察了杭州笕桥航空学校，他对由意大利援建的这所航空训练基地位置海口表示了异议，认为这太容易遭受敌方攻击，“容易发生危险，如果深入内地，毗邻南京，则情势较为优越”。[30]

1937年6月，中日战争迫在眉睫，法肯豪森又应蒋介石心腹要员陈诚之约，与意大利籍海岸防御专家诺达尔多洛（Notartolodi Villarosa）一起对南京以下所有长江堤防各要塞炮兵阵地进行了战前最后一次的巡视。在江阴要塞，法氏登上炮台查看了从德国进口的十五cm口径大炮，并观看了要塞阻击快艇过江的演习。[31]

据法氏记载，当时来自德国的先进军品装备正快速装备中国军队各主要部队，如桂永清的“首都教导总队”装配了全套德式武器，并拥有克虏伯(Krupp)公司生产的野战重榴弹炮。此外，德国生产的特别适于中国士兵使用的Stocdes—Brand式轻手榴弹、西门子公司生产的大型探照灯也分发到基层部队手中，首都南京城防也配备了德制88毫米高射炮及德式防空警报系统。在南京街道上，可以看到75毫米克虏伯大炮和亨舍尔及M．A．N型坦克；梅塞施米特(Messerschmitt)和斯图加(Stuka)型战斗机即将被进口补充在国内装配的容克斯飞机。中国海军已向德国订购了12艘潜水艇和几艘战舰。[32]上述已运抵中国的武器装备。有效地增强了中国军队的作战能力，在抗战爆发后发挥了重要作用。正如当时在华考察的德国《民族观察》(Voelkische Beobachter)杂志记者报道的那样；“整师整师的(中国军队)从步枪、坦克到钢盔，都是由我们德国国防军使用过的德式军品装备起来的。”[33]

除法肯豪森之外，顾问团内其他顾问们也在各自岗位上为中国的国防事业尽职工作，其中值得一提者如受中央政府之委托，施太乃斯中将(Lt．Gen．Streccius)前往对日前哨的山东省、斯达克少将(Gen．Starke)前往山西省，协助当地地方部队筹划国防布置。

施太乃斯是防空专家，原先一直在蒋身边及航空委员会工作，他受蒋介石之命前往山东，协助当地实力派人物、省主席韩复榘筹划国防；而斯达克少将则去山西协助阎锡山晋军准备抗日。[34]关于他们在晋鲁两省的活动，因其一贯的严格保密制度，在史料中并无任何记载，因此无从描述。这种严格的保密虽然有效，但有时却产生了较大的负面影响，列强各国及我国国内舆论，皆知德国顾问在华活动，参与军机，却又不知他们在干什么，于是有关德国顾问为日本刺探中国军情的传闻便渐渐传播开来，以至于对顾问团的工作造成了较大干扰，中国政府当局不得不出面调查、辟谣，并重申对德国顾问的信任。

到抗战爆发为止，法肯豪森率领德国军事顾问为中国的抗日准备做了许多有价值的工作，从战略决策到作战计划，从引进武器到训练部署，国民政府抗战准备的每一环节都有德国顾问参与其中。在这当中，法肯豪森的贡献是显著的，可以说，抗战爆发前三年是中德军事合作的高潮时期。如果没有德国顾问的参与指导，我方的抗战准备也很难达到战前的水平。而法肯豪森则进一步乐观地认为照这种速度发展下去，如果抗战迟一、二年爆发，日本人将不可能侵入中国内地。[35]

为了表彰法肯豪森的工作，1937年5月17日，蒋介石亲自下令，“派法肯豪森为军事德国总顾问”。[36]将中国国防军事大权全盘委托给法氏，再一次表明了他对法氏的信任。而在这一时期，德国总顾问的权限也达到前所未有之高度，就连主管对华易货贸易的德国合步楼公司派来中国之技术人员也应法氏之请，统由他一手管辖。[37]

德国军事顾问团在中国的频繁活动，引起了日本方面的极大不安，他们深恐中国国防力因此而加强。因此，日本政府通过外交途径向欲与他们结盟的德国政府倾频施加压力，要德国人不要插手中国备战。德国元首希特勒及其党羽，虽然偏向日方，但由于在华顾问团属德国军方控制，此刻尚未被纳粹党掌握，故对日本的要求未能予以满足。在这种情况下，恼羞成怒的日本军阀，终于按捺不住侵华野心而发动了对中国的全面侵略。

四

七七事变爆发后，蒋介石于7月17日在庐山发表谈话，宣布开展全民族反对日本侵略的战争，正面战场上我国军队的抗日作战由此开始。

当时德国军事总顾问法肯豪森正在南京，拟率随员赴庐山休养。

也许是出于职业军官对于战争即将到来的敏感，法肯豪森鉴于北方军情紧张，曾于7月5日以《总顾问办公厅公函》（第7500号）向中方发出《关于整理军平时驻地暨弹药补给之建议》一份文件，他认为“目前时机已届，亟宜指定各整理师固定及永久之平时驻地”，主张将已整训完毕之国防军立即开赴各国防要点，抢占战略要点阵地，以备不测之需。同时“先以屯储两批弹药(等于八日所需)分别补充部队及战线附近弹药库”。法肯豪森认为目前华北形势最危险，日本不久将会在华北首先开战，故主张“以甲种师（二十个师）战斗力为最强，且特宜于北正面作战”，“乙种师（十师）大概用于华中”，“北正面最重要之地区为黄河以北之冀省，而东正面最重要地区则为上海正面”。接着他在文件中详细拟定了南北两大战场我方兵力部署及具体军师驻地、弹药补给、兵员补充的方案，希望中方立即照此办理。[38]

7月7日，军政部参事王观洲奉命上报对法肯豪森总顾问建议书的审查意见，他认为：“总顾问主张，平时即驻重兵于前线，藉以迅速占领国防要点，掩护集中，甚有见地，似可采纳”。但他同时又结合我方实际，指出了我军受种种内外因素制约，“保定、沧县以上平时即驻重兵，又非事实之可能。”对法氏的布兵计划进行了适当修正。[39]不过从这份文件中我们仍然可以看出德国总顾问的战略眼光及对中国抗战的有效帮助。

就在中方往复讨论同时，日本已在华北发动了“卢沟桥事变”，并大举向中国增兵，实行全面侵略，而中方“纸上谈兵”的计划终未来得及实施。

7月10日，法肯豪森率领克鲁马赫（Krummacher）上尉等登轮，离开南京，于次日抵达牯岭，蒋介石立即召见了法肯豪森。法氏向蒋介石表示他将准备返回南京指挥作战，蒋介石却要他在山上休息几天，静观战事之发展。

法肯豪森随即拜访了蒋介石的澳籍顾问端纳，同他讨论了北方战争，两人一致认为“日本的措施和要求苛刻之至，即使（中国）政府竭尽各种善意的心计和努力，亦无法阻止或挽救此一意外事变”。目前“情势严重”。[40]

第二天上午，蒋介石再次召见法肯豪森，同意他立即下山返回南京，法肯豪森强调了时间的重要性，并“声称我们必须准备应付此一严重的长期战争，这场战争必定是全国性的，而且必须全力以赴。蒋委员长亦颔首为然”。[41]

7月14日，法氏返回南京，此时北方战争已展开，但掌握华北政权的冀察地方当局还想与日方谈判解决事变，从而保住地盘，临战准备不足。南京中央军部队因受“何梅协定”限制不能开往河北，日军利用这一时机，向华北大举增兵，准备放手扩大战事。几天后，蒋介石回到南京，他立即委派法肯豪森动身前往中央军在华北的指挥中心保定市参与军机，法肯豪森抵达保定后与华北前线中方指挥官会商了抗日作战方案。

由于华北地方当局的犹豫态度，冀察当局的实权人物宋哲元对日方还抱有幻想，连蒋介石及中央政府的备战令也不肯执行，法肯豪森作为一个客卿顾问，自然也不能发挥什么特殊作用。26日，华北日军完成了增援部署计划，向我军发动了全面攻势，尽管我守军进行了激烈的抵抗，但终因准备不足，30日，北平、天津先后失守，华北战事告一段落。

法肯豪森此时已回到南京，向蒋介石报告了华北情况。在此前后，他曾得到柏林方面某外交官员打来的电报，要他运用对蒋介石的影响力，说服蒋放弃武力抗日计划，与日本作“符合德国利益”的妥协，法肯豪森没有照办，他说：“如在当全中国人民对日充满愤恨之际，余所提之谈和建议，将被彼视为背叛友人之不忠行为。”[42]

鉴于日本海军已在上海一线准备发动新的进攻，8月13日，国民政府军事当局下令采取“先发制人”的手段，以原驻扎在宁沪一线的八十七、八十八师精锐部队围歼上海日本驻军，“八一三”淞沪战役就此打响。

担任主攻任务的两师部队是德国军事顾问一手训练下整编出的精锐之师，拥有德式装备的强大火力，上阵之后，开始阶段一路冲杀进展顺利。

法肯豪森认为八十七、八十八师的投入战场实为考察德国顾问整军工作的大好时机，因此不顾德政府的禁令，立即赶往上海前线协助指挥前线战事。

“八一三”淞沪战役持续了三个月之久，经德式训练之我军在日军强大援军攻击压力下，成功地抗击了日军无数次疯狂进攻，显示了较强的战斗力。因为“八一三”战役中中方参战部队从装备到战术，从训练到指挥都与德国密切相关，故当时有些日本及西方人士称此战役为“德国战争”（The German War)。当时日本陆军的水准堪称世界一流。但在中国军队顽强抵抗之下，猛攻三个月而未得推进其攻势，这一事实充分证明了经过德式训练装备的我国军队作战能力比以往有了较大提高，当然，在这当中官兵们保家卫国的精神所激发的勇气和力量也是不能低估的因素。

11月5日，日军新援兵力从淞沪南边杭州湾登陆，对上海守军形成包抄之势。因我方最高指挥机关的这一关键性疏忽，使我军主力在淞沪陷入被围，直接导致了上海防御战的崩溃。8日，中国军事当局决定上海守军全线向吴福线国防工事转移，但因战局变化太快，“部队已陷于极度紊乱状态，各级司令部已很难掌握其部队了”，结果演成了无秩序的大溃退。在这种混乱情况下，部队抵达既成国防工事后无人接应，”既无守备部队又无指示文件，各部很难找到工事构筑，即使找到后又无法打开工事人门。因此各路电话纷纷打到大本营汇报情况索取钥匙，侍从室派人到处找工兵指挥，蒋介石闻讯也气得跳脚大骂。但战事混乱至此，一时也无法扭转。部队越过吴福线，继续后撤锡澄线。25日日军占领无锡，中国军队在溃退之中再次弃守锡澄线，就这样，经过几任德国总顾问设计，耗费了100多万元资财修建的“东方兴登堡”国防线，在中国军队溃退之中没起任何抗敌作用而被舍弃了，闻之怎能不令人扼腕叹息！

上海战役的另一直接后果是我方经德式训练的“中央军”精锐部队几乎丧失殆尽，德国顾问团的工作成果迅速消失。[43]重整与补充一时恐不能办到。在这种情况下，又因蒋介石忽视了法肯豪森关于防守南京的战术建议，1937年12月间开展的“南京保卫战”没守几天便告结束，而德国顾问团的大多数团员都随国民政府后撤，迁往华中抗战中心武汉。

虽然中国丢失了平津、上海、南京等大城市，但从整个中日战局着眼，中方却依靠自己的抵抗与谋略，一步步地达成了吸引日军主力从华北南下，以长江一线为中日主战场，以及“以空间换时间”的战略目的，这也正是符合了法肯豪森总顾问的战略思想：“以机动的战术在广阔的国土上，打击首尾不能兼顾的侵略者。如同第一次世界大战中德军在东非殖民地与强大的英军作战方式相似。”[44]

德国顾问团撤往武汉之后，其主要任务仅在于参谋作战计划及巡察长江沿岸各要塞之防御，其具体的工作对象和内容如练兵、教学、维护新式兵器等等皆告结束。总顾问法肯豪森及一部份高级顾问在此期间参与了德国政府交付的以驻华大使为主要负责人的“陶德曼调停”工作，企图说服中日双方停战讲和。法肯豪森曾对孔祥熙、白崇禧等人指出“战局之严重”，要他们注意“如果战争拖延下去，中国的经济崩溃，共产主义就会在中国发生”。[45]他希望中方在能够接受的条件下与日方谈判停战。但另一方面法氏也继续在协助国民政府最高当局指挥正面战场抗战，尽他的一份力量。

日军占领南京后，急于沟通南北两大战场，使其占领区联成一片，于是，日军发动了旨在打通津浦线南北两端的作战。1938年4月，在鲁南重镇台儿庄，第五战区司令长官李宗仁将军指挥所部，击溃日本精锐部队的进攻，并成功地围歼了孤军深入我内线的日军1万余人，赢得了轰动一时的“台儿庄大捷”。这是抗战开始以来我军在正面战场上取得的最大一次胜利。此役给予日军以迎头痛击，鼓舞了全国人民的抗战意志，并向全世界表明了中国军民的抗战卫国决心，受到了国内外正义舆论的热烈欢呼。

“台儿庄战役结束后，各国驻华武官纷纷前往战地参观。当时美国驻华武官史迪威会见了法肯豪森，与他讨论了战果”。美国女作家巴巴拉·塔奇曼在她的《史迪威与美国在华经验》一书[46]中这样记载道：“德国首席军事顾问法尔肯豪森将军因中国军队没按他的计划行动，气得狠命地揪自己的头发。他说：‘我告诉委员长要向前推进，要发动进攻，要乘胜前进，可是，他们什么行动也没有采取，日军很快就会把8到10个师的部队调到徐州前线，到那时就来不及了。’白崇禧同史迪威和德国顾问们一道分析了这场战斗，白崇禧对进攻的经验不感兴趣。仍念念不忘靠拖垮日军取胜的理论。”[47]“这位了解日军个性颇深的德国顾问对史迪威预料，日军将会卷土重来进攻徐州，果然不出所料，徐州不久即陷于敌手，日军转而进攻河南。”[48]

巴巴拉·塔奇曼的这段记载是否完全如实有待研究，但她至少反映了这样一个事实，即法肯豪森本人及其同事们在抗战初期的确是与中国人民同心同德地反抗日本的侵略，帮助中国的反侵略事业。尽管法氏出于一个德国军人的习惯及观点，对于台儿庄大捷后我军乘胜扩大战果抱有不合实际的过高期望，但其对中国抗战胜利之热切期望已跃然纸上，令每一个中国人不能不为之感动。

抗战开始后，由于德国政府采取亲日的远东政策。使中国国内及国际上反对日本侵略的人士对德国顾问在华参与抗战军事行动的可靠性产生了怀疑。加上德国顾问行动神秘，更加加深了国内外舆论的疑惑。

1937年8月12日，国民政府军事委员会办公厅根据武汉警备部所获情报发出致军政部密函一件，转达了外电关于德日双方就德国顾问供给日方中国军事情报达成协议的消息，引起了中方的极大忧虑，该文如下：

“案准外交部情报司本年八月七日密函开：顷据上海密报：‘据哈瓦斯社方面消息，日德之间已有密约，由德籍顾问供给日方关于我国之军事秘密，日方允于事后与德以青岛及山东之权益’等语。查所报告各节关系重大，相应密达查照。等由。准此，案关国防，相应密达，即希严切注意为荷！此致军政部。中华民国廿六年八月十二日。国民政府军事委员会办公厅(印)。”[49]

经过中方军事委员会缜密调查，确认这一消息尚无事实根据。21日，军委会又向军政部等各有关机关发出公函，命令各部门“对于德顾问等应照常信任服务”，“各机关须彻底令知各级遵照”。25日，军委会又一次密令各部属机关将8月12日关于防范德国顾问的密函“即行一并销毁”，以免让德国顾问探知而影响双方友好关系。[50]这一场风波至此告一段落。不仅如此，因为这一缘故，连军需署呈报在该署服务的德顾问申莱克聘约到期，“不拟继续聘请”一案，也由军务司下令“暂勿庸议”，大有愧对德人聊以补偿之心态，中国官方对德顾问之优遇，由此可见一斑。[51]

1938年4月下旬，正当徐州会战紧张时刻，德国外交部便照知中国驻德大使：德国政府为了对中日战争采取完全中立的态度，认为德国军事顾问此时在华服务有偏袒一方之嫌疑，因而打算令之撤离中国。但中方借顾问是以个人名义与中国政府签约等借口，想尽方法拖延，希望德国政府以两国关系大局为重，不要实行这一决定。

法肯豪森及顾问团全体成员，在获知德政府决定后，起初皆不愿离华，4月30日，法氏为此向德政府呈送一份报告，指出他们都是以个人资格受聘于中国政府，而聘用合同要到1939及1940年才满期，现在离华，在法律上、经济上皆有困难。连陶德曼大使也支持顾问团的意见。但德方最高当局联日弃华决定已定，纳粹外交部长里宾特洛甫以希特勒的名义下令陶德曼大使就此立即与中方交涉。拖至6月中旬，蒋介石只得同意，大部份德国顾问可以离开，但要求法肯豪森作为德方驻华使馆武官留下，并须留5～6人处理善后。20日，里宾特洛甫又一次强行电令陶德曼，以中断中德外交作威胁，立即撤退全体顾问，“本部长亟待留华全体德国顾问凡职务未停者一律立即停止，并尽速离华，必要时虽违反中国政府意旨，亦在所勿恤”，如顾问们再不愿离华，“即认为公然叛国，国内当即予以取消国籍及没收财产处分。该顾问等毋再犹豫为要。”6月24日，德方下令召回驻华大使陶德曼。[52]

蒋介石终于意识到，中德关系已到了无可挽回的地步，6月25日，他最后批准全体德国顾问于半月内离职回国。

1938年7月5日，在军政部长何应钦的陪同下，法肯豪森率最后一批顾问团员离开汉口赴广州取道香港回国。临行前，他们纷纷向中国政府起誓：为中国保守抗战军事秘密，决不用之来反对中国。[53]其忠诚之心溢于言表，令人起敬。

至此，德国军事顾问团结束了他们帮助中国抗战的历史。但中国人民不会忘记他们的真诚帮助。

从佛采尔到法肯豪森，来华几任德国军事总顾问都为中国的抗战做出了他们的贡献，尤其是塞克特与法肯豪森，以他们的军事学识与经验对中国抗战做出了重要贡献。虽然德国政府在纳粹外交政策指导下，曾对发展中德关系举棋不定或只图实惠，但德国军事顾问团在此问题上与纳粹政府的方针是保持了距离的，有时是背道而驰的，这是历史的事实。

对于德国军事顾问团特别是其几任团长对于中国抗战之贡献，过去由于多种原因，史学界研究较少，我想，现在已经到了还历史本来面目的时候了。希望本文之写作能够发挥抛砖引玉之效。

【注】

[1] 王洽南:《德国顾问在南京时期工作的回忆》，载（台）《传记文学》第27卷第四期，第54页。

[2] 中国第二历史档案馆馆藏档案 :《德总顾问佛采尔建议书》七六七全宗。

[3] 傅宝真 :《在华德国军事顾问史传》，载（台）《传记文学》第二十五卷第三期第101页。

[4] 参见何友良《塞克特并未为蒋介石制定碉堡战术》一文，载《近代史研究》1990年第3期。

[5] 傅宝真 :《在华德国军事顾问史传》，载（台）《传记文学》第二十五卷第三期第96页。

[6] 二史馆馆藏档案:《德总顾问佛采尔建议书》(1934年2月14日)、《佛总顾问整理部队意见书》(1934年5月23日)，见《民国档案》1988年第四期，第33～37页。

[7] 转引自傅宝真文，同前出处，第100页。

[8] 引自辛达漠:《德国外交档案中的中德关系》,载（台)《传记文学》第四十一卷第六期,第119页。

[9] 引自辛达漠:《德国外交档案中的中德关系》,载（台)《传记文学》第四十一卷第六期,第119页。

[10] 引自辛达漠:《德国外交档案中的中德关系》,载（台)《传记文学》第四十一卷第六期,第118页。

[11] 德国联邦军事档案馆馆藏档案W02—44 / 5，第203页《塞克特致蒋介石函》(1934年5月3日)，转引自柯伟林《蒋介石政府与纳粹德国》第151页，中国青年出版社，1994版。

[12] 德国联邦军事档案馆藏:《塞克特与蒋介石会谈记录》(1934年5月4日)，No:W02—44 / 5，第209页。转引自柯伟林书第355页。

[13] 德国联邦军事档案馆藏:《塞克特与蒋介石会谈记录》(1934年5月4日)，No:W02—44 / 5，第207页，转引自柯伟林书第355页。

[14] 德国联邦军事档案馆藏:《塞克特与蒋介石会谈记录》(1934年5月4日)，No:W02—44 / 5，第207页，转引自柯伟林书第235—237页。

[15] 同前引柯伟林书，第151页。

[16] 傅宝真 :《色克特将军第二次使华》见（台）《传记文学》第十卷第二期，第99页。

[17] 同前出处，柯伟林书，第260页。

[18] 吴景平 :《从胶澳被占到科尔访华——中德关系1861—1992》，福建人民出版社，1993版，第138页。

[19] 见《民国档案》1991 年第二期，第 24 页。

[20] 见《民国档案》1991 年第二期，第 25 页。

[21] 见《民国档案》1991 年第二期，第 27 页。

[22] 见《民国档案》1991 年第二期，第 27 页。

[23] 见《民国档案》1991 年第二期，第 27 页。

[24] 见《民国档案》1991 年第二期，第 25 页。

[25] 见柯伟林书第 263 页。

[26] 见柯伟林书第 385 页。

[27] 辛达谟 :《法尔根豪森将军回忆中的蒋委员长与中国》,（台）《传记文学》第二十一卷第 1 期，第 66 页。

[28] 前引辛达谟文,（台）《传记文学》第十九卷第 6 期，第 87 页。

[29] 辛达谟 :《法尔根豪森将军回忆中的蒋委员长与中国》,（台）《传记文学》第二十一卷第 1 期，第 66 页。

[30] 前引辛达谟文,（台）《传记文学》第二十一卷第 1 期，第 67 页。

[31] 同上出处，第 68 页。

[32] 见柯伟林书第 263 页。

[33] 见柯伟林书第 261 页。

[34] 傅宝真 :《抗日初期法尔克豪森与德顾问之撤退》载（台）《传记文学》第四十六卷第 6 期，第 111 页。

[35] 傅宝真:《法尔克豪森与中德军事合作高潮》载(台)《传记文学》第三十三卷第 6 期,第 105 页。

[36] 《国民政府军事委员会办公厅函》二史馆馆藏档案七六七 75。

[37] 《法肯豪森关于来华德籍顾问任用及管理问题致王文宣函》(1937 年 6 月 30 日)，二史馆馆藏档案七七三 643。

[38] 《总顾问办公厅公函》(壹字第 7500 号)(1937 年 7 月 5 日)，二史馆馆藏档案七七三 7。

[39] 《军政部参事王观洲签呈》(1937 年 7 月 7 日)，二史馆馆藏档案七七三 746.

[40] 辛达谟 :《法尔根豪森将军回忆中的蒋委员长与中国》,（台）《传记文学》第二十一卷第 1 期，第 68 页。

[41] 辛达谟 :《法尔根豪森将军回忆中的蒋委员长与中国》,（台）《传记文学》第二十一卷第 1 期，第 69 页。

[42] 傅宝真 :《在华德国军事顾问史传》，载（台）《传记文学》第二十卷第 1 期，第 97 页。

[43] 据资料统计，从 1937 年 8 月 13 日到 12 月 15 日间，经德国顾问整编的 30 万中央军至少损失了 1/3，有人估计为 60%之多，层军官死伤万余人。——见柯伟林书第 265 页。

[44] 傅宝真:《抗战初期法尔克豪森与德国顾问团之撤退》,(台)《传记文学》第四十六卷第6期,第111页。

[45] 施子愉译《抗战初期德日法西斯诱降的阴谋》(1937年10月—1938年7月),见《近代史资料》1957年第三期。

[46] BarbaraW · Tuchman, Stiwelland Amrican Experience in China1911—1945, NewYork, MacMillan1971.《史迪威与美国在华经验》(上、下),中文版,商务印书馆,1985年1月第一次印刷,第259页。

[47] 同上出处,第261页。

[48] 傅宝真:《抗战初期法尔克豪森与德国顾问团之撤退》,(台)《传记文学》第四十六卷第6期,第111页。

[49] 二史馆藏档案七七三643。

[50] 二史馆藏档案七七三643。

[51] 二史馆藏档案七七三643。

[52] 吴景平:《从胶澳被占到科尔访华——中德关系1861—1992》,第197—198页。

[53] 吴景平:《从胶澳被占到科尔访华——中德关系1861—1992》,第198页。

抗战爆发前德国军火输华述评

载《民国档案》，1996 第 3 期。

抗战爆发之前德国军火输华是中德双方开展“以货易货”贸易的两大基本内容之一，也是南京国民政府时期中德外交关系的重要组成部分。就国民政府方面而言，其对德关系之开展，除了工业及外交需要之外，主要就是出于军事目的的需要，而且也是促使中德关系发展的原始动因之一。在中德军事合作方面，从德国进口军火是与引进顾问、发展军事工业并立的三大内容之一，是一项“引远水救近火”的燃眉之需。南京国民政府自1927年开府以后、忙于连绵的内战，近有“安内”之争，远有“攘外’之需，以国内脆弱落后的兵工业基础远不能满足战争之需要，故而国府当局不惜血本向国外购买军火，德国以其军火质量的优越以及愿意对华以货易货而成为中方首选之军火进口国。

中方以其高品位的国防战略原料——钨、锰、锑、铅等以及棉麻等农产品，向德方换取枪、炮、军械以及军工业生产机械，这就是中德间著名的“易货贸易”的主要内容，而且也是德国赴华军事顾问团所从事的重要工作之一。由于篇幅所限，本文只能仅就抗战前德国军火输华这一问题加以研究，而对于与之有密切关联的德国军工业机械及技术输华问题，及其对于中国发展军火自给业的作用暂不涉及，特予说明。

德国军火军械之输华早于清末就已开始，南京国民政府成立后不久就与德国开展了军火贸易。当时南京国民政府一方面继续开展“统一”军事作战，另一方面亦积极准备军队之整建，希望引进外国先进的整军方法及装备，改造自己的军队，提高其作战能力。蒋介石以其对于德国人的一向好感，认为德国军队训练精良、武器先进，颇足效法，于是决定吸取其技术经验，以为中国军队改造之借镜。为此，他在南京开府之前，就已开始了对德联络工作。1927年12月，蒋介石的第一任德国军事总顾问鲍尔抵达中国，在上海与蒋介石会见，由此开始了南京方面与德国的军事经济合作。

鲍尔来华除了军事任务外，还负有促进中德经济合作之使命，这也是他在未得到德国魏玛共和政府批准的情况下受德国大财团赞助启程来华的基本动因之一。在与蒋介石前后一周的长谈中，他向蒋介石“详细介绍了德国最新军火工业发展的情况并强调了德产新式武器在现代战争中的有效作用”[1]，引起了蒋氏对德国军火的浓厚兴趣。不久之后，蒋介石便派遣以陈仪为首的中国考察团在鲍尔陪同下赴德考察政治、军事及军工技术，陈仪在德国与克虏伯、西门子等大公司签订了价值100万马克的意向性合作及贸易合同，购买了一大批军火[2]，这是南京国民政府向德国大批购买军火的开始。以后几年中，在中方的迫切需求及历任赴华德国军事总顾问的积极推动下，中德军火贸易急速发展起来。尽管由于“凡尔赛条约”的明文禁止，德国魏玛共和政府不敢坦然同意对华出售军火。为了逃避责任，德国政府还曾于1928年4月及1930年4月两次颁布《对华武器禁售令》，但在实际上，这些禁令只不过是一种躲避外交责任的花招而已，并无实际约束作用。

1933年1月希特勒上台后，德国在纳粹党政策指导下向整军及恢复经济之途急速迈进。1933年德国退出国联和裁军会议，放手发展军备，军费支出猛增，从1932年占国民收入2%上升到1935年的占17%，1937年更达22%，军事工业在国民经济中得以优先发展，1933年后，德国外贸进口也由以生活资料为主转为以军需原料为主。纳粹党要员之一的戈林曾坦率地说过：“我们从1933年以来，就已竭尽全力扩充军备。不错，我们承认，如果我们把裤腰带勒紧，那是因为我们只为我们的军备进口原料，这是比吃饭更重要的事”[3]。德国军工业生产的迅速发展，要求更多地从国外输入德国所缺乏的制造军火所必须的钨、锑等稀有矿产，而作为世界藏钨大国的中国，以其丰富之矿产资源成为德方重要的原料进口国。尽管纳粹德国政府对中国亦并无好感，对发展德中关系也并非重视，但其陆军需要在中国试验整军及使用新式武器之经验，国防经济部门需要获取并贮藏中国战略矿产原料，工业巨头及军火商人需要对华推销其产品及扩大销售，于是，这些“实力方面”便形成了德方内部推进德华贸易的坚定力量，使得中德间军火贸易能够不断发展起来。

1932年春，南京国民政府根据“中原大战”所得经验，决定采纳德国军事顾问之建议，通过瑞典商人向德方购买卜福斯（Bofors）山炮48门及相应的观测通讯器材，成立了一个2团制炮兵旅[4]，到1934年春，在南京政府对“福建人民政府”作战时，这支炮兵部队就发挥了重要的作用。

在来华德国军事顾问的大力游说推动之下，德国军火输华规模迅速扩大。1933年7月，南京政府行政院长宋子文访德，一次就与德方签订了包括1000挺机枪在内的价值5千万马克的军火购买合约。是年底，德国军火商莱茵公司又在中国首都南京举办了一次德式军械展览会，试图扩大德国军火的对华销售，在德国驻华公使陶德曼（Trautmann）的帮助下，这批参展武器用瑞士轮船运到中国，中国军政部次长参观了炮火试射表演，并对德方的试验表示感谢。[5]

在中德双方努力推动下，德国军火在我国军械进口总额中的比例数有了明显上升，根据海关报告资料显示，其发展概况如下表统计：

年份	数值（海关两）	所占总数百分比
1928 年	3208897	28.1%
1929 年	1203500	31.5%
1930 年	4008800	25.7%
1931 年	3402714	28.0%
1932 年	1640645	20.4%
1933 年	3964444	19.6%

其中1929年及1931年其数高居第一位，1928年为仅次于挪威之第二位，1930年仅次于日本仍为第二位，1932年及1933年分别次于法国及比利时为第三位。[6]

1934年1月，来华主办中德经济合作的“德方代表”汉斯·克兰（Hans Klein）在德国国防部、经济部及国家银行的支持下，联络一批对华有贸易关系的厂商成立了一家“德国工业品贸易有限公司”（简称HAPRO“合步楼”公司），资本总额20万马克，专营中德易货贸易事宜，其后，合步楼公司遂成为德国军火输华的主要承担者。是年7月，克兰在广州与中国广东地方当局签订了一份《中德互换货品合约》，准备向两广地区大规模提供德国军火，在南京中央政府的抗议及交涉下，8月间，克兰又赴江西庐山，与南京政府财政部长孔祥熙进行了有关谈判，并签订了《中国农产品与德国工业品易货贸易合同》，中德间易货贸易由此正式拉开序幕，德国军火之输华亦从此纳入两国间贸易之正轨。

在此前后几年中，虽然蒋介石在江西忙于展开剿共军事作战，但他并没有停止整理军队的工作。1934年2月，他采纳德国军事总顾问佛采尔的建议，决定以陆军第八十七、八十八师及第三十六师为试点，对中央军展开德式整训，以期训练改组为“教导总队”，推进“全面整顿中国陆军”的步伐。按计划，受整训的三个师将全部换配德式装备。

5月间，德国前国防部长、享有“国防军之父”美誉的塞克特（Sceckt）将军来华访问考察，并于不久之后再次来华出任第三任德国军事总顾问，蒋介石对塞氏十分敬重，言听计从。他希望塞克特把战后重整德国陆军的经验全盘移植到中国来，为中国训练出一支较为先进的国防军。1933年6月，塞克特曾在其上蒋介石建议书中提出了一系列重要建议，其中关于武器装备之供应，塞氏认为，从长远观点出发中国必须发展自己的军事工业。他写道：“九一八事变后，日本窥伺中国，若无相对炮兵与之抗衡，在未来抗日战争中防御和获胜的可能性将微乎其微，如不加强训练和供应足够的武器配备，将来在战场上势必遭受严重损失甚至溃不成军。”他建议中方以欧洲及德国军工企业为基础，武装中国军队并逐步增加军火自给，改变军火完全依赖外购之弊端，以免今后在关键时刻受制于人[7]。蒋介石对此深以为然。

在推动中德易货贸易方面，塞克特将对华提供德国军火及援建军工业之任务全盘委托给克兰及其“合步楼”公司，克兰因此成为塞克特援华建军计划的执行人，“合步楼”对华供应军火从此成为一项“官督商办”的贸易。1935年5月，德国经济部长沙赫特（Schacht）致函中国财政部长孔祥熙，承认克兰与中方签订的“易货协定”并进一步允诺对华提供一笔信用贷款以促进这项贸易之开展[8]。

1934年4月，蒋介石按照塞克特的建议准备筹建中国重炮部队，中方按照德国军火商的要求，通过瑞士索罗托公司（Solothurn）为代理人向德国莱茵金属公司订购了24门15cm口径野战重榴弹炮并24000发炮弹，总计价值900万马克，因中方无现金支付，莱茵公司希望德国政府出面担保，而后才能以延期付款方式成交。德国国防部力促政府同意担保，而外交部则持反对态度，双方争持不下，上报希特勒裁决。希特勒认为现在对华供应重炮将引起国际上日、英、法等国反对，给德国带来麻烦，故而“表明其坚定立场，不允许此项交易进行”，经沙赫特居中说项，又决定拖延到1935年以后再说[9]。蒋介石向德国总顾问塞克特求援，寒克特本着不干涉具体贸易事项的原则加以婉拒，引起一次小小的不快。这批军火最后还是在1936年中运到了中国，装备了一个摩托化重榴弹炮团，并在“八一三”抗日之役中发挥了重要作用，而其最后代价则是中方以德方急需要的钨矿砂换来的[10]。

1935年3月，塞克特因健康原因辞职回国，他的助手法肯豪森（Falkenhausen）将军接替其职务，成为最后一任驻华军事顾问团长，负责继续完成为中国建军的使命。

1934年10月24日，法肯豪森在致其驻德联络人毕克曼（Brinckmann）的一封公文中曾说明，到1935年春，中国为完成整编部队的计划向德方订购及即将交货之军火物资包括：1）15cm莱茵钢防空大炮24门；2）3.7cm莱茵钢地面野战炮20门；3）7.5cm莱茵钢反地雷长程炮20门；4）毛瑟24型步枪数千枝；5）西门子公司通讯器材（价值数十万墨西哥银元）；6）蔡斯望远镜（价值数十万元）；7）15cm炮之机动战车100部；8）德制坦克车36部；

9）120米长全套架桥军用设备（包括舷外发动机浮袋等设备）；10）其他设备如探照灯、窃听机、无线电对讲机，80～100公里西门子电缆等（价值数十万银元）。

以上订购物资加上每门大炮所配一千发炮弹，总价值超过1500万银元。以上这批军火订货统由俞大维所掌的兵工署全权负责订购事宜。[11]

法肯豪森认为当时最急切的整军任务有三项内容：其一：立即编练一支可资作战之机动部队；其二：立即着手加强长江一线布防及国防要塞之建设，以在未来抗日作战中确保江南之安全；其三：努力发展中国自给自足之军火工业。为了完成其中第二要项任务，他建议蒋介石"根据同时呈钧座之五年计划，设计兵器与弹药之补充"[12]，"购办国内不能自造而必不可少之兵器，最要者为江阴附近封锁长江之水雷（100具）及十二与十五cm各种要塞炮之必要弹药（每炮50发）"[13]。法肯豪森并具体拟划了各类枪弹每月拟增加供应数量，其中需自外国购买者为步兵枪弹3千万发，"绝对应购者最初为1千万发钢心尖弹。"[14]从法氏报告分析，当时中国武器弹药之贮存，仅可供部队作战三个月之用，国内兵工生产之严重不足，导致国防军火依赖外购情形日益严重。

中国政府为加速对日国防建设，按照法肯豪森等人建议，除一方面加紧国防军整训外，另一方面亦积极开展对德军火采购工作。

1931年4月，中国财政部长孔祥熙向蒋介石报告了对外军火购货情况，其中自德军火购货包括以下内容：

卜福斯高射炮16门；大炮牵引车32辆；高炮配件14件（7月初在瑞士交货）；15cm大炮12门；10.5cm大炮36门；轻机关枪5000枝；（8月前在汉堡交货）；坦克车：中型6吨12辆、小型2吨12辆，4.7cm坦克炮弹3200发。（9月前交货）；4.7cm坦克炮弹6000发（11月前交货）；廿响驳壳手枪5000枝配弹500万发（6月前交货）；廿四年式七九步枪一万枝并子弹1亿发（1935年2月前在汉堡交货）；飞机炸弹样本5种（共215枚）（6月前到沪）；坦克车：中型4辆、小型4辆，4.7cm坦克炮弹2860发（1935年5月1日前交货）。

[15]

据国民政府资源委员会统计处处长孙拯1935年9月29日编定之“中德易货贸易数量统计表”显示，从1929年到1934年，德国军火输华数值变化如下。（原表限“军用军械军火”类物资，不包括各种仪器及通讯器材）：

1929～1931年德国军火输华数值统计表

数值 \ 年份	1929年	1930年	1931年	1932年	1933年	1934年
价值（国币千元）	1666	6279	5302	2964	6756	3507
占全年进口总值百分比（%）	1.83	6.79	4.33	2.73	6.26	3.76

若以1929年为基数100计算，德国军火之输入价值指数1930年为361.88；1931年为318.25；1932年为117.91；1933年为405.52；1934年为210.50。[16]这些数据因出于当时主管长官之手，可认为据有较高的可信价值。

又据兵工署军械司司长徐培根于1935年12月间报称：中方对德军火订货价值已超过一亿马克，是年内已由德运华之械弹有：1）2cm高射炮12门；2）3.7cm高射机关炮6门；3）79步枪钢心弹2300万粒；4）3.7cm战车炮60门；5）79重机枪子弹500万粒；6）3.7平射炮炮弹14万2千颗；7）2cm高射炮弹36000颗；8）探照灯9架；9）听音机（窃听机）6架；10）钢盔9万5千顶。[17]

1936年2月中国组成了以顾振为团长的代表团赴德访问，在前任赴华军事总顾问塞克特的帮助下，代表团会见了希德勒等德国军政经济首脑，磋商推进中德易货事宜，获得了很大成功，双方确认了易货贸易的具体原则，德方并向中方贷款1亿马克用以易货，双方签订了贷款协定。中方每年可用2千万马克向德方进口军火及工业设备，而以1千万马克农矿产品偿付德方，为期十年。这意味着中方每年可获得德方1千万马克之信用贷款用于购买德国军火及工业设备，其利在于“我国既不须付现，得巨量之军火，现时购办军火之款似可划作建设国防工业及开发供给德国农矿各物所需现款之用。”[18]这笔交易对中国发展国防事业无异是一种“雪中送炭”之举。

顾振代表团在德国期间还以“似甚迫切”的需求向德方订购了一批军火，同时并商定了军火付款三原则：“订货时付价30%；装船时付价40%；在上海交货后付价30%。”[19]德方国防部对此给予了有力的支持。“由其军备储量中抽拨一切，迅速供运，以应钧座之缓急。”“当尽现有存量，立予供运。”[20]据资料显示，当时代表团对德方提供的军火订单如下：

1936年5月中国代表团访德期间订购军火订单[21]

订单号	货物名称	订货数量	1938年10月止交货情况	备注
A.陆军订货				
1001	钢盔	220000	已到	
	花样（钢盔）	241000	已到	
1002	3.7cm 练习炮弹	3000	已到	
1003	SMK 子弹（79 钢心弹）	30000000	已到	
1004	SS 子弹	100000000	已到	
1004a	子弹盒	6000000	已到	
1005	燃料车	1	已到	
1006	3.7cm 防战车炮	124	已到	
1006a	上项 124 门炮中 20 门为摩托机化	（20）	已到	
1006b	上项 124 门炮中 104 门为马牵	（104）	已到	
1006d	3.7cm 防战车炮瞄准镜	124	已到	
1007	3.7cm 防战车炮附车	20	已到	
1008	3.7cm 防战车炮炮架牵引架	104	已到	Itt14/1
1009	3.7cm 防战车炮炮弹	24000	已到	

10020	6 吨战车	15	已到	6 个连
10030	侦查钢甲车	1（连）	已到	
10040	10.5cm 炮连同每炮 1000 发炮弹	60	4 已到，36 途中 20 须再订	I.F.H18 炮
10040	上项 10.5cm 炮弹	60000	已到 8016 发	
B.海军订货				
11001	15cm 炮	4（1 连）	已到	SKL
11001	15cm 炮	4（1 连）	运华途中	SKL
11003	轻汽油快艇	3	已到 [22]	
11003	上项快艇用鱼雷	24	已到	
11004	快艇随护舰	1	制造中	
11006	江道封锁线及指挥仪器		制造中	
11010	8.8cmSKL45 炮	20（5 连）	已到	
11010c	8.8 炮连探照灯	8	制造中	
11020	快艇（地 Didsel 摩托）	5	制造中	
11020	上项快艇用鱼雷	40	制造中	
11021	水雷布艇	1	制造中	
C.空军订货				
12001	2cm 高射炮	120(10 连)	已到	
12002	2cm 高射炮炮弹	3000	已到	
12011	3.7cm 高射炮	60（10 连）	已到	Flakls 摩托化
12012	上项高射炮炮弹	18000	已到	
12021	炮兵探照灯连全部装备	1（连）	已到	摩托化

注：根据资源委员会主任翁文灏1936年3月19日致顾振团长电，上表所列订货计划已作下列调整，并注明“此单与前开各单稍有出入，惟盼以此单

为主。”

12002高射炮炮弹增至36万发；要求一个月内起运。

10020增订：载重车12辆；2cm战车炮弹1万5千颗；3.7cm战车炮弹1万5千颗；汽油车6辆

另加：江防要塞用15cm带盾长射程要塞炮7门并弹药3千5百发爆炸弹；射击指挥器材全份。海军用15cm猛烈开花弹450颗；前撞碰炸引信150颗；前撞计时引信送药600发；钢壳10.5cm猛烈开花弹900发；前撞碰炸引信300颗；前撞计时引信2.7cm练习药弹3千发。[23]

从上表中我们可以看出，这批军火后来在抗战爆发前后绝大部分已运抵中国，有效地支持了中国的抗日作战。

为确定顾振代表团访德成果，进一步推进中德关系，1936年7月，德国国防部要员莱谢劳将军（Reichenau）应邀访华，把中德合作推向一个新高潮。莱谢劳在与蒋介石会谈中，曾根据他个人意见，提出了由德方直接为中方装备六十个国防师的建议，并由德方负责派遣军事顾问负责全部整训工作[24]，这一设计在当时国际背景下未能得到德国最高统治者的批准。

直接军事合作虽然告吹，但中德间军火买卖却在紧锣密鼓地进行着。1936年3月15日，中国负责农产品对德易货的中央信托局与德方礼和洋行签订了购买高射炮指挥仪的订货合同。8月8日负责矿产品易货的中方资源委员会又与德国西门子公司签订了“军用电话特种工具购货合同”，4月间，克兰又把合步楼公司股份所有权让予德国国防部，并增资300万马克扩大经营，作为一家国营公司，使中德易货贸易更具实力基础。

虽然中德易货是基于双方友好的基础之上，但在具体履行过程中仍不免存在若干麻烦。例如关于军火价格之争便是一例。

1935年11月24日，中国军政部长何应钦致函资源委员会主任翁文灏，就德方“交来之各项定械迄今不知其价格”一事提出质询，认为“此项物品间有与中国国情不甚相合之处”，要求“本部将派员……前赴德国，实地考察各项军械之制式是否合用及价格是否公允。”[25]由此引发了对于德国输华军火价格之争论。为了平息中国军方对德国军火性能价格之疑虑，1936年5月13日，德国国防部长柏龙白（Blomberg）按照顾振等人的建议致函蒋介石，表示“对于实行供给中国国民政府军器与工业设备及此项工业品之估价，敝部谨作左列之保证：（一）一切由国防部为中国军事机关所建议之器械子弹，均系德国陆军所备用，其型式效能，随时均与德国兵工发展程度以并进。（二）军器及工业设备之估价，系以德政府对于各项同等物品自行采办之价格为根据。……（三）德国供给品在德国国内之验收，系由国防部指定机关专任之。”[26]对于德国人的保证，蒋介石仍不放心，他复函柏龙白写道：“据顾（振）首席代表返国报告……凡中国所购物品其价格概与德政府为自用计所出之价格相同，以上种种了解，鄙人均深为满意，惟有一点须述及者，照敝国法律规定，……以后对于贵国为中国政府所购物品之账目单据，拟由中国政府每年派员至贵国查阅，谅必能得贵国同意也。”[27]这场有关德国售华军火价格之争一直没有平息，由于德商（包括克兰在内）试图在中德军火贸易中赚取最大利润，即使德国军方开价不高，但最后货物抵交中国人手中之时，其售价早已超过国际市场之价格。难怪蒋介石在1936年12月7日致何应钦、翁文灏密电中痛斥“此等商人惟利是图得寸进尺。”[28]

在德国方面，为了争夺商业利益，几家军火企业也在对华贸易争夺战中进行了激烈交锋。莱茵金属公司与克虏伯公司曾为对华出售野战榴弹炮一事展开争斗。陶德曼公使认为“德国在华商业将会因此面临伤害。”在他建议下，德国外交部转告国防部方面尽快促成两大公司达成妥协，“如果德国政府认为莱茵金属公司应获得这个订单，克虏伯公司则将在其他军火交易中得到优先权。”[29]德国外交部还通知驻华军事顾问团团长法肯豪森，请其“勿干涉武器交易”，不要介入莱茵公司、克虏伯以及波弗公司等的在华商业角逐。[30]

1934年12月间，德国驻上海总领事克里拜尔（Kriebel）向柏林报告说：中国政府曾要求将对德军火贸易集中到莱茵公司一家进行，中国财政部已委托中央银行新成立的机构对德方接洽此事，德方认为：此举“将首开先例，并对原有在华公司造成严重损失，此外这也意味（会）泄露生产机密”，因此坚加拒绝。[31]其实中方这一建议在很大程度上是为了担心“若干不受南京控制的省政府会得到（德方）供应（军火）”，因为南京坚决要求“对外军火交易将来必须在德国制造商与中国中央政府之间直接进行”。[32]

无论如何，自从《中德易货协定》成立后，两国间军火贸易有了飞跃发展。一项统计表明，1935、1936、1937年三年间，德国军火输华价值在其全年军火出口总值中的比率已由8.1%上升为28.8%和37%，[33]到1937年，中国政府所列国家预算中的“购械费”三千万元已全部纳入中德易货项目预算范围之内[34]。有关1936年至1937年中德军火贸易统计数表如下：

附表一：1936年度中国政府对德易货输华军火订单[35]

区分	品种	已订购数	尚须订数	用途	备注
步兵武器	79马克沁机枪		1131枝	补充三十个调整师之高射机枪每机枪连配一排(2枝)	每机枪连配一排（2枝）
	2cm高射炮	120门		补充二十个调整师之高射炮用每步兵团配一排(2门)	每步兵团配一排（2门）
	3.7战车炮	124门	100门	补充十个调整师用	每步兵团配属一连（6门）
炮兵武器	10.5cm 榴弹炮	60门	60门		
高射武器	3.7高射炮	60门			编成10个连
要塞武器	新15cm 要塞炮	8门			
	新7.5cm 要塞炮	14门			
装甲武器	6吨中型战车及全部车辆	一全连			
	4吨半装甲汽车及全部车辆	一全连			

附表二：1936年9月至1937年2月间德国输华军火统计表[36]

到货时间	兵器品名	数量	接收编组机关	发予部队
九月末	2cm 高射炮（机械化）	12 门（3 连 ×4）	防空学校	防空学校及新十五（师）防空之用
	3.7cm 战车炮（机械化）	20 门（2 连 ×6 3 排 ×2）	交通兵学校	一连编入战车营，二连暂归交通兵学校，二门发给该校作教学用。
	3.7cm 高射炮（机械化）	6 门（1 连）	防空学校	
	探照灯（机械化）	1 全连	防空学校	
	8.8cm 迫击炮（兼高射用）（固定式）	4 门（1 连）	江阴要塞	江阴要塞
十月末	8.8cm 迫击炮（兼高射用）（固定式）	4 门（1 连）	江阴要塞	南通要塞
	6 吨级战车	14 辆（1 连）	战车教导营	战车教导营
十一月末	2cm 高射炮（马牵引）	24 门（4 连）		
	3.7cm 战车炮	24 门（4 连）		
	3.7cm 高射炮	12 门（3 连）	防空学校	高射炮第四营
	8.8cm 高射兼迫击炮	4 门（1 连）	南京要塞	南京要塞
十二月末	2cm 高射炮（马牵引）	24 门（4 连）		
	3.7cm 战车炮（马牵引有前车）	24 门（4 连）		
	3.7cm 高射炮	12 门（3 连）	防空学校	高射炮第五营
	8.8cm 高射兼迫击炮	4 门（1 连）	南京要塞	南京要塞
	装甲汽车	1 连	战车教导营	战车教导营
一月末	2cm 高射炮（马牵引）	36 门（6 连）		
	3.7cm 战车炮（马牵行有前车）	24 门（4 连）		
	3.7cm 高射炮	18 门（5 连）	防空学校	高射炮第六、七营

二月末	2cm 高射炮	24 门（4 连）		
	3.7cm 战车炮	32 门（5 连）		
	3.7cm 高射炮	12 门（3 连）	防空学校	高射炮第六、七营

附表三：1937年春季中国政府对德军火订单[37]

订单号	货物名称	订货数量	交货情况	备注
A.陆军订货				
10041	Maxim 机关枪	900	先撤销	再新订
10042	Mauscr 毛则手枪	30000	先撤销	再审核
10042M	上项手枪子弹	12000000	先撤销	再审核
10043	战车连用 vickers 汽车		已到	
B.海军订货				
11030	15cmSRL55 炮	4(1 连)	制造中	
11031	缩小之海防瞄准圈	6	制造中	
C.空军订货				
12041	2cm 高射炮	120	可撤销	
12041M	上项 2cm 高射炮炮弹	360000	可撤销	
12042	3.7cm 高射炮	60	可撤销	
12042M	上项 3.7cm 高射炮炮弹	180000	可撤销	
12043	3.7cm 高射炮	20	可撤销	护路用
12044	2cm 高射炮	24	可撤销	铁道部订

附表四：1937年夏秋中国政府及海军部对德军火订单[38]

A.陆军订货				
10051	3.7cm 防战车炮之补充用件	124	先撤销再订	（1）
10052	3.7cm 防战车炮之补充用件	124	先撤销再订	（2）
10053	3.7cm 防战车炮炮弹	50000		补件已到
（10009） 10054	载重车	144	先撤销再订	

10055	3.7cm 防战车炮补充零件	124	先撤销再订	（中国驻德）商专处订
B.海军订货				
11051	250 吨鱼雷潜水艇	2	制造中	
11052	250 吨水雷潜水艇	2	制造中	
11053	500 吨鱼雷潜水艇	1	制造中	
11054	预备鱼雷	240	制造中	
11055	预备水雷	500	制造中	
11056	潜艇随护舰	1	制造中	
C.空军订货				
12051	2cm 高射炮补件	120	可先撤销再订	新订
12052	3.7cm 高射炮补件	60	可先撤销再订	新订
12053	高炮队队部补件	15	可先撤销再订	新订
12054	2cm 及 3.7cm 高炮队补订	各项车辆	可先撤销再订	新订
L2055	2cm3.7cm 铁道防空用	各项车辆	可先撤销再订	新订

据美国学者柯伟林统计，1936年中国对德订购军火总值为64581000马克，德方交货值为6405000马克，占是年德国军火总出口额23748000马克之37.07%。[39]而据英国学者福克斯统计：1936年中国订购军火价值64581000百万马克，德方实际交货为23718000百万马克；1937年中国订购60983000百万马克，德方实际运交82788600百万马克。[40]福克斯的这一高达数亿亿马克之统计显然是不正确的。

德国对华出售军火决不是为了援华抗日，而是为了换取其在国防工业发展中不可缺少的钨砂等矿产原料。据资料显示，当时世界上钨产量80%集中在亚洲，而我国又是亚洲产钨大国，1932年至1938年7年间，中国钨产量占世界总产量之37.6%，德国每年需输入世界钨产量之半数，其中60～70%从中国进口，1935年更达90.6%。因此，德国人愿意以军火同中国易砂来节省大笔的外汇。到1938年时，中国钨输出量79%输往德国，而从德国进口之军火则占其进口总额之80%。[41]

中德间这种急速发展的经贸关系完全是基于互相利用的需要，缺少政治基础的保障。相反地，德国与中国的敌人日本却在反苏反共的政治目标上达成了完全的一致。德国纳粹政府的这种“二元化”远东政策之结果，势必导致其对华政策严重的不稳定，对华军火供应因此面临着不断的麻烦。

根据上文分析，我们可以得出以下结论：

一、德国军火之输华，其早期作用包含有用于中国内战的目的。中德军火贸易开始于1928年，在其开始阶段，德国军火被用于中原大战、江西剿共以及平息十九路军反抗、“两广事变”等内战，从当时具体情形分析，在这些内战过程中，德制军火初步崭露头角，尤其是德式炮兵武器的威力刚刚逐步为南京政府及其军队所认识。从德国军火输华的品种、质量、数量来看，1935年前主要以陆军枪弹野战武器为主，重型武器不过为坦克大炮，这是与当时中央军作战需要及一般装备水准相适应的，且从其输华数量分析，远不如后来抗战时期之水平。在另一方面，在这些内战中，南京方面的对手所拥有的武器装备也并不先进，中央军对于新式武器的需求也不是如抗战后那样迫切。总体来看南京政府军队在内战时期还是以旧武器装备为主。如果说在抗战前德国军火输华有为内战服务性质的话，那么与其后来服务于抗战的重要性相比较，则明显地处于第二等的次要地位。

二、德国军火输华的主要作用是帮助中国建立了抗日国防军并支持了中国的早期抗战。1935年以后随着日本侵华步伐加紧，国内趋于团结抗日的大局渐渐形成，从1935年春蒋介石派陈诚出掌“陆军整理处”，负责全面整军工作开始，中国军队由“内战型”向“国防型”转变，这一整军计划与德国有着紧密的关系，全盘工作都有德国军事顾问参与指导，按德式组织训练方式进行，其结果当然也是以德式装备全面改装中国军队，使其接近于现代战争之要求。到抗战爆发之时，便出现了以八十七、八十八、七十六师为代表的以全副德式武器装备起来的“示范军”部队。可以推论，如果抗战迟几年爆发，则中国军队的武器装备及作战能力将会有进一步的提高。正因如此，在1936年以后便出现了中方购买德国军火之高潮，其中以顾振率中国代表团访德及孔祥熙两次访德为重点，订购了大批海陆空军装备及军火，大到飞机潜艇，小到手枪子弹，细到电话电线，无所不包，这一方面表明了中德外交、经贸关系之发展，另一方面也说明了中国军队在军种、质量、能力上的进步，这些进步缩小了中国军队与当时号称世界一流的日本军队之间的差距，其直接效果便是抗战爆发初期中国军队在“八一三”、“台儿庄”以及武汉会战中抗战能力的提高，其中德国军火之作用是显而易见的。

正如评价德国军事顾问对中国抗战的作用一样，在肯定其成绩的同时，我们必须看到对于德国军火输华，应该有一个历史的、客观的分析。最基本的一点是：从德国方面来看，决没有一点帮助中国人民反抗日本侵略的主动性与积极意义。纳粹德国与日本侵略者是一丘之貉，希特勒与戈林等纳粹头目完全是为了获取中国资源的自身需要而对中国网开一面，勉强默许军火输华。

因此，我们最后只能得出结论说：尽管战前德国军火之输华在客观上也在一方面帮助了中国的抗日国防建设，但就其本质而言它只不过是一种商业生意，其在政治上的影响与作用不过是其商业性质的副产品。

【注】

[1] 傅宝真 :《在华德国军事顾问史传》,（台）《传记文学》第二十三卷第 3 期第 9 页。

[2] [美] 柯传林 :《蒋介石政府与纳粹德国》，中国青年出版社，1994 年版，第三章“南京顾问团的建立”一节所提供的资料。

[3] 乌布利希 :《法西斯德国帝国主义》柏林 1952 年版第 25 页，转引自《现代国际关系史》，知识出版社出版。

[4] 辛达谟 :《德国外交档案中的中德关系》(三),（台）《传记文学》第四十一卷第 6 期第 116 ~ 120 页。

[5] [德] 郭恒钰、罗梅君主编 :《德国外交档案 1928 ~ 1938 年之中德关系》第 158 页、第 164 页，台北“中央研究院”近代史研究丛刊（11）1991 年 4 月版。

[6] 转引自王正华《抗战时期外国对华军事援助》，台北正中书局，1988 年版，第 51 页。原资料出于《中华民国海关华洋贸易总册》，民国十九至二十年年刊。

[7] 引自《德国外交文件》C 辑第 1 卷第 774 ~ 776 页，英国政府文书局，伦敦版。

[8] 辛达谟 :《德国外交档案中的中德关系》(四),(台)《传记文学》第四十二卷第 2 期第 127 ~ 128 页。

[9] (德)郭恒钰、罗梅君主编:《德国外交档案 1928 ~ 1938 年之中德关系》第 158 页、第 164 页,台北“中央研究院”近代史研究丛刊(11)1991 年 4 月版。

[10] 傅宝真 :《色克特将军第二次使华》,(台)《传记文学》第三十卷第 2 期第 97 ~ 98 页。

[11] 辛达谟:《德国外交档案中的中德关系》(五),(台)《传记文学》第四十二卷第 3 期第 82 页。

[12] 《总顾问法肯豪森关于应付时局对策之建议》(1935 年 8 月 20 日),马振犊主编《中德外交密档 1927 ~ 1947》广西师范大学出版社,1994 年 10 月版,第 177 页。

[13] 《中德外交密档》第 177 页。

[14] 《中德外交密档》第 178 页。

[15] 《孔祥熙为对德订购武器事致蒋介石函》(1934 年 4 月 26 日),中国第二历史档案馆馆藏档案(三)22586。

[16] 《中德外交密档》第 211 页。

[17] 《中德外交密档》第 234 页。

[18] 《中德外交密档》第 361 页。

[19] 《中德外交密档》第 234 页。

[20] 《中德外交密档》第 356 ~ 358 页。

[21] 中国第二历史档案馆馆藏档案廿八(2)2101。

[22] 此三艘快艇来华后分配江阴雷电学校使用,编为“岳飞中队”,在抗战中损失一艘,战后仍存二艘。

[23] 《中德外交密档》第 364 页。

[24] 傅宝真:《法尔克豪森与中德军事合作高潮》,(台)《传记文学》第三十三卷第 6 期第 102 页。

[25] 《中德外交密档》第 233 ~ 234 页。

[26] 《中德外交密档》第 244 页。

[27] 《中德外交密档》第 245 页。

[28] 《中德外交密档》第 249 页。

[29] 《陶德曼致柏林报告》,二史馆馆藏档案廿八(2)。

[30] 《德国外交部致法肯豪森电》,二史馆馆藏档案廿八(2)。

[31] 《克里拜尔致柏林报告》(1934 年 12 月),二史馆馆藏档案廿八(2)。

[32] 《翁文灏致克兰电》(1936 年 1 月),二史馆馆藏档案廿八(2)。

[33] 此统计出自 [美] William Kirby"Developmental Aidor Nco—Imperialism?German Industry in China(1928–1937)"。转引自王正华《抗战时期外国对华军事援助》第 57 页。

[34] 《何（应钦）上将抗战期间军事报告》（上册）第 115 页，二史馆馆藏档案七八七。

[35] 资料来源：（台）国防部史政局档案《整军建军方案》570・3/5810。

[36] 资料来源：（台）国防部史政局档案《整军建军方案》570・3/5810。

[37] 中国第二历史档案馆馆藏档案廿八（2）2101。

[38] 中国第二历史档案馆馆藏档案廿八（2）2101。

[39] William C.Kirby：Germany and Republican China p.220.

[40] JohnP.Fox：Germany and the Far Eastern Crisis1931 ~ 1938，（London School of Economics and Political Science1982）p241.

[41] 傅宝真《色克特将军第二使华（续）—在华德国军事顾问史传》（十）（台）《传记文学》第三十卷第 2 期，第 90 页。这一数据当然仅指当时南京政府进出口数额而言。当时德国除了向中国中央政府提供军火外，也向广东、广西、冀察，甚至伪满政权出口军火，据 1936 年 3 月 26 日顾振自德电告国内，华北宋哲元对德私订进口步手枪子弹共一千万粒，3.7 防坦克炮 50 ~ 100 门并炮弹，伪满订购手枪弹 50 万粒，广西购步枪 25000 枝，广东亦订购机关枪若干。（见《中德外交密档》第 368 页）因篇幅所限，本文对德国向中国地方当局提供之军火数目不拟讨论。

抗战爆发后德国军火输华述评

载《历史的足迹——纪念德国汉学家费路教授65岁诞辰》，（港）新大陆出版有限公司，2002年4月版。

有关德国军火与中国抗日战争的关系问题，长期以来一直为学术界所关注，但因研究资料阙如，很少有成果问世。但随着民国时期抗战军事史与中德关系史研究工作的不断深入，我们越加发现，德国军火在中国抗日战争中的地位与作用是那么的重要，两者的关系不但影响到中国抗战的胜败大局，而且是这一阶段中德双边关系的晴雨表，还在某种程度上影响到中国的战时外交政策。因此，无论就抗战军事史还是中德关系史研究而言，开展德国军火与中国抗日战争的关系问题的研究都有着十分重要的意义。

对于抗战爆发之前德国军火输华状况及其作用之述评，已有拙著《抗战之前德国军火输华述评》（载《民国档案》1996年第3期）一文发表，到1937年七七事变爆发之时，正是中国努力争取大量引进德国军火的高潮期，中国全面抗战开始后，德国输华军火的作用已经由“安内攘外”的双重用途而转变为完全的对外抵抗侵略的单一作用，而且前期预订的德制军火在抗战爆发之时陆续运抵中国，立即投入了抗日战场，发挥出了“及时雨”的非常重要的作用。据多方资料证实，在八一三淞沪战役、长江江阴、马当要塞阻击战、台儿庄战役等抗战前中期战役中，德国输华军火都发挥出了非常重要的作用。例如，1999年底在长江九江段清淤过程中竟发现了1938年初中日长江作战中，中方所用的1937年4月12日刚从德国出产的水雷。这说明了德制军火在当时确实是给中国的抗战起到了“雪中送炭”的作用。甚至我们可以说，如果没有这些优质的军火供应支撑，中国正面战场的抗日作战，能否坚持和争取到这样的效果，还是一个疑问。

七七卢沟桥事变爆发后，中国国家体制转入战时轨道，正如战前所估计的那样，全面抗战的开始使中方对于外购军火军备的需求愈加迫切。开战前夕，中国政府派出了以行政院副院长、财政部长孔祥熙为首的中国代表团出访欧美各国，寻求外交及军事支援，德国自然是其出访重点目标之一。

孔祥熙率领翁文灏、陈绍宽等经军界大员于1937年6月9日抵达柏林，遍访德国财政部长沙赫特、国防部长柏龙白、外长牛赖特等各部门负责官员，甚至还拜会了戈林、希特勒等纳粹党首领，竭力争取他们同意继续对华友好，供应军火，进行易货贸易，在德方“亲华”派人物帮助下，初步达成了目的。双方经过会商，制定了下列易货原则：1.所有德方供给中国之军器，统由中国军政部或其他指定机关接洽办理；2.代表德方实施一切货运供给之机关仍为国营合步楼公司；3.中国政府再度声明，同意所有德国军火及其他各货之由德国政府供给中国者，均由中国以国内农矿产品抵偿[1]。

此外，德方还重申了接纳中国军官及见习士官来德国国防军中深造以及德方为中国海军订造潜水艇之条件。这一协议，使得德国军火继续输华得到保证。

孔祥熙访德期间，还向德方订购了大批军火，其中包括各类轻重武器，不久即装船运华，及时赶上了在上海发生的抗日战役。当时中国对德军火订货之情形如表1所示：

表1：孔祥熙访德期间订货表[2]

品名	订货数量	至1937年底供货及改订情况
一、陆军方面		
防毒面具	50 万具	撤销 40 万订货，10 万在运华途中
听音机（窃听机）	27 架	
SSPatronen：子弹	1000 万发	
子弹	5 亿发	已到货（货号 10072）
其中：ss 式	4.5 亿发	1.6 亿发已到货，余 3.4 亿发撤销以后再订
SMK 式	5000 万发	（货号 10073）现在途中

二、空军方面		
	100架	减为12架（在运途中），余撤销
HS123型飞机	12万发	
飞机子弹	10万枚	在运途中
燃烧弹	5万枚	在运途中
10公斤飞机炸弹	1.1万枚	3000枚普通性及8000枚缓性炸弹均在运途中
50公斤飞机炸弹		
150cm探照灯及附带件	50套	减为29套（27套在途中，2套再议）余撤销
60cm探照灯	36套	在运途中
8.8cm摩托化高射炮	24门(6个连)	先撤销以后再订

随同孔氏访德的中国海军部长陈绍宽，在柏林与德方海军司令达成合作协定，由中方派遣80名海军军官前往德国受训，随同舰艇、潜艇出航，并向德方订购潜艇数艘，德方甚至同意将海军中正在服役之一艇拨售中方等等，这些计划后因中日战争的爆发而停止执行。

中日战争爆发后，德国居中十分为难，它与日本有反共同盟关系，与中国有军经合作关系，不便左右袒护，只能表示中立，“万一战争扩大，德政府必抱定平允态度”，“甚盼能和平解决”[3]。22日，日本驻德大使正式向德方提出停止对华出口武器的要求，被德方婉拒。德国外长强调：“德国武器输往中国，保持适当的限量，中德经济之发展是基于纯粹商业基础并非经由德日谈判所能解决。”[4]8月初，孔祥熙复访德国，得到了国防部继续供华军火之保证。他通知德方准备取消在德订购之潜艇并增订价值1000万马克之枪弹。17日，德国元首希特勒宣布了他的远东政策：原则上坚持同日本合作的观念，但目前必须在中日间保持中立。关于对华军售，“只要中国用外汇支付或用原料抵偿，过去按中德协议已同意运华的武器和物资就要尽快运往中国，并相对地运回原料，此事必须尽最大的可能瞒住日本人”。但对下一步对华提供贷款或新的军火订货应予拒绝。[5]

中国方面对此却未能觉察，相反地对德国支援中国抗战还抱有极大希望。孔祥熙结束二次访德之时还致函希特勒，保证中方将继续供德钨砂以换取军火。[6]

抗战开始后，美英法等西方列强唯恐开罪日本惹祸上身，因此采取隔岸观火的态度，遑论支持中国抗战，苏联表态支持中国，但有关军援正在洽商中，远水不救近火，在这种情形下，中国对德国军火之依赖越发加重。

到1937年11月1日止，中方又向德方追加订单催运军火以供抗战前线之需，其补充订单包括：

105cm榴弹炮36门并炮弹3.6万发；3.7cm高射炮30门并炮弹19.8万发；15cm海防重炮4门并炮弹900发，炮弹引信2000个、引信火药2000单位；8.8cm海防炮射击吊引机器4架、炮弹320发、炮弹引信火药1350单位；6ME瞄准测量仪器2架；Henschel汽车100辆。[7]

另外还要求德方紧急提供下列武器：

步枪10万枝；机关枪1万～1.2万挺；105cm榴弹炮80门并炮弹2000发；以及2cm和3.7cm口径高射炮并炮弹若干，总价值5亿马克的军火武器。[8]

抗战爆发后，中方对德订购武器订单做了较大修整，撤销了一批远期及重型装备订货，增加了陆军急需的枪炮弹订货，例如对德潜艇订货，即“由500吨一艘、250吨四艘另潜艇母舰一艘配鱼雷240具、水雷500具”缩减为“250吨二艘各配鱼雷10具，另配鱼雷100具”，将节余资金“移购陆军武器”[9]。

战前，中方曾根据蒋介石的手令向德方下过一份军火订单。

表2：根据蒋介石手谕指示对德所订购军火

品名	订货数量	至1937年底供货及改订情况
一、陆军方面		
轻型战车全套	120 辆	已全部撤销
25 吨 Diesel 重油摩托机	400 台	已全部撤销
脚踏摩托车（两轮）	120 辆	已全部撤销
脚踏摩托车带附车（三轮）	70 辆	已全部撤销
1.5 吨摩托机修理工作车全套	20 辆	已全部撤销
2.5 吨摩托机修理工作车全套	11 辆	已全部撤销

二、空军方面		
2cm 高射炮	240 门	已撤销
3.7cm 高射炮	120 门	已撤销

但从开战后的修订结果来看，这批订货已基本撤销。而尚未取消的订货还有：载重车72辆；脚踏摩托车130辆；汽车补充零件若干；钢甲侦察车4辆；钢甲车用2cm炮弹4800发，2cm高射炮连用之通信工具9套；快艇用散雾酸液若干单位；8.8及15cm炮用电话及指挥仪若干部；18cm轻迫击炮炮弹4.556万发，另加德方补偿前欠军火数：防战车炮炮管10架；防战车炮炮弹5万发及各类机器若干，以上军火总价值约200万马克。连同孔氏在德订货以及战后追加新订货，共计抗战爆发初期中国对德军火订货总价值达5300万马克之巨[10]。

由于德方按照希特勒指示要求中方以外汇支付武器价款，否则便中止交易，“我不付款，德不拨货”，中方不得不在战时外汇异常吃紧的情况下，于1937年9月拨出专款1030万美元（折合2500万马克）支付德方，以求维持军火供应。从这一例证也可看出，德国以军火援华之商业性质。9月间，一架德国民航飞机在中国新疆失事，由于在处理过程中双方产生矛盾，德国航空部长戈林对华态度一落千丈。在此前后，作为纳粹党要员之一的戈林已奉希特勒指示出任“四年经济计划执行人”，插手经济领域，掌管德国外贸大权，并于10月间正式接管“合步楼公司”。由于他的亲日疏华态度，曾一度下令停止供华军火，使中德关系骤然降温。10月20日，在国防部长柏龙白调解下，供华军火以更隐蔽的方式恢复运输，由丹麦轮船运往新加坡的一家公司，然后再转运中国。柏龙白命令有关方面对此严加保密[11]。

德方之所以最后同意继续供华军火，其中还有一国际战略原因。中国抗战爆发后，8月21日，苏联出于自身利益之需，公开同情中国抗日，签订了《中苏互不侵犯条约》，并答应对华供应军火。一向视苏联为大敌的希特勒认为，如中苏联盟对德国全球战略不利，中国对苏购买军火之副作用，远比德国停止输华军火之意义要大得多。因此，他不得不继续默许对华输出军火。据统计，1937年12月间德方起运两批军火输华，其中品种数量如下：

（1）1937年12月初起运之军火：

50公斤飞机炸弹2500枚；10公斤飞机炸弹20000枚；燃烧弹25000枚；150cm探照灯2套；防毒气罩10万只；3.7cm高射炮弹72000发；105cm大炮36门并炮弹3600发；步枪子弹3000万发；15cm海防重炮4门并炮弹400发、测量仪器2件；8.8cm炮弹320发；13cm高射炮汽车及零件13套；轻迫击炮炮弹原钢25000发；HS123速坠轰炸机12架。

以上军品价值1900万马克。

（2）1937年12月15日起运之军火；

50公斤炸弹8500枚；10公斤炸弹308000枚；燃烧弹75000枚；150cm探照灯27架；听音机18架；60cm探照灯36架；3.7cm高射炮炮弹54000发；3.7cm防战车炮炮弹50000发；步兵子弹2000万发（以上价值1500万马克）；7.5cm高射炮24门（连）并炮弹92000发，另外还有JU86战斗轰炸机（数不详）。

以上军品价值2500万马克[12]。

这些军火运华后，对支持中国军队在正面战场上的抗日作战发挥了重要作用。与此同时，用德国设备建立的中国兵工企业及由德式枪械武装、德国顾问训练的中国陆军“示范部队”已全力投入抗日作战之需，发挥了有力的效能。据我方统计，光是赴沪参与八一三战役的德国军事顾问就达71人之多[13]。难怪一些西方人士及日本人将上海八一三淞沪抗战称为“德国战争”（The German War）。

1937年12月8日，德国国防部经济署署长托马斯（Thomas）致电孔祥熙，表示对德订购之HS123轰炸机及JU86式战斗机已装运，不能退货。10日及23日，他又分别致电何应钦、孔祥熙及克兰，催促中国对军火订货付现，“此间外汇之奇缺实为无可讳言之事”，并表示中德易货前景堪忧，似不能长久继续。次年1月24日、2月3日，托马斯又两次致电中方，以加紧付款为条件答应对华继续供给军火[14]。

12月11日，翁文灏报告孔祥熙：德方已交货价值253万5千多马克，合国币330万元[15]。资源委员会还通过克兰转告德方，希望仍以易货方式取得军火，中国努力每月供德原料300万～500万马克，希望德方增加对华贷款以利易货。[16]

进入1938年，中德关系开始出现逆转。2月初，希特勒改组政府，“亲华派”官员纷纷去职，在日本压力下，纳粹德国为了自己的全球战略利益开始逐步疏远中国。2月20日，德国宣布承认伪满。中国政府为了继续得到军火，维持中德关系，对德方的不友好行为保持了克制态度，仅仅抗议一下而罢。

蒋介石眼看中德关系难以挽回，准备尽量多买些军火。12月底他致电资源委员会，命令“已在进行中之事需积极进行切勿中止”[17]。1月间，他指令孔祥熙通过其子、中央信托局秘书孔令侃在香港办理对德订货，购办一批最急需之作战武器。他表示：“中国政府正在商洽借款之中，短期内当可结束。一俟结束后，中国政府即可对于德国十二月间已运出并准备起运之军火分期偿付外汇，其详细规定当亦可通知德国。因种种关系，此项问题之解决较缓，本国无任抱歉也。”[18]。

这批急订武器有：步枪30万枝并配子弹3亿发；自来得手枪3万枝并配子弹3000万发；重机关枪2万挺并子弹2亿发；迫击炮500门并炮弹100万发；3.7cm战车防御炮500门并炮弹50万发[19]。

3月1日和2日，蒋介石又电令驻德商务专员谭伯羽向德加订一批武器，包括：迫击炮300门并炮弹90万发；20响驳壳手枪2万枝并手枪子弹4000万发；Hochkiss（哈乞开斯）1.32cm单管高射炮300门，每门配炮弹5000发[20]。

其后3月中，这批价值3000多万马克之军火由德转运至香港[21]，其作用及意义是不言而喻的。

3月3日，德方又借口中苏订立贷款协定而进一步降低中德关系，宣布停止接纳中国陆海军学员赴德学习；4月27日，德国外交部通知中国大使，以影响其中立政策为理由，准备召回其赴华军事顾问团。同日，戈林再次下令禁止德国军火运销中国。5月3日，希特勒访问意大利，商谈德日意合作事宜，应日本的强烈要求，下令国防部立即停止军火输华。这当然是纳粹党首脑从全球政治利益出发的考虑，要使经济利益服从于政治利益的需要，准备在远东“弃华联日”。

但德国军方及企业界人士却不愿轻易失去中国。合步楼公司负责人普莱转告翁文灏说，德国政府虽做出了上述表示，但供华军火仍在秘密装船运往中国，易货协定仍要执行。克兰亦转告孔祥熙等，表示将继续对华秘密提供军火[22]。德国经济部及军事工业署认为，目前对华协议易货额仍高达3.8亿马克，一旦停止供华军火，中国订单就会落入别国手中，这对德国军火制造及运输业是一个巨大的损失。驻华大使陶德曼也认为，停止中德军火贸易不仅是经济损失，会使德国在华4亿马克的投资受到损害，其在政治上的副作用也不能低估，甚至会影响到战后，德国从此将被排除在中国经济建设之外，名利皆失。经过两派磋商，达成一项谅解：戈林的禁令不包括已同中方达成的协定，合步楼公司仍可起运中方以外汇支付的军火订货。合步楼、西门子、克虏伯等大公司还联名上书德国政府，表示他们赔不起对华违约造成的赔偿费，要求政府取消对华禁令[23]。

蒋介石针对德方的背信，一方面警告陶德曼表示：在意大利等国仍在对华供应武器的情况下，德国突然中止贸易将“严重影响中德关系”，另一方面密令孔祥熙致电中国驻德商务专员，尽一切可能最多地把已订好的军火运回国内。7月9日，中国兵工署又与香港禅臣洋行签订了15万挺机枪的购料合同。经过德方友好人士的暗中协助，原定7月起运的一批军火乃假借芬兰、卢森堡等国商人的名义秘密运出德国，辗转运华。这批军火计有：

克虏伯生产15cm榴弹炮炮弹6000发；4.7cm炮弹18000发；毛瑟枪5000枝；合步楼公司枪弹3700万发，以及汽车备件、水雷等；其余毛瑟步枪15万枝，4.7cm坦克炮弹32000发未及交货运出[24]。

德国军事工业署署长托马斯甚至要求中国人，不要把委托提货人的名称告诉他们，以免使他们为难。正因为有了这种帮助，中德军火贸易在这样困难的条件下才得以继续下来，不过如此复杂的买卖过程也给中方带来了诸多不利，如万一转交途中军品数量、质量产生问题，中方无法追究，德国军火的进口渠道由此开始曲折不畅，中国政府为维持抗战大局计，不得不转向他方觅取支持以备不测。

其后的5～6月间，德国对华关系在希特勒干涉下急剧降温，驻华军事顾问团连同陶德曼大使一起被勒令回国，中德关系已到崩溃的边缘。

8月间，德方一些主张继续对华交往的人士绕过纳粹首脑，尝试恢复中德贸易。经济部部长冯克（Walter Funk，前任经济部长沙赫特的助手）派其亲信“国社党对华经济顾问”佛德（Hellmuth Woidt）以“合步楼公司专员”名义来华，探求双方继续经济合作的可能性。10月4日，佛德与孔祥熙见面，他表示希望继续对华易货以求互利，中方对此当然持赞成态度。

经过双方磋商，达成了一份协议，同意延长易货及信贷合同一年、中方可向德方订购2000万马克货物，但每年须向德方提供7000万马克的原料，其中一半为钨、锡、锑等矿产，德方则贷给中方1亿马克，年息五厘[25]。在协议继续合作的前提下，佛德还与中方清理了过去易货欠账，并提出了处理意见。据合步楼公司统计，当时中德双方易货总账如下：

中德双方清理易货贸易总账合步楼公司报告[26]

（1）自 1934 年 8 月中德货物互换合同实施以来中方对德订货总值为 4 亿马克以上。

（2）经过部分撤销订货后订货总值降为 3.89 亿马克。

（3）1937 年秋季前进口德货以“互换合同”为依据办理。

其长期订单内容为：

A：已实施之长期订单：

☆钢铁厂、军工厂设备： （包括琶江口兵工厂扩充部门）	7200 万马克
海军快艇及母舰	1600 万马克

潜水艇及其母舰、水雷、鱼雷设备：	4200 万马克
☆水雷布放艇、内河水雷、15cm	
海防重炮等其他军备	1000 万马克
以上共计	1.4 亿马克

B. 至 1937 年 10 月止由德国运到之军火	5000 万马克
C.1937 年内中方追加军械订单	1.99 亿马克

（其中蒋介石交下订单为 5800 万马克、孔祥熙交下订单为 9200 万马克）

以上德方总计输华军火价值（包括已交货及未交货者）总计为3.89亿马克。

至1937年10月止，中方输德矿产原料价值2150万马克，加上德方贷给中方之1亿马克信用借款，计1.215亿马克。德方供华军火、工业品总计价值1.9亿马克，减去上述款额1.215亿马克，中方尚欠德方未抵偿数为6850万马克。

抗战爆发后中方对德短期军械之紧急订货，1937年11月1日由德国防军装备中紧急抽运来华，该项军火价值：

1.孔祥熙以往订单催办者：	1400万马克
2.孔祥熙临时追加订单：	3700万马克
3.其他旧订单价值：	200万马克
共计：	5300万马克

中方已汇德方1030万美元（据德方要求以现汇付款）价值2550万马克，尚欠2760万马克（约为1100万美元，1美元约为2.475马克）。

关于易货欠账处理办法，双方议定：孔祥熙在德订货所欠交货物，一部分由合步楼公司保留，以付现款为交货条件，另一部分约合720万美元的货物，包括22亿发步枪子弹并数万发15cm及2cm大炮炮弹，由中方在4个月内以3000～4000吨钨砂、3000～4000吨锡及3000吨锑进行易货交换，德方同意中方撤销不急需的军火订货2亿马克，中方仍可向德派遣海军学员，向德订购潜艇合同继续执行。[27]

1938年8月19日，合步楼公司代表普莱致函孔祥熙，报告中德易货状况：（1）截至8月19日，中方付交德方美金1257.5万美元，德方已交货及在运途中货计值724万美元，结存美金533.5万美元；（2）自1937年9月4日至1938年8月19日输华军火以美金结账，其后仍恢复以货易货方式，希望中方交付钨锡矿砂等原料，并以“即予起运为先决条件”；（3）“双方货值清算应以国际市价为根据”[28]。同时中方驻德商务专员谭伯羽亦报告国内：“合步楼”所购1300万马克军火及JU飞机正交涉起运，仍以易货方式偿付[29]。

佛德来华是由于合步楼公司（此时已由戈林手下转归经济部管辖）及有关方面极力运动放松对华贸易管制的结果，也是因为德方并未从中国沦陷区日伪当局手中捞到任何经济利益所致。为实现独霸中国的目的，日本违背了对德诺言，对德意在中国占领区的利益亦加以排斥，并不许其购买原料，这就使得希特勒、戈林等人不得不放松对中国政府的贸易禁令，以求得到德方必需的原料资源。10月19日，佛德代表德政府在重庆签署了新的易货协议，规定双方易货额每月可达1000万法币，约合750万马克[30]。希特勒与戈林的对华军火禁运令自此失效，大批德国军火又源源运往香港，转至中国抗战前线。

1939年4月，德国外长里宾特洛甫（Ribbentrop）又曾准备阻止中德易货，被经济部婉拒，冯克称：为了德国“每天进口30万马克原料”的必须，只好请外交部“谅解”。为了照顾面子，答应运华武器今后将以散件形式交付，由中国接收后组装。里宾特洛甫只好答应。[31]

5月间，中国交通部、兵工署分别又与德国西门子公司香港办事处及奥托公司签订了军用电话机及卡车购货合同。9月1日，德国发动对波兰侵略战争，挑起了世界大战，但对华贸易仍未中止，只是为中国制造的潜艇等大型装备被德方征用，未能交货[32]。11月，孔祥熙又曾向德国驻华代办毕德（Bidder）建议签订一项扩大易货协议，允诺5年内增加对德提供钨砂，甚至可将供苏联钨砂转运德国。在里宾特洛甫干涉下，这一协议最终未能签订。但冯克等人依然表示乐观[33]，甚至设想到欧战结束后，德国帮助中国发展军火及国防工业，中国继续对德提供原料。

最后到1940年9月27日，德国为全球战略之需与日本、意大利结成军事同盟，法西斯轴心集团形成。德国政府为了“尊重日本在建立大东亚新秩序中的领导地位”，不能不全面舍弃中国，停止易货贸易，而此时（1940年5月）合步楼公司仍有价值9900万马克的订货需向中国交付[34]。其中我方所付款项一直留到战后才得清算。

1941年7月1日，德国承认日本扶植的汪伪政权，中德断交，德国军火输华至此彻底结束。据戈林估计，德方为此将损失1亿马克的军火交易额，而实际上损失则高达2.82亿马克[35]。由此可见，为了政治及全球战略，德方也付出了极大的经济代价。

综上所述，抗战爆发后德国军火输华对于中国抗日作战具有重大的意义与作用。在抗战爆发初期对我国军队的几大抗日战役起到了重要的保障作用，有效地提高了中国军队的作战能力。

比较战争爆发前后德国军火输华作用之不同点，我们可以发现：第一，此批德国军火输华的主要作用是及时地支持了中国的早期抗战。在1936年以后出现的中方购买德国军火之高潮，这是与中国国内团结抗日的局面逐渐形成相适应的。其中以顾振率中国代表团访德及孔祥熙两次访德为重点，订购了大批海陆空军装备及军火，大到飞机潜艇，小到手枪子弹，细到电话电线，无所不包，这一方面表明了中德外交、经济关系之发展，另一方面也说明了中国军队在军种、质量、能力上的进步，这些进步大大缩小了中国军队与当时号称世界一流的日本军队之间的差距，其直接效果便是抗战爆发初期中国军队在“八一三”、“台儿庄”以及武汉会战中抗战能力的提高，对于当时军火不能自给的中国来说，为了支持大规模的抗日战争，德国军火之作用是显而易见的。况且在当时国际环境下，西方列强对中日战争袖手旁观，不肯资助中国，苏联军火尚未到达，是德国军火填补了这段“真空”，从这个意义上来看，对德国军火在中国整军备战及初期抗战中的历史作用应有切实的肯定的评价，这一点也不过分。退一步言之，如果没有这大批的德国军火源源来华，中国抗战正面战场能否抵抗到如此成绩是很难设想的。

第二，战争爆发后，中国方面对德国输华军火品种数量之需求，比战前有了较大变化。孔祥熙访德期间即取消了一批重武器及大型高精度武器的订单而代之以大数量的普通枪弹、炸弹的订货单，其目的是为了最大限度地满足抗战前线的实际作战需要，为了与日本决一死战，中国也不得不中断了中长期的军备改善计划而应急需。这是战前与开战后军火订单的一个明显的变化。

第三，正如评价德国军事顾问对中国抗战作用一样，在肯定其成绩的同时，我们必须看到，对于抗战爆发后德国军火输华，应该有一个历史的、客观的分析。最基本的一点是：从德国方面来看，绝没有一点帮助中国人民反抗日本侵略的主动性与积极意义。纳粹德国与日本侵略者是一丘之貉，希特勒与戈林等纳粹头目完全是为了获取中国资源的自身需要而对中国网开一面，勉强默许军火输华。在这里，我们当然应该看到德国政府内部“亲华派”人物在这当中的积极促动作用，也不否认陶德曼大使、法肯豪森、塞克特及其他对中国有感情的德方人士，以个人的资格帮助中国抗战之举，但在希特勒的控制下，他们的影响是很有限的。总体来看，不论是德国防部、经济部还是其他企业公司，其之所以竭力保持对华贸易，根本是为了自身的需要。正如中国中央信托局副总经理凌宪扬在1939年3月一份报告中所分析的那样：“德方屡借口以政治关系不得不对我国表示冷淡，而暗中仍供给军火助我，实则运来军火……价格亦较市价为高，目的在赚我外汇，同时则向我国换取德方切需之农产品。德国于我国艰苦抗战之时，不但在政治上抛弃数年来之中德友谊以偏护侵略，即国内舆论亦对我横加侮蔑，而我国对于德国商人则仍顾念数年之友好精神，予以种种便利。”[36]这表明，即便是在当时，中方对德政府之举动亦有本质的认识。这种十分勉强、脆弱的合作，随着世界两大阵营对立的形成，在纳粹世界战略的压力下很快便归于崩溃灭亡了。

因此，我们最后只能说：尽管德国军火之输华在客观上帮助了中国的抗日战争，但就其本质而言，它只不过是一种商业生意，其在政治军事上的影响与作用不过是其商业性质的副产品，它既不是德国的意图，也不是他的目的。

【注】

[1] 秦孝仪主编《中华民国重要史料初编——对日抗战时期》，第三编，战时外交（二），台北，中央文物供应社，1981，第 705 ~ 706 页。

[2] 中国第二历史档案馆（以下简称二史馆）馆藏档案，廿八（2）2101，根据几表综合而成。

[3] “中华民国外交问题研究会”编《卢沟桥事变前后的中日外交关系——中日外交史料丛编（四）》，台北 1966 年版，第 503 页。

[4] “中华民国外交问题研究会”编《卢沟桥事变前后的中日外交关系——中日外交史料丛编（四）》，台北 1966 年版，第 504 页。

[5] 《里宾特洛甫备忘录》,（1937 年 8 月 17 日）,《德国外交政策文件》,D 辑第 1 卷 No.478，第 750 页。

[6] 《孔祥熙致希特勒函》,（1937 年 9 月 3 日），见郭恒钰、罗梅君《德国外交档案》，台北，1991，第 60 页。

[7] 见二史馆馆藏档案，廿八（2）2101。

[8] 见二史馆馆藏档案，廿八（2）2101。原订单为德文稿，不完全。

[9] 《陈绍宽致蒋介石电》,（1942 年 1 月 4 日），二史馆馆藏档案，载《陈绍宽文集》，海潮出版社，1994，第 292 页。

[10] 见二史馆馆藏档案，廿八（2）2101。

[11] 《海德——林希备忘录》，1938 年 10 月 22 日，《德国外交政策文件》，D 辑第 1 卷，No.52，第 722 页，转引自柯伟林，Germany and Republican China，第 234 页。

[12] 《翁文灏致蒋介石电》及统计表，二史馆馆藏档案，廿八（2）2101。

[13] 张水木：《德国对中国抗日战争之调停》，台湾中研院近代史研究所编《抗战建国研讨会论文集》上册，台北，1985，第 271 页。

[14] 《托马斯致克兰等电》，二史馆馆藏档案，廿八（2）2101。

[15] 《翁文灏致孔祥熙电》,（1938 年 12 月 11 日），二史馆馆藏档案，廿八（2）2101。

[16] 克兰：《与中国政府商洽之结果》，二史馆馆藏档案，廿八（2）2101。

[17] 《翁文灏致孔祥熙电》,（1938 年 12 月 11 日），二史馆馆藏档案，廿八（2）2101。

[18] 《蒋介石批复》，二史馆馆藏档案，廿八（2）2101。

[19] 《蒋介石致孔祥熙等电》,(1938 年 1 月 14 日),《中华民国重要史料初编——对日抗战时期》,第二编,作战经过(二),第 290 页。

[20] 《中华民国重要史料初编——对日抗战时期》,第三编,战时外交(二),第 708 ~ 709 页。

[21] 程天放 :《使德回忆》,台北,正中书局,1979,第 264 页。

[22] 《普莱致翁文灏函》, 二史馆馆藏档案,廿八(2)2101。

[23] 《合步楼公司报告》,二史馆馆馆档案,廿八(2)2101。

[24] 《谭伯羽致蒋介石电》,(1938 年 7 月 2 日),《谭伯羽致孔祥熙电》,1938 年 7 月 8 日,《中华民国重要史料初编——对日抗战时期》,第三编,战时外交(二),第 711 ~ 712 页。

[25] 《齐焌致蒋介石呈》,(1938 年 10 月 10 日),《民国档案》1995 年第 3 期,第 25 页。

[26] 二史馆馆藏档案,廿八(2)2101。

[27] 《民国档案》1995 年第 3 期。

[28] 《普莱上校呈院长函译文》,(1938 年 8 月 19 日),二史馆馆藏档案,廿八(2)2101。

[29] 《蒋介石致孔祥熙等电》,(1938 年 8 月 25 日),二史馆馆藏档案,廿八(2)2101。

[30] 柯伟林,Germany and Republican China,第 246 页。

[31] 柯伟林,Germany and Republican China,第 246 页。

[32] 《陈绍宽致蒋介石电》,1942 年 1 月 4 日,《陈绍宽文集》,第 292 页。

[33] 《中华民国重要史料初编——对日抗战时期》,第三编,战时外交(二),第 696 页。

[34] 柯伟林,Germany and Republican China,第 246 页。

[35] John P.Fox,Germany and the Far Eastern Crisis,1931 ~ 1938,第 316 页。

[36] 凌宪扬 :《办理中德易货案意见书》,(1939 年 3 月 1 日),马振犊主编《中德外交密档》,广西师范大学出版社,1994,第 344 页。

附文：

深切怀念费路教授

载《民国档案》，2001 年第 3 期。

十几年前，当我第一次结识来自民主德国洪堡大学的费路教授时，他给我的印象是还带有较浓政治色彩的一个“德国同志”。以后，随着与他交往的逐渐增多，他高尚的人格魅力、深厚的学术修养和幽默风趣的言语给我以强烈的感染与吸引。在他的影响下，我开始对中德关系史发生兴趣，并开始参与我馆与他主持下的洪堡大学的学术合作。

费路教授是一位信仰坚贞的共产党人，在民主德国时代，他曾是东德共产党的一名学者型干部，具有很深的马克思主义理论修养，并致力于发展中德友好的事业。中国开始实行改革开放以后，有一段时间，德国的共产党人对此不太理解，费路也曾认为“包产到户”等政策可能会利于资本主义因素的滋生。后来，当中国社会主义现代化建设取得飞速发展后，费路很快地改变了他的看法，十分赞同中国的路线与方针。1998年春天的一个早晨，在柏林自由大学的林荫道上，他曾十分认真坦诚地对我说：“中国同志们选择的道路是正确的，社会主义的希望在你们。我们现在的任务是寻找一条在资本主义民主体制下为广大人民的利益而奋斗的新途径。”其意切切，令人动容。

费路教授毕生从事中德文化交流和中德关系史的研究，早在80年代初期，中国与东欧各国恢复关系后，他就频繁往来于中德各大学及研究机构之间，促进双边的学术交流。费路教授在近20年间，曾主持多项的中德关系研究项目，出版了多本中德关系史资料集。他致力于近代中国名人在德国活动的历史研究，并撰写发表了许多的论文与研究成果，在中德学术界享有盛望。在中国近现代史学界，费路教授是我国史学界同行们知名的老朋友，生活中的他决无专家的架子，无论是学界长辈或者青年学子，都乐于和他交朋友，大家在一起，一杯清茶，坐论古今，忘怀之处，畅谈大笑，其乐融融。他的博学慎思、幽默风趣，给人留下了难以忘却的印象。

费路教授曾多次来到中国第二历史档案馆访问，促成了我馆与柏林洪堡大学及自由大学的学术合作关系，我们共同编辑出版了《中德外交秘档》等书。他与我馆结下了深厚的友谊，不论是馆领导还是研究人员，都很喜欢这个德国前辈。特别是近年来，费路教授的生活与学术研究环境不太理想，身体状况也不如从前，几度动了手术。面对困难，他仍然保持了乐观的态度，继续为他的理想和事业而努力。无论是在中国还是德国，每次与他见面交谈，我都深为他的精神和人生态度所感动。在他的身上，我看到了一个正直和有修养的学者对事业对人生的乐观向上的态度。

2001年是费路教授65周岁和退休之年，他的海内外友人与学生，共同发起为费路教授出版一本纪念文集，以颂扬这位德高望重的学者一生的成就，表达学界同仁对他的敬仰。正当这本汇集了众多中、德、日学界同仁一片真情的纪念文集，历经年余努力即将付梓之际，友人从遥远柏林带来了费路教授因心脏病复发突然逝世的噩耗，闻之令人不禁扼腕长叹，潸然泪下。冥冥之中，我不禁想起，接到纪念文集邀请撰文信后，我曾一时有过不舒服之感，按照中国人的习俗，这一般是应在人过世后方可为之，这点疑惑曾令我有刹那间的不安，觉得似乎应该换个方式向其致意。然而我又宽慰地想，这也许是国际上的惯例，不足为怪。后来，当我突然得到先生不幸而去的消息，而这本唾手可得的纪念文集竟然真的成为我们献给费路教授最后的礼物，那时心中的感觉真可谓五味俱涌，复杂的感受难于言表。最为可惜的是，费路教授竟没有亲眼看一看这本汇集了我们真挚情感的书，这才是最大的历史性的遗憾。

呜呼！逝者已去，其精神却将长存。我们怀念费路教授，就要像他那样地做人与做事，忠贞执着，对学术事业精益求精，对生活乐观向上，严以律己，宽以待人。如果，我们能够做到这些，就是对费路教授最好的悼念。

安息吧，尊敬的费路教授，您毕生为之奋斗的事业，一定能够获得最后的成功。

1938年德国特使佛德秘密访华述评

载《民国档案》，1997 第 4 期。

1938年6月，正当中国抗战进入高潮，武汉会战激烈开展之际，纳粹德国为了自己的全球战略目标，迫于日本的压力，下令撤退赴华军事顾问，召回驻华大使，公开表明其亲日的外交政策，使中德关系陷入最低点。在这种逆境之中，8月间，忽又发生了一件与当时中德关系极不协调的事件——德国国社党“经济顾问”、经济部要员赫尔曼·佛德（Dr.Hellmath Woidt）受德方派遣秘密使华，欲与中方继续洽商两国经贸合作，维持双边关系。佛德这次访华完成了双方积欠多年的易货贸易结算，并与中方草签了继续易货发展双边关系草约，取得了重要成果，在中德外交关系史上留下了重重的一笔。然而，其访华成果最终却化为乌有，不幸成为战时中德外交关系最后的一页，其中的复杂变化给后人留下了许多历史之谜。本文拟通过对佛德访华之分析研究，为此期中德关系及抗战时期国民政府对外政策，特别是对德日集团的态度做一初步分析。

一、佛德访华之背景

抗战爆发以后，德国政府在开始阶段在中日之间持“中立”立场，希望在与日本保持政治军事同盟关系的同时，继续保持同中国的经济关系，以期获得中国的农矿产品，供应德国经济之需要。但是日本方面对其“盟友”继续供给中国军火物资之举十分恼怒，对德国军事顾问参与中国抗战更不能容忍，他们频频对德施压，不惜以中止对德国关系相威胁，要求德方停止对华关系，撤退顾问，公开表明亲日态度。

纳粹德国元首希特勒，一度曾计划以介入中日冲突当调停人来化解矛盾，但自他命令驻华大使陶德曼调停中日战争之举失败之后，为了德国的全球战略利益，不得不决心亲日疏华。1938年5月，希特勒访问罗马，与意大利、日本达成了建立“轴心国”战略同盟的计划。他随即下令停止对华军火输出，6月间又下令召回驻华大使，撤退军事顾问，满足了日本的全部要求。[1]至此，中德双边关系降至十年以来最低点。

对于希特勒的这一抉择，德国政府内部的意见并不完全一致。在对华关系问题上，德国政府内部纳粹党人与非纳粹党人士向来有区别，而在纳粹党内部也存有一些不同看法。

1933年希特勒上台后，纳粹党人一时尚无法控制全部政权机构，经济、外交乃至国防各大部门，都由非纳粹的专业技术人士掌握，他们虽然在“振兴德国”方向上保持目标一致，但在具体工作方面却存在分歧，前经济部长沙赫特（H · Schacht）、国防部长柏龙白（W · Blomberg）、外交部长牛赖特（K · Neurath）等人都是德国政府中的“亲华派”。他们从德国的实际经济利益出发，希望保持对华友好，继续以德国军火工业品换取中国农矿产品，为自身本部门的工作提供方便与保障。但纳粹党人却并不持相同观点，以戈林（H · Goreing）、里宾特洛甫（J · Ribbentrop）等纳粹要人为代表的“亲日派”势力，认为只有法西斯日本，才是他们在远东的盟友与未来称霸世界的伙伴，中国人是同黑人一样的“三流种族”，[2]中国与日本相比是个“弱者”，不值得重视。但是，为了德国眼前获取战略原料的实际利益需要，从希特勒开始，纳粹党人认为可以与产钨大国中国保持一种正常的外交经贸关系，这种脆弱的允诺在中日战争爆发后国际局势变化冲击下，很快便化为乌有了。

到1937年前后，德国经济获得了长足的发展，重整军备工作也大致完成。希特勒开始准备下一步的对外扩张。这就需要进一步加强军事独裁，实现“纯洁政府”和“一切权力高度集于元首手中”的目标。为此，1938年2月4日，希特勒下达《改组政府令》，将国防、外交两部一并改组，由自己兼任陆海空军元帅，撤销国防部长一职，以里宾特洛甫代替牛赖特出任外交部长，不久之后，又以冯克代替沙赫特出掌经济部，完全实现了德国政府纳粹化的政治目标。于是以后便有了德中关系的急转直下。先是在2月间，德国正式承认伪满洲国，而后又中止贸易、撤退顾问、召回大使，最后直至在6月间双方中断往来，外交关系跌至断交前夕的最低点。

面对德方一系列的不友好举动，国民政府方面处于无可奈何的境地。就在希特勒5月3日下令停止军火输华之后，9日蒋介石召见了德国驻华大使陶德曼，对德提出了严重警告。[3]当时中方对于德方最后举措之担心有几方面：对于撤退顾问，担心一旦顾问骤然撤出，会影响中国军队业已形成的工作秩序，并担心顾问回国会泄露中方军事机密，这两点倒也不是最重要的，对于中国抗日战局来说，最直接的致命影响将是军火供应之中断，因为当时中国尚不能生产重武器，唯有依赖外援，而德国是中国主要的武器进口国，这一点比顾问团问题更使蒋介石感到着急。据资料统计，仅在1938年1月中国进口的3万余吨军火中，绝大部分就来自于德国。2月间，德国又运华12架德制HS123型轰战两用机。3月间，一批价值三千多万马克（合一千余万美金）的军火又自德运抵香港，计包括迫击炮300门、高射炮300门、驳壳枪2万支等等。[4]在中国抗日进入高潮之际，这些军火对中国军队作用是不言而喻的。

中国方面急于维持中德贸易关系，不是为了讨好德国，而是为了在当时列强袖手旁观，苏联军援未到的情况下，保住军火进口之重要渠道，以维持抗日战场军队之作战。但无论这种愿望多么迫切，毕竟只是一厢情愿，在希特勒的命令之下，德方继续疏远中国，4月底，里宾特洛甫下令撤回赴华军事顾问团，召回驻华大使。1938年5月30日，中国外交部在驻德大使程天放的一再请求之下，批准其辞职回国，改派外交部常务次长陈介接替。

对于中德关系陷入如此困境，德方也有不满意见，而这种意见主要是来自经济与军工部门。德国经济部与国防部军事工业署从自身利益角度考虑，认为德国一旦停止向中国交付军火，那么今年中国的军火订货单就会落到别国手中，这对德国的军工企业以及远洋运输行业将是一个很大的损失。据德方统计，当时中德间军品贸易已签约需履行的合同额高达2.8亿马克。[5]这是一笔巨额的商业交易、其利润可观。陶德曼大使也强烈反对中止中德军火贸易和其他经济往来。他向德国外交部指出：德国目前的做法，不仅会使约4亿马克的德国在华投资受到损害，而且在战后中国的经济建设中，德国也将被摒除在外。德国经济部和外交部的一些官员经过磋商后，达到一项秘密谅解：有关对华军火禁运令不包括已经同中国达成的协定；合步楼公司仍可接受中方以外汇支付的军火订货。

中方为了尽可能多地得到一些军火，在希特勒禁令下达之后，便以行政院长孔祥熙的名义急电中国驻德商务专员谭伯羽，令他用一切努力把已购好的军火尽快启运到国内。谭伯羽接电后马上四处活动，得到了一些对希特勒禁令不满人士的暗中帮助。他们一方面决定让合步楼、克虏伯、西门子等大公司企业联名上书政府，藉口负担不起违约金的损失，要求政府同意继续按合同对华供货，另一方面决定改变运输交货方式，用更秘密的方法租用货船，以第三方的名义来从德提货。德国国防部国防经济署长托马斯还曾十分坦白地告诉中方，为保守秘密，望中方不要把委托第三方的国名及有关商号名称告诉他，以免他居中为难。结果，中国订购军火得以假借芬兰、卢森堡等国商人名义运出德国，这在当时高度独裁下的德国实在是十分不易的行为，因为托马斯等人本来完全没有必要去干这种“背叛元首”的事，其基本原因之一便是他们很认真地认为这样做是有利于德国国家的根本利益的，因此与“元首”的思想并不矛盾。而正是因为这一点“思想差距”，便成为后来佛德秘密访华的起因。

导致佛德访华的直接动因是德国经济部主管官员试图在中德政治关系破裂的情况下，欲采用“政经分离”的方式，继续维持中德易货贸易而使德国经济对矿产原料之需求不致中断供应的设想。当时，在沙赫特之后出掌德国经济部的是冯克（DR.Funk Walter），他是一个纳粹党官员，曾任党中央宣传部副部长，但他在对华关系上却与戈培尔不同，而是持友好立场。在中德中止贸易之后，冯克曾同意容克斯飞机公司对中方退还已交付的飞机预付款，戈林出面阻止说：“偿还意味着支持蒋介石！”冯克不理睬他，私下保证通过德华银行对中方退款[6]。此时的经济部副部长是布林克曼（Brinkmann）原为沙赫特助手，与沙关系密切观点相似，由于博得戈林好感，出任副部长，实际掌握经济部大权。正是由于这一层关系，布林克曼继续对华态度友好，并从经济部工作实际需要出发，争得了冯克的支持。

布林克曼与冯克以及托马斯等人都是德政府中的部门负责人，他们之所以敢做出派佛德访华的抉择，必定是要经过他们的主管——德国元帅、航空部长兼普鲁士总理，时又兼任“四年经济计划局”[7]负责人的戈林的同意，至少是他们认为有充分的理由可以使戈林同意这一措施，而不加批评。这一“充分理由”就是德国从中国日占沦陷区并没有得到日本许诺供给的矿产原料。按照希特勒的算盘，他与日本方面已达成协议，一旦他与重庆政府断绝关系，他将会从日本在中国华北等地扶植的傀儡政权处，得到农矿原料之继续供应，因此他在疏远国民政府方面有恃无恐。

但日本却不是可以信赖的，在耍手腕搞欺骗方面，一向以“政治是不讲良心与信誉”而标榜的希特勒，这回却“小巫见大巫”，上了日本人的大当。当日本占领中国华北之后，德国人要与华北日伪当局做生意，以德国工业品来交换天津产的羊毛等原料，日本人却不肯履行诺言了，他们抱着独占中国的既定方针，决心不让包括德国在内的欧洲列强分享其侵略果实。8月间，日方以军事需要为由，规定华北占领区农矿产品只能向日“满”出口，其间厂家也只准向日本公司订货，[8]德国人被毫不留情地排挤出去了，面对亲日政策结出的“苦果”，德国人只能“打落了牙齿往肚里咽”，有苦难言，自认倒霉。但德国经济生产之需要却一日不可断绝原料供应。在政治原则与经济实际产生矛盾的时候，本来就持有不同态度的经济界官员，便开始了这项秘密的行动。

二、佛德来华及其成果

1938年8月5日，中国军事委员会秘书齐焌（专任中德外交翻译）上呈财政部一份《关于中德关系现状之报告》，声称濒于死亡的中德关系又透露了一丝希望。他写道："中德关系自顾问题以来更显隔膜，我国上下对德不能不抱怀疑态度。除由职等电询克兰先生请其协助澄清局面外，合步楼驻汉代表普莱上校亦曾屡电德方负责人员，促进德政府对于中德关系之努力。顷据合步楼接柏林来电，内称德国经济部（查经济部长为冯克，四年经济计划独裁戈林将军所举荐次长为布林克曼，他二人是沙赫德为经济部部长时之左右手）拟派合步楼专员名佛德者（Dr.Woidt）乘飞机来华，其使命为说明德政府对于中德经济关系之立场，并希能消中国政府对德之怀疑，而求更进一步之合作（货物互换合同等促进办法）。佛德君将于八月三日抵港，拟于五、六日来汉，亦可转渝。德政府并将电驻汉代办，正式转达我政府以为介绍，合步楼代表普莱上校今日赴港，候接来汉，拟请赐予接见"。[9]

赫尔曼·佛德原为上海德国普通电料公司经理，后回国进入政界，现为德国经济部亲信要员，"国社党党部对华经济顾问，并与外交部方面甚为融洽一致"，"奉经济部命为合步楼公司全权专员，与中国政府暨中央信托局洽商货物互换合同共同进行之办法，必能使两国经济关系更有重要进展，消释中国方面对德之疑虑"。[10]由于佛德的身份及在华特殊经历，使他成为德国经济部最佳的赴华代表，8月6日，在普莱上校的陪同下，佛德由香港抵达汉口，与中方接洽。

对中国国民政府来说，在德国当局接二连三地采取不友好行动之后，佛德的来访确实使之喜出望外，以为此乃扭转大局的一线契机，引起有关当局的高度重视。当时中国的战时外交政策，仍是以"争取外援、利用列强、以夷制夷"为基本方针，蒋介石本一贯的原则，仍对列强出面"调停"抱有很大期望，而德国，因其与日本的同盟关系及对华军火贸易，成为中国战时外交重要对象，蒋介石对德国寄以厚望，因此这才极力忍耐德方的不友好之举。现在德方主动派大员来联络，自然热情接待。

中方派出国民政府军事委员会办公厅主任张群及经济部长翁文灏，超规格地接待了佛德一行，鉴于武汉即将沦为战区，双方商定移地重庆继续谈判。

10月4日，佛德在重庆与国民政府行政院院长孔祥熙见面。佛德表示：他是受德国政府委派来华，向中方表示德国愿与中国进行事实上合作的诚意，目的是纯从经济角度出发，“拟将德国与西班牙之贸易办法实行于中国”。[11]他进一步解释说：自从中日战争爆发以来，德国在华北的商务日益衰减，德商纷纷要求德国政府出面帮助；德国政府原来指示他前往华北地区调查，但他本人最大目的在于增进德国同国民政府的合作，不愿因华北之行而引起中方的疑虑，所以直接与国民政府进行接洽。佛德并且提出，希望中国方面继续向德国提供以矿产为主的大批原料，这样不但中国可早日获得军火，而且两国在经济、政治等方面的关系都将获益匪浅。[12]

中方回答说：对于佛德“代表德国政府”的这种表态十分欢迎，中德间恢复友好合作已指日可待，这对于中国持久抗战大局将产生极为有利的影响。为此中方同意立即恢复双边贸易与交往。双方经过月余协商，10月初，佛德已和中方口头达成如下各点协议；

1．明确规定《中德易货协定》及信贷合同继续有效，其有效期暂定为1年。

2．在本合同范围内，中国若付以现款时，德国则按国际市场价格及出口货物价格计算，向中国提供军械及弹药除外的各军事工厂所用的一切材料、半成品、汽车等。

3．中国不需提供其他担保，即可在德国订购2000万马克的货物；德国循环不停地向中国提供总计1亿马克贷款，年息仅为5厘。

4．中国方面每月向德方供给800万元法币的原料（依正式汇兑计算，若以普通汇价，合1200万元法币），1年之内向德国提供约合7000万马克的原料；中国供给原料中须有50%为矿产，即每月须向德方提供钨、锡各500吨，锑300吨。

5．今后各项货品采购，买主与卖主双方可直接进行，合步楼公司和中央信托局仅作为会计、统计暨顾问机构。

6．中国政府组成中央采购统制委员会，由交通部、军政部、经济部、财政部、军事委员会各派1名代表组成，负责审核中国对各项货品的订购申请并监督其采购范围及预算情况。德国方面应派技术专家来华协助该委员会工作。[13]

佛德来华谈判所取得的第二项成果，是第一次对合步楼公司自成立以来所经营的全部中德易货账目进行了清理核对。

佛德来华的第一个头衔就是“合步楼公司全权专员”，当时专门经营中德贸易的“合步楼公司”已从一个私营企业被戈林的“四年经济计划局”吞并一年有余，其对华业务陷于困难，德国经济部与国防经济署认为如此下去将对德国经济不利，因此极力向希特勒力争，最终使合步楼公司由“四年经济计划局”改归经济部所辖，这样便使“合步楼”业务少受纳粹党远东政策之干扰。因此，佛德才得以以“合步楼”专员名义堂而皇之地使华，而无需牵涉其他方面。

佛德在渝与中方清理了历年来双方易货贸易之欠账及余款，并提出了处理意见，计划了下一步新的易货内容。据他的统计，当时中德双方易货总账目如下：

中德双方清理易货贸易总账合步楼公司报告[14]

（1）自1934年8月中德货物互换合同实施以来中方对德订货总值为4亿马克以上。

（2）经过部分撤销订货后订货总值降为3.89亿马克。

（3）1937年秋季前进口德货以《互换合同》为依据办理。

其长期订单内容为：

A：已实施之长期订单。

①钢铁厂、军工厂设备：7200万马克（包括琶江口兵工厂扩充部分）

②海军快艇及母舰：1600万马克

③潜水艇及其母舰、水雷、鱼雷设备：4200万马克

④水雷布放艇、内河水雷、15公斤海防重炮等其他军备：1000万马克

以上共计1.4亿马克。

B：至1937年10月止由德国运到之军火5000万马克。

C：1937年内中方追加军械订单1.99亿马克。

（其中蒋介石交下订单为5800万马克、孔祥熙交下订单为9200万马克）

以上德方总计输华军火价值（包括已交货及未交货者）总计为3.89亿马克。

到1937年10月止，中方输德矿产原料价值2150万马克，加上德方贷给中方之1亿马克信用借款，计1.215亿马克。德方供华军火、工业品总计价值1.9亿马克，减去上述款额1.215亿马克，中方尚欠德方未抵偿数为6850万马克。

抗战爆发后中方对德短期军械之紧急订货，1937年11月1日由德国国防军装备中紧急抽运来华，该项军火价值：

1、孔祥熙以往订单催办者：1400万马克

2、孔祥熙临时追加订单：3700万马克

3、其他旧订单价值：200万马克

共计：5300万马克。

中方已汇德方1030万美元（据德方所求以现汇付款）价值2550万马克，尚欠2760万马克（=1100万美元）。

关于易货欠账处理办法，双方议定：孔祥熙1937年6月间访德时，在德订货所欠交货物，一部分由合步楼公司保留，以付现款为交货条件，另一部分约合720万美元的货物，包括2.2亿发步枪子弹并数万发15cm及2cm大炮炮弹，由中方在4个月内以3～4千吨钨砂、3～4千吨锡及3千吨锑进行易货交换，德方同意中方撤销不急需的军火订货2亿马克以节省开支，中方仍可向德派遣海军学员，向德订购潜艇合同继续执行。[15]

以上这些协议条款之达成，就当时中德关系而言绝对是一巨大进步，超

出中方的预料。佛德的观点代表了德国经济部等的“亲华”意向，但他却不能代表希特勒与戈林最高权力决策者的根本立场。

佛德与中方达成的上述6项协议条款及清理双方账目并善后办法立即被电告柏林请示批准。经过冯克与托马斯等人的努力，柏林最高当局居然很快批准了“佛德对华协议”。这又是一次意外之举。

正如前述，就希特勒、戈林而言，他们对中国的观念是认为中国对德无足轻重，因为有钨砂供应之需，仍可同意对华贸易，给中国一些军火；一旦日本反对过甚，他们自然是要为“亲日”而“疏华”的，因为“亲日”是德国既定的全球战略，不容变更。但是，自德国为亲日而疏华之后，日本并未给予他们相应的回报，并且连答应的条件也推翻了，这不禁使德国人有上当感。希特勒曾在一次会议上抱怨说：“我发现，自从1938年8月以来日本就没有和我们无条件合作过。……我和日本人的结盟总是不受欢迎，我们在远东必须不停顿地推进我们的事业……”[16]此外，讲求“实用主义”的希特勒的外交政策本身也是变化不定的。

进入1938年后，在欧洲大陆，德国与英法关系趋于缓和，由于英法当局实行“绥靖政策”，对希特勒连连让步，9月又达成了《慕尼黑协定》，希特勒在庆幸自己的欧洲政策步步成功之余，他对日本支持的依赖也减少了。鉴于日本的不守信用和德国经济发展的实际需要，希特勒等纳粹领袖对于经济部恢复对华关系之举采取了不再阻碍的放手政策。

1938年10月19日，佛德正式代表德方在重庆与国民政府签订了新的《易货协议》。除了“口头协议”内容而外，又进一步明确规定双方每月的易货额为1000万元法币（合750万马克）。这一正式协议的签署，实际上推翻了4月间的“对华贸易禁令”，此后德国军火及其他工业品又经合步楼公司之手源源运往中国。在香港，合步楼公司代表路德维希·韦尔纳（Ludwing Werner）与中国军方开设的一家伪装公司合作，将军火、机器经广州或绕道海防运往中国后方。[17]

从此以后，一度濒于死亡的中德关系又有了一个短暂的恢复阶段。虽然这种恢复仅限于双方继续维持半明半暗的易货贸易往来，但在客观上却停止了双边关系下降的势头。

1939年4月，德国外长里宾特洛甫又曾准备阻止中德贸易，被经济部婉拒，冯克称：为了德国“每天进口30万马克原料”的必须，只好请外交部“谅解”。为了照顾面子，经济部答应运华武器今后以散件形式交付，由中国接收后组装。里宾特洛甫只好答应。[18]

5月间，中国交通部、兵工署分别又与德国西门子公司香港办事处及奥托公司签订了军用电话机及卡车购货合同。9月1日，德国发动对波兰的侵略，挑起了欧洲大战，但对华贸易仍未中止，只是为中国制造的潜艇等大型装备被德方征用，未能交货[19]。11月，孔祥熙又曾向德国驻华代办毕德（Bidder）建议签订一项扩大易货协议，在里宾特洛甫的干涉下，这一协议最终未能签订。但冯克等人依然表示乐观[20]，甚至设想到欧战结束后，德国帮助中国发展军火及国防工业，中国继续对德提供原料。

最后到1940年9月27日，德国为全球战略之需与日本、意大利签订了军事同盟条约，法西斯轴心集团形成。德国政府为了“尊重日本在建立大东亚新秩序中的领导地位”，不能不全面舍弃中国，停止易货贸易，而此时（1940年5月）合步楼公司仍有价值9900万马克的订货需向中国交付[21]。佛德访华的实际成果至此全部消失。

1941年7月1日，德国承认日本扶植的汪伪政权，次日中国政府发表了对德意断交宣言，中德关系彻底破裂。希特勒曾在托马斯对其背弃中国表示异议时，颇为自鸣得意地说：“在政治中是不讲信誉和良心的，……必要时可以撕毁一切”。[22]

三、评价与结论

佛德访华是抗战期间中德关系史上的一件大事，尽管它进行得十分秘密，长期不为人知，但却具有重大意义。

第一：从其访华的直接效果来看，佛德访华及其所签订的协议不仅对过去中德易货进行了清账小结，更重要的是规划了其后双方贸易的计划，其内容虽然仅限于经济贸易，但在当时的背景之下，中德之间经贸的发展，其作用与影响则早已远远超出了单纯经济的范围，具有了很大的军事价值与政治作用。进一步分析，维持当时的中德贸易对中国的抗日战争具有重要的作用，因为保证德国军火继续来华是支持中国抗日战场的必要措施之一，这对中方来说具有十分重要的军事战略意义，这一点是显而易见的。这是佛德访华成果有利于中国抗战的一面。

第二：佛德访华及其成果对维系中德双边关系亦具有重要意义。佛德来华之时，他的身份只是德国经济部的代表，但当他离华的时候已是德国政府的正式代表，拥了代表最高当局的签约权。他的访华及其签订的协议把濒于断绝的中德关系又向回拉了一步，起到了“起死回生”的作用，虽然其中根本原因并不在佛德，但其“开路”的功劳是极具价值的。佛德访华是德政府内部“亲华派”的胜利。就当时中德双边关系价值与作用分析而言，这种关系并非是因为双方之间互相有什么好感，而是出于一种基于各自实际需要的考量。中国需要德国的军火，德国需要中国的原料。但等到1939年欧洲战争爆发之后，实际上中国已没有再对德供给多少原料，由于战区不断扩大，波及矿产省区，战时中国在搜集农矿原料方面已无从保证，其后的中德贸易几乎都是中国用十分紧张的外汇向德方购买军火，到1940年5月之后，这种勉强维持的贸易也就中止了，中德两国各自进入了两大对立的阵营，直至1941年12月9日中国对德宣战。这样看来，佛德访华及成果，客观上有利于中国。

第三：佛德访华就战时中国抗战外交而言也具有一定影响，它使重庆政府保持了一条与日本欧洲盟国相联系的渠道，它是蒋介石寻求以外交手段调停结束中日战争政策的具体实践，只不过因为这条路有悖于当时客观的国际环境实际，并且违背了中国人民抗战到底的决心，因此，它完全是行不通的，历史事实也证明了这一点。

无论如何，1938年德国代表佛德对中国的访问及其成果，仍不啻为中国抗战外交及中德关系史上一件具有重要影响的事件。对之加以探讨，将有助于对抗日战争及中德关系历史做全面客观的深入研究。

【注】

[1] 程天放：《使德回忆——柏林最后五个月》，载（台）《传记文学》第七卷第 6 期，第 29 页。

[2] 希特勒：《我的奋斗》，西藏文艺出版社，1994 年 8 月版。

[3] [英] 福克斯：《德国与远东危机 1931 ~ 1938》，牛津大学出版社，1982 年版，第 315 页。

[4] 程天放：《使德回忆——柏林最后五个月》，（台）《传记文学》第七卷第 6 期第 20 页。

[5] 吴景平：《从胶澳被占到科尔访华——中德关系 1861 至 1992》，福建人民出版社，1993 年版，第 200 页。

[6] [美] 柯伟林：《蒋介石政府与纳粹德国》，中国青年出版社，1994 年版，第 293 页。

[7] “四年经济计划局”是希特勒为统一控制经济、外贸而成立的一个特别机构，拥有凌驾于有关各部委署之上的大权。

[8] 前引柯伟林书，第 287 页。

[9] 二史馆档案三十（2）、489（3）。

[10] 二史馆编：《中德外交密档》，广西师大出版社，1994 年版，第 31 页。

[11] 《克兰致翁文灏函》（1938 年 8 月 10 日），二史馆档案二十八（2）2101。

[12] 前引吴景平书，第 203 页。

[13] 《齐焌致蒋介石呈》（1938 年 10 月 10 日），《民国档案》，1995 年第 3 期，第 25 页。

[14] 二史馆档案二十八（2）2101。

[15] 《民国档案》，1995 年第 3 期，第 25 页。

[16] 恩斯特·普雷塞森：《德国与日本：1933 年至 1941 年的极权主义外交研究》，纽约，1969 年版，第 218 页。

[17] 前引柯伟林书第 294 页。

[18] 前引柯伟林书第 295 页。

[19] 《陈绍宽致蒋介石电》（1942 年 1 月 4 日），二史馆档案二十八（2）2101。

[20] 《中华民国重要史料初稿——对日抗战时期》第三编，战时外交（二），第 696 页。

[21] 前引吴景平书第 208 页。

[22] 前引吴景平书第 213 页。

1920年代国民党人的联德思想与实践

载中国社科院近代史所等编《1920 年代的中国》，
社会科学文献出版社，2005 年 9 月版。

1920年代，以孙中山为首的中国国民党人正在与把持民国北京政府的北洋军阀集团进行着艰苦的斗争。在这场关系中国前途与命运的斗争中，由于双方实力对比的差距，国民党人不得不借助和利用一切可以利用的力量，为北伐革命事业服务。其中便包括了借助于外国的势力和经济的支援。在当时的世界诸国中，可以给革命党人帮助的国家之一，便是刚刚遭受第一次世界大战失败的德国。

德国之所以愿意和可能与中国在野的反对派发生关系，出于两点原因：第一，因为第一次世界大战的战败，其已失去在华列强之一的地位，事实上再也不能与英美等国共享特殊权利；第二，北洋政府的对德宣战，使德国对其失去了友好与信任，转而希望中国有新的政权上台。而德国的这种态度正适合了孙中山革命党人的需要，双方一拍即合，开始了暗地里的接触与合作。而这种合作直接为后来几十年间国民党当权者与德国的密切关系奠定了基础，在中德外交乃至民国外交史上有着重要的意义。

一

在中德关系发展史上，到清朝末期，德国已成为帝国主义列强之一，充当了侵华的急先锋。它曾公然出兵霸占中国胶州湾，扩大在华势力，进行了赤裸裸的侵略与掠夺，并参与了支持袁世凯、反对孙中山领导的中华民国临时政府的阴谋活动，随后又扶植北洋军阀北京政府，继续对华进行侵略。直到第一次世界大战爆发，北京政府在协约国列强怂恿下鬼使神差地对德宣战并取得了“胜利”，虽然并未“收回国权”，但却从此改变了中德双方的地位，德国由列强之一下降为战败国，中国从被侵略国一变而为战胜国，双方地位由此接近，德国主动放弃了其部分在华特权，而中国也主动结束了对德战争状态，中德关系在表面上得以“平等相处”，使双方关系呈现出了在当时中国屈辱外交中与众不同的一点“特色”，而正是由于这一缘故，我国人在面对“天下乌鸦一般黑”的列强之时，忽然发现了这一只长出了少许白毛的特殊者，于是顿生好感，此实乃今后几十年中华民国领导人始终对德满怀甚至带有某种偏爱的“友好之情”的根源所在，也是中德友好关系得以迅速发展的基本原因之一。

孙中山在其领导的推翻清王朝及反对北洋军阀统治的革命中，形成了一套代表革命党人的外交理论及方针。孙中山认为，为了完成中国民主革命的任务，推动中国经济的发展，挽救中华民族危亡，必须尽可能地争取西方强国的援助，而在列强各国之中，德国便是其谋求外援的重点对象之一。“国父认为可作中国之友者，应为美国与日本，其次即为德国”。[1]

早在1913年，孙中山就曾提出过一种创建“大陆同盟”区域组织的设想，他计划以中、俄、德、奥、土(耳其)、波(兰)六国为核心成立联盟，以树立国际上另一新兴势力。2月间，孙中山在日本访问时，曾与日本首相桂太郎谈及此一设想，并曾计划派其秘书戴季陶为代表，赴欧联络各国，只因经费困难，终未成行。[2]由此可见，当时孙中山将中德联盟视为欧亚大陆和平稳定的基础因素之一。

孙中山在旅居欧洲时期曾在伦敦大英博物馆研究过德国的历史经验，并曾数次访问过德国。在他的眼中，德国是“世界上最具活力的国家”，俾斯麦政府则是欧洲“最有竞争力的政府”，一个“真正的万能政府”，他赞赏俾斯麦武力统一德国并“通过不断增强的支持与社会福利的增加”来巩固国家的手段。他把德国的经验融会到他的三民主义之一“民生主义”的理论之中，希望吸收德国在社会改良与发展方面的经验，“运用国家的权力来缓和工人的贫困”。孙中山进一步发挥说：“俾斯麦实行的是一种国家社会主义，”“这一原则就是我们所说的民生主义。”[3]

第一次世界大战开始后，对于北京政府对德断交及宣战之举，孙中山持反对的态度，他认为当时中国对德并非必须宣战不可，并一针见血地指出，段政府之“与德绝交，非以公道绝交，非以防卫绝交，而以贿绝交也”。[4]他对这种“视国家如同儿戏”的行为进行了坚决斗争。孙中山致电北京参众两院“主张勿加入协约”，并致电“英相盼勿怂恿中国参入协约”，同时还致电北京“民友会”、“同政学会”及“政友俱乐部”等相关团体，吁请抵制对德宣战案。最后，他致电段祺瑞，“痛陈参战之利害，而劝其勿轻率从事”。[5]他要求通过外交途径，和平解决中国与德奥乃至各列强间存在的一切问题。

当时孙中山对中德关系有如下之认识：“以国际地位言之，其与吾国利害相同，毫无侵略顾忌，而又能提携互助策进两国利益者，则德国是也。惜乎国人……徒以德国大战失败，为不足齿列，而不知其固有之人才与学问，皆足资助吾国发展实业，建设国家之用也”。[6]德国不但在科技知识上有卓越的表现，即其建国之经验也多可为我所借鉴，“中山先生很景仰当时德国所采行的社会福利、劳工保险、解决劳资对立以及防止资本主义过分膨胀等政策，民生主义也采取了其中若干精神。尤以计划将交通(铁路)、邮电以及若干重要重工业收归国营”。[7]

基于这种认识，孙中山坚定了他的联德决心。

1917年3月，孙中山旅居上海时，便同德国驻沪领事有过接洽，德方希望孙中山领导的力量能够推翻依靠日本反对德国的段祺瑞政府，并允诺给予孙中山财政援助。“一个月后，孙宣称已准备好，并要求200万美元来运动陆军和海军，德国官员如数支付了这笔款子，以作为孙建立独立政府和煽动全国对北京政府的不满的费用”。[8]孙中山率海军舰队南下广东开展护法运动，其所需30万银元开拔费“即系出自此项德援”。[9]

孙中山在广州组建护法军政府之后，便派曹亚伯为代表赴德联络．希望德方继续履行承诺，提供财政支持，并向华南铁路及矿业项目投资。曹亚伯还携带了孙中山所拟的中德军事合作计划及全面经济合作计划，准备与德方交涉。但等他在1918年11月底到达柏林时，双方的这种刚刚起步的合作，却因德国战败和孙中山被桂系军阀排挤离粤而告中止。

1920年，孙中山重返广州，就任广州政府非常大总统，在筹划北伐的同时，他又计划联德，于1921年7月再派代表朱和中赴德洽商发展双边关系，希望德方承认广东政府，提供军事、经济援助。当时西方列强都愿在北京政府中寻找代理人，而苏俄革命政权刚刚成立，处境困难，尚无法顾及援助中国革命党。孙中山对德国寄予厚望，指示朱和中与克虏伯等德国大企业进行了接触，表示广州政府愿为德国投资华南发展贸易提供优惠条件。后来，孙中山的第二次联德之举又因陈炯明叛变迫其离粤而告中断。朱和中此次赴德，还向德外交部转达了孙中山关于缔结中德俄三国联盟的构想，德方对此反应冷淡，加上陈炯明在《香港电讯》上有意泄密，使孙中山联德计划再一次受挫。[10]

1923年，孙中山重回广州建立了革命政权。他三派代表邓家彦为总统顾问，在德游说工商财军各界发展对华合作。孙中山设想："中国以物资人力，德国以机器科学共同合作，发展中国之富源，改良中国之行政，整顿中国之武备。总而言之，即借德国人才学问，以最速时间，致中国于富强。"孙中山还托邓家彦向德方官员转交了他的一封信，信中写道："要摆脱凡尔赛条约的束缚，没有比帮助中国建立一支精良、强大、现代化的军队更好的办法了。那时，让中国为你们说话……你们须在远东预先准备一支无形的军队，以备在任何情况下，响应你们求援的召唤……"[11]就在孙中山发出此函的同时，德国远东协会总干事林德经过香港，"国父又曾派李其芳往商面谈"，李氏后来回忆说："民十二回国，途经香港，遇李烈钧，因随之入粤，……入总理室，……余即出陈德国前任总理未舍爱力士致陈炯明函一道，总理大悦，问所言何事，余曰：按未氏游远东，路过广州与陈详说中德文化及实业合作事：(一)陈将派学生百名赴德专攻专门技术；(二)改组广东大学，仿同济方式；(三)设克虏伯炮厂于广州；(四)设容克飞机场于广州。各种详细计划，总理大感兴趣，谓必促其实现。余谓远东协会总干事林德即将来华，日间到港，此事当他亦知情及参加讨论，……(总理)嘱余明晨起程，并代表欢迎林德，及谈一切合作计划……余至港。二日，林德即乘德国邮船沙兰号到港，余即与之赴申，舟中经谈一切，林须俟同济开幕后再赴日本逗留数月，赴粤日期，未能决定。”[12]

邓家彦在德国广泛活动，提出了一些双方合作项目供德人选择，如德方投资参与开掘广西煤矿及在两广建立大型工业企业，派遣农艺师到江西辅助农业生产，派专家到广东帮助政府管理商业贸易以及广东拟聘请鲁登道夫、佛采尔、塞克特等德军名将为孙中山军事顾问等等。此外，孙中山还在1924年又聘请德国西门子公司派驻广东的代表古斯塔夫·阿曼博士为其私人顾问，并即派遣他以“全权密使”身份赴德，通过私人关系拉拢德商向广东投资，同时，招募德国退伍军官来华充当教官。孙中山拟出的聘请对象名单为：政治顾问由一次大战末期德国首相高级助理兴芷担任，经济顾问由前任胶州德国高级专员里许拉麦尔出任，并由其负责起草《土地改革法令》，军事顾问则由前述德国将军中请一人出任。[13]阿曼在德国活动结束，聘请了以凡尔特·契尔鲁腾伯格海军上尉为首的一批德国退伍军官10余人来华，于1924年秋抵达广东，受聘于广东政府，其中数人进入黄埔军校充任军事教官。[14]而德国一些大企业公司，如克虏伯、西门子、法本等企业也对来华发展事业极感兴趣，初步表示了向广东投资的意向，并积极支持德国军事顾问来广东，为其促进军贸生意、介绍合作对象铺路开道。其中有些企业还特别向广东派来了考察人员，开始了具体的合作谈判。[15]

当时德国魏玛共和政府，是战后建立的新政权，正与北京政府恢复关系不久，急欲进一步发展关系，对于孙中山广东革命政府的合作要求，反应谨慎而小心。由于德方尚未考虑在外交上公开承认南方政权，故不可能公开支持孙中山的革命，又因《凡尔赛条约》所限，也不能同意对广东派遣高级军事顾问，从而使得孙中山不得不转向苏俄寻取军事支持，这才有苏联军事顾问团之来华。在这一大前提下，孙中山的各种联德努力便不可能有大的实际进展。总的看来，魏玛政府冷淡地对待了孙中山的多次热情联络。不过，他们并不反对国内大企业财团对广东的经济合作，希望以此为其复兴经济寻找产品市场打开新途径。

综上所述，孙中山及其革命党人从一开始就确立了对德友好的“联德”政策，希望德国能够以其资金、才力及经济实力，援助中国革命并帮助中国建设。这种愿望在一次大战之后，随着德国的衰落与中德平等地位之建立而更加强烈，然而德方出于自身环境所限，并顾虑中国内战尚未见分晓，未给予积极响应，这就使得孙中山的“联德”方针未见实效。但孙中山的这些主张，为后来蒋介石领导下的南京国民政府发展对德关系定下了基调，产生了深远的历史影响，由此可见，国民党人的“联德”思想是一贯的，有其深刻的历史原因。

二

继孙中山之后成为中国国民党领袖的蒋介石，在其对外方针上有他自己的一套观点。北伐战争前后，蒋介石根据他先前率团访俄的经验和其一贯的政治立场，认为苏联的“扩张主义”将成为中国未来的大患，共产主义理论决不适合于中国，于是他对于孙中山的“联俄联共”的政策，开始产生怀疑及反对的心理。蒋介石认为，未来中国之外患，一是苏俄，一是日本，两者相比较，苏俄的威胁居于首位，因此，当孙中山逝世之后，蒋介石在逐步掌握国民党统治权力的同时，便有计划地开始疏远苏联，首先是利用“中山舰事件”，打击中国共产党及苏联军事顾问的力量，削减其影响，而后又公然反对坚持国共合作的武汉国民政府，于1927年在上海发动反苏反共的“清党”，随即在南京组建了他自己的“南京国民政府”，最后发展到“对俄绝交”，并唆使东北军对苏军挑起军事行动。1927年12月14日，南京国民政府发表对苏联断绝邦交令，中苏关系降到最低点。

对苏交恶之后，蒋介石急于寻找新的国际力量来填补苏联顾问撤退所留下的空缺。在当时国际背景之下，英美法等各国列强由于尚摸不清蒋介石的政治立场，对南京政府持怀疑观望的态度，害怕满嘴反帝高调的蒋介石真的会一朝取消他们在中国的殖民主义权益，因此不愿与蒋政权过于亲密。而德国因一次大战战败后失去了在世界各地的霸权利益，但其在工业基础、经济技术等方面又拥有雄厚实力，可被中国引为外援，故此蒋介石自然地便把眼光投向了德国，对发展中德关系寄予厚望，并积极主动地开始了他的联德工作。

第一次世界大战结束后，德国面临战败之后国内社会经济混乱不堪的局面，《凡尔赛和约》又使德国背负了沉重的政治、经济负担，国内社会动荡，人民生活水平急剧下降。人心思变，希望有一个强有力的政府来领导德国摆脱危机，重入正轨。以阿道夫·希特勒为首的“国家社会主义德国工人党”(简称纳粹党)利用这一时机，抛出了该党《二十五点纲领》，大肆鼓吹“民族主义”，以“废除凡尔赛和约”、“建立一个强大的中央集权国家”为号召，蛊惑人心，在社会上赚取了大批的支持者，形成了一股新兴的政治势力。1929年以后世界性经济危机的爆发，使本来脆弱的德国经济雪上加霜。大资本财团及其政治势力急需寻求强者来挽救德国，为自己寻找“新的生存空间”。进入30年代后，德国法西斯势力便在大资产者的有力支持下，急速膨胀起来。1930年9月，德国国会改选，纳粹党一跃成为国会中第二大党，法西斯主义势力弥漫全国，其理论则远播海外。

本世纪二三十年代，当法西斯主义刚刚出现之时，不仅德国，即使是在中国，许多人都把它当成一剂救国救民的良药。然而法西斯主义最终在德国形成气候，自然与德国民族特性有一定关联。“如果说德国向中国输出武器和工业设备，中国向德国运送战略矿产，是中德关系纽带的物质方面的话，那末，中国对德国国民性、历史与政治生活的感知，则构成两国关系的另一个无形的但却是重要的方面”。“1933年以后，随着中德关系的日益强固，德国在中国政界和知识界的活跃分子中所产生的魅力则变得颇为普遍，而国民党和政府的领导人物又都认为，除了中德合作的军事——经济基础之外，还可以从德国本身不断获得启示和鼓励。”[16]

德国人“忠诚、率直、执著、认真”的优良品德，一旦在战后混乱的社会条件下，被纳粹主义分子利用，并导之进入从雪耻到称霸的歧途，转而就变成为一种威胁和平的反动力量，产生了第三帝国这个世界战争的策源地。但在当时，这种所谓的德国民族精神却完全适用于中国贫穷落后的国情，并作为医治中国社会痼疾的良药而被中国知识界所向往。中国人正希望以这种认真、勤俭、遵纪、执著的精神来重建自己的国家。在开始阶段，法西斯主义的对外侵略、残暴掠夺奴役的面目尚未暴露，其名称尚未腐臭。相反地，它作为有力地增强国家机器的统治效能的良方，对于那些具有浓厚封建主义传统、缺少民主精神的国家，还具有极大的诱惑力，当时的中国便是如此。

蒋介石十分赞同向德国学习这种民族精神，他曾对即将赴德留学的次子蒋纬国说：“中国应该向一个稳健扎实而不是充满幻想的国家学习，我们不能凭幻想办事，从日本人那里，我们没有什么可学的——他们的产品制作太低劣了。美国人太爱幻想，英国人太迟钝。德国是唯一可以从中学到一点东西的国家。他们可以给我们打下底子，从而培养发扬我们自己的稳定坚实的作风。”[17]蒋介石还曾进一步明确地号召：“德国民族的伟大精神乃是我们未来的榜样。”[18]

就蒋介石个人来说，他因早年留学日本，并投身反清革命，深受日本军国主义教育的影响，对武装力量之培养向往之至。蒋介石对于俾斯麦在统一德国过程中所奉行的“铁血政策”以及稳重沉着干练的作风十分佩服，他崇拜德国民族的尚武精神，萌发了向德国学习，建立强大军事力量的热望。在他留学日本期间，便致力于学习德语，1912年及1918年，他也曾两度准备寻机赴德留学，他曾在《军声》杂志上发表文章，赞扬德国的军事教育与军事训练制度，主张中国向德国学习。在蒋介石掌握国民党大权后，他身边的一些颇具影响的重臣如张静江、戴季陶等人也积极向蒋建议联德，以获取军事及经济援助，这些劝告对蒋产生了较大影响。精神上的崇拜与客观实际需要的共同作用，使蒋介石坚定了他的联德决心。

三

当时在中国，知识界及军政界人士普遍地对法西斯主义甚感兴趣，大量的出版物都在介绍、评论法西斯主义，并具体论述其与中国、与国民党及其三民主义的关系。[19]包括希特勒《我的奋斗》、《墨索里尼自传》、《德国国社党党纲》等法西斯主义经典之作，都在很短时间内被译为中文，在书店及报摊上广泛出售。1937年，南京“外交学会”甚至编纂出版了德国国社党官方文件和声明专集《希特勒执政后之德意志》。而国民政府党政军大员如胡汉民、汪精卫、戴季陶、宋子文、孔祥熙等人纷纷出访德意，考察学习。大批的中国留学生、军校学员、商界、军界专访团被派往德意学习，试图全盘移植法西斯主义模式到中国。作为国民党的最高领袖，蒋介石本人虽不曾访德，但他对法西斯主义亦怀有浓厚的兴趣，并视之为学习“德国经验”中重要的一方面，溶入了他联德计划之中。

蒋介石通过他的军事顾问，特别是顾问团中的纳粹党员，如克里拜尔等人，及时地了解德国纳粹党的情况，他尤其对于纳粹党的组织与管理方法、对其党的领袖如何在党内“维持最严格的纪律，怎样对可能出现的党的敌人或异己派别采用严厉的制裁措施，从而使那些措施获得完全成功”[20]甚感兴趣，急欲效仿。为此，他曾在1932年12月特派代表专程赴德采访，并与纳粹党魁戈林见了面。

蒋介石虽然一步步登上国民党领袖地位，但他领导的是一个派系林立、一盘散沙的政党以及贫穷落后混乱的中国，要想确保其有效能的统治，增强其军事力量并成功地实施“安内攘外”的方针，必须首先大大地加强中央政府对国家的控制，于是，引进法西斯主义统治方法成为蒋介石最关心的事情。他对德国纳粹式的“西方国家正在向上的政党”[21]的崇拜几乎到了“心有灵犀”的地步。他认为，以中国传统封建文化思想加上法西斯主义理论，就是今日中国由乱变治的救世法宝。1931年5月，蒋介石在南京召开的国民会议上说：“法西斯蒂之政治理论，本超象主义之精神，依国家机体学说为根据，以工团组织为运用。认为国家为至高无上之实体，国家得要求国民任何之牺牲，为民族生命之绵延，非以目前福利为准则，统治权乃与社会并存，而无后先，操之者即系进化阶段中统治最有效能者。”“挽救迫不及待之国家危难，领导素无政治经验之民族，是非藉经过有效能的统治权之施行不可。”他并把建立这种“有效能的”独裁统治说成是“民意”，“今日举国所要求者，为有效能的统治权之行施，以达到解除民众痛苦之目的”。[22]

蒋介石学习法西斯模式强化独裁统治之举并不仅仅停留于言论，更主要的还是他的行动。他在一生中坚持采用的“权随人移”以及组织和依靠特务组织等手段，其中都有他学习效仿德国法西斯的成份。

1927年南京国民政府成立起，到1937年中国全面抗战爆发的十年间，中德外交关系在双方努力下，有了十分显著的进展，中德两国从此建立了在平等互惠基础上的全方位的合作。这种合作在其前期(1931年佛采尔总顾问来华之前)的具体表现形式是中方与德国顾问私人间的聘用关系，而在此后期则表现为中德双方政府间合作关系，双方的工业合作及“易货贸易”蓬勃发展，使中德关系达到了前所未有的高度。

当时在德方内部，其对华政策并非意见一致。德国共和政府的首脑及外交官员，对与中国的合作顾虑重重，生怕因小失大，因违反《凡尔赛和约》招来国际制裁，而以国防部为代表的军方人士，以及德国国内大企业家财团巨子，从自身利益出发，急欲发展对华合作，以解决本部门的实际困难。在这种情形下，德国的对华关系便呈现出一种矛盾复杂的状态。

1926年夏季，蒋介石通过朱家骅，联络德国军队退役军官来华出任他的顾问，由此拉开了南京国民政府对德合作的序幕。而这一时期的中德间外交关系，也因德国军事顾问的来华，开始变得纷杂起来。

当时德国驻华公使博邺率公使馆长驻北京，他秉承德国政府的旨意，对以鲍尔为首的德国军事顾问团准备来华帮助蒋介石打内战之举，持坚决反对态度，曾公然要求鲍尔辞职回国，而另一方面，德国政府因搞不清中国国内尚在发展变化的政局前景，对南京政府的前途不能认定，一时难以下决心与蒋介石合作。蒋介石有鉴于此，对德方开展了一连串外交攻势，以期获得柏林官方的支持，除派遣资深外交家蒋作宾出任国民政府首任驻德公使外，并派遣了“两个军事代表团与一个经济代表团，分别由陈仪、张治中与孙科率领，访问德国各地，试图磋商中德军事与工业合作及学习德国的长处”。[23]陈仪的代表团持有蒋介石亲笔信，并有鲍尔作为介绍人，在德广泛活动，以聘请军事顾问为主要目的，而以孙科为首的代表团，背景却不很明朗。

孙科此次德国之行，试图向德方人士介绍孙中山“建国大纲”及“实业计划”中有关中国建设之蓝图，争取德国的财政与技术帮助。“最首要者，为十五万公里铁路、港口及重工业建设计划”。6月7日，孙科向德国外交部送交了这一计划，孙科认为，要完成这一计划，决非某一家或数家德国企业与公司可以承担，必须有德国政府的支持。

德国政府此时正值改组之际，左翼派别在内阁中占主导地位，政府所关心的焦点从工商利益转向劳工问题，对发展海外经济持慎重态度，另又据驻华使馆报告，德外交部认为孙科充其量是个“不管部部长”，是否已得到南京政府的支持尚未可知，“政府实在无意在其认为不太安全的地区从事冒险与投资”。[24]尽管如此，德方仍给了孙科相当礼遇，介绍他与全德工业联合会建立了联系。该会是德国一个重工业和工业银行的组织，孙科在与之接洽时邀请该会派遣一个工业代表团访问中国，这项邀请直到两年后才付诸实现。与孙科同时访德的国民党元老胡汉民则与德国政府国务秘书长许伯商讨了有关两国邦交的问题。[25]

孙科的访问的确引起了德国工业界来华投资的兴趣。1929年1月，全德工业联合会建立了一个特别的中国委员会，由该会副主席佛罗温出任主席，具体筹办组织考察团前往中国的事务，并“以一种德国工业界积极投入的态度搜集所有与中国经济建设相关的信息，据此提出进一步的计划或项目”。[26]

中方为欢迎这一考察团，也组织了由政府有关部门代表组成的筹备委员会，孙科任主任，但各部门在对德合作具体项目上却“均未达成一致意见”。[27]由于这一缘故，1929年2月10日，中国财政部长宋子文电告德方代表团推迟访华日期至秋季，理由是：“我们那时将向你们呈献更多的东西。”

但实际原因是中方内部的矛盾，国民政府财政部长宋子文想把中德合作建设项目置于他的财政改革基础上并受财政部控制，而孙科则想把“建设项目置于他的部（铁道部）领导之下”。[28]

中方的内部矛盾给德方一个机会，使他们得以认真考虑对华合作中的一些现实问题，以统一对华合作的步骤，并使德方较为冷静地分析中方国情及其对德合作中的经济支付能力。经过反复酝酿，中国考察团终于最后组成，团长由全德工联会主席团成员之一的海因里希·瑞滋曼担任，他是萨克森工业家联合会主席，考察团团员则几乎全为德国企业家及银行家，包括钢铁、机械、铁路、电力、国家银行等各界代表。

迟至1930年3月1日，中国考察团终于启程来华。德方的访问目的并不在于签订多少经济合作项目，而主要是考察中国经济状况，与中国领导建立私人关系，并与他们探讨“那些基于孙中山设想，且有必要性与可行性的项目”。[29]考察团在华访问了三个月，他们在中方官员陪同下访问了若干省份的13个城市。考察团回国后，在德国工联会特别会议上作了口头报告，以后又整理出了一份长达200页的对中国经济全面的、“包罗万象”的报告，主要内容是他们指出中国目前局势虽然仍在动乱而不适合于德国投资，但相信此种内乱不久之后即可结束，中德合作长远前途非常乐观，工业界应为未来作好准备、铺好道路，以奠定中德长久合作之基础。[30]《全德工业联合会中国考察团报告》发表后，不仅在德国广为流传，且通过中德外交渠道送到了蒋介石、宋子文、孔祥熙、何应钦、胡汉民、朱家骅、陈仪等十余位与德国有关系的中国中央大员及许多省级官员手中，使中国的领导层对于德方对华认识及对华合作态度，有了深刻理解。

中国考察团访华之行，严格地说来只是德国产业与金融界急于打入中国市场的一次尝试，而此时德国共和政府却在本质上对华持着另一种态度。

战后的德国，因受《凡尔赛和约》的限制，魏玛共和政府不敢也不愿与蒋介石急速发展关系，起初他们仍然是以北京政府为中国合法政府，蒋介石的对德联络工作历尽艰难，一波三折，最后终于聘请了一批德国军事顾问来南京服务，但他们都是以私人名义与南京政府签约的，德国共和政府一再对外否认这些德国人具有任何官方身份及背景。但德国顾问的服务，确实给蒋介石留下了极好的印象，从而更坚定了他的联德决心，他希望德国来华顾问团升级，聘请职位更高、人数更多的德国军事、经济专家，同时积极谋求发展双方外交关系以及全面的经济合作。

南京国民政府于1928年6月完成“第二期北伐”，初步达成了在全国范围内的统一。7月7日，国民政府发表宣言，表示“现在统一告成，国民政府……对于一切不平等条约，特作下列之宣言：（一）中华民国与各国间条约已届满期者，当然废除，另订新约。（二）其尚未满期者，国民政府应即以相当之手续解除而重订之。”[31]南京国民政府外交部长王正廷向北京各国驻华使馆发出通知，请他们派员来宁与国民政府接洽外交，修订条约。各国徘徊观望，不愿南迁，而德国因无历史包袱之累，首先同意与南京国民政府建立联系。

1928年8月17日，德国驻华公使卜尔熙抵达南京，就另订新约问题与南京政府外交部长王正廷会商数次，签订了《中德关税条约》。[32]这份条约之签订，在形式上达成了双边的平等地位，可在当时国人却认为“且新约中之不平等反较为甚”，因为它提高了作为战败国的德国的在华地位，于是全国舆论大哗，群对外交当局表示不满，外交当局亦颇受其苦，然事已成就，亦只能徒唤奈何而已！[33]但无论如何，这是南京国民政府第一次与德国签订外交条约，标志着双方正式外交关系之开始，并为后来德国工业产品及资本投入中国市场创造了基本条件。

从此以后，中德双方外交关系即以德国军事顾问团的在华活动及中德经济贸易合作为两条主线的基本内容，广泛地开展起来。

德国共和政府虽然对发展对华关系不太热心，但在军事、经济两方面“拖牵”之下，不得不以比较被动的姿态开展对南京国民政府的接触工作。

1929年1月，蒋介石委派资深外交家蒋作宾出任南京政府首任驻德公使，德国政府对蒋氏到来给予了热情的欢迎。蒋公使曾致电南京当局汇报说："宾抵柏（林）时，德国政府表示诚恳欢迎，政府机关报及一般舆论发表对华亲善言论，指颂国民革命成功，并与两国国际地位相提并论，措词尤为恳切。"恳切倒是恳切，只是这种"单纯而近乎完美的"[34]关系，实质上是因为双方政府间并无多少实际利益冲突而显得一团和气罢了。虽然中方满怀"单相思"式的热情，德方倒很像一个被追求的女子，竭力想把双边关系限制在"平常式友谊"范围之内。对于中方的"热情"，他们除在经贸活动中努力发展关系外，在一般国际关系中也采取对华友好的姿态，注意帮助中方维护主权利益，如1929年7月19日，中俄因"中东路事件"而断交，德方曾受中方委托，在调停工作中维护中国的利益，受到了中方的好评。10月9日，德国政府曾致函中苏双方，要求各自释放在中苏边界冲突中所拘捕的对方人员。是年夏，南京国民政府为孙中山举行奉安大典，德国政府遣使来华致唁。

到了1931年之后，中德两国国内都发生了较大变化。这种变化使得中德双边关系有了突破性的发展。

四

综观20世纪20年代国民党人的联德思想及其实践，我们可以发现，这一时期国民党人的联德思想与努力给其执政后的对德关系奠定了基础，对后来蒋介石南京国民政府的对德友好外交产生了深远的影响。因此我们可以说，20年代自孙中山开始到蒋介石继续的国民党的联德政策，其动因即有现实的政治与军事、外交的需要，而更深层次的是出于国民党主要领导人对德国的赞赏与好感。在国民党与德国的关系上，前者是处于主动地位的。德国方面虽然在此时期内自顾不暇，但为了摆脱战败困境，恢复在华的地位，他们对国民党人的示好，在总体上是采取了接纳的态度，因此造成了双方后来关系升温的结果。而自20年代末期国民党掌握政权统一全国后，中德双方的友好合作，对中国的国防军事建设、对外贸易乃至全面抗战，都产生了十分重要的作用。国民党的对德关系遂成为民国外交史上不可或缺的一页。

【注】

[1] 傅启学 :《中山思想本义》，第 140 页。台湾“国父遗教研究会”1981 年印。

[2] 黄季陆 :《孙中山先生与德国》，台湾《中华学报》第 7 卷第 2 期，第 50 页。1980 年版。

[3] 张其昀 :《国父思想与德国文化》，载张其昀《中德文化论集》第 1–2 页，台湾 1966 年版。

[4] 孙中山《中国存亡问题》，载《国父全集》第 2 册，第 105 页。中国国民党中央党史会 1978 年编印。

[5] 上述各电均见《国父全集》第 3 册，第 436–446 页。

[6] 孙中山《外交上应取的态度》，载《国父全集》第 2 册，第 857 页。

[7] 傅宝真:《德国与我国抗战前南方内陆工业区发展及其背景分析》，台湾《逢甲学报》，第 21 期，台中市逢甲工商学院，1988 年版，第 53 页。

[8] [美] 柯伟林 :《蒋介石政府与纳粹德国》第 39 页，中国青年出版社，1994 年版。

[9] 许智伟:《国际孙逸仙先生学术研讨会的经过及其影响》，载《东方杂志》复刊第 12 卷第 10 期，台北商务印书馆，1980 年 4 月版，第 9–10 页。

[10] 法斯 :《1921 年 –1924 年的孙逸仙与德国》，载《东方档案》1968 年第 36 期，第 3 页。

[11] 该函原件现存波茨坦德国中央档案馆，德国驻华使馆文件 Nr.2232,B131–32。又见《1921 年 –1924 年的孙逸仙与德国》，《东方档案》，1968 年第 36 期，第 145 页。

[12] 黄季陆 :《孙中山先生与德国》，第 59–60 页。

[13] 参见傅宝真:《在华德国军事顾问史传》，载台湾《传记文学》第 23 卷第 3 期，1973 年 9 月版，第 6 页。

[14] Gustav Amann:Chiang Kai–Shekunddie Regierungder Kuomintang in China,Heidelberg1936.(德) 古斯塔夫 · 阿曼 :《蒋介石及国民党在中国的统治》第 128 页，海德堡 1936 年版。

[15] 吴景平《从胶澳被占到科尔访华 – 中德关系 1861–1992》第 128–129 页，福建人民出版社，1994 版。

[16] 《蒋介石政府与纳粹德国》，第 177 页。

[17] 《1978 年 1 月 5 日柯伟林采访蒋纬国记录》，载《蒋介石政府与纳粹德国》，第 180 页。

[18] 《德国驻华军事顾问团工作纪要》，第 4 页，“国防部史政局”1969 年编印。

[19] 有关这方面的具体统计可参见《蒋介石政府与纳粹德国》，第 187–189 页。

[20] 德国联邦档案馆藏《1932 年 12 月 19 日恩斯特 · 鲍尔致戈林函》，转引自《蒋介石政府与纳

粹德国》，第 189 页。

[21] 《民众论坛》社论，第 12 卷第 5 期，第 7 页，1936 年 3 月 1 日。

[22] 河阳等著《蒋介石揭密》，第 322 页，中共中央党校出版社，1994 年版。

[23] 傅宝真:《德国与我国抗战前南方内陆工业区发展及其背景分析》，台湾《逢甲学报》，第 21 期，第 55 页。台中市逢甲工商学院出版。

[24] 傅宝真:《德国与我国抗战前南方内陆工业区发展及其背景分析》，台湾《逢甲学报》，第 21 期，第 55 页。

[25] 陈红民 :《胡汉民评传》，第 201 页，广东人民出版社，1989 年版。

[26] 全德工业联合会《商务报告》第 11 卷第 2 期，1929 年 1 月，第 31 页，德国外交部政治档案（15）BD.2。

[27] 《欢迎德国工业考察团筹备会第一次会议纪录》，1929 年 1 月 21 日，载《铁道部公报》，1929 年第 3 期，第 143 页。

[28] 《埃德曼斯多夫（北京）致外交部》，1929 年 2 月 10 日，德国外交部政治档案（17）。

[29] 德国联邦档案馆藏《西尔维尔伯格遗件 NO：243》，载《全德工业联合会备忘录》，1930 年 11 月 1 日，第 3–4 页，转引自《蒋介石政府与纳粹德国》，第 338 页。

[30] 德国联邦档案馆藏《西尔维尔伯格遗件 NO：243》，载《全德工业联合会备忘录》，1930 年 11 月 1 日，第 3–4 页，转引自《蒋介石政府与纳粹德国》，第 338 页。

[31] 《南京国民政府关于重订条约的宣言》，1928 年 7 月 7 日，《中华民国外交史资料选编（1919–1931）》第 456 页，北京大学出版社，1985 年版。

[32] 《中华民国外交史资料选编（1919–1931）》，第 478 页。

[33] 洪钧培《国民政府外交史》，第 1 集，上海华通书局，1930 年版，第 297 页。

[34] 张水木 :《对日抗战期间的中德关系》，台湾《近代中国》第 35 期，1983 年 6 月 30 日出版，第 544 页。

斯坦法尼访华与中意关系

载《民国档案》，2006 年第 1 期。

在中国近现代对外关系史上，中意关系通常是被人们忽视的内容。然而，实际的情况却是，民国时期的南京国民政府与意大利墨索里尼政权之间，曾保持过比较密切的合作关系，这种关系就如同当时外冷内热的中德关系相类似。在法西斯政权执政时代，意大利也曾对华保持过比较友好的双边关系，其在政治、军事、航空工业等方面，对中国有过一定的影响。只不过因两国在二战中最后分别归属两大交战集团的原因，对这段历史，中方后来不再愿意提及。

艾尔伯特·德·斯坦法尼(Alberto De Stefani)是上世纪30年代前后，意大利与中国关系史上的一个重要人物，他的对中意关系的认识、贡献及其使华经过，对研究这一时期的中意关系，具有重要作用。

一、斯坦法尼访华之行的双边关系背景

南京国民政府成立后，其对外关系主要以日俄英美为对象，意大利作为二流的列强国家，开始阶段并未被南京所重视。但意大利政府虽然倾向于德日法西斯国家，他们对中国这个大的殖民地市场还是比较重视的。早在1930年代初，意大利政府就表示出了一些增强对华关系的愿望。

1931年9月18日，日本攻占中国东北三省后，意大利在国联组织内，曾谨慎地对中日战端表现出了一种表面“公平”的态度，并没有无原则地一味袒护日本。按照外交部长迪罗·格兰第(Dino Grandi)的指示，意大利对由国联组织的“李顿调查团”表示支持，希望以国际力量来介入满洲问题。“李

顿调查团”来华后，在最后的报告中，谴责了日本的侵略行为，但并未给予纠正，他们在日本的淫威下，想以促成一项妥协性协议的结果，来化解中日之争，实际上是起到了客观上庇护日本的作用。

当时意大利驻华领事加利亚 · 齐亚诺(Galeazzo Ciano)，是意大利元首墨索里尼的女婿，已经在华供职数年，他充当了意大利“对华新政策”中的一个重要角色。齐亚诺后来参与了1932年5月《中日淞沪停战协定》的调解与订立，发挥了一定的作用，因此他被任命为意大利驻华全权公使，随后他着手于发展意大利在中国影响的工作，重点是拓展其在华政治、军事和经济领域的参与力度，取得了一些实效。

从1932年到1935年，中意间有关军事及工业方面的物资贸易已经开始，在农业方面，中方向意大利购置农机设备的计划也在进行中。中意双方通过发展多方面的贸易，关系得到了加强。特别是1933年以后，意大利航空专家受国民政府之聘来华，参加了南昌飞机制造厂的创建和管理，意方还向中国出售了航空器材及其生产设备，这对于当时中国航空事业和国防建设贡献良多。[1]抗战开始时，中国空军主力战机中，从意大利进口的亚非特BR—3轻型轰炸机和萨伏亚S—10重型轰炸机，因其航程远而占有重要的位置。[2]

1935年10月，意大利发动了侵略阿比尼西亚(埃塞俄比亚)的战争，国际联盟通过决议，以经济与财政手段来制裁意大利，中国出于遭受日本侵略的切身之痛，认为对“意大利侵略行为的认定和严惩，可作为一项引申为此时中国与日本两者关系的有利的例证形式”，因而赞同国联制裁意大利的侵略行为，表示了坚决的态度。由此中意双边关系一度恶化。但中国终究不想失去意大利这个盟友，次年开始中国便尝试与意大利恢复关系。1936年下半年后中意合作重新启动，但自此以后，因为罗马与东京的关系日趋密切以及德国与美国在对华航空合作领域内与意大利的强力竞争，中意关系并没能再向前进一步地发展。[3]

1936年底，意日间的密切关系终于导致了意大利在远东外交战略上迈出了重要的一步，日本以其在埃塞俄比亚首都亚的斯亚贝巴(Addis Abeba)公使馆降格为领事馆，来换取意大利在日本占领下中国沈阳领事馆的继续开馆，这桩不光彩的交易被中国视之为意大利朝着承认伪“满洲国”的方向迈出了第一步，引起了中方的极大不满。

10月24日，意大利与德国间“同盟协约”(Collaboration Pact)签字，“罗马—柏林轴心”形成。而在此前后德国又与日本签订了“反共产国际协定”(Anti—Comintern Pact)，这就为德意日法西斯“轴心”的形成奠定了基础。

在这种国际背景下，意大利对华外交政策开始变得模糊，摇摆于“敌”、“友”之间。一方面他们从自身的贸易关系和在远东的影响出发，对中国表示关注；另一方面又受到与日本军事战略联盟关系的制约，不得不与中国疏远。当时意大利的对华关系遭遇到了与德国对华关系同样的困难。

在这个时刻，艾尔伯特·德·斯坦法尼开始了他历史性的中国之旅。

二、斯坦法尼访华之行

艾尔伯特·德·斯坦法尼(Alberto De Stefani)是意大利国家法西斯党(NPF)领导人中的一位比较特殊的人物，他在党内的职务是主管经济的官员，但作为一个本着宽容原则的“自由主义”经济学家和持完全“唯生产理论”的人，他的观点与法西斯“中央集权下的统治经济”理论存在着很大的分歧。起初，他以政治经济学与财经学教授的身份出任罗马大学新成立的政治学院院长，后来在1922年，他担任了意大利政府的财政部长，不久又出掌财政金融联合部门，一直任职到1925年春天，终因与大企业家发生矛盾而被迫辞职。[4]

在同一时期，因为他与墨索里尼(Mussolini)的关系没有处理好，他的政治地位也趋于下降。1924年，意大利最主要的反法西斯组织领导人之一贾科诺·马特奥第(Giaeomo Mat teotti)被暗杀，对此，斯坦法尼表示严重不满，他曾发表辞职声明以示抗议。后来，在法西斯党的压力下又被迫表示屈服，他撤回了抗议。

离开政府职位以后，他与学者同行一起，开展了有关农村经济政策的研究活动，他还进行了关于沼泽地排水和灌溉设计项目的科研。一年之后，由于他不满意现行社会制度的言论并没有减少，进一步加深了当权者们对他亲犹太、亲英国立场的疑虑。他的处境开始不妙。为了自身安全及利益考虑，1932年，他不顾周围人们的反对，回到当时著名的法西斯党魁格兰·康西里奥(Gran Consiglio)身边，重入法西斯政坛。1935年，斯坦法尼宣布他支持“莱瓦尔—霍尔”计划(Laval—Hoare Plan)以结束对于埃塞俄比亚的战争，这项计划由法国外交部长皮埃尔·莱瓦尔(Pierre Laval)和英国外交大臣雷金纳德·霍尔(Reginald Hoare)共同拟定，其内容为同意按照意大利占领者的利益来分割埃塞俄比亚。这说明他此时已经重新投入法西斯阵营。[5]

以上就是艾尔伯特·德·斯坦法尼应中国政府之邀，以一名高等顾问身份来华执行使命前的背景。中方之所以邀请斯坦法尼来华，是出于两方面的原因，其一是加强中意关系的愿望，二是对其以财经专长帮助中国整理金融的期望。

1936年前后，南京国民政府通过访意的军事家蒋百里和驻意大利外交官薛光前，了解到斯坦法尼的情况。当时薛光前是中国驻罗马大使馆的一位年轻随员，他因入学于罗马大学政治学院，成为斯坦法尼的学生，受他指导准备毕业论文。1935年9月，国民政府高等顾问、中国军事战略家蒋百里将军作为蒋介石的特使访问罗马，他在意期间，研究了德国与意大利的战时军事动员问题，准备为中国对日的战备搜集资料。斯坦法尼把薛光前推荐给蒋百里，三人间建立了特殊的关系，斯坦法尼和薛光前都参与了蒋百里的研究工作。[6]蒋百里回国之后向蒋介石提交了一份有关国防力量现代化的研究报告，他在报告中强调了空军在现代战争中的作用，并说明为了在国防战备中彻底改善工业及交通结构，需要有坚强的经济基础作保障。蒋百里较为深刻地阐明了为成功地实现国家抗日总动员，现时财经政策与军事战略的密切关系，而这些思想之产生确实受到了斯坦法尼观点的影响并有其直接参与论证。[7]

由于上述原因，加之斯坦法尼的专长及他与墨索里尼比较密切的关系，在蒋百里等的热情推荐下，斯坦法尼成为中国拉拢的重点对象。为了让他能够受邀来华，中方不惜绕着圈子，请纳粹德国经济部长的赫尔曼·沙赫特(Hjalmar Schacht)出面，转达盛意。这招果然见效，斯坦法尼答应受聘担任中国政府的名誉高等顾问，来华进行访问。按照他与中方的约定，来华期间为六个月（包括往返旅程），从1937年2月中旬至8月中旬，“每月聘金美币五千元，另贴来回旅费，每次意币四万吕耳（当初约合七千余元）。”[8]在华期间，还奉蒋介石之令，由军事委员会办公厅发给其“视察旅费国币一万元。”[9]这种礼遇表明了中方对于斯坦法尼抱有很大的希望。

在他使华之前，很显然的是，斯坦法尼因自己的特殊地位，在意大利政府中已经成为对华关系中的重要人物。1936年12月12日，他与国家元首贝尼妥·墨索里尼(Benlto Mussolini)以及外交部长加利亚·齐亚诺(Galeazza Ciano)进行了会见。在谈话中，斯坦法尼报告了他准备访华的计划，得到了墨索里尼对中国友好的表示。会见后，斯坦法尼说：“正如领袖(指墨索里尼)所强调的那样”，“为了有助于在中国与日本间进行调解，我们将基于策略上的理由而保持与双方的友好关系。”“希望建立一个有秩序的、独立的、在远东拥有强大政治军事力量的中国。”他同时也强调了齐亚诺所主张的“意大利应适时地与日本建立友好关系”的观点，但他否认“满洲国将可能被承认或者存有在这一方面的任何行动意图——即使这是不正确的但却是事实上的存在。”[10]

1937年3月，当斯坦法尼第二次会见墨索里尼之后，他更加坚定了自己的印象，他在自己的《使华日记》中，记录到墨索里尼曾向他询问有关“支持中日间调解工作、促使中国摆脱英国势力影响的自治自立工作”以及“劝告中国采纳非官方的民众组织计划与在中国寻找合适的地方发展与我们同样的制度”等等问题。[11]斯坦法尼从一个亲华政策拥护者的角度来理解这些指示，并加以执行。但是从当时的国际形势大局出发，他对于意大利对华立场可能会发生变化也充满了忧虑。关于这一点，他从来自罗马有关方面的通信中得到了确定与否认两方面的传闻，在斯坦法尼的内心中，总存在这样一种祈望，他希望中意关系能向好的方向发展。事实上，在1937年初，当斯坦法尼前往中国去完成他的使命之时，意大利对于中国政府的态度起码是在形式上仍表现出一定程度上的同情与关心，虽然当时意大利并未在调解中日关系方面做出什么举动。

1937年3月初，斯坦法尼怀着这种隐约担心的心情，在他的顾问薛光前的陪同下启程，乘意大利维多利亚号海轮，于3月28日抵达中国上海。[12]按照中方的聘约，他应该在中国逗留半年，对中意关系和中国的财经改革提供咨询服务。但因7月间中日战争爆发，他在华只呆到9月，便提前离开中国返回意大利，经过一段漫长的旅程后，10月他回到了家乡。

因为斯坦法尼的访华之行负有为中国改革行政、经济及财政提供参谋意见的重任，中方十分重视他的访问。在斯坦法尼抵达南京之前，国民政府专门设立了一个办公处，由专门委员薛光前负责，安排他的访问日程和接待工作，提供了良好的生活待遇。仅该办公处每月的经常开支费就达2100元，甚或超出，如1937年8月费用开支达2741元，以供斯坦法尼在庐山、上海间旅行之用。[13]

斯坦法尼在南京受到了很多的优待，他住在国民政府要人的居住区西康路21号[14]，用有专门的卧车、管家、仆佣、警卫与司机，[15]住所内装置了无线电通话机，以便他随时“与罗马及北平等处通话，”[16]斯坦法尼的办公处则安排在风景秀丽的中山陵园卫岗8号原孔祥熙公馆内。

斯坦法尼在中国访问了一批重点省市，包括山东、河北、山西、湖北、湖南，以及济南、青岛、天津、北平、汉口和长沙。在这些地方，他会见了各地方官员，省长、市长及驻军的将领、各地方显要人物及工业及商业阶层、各大学及文化界的代表人物。在访问期间，他还发表过几次演讲，论述的中心内容是关于国家的重建和统一问题。到达南京之后，他又会见了国民政府和军界高官及经济、财政专家，阐述了他对于中国财政经济体系改革计划及各种细节事宜。

为了给斯坦法尼“研究国防财政问题”提供最大的方便，资源委员会奉军委会办公厅之令，发文到财政部、司法部等有关部门，要求他们提供研究工作所需要的资料。从有关档案记载来看，斯坦法尼要求中方提供的资料有：关于烟草生产销售和税收方面的数据资料，详细到各省各地区各种烟草生产厂家名称和生产能力以及销售情况、税收统计；关于各级司法机关司法诉讼过程所收取的各种费用的收缴统计材料及统计报表，包括各级司法机关诉讼状、诉讼费份等及其价目、司法罚金收入、法院对人民使用司法机关诉讼状的各种规定等等。财政部还组织人力以每千字6元的酬劳将各种财政法规材料翻译成英文，供斯坦法尼参考。[17]

1937年6月，斯坦法尼应蒋介石邀请抵达江西庐山，接受蒋的会见。在庐山期间，他又提出了另外的一些建议与计划，其内容包括改革中国税收系统，开征财产税、所得税等等，以及通过国家总动员法的有关问题。7月下旬，中日战争全面爆发后，斯坦法尼被派往上海与宋子文一道工作，制定稳定国家通货及国家财政的计划，他在那儿逗留到8月中旬。当八一三淞沪战役打响后不久，他在作为蒋介石个人赴罗马代表的蒋百里以及薛光前陪同下，从上海经香港返回意大利。

在斯坦法尼访华期间，他曾定期向罗马意大利法西斯党国外事务总秘书送交了多份机密报告，其中基本的内容是有关中国“法西斯主义”力量发展活动以及有关中国共产党与中国反共活动的情报。如在1937年春的一份报告中，他指出了在中国的总体政局方面所发生的变化，他预期中日关系将更趋恶化，而苏联方面则将利用这一时机，以“在中国开展一次全力的宣传运动”为目的，达成实行共产主义宣传的效果。斯坦法尼在报告中写到，在当时的中国，“报纸、图书、小册子以及杂志，除图画外的一切出版物，包括了有倾向性的文章及新闻、短篇传记及对于领袖(指墨索里尼)、希特勒总理、西班牙民族运动领袖(指佛朗哥)，甚至包括日本的军队统帅与政界要人的诬侮性漫画现在都被公开出售，这种状况与日俱增”。他同时也指出，“中国当局对于共产主义以及亲苏的团体协会组织，特别是对于批评德国与意大利对外政策的多种现象的软弱的压制亦正在逐步加强。”[18]斯坦法尼认为：改变局面的方法是有必要在中国与日本之间达成一个“最后协定”，以造成一种使中国“回到反共立场上来”的局面。斯坦法尼甚至强调说：“我们担心，还是在这一问题上，不要因为行动太迟而无法消除现在非常广泛的特别是在青年中间的(共产主义)宣传影响。”[19]

斯坦法尼表示了他对意大利保持其对华政策一贯性的信心，甚至认为今后这种友好关系将被赋予新阶段的特征。直到1937年7月，日本全面的侵华战争开始后，他对中意关系的信心似乎也没有动摇。战争爆发后的第10天，7月17日他在庐山与蒋介石见面，他们就中意关系和中日战争进行了简短而明确的交谈。蒋介石满怀希望地要求意大利出面调停中日战争，而斯坦法尼则劝说蒋介石赶快集中权力来应付时局的变化。以下是他们会谈的记录：

蒋介石委员长与斯坦法尼顾问会谈纪要

日期：1937年7月17日

时间：下午5：00–6：00

出席人：蒋介石委员长，蒋夫人，斯坦法尼顾问，蒋百里将军

翻译：薛光前

蒋介石：顾问先生在此起居还好吗?生活愉快吗?

斯坦法尼：本人生活非常愉快。衷心感谢阁下的诚挚关怀与照顾。但面对近来中日冲突事件，使我对贵国及阁下所承担之沉重压力感到十分忧虑。

蒋介石：蒋百里将军告诉我你已经对中日间最近发生的问题作了非常详细的研究。在此，我还希望能听一听先生对于中日事变所导致的世界形势变化的分析。

斯坦法尼：至于中国如何来应付目前的危机以及应采取何种对策，我认为阁下必须下定决心，做出自己的计划，而不用受鄙人言论之影响。关于世界形势之变化，主要还取决于中国态势的发展，为其左右。举例来讲，阁下

作为全中华民族的领袖，国人对您的信赖、拥护之持续，将会形成在战争危机阶段的政治领导中心。应该是事事服从您的命令，而不必要通过什么会议来讨论一切。例如在战时财政准备工作方面，如果阁下没有一个领导权力中心作为有效的控制手段，那就将很难产生工作效率。因此，我的意见是，阁下应立即要求你的政府授予你处理目前危机的最大权力，这种权力授予，并非贵国首创，其他国家的领袖们在他们的国家处于相似情况下时通常都会这样做。我相信，如果您在此危急关头向贵国政府及人民请求如此权力，是不会有任何人能够起而反对的。

蒋介石：我同意先生所说的一切，你能否概要阐述一下贵国领袖墨索里尼先生对于这次中日事变的态度?

斯坦法尼：我目前对此尚不完全清楚。在离开意大利之前，我去向国王陛下告辞后见到了墨索里尼。当时我向他询问到："现在意大利在你的领导之下，你的对华政策如何？你是否希望中国强大起来呢？"他回答说："是的"。由这句话我明白了他的对华态度是非常好的。因此，我的态度是："我热爱中国就如同我热爱我的祖国一样．我从心底发出肺腑之言：中国目前正处在一个重建时代，只要不危害其主权，任何妨碍其重建工作的事情都要努力避免，这样重建国家的工作才能完成。五年左右，或许在未来五年中，如阁下能够仅用三年时间来加强特殊的地位，我将确信你的不可动摇的权威与稳固有力的领袖地位，中国也将不仅会有足够的力量面对敌人的侵略保卫自己，而且还能够战胜其对手。这就是我的见解，同时也是墨索里尼的意见"。

蒋介石：先生所说非常正确。中国一贯是在寻求和平，这样她才有时间致力于重建。如果日本愿通过合法途径与中国谈判，而不是诉诸武力侵犯其主权，中国愿通过和平的方法来解决问题。但事实上日本每天都在向中国增兵。从其政府声明中十分明显地可以看出，他企图分裂中国的领土，在华北制造另一个"满洲国"傀儡政府。在这样的情况下，中国不得不奋起抵抗以保卫自己的国家。

北平是中国具有五百年历史的故都，目前其重要性超过了南京，如果北平被日本人占领，就等于中国就要亡国，这就标志着我的出于全面谨慎考虑的妥协政策的结束。如果日本始终贯彻其野心勃勃的计划，那不仅中国与日本将成为世仇，而且作为日本垄断的结果，列强各国也将在对华精神及物质合作各方面遭受损害。

因为我把墨索里尼先生看作是最诚挚的朋友，所以我告诉你我们最后的决定。如果墨索里尼能够帮助保持远东的和平与中国人民的平安，我们将感到无比欣慰。

斯坦法尼：我将把阁下刚才所言函告墨索里尼，在蒋百里将军与我完成这封信件起草工作后，我们将在邮发前呈送阁下阅览。

蒋介石：很好。我非常感谢你对中国如此关心。因为另有公务，我先告辞了，请先生再坐坐，继续会谈。

以下为蒋夫人讲话摘要：

近几年来，中国为了集中精力致力自强，她容忍了来自那个侵略霸道邻国的多次进攻与侮辱。世人在错误的引导下，以为中国是一个弱者，无能的民族，没有自我防卫的能力。现在，我们的敌人已经派兵深入中国领土，再次侵略。我们不得不以战斗来捍卫我们的独立与主权。这就是为什么委员长受到全中国人民支持的原因，因为他能够真正地保卫中国的领土及其主权。在这种危急时刻，只要我们的敌人还侵占着我们的一寸领土，委员长将坚持战斗到最后胜利而不惜任何牺牲。“宁可站着死，决不跪着生”，每一个中国人都将为了挽救自己的祖国而战斗到最后一口气。有人说中国政府是从苏联取得帮助来抵抗日本，这不是事实。这也许是日本散布的谣言，委员长已经与共产党努力奋战了十年，要他与他们妥协是不可能的，委员长对墨索里尼先生予以充分信任，当科特·齐亚诺(Conte Ciano)任意大利驻华大使期间，两国之间保持了非同寻常的友谊。我们对于在中国航空委员会内工作的意大利军事顾问，绝没有隐瞒任何事情。这充分显示了中国人对意大利比对其他国家更真挚。我希望阁下将对墨索里尼先生重申委员长的陈述，我们希望得到他的全力声援与支持。[20]

从蒋介石与斯坦法尼暂短的会晤中，我们可以看出，蒋的意图是在摸清意大利墨索里尼政府对于中日事变的态度，并争取意大利出面调解，制止中日战事扩大化，并强调了中国被迫应战的态度，宋美龄则论述了中国对意大利友好的表示。斯坦法尼也表示了意大利对华友好的态度，并希望蒋学习墨索里尼的独裁统治。这次会晤虽然短暂，但它却是中国抗战初期的一项重要的外交活动，也是中意关系史上的一件大事，它充分表明了当时中意双方在远东局势看法上的异同，意义重大。

按照原拟计划，斯坦法尼在中国聘用合同应到9月5日止，后“奉钧示延长一月至10月5日为止”[21]，但因八一三淞沪战役的爆发，战火逼近上海，斯坦法尼遂决定提前结束他在中国访问回国。

为了表彰他的服务，中国政府授予他青云勋章(Distinguished Blue Cloud Decoration)，另又“蒙批谕继续聘请其为名誉高级顾问，酌给微俸。”[22]按照蒋介石的指示，由军需署照国民政府最高文官的待遇，月支薪金800元，三个月一付，由中国驻意大使刘文岛转交。[23]蒋介石特别指示，这项待遇“并无期限”、“不必停支，以维系关系”[24]。这是中方给予一个外国人的最高荣誉和待遇，以至于斯坦法尼本人都觉得“无功受禄，曾有不愿领取之表示”，他还主动放弃了回国旅费二万吕耳的领取。[25]

在到达意大利之前，他在香港向新闻界发表谈话，宣称“虽然中国并不喜欢战争，但他依然准备作战”，“中国以其民众的及军事的力量，已经显示出其作为世界政治平衡的国际新要素的作用，因此中国的前途将不会失败”。[26]

三、斯坦法尼维护中意关系的努力

斯坦法尼与蒋百里及薛光前之间友好合作一直持续到他回到意大利之后，直到1938年11月蒋百里去世，在《蒋百里全集》中还曾收入了斯坦法尼的一些来信，这是他们之间密切关系的证明。

事实上，斯坦法尼回国后，并没能在促使意大利政府在介入和调解中日战争方面取得什么效果。他曾与墨索里尼再次见面，但墨氏“接见史氏之时间甚短，态度显然冷淡，只嘱其向外交部提供关于在中国担任高等事务顾问之报告。此事史丹法尼（即斯坦法尼）认为不宜，而未奉行。”[27]

由于当时国际舞台上已经和即将发生的政治局势变化，随着两大国际阵营对垒局面的正式形成，意大利对华态度的恶化趋势将不可避免。

在这种情况下，斯坦法尼坚持意大利必须对华友好表现了他在政治上天真的一面。当时在欧洲，英法对于德意的绥靖主义政策恶果已现，1938年3月德国吞并了奥地利，同年9月“慕尼黑会议”签署条约，认可德国吞并捷克苏台德地区(Sudeten)，这种妥协一直持续到一年后德国进攻波兰为止，这是英法两国对于纳粹法西斯所做出的实质性让步。与此同时，在远东方面，在日本的全面进攻面前，中国共产党与国民党正式开始了第二次合作。8月，中苏签订了《互不侵犯条约》，这些事实证实了斯坦法尼关于日本发动侵略后南京政府将改变其反共反苏政策的预计。

斯坦法尼坚持对华友好的观点与努力在当时的意大利没有得到当权者的认可与重视，而他同情中国的言行也给自己带来了许多的麻烦。“1937年10月15日，史丹法尼著《中国之军队》一文刊登于都灵之《新闻报》(此报之重要性在意大利居第二位)。当时日本驻意大使向意政府提出质询，并有一……武官，至该报总经理处，提出抗议。因此之故，史丹法尼经宣传部部长阿菲爱里之传达，受到墨索里尼之警告。”其后，日本使馆武官还亲自出马访问斯坦法尼，向他解释日本对华政策，斯坦法尼当面回答他，希望日本为自己的利害考虑，在“尊重中国领土完整及政治、经济独立之原则下，对中国成立和平。”日本武官说：“日本为胜利者，当继续战争至最后的结局。”[28]

当时意大利政府高估了日本而低看中国，认为中日战争将在1937年内或最迟在1938年上半年结束。当齐亚诺外长就此询问斯坦法尼时，他回答说：除非双方自愿结束，否则可延长三年四年，或竟至无数年。[29]

1938年6月，斯坦法尼又写了一篇关于汪精卫生平和他政治结局的文章，由薛光前翻译成中文，在11月16日的汉口《扫荡报》上发表，文章的题目就叫《蒋委员长之叛徒》。当时在意大利国内，所有的报刊都在为日本人的走狗汪精卫投日叫好，把他说成是“中国人民的真正代表及中国合法政府之首脑，”而斯坦法尼的文章则“明白指出汪精卫决不能代表中国民众之意识，且认为汪精卫亦无足以代表中国民意之人格也。”他找到齐亚诺，要把文章在意大利公开发表，得到了同意。斯坦法尼另外还写了其他的文章，“阐明中国抗战由于民族需要，而日本之胜利并无把握。”[30]

1938年后，他根据多方面的事实观察，得出了意大利对华政策已经发生“向后转”的结论。他指出，现在国际形势的变化超过了几个月来他在呈送蒋介石有关世界政局的多份报告中所做的预期。面对新形势，如何进一步维持和发展中意关系，斯坦法尼认为需要以新的刺激来促使墨索里尼重视中国。

正如前述，中国参与谴责意大利入侵埃塞俄比亚是中意发展关系中的一个重要障碍，为了克服这一障碍，斯坦法尼和蒋百里商量，准备起草一份关于中意外交基本原则的文件，在意大利发表。在这份文件中，首先一点是中国承认意大利对于埃塞俄比亚的绝对统治权，第二点是意大利许诺支持中国人民的争取自主独立的立场，即抗日的行动。他们同时还想通过这份文件，为确认日本占领中国与意大利占领埃塞俄比亚两者间并无任何类比关系提供佐证。他们也期望英美等国能支持这份文件。斯坦法尼强调了中国承认意大利在埃塞俄比亚统治权的重要性，并认为由于欧洲局势的严峻，英国已无暇顾及远东，此时，意大利不应该坐失良机而抛弃中国。在那一阶段的一些信件与笔记中，斯坦法尼也曾明白地流露过他对于中国被迫依靠自己的力量，孤军抵抗日本进攻所表示的辛酸与同情。[31]

但是，斯坦法尼的这些努力在中意分归于世界两大对立阵营的大趋势下，在日本政府拒绝英法等国调解中日战争以及美国对于中日之战的含糊动摇的表态面前彻底的失败了。面对列强的这种无赖的绥靖主义战略，斯坦法尼曾讥讽美英为“具有在促使中国屈服的同时又表示出他们最后的同情的双重目的”。[32]

也正是由于这些，在中方来看，斯坦法尼一直是位友好的朋友。在以后的日子里，他依然受到了中国最高当局的赞扬与欢迎。

不久之后，法西斯意大利的远东外交政策最终发生了大转变：1937年11月29日，意大利正式承认伪“满洲国”，中意友好关系到此结束。

这一结局对斯坦法尼来说是痛苦的。从他的回忆录中可以看出，在那段被他形容为“漫长的、对我来说是很痛苦的岁月”里，他的那些观点只能独自埋藏心底，“难与人言”，直到战争结束。

在战争的大局渐明后，斯坦法尼参加了国内反对墨索里尼的活动，他与齐亚诺等人在法西斯大评议会上发起通过了重建宪政体系的决议，促使国王罢免墨索里尼职务，收回军权，成立了巴杜格里奥政府，一时间意大利终止了法西斯专政。但墨索里尼在希特勒军队的帮助下，很快卷土重来，他们宣布斯坦法尼是“亲英及亲犹太人分子，”对他进行通缉，并缺席审判，将包括他在内的18名反叛者处以死刑。斯坦法尼得其亲友的冒死相助，四处躲藏，才得以生存到战争结束，而齐亚诺则被其岳父墨索里尼处死了。[33]

1945年8月11日及14日，斯坦法尼给蒋介石写了两封信，当时正是日本投降、中国取得最后胜利的日子。站在中国的立场上，他在信中强调在反抗日本侵略争取最后胜利的斗争中，中国人民的爱国主义精神起到了决定性的作用。他表示将牢记着：“我对中国事业的信念已被过去的耻辱所掩盖，这是一次痛苦的经历，甚至在最近的日子里我还因此而受到谴责”，但是他又在信的最后再次寄语中国人民，表示他的友好感情：“今天，我对中国人民的信念已经得到了完全的圆满报答”。[34]

艾尔伯特·德·斯坦法尼是中意关系中的一个重要的人物，对于他从事中意外交活动和作用的研究，对于了解和理解民国时期中意关系的历史将有特别的意义。

【注】

[1] 见 Giorgio Borsa《Tentatividi penetrazion edell' Italia ascista fascistain Cina，1932—1937》IIPoliticoXLIV，3，1979 年 9 月版，第 388—389 页。在这本著作中 (第 388 页)Borsa 写到：意大利的态度是公正无私的 (diimparzialita)，当然这种公正无私可作多种解释。转引自《日本侵华与中意关系》圭德・萨马拉尼 (Guido Samarani) 著，马振犊译，载《民国档案》1994 年第 3 期，第 61-67 页。以下简称"译文"。

[2] 见《中苏美空军抗日空战纪实》，北京航空联谊会等 2005 年 8 月编，内部发行。第 35 页。

[3] 同前引 Giorgio Borsa 书出处，原著第 407 页，译文第 62 页。

[4] 见 Franco Marcoaldi 著《Vent' annidi economiae politica，Le Caete De' Stefani(1922-1941)》，Milano，Franco Aneli，1986 版第 18—21 页。译文第 63 页。

[5] 见 Giuliano Procacci 著《IISocialismo italianoela Guerrad' Etiopia》，罗马，Editori Riuniti，1978 版，第 207-214 页。译文第 63 页。

[6] 见斯坦法尼的未刊文件。(以下引证他的文件与笔记用下列记号来表示："Pr"表示文件的编号，"PP"表示文件的页码。)详见 ADS(斯坦法尼之姓名缩写)Prl6 / l0PP708—710。译文第 64 页。

[7] 薛光前：《蒋百里的晚年与军事思想》，台北，传记文学出版社 1982 年第二版，第 108 页。以及《蒋百里先生全集》，台北，传记文学出版社，详见第四卷，1971 年版。《蒋百里传记资料》第一册第 3 页。台北，天一出版社。译文第 64 页。

[8] 《薛光前致钱昌照等函》(1938 年 10 月 21 日)，中国第二历史档案馆馆藏档案廿八 19138。

[9] 《资源委员会致军委会办公厅函》(1937 年 5 月 4 日)，中国第二历史档案馆馆藏档案廿八（2）456。

[10] ADS，Prl6；PP117—118；Prl6/2—PP1l6。译文第 65 页。

[11] ADS，Prl6/10；PP658。译文第 65 页。

[12] 《外交部交际科致资源委员会秘书处函》(1937 年 3 月 20 日)，中国第二历史档案馆馆藏档案廿八（2）456。

[13] 《薛光前致钱昌照等函》(1937 年 8 月 7 日)，中国第二历史档案馆馆藏档案廿八（2）456。

[14] 《资源委员会致交通部函》(1937 年 4 月 20 日)，中国第二历史档案馆馆藏档案廿八（2）456。

[15] 当时派给斯坦法尼的有公役丁德镛及勤务兵、清洁夫各一名、司机二名、卫士数人。——《军事委员会办公厅二处致资源委员会函》(1937 年 5 月)，中国第二历史档案馆馆藏档案廿八（2）456。

[16] 《交通部致资源委员会函》(1937 年 4 月 19 日)，中国第二历史档案馆馆藏档案廿八（2）456。

[17] 《资源委员会致财政部、司法部等公函》、《孔祥熙、孙拯等复资源委员会函》，中国第二历史档案馆馆藏档案廿八（2）456。

[18] ADS，Prl6/7，PP70—78。译文第 65 页。

[19] ADS，Prl6/7，PP77—78。译文第 65 页。

[20] 马振犊译《蒋介石与意大利特使斯坦法尼会谈纪要》载《民国档案》，1994 年第 3 期，第 57–59 页。原件藏罗马意大利国家档案馆，由圭德・萨马拉尼教授提供。

[21] 《蒋百里致蒋介石呈文》，中国第二历史档案馆馆藏档案廿八 19138。

[22] 《蒋百里致蒋介石呈文》，中国第二历史档案馆馆藏档案廿八 19138。

[23] 《军政部军需署致资源委员会公函》(1937 年 9 月 19 日)，中国第二历史档案馆馆藏档案廿八 19138。

[24] 《蒋百里致蒋介石呈文》，中国第二历史档案馆馆藏档案廿八 19138。

[25] 《薛光前致钱昌照等函》(1938 年 10 月 21 日)，中国第二历史档案馆馆藏档案廿八 19138。

[26] ADS，Pr16/10,PP708—710,Prl8/2,PP431。译文第 64 页。

[27] 《于斌主教在罗马会见史丹法尼谈话之备忘录》(1944 年 9 月 21 日)，中国第二历史档案馆馆藏档案廿八 19138。

[28] 同上出处。

[29] 同上出处。

[30] 同上出处。

[31] 详见 ADS，Prl6/4—2；PP545 及 547—548。Prl6/4—3；PP656。Prl6/10；PP575。译文第 66 页。

[32] ADS，Pr16/4—5;PP887—890。Pr16/4;PP216—219。译文第 66 页。

[33] 《于斌主教在罗马会见史丹法尼谈话之备忘录》(1944 年 9 月 21 日)，中国第二历史档案馆馆藏档案廿八 19138。

[34] ADS，Pr16/4—5;PP901—902。译文第 67 页。

特务篇 | 四

南京沦陷后国民党地下市党部的重建及活动

载江苏省政协《钟山风雨》，2002 年第 2 期

1937年12月，侵华日军攻占南京后，对中国人民进行了惨绝人寰的南京大屠杀，日伪在南京的残暴统治造成了高压的氛围，这种客观环境，使得国民党势力在南京的秘密恢复遇到了较大的困难。

当局势稍为稳定之后，国民党中央当局便开始了在南京重建地下秘密组织的努力。这项工作是以国民党中央执行委员会指挥其下属的调查统计局来完成的。当时的国民党中执会秘书长朱家骅主持了选派人员遣回南京恢复国民党地下市党部的工作。

重建南京市党部的工作首先是从挑选潜伏回京的特工人员开始的。

鉴于南京当时的恶劣环境，中统内部多数人包括那些已躲在上海租界里的中统局特工都不愿前去冒险，因此工作一开始就遇到了不小的困难。

经过反复的研究与协商，1939年6月7日，朱家骅终于向蒋介石作了一个报告，决定派原南京市党部党务整理委员、第一区区长章兆直和陆玄南二人回南京重建组织。22日，蒋介石批复，给章陆俩人予赈济委员会属下的“国际救济会”工作人员的名义，派回南京工作。[1]从这一点来看，设计得还是比较周密的。

7月8日，又有一名中统人员夏恩临上书朱家骅，主动申请回南京办理党务及三青团的工作。在慷慨陈词之后，夏恩临又不无忧虑地写了一大段话，请求朱家骅在他如遭不测时要照顾他的家属。这在当时的背景下，虽然是可以理解的，但也暴露出夏对自己前景的悲观。[2]

到了9月2日，陆玄南向朱家骅回电报告：“公司营业，大致布置已定。”[3]

章陆两人与夏恩临是中统局在南京布下的第一条线，在此前后，朱家骅又通过国民党在上海的地下组织负责人吴开先和吴绍澍，令派在沪打入汪伪中央通讯社的中统工作组长赵祺及其组员钟平、李光辉向南京发展。

这时在这个中统工作小组内部，产生了较大的矛盾。组长赵祺对工作并不热心，整天混迹于灯红酒绿场所，吃喝嫖赌，钱不够花则虚报冒领公款，为钟、李二人所不满。钟平当时在汪伪中央通讯社已混职为伪京分社的部门主管，他不服赵祺的领导，曾以辞职向朱家骅要挟，要求掌握活动经费。11月间，钟、李联名上书朱家骅，控告赵祺贪污腐化。朱家骅阅之不快。12月18日，他曾下令给吴开先称：钟等三人“互相攻讦，（应）经贵处去电一律召回”。[4]

钟、李二人虽然也不干净，但他们在南京还是做了一些工作。12月9日，他们电告朱家骅，“略作收束”由沪至京，在南京城内璇子巷开设了掩护机关“宝源号”商行，并在汪伪市党部内发展了中统组织，起初参加者有陈觉吾、丁柏长二人，以后逐渐发展为十多人，其中还有颇受伪方重用的副处长。[5]于是这一方面便成为中统在南京的第二条线。

不久之后，钟、李二人又以快邮代电的方式汇报了他们获取的情报与工作成果：

1．有关南北汉奸青岛会议及汪伪组阁的情报；

2．重庆中央通讯社密码已被汪伪破获，汪伪汉奸由此可截获渝方消息，需立即更换密码；

3．香港《民族论坛》主编汤良礼已投汪，更名李子良，出任伪中华通讯社英文部主任；

4．曾组织人员在伪大民会内部散发揭露汪伪汉奸面目的传单；

5．派人监视并准备刺杀在“南京大屠杀”中诱骗中国士兵万余人放下武器遭日军大屠杀的伪市政府参议詹荣兆。[6]

1940年2月18日，吴开先在上海致电朱家骅说，钟在伪政权内“渐失信用之力，已与澍兄（吴绍澍）商决，拟（使之）公开反正，以动摇其内部，钟对工作报告尚称完备，唯内容正确性如何，亦不易考查，因京市环境更劣，不易进展亦属实情也。并据钟昨日报告云，兆直（章兆直）在对方（指汪伪）有领津贴情形，确否未知，因兆直自去年领旅费之后，闻尚在沪，而人则未晤见也”。[7]

1940年4月1日，吴绍澍电朱家骅报告：因南京工作不得力，他们提供的情报大都为过时的消息，所称行动情报也不知转给上海何处，拟给赵祺记大过一次，并劝其以市党部主委身份回渝戴罪图功，李光辉与钟平二人今后能否合作还待谈话了解情况。[8]

随章兆直潜回南京的张绍撰、陶仲和两人，同时在京为国民党军统组织工作，联系人为军统分子庆深庵。1940年2月5日，张绍撰在策反汉奸何世桢时被捕，随即签署了降书。他自知无法在南京再待下去，便通过陶仲和向军统方面要钱，想离宁赴渝。钟平、李光辉为此向朱家骅电报说：张的要求“倘不成或确有别情，则京市工作基础将全部牺牲，职等处此环境，深愧难能应付”。[9]

朱家骅在来电上批示道：“查张绍撰因与章兆直失去联系，乃参加庆深庵工作，业已4月，庆因沪地环境恶劣，上月离沪，由张代其联络一部关系，张之叔父张公达与何世桢[10]有旧，张乃进行说何反正，并挑拨汪何内讧，不幸于本月5日在寓所被伪特连其夫人绑去。越日，由何世桢将其保释。沪地领导张工作之胡璋亦几被绑。刻张仍在沪地，最近来电要求发给1500元旅费，以便来渝。此间因不清楚其被绑既释放之详细经过，已电庆深庵同查报备核。”[11]

4月12日，吴绍澍又电朱家骅报告，为张绍撰掩饰变节行为，他写道：张绍撰被捕后“始终不屈，对我方任何机密丝毫未泄，尚不愧为本党同志临难不苟之革命精神，核准旅费千元，已由伯诚先生处代垫转交，已在返渝途中。此人有骨气，有奋斗精神……”。[12]

4月17日吴绍澍再电朱家骅，对在南京的地下工作提出全盘否定与改进建议：“职以为京市党部成立迄今，未能有所建树，钟、李二人不尽不实之报告，于工作毫无影响，似以彻底改组为宜。”29日赵祺电告朱家骅：已找钟、李二人谈过话，李光辉“无成见，已憬悟改图，拟请从宽免于置议”，“至钟撤职令已下，乃考虑环境情况，暂仍请留用，徐观后效。钟在我伪双方支薪每月计800元以上，工作却无成绩，应规定：1．钟为留任察看；2．凡参加伪方工作人员不得领支双薪，仅发一部分临时活动费；3．该党部要上报今后三个月的计划”。

5月3日赵祺再电朱家骅，汇报了他对过去工作缺点的检讨，提出了4个方面的问题：1．纪律废弛；2．缺乏经验；3．领导人无决心；4．言行不符。他提出今后工作改革方针是：“1．整饬纪律；2．严密组织；3．以身作则；4．进行淘汰训练。”并具体安排了以后三个月内包括说服大汉奸反正在内的7点工作计划，要求增加经常费与临时拨给。朱家骅对赵的敷衍塞责式的表态心中有数，他看透了赵祺的检讨后面就是要钱，于是回批道：1．说服大汉奸不是件容易事；2．鉴于赵某过去虚报冒领挥霍无度的事例，申请增加经费一事绝不可能。朱家骅斥责赵祺：“尤不知自反，准复职竟又份外请费，不知是何居心，应予申斥。”[13]

1940年5月7日，赵祺向朱家骅提议任命陶仲和为市党部委员，次日又电请增加经费拨款。朱对南京党部的贪得无厌十分恼火，他批道：“国难当头，党费支绌。该部客复以来，耗费公币甚巨，迄今毫无成绩。中央甫宽既往，再准一是。即定增费，实属非是。应并参考前批再复，严予申斥。”但赵并不死心，9日，他再电报告说南京市党部决定成立“行动队”，开展刺杀汉奸等行动。这一点却正中朱家骅的下怀，于是最后终于得批：“电令照准，增加经费。”[14]

拿到钱后，赵祺为了应付差事，策划了一些小规模的行动。如：为庆贺国民党军所谓“粤豫会战”成功，向蒋介石报告策动“南京全市商店拒用日本军用票”运动，据报告取得一定实效，“敌伪令止，无大效果”。又如：1940年8月4日在南京永和园茶馆突袭汉奸秦默哂，因当时手边无利刃，情急之中操以铁器将其头部击伤，秦落荒而逃。虽然这次出手并不是什么大的行动，但在中统南京地下组织方面，已经是一次破天荒之举，朱家骅闻之非常高兴，急忙去电嘉奖，并允增加经费。[15]另外，7月间李光辉在汪伪特务黄凯家中发现有寄自重庆瓷器口董家桥25号邹钟林通讯处的信件一纸，提醒渝方注意。朱家骅批交由中统局进行调查。8月20日，赵祺保荐脱离章兆直的秦杰、张绍揆二人加入本组工作；22日又派大学生两人进入汪伪中大建立组织，派3人进入日伪合办的“新华无线电学校”工作。[16]

不久后，刚刚起步的南京国民党地下组织活动就遭受到了日伪的重创。

8月26日，赵祺报告：南京市党部在京机关8日夜遭到日伪破坏，陈觉悟、石超等7人被捕，李光辉幸免逃沪，敌四处张贴赵祺照片进行通缉，环境险恶。12月12日，受此案牵连，汪伪警察厅督察处长邓铭竖被认定与重庆方面有联系而被捕。[17]

12月13日又报：8月底，重组之南京市地下党部以李光辉暂代书记长，委员有以下数人：赵祺（化名王志观）、夏恩临、张绍揆（化名朱熙民）、陶仲和（化名姚君义）、秦杰（化名陈予明）、俞采承及陆玄南。

1941年1月9日，朱家骅接报，南京市地下党部委员陆玄南“在职殉难”，为此他发出专函表示哀悼，并对陆给予了较高的评价。11日，朱家骅又致函国民党中央秘书长叶楚伧，提议拨款2000元抚恤金慰问陆父。

经过这次挫折，南京的地下工作陷入暂时的停顿状态。工作人员滞留上海，不敢回南京。1941年初，李光辉与钟平二人以国民党南京地下市党部的名义向重庆发来报告称：“因机关留沪尚未赴京，但京市工作并未停顿。本自应常留京，又因电台设备及其他接洽关系，须常在京沪间往返。”朱家骅在电报上批道：“据报彼等仅到京二次，实属痛心。着即申复以后必须常留京，工作努力，不得赴沪，否则只有立即撤回。”3月11日，吴开先与吴绍澍致电报告朱家骅：李光辉与钟平二人曾去南京两次，但其工作成绩无法核查。建议批准他们的“行动与组织分离”的计划，以防今后再遭大的破坏。“但京市目前尚无行动”，另外要准备一笔用于营救被捕者的“营救准备金”，但拒绝其领用中央或中组部“工作证”的要求，另请派熟悉京市情况的中央大员来京沪主持工作，“就近指挥”。

8月20日朱家骅电吴绍澍，指示应南京市党部的要求，对于刚获释的被捕人员李瑞芝、徐广仁、张至仁、韩慕周、刘文彬及戚忠六等6人，各发抚慰金800元。最后，到1941年11月11日，吴绍澍电告朱家骅，因掩护措施及经费问题未解决，新委任的南京市地下党部主任委员李文斋尚未到达南京。[18]

从上述朱家骅档案所载的史实看出，国民党中统机构在恢复与重建南京地下市党部工作方面尽了不少的努力，但工作成效并不显著。究其原因，大概有以下三个方面：

1．国民党内部核心组织人员的政治思想与工作作风素质普遍较低，缺乏为国家民族献身的政治信念，客观上有关当局则用人不当。朱家骅依靠驻沪二吴重用的赵祺是一个不尽职守的人，章兆直在南京也没有什么大的作为。中统局人员常常遇捕即降，工作无明显成绩，多数人缺乏政治信念、思想品格素质不高和工作不努力是其中显而易见的原因。

2．组织内部缺少理解合作，矛盾太多，指挥失灵。中统组织上下级与各系统之间不仅不配合，而且互相攻讦，抢夺财权与领导权，造成内力抵消，难以一致对外。

3．工作作风欠佳。敌后工作人员没有高尚的政治目标，缺乏坚实的群众工作基础，因此导致其工作缺少扎实的作风，只求做些表面文章，定计划洋洋大观，要经费多多益善，干实事乏善可陈。

当然，对于国民党当局在沦陷后的南京重建地下组织的努力，从抗日的立场出发，也应当看到其中的积极一面，至少他们在与日伪的斗争中做了一些工作，分化瓦解了敌人的力量，并在某种程度上打击了敌伪的气焰，只是其工作成效不明显，其根源在于国民党内部的政治腐败、组织涣散与党员干部精神世界的普遍颓废。

【注】

[1] 《南京敌后工作报告 1–3》，中研院近代史所档案馆藏档《朱家骅档案》62–1、2、3，以下简称“朱档”。62–1。

[2] 《夏恩临致朱家骅报告》（1939 年 7 月 8 日），同上出处。

[3] 同上出处朱档 62–1。

[4] 同上出处朱档 62–1。

[5] 同上出处朱档 62–1。

[6] 中研院近代史所档案馆藏档，《朱家骅档案》62–1。

[7] 同上出处朱档 62–1。

[8] 同上出处朱档 62–2。

[9] 《钟平李光辉致朱家骅申电》（1940 年 2 月 20 日），同上出处朱档 62–1。

[10] 何世桢，时任汪伪国民党中执会常委。

[11] 《朱家骅复批》同上出处朱档 62–1。

[12] 《吴开先吴绍澍致朱家骅电》（1941 年 3 月 11 日），同上出处朱档 62–2。

[13] 中研院近代史所档案馆藏档，《朱家骅档案》62–2。

[14] 同上出处朱档 62–2。

[15] 同上出处朱档 62–3。

[16] 同上出处朱档 62–3。

[17] 同上出处朱档 62–3。

[18] 中研院近代史所档案馆藏档，《朱家骅档案》62–3。

抗战初期中苏情报合作内幕初探

载（台）《近代中国》第154期，2003年6月30日。

《抗日战争研究》，2003年第3期。

一

1937年卢沟桥事变爆发后，中国全面抗战开始。当时在国际上，中国是被侵略的一方，处于受人同情的地位。但各国的正义和同情只不过是出于道义性的立场，而出于各自利益的需要则是眼前更现实的考虑。面对强大而霸道的日本与贫弱的中国，为了趋利避祸，以英美为首的西方列强，把口惠给了中国，把实惠给了日本。

虽然中国政府对来自国际上制止日本侵略的干涉寄予了极大的希望，蒋介石亲自出马召见英美德法意各国驻华使节，恳求他们出面“主持公道”，并吹捧美国“向来主张和平与人道主义，”表示“现在局势只有各关系国尤其美英二国之合作，可挽危机”，[1]但列强各国为了“维持我们对交战双方的传统的友谊”，“避免卷入”，一再声明“保持完全的中立”，对中国只给予“精神上的援助”，[2]对日本则采实际的妥协退让，甚至于继续与之进行战略物资贸易，间接地支持侵略。种种行为，令中国极其失望。在这种情况下，为了进行抗日战争，团结一切可以团结的力量，寻求外援，中国国民政府只好不计前嫌，与曾从友变敌的苏联再次携手，合作抗日。

在列强各国多表冷漠的情况下，当时世界上唯一的社会主义国家苏联，却对中国表示了正义的同情与支持，并明确提出可以在政治、军事、外交等方面，给中国以实际的援助。

苏联为何要在中国落难之际拔刀相助？原因自然清楚。除了冠冕堂皇的国际主义精神而外，乃因日俄有旧隙而欲“拒敌于国门之外”也。

苏联与日本原是一对宿敌，当年沙皇俄国为争夺亚洲霸权，与日本在中国东北大打出手，进行了一场“日俄战争”，结果俄国战败，丧失在东北的殖民权利于日本，虽然沙俄已被苏联所替代，但无论是从民族心理或是从实际的国防需要上来看，如今的苏联与当年的沙俄，其处境利益是一致的。因此，俄国人不仅要加倍防范日本的进一步北上，威胁自己的领土安全，而且还想要报历史旧仇。在日本明火执仗杀入中国之际，苏联看出他下一步必将要在征服中国之后全力对付自己，因此，中苏在实际上已经成为了唇齿相依兴亡与共的关系。为避免最坏的结果出现，苏方的对策最好是先发制人，支持中国抵抗日本的侵略，以形成保护自己的屏障。因此，在这种不可避免退无可退的情况下，苏联只好不计一切，公开表明支持中国。但在中方看来，无论如何，在众人皆躲之际，有一勇士挺身而出，也算是真正的朋友。于是，中苏便立即为了一个共同的目标走到一起来了。

1937年8月21日，中苏签订了《互不侵犯条约》，向全世界宣示了共同反对日本侵略的紧密关系，苏方还表示“中国对日战争如到生死关头，苏俄必定出兵，决不坐视。”[3]他们派出了军事顾问与航空志愿队来华参战，同时还慷慨地向中国提供财政贷款，表现出了“为朋友两肋插刀”的仗义。

过去史学界在叙述这段历史时，曾十分详细地描述了中苏两国在抗日军事、外交及财政方面的合作，但对其在特工情报方面的合作则因资料之缺，无从记述，甚或根本闻所未闻。但据有关档案资料之载，中苏双方当时的抗日合作关系，远比目前我们所知所想的要密切。特别是在情报合作方面，双方的工作进展迅速卓有成效。后来只不过是因为日本南下野心的迅速暴露与英美的觉醒，中国与西方的合作得以很快建立与加强。由于政治意识形态分歧和苏联侧重欧洲西防德国战略的缘故，中苏未能继续在此领域发展关系，国民党政府转而与英美进行情报合作，中苏的这段秘密关系也就无疾而终了。但无论如何，抗战时期中苏情报合作的历史是中国抗战史与中苏关系史上的一个重要的组成部分，值得我们关注与研究。

由于特工工作的秘密性质，使得有关的历史资料长期处于保密状态，并且不甚详尽，这就给相关的研究工作带来了很大的困难。但为了揭示出这段历史之谜，我们还是本着实事求是的原则，根据有限的资料去发掘其中的一角，希望达成管中窥豹的效果。

二

1937年8月中苏结盟之后，出于共同对日的战争之需，作为军事合作的组成部分，中苏双方也开始探讨在特种情报领域内的合作。

1938年5月，经中苏双方有关部门协商，达成在对日军事情报领域内的合作意向，并决定成立一个联合情报工作机构。中方由国民政府军事委员会、苏方由其国家安全局出面，进行了具体的商谈。军委会派其外事组主任周明与苏方瓦西列夫为各自的代表，签订了《中苏情报合作经费负担议定书》，为这项合作确立了基础。同年7月14日，由蒋介石签署命令，任命军事委员会办公厅主任贺耀组为兼任所长，以国民政府军令部第二厅第三处处长郑介民及苏方的瓦西列夫为副所长，正式成立中苏情报合作机构——“技术研究所”，并迅即在中国各地设立组织，开展了对日情报搜集与处理工作。[4]从此，中方对苏合作即由军事委员会调查统计局（军统）负责。

1938年7月15日，中苏“技术研究所”于秘密状态下悄然成立，所址设于汉口市特四区台儿庄路86号。在成立之初，内部设立4科，各由中方人员主持，苏方人员协助工作。

第一科：主管情报人员的训练与情报网的布置；科长为军统干员江雄风，副科长为科佛多洛夫；

第二科：主办所获情报材料的汇总整理、审核及报告；科长为郑冰如，副科长为友里也夫；

第三科：主管电讯及通讯技术；科长为苏明，副科长为奥斯博夫。后并入第一科；

第四科：负责所内总务、经理及管理；科长为黄昌度。[5]

8月11日，中方改派国防部第二厅厅长徐培根代替贺耀组为所长。在这一阶段内，中苏“技术研究所”的工作包括了以下几个方面：

第一：布置在武汉、上海、北平、天津、济南、青岛、宁夏及香港、爪哇地区的情报网系统。具体安排如下：

1）天津组：1938年8月6日派出组长倪中立、副组长滕勉组建。工作地区为平津及东四省。其任务是：

①监视经天津日本海军陆战队的运输情况，调查其运往内地的军火武器数量与去向。②监视日军在伪满洲国的备战情形。③对日本在华北地区建立的经济设施进行调查。④对日军在华北的军事部署进行侦察。⑤对日军的作战计划及兵力部署实行侦查。⑥侦察日军的组成及其装备之变化。⑦侦察日本经天津的入口贸易。⑧建立在平津及东北地区的联络关系。

2）北平组：1938年8月4日派出组长居仁组建。工作范围为北平、石家庄、晋、察、绥。其任务是：

①监视日本经北平运往晋察绥之军队及其武器。②侦察华北、伪满地区内日本设立的各种经济设施。③侦察日本与伪满军队的备战情形。④侦察敌军在华北的军事部署和兵力数量。⑤调查日本建立伪组织的政治阴谋。

联络办法：有关情报经天津港送交天津组拍发。经费预算每月630元。

3）山东组：1938年9月27日派出组长李庆霖在济南、副组长王志超在青岛组建。工作地区为济南、青岛、烟台、威海卫。其任务是：

①侦察敌经青岛之海陆军运输情况。②侦察敌在渤海沿岸之海军实力。③侦察青岛码头建设状况。④监视日本在青岛的出入口贸易。⑤监视敌在津浦、胶济铁路的军运情况。⑥侦探敌对山东之战略计划。

联络办法为在济南设立无线电台一座，负责济、青两地有关情报的拍发。经费预算每月890元。

4）宁夏组：1938年8月5日派出组长刘英在宁夏组建。工作地区为甘肃、宁夏、青海、绥远。情报员分布在宁夏、五原、包头、百灵庙、阿拉善旗。其任务是：

①侦察敌对内蒙之军事布署。②侦察敌对内蒙各盟旗的政治阴谋。③侦察敌对内蒙、西北的军事进攻计划。④调查伪蒙军实力与其组织情况。

为便利联络在银川设立无线电台一座，经费预算每月1025元。

5）上海组：1938年7月18日派出组长吴润荪组建。派员在沪杭、沪宁两铁路沿线布点。工作地区为上海、京沪、沪杭铁路沿线。其任务是：

①侦察敌经上海之陆海运输。②侦察敌在华中海陆军实力及其布置与作战计划。③调查敌经沪向内地的军火武器运输。④侦察敌在华中地区的政治阴谋。⑤侦察日本驻军的组织、编制及其装备。⑥调查日本经上海的入口贸易情况。⑦建立该地组织与汉口的联络关系。

为便利联络在上海设立无线电台一座，经费预算每月965元。

6）汉口组：1938年10月16日派出组长谷兆芬、副组长郑达善在汉口组建。派员在武汉三镇、平汉、粤汉两条铁路沿线及长江航线各轮上布点。工作地区为武汉三镇、平汉、粤汉铁路线及长江上中下游。其任务是：

①侦察日军在华中的兵力布置及其军事进攻计划。②侦察敌在武汉部署的空军实力。③调查敌在武汉存储的军火数量。④侦察敌在两江及平汉、粤汉路的水陆军运输状况。⑤监视敌在华中地区的政治阴谋。

为便利联络在武汉设立无线电台一座，经费预算每月1920元。

7）香港组：1938年11月3日派出组长廖淑伦、副组长郑庭荣在香港组建。工作地区与人员分布为香港、澳门、广九铁路沿线。其任务是：

①侦察敌在华南地区的军运情况。②侦察华南敌海陆空三军实力及其布署情况。③调查日军在华南的军事行动计划。④侦探在香港的国际间谍活动及其相互间的关系。⑤调查日本由欧美各国输入的军火数量。⑥了解英国的对日态度动向。⑦建立本所与平、津、沪、汉、青、济、爪哇各站点之联络线。

为便利联络在港设立无线电台一座，经费预算每月1550元。

8）爪哇组：1938年10月20日派出组长饶楚白赴爪哇活动，工作范围面向南洋、日本。其任务是：

①调查日本在南洋的商业势力。②侦探日军对南洋的侵略计划。③了解

日本在南洋的发展政策。④在日本内地建立情报网。

本组所得情报送往香港，由无线电台发回，经费预算每月175美元。[6]

在1938年内，虽然组织成立为时尚短，但中苏“技术研究所”的工作已取得了显著的成绩。各地组织不断向汉口发来所获取的敌方情报，并向中苏双方政治军事机关与最高当局提供了不少经过分析研究和判断的情报成果，为开展对日政治军事与外交斗争，提供了有力的支持与辅助。据报告，到该年底，该所共获取敌伪情报148件，经筛选后呈报上级的有91件，其中来自苏方提供的有27件，占18.3%；来源于上海组的20件，占13.5%；天津组的21件，占14.2%；汉口组的18件，占12.2%；香港组的10件，占6.7%；宁夏组的52件，占35.1%。[7]

从上述统计情况来看，宁夏组的工作成绩比较突出，其中主要的收获是有关日本及伪蒙方面的政治、军事动态变化情报，这对我国军队在绥远一带北方战场的抗日作战，具有十分重要的参考和依据价值。直接来自苏方的情报也占有较大的比率，主要内容是苏方侦探到的有关日本政军界动态和战略部署情报。对中方了解世界大势及敌方状况，判断敌军在华战略变化，提供了极大的方便。从这一点上来看，中方在中苏情报合作中受益匪浅。又如来自天津站和上海站的有关日军兵力、人员抵港转运方向的情报，则对正面战场上我军应对日军的作战具有特别重要的参考价值。[8]在中国对日抗战的初期阶段，战争局势瞬息万变，知己知彼的情报需求十分迫切与重要，尽管由于具体的资料欠缺，我们无法更全面地了解上述各地网站所获每份情报的内容及其价值，但可以推测的是，在当时中国官方的中统、军统特务机构刚刚由对内型向对外型发展而尚未取得实质进展的情形下，这些由“对外合作”而得来的情报，对中国的抗战事业将会起到多么重要的作用。

另外，据已有的档案文件显示，中苏“技术研究所”内的有关部门在研究密写、照相和编制密码及破译工作方面也都取得了不少成果。从这些成绩来看，该所在建立与加强中苏情报合作，密切双边关系，引进苏方的间谍技术，加快中国情报工作的发展以及推进抗战事业方面，都是有着显著收获的。[9]

三

1938年底，中国的抗日战争进入了战略相持阶段。在抗日战争正面战场与敌后战场上，中国军队仍在顽强地抵抗日本的侵略。战争形势比较前期抗战时的丧师失地，已进入了相对的稳定阶段。而此时英美西方列强对日本之侵华，仍采短视而不计后果的“中立”态度，1939年4月间发生的“日英天津事件”，充分说明了英美的对日立场尚未发生根本的变化。在这次事件中，英国为对日妥协，竟不顾中英关系，违背正义和良知，将在天津英租界进行抗日活动的中国人捕交日方，并撤退了在天津的英驻军，表现出了极其软弱的姿态。[10]在这种情况下，中国只能继续联合苏联抗日，中苏“技术研究所”的工作因而得以继续延续与深入发展。

在上一年度工作取得较大成绩的基础上，1938年底，中苏“技术研究所”又拟定了该所的《1939年度工作计划》。这份计划十分详尽而具体，从中我们可对该年度内中苏情报合作的发展方向、活动内容及预期结果知其大要。

1939年中，该所的工作主要表现在以下几个方面：

（一）进一步发展与加强各地原有组织。其具体内容是：

（1）扩充情报员队伍。其工作地域分工如下：

①天津组负责东北各市；②北平组负责张家口、承德、石家庄；③山东组负责烟台、徐州等地；④上海组负责杭州、南京、芜湖，并新设立南京组；⑤汉口组负责九江、岳阳、信阳；⑥香港组负责广州、澳门等地；⑦宁夏组负责五原、百灵庙、绥远；⑧爪哇组负责日本、台湾。

（2）增派前往敌占区各地的流动情报员。

（3）发展对敌反间工作，按照“有孔即入，无微不钻”的原则，计划深入日军内部发展组织。

（4）充实后方与敌占区之间及各地小组间的交通力量。

（5）加强内部组织管理运作的领导工作。

（6）改善所内行政机构，提高办事效率。

（二）增设各地情报网站。

（1）该年度内在南京、广州、徐州、郑州、西安、太原、沈阳、哈尔滨、宜昌、长沙、南昌、日本、朝鲜、台湾、马公岛增设分组。

（2）在各战区普遍设立群众性情报网，其工作区域划分及分工是：

第一区负责四战区全部地区，组长在东莞；

第二区负责三战区全部地区，组长在上海；

第三区负责五战区全部地区，组长在汉口；

第四区负责一战区全部地区，组长在郑州；

第五区负责二战区全部地区，组长在太原；

第六区负责山东全省及苏北地区，组长在济南；

第七区负责河北及察哈尔省地区，组长在北平；

第八区负责九战区全部地区，组长在九江。

根据上一年度的工作情况，中苏“技术研究所”准备利用这一情报网，进一步扩充其工作范围与工作领域，主要是将情报搜集工作向细致化方向发展，要求其内容更加充实、完全，以便能更直接地为抗日军事斗争服务。除对日工作外，他们也更加重视对日本在沦陷区各地扶植的伪政权及其主要汉奸人物的侦探与策反工作，并注意到反间手段的运用，这说明研究所的工作从内容到水平都要跃上一个新的台阶。

按照工作计划，1939年中苏“技术研究所”各地已有及新设站点，将以搜集侦探以下几方面的情报为其主要工作目标：

① 敌军部队的调动转移，其各部队的组成、作战任务与目的；

② 敌军屯兵部署与数目、各部队主官姓名、武器装备之数目种类，敌兵情绪之变化；

③ 外来敌军开入战区内各部队的运输方法、日期、地点、成份、组成与数量；

④ 各交通要点敌军部署情况、军需武器存量，尤其对敌方各要害地点以及守备兵力较少地点者更要注明。

⑤ 各地敌兵工厂、化工厂生产品种数量及工厂员工人数、厂区警卫情况、产品运往何处等情报，以供我方采取破坏手段之用；

⑥ 敌方军械库、粮库等设施地点情况，以及有何可资采取行动之机会条件；

⑦各地敌军兵器种类、驻地、数目、警卫等情况；

⑧ 各地敌空军驻地飞机场之数目、地点及其警卫情况；

⑨ 有关日军化学兵部队的情报；

⑩ 各地伪组织成份、主要及知名参加人员的住址状况，以及可以利用的与日本人关系、与日伪特工组织关系等等；

⑪ 尚未加入伪政府的已投敌汉奸人员状况；

⑫ 敌伪特工状况，其组织、人员、驻地、长官及相互间联络方法等等；

⑬ 注重反间问题的利用，探听敌对我方的政治军事阴谋；

⑭ 刺探日军对南昌、长沙的再攻计划及对我部署在沦陷区内的游击队的肃清计划，以便有针对性地开展应对工作；

⑮ 设法混入敌方间谍与反间谍组织，开展工作；

⑯ 争取与策反伪政府官员。

（三）扩充本所通讯联络网。其具体任务是：

（1）完成15个分台的建设，总台增加两部发报机；（2）增加通讯联络工作人员；（3）改进机器设备和技术指导；（4）加强检查各地区的通讯联络工作。

（四）继续开展特工技术之研究，内容为：

（1）研究改进密写方法和药水书写方法；

（2）在照相方面，研究革新与提高行动人员和固定文件的照相技术；

（3）在苏联专家指导下，熟悉仿制技术，尤其是有关钥匙、护照、图章、敌伪通行证的制作等等；

（4）进一步进行密码技术的研究创新工作，用以翻译敌方密码和创编自用新密码。

这份工作计划在最后的“结论”中写道：

“本所自成立以来，因战事变化关系，一再迁移，对外交通费时，工作一时未能按预计开展，各外勤单位虽无良好的成绩，但经（民国）二十七年的工作，已有相当基础，今后当不断推进。”[11]

四

进入1939年后，日本的南进趋势愈加明显。2月间，日军占领中国海南岛，蒋介石称之为太平洋上的“九一八”事变。[12]9月1日，德国进攻波兰，欧洲战争打响，英美各国已知战争在所难免，在日本明确无误的南进攻势面前，不得不转变立场，真正开始疏远日本，积极加强战备，同时出于与苏联同样的目的，伸手援华，与中国开展了政治、军事、经济的全面合作。此后，中苏“技术研究所”的工作随着中美、中英关系的逐步加强，受中国外交大局的左右和苏联国内加强西防德国法西斯入侵的需要而产生了变化，其政治重要性、战略地位都开始下降。但据资料显示，中苏“技术研究所”的工作在后来的三年内仍在一定程度与规模上得以延续，并仍在发挥着有效的作用。

1941年7月11日，当时兼管中苏“技术研究所”工作的军事委员会委员长侍从室秘书毛庆祥向蒋介石呈报说：

“奉谕全力侦收东京与罗马通讯等因，自遵办。惟日意双方无线电声音微弱，侦收至为困难，又兼每日空袭时间停止工作，遗漏甚多，除加紧努力，并在技术方面改进外，谨将本月1日至10日侦译情形汇呈之。

一：1日至10日共侦获68份。

二：其中已攻破者计8份，以后如有重要情报当由职亲自送呈也。

谨呈委员长钧鉴。职毛庆祥呈。7。11附呈情报8份，统计表13张。[13]

同日又呈报7月2日长春站发往莫斯科的情报一份，内容是：

“据满方之情报，二日驻长春苏联领事问满方称：居住长春之馆员及其他汉从员等约七、八十，因须回国，拟请发给出国护照等语，此一行预定于二日自从出发之一行偕返。”[14]

8月1日，呈报截获日本方面的两份情报：一为7月13日北平日本占领军当局发出致南京、烟台、济南、青岛及东京各地驻军电，通报：“帝国与苏联之关系，极为机微，随军势之发展如何，有殆致重大场面之虞，（当地方面军亦作同样之推测），华北及蒙疆方面各部应注意对侨民之保护，以期万全之策（……以下电报错误不明）”。

二为东京日本外务省向驻美国、加拿大及南美各重要都市使领馆发出战争准备的命令：“鉴于目下国际情势之紧迫，贵馆保管之文书，应照左列办法处理。1. 普通文件应于平时最短时间内处理之，其他文件应特别将其搜集保管。2. 为平时之整理兼顾非常之应变起见，应参酌日常之工作任务情形办理。文件中如有贵重者，即寄回本省，其他转手不需用者，逐渐焚毁之。3. 焚毁之际，应由负责保管文书者监督执行，注意其绝对不得泄漏机密。（焚毁文件之目录，寄还本省）4. 如因避难而实行移动文件时，应始终严密监视，不得稍疏虞”。[15]

很明显，这两封被破译的日方电文是极重要的，特别是第二封电文的内容，从一个侧面暴露了日本准备发动太平洋战争的计划，具有较高的战略价值，这证明“技术研究室”的破译工作还是卓有成效的。

直到1941年6月苏德战争及12月太平洋战争爆发，中美英苏为共同对付德日意法西斯轴心国开始结成同盟，世界两大阵营完全形成。英美被迫对日开战，与中国开始了更大规模的情报合作，而苏联则倾全力对付德国，随着日本北上犯苏威胁的减缓，中苏“技术研究所”的历史使命至此也就趋于结束。

1942年1月28日，毛庆祥向蒋介石呈报：调查统计局人员陈祖舜等79人已脱离技术研究所，奉调回局工作，少将副主任魏大铭、第四组少将组长方砚农等所内现任干部亦申请免职。蒋介石批复同意，但指示所有机器设备暂时继续留在研究所。[16]最后，这个记载了一段中苏共同抗日历史的“技术研究所”何时才告最后结束，因史料厥如，便不得而知其详了。

总的来看，抗战初期的中苏情报合作只是中国此期寻求外联开展全面抗战的一个组成部分，是中苏两国关系史上隐蔽而重要的一方面。虽然在抗战开始阶段，其规模与作用比较突出，也取得了不少的成果，其作用与历史意义主要体现在以下几点：

（一）有力地推进了中苏的抗日合作，密切了双边关系；

（二）初步建立了对日情报搜集网，促进了中方在对日情报作战领域内的力量增长与技术手段的改良进步，开启了中国对外抗日情报合作的先河；

（三）在政治军事上均具有实际的重要辅助作用，有效地保障了中国对日作战的政治军事情报供给，并在客观上鼓舞了中国的抗战决心。

但另一方面，我们纵观中苏“技术研究所”在中国抗战时期对外合作史上的地位与其历史作用，比较后来中英、中美在此领域内的合作关系及其成绩，其局限性也是显而易见的。

首先是双方的此段合作历史为时较短，其次是其成果仅仅局限于情报搜集与处理，并无更多的训练、对敌破坏与骚扰攻击等行为，合作内容并不全面，更不深入，无法与后来的“中美特种技术合作所”等相比。其中的根本原因就在于中苏间的这种合作，受双边政治关系影响极大。由于政治立场及意识形态不同的影响，中苏两国此时已不可能恢复过去北伐时期那种亲密无间的合作关系，虽然在大敌当前情况下，双方能够不计前嫌地再度联合，但在双方的心底，依然是旧隙未合，彼此之间都有提防，都更加注重根据各自的现实需要，在合作中获取眼前的实际利益。另外，苏联方面除与国民党政府的情报合作外，他们还在中国上海、北平、哈尔滨等地另建有许多独立的情报网点，与中国共产党也有情报合作往来。对于这一点，国民政府当局十分清楚且非常反感。因此，当英美受日本威胁准备与中国联合之后，蒋介石及其政府很快就决定转向英美，在军事及情报各方面选择对英美全面合作，而逐步冷淡了苏联。与此同时，在全球范围内，由于德国攻苏和日本南下，苏联集中国力抗击德国入侵，防日抗日的需求减缓，于是，中苏双方的情报合作关系到此也就只能转向下坡了。

由于原始档案资料的缺少，我们目前似无从了解更多的有关中苏“技术研究所”的详细活动情况，但无论如何，抗战初期的中苏情报合作，作为一段有意义有价值的历史，应当为后人所记取。

【注】

[1] 蒋介石接见美国大使詹森谈话（1937 年 7 月 25 日）《中日外交史料丛编（四）——卢沟桥事变前后的中日外交关系》第 424 页，台北“中华民国外交问题”研究会印行。

[2] 同上出处，第 359 页。

[3] 转引自郭廷以 :《近代中国史纲》（下）第 691 页，香港中文大学出版社版。

[4] “国史馆”藏档 : 特种情报 039（军事）《本会特种情报——民国 27 年度工作报告》。

[5] 同上出处。

[6] “国史馆”藏档 : 特种情报 039（军事）《本会特种情报——民国 27 年度工作报告》。

[7] “国史馆”藏档 : 特种情报 039（军事）《本会特种情报——民国 27 年度工作报告》。

[8] “国史馆”藏档 : 特种情报 039（军事）《本会特种情报——民国 27 年度工作报告》。

[9] “国史馆”藏档 : 特种情报 039（军事）《本会特种情报——民国 27 年度工作报告》。

[10] 黄美真等主编《中华民国史事件人物录》，上海人民出版社 1987 年 9 月版，第 318 页。

[11] 黄美真等主编《中华民国史事件人物录》，上海人民出版社 1987 年 9 月版，第 318 页。

[12] 刘庭华 :《中国抗日战争与第二次世界大战系年要录、统计荟萃 1931—1945》，海军出版社 1988 版，第 237 页。

[13] “国史馆”藏档:特种情报 039（军事）《技术研究室呈蒋介石文》第 3 号,（1941 年 7 月 11 日）。

[14] 同上出处,《技外又Ⅱ 0011 号》（1941 年 7 月 11 日）。此处原文如此，疑有误。

[15] 同上出处,《技二甲（三）号译文》（1941 年 7 月 13 日）、《技二甲（二）号译文》（1941 年 7 月 10 日）。

[16] “国史馆”藏档 : 特种情报 039（军事）《毛庆祥呈蒋介石文》,（1942 年 1 月 28 日）。

抗战期间军统组织南洋地区活动述评

载《档案与史学》，2003 年第 4 期。

抗战八年间，国民党军统局得到了急剧的扩张与发展，其势力不仅活动在国内各地，而且远达海外，特别是在与美国海军特务机构合作后，军统局大力加强了在国外的工作。除派出军统大将萧勃以中国驻美大使馆武官身份在美组建情报站，担任对美联络与搜集情报工作，影响美国对华政策外，还出于同样的目的在巴黎与伦敦设立了情报站。但这期间，其在境外活动的重点仍然是与中国相邻近的东南亚地区。特别是在太平洋战争爆发后英国人已不能立足的缅甸、泰国、马来亚、新加坡和尚在法国控制下的越南等地。为了给美国提供日军情报与军事配合的需要，军统的活动达到了一个新的高峰。

1939年初，军统局于第二处内增设国际科，以谢贻征、汪暄、岑士麟先后为科长，专门负责海外组织与人事及处理军统局国际合作事宜，并在各地华侨与第三国人士中发展组织。当时军统在东南亚国家设立网站的地方有：印度的新德里；缅甸的仰光、腊戌；泰国的曼谷；越南的海防、西贡；马来亚的吉隆坡、槟榔屿等，此外还有新加坡的星洲特别组；菲律宾与荷印等小组。

日军侵占南洋各岛屿后，各地华侨青年纷纷回国参加抗日。军统局为了开展对南洋的工作，有意拉拢这些青年，于1942年在重庆建立了南洋工作人员训练班。通知各地军统组织收罗培训对象，送来培训。由军统海外区与人事处合办，罗杰为主任。这个训练班只办了一期，学员毕业后，分往新、马、缅、菲和印尼等地工作，在各地建立特工情报机构，开展工作。1943年中美合作所成立后，改归该所管理。[1]

以下分别叙述军统在南洋各地的基本组织与活动情况。

一、越南

1939年1月，军统派方炳西赴河内组建情报站，在海防、西贡、谅山、芒街、东兴、顺化分别建立了情报组和电台。他们以“国民党中央机关驻越工作团”的名义组建了工作队，由军统的邢森洲、王业鸿先后为团长，调军统别动队一、二两大队进驻桂越边境的龙州，以为保障。

1941年，日军侵入越南后，大批越南民族革命人士退入中国，其中有“越南革命同盟会”阮海运和“越南民主同盟”胡志明等各派力量以及许多华侨青年，军统越南办事处也在邢森洲的率领下撤回，共计在广西龙州、田东集聚了500余人，越方要求军统收留。军统局与第四战区共同在田东开设了“越南战地工作干部训练班”，吸收越方人员及华侨青年培训，后迁往柳州。该班由第四战区司令长官张发奎兼任班主任，军统派出桂林办事处处长杨继荣为副，主持工作，另委邓匡元为政训组组长。一年后的1942年3月，戴笠抵达柳州，主持了该班的毕业典礼。按照开办宗旨，大部分的学员都被派回越南各地组织从事抗日情报工作，并与军统保持联系。华侨青年则分归邢森洲与四战区政工队和别动军分配工作。这一训练班为军统赴越工作培养了一批干部。[2]

当时的越南尚在法国总督府统治下，而总督府名义上归降德的法国“维希”政权领导。为与法方加强联系，军统局还通过外交关系，与“自由法国”戴高乐将军的政府取得了联系，由戴高乐派代表祁业鸿来到重庆与戴笠会见。经过会谈，“自由法国”的代表答应说服法越总督府掩护军统在越南的抗日工作。

“中美合作所”成立后，在美方的协助下，军统对越工作有了进一步的发展。“自由法国”在北非的军事领袖吉罗德将军，派海军军官劳勃·梅利亚中校（RobertMeymier）带领20余人于1943年8月来华，与中美所合作，准备在越开展抗日活动，对日禁运橡胶，破坏码头等，响应盟军的反攻。

9月6日中美所会议决定：在南宁设立情报总站，下辖中越边境的7个分站，与法方联系共同抗日；同时派人随梅利亚中校10日内重返越南，组成

“法越工作小组”，次月，梅利亚中校与中美所“法越工作小组”人员回越，他们的工作取得了不小的收获，得到了许多有关日军动态的情况，及时报告给了重庆并转告给美方，对美军在太平洋的作战发挥了重要的参考作用。直到1944年5月，梅利亚调往北非工作为止，其后小组改归法方指挥。[3]

二、缅甸

1939年1月，军统成立缅甸组，以郭寿华为组长。戴笠亲率张我佛等人赴仰光建站，同时设立电台四座，以曾图南为站长；下设腊戍组，由潘其武负责。缅甸陷敌后，军统又在缅境内的卑缪、东吁、曼德里、八莫、拜子、眉曲、班弄、干崖、密支腊、畹町等地建立了电台组织，以干崖为前方联络站据点，班弄为下游基地，建立缅北游动组，设联络机关于芒街，进一步完善了地下情报网。[4]1941年底，军统局又派出陈式锐出任缅甸站站长，领导军统组织在缅的工作。仰光组组长则由柯鸿图接任。[5]

柯鸿图是福建安溪人，其父亲原在仰光开商号，在当地有些社会基础。柯鸿图在安溪县，经林泗水介绍参加了国民党复兴社秘密组织，并曾给当地复兴社负责人、安溪国民兵团团长陈宗棠义务做情报工作。后来陈宗棠介绍他参加军统局息峰训练班第三期受训，编入华侨区队。这个华侨区队的学员均由来自缅甸、越南、泰国、马来西亚的华侨子弟所组成，其目的就是为了训练派遣回去工作的特务人员。

1941年11月柯鸿图受训毕业，与其同学王汉英、苏国宝一起被派往仰光工作。他们经贵阳、昆明，沿滇缅公路抵达缅北的腊戍，12月底到达仰光。柯鸿图奉命担任仰光组组长。面对日军逼近，他们赶紧着手布置沦陷后的工作。

缅甸站站长陈式锐接管在仰光的四部秘密电台，柯鸿图负责其中第一台和第三台的工作。

第一台潜伏地点选择在仰光北郊六英里的甘马育镇，台长程济，以制造肥皂为掩护。

第三台选址在仰光东郊淡汶区，台长姚遴秀，由组员曹清泉和他的家庭来掩护，平时种菜养鸡养鸭，完全是农家式的布置，隐蔽性强。

仰光沦陷后，在缅的军统各工作站点如何获得经费接济，是一个最重要而又很困难的问题，必须有妥善的安排。柯鸿图想方设法在侨胞刘金梓处争取到负责补给的承诺。当时刘金梓的哥哥刘梧桐在重庆做生意，缅甸所需要的经费，由军统局按月付给他哥哥，再由他支付。这样一来，沦陷后缅甸站的财政问题便得以解决了。

为了交通联系便利，柯鸿图在日军入城四十八小时内疏散令下达后，偕柯伏算和刘庆云到距离仰光三十英里的毛备建立前哨站，再赴距仰光七十里的奥隆坡及一百二十里的敏蚋镇，建立了一所交通站。

柯鸿图和刘庆云的家住在毛备西南的瑞丽支，位于仰光河东岸。华侨富商陈天星也住在这里，他是当地经营客货运输业务的大商人，有客货车二十多辆，车队经常往来毛备、仰光之间。柯鸿图利用这一有利条件传递消息，对抗日情报工作提供了极大的方便。当时从仰光和毛备来瑞丽支躲避战乱的华侨有一百多人，使这个地方一下子热闹起来。

日本人占据缅甸后，利用缅甸人多年受英国人压榨所产生的仇恨心理，以帮助缅甸独立为号召，进行欺骗宣传。缅甸人信以为真，因此在开始阶段欢迎日军，气氛相当狂热。部分当地人也想趁乱抢掠瑞丽支华侨，发一笔横财。形势非常严峻。柯鸿图面对如此复杂的情况，组织当地华侨自卫，以武力来阻止土人的抢劫。

为了搞到情报，他还设法和日本人接近，以便达到目的。

3月7日，日军攻占仰光，指挥缅甸军的日本军官帽颇椒到达瑞丽支，他立即征用了陈天星的小轿车和几辆客货车。柯鸿图藉机和帽颇椒笔谈，发现尚能彼此沟通。帽颇椒要请他担任翻译，同往仰光。柯鸿图由此想到，如果借帽颇椒的关系，弄到一张通行证，以后往来仰光会有很大的便利。于是他便向帽颇椒试探。没有想到，这个日军官毫不迟疑，立刻用一条白布，写上“使用人”三字，盖上图章，成为柯鸿图的通行臂章。这个意外的收获，使柯鸿图通行无阻，活动方便。

仰光沦陷不到一个月后的4月1日清晨，日军截断仰光所有的交通。大举逮捕华侨，一共抓捕了4百多人。经过讯问后，拘留了七八十人，囚禁40多天，最后5人被惨杀，20多人被逐放。日军随后又强令他们组织“华侨联合会”，借以控制华侨。大家推举白坼章为会长，谭锦裳为副会长，李云川为秘书。白坼章等三人都是地下组织人员，为日军成立华侨联合会，可借之掩护并推展工作，所以决定顺水推舟成立起来。这对仰光组来说，也提供了活动的便利。柯鸿图要他们三个人成立一个反间小组，和担任日军翻译的台湾人周旋，既可以保护华侨，又可以获得不少重要情报。

日本人开列出多项任务，要他们赶快去办。其中包括：一、组织警卫队，负责维持仰光的治安。二、设立医务所，负责医疗市民的疾病。三、组织清道夫，清理仰光市的垃圾。四、组织调解会，调解市民间的纠纷。五、设立学校，收容儿童和少年。六、成立报社，为日军宣传。后来成立了“正谊报社”。七、组织各属支会、分会，先后组织了40多处。

此时英国人预先布置的秘密机构，因缅甸人告密，早被日本宪兵破坏，无一幸存。英国人所需要的情报，也得仰仗军统了。

日本侵占仰光半年以后，发觉仰光附近有秘密电台在活动，开始派出测探车辆，到处侦察，对甘马育镇尤其注意。军统站第一台受到极大的威胁，不敢大意，立刻停止通报，将电台迁往他处，暂避风头。

而在第三台附近，也发现日军有侦察活动，迫不得已也停止通报，将电台迁往距仰光七十英里的奥降镇。台长姚遴秀为失去对国内的联络，非常着急，时常设法呼叫。在失去联络四个月后的一天晚上，忽然听到重庆总台的呼号，他赶紧依照规定呼叫，使仰光第三台恢复了与总台的通报联系。后来在侨胞刘金梓的帮助下，该台撤回仰光另觅地址恢复了工作，直到抗战胜利。军统总部对此曾颁令嘉奖。

军统仰光组的工作人员，除组长柯鸿图外，尚有林永和、程济、姚遴秀、白坼章、谭锦裳、李云川、陈中才、林笔峰、钟祺镇、谢桂芳、王汉英、柯伏算、刘庆云、顾明申、吴南嵩、谢维明、郑丕远、曹清泉等二十多人。而当地华侨中协助工作出力较多的有刘金梓、林春科、陈天星等。

仰光组的组员陈中才出生于当地，并未回过国，但就学于当地华侨中学，对祖国仍充满热爱，参加地下工作后每天都与柯鸿图联络。只是其时间和地点时常变动，并不固定。不久，陈中才被日本宪兵队逮捕，连续三天每隔三、四小时便受刑一次，被折磨得死去活来。但他咬紧牙关，没有招供其他人员。受刑三天，已经是奄奄一息，日本宪兵队见毫无所获，将他送往永盛监牢，关了一个多月。病危之后，才准华侨联合会保外就医。因受刑过重伤及内脏，经过手术和几个月的治疗修养，才算痊愈。像这样的华侨子弟，并不了解军统组织的性质和其在国内的行径，单凭抗日救国的一腔热诚，投入地下情报工作，甚至将生死置之度外，其精神自属可佳。

1943年雨季结束后，日军在东南亚战场上败象已露，缅甸战场的制空权已经移转到盟军手中。为躲避盟军的轰炸，日军将仰光市内的军用物资仓库移到郊区树林内，藉以隐蔽。日军在潞加水池北面树林内，建筑了几十座仓库，每座50英尺宽，100英尺长，用以储藏机炮、弹药、汽油、军用品及粮食等军用物资。1944年雨季开始后，当地华侨界照例向潞加水池投标捉鱼，柯鸿图以1万1千盾得标。当七、八两月雨水最多的时候，他住在水池旁边，监督捉鱼，便借机和驻守仓库的日军大尉交结成为朋友。柯鸿图经常送鱼给大尉，请他保护捉鱼。军用仓库就在水池的东岸，柯鸿图观望得非常清楚，摸清了情况。他画出详图，报告给了重庆。11月冬季开始，盟军派出百余架B29轰炸机，飞临仰光市郊仓库上空作地毯式轰炸，把所有仓库全部炸毁。这是很成功的一次轰炸，给予敌人巨大的打击。

1943年10月，中国赴缅远征军一师自印度攻入缅北，被日军围困于胡康河谷，供给线断绝，依赖美军空投生存。军统属下的缅北游击队，报告联络，积极扰敌，为我军反击解围立下了汗马功劳。

1943年12月初，缅北流动组电台台长王辉武、组员陈漳明，化装成当地土人去敌营侦察，他们发现日军在野人山狭河地带布兵，并在丛林中发现有日军新式坦克营，即密报戴笠转告给盟军。当月15日美军出动轰炸机36架空袭，王辉武及其岳丈苏互迪头人，在日坦克营附近施放烟火，指示轰炸目标，结果日军坦克及火药库连同敌军800余人皆被炸毁，损失惨重。而苏互迪则不幸被日军捕杀。

1944年3月，盟军反攻缅甸，远征军36师在八莫伊洛瓦底江受阻，军统情报组得知江底有暗道，可供潜行过江，于是联络步兵一团长林冠雄，挑士兵100人，经十天准备训练，于5月22日半夜，在上游我军炮击和美空军轰炸掩护下，自下游夜渡过江。拂晓袭敌，终使38师全部顺利渡河，保证了反攻战役的进行。

1944年，日本征用大批广东台山籍木工去泰缅边界的幕尔鸣深山服劳役，工人们均一去不回。军统小组发现这种异常后，派组员曹某伪装汉奸前往调查，不幸患上疟疾，回仰光后病死。小组再派木工十人混入民工队伍，指示他们事成后向泰境逃，到曼谷找周秀兰情报站联络。又派张我佛会同开药铺的侨民蓝就西购买了大批奎宁，溶药粉于裤带上，前往山中探险。结果十人去仅二人得归，终于探得消息，得悉日军利用英俘、中缅泰工人建设铁路及桂河大桥，企图打通泰缅陆上交通，营救在南洋被困的日军。情报员将桂河大桥附近的有关地形情况画出图纸转呈重庆报给了美军，对此地进行了成功轰炸，彻底摧毁了日军的战略企图。[6]

1944年4月间，日海军5千吨以上运输舰五艘，满载弹药和军用品，停在仰光通往端低运河口的亚弄水面。仰光组布置在猢狲角卖香烟的人员看到后，立刻报告上级。次日中午，盟军30架B29轰炸机飞来轰炸，炸沉两艘，重伤一艘。在这次攻击中，盟机被击落一架，机上8人，3人死亡，5人跳伞后被俘。因为敌运输舰大放烟幕，混乱了轰炸目标，致使投弹偏差，不仅未将敌舰全部炸沉，反使仰光被炸，死伤平民40多人。

1945年1月间，根据仰光组的报告，盟军又派出B29轰炸机两百多架，分成8队，轰炸以实验中学为目标，对长一英里，宽半英里的日军驻仰光司令部，连续轰炸三小时，日军死伤500多人，其中有中将级军官被炸死。4月30日，日军自动撤离仰光，5月2日美军空降部队降于民加拉洞飞机场。英国舰队也于5月4日驶入仰光港，正式宣布仰光光复。[7]

仰光沦陷3年1个月又26天，其间仰光组一直在坚持工作，这主要是靠当地的华侨本一腔热血，抗日救国所致。不仅是在缅甸，在整个东南亚地区，各站点的情报与地下武装斗争都得到了当地华侨与人民的大力参与和支持，这是因为他们的活动在这特定的时间和地域，代表了祖国反抗日本侵略的正义力量。

三、泰国

抗战开始后不久的1939年5月，军统局便在曼谷建立了情报网，派卓献书为驻泰国军事专员，组织“泰国挺进队”，并在缅泰交界处发展抗日游击队。卓献书抵达曼谷后，还与泰皇族拉上了关系，对他们鼓动的含有排华性质的“大泰运动”实行劝阻，以保护在泰华侨的正常生活。

太平洋战争爆发后，日本武力占领泰国，控制其政权。此时泰国内部产生了抗日的“自由泰国运动”，其副领袖塞古安一行来华，与军统协商合作，达成了协议，军统答应为其下属五个单位配备电台等设备，回国进行情报工作。

当时泰国驻美武官卡宫春中校亦建立了一个抗日小组织。戴笠按盟方的要求，命令萧勃在美与卡宫春接洽，洽谈在泰国组织反日暴动以牵制日军事宜，最后决定以卡宫春为负责人，挑选泰国留美学生30人来华接受特训，随后进入泰国活动。这一计划得到了中方军事领导人及美军驻华指挥官史迪威的批准。

1943年9月6日，戴笠、郑介民、潘其武与中美所美方代表梅乐斯等人会商，决定：

1．同时支持塞古安与卡宫春两组织抗日，以卡宫春为主，分头进行，相互呼应。

2．卡宫春一派以回国建立组织制造暴乱为目的，中方派卓献书帮助，卡派人员分为五组，每组有华侨2–3人参加，负责引导组员进入泰境，另在普洱开设训练班，强化训练“泰国挺进队”，每期200至500人，培训两个月，一年内共计划完成4–6个突击营的训建工作，而后加入卡宫春的抗日组织。

3．塞古安一派以柬埔寨为基地，进行对日军策反及协助盟军登陆工作，派邢森洲辅助其指挥，逐步扩充加强其原5个小组的力量。

4．由卓献书、邢森洲二人负责塞、卡两派间的联络工作。

5．通知在渝之泰国代表阿伦亲王，说明中美已声明尊重泰国自主权，并请其转告泰政府。以打消泰人的疑虑。

12月后，卡宫春一派改由美战略局驻华代表卡福林接手指挥，下令其人数限额不许超过30人，工作内容亦仅限于情报搜集，不能训练部队，于是所谓的“普洱进军”军事行动计划只能宣告停止。

12月26日，中美双方再度与卡宫春一派就合作问题进行了协商，决定组成“泰国工作组”，派卓献书等即日起行，前往普洱建立电台站。后卡宫春赴美，该计划亦告停止。与此同时，塞古安之弟开辛则率下属各抗日小组，进入泰柬境内活动，以策应盟军反攻。而军统局所属的游击队也开至缅北山区，策应我军远征军反攻缅甸。

四、菲律宾、新加坡、马来亚

1940年，军统局组建菲律宾情报组，鉴于此地情况复杂，即作了复式布置。他们征召菲律宾华侨回国进行特种训练，返菲后组成了游击队。

日军攻占菲律宾后，游击队成为菲律宾抗日义勇军的领导力量，协助美军抵抗日本。军统在菲地下组织则组成“血干团”，从事破坏交通、刺杀日人与菲奸的工作。日军占领马尼拉后，美军守将麦克阿瑟率部撤离巴丹半岛，马市仍留有军统王之和及张某两个行动组，保持与美军的秘密通讯，提供情报，准备配合美军的反攻作战。

在星（新加坡）与马（来亚）方面，军统在准备渗入之前，已侦知苏俄情报组织已在马来亚渗透有年，戴笠为了保持他的组织的纯粹性，拒绝了岑士麟利用当地华侨领袖陈嘉庚势力的建议，决定另起炉灶，自设组织系统。

1939年11月，军统建立星洲组，由曾广勋负责，后改设为站，由岑家焯负责。不久后又设立槟榔屿组，以刘戈青为组长。开展全面的情报搜集活动。此外，军统还另设有星洲特别组、荷印组与吉隆坡组。其势力由此深入新、马、菲地区。

五、印度

抗战开始后，位于中国西部的印度次大陆，其战略地位与价值得以凸现。军统局为配合战时军事与外交的需要，开始重视印度工作。当时印度仍在英国控制之下，对印情报工作还涉及中英关系，内容复杂而敏感。

1941年4月“苏日中立条约”达成后，戴笠怕邻近苏联的印度西北巴基斯坦形势不稳，特别向外交部推荐陈质平为驻加尔各答总领事，并介绍在局内国际科工作的董宗山任使馆秘书，联络印北各土著，做好争取工作。并准备在加尔各答组训一批海员，以备中印交通被切断后从海路继续对华补给。军统还训练了一批通印缅文的伞兵，计划必要时空降到敌后开展工作。[8]

1942年12月，在修建抗战时期著名的“中印公路”时，军统局趁机向印度渗入，戴笠亲自前往印度布置情报网络，并指示：“本局在印度之工作，东起孟加拉湾，西迄阿拉伯海，都应当密派人员建立组织，对整个局势发生瞰制作用，期能对欧亚两大轴心国在中东之会师，预为防制。”因此，特派军统要员陈质平赴印度加尔各答建立了工作站，并在全印境内广设据点，派员“协助”外交部印度专员公署工作，一时间，军统地下情报网遍及阿萨姆小村与新旧德里大市，远及锡兰及马达加斯加。

六、香港

这一时期，戴笠的军统组织也尝试过在东南亚地区与英国的特工组织开展情报合作。1941年，军统局奉命对英情报合作，在香港成立了中英交换情报组，在海南、虎门等处设立电台，担任情报交换工作。次年，军统局还派遣人员赴英接受训练，毕业后派赴马来亚及泰国、越南等地工作，另又在昆明、贵阳、衡阳、淳安等地设立运输机构，从事物资器材等件之输送。后因此项合作成绩欠佳，军统方面指责“英人缺乏热诚”，加上中美情报合作的开展，中英合作遂告停止。[9]

抗战时期是国民党特务组织活动最盛的时期，此期又以军统组织的发展与活动范围的扩大为标志，在国内，他们将势力伸展到警察、交通、缉私、走私贸易各领域；在全球，他们把触角和网络伸向欧美和东南亚地区。客观地说，军统组织在抗战时期犯下过许多反共反人民和镇压民主的暴行，但也进行过抗日和打击日伪的行动。而他们在东南亚各地的势力扩张，在特定的历史条件和环境下，其主要任务是为了抗击日本在南洋地区的侵略，为盟国的对日军事服务，同时也将国民党的影响扩张到东南亚各地。在全民族抗日救国的神圣战争中，军事斗争的需要使特务情报工作有了冠冕堂皇的理由。当时东南亚各地的抗日党派、华侨青年和各界人士纷纷投入抗日游击与情报工作，他们毁家纾难，不怕坐牢、酷刑折磨，甚至不惜冒生命危险，参加地下斗争，所表现出的勇气与民族气节令人感动。他们的基本动机都是为了抗日救国，并不是为了反共，如胡志明领导的越共组织中，也有人受过军统的培训。[10]况且他们对军统在国内的种种劣迹并不十分了解，虽然他们名义上是归军统组织，但这些抗日志士爱国华侨的工作表现与行为与国民党特务组织的本质是有根本区别的。他们所做的完全是抗日的工作，在中国抗战的历史上应当写上他们的事迹。

【注】

[1] 黄康永口述、匡垣整理《国民党军统组织消长始末（七）》，上海《档案与史学》，2002 年第 2 期，第 63 页。

[2] 黄康永口述、匡垣整理《国民党军统组织消长始末（七）》，上海《档案与史学》，2002 年第 2 期，第 63 页。

[3] “国防部情报局”编行《戴雨农先生全集》(下)，1979年10月初版，第260页。

[4] “国防部情报局”编行《戴雨农先生全集》(下)，1979年10月初版，第260页。

[5] 乔家才:《中外文库之四十七——为历史作证》,(台)中外文库出版社,1985年3月增订再版，第103-104页。

[6] “国防部情报局”编行《戴雨农先生全集》(下)，1979年10月初版，第264页。

[7] 本节资料出自乔家才《中外文库之四十七——为历史作证》,(台)中外文库出版社，1985年3月增订再版，第103-113页。

[8] “国防部情报局”编行《戴雨农先生全集》(下)，1979年10月初版，第266页。

[9] “国防部情报局”编《国防部情报局史要汇编》第一辑，上册，第46页，1962年3月版。

[10] 黄康永口述、匡垣整理《国民党军统组织消长始末(七)》,上海《档案与史学》,2002年第2期，第63页。

抗战时期国民党中统特工的对英合作

载《抗日战争研究》，2006 年第 3 期。

抗战期间，国民党中央调查统计局曾与英国情报机构有过密切的合作关系，这段历史至今仍是鲜为人知的秘密。因工作性质的保密性和有关资料的绝密尘封，给今天人们了解研究这段史实造成了困难。本文引据出自英方及台湾地区的有关档案，对此期中统与英国情报机构在中国及东南亚地区的军事合作历史，作出初步的疏理，期与学界同仁商讨。乃因资料的秘密性特征所限，所述自难面面俱到，祈望今后有以补充，以全抗日战争历史之研究。

一、中统与英国建立合作关系

提起国民党特务组织的对外关系，人们自然首先想到的是戴笠的军统组织与美国的特务合作，然很少有人想到或根本就不知道国民党中统特务与英国情报特务机构之间在抗战时期也有许多的合作关系。这段隐秘的历史在半个多世纪以后才随着时间的流失慢慢浮出表面，但迄至今日，因台湾有关主管单位档案资料的继续封闭，人们仍不能得其全貌，只能从英方和藏于岛内的其他外围资料中获取其中的一鳞半爪。[1]

1939到1944年间，国民党中统局与英国情报机构在共同抗日的前提下进行了范围广泛的合作。这一合作是由英方首先提出来的，其目的是为了保卫英国在远东的殖民地利益。

当时的英国已经显示出一个衰落帝国的迹象，因忙于应付欧洲与纳粹德国的战争，国力不及，无法顾及远东地区。当对日本的步步进逼一再妥协而仍不得苟安之后，最终走上了开战之路。然而，英军在远东兵力不足，即使是在香港和新加坡这样的要害地区，也没有什么整建制的陆军，只能依靠少量的海军与来自马来、印度等地的殖民地雇佣军。这样的军队，士兵素质并不高，即使有英国的将领来指挥，战斗力也上不去，何况英国的将领们一般都存有本领不大脾气不小的毛病，对亚洲人充满种族优越感，看不起中日等国及其印缅等所属殖民地。故开战后，首先对日本军轻视，对中国傲慢。一旦打了败仗，又惊慌失措，急急向中国求助，想用中国的力量来保卫其殖民地。这样，才有了中英的军事战略合作。

在情报特工方面，英国的动机也很明确，其目的是通过与国民党特务组织的合作，运用中方的人力资源，加以培训和武装，练出一支可供英方用以保卫香港、缅甸、马来等英属殖民地的别动队，以弥补英军在远东的力量不足。

早在太平洋战争爆发前，英国鉴于日本有可能向南洋攻击，出于保卫香港安全的直接目的，英国人就准备借用中国的力量来帮助其保卫香港。这个任务交给了英国特工部门，成立了一个专门的机构SOE（Special Operation Executive，特别行动执行部），负责与中方的特工组织合作，并在重庆派驻了代表，任务是由英国出资并配给装备，训练出一支中国别动队，用于对日开展骚扰、牵制作战，并在敌后开展破坏、游击和情报战。

当太平洋战争爆发，日本陆海军在太平洋和东南亚地区，一路势如破竹，在很短的时间里占领了这一地区大部后，英国为抵御日军，急需有关日军在各占领区的兵力、装备、部署等情报，遂命令其驻重庆大使卡尔同国民党中央党部秘书长吴铁城进行密商。

蒋介石接到英国的请求后，思考再三，把这个任务交给了中统，成为SOE与RII（调查统计局的缩写）的合作项目。徐恩曾一直企图把中统的势力发展到南洋各地，见英国情报机关主动找上门来，自然喜出望外，立刻委任顾建中就合作具体事项同英方进行谈判。

这一项目后来因日本发动太平洋战争，英国连续丢掉香港、新加坡等军事要地而失去了价值。此后，中英特工情报合作转为在华南及马来亚、印度地区训练中国海员与侨民的联合抗日行动，中英的情报合作则转向更广泛的对日情报作战。

1942年夏，在重庆川东师范中统局本部，中统代表顾建中同英国情报机关的代表就两国情报合作事宜进行了几轮谈判。

双方商定：由英方负责经费，中统负责征募和培训东南亚地区的华侨，让他们潜入马来亚、缅甸等地区进行情报活动，并将情报提供给英国情报机关。由于双方互有所求，谈判很快便达成协议。

1942年底，中统局为进一步扩大在南洋地区的组织活动，又举办了一期海外工作人员训练班。地址在位于重庆复兴关附近的歇台子。班主任为陈宗周。1942年12月14日，国民党中执会秘书长吴铁城应邀前往“训话”，17日开始正式上课。[2]该班“参加受训学员共34名，其中曾侨居马来亚者12名，缅甸者□名，暹罗者□名，越南者□名，其余□名为海军学校毕业，□名为本局电台报务员。均系列本党优秀党员，经考察忠实可靠者。训练期间暂定三个月，结业后考核成绩，分别派赴马来亚、缅甸、印度等地工作。”[3]

中统局为该班制订了一份训练大纲，其主要内容是：

训练目的：培养本局海外工作干部人才，充实本局海外业务力量以促进本局海外业务之发展。

训练要旨：（甲）加强受训人员对本党主义总裁言论及有关政治问题之认识，以提高其政治觉悟之水平，与确立其坚定之政治信仰。

（乙）培养受训人员之组织精神，及提高其对特工之认识，以确立其坚定之组织观念与效忠特工之热忱。

（丙）教练受训人员以特工之必需理论与技能，并养成其秘密严肃之习惯，以确立其基本之特工修养与应具之基本态度。

训练方法：（甲）究之方式，故除课程之讲授外，并侧重集体讨论与业务演习，以养成学员自动研究注重实际之精神。

（乙）政治训练工作、训练与精神教育、生活教育并重，故于训练期中施以军事管理，以养成学员重秩序守纪律守秘密及简单朴素迅速确实之习惯。

（丙）实施小组责任制，于训练期中凡问题之研究、生活之管理，业务之演习等，均以小组为实施之单位，务期符合“小组决定一切问题、一切问题通过小组”之原则，而培养受训学员之设计创造自动自治服从负责之精神。

组织：本班之组织，以能适当执行本班之任务，所需职员以调用本局现任人员兼任为原则。……

学员：名额：暂定五十名。

成分：选拔华侨之优秀青年并具备左列诸条件者：（一）曾受本党之政治的或工作的教育，其信仰正确；（二）身体强健品格纯洁，无不良嗜好；（三）熟悉海外情形，对于海外工作具有高度热情与坚决意志；（四）愿意并可能参加本局战时海外工作；（五）愿以特工为终身事业并服从调遣。

来源：由本局同志负责介绍并经本班正副主任谈话考核后，呈请本局副局长批准（选拔学员采取绝对秘密方式）。

训练期限：每期暂定为三个月，遇必要时可缩短或延长之。

训练时间之支配：分集中训练与分组实习两期：（甲）集训期间两个月；（乙）实习期间一个月。

训练项目：（一）讲授课程；（二）讨论问题；（三）业务实习；（四）小组讨论；（五）读书指导；（六）精神讲话；（七）个别谈话。

考核：（略）

结业后之工作：训练期满后经考试完毕，由本局按照其成绩及能力并视工作需要派遣工作。但成绩不佳者不予派遣工作，得留班继续训练。

经费：本班所需经费由本局核发，其预算另造呈核。[4]

据“海外工作人员训练班学员简历”所提供的资料显示，在收录的叶水源等34人中，有女学员7名，平均年龄为26岁，以广东与福建省籍人员为主，他们来自军委会战干团、中训团、中央军校和交通、电讯等特殊部门，绝大多数有在南洋各地居留的经历，对南洋各国情况熟悉。其中原为中统局职员2人、“本局调查员”4人，说明了大多数的“海外工作者”原来并不是中统特工。[5]这批受训学员后来便成为中统局在南洋活动的骨干力量。

根据目前掌握的资料来看，中英在特工情报领域内的合作基本上包括以下几方面的内容：

一是中英双方在培训特工和战时服务队员方面的合作；二是中英双方在东南亚地区的抗日特工情报合作；三是英国SOE情报组织在中国及远东地区的活动。

二、中统助英训练留印海员

太平洋战争爆发后，日军占领了香港及南洋的新加坡、马来亚、缅甸等地，英国轮船公司经营的远东南洋航线先后停航，华籍海员五、六千人被迫滞留在加尔各答，生活极为困难，而英方又无力负责安排，提出由中方来帮助其训练或遣散，并在需要时为英美提供海上服务，英方同意为此支付部分经费。

面对这样庞大的一支力量，中统认为应当很好地加以利用，在组训的同时，可为中统培训出一支较强的海外部队，以实现其向外拓展势力的计划。因此决定派员前往印度，组建“中国留印海员战时工作队”。

1942年6月9日，国民党中执会秘书长、中统的后台“大老板”吴铁城对局内派赴印度工作的人员训话时，强调了此次任务的目的与要求。他说：

“各位同志此次奉派前往印度，对于我国滞留在印度的海员，加以组织与训练，这在党是极重要的工作……这一次组训海员的目的，在使其协助英国、印度抗战。……目前我国与英国及印度，痛痒相关，利害相共……中英印三大民族，亦彼此均负有协同努力之重大任务。……诸位同志于工作之余，应同时从事国民外交工作，……除自己努力外，尚可策动当地我国侨胞去作。

“各位之工作任务，本人昨晚已面陈总裁，为其目的有三：一、严格实施党的组训，使各海员能确实担任与同盟国并肩作战之使命。……故诸位当倾全力以赴，务求各海员今后于服役英印政府时，能表现出极优异与英勇之劳绩。……二、着重技术训练与纪律习惯，使各海员能于战后能担任接管轴心国船舶之工作。……三、此次组训为将来普遍组训海员之基础，而为今后发展我国航业之张本。……抗战发生后，党部与政府对海员工作亦未能充分加以运用。战后我国必须发展航业，航业发展端赖海员，故诸位之组训工作如有成效，使此二千余海员能成为中国海军干部，在本党领导下，有严密组织，良好纪律，则将来谋我国航业之发展，自能收事半功倍之效。”。[6]吴的这番话，道出了这次海员组训的远近目的，原来中统对未来中国海军之重建也抱有染指之心。

1942年10月22日，“中国留印海员战时工作队”在印度加尔各答托力根营地举行了正式成立典礼，蒋介石与吴铁城均发来了贺电。中统局派出的工作队总队长王天雄主持了典礼，中英双方的代表及千余队员参加，会后发表了《中国留印海员战时工作队成立宣言》，当晚还举行了餐会。[7]

工作队成立后，即对海员们进行了党训化的“教育管理”，为期半年。而后进入正式的工作阶段。为加强内部控制，经国民党中央海外部批准，中统在工作队里建立了党的直属分部，后扩大为总支部，下辖5个分部，最多时有国民党员500余人。党部的工作目的是“在组训过程中能使海员同志们的生活方面，得以改造，思想方面能受本党主义之熏陶涵育。”[8]

11月18日，由军统局派出的专员李鸿鸣报告了奉命视察留印海员战时工作队的情况。他写道：“9月10日奉命前往加尔各答，视察留印海员战时工作队。12日飞抵，向林本总队长问询海员组训事宜，访问各官长及驻印总领事馆保总领事，均认为林本头脑不清，性情暴虐，行为不检，才能不足。即电吴秘书长换人，中央采纳，改派王天雄继任。10月22日，经内部整理后举行成立大典。”过去队中干部多是由中统局与国民党中央海外部从军校、战干团毕业生中选拔担任队长，由政治训练及民众组训团人员来担任政治指导员，并注意选自闽、浙、粤沿海地省。现因英方船公司仍发津贴，一部分海员就不愿加入工作队，对此，需与英方洽定限制方法。对少数“不觉悟分子”应用国家总动员法，送其加入远征军。到10月27日止，战工队员计有649名。22日，李鸿鸣前往兰姆加拜见中国远征军司令罗卓英，并应要求，派出48名熟悉缅甸情况的队员加入远征军工作。另又为英国驻加尔各达技术招募处征召技术工37人派往伊拉克服务。“职除视察战工队外，并与英国经济作战部（特务机关）马来亚分部负责人GOODFELLOW谈商马来亚特工合作办法，于10月21日正式签定合同，详情经已另报。”[9]

中国留印海员战时工作队成立后，首先遇到的就是多重的困难。据王天雄12月8日于加尔各达发出报告，内容为以下几点：

1．10月20日他与李德爵士、保总领事、英中国事务局佛郎克林秘书在总领馆商定，英方于11月1日起，停发海员津贴，由战工队对海员们进行劝其入队的工作。

2．少数海员冲砸当地饭店上海楼闹事，并要火烧战工队营房，扬言杀死王、保等人，目前已有戒备。

3．少数海员在上海楼白吃，还要挂“总理”、“总裁”像上街讨饭，丢中国人的脸。

保总领事电蒋介石请示，31日得蒋回电，授以保总领事处理全权，并电罗卓英派兵支持。11月6日罗到加尔各达市，对海员发表讲话，部分人包围会场，被印警驱散。11日召开政军联席会议，决定先发放11月上半月津贴以供海员们支付饭费，但闹事者以联合礼义会名义表示拒绝调停，甘愿自谋生路。14日，发完津贴。海员工会干部边坤宇活动频繁，准备成立一个由他自己主办的劳动团，来与工作队相对抗，要求继续发给维持费。23日，两千海员向英船政司请愿游行，并向“四行”要求退还所购救国公债，扬言还要烧毁一切中央驻印机构以示决裂。保总领事为此气愤病倒，经电中央，派军队来处理。4日，又有400人包围领事馆要饭要钱，宪兵与印警开始逮人，押送兰木加看管，将为首的判定为共产党。命令其三日内加入工作队，否则押送远征军服兵役。

4．林谋盛离职时未办交代，而他任命的事务长在他之前就逃跑了，服装器件帐面无法查清，请派人前来协助。

5．英方中国事务局对战工队经费控制很紧，先期只给1000盾（需要4000盾），后又定为实报实销，实际则多方询问、刁难，如去取药就被讥讽询问是否要开药店等，中英双方矛盾显现。[10]

虽然工作队面临着诸多内外困难，但通过努力，训练工作仍然得以开展起来。

根据资料显示，工作队平时的主要活动内容是思想教育、航海训练、提供英美盟国的航海服务、联络服务中国驻印远征军、驻地社会救济、自给生产、体育娱乐等。如1943年12月上半月的工作统计即包括以下10项内容：

1．举办干部年终考绩；是为“为襄助管训特挑选优秀队员予以特别训练，用为干部。”2．举办征文竞赛；3．提倡踢毽运动；4．垦辟菜地；5．培植营房风景；6．制纪念章；“本队为资永久纪念特制，离队队员及队员购佩者甚多。”7．结束对驻地印度灾民施饭；据称“施饭共计3月，据印人估计共值1万5千盾，故活人命当在600以上，甚得一般印人好感。”8．慰劳中国远征军战车队；邀请驻巴力克浦部队“聚餐并举行同乐会”。9．出版壁报周刊；“《海风壁报》出至六十期、《海风周刊》已出44、45两期。”10．统计人数。“全队人数截至本月上半月止为477名，较上月底减少13人”。[11]

工作队还出版了《海风》壁报周刊，用于宣传与鼓动，介绍世界反法西斯战争状况，起到了较好的效果。[12]

此外，工作队还派出了部分人员赴英参加海上战时运输服务，主要内容是“担任船坞的消防、军需的运输、参加前方机器工厂、飞机工厂、军需工厂等工作”，“依过去一年多的表现，成绩斐然，使友邦各界人士获有深刻的认识和一致的赞赏。”[13]

1943年4月22日，徐恩曾致电吴铁城报告：战工队本年1月至3月以来由1268人减为989人，有279人离队，“若此逐日渐少，则对于贡献盟国战时服务之任务将不能达成，”应规定今后队员离队应在航业服务，否则应加以限制。[14]而在处理队中矛盾关系方面，据1943年9月11日吴铁城电复工作队刘代理总队长所披露的情况：“请晓告该队为中英合办之战时服务机关，而非阶级斗争之劳工团，……（队员）要求改善待遇，须在融洽双方感情、自求振奋纪律及适当标准以后，拟设法使该队在反攻缅甸战役中求得表现之机会。”由此看来，工作队内部要求改善待遇的斗争一直没有停止过。[15]

实际上，中统局揽下这一桩工作的结果是帮助英国人解决了华籍海员的处理安置问题，至于这个工作队是否培养出了适合中统需要的特务人员，其效果倒也不是太明显。1943年10月后，中统方面通过对这批留印华籍海员实行军事管制训练及分化瓦解，让海员们或另谋出路，或回归祖国，一部分入伍参加了反攻缅北战役，最终聚集在加尔各答的数千名华籍海员逐渐解散。

工作队结束以后，中统向英方申请经费补偿，英方十分吝啬，双方为薪水、办公费、服装费补助等事发生了多次争执。临回国时，海员队中又有人私购印度禁止出口的黄金，在飞机上被英方查获，双方又进行了不愉快的交涉。但无论如何，查考中国留印海员战时工作队的历史，其积极作用还是大于其弊端的。

三、中英合作建立缅甸情报网

1942年4月11日中统局副局长徐恩曾致函英属缅甸国防局中国部主任鲁宾生，商洽中英双方在缅情报特工合作办法。经请示蒋介石批复：“甚慰。所请经费可□呈核办，此项工作不能离海外部缅办事处，并须与军统局划分工作及联系”。4月21日徐恩曾召集准备赴缅工作人员训话。

在这年夏天的中英谈判中，双方同意组成中统缅甸情报区，其主要任务有两项：

（一）搜集有关日军的一切军事、政治和经济情报等，协助盟军在缅抗日作战；

（二）调查旅缅华侨和当地人民反英、反日的活动。

所有这些情报，均须抄送英方一份，情报区的活动也随时向英方通报。作为交换条件，英方每月向情报区提供7万卢比的活动经费，并一次性地为情报区装备所需通讯器材和部分轻武器。

9月12日，鲁宾生来到重庆进一步商洽具体合作行动内容，因徐恩曾赴陕未返，便由顾建中出面约鲁一谈，草拟了一份合作办法，签呈蒋介石，报告与鲁宾生洽商经过，请约期召见，得蒋批“代见可也”。12月26日徐恩曾奉侍办5349号亥世代电复：“特字第5288号报告，代见鲁宾生君，协商在缅特务合作办法等情悉。”指示于12月31日中午在蒋介石官邸会报中进行口头报告。[16]

中统与英国SOE一经达成协议，便立刻投入了紧张的筹备工作。具体承办筹建缅甸情报区工作的是中统局本部的侨务小组。

1942年底，组建工作在重庆正式完成，为掩人耳目，所组成的缅甸情报区，其公开掩护机关的对外称呼是“中国国民党驻缅甸总支部”。

缅甸情报区的主要成员，主要来自侨务小组在重庆和昆明等地招募的东南亚地区华侨青年，最初额数未招满，后来又不得不扩招一些闽、粤籍的青年加入。这些人被招来以后，中统在重庆开设了一个专门的特训班，对他们进行了短时间的特务技能训练。12月，该班结业后，除少数学员被派往马来亚等地工作外，其余人员连同电台人员一起，组成了中统缅甸情报区。

由于招募和培训工作比较急促简单，这些被派去缅甸工作的情报人员一般素质较低，他们缺乏熟练的特工技术和应有的保密习惯，工作成绩不佳。

中统缅甸情报区由李竹瞻担任区长，陈蔚如任副区长。

李竹瞻，是广东梅县人，曾在缅甸首都仰光的中华基督教会中从事教职多年，是一名牧师，过去从未搞过特务工作。30年代，吴铁城在任国民党中央海外部部长时，曾到仰光等地视察党务，李竹瞻当时为吴组织过盛大欢迎会，赢得吴对他的好感。中统筹建缅甸区时，李竹瞻居留重庆，并表示过要在政治上谋求发展的意向，吴铁城便将其介绍给徐恩曾，并称李能力强，又熟悉缅甸情况，还有一定的社会基础，极力保举他担任区长。

对吴铁城推荐的人，徐恩曾当然不敢抗拒。但他认为，派一个外行去领导缅甸区，肯定不合适，这样一来，会使缅甸区先天不足。于是，他派出陈蔚如为副职，并向他面授机宜，让他把情报区的主要工作实际全抓起来。

徐恩曾又同李竹瞻谈话，鼓励李把情报区的对外联络工作做好，暗示李其他工作不用多管。李竹瞻口是心非地表示同意。

1943年初，中统缅甸情报区全部人员携电讯器材，乘一架运输专机，由重庆出发抵达昆明。

在昆明，李竹瞻与驻昆明的英国领事馆取得联系，按协议领取了经费和有关器材。

与此同时，为了充实潜入人员，陈蔚如找到中统云南调统室主任查宗藩，向他提出，要求他代选人员充实缅甸情报区，条件是：入选人必须是中统人员，必须是曾去过缅甸的云南华侨，或者是懂得缅语、熟悉缅甸情况的人。

查宗藩于是把李品伟介绍给陈蔚如。

李品伟，云南保山县人，参加中统已有年余，早先曾在缅甸腊戍开设照相馆，经营多年，日军占领缅甸时才回到云南，对缅甸情况极为熟悉。

陈蔚如了解了李品伟的情况后，十分满意，当即向局本部汇报，将李晶伟留下，命他以“中央党部战时边地视察员”的公开身份去缅甸景栋分区开展工作，以利于情报区的日后活动。

情报区人员在昆明停留了一个多星期，等经费、器材和人员问题基本解决后，开始潜入缅甸。路线是预先定好的，全体人员决定编成两队，从昆明分道出发，大致安排是：

第一队先行，由陈蔚如带队，从下关方向经滇缅公路进入缅甸的澎弄；另一队随后，由李竹瞻领队，从昆明经滇越铁路从越南进入缅甸的景栋地区。

双方商定，陈蔚如带人先到下关后，应着手布置好办公地点和筹办好潜入缅甸境内的一切准备工作，等待李竹瞻率队前来下关会合。

1943年1月中旬，陈蔚如率情报区部分人员包乘了两辆大卡车到达下关，在文言昌宫设立了办公处和宿舍。

同时，还在迤小井巷18号架起了无线电台，对外通讯地址为“云南下关邮政信箱48号”，名称代号为“灵光”。

电台人员的工作比较紧张，他们一方面架设总台，争取尽早同重庆、昆明通报；同时，还要对从昆明英领事馆领来的两只手摇收发报机进行改装。

因为这是英国人的处理品，使用时会发出很大的噪音，极易暴露。

根据事先的商定，缅甸情报区下设6个分区，分别为：

（一）仰光分区。主任蔡英，电台台长李发柱；

（二）曼德勒分区。主任初光荣；

（三）景栋分区。主任王一定，电台台长张润；

（四）腊戍分区，主任张云，电台台长杨耀辉；

（五）八莫分区，主任杨安，电台台长程志安；

（六）密支那分区，主任未定，电台台长留总台工作。

陈蔚如这时发现，由于事前没做好细致的调查研究工作，情报区人员配备存在很大问题，因为整个缅甸区的各分区，除仰光、曼德勒两个分区讲缅语或英语外，其他4个分区都讲泰语，而入缅人员基本都是讲缅语的，在泰语地区毫无立足之地。

由于经费掌握在李竹瞻手中，陈蔚如处理完这些工作后，便只有等李竹瞻率队赶来。可是，这一等居然就是大半年，李竹瞻还在昆明没有动身。

情急之下，陈蔚如多次催促其速来，谁知这位李牧师总是推说派往景栋方面的人员尚未出发，须等他们到齐才能去下关，实际上，李竹瞻所以滞留昆明不肯动身，是因为他把活动经费挪用去搞投机买卖了。

在下关的人员对李产生了严重的抱怨情绪。陈蔚如把情况向中统局本部作了汇报，徐恩曾也非常不满，电令李竹瞻率队速往，可李对此置若罔闻，一直在昆明踟蹰不前。

由于李竹瞻迟迟不来，陈蔚如等也无法筹办潜入缅境所需的物资，所以，在下关的半年多时间里，所谓的情报区实际上根本无事可做。

英国方面对此非常不满，认为情报区徒有其名，拿了钱、拿了物却不干实事。为了对内对外有个交待，陈蔚如煞费了一番苦心。

李品伟对滇南地区和缅甸境内的情况比较熟悉，从他那里，陈蔚如了解到：当时日军在缅甸地区的军事力量十分薄弱，侵入缅甸的日军除在沿海重要港口和滇缅公路设有重要据点外，其他地区不过是利用一些缅奸来维持秩序，漏洞很多。另外，在滇缅边境腾冲和龙陵间的山区，有一些静僻的山间小路，在这条线路上常有一些做马帮生意的汉人往来，他们熟悉当地的地理人情。陈蔚如认为，如能得到这些马帮的帮助，对缅甸区的潜伏和侦察都将大有好处。于是，他决定利用这段时间，在马帮里发展关系。通过云南调统室的关系，陈蔚如结识了一位姓杨的腾冲籍地主，这位杨某同马帮在生意上往来颇多。他经常从马帮手中购进棉纱、五金、药品等紧俏商品，转手倒卖给昆明来的商贩，从中牟利，因此他和马帮的关系很密切。

通过杨的介绍，陈蔚如同马帮中的一些人套上了关系，常常邀他们在一起从闲谈中了解一些缅甸境内的情况，然后，再来一番加工后，除发送中统局本部一份外，再给昆明英领事馆一份，聊以塞责而已。

1943年8月间，李竹瞻终于到了下关。

对李竹瞻滞留昆明，陈蔚如等人都非常不满，特别是听说李用活动经费经商，更是气愤。李竹瞻到了下关后，闭口不谈工作之事，反给每个人都发了一本《新约全书》，要求他们按时到教堂听讲。陈蔚如为此同他大吵一场，两人矛盾趋于尖锐。正副区长无法合作，情报区的工作也就可想而知了。

同年10月，为挤走陈蔚如，李竹瞻向吴铁城密报了罗列陈的几大罪状。包括有：吸食鸦片烟；动用公款做生意；常聚众赌博；不抓工作；目无上级；调戏少数民族女子等等。吴铁城把信交给了徐恩曾，让他查办。陈蔚如是徐的心腹，他当然不肯查办。而且，徐恩曾也认为这些所谓的罪状，实际是李竹瞻恶人先告状。但是，吴铁城是他的靠山，他可不愿为了一个手下去开罪吴。于是，便派中统侨务小组的负责人朱凌云由重庆去下关，名曰调查，实则是做陈蔚如的工作，把他调离缅甸区。

陈蔚如得知李竹瞻密告自己的事情后，恼羞成怒，他一面据理驳斥，为自己申辩，一面又向朱凌云揭发李竹瞻以活动经费经商的事实。在朱凌云开导下，陈蔚如同意回重庆，于当月离开了下关。

陈蔚如走后，朱凌云接替了陈的位子，担任副区长。时隔不久，李、朱之间冲突又起。李竹瞻用同样的手法又告了他黑状。

对李竹瞻这样再三地胡闹，徐恩曾此刻也看不下去了。他把李竹瞻由下关招来，狠狠地批了一通。因为不想让吴铁城太过不去，训斥之后，并未撤李的职。[17]

除了筹建缅甸区的工作而外，中统组织还和英方先后进行了两次较大规模的合作行动。

四、中英在马来亚的地下组织及其活动

中英特工情报合作中比较成功的例子是双方在马来亚日占区的工作。此事的源起是中统受英方之邀，为他们培训和选送派往南洋日占区的情报工作人员。其后，中英双方就在马来亚共同开展了抗日特工情报合作，组织游击队对日本占领军进行作战。在蒋介石的裁定下，中统与英方开展训练与组织游击队活动，军统则与英方进行军事情报合作与交换，并且各收获。

1942年9月5日徐恩曾函报吴铁城，“据印度我三队林谋盛同志报告，英国驻新情报部长顾泛罗愿与我方合作，乞核示。”吴批复：“可先拟合作办法候核商。”10月4日，中统局派曹鸿鸣在印度与顾泛罗商定中英在马来地区合作办法，并于12月31日中午及次年2月23日两次在蒋介石官邸会报中作了口头报告。1943年4月26日“奉总裁卯沁侍秦代电，饬查报中英在马来亚合作实情。”5月8日中统局详细呈复。20日又“奉辰驾侍秦代电，批示呈悉。凡与英美情报合作事，概交军统局统一办理。”看来蒋介石是想在对外情报合作中扶戴抑徐。但中统是不会轻易退场的。于是，“在四、五、六三月中，先后与于郑介民、涂思曾、唐乃健、刘部长、何总长等商洽，拟南洋编海区工作纲领，6月11日意见一致，将情报归由军统局主持（见该纲领第五项）签请总裁核示，奉侍稿第18265号巳卅代电略开，报告及附件均悉，所拟纲领可以照准，唯利用盟国器材一节应注意于利用者之人事掌握，至经费方面希先与孔副院长商洽。”中统方面仅让出了情报的搜集与交换，而保住了对其在南洋游击组织的指挥权。7月21日中午，在“官邸会报”上，中统局又报告“第一批赴马来亚同志安全到达”，[18]业已开展工作。

当时马来亚及新加坡在日本占领军统治之下，当地人民的对日态度已经历了由欢迎到反对的变化。1943年前，他们受日方“解放亚洲驱英赶美”的欺骗，指望日军把他们从英国殖民地的处境下解救出来，但虎去狼来，日本的法西斯殖民统治比英国更残暴，在日本统治下，马来亚人民一切粮食及日常必需品均定量配给，由街坊长发粮食簿、购衣券，且每家庭一星期只配给鱼半斤，每月供米男子8斤、女子6斤、孩4斤，每人每年只配售衬衫一件、鞋一双；女子每人每年购布一码，如此压迫导致黑市盛行。日军还在马地强行颁布征集劳役办法，通知当地巫印团体与华侨协会所需劳工数量，16-35岁男子都要应征做苦役，否则将被逮捕。人民要申领居住证、旅行证方可行动，城市内每晚十时戒严，特务宪兵横行，“惟宪兵中有一种TOKOKA人员，杂入军队甚至当地人民中，其任务在注意疏忽之言谈及不良的军纪”，造成白色恐怖。另外，日人还以大量已贬值日币夺购当地工厂器材。[19]

在这样的情况下，1944年后，人们该改变了对占领军的态度，“希望盟军早来，但无反日行动”。[20]

当时活跃在马来亚地区的抗日游击队有多支，成份比较复杂，“除星洲及槟城之外，游击在马来亚其他各地异常活跃，其分子包含中国人、英人、马来人及印人，而以中国人占多数。彼辈组织成队，为数有五，号称‘马来亚抗日同盟’，(TheMalayanAnti-JananeseUnion)均以打败日本为目的。

总部地点：1.国民党独立游击队：第一队在柔佛(Johore)；第二队在森美阑(Sembilian)；第三队在雪蓝硪(Selangor)；第四队在霹雳(Perak)。2.共产党游击队：第五队流动总部在怡保，及吉隆坡；其他各队散布于各地，总部地点不明。3.洪门游击队：第一队在PANLAI；第二队在MANONG（近BRUAS）。

组织内容：

1．国民党独立游击队：

甲）组织：第四队部在霹雳河一带，首领为一华人，名李一文，系前驻安顺国民党支部秘书，首领之下，设有8科，构成该队之最高委员会。……

霹雳河一带之国民党活动会员约有4000人。

乙）任务：(1)偷袭日军，(2)破坏交通，(3)铲除汉奸，(4)焚劫警局，(5)收集情报，(6)以宣传方式唤醒爱国情绪，(7)与马来人合作。

由宣传、编纂两科合办一报，在吉隆坡发行，名为《国民党报》，用中英巫三种文字刊印，此外又印发各种宣传小册。……洪门游击队之前任首领阿祥，充此队组训科主任，同时兼任队代表，最高委员会代表，及下级委员会间之联络员。”[21]游击队员基本是由华侨青年组成。

“每一华人家庭中有男丁四人而已届兵役年龄者，须有一人加入游击队，为活动队员，”“每一预备会员每年须受一星期之训练，居垣之则为收集粮食及捐款。近因鉴于盟军之胜利，预料大反攻之期将届，故预备会员之训练，有随时被招而给予某种任务之可能。在敌政府官吏下之工役及其它为敌人服务之人员，倘游击队需要其加入而不加入者，则设法予以处死。此种人员加入后，则使其担负间谍及反间任务。”

2．共产党游击队：“总部在怡保（IPOH）附近，首领为MACHUKYO（马致果），前任首领为来福，已于1943年8月在怡保被日人捕杀。首领之下设有5个委员会如下：(1)最高主干委员会，(2)支干委员会，(3)分干委员会，(4)区干委员会，(5)地干委员会。

3．洪门游击队：洪门游击队又名三星（俗称流氓）党，人数并不多，起初彼辈专以抢夺英人及日人之枪械为勾当，英人退出Tronbh、Kamhar、manong、PavilBridge及其它地方之后，所遗落大批小枪子弹及若干大件武器，【为】洪门游击队所俘获，迄至1942年中，国民党游击队因缺乏枪械，遂把许多洪门游击队予以吸取，其中不愿合并者，乃另行成立独立队伍，于Pantai及Manong等处，随后将总部由PaviRiver迁至Selangor，近又移至PerakRiver。国民党第四游击队组训主任阿祥曾充洪门游击队之首领。现任洪门当【权】之首领名字不详，闻其居住于IPOH，至于洪门游击队之组织，与国民党、共产党游击队不同，大概无甚系统云。”[22]

当时英方为在南洋地区开展工作，也在印度开办了一所“特工训练学校”。“该特工训练学校设于印度孟买省POONA附近20英里某地，由英远东军总司令部主办，专培养特种行动人材。共有学生千余名，包括中、英、印、阿拉伯、波斯、阿富汗、缅甸、暹罗、安南等国籍，训练后分别派往远东中东各地前方与后方工作。校内按学生籍别或人种分班教授，各班教室隔离甚远，不许学生相互间发生横的联系。”其中就有一“马来亚区中国班”，“本局派出同志，即在该班受训，同班者原有粤籍马侨5人，系由英方自行招收者，电务员陆思行等四员，于2月4日赴新德里附近米津军营电务学校受训，3月底结业后仍返班实习。该班班主任系加拿大人，前在香港负责特务工作，香港沦陷时与陈策一同逃出，英籍教官7名，学识丰富，以英语授课，由林谋盛同志担任翻译。课程计有健身体育、第五纵队组织、秘密通讯、情报暗杀、游击战、纵火、爆破术等等。每日功课甚为紧张，早晨自7时半起至晚11时止，除三餐及稍事休息外，均在上课及野外演习中。作息时间系临时规定。”“英方对马区工作人员的待遇：马区工作人员在受训期间，除膳食、服装由英方供给外，每月另发津贴费，计区长300盾、副区长及电务员200盾，书记及干部同志各150盾，将来出发工作时，津贴照发。并酌情发给特别费，其成绩优良者，得临时给予奖金。”[23]

为加强在马来亚区的工作，1943年10月间，中统调派马区翁信宾赴印度加尔各答受训。中统局长叶秀峰致电吴铁城报告说：

“顷据庄惠泉同志报称：前由盟方潜艇自马来亚带印之翁信宾同志经已转赴加城受训，此后将派入马区担负本党在霹雳、雪蓝莪、森美兰、柔佛等地游击队与盟方联系之工作。据翁同志报称：‘霹雳等地游击组织由本党第四独立队队长李一文同志领导，实力雄厚，战绩辉煌，’等情。职乃将是项情形转知英方负责人陶中校，并商定将翁同志严予训练，复派入霹雳等地，担负联系工作，兹为鼓励各该同志艰苦奋斗之精神，并促使与盟方开诚合作，计拟请用秘书长名义备函，交由翁同志转致霹雳等地各工作同志，指示与盟国合作之意义，并多予鼓励，等语。是否可行，敬请裁夺示复为祷。”[24]

中统之所以如此重视加强对马来亚的工作联系，是因为在当地的抗日斗争中发生了国共矛盾并牵扯到了对英的关系。1943年10月3日，中统马来亚区副区长庄惠泉曾向吴铁城电告了其中的前因后果。他报告说：派翁信滨乘盟艇赴加城受训后，拟再派往霹雳担任与英方的联络员，“与英方发生联系，以后再设法推及雪兰硪、森美[兰]及柔佛等属部队。据马区英方负责人报告，则谓共党首领（共产党对英联络人为LEEWIMING（李伟明），其最高负责人为马志强（又名马致果），告以霹雳并无本党游击队之组织，但据翁同志确言，本党第四独立部队力量强大，枪械充足，其霹雳河北部自霹雳桥迄至直落安顺一带，均为其势力范围，该部队彼亲自到过，队长李一文同志亦曾晤面多次，事实不容否认。至于总部设于雪兰硪，主持人为怡保侨领胡重益等，彼辈举家迁入部队，准备与敌作持久战，而霹雳部队亦曾向该总部领到枪杆，……翁同志认英方显受共党蒙蔽，因国共政见不同，且曾发生冲突，共党欲独霸一方，不愿本党与英方接触，增强实力以与争雄。自属意料中事。关于此事，职曾与陶中校一度谈判，职谓英方不能与本党部队取得联系，并不能运用本党庞大力量，殊为失策，同时职并引秘座训示：‘本党对马区毫无政治及领土野心’以告知，反观共党部队一面从事打击暴日，一面准备战后建立共和国，将来马区收复，其它诂不具论，单以收回民间枪杆一事，已极困难应付，本党部队方面，则我可稍尽绵薄，陶中校亦认此为战后最困难问题，彼希望国共不复发生火并，至与本党部队合作，自属迫切需要，目前步骤在计划如何使之双方获得接触，故决定派遣翁同志回区担任线人之责。”庄希望吴致函其第四独立部队“述及中英两政府合作事，及多予鼓励。……职俟各事部署后，亦将随后如区工作，唯一使命在如何加强本党组织，如何发挥本党力量，以协助盟友收复失地。当次本党与共党互相消长之日，如不把握时机，则恐后悔无及，故职决心亲自入区主持，唯兹事体大，今后应如何进行，敬乞指示一切。”吴铁城当即在电文上批道：加强组织，发展党员。又复电指示：“所陈霹雳本党第四独立部队与共党情况一节，查发展本党组织加强本党力量，既为对付共党最好办法，希对进入马来区之各同志，申述此项要点。”[25]由此我们可以看出，当时在马来亚地区的抗日作战中还存在着复杂的国共两党较量，并将英方卷入其中。

我们仅以中统一名派往马来亚活动的华侨特务经历为例，可从一个侧面了解中英培训和派送南洋情报员在马来亚活动的具体情况。

陈崇智，祖籍广东潮州，1916年生于新加坡，后回国读书，1942年重庆国立美专读书时加入中统培训。在印受训时化名林成，入马来亚后化名陈天成。根据他自己的叙述："1943年1月至7月在印度受特务训练。1943年8月至1944年3月26日在霹雳工作。1944年3月26日至1945年8月26日在日军拘禁中。"[26]

"从事特务工作原因：

第二次世界大战爆发时，余在重庆升学，因闻日军入马后，居民惨遭蹂躏，乃决放弃学业，应中央政府之征募参加赴印受特务训练。同批由渝来印之同学有：主持人林谋盛（又名陈春林）、吴明才（即吴在新）、陈狄夫（即胡迪夫）、韩礼文（即谭显炎）、陈石夫（即余天送）、穆清（译音）、李俊（即梁允明）、黄河、郑景邦（即郑亿云）

受训期间：

我等由渝飞加（尔各答）后，即受（英军）GOODFELLOW少校之接待，翌日乃乘火车赴本那（POONA），抵步后即乘军用卡车赴SUNGARI山受训，教官有DAVIES上尉，BROOME上尉及其他多人。

1943年5月，第一批工作人员吴明才、韩礼文、李亚青（李汉光）、亚英（龙朝英）及亚彪（注：谭云彪，后经回锡遣送回国）在DAVIES上尉领率，离哥伦坡出发。

第二批人员石夫、李俊及余在BROOME上尉领率之下，携带无线电机于1943年6月离丁堪马利军港出发，安抵马来亚后，即与DAVIES上尉取得联络，DAVIES以内地布置未周，乃全体返印。

至1943年7月，全体乃再在DAVIES上尉领率之下，离哥伦坡出发，于同年8月3日，即与马来方面来接之帆船接触，翌日即在PANGKOR附近之SCULLY山附近登陆。

在马活动情形：

我等分两部（外务部及内务部）工作，内务部由DAVIES上尉主持，外务部人员计有：临时主持人兼财政吴明才，驻怡保；财政帮办兼内务部及外务部交通林成（即余），驻LUMUT，海上交通李亚青，驻LUMUT；陆上交通亚英，驻怡保；支部陈石夫，驻TAPAH；在SCULLY山之粮食运输负责人陈庆青夫妇（译音）；怡保代表麦基（译音）。

区长陈春林（林谋盛）于1943年12月由印入马后，总部乃于1944年3月在怡保设立，当时任务为：(一)与抗日军联络；(二)接应人员及物品入内地；(三)设立无线电台；(四)维持海上交通。

吾方与游击队之联络，由吴明才负责，游击队起初对本组织极为怀疑，而吴亦几因致生命危险，后获游击队信任后，始告成功。

接应人员及搬运用具入内地之工作，由DAVIES亲率韩礼文、李俊及亚英会同游击队员，深入森林进行，成绩极佳。

无线电交通，因初时携入之无线电机不适应用，致延至林谋盛带入较小电机后，勉强始告设立。

海上交通，实为本组织之命脉，其任务在以帆船接应潜艇运入用品、钱币及金饰。后李亚青与DAVIES上尉发生误会，阿英乃奉命协助李亚青工作。最后，出海工作乃由阿英一人负责。

由1943年5月起，各项工作均能依照原定计划圆满进行。至1944年3月，区长陈春林（林谋盛）乃告余谓第一步工作业已圆满完成，而第二步工作，即组织与宣传，即将开展。

然当时我方因经济短缺，只能于霹雳活动。外来之船，又数度不获接触，致未能运来钱币，以资应用。及至我方决定扩展工作范围后，区长乃派吴明才赴新加坡晤苏汉水、王丙丁、柯子平等筹募款项，俾能派遣代表赴他地工作。”[27]

1944年3月间，陈崇智等受同事连累相继被日军逮捕，组织几乎全被破坏。陈在新加坡的兄长也被日军抓去，其母去探望时竟被日军殴打致死，留下嫂、侄无法维持生计。陈崇智等先被拘于日军特务局，备受拷打，后又多次转移关押地点，不给饭食，饱受虐待，区长陈春林死在狱中，陈崇智等后在马来TAPAH监狱中两次说服当地警察看守，准备毒死日官越狱，被发现而致未果。

陈崇智及其中统马来区区长林谋盛被捕后，时隔一年，副区长庄惠泉才致电吴铁城，报告“林谋盛、吴在新、陈崇智、余天送、李汉光于去年3月间在怡保被日军逮去不知下落。”“仅李汉光一人逃出，梁元明在机件损失情况下，经18个月努力竟能单独修好，并试用各方面成功。”[28]面对此迟到的消息，吴铁城亦无可奈何，只能复电说：“林谋盛等希设法探寻并尽力营救。梁元明克建奇功，谭显炎、龙朝英、张德爵、郑乾坤成绩优异，均堪佳尚。”[29]

直至1945年8月日本战败投降，28日陈崇智获准出狱。随即在9月3日英军登陆后得到帮助，飞往新加坡。最后面见负责人GILEDAVIES中校。[30]

中英在马来亚地区的抗日合作从总体上来看是比较成功的，虽无很大的建树，但活动一直在持续。但有合作就必然有矛盾，据现存的资料来看，当时的合作之中最大的问题还在于英方人员对中方的态度和经费供应之不足。这种状况在战争后期越发明显。

1945年3月29日，参加英方培训的中国学员杨达仁给英国陶烈林上校去函，说明为何中国学员与教官间有矛盾。函中写到：“各学员引为最大的痛苦者，即系英方教官态度欠妥及对学员各项问题之处置不公正。”他举例说英国教官将中国学员视之如前在马来亚管理的苦力，有病不让就医，在训练中如稍不从就被威胁要枪毙等等。另外，对于面临战争即将结束，英方有意拖延发放学员遣散安家费的问题，“学员们并不介意，（但）在目前情绪之下，彼等尚未忘回国之念。”他劝告英人说“学员中有大学毕业者，有高中毕业者，有由军事学校毕业者，有特种技术者，彼等来此，均系为共同之目标而效命－对日作战。……余希望英方教官应改变其错误观念，即所谓一旦学员遣回国，即将失业挨饿，……余以为此事为吾人极大之损失。”[31]

当时这种情况已引起中国方面的重视，4月3日庄惠泉致电吴铁城及国民党中央报告说：“吴秘书长转中央执行委员会：英国官员时常歧视学员，切请严重抗议。瑞之被撤职，学员三月遣散费及一切问题，仍请交涉，恳再力争。庄惠泉。江日。”[32]中执会秘书在文旁加注：“经电询调统局，据称最近曾接侍从室情报，英方虐待我工作人员，局长因情形不明，已电询庄惠泉，必要时并拟派赴锡兰视察云云。”

6月7日，吴铁城致叶秀峰函称：“秀峰吾兄勋鉴；据庄惠泉同志4月20日报告节称：1.陶中校与职尚能合作无间，惟因事忙，过去各事多委之高瑞之办理，此人居华多年，自命为中国通，排华思想极浓，彼管人事，对于过去发生纠纷，应负大部责任。尤其对于安家费，应发而不发，故意做种种刁难，故职于彼赴渝前，曾电请对彼提出警告。无论如何，职除在此进行交涉外，应请根据刘总队长及被潜回学员报告，以书面向英大使馆提出严重抗议。2.罗光海君，在职返渝前，系经职指定为代表，业经英方同意及呈报在案。讵知罗君遇事敷衍，毫不负责，造成种种纠纷，……为个人享受抑为巩固地位，增高酬报，唯唯以英方意旨是从，致令全体学员不满，指为有辱国体。谨以最坚决的态度，请将罗君调回，以明纪律，而利工作进行。3.关于被隔离于马得拉斯地方之学员方秉钟、黄孔之等六人，职已与陶中校商定办法，并决于日内顺道前往探视，拟令彼等继续工作。等语。关于第一项，前经转请办理，即希酌量情形，向英方口头交涉改善待遇，以免再发生类似情形；第二项，请调回罗光海同志一节，请即予照办。并另派得力同志前往工作。第三项，隔离于麻得拉斯学员，请即交涉释放回国，询问明白再予处理。相应函达，即希查照办理见复为荷。” 6月9日，吴再致函庄惠泉，说明：“情形各节，均交中统局办理中。”[33]

经与英方交涉，得到回答如下：“查调统局所介绍之学员，因英方不加发遣散费不满，但英方对军统局调派之学员，遣散时并没发津贴，不愿破例。如是似只好依照合同办理，不宜强求。……庄惠泉所报告其他回渝学员办法，本处尚未获通知，因此对彼等所需款项，须向印度请示。”云云。[34]在这里，英国人拿出了他们的故伎，以协议合同没有规定为由，拒绝履行他们的义务，还比较对待军统局的办法以为推脱。中统对此不肯让步，经反复交涉，英人让步到同意发放一个月的遣散费，而庄惠泉仍坚持“英允予学员一月遣散费，殊属不合，我方坚持无论如何照前例应发三月薪水，及家属尚未解决，请查明合同有无规定，密复锡兰领使馆转职。”他还向吴铁城控告：“连日新德里广播马来亚游击队情形，未提及中英合作，请向英大使抗议，同时电令职向本区交涉，并由渝自行广播我方参加工作情形，职抵新新加坡时，当即尽量宣传，请转达调统局，机要文件切勿由英大使转职。”[35]由此可见双方的矛盾裂痕有加深之势。

到1945年抗战胜利前后，国民党与其中统局对于在马来区的工作仍然十分重视，其目的则是为了战后在此地树立影响增强势力。

在1945年10月30日所收吴铁城致蒋介石的一份报告中，吴写到：“窃职前为建立南洋沦陷区党务机构起见，曾与何总长、海外部及两调统局商洽，拟定南洋沦陷区工作纲领一种，呈请钧座于32年6月30日侍秘第18265号代电批准在案。马来亚方面，适英国经济作战部派人要求我国协助，爰依遵该纲领第五项之规定，交由中统局派新加坡华侨林谋盛同志与英方洽办，由英供给器材交通，我方供给人员，经过特殊训练，后派入沦陷区工作，俾能充分利用盟方优越之物质以建立我在该地之党务基础，所有经过详情，亦经先后报告在案，关于选派工作人员，均妥慎考核，除具备秘密工作之条件外，尤着重于党的意识与组训经验，本年 5 月间，在粤桂方面物色之人员（乘坐英军服务团交通车辆到昆明搭乘英国军用飞机），因时间仓卒，各方联系未能照顾，致航空检查站方面略有误会，该批人员经中统局调回重庆，予以训练，并经职面加甄核。现阅时既久，马来亚方面需人孔殷，渴盼该批人员速即飞印，并恳续行物色以应需要，等情。查马来亚反攻迫在眉睫，需人堪甚殷切，拟请钧座俯赐允准，以赴时机，如何之处，敬乞鉴核示遵。谨呈总裁蒋。职吴ＯＯ谨呈。”随电附呈中统赴印参加马来亚工作人员名单一份，计有梁操政、马天驹等25人。[36]这说明，尽管中英在合作中有些矛盾，但中方在总体上对中英在马来亚的合作对于保持与增加国民党对南洋地区的影响，还是很在意并付之以积极努力的。

五、SOE 在中国

当然，中国与英方的情报特工合作远不止限于上述几个方面的事情，更重要的还有英国SOE组织的在华工作。

SOE组织在中国也进行了抗日的军事活动，包括组织过多种和数次较大的军事行动。关于这一点，我们可以参考由英人路易斯·阿瑟顿所写的下面这份英文报告，探知其中的部分内容：

SOE在远东的行动[37]

SOE[38]在中国的角色仅限在情报搜集工作，它的发展基地立足在重庆与昆明，这使之不便在中国的日占区从事有组织的破坏活动。SOE的最大成绩是多种来源的情报资料和在有关地区的行动指导，其中既有涉及有关中国日占区和日本本土经济的、军事的和政治的情况，也有被邮检人员截获的部分通信情报。

这里是有关SOE与中国秘密情报组织IIR与IIS合作的几个文件，这两个组织都曾向在伦敦的SIS提供过一些情报，同时提供一些早期抗日组织的新报告，其中包括1942年中国方面请求遣散中英合作别动队的报告[39]

SOE直接策划了在1944年对日本在香港的海军兵工厂发起的一场令人鼓舞的攻击行动，代号为NONCHALANT，这次行动暗中破坏了日本军的造船能力，而后他们为香港船坞工人提供了撤离路线，通过贵州由陆路去印度，不幸地是，SOE没有充分意识到在一个已成为战区的地方人员行动之困难，在贵州，他们在集结一批掉队工人时遭到了失败，最后这场行动在1945年3月被迫中止了。[40]

有关SOE代号为“忘却”的行动的第一个计划是在1943年提出的，在这一计划中，英方反对在香港地区的军事行动中对华南中国共产党抗日武装的人员渗透，但这一立场却遭到美国人出于包庇国民党利益的坚决反对，这是来自英国殖民地的一项缺少保密措施的计划，直到1944年，Wedermeyer将军和其在华的指挥官都从根本上反对这项行动，但SOE相信在这场美国人演出的反派戏中，真实的原因是出自政治方面的异议。

SOE大多数的记录来自中国传教团搜集的情报资料，以及其他重要事件发生地情报员及印度和Ceylon（锡兰）司令部搜集的通讯、消息与书面计划。这些资料包括不同版本的各种报告、在英国及其他国家被邮电检查人员窃取的有价值的信件复本、来自商人与专业人员的信件、叛逃者的日记以及来自其它情报组织的正式报告——包括军事情报、军事和经济战资料等，许多情报来源于BAAG人员——在澳门与香港的代理人以及在此区域内的外交代表与官员，为了掩护在中国海岸进行军事行动而开展的活动，也包括中国官员与美国在华外交人员的会谈记录，既有OSS内容，也有伦敦外交部对中方一般的政府通信。另外，SOE也搜集有关共产党在华力量与组织的情报。SOE的在华工作与中国的情报机构紧密相关，主要通过两个合作者IIS和RII，对RII，我们知道它是一个研究调查机构和资源调查团体，原本是一个合作关系协会，但在事实上是一个向蒋介石直接负责的秘密组织，与其代理人工作在日本、上海和其他日本占领地区。

新加坡失守以后，SOE人员被派往中国研究从事破坏工作的可能，他们与两个中方组织达成了合作协议，希望在指导中国秘密军事行动方面能有一份发言权，1943年1月，两个佚名的SOE官员之间曾有一份备忘录，说明：“我们在中国没有军事行动，但我们通过RII和SOE关系之线索来寻求对中国人的行动施加影响”。[41]

中国人的指挥官是一名MOI的官员王芃生（Wong Ping(Peng)Shen）将军，作为他的副手，一名SOE的代表Finalay Andrew以顾问的身份出现。

SOE在中国开展了代号为“自责”的行动后，英方财政等部门恢复了对他的技术帮助与经费供应的支持。SOE收到了详细的情况报告，在整个战争期间中英合作得以继续，但这一组织最终于1945年6月结束了活动。

SOE也与IIS国际情报组织合作，这就是中国的情报组织在日本、朝鲜与满洲的内线。一名SOE的顾问兼任了军事情报机关的指挥，其机关设在重庆英国大使馆，在恢复技术与财务供应之后，SOE通过中国伙伴得到新的材料并通过外交渠道送给了SIS及在伦敦的总部。[42]

一些来自IIR的类似报告，主要是有关日本的军事行动和发展计划。双方努力的成果是在战争结束前夕维持与发展了这种合作。IIS也要求SOE向他们通报从事破坏颠覆行动的情况。[43]无论如何，中英双方在采取破坏性行为之前基本化解了矛盾，这应归功于这项合作的实现。

中国也是在“自责”行动中起作用的国家，“自责”是一名橡胶商人沃尔特·弗赖彻（Walter Fletcher）在密克汉姆（Mickleham）组织的一项较大的行动，利用一项橡胶走私作掩护开展的一次新行动，它包括在货币交易方面的投机、日用奢侈品走私（如手表、珍珠与钻石）在黑市上销售等。此项行动的文件包括说明和“自责”行动资金（1944—1945年期间）的支付，受惠者包括SOE、SIS、BAAG、SEAC，英国大使馆、MOI、路透社（Reuters Center）、红十字会与帮助法国抵抗力量从印支中部地区撤向中国。[44]这项行动并未造成有利于英国利益的中国黑市暴涨。资金是在这一地区开展上述几项行动的目的与保证，实际上“自责”行动募集资金的使用也是英国作为一项战后在华恢复商业基础的设计，它是一项由于美国的竞争给英国过去在华优势造成损失的补偿。[45]

SOE也搜集从多种渠道得来的有关中国历史和经济类的情报，把它作为一种“工具书”来参考。调查涉及所有的方面：中国的政治、经济、社会和历史发展，同时提供一些实际的指导，其中一些是东方礼节指导，其余的是有关中国社会人物的传记参考。[46]

1942年，SOE也曾与BAAG合作，安排其合作者从日占区出逃。根据SOE代表Major Teesdale的报告，各类请求发动军事攻击的报告也是SOE在华文件的重要内容。[47]1944年，SOE曾试图加强其在华军事行动以拓展中英抵抗运动的新局面，但正如SOE的许多扩张游击队的计划一样，它因美国的反对而被阻止了。[48]

说明：

IIS：国际情报服务——中国情报组织“军统局”、SOE的合作者，所获情报发送给在伦敦的SIS。

IIR：（RII）——王芃生领导的“国际问题研究所”，从事从中国日占区搜集情报、由SOE提供技术与经费的中国合作者。

有关SOE与中统的合作以及他们在远东抗日活动的历史，远不止上述所及，在中英共同抗日的事业中，SOE起到了一定的作用。对于这段历史的进一步研究，当另外进行。但总的看来，SOE在远东和中国的活动具有两大特征，一是凸现为英方自己的利益服务的特色；二是活动规模相对较小，这是与英国当时的国力相适应的。因此，它远没有后来美国与军统合作的规模与影响大，正因如此，这段历史也就没有受到后人的重视与探究。

抗战后期，SOE在中国进行了多方面的活动，它不仅与中统合作搜集情报，更进而在华出资资助了以王芃生为首的“国际问题研究所”，为英方搜集有关日本的情报，捎带着也搜集中方国共两党的各种情报供给英方。

王芃生其人，政治背景比较复杂。抗战前他在中国驻日大使馆任参事，曾奉命回国向蒋介石预报“西安事变”，当时未被蒋重视。事后，蒋认为他有情报才能，遂命他组织了一个“国际问题研究所”，利用他通晓日本事务的特长，专事对日情报搜集工作。抗战开始后，“国际问题研究所”的工作取得一定的成绩，中统与军统都曾派人介入，想控制吞并之。特别是太平洋战争爆发前夕，王芃生曾因日本内部政军两界的矛盾，意外地买到了日军攻击珍珠港的计划，通过军令部通报了英美驻华大使馆。虽然没有受到美方的重视，但事实证明王芃生“国际问题研究所”的工作是有效的。因此，英美方面都急于与之联系，想通过王获得对日情报。蒋介石命令王对英合作。而王却认为，在对日情报方面与西方合作纯为为他人出力，对中国并无多大益处，但蒋介石的话又不能不听。于是，他出面与英方签订合作协议后，便在所内设立了一个“顾问室”，派了一名专职秘书兼翻译，负责和英方派驻“顾问室”的代表联系，由所内第三组（组长罗坚白）负责搜集英方需要的情报。按照双方协议，这个“顾问室”的所有经费都是英国人出的，英方的代表名义上来自英国“经济作战部”，实际上是SOE的人员。[49]“国研所”供给英方的情报是经过王芃生审阅确定的，同样，这些情报也都供给了中统方面。

英方还出资给“国研所”办了一家印刷厂，原打算从事对日反战宣传品的制造，但后来这项工作因与国民党中宣部国际宣传处的工作产生了冲突，被迫停止了。

1945年8月日本投降后，“国研所”的工作趋于结束，次年5月，王芃生突然病故，中英的这段合作，到此也就自然中止了。[50]

总的来看，国民党中统局在抗战期间同英方的合作中，因客观条件的限制，成绩有限。中统方面虽尽了努力，吴铁城、叶秀峰、徐恩曾等人也曾为此花费了不少心血，但最后却落了个吃力不讨好，英方吝啬之余还对中统颇有怨言，这些怨言通过不同途径传到蒋介石耳里，反使蒋对徐恩曾平添了几分反感。其中，戴笠及其军统局的干扰也是其中原因之一，例如戴笠对于与中统有多方关系的王芃生“国研所”，就一直存有吞并之念，戴笠多次上书蒋介石，要将“国际问题研究所”纳入军统管辖之下，[51]军统还对中统在南洋的对英合作分而削弱之，使其不能大展声势。如此等等，不一而足。

总体来看，中英双方在这场情报特工合作中各自进行了不少的努力，也取得了一定的效果。但因主客观条件的限制，这场合作并没有预先设计的规模大效果好，也没有像“中美合作所”那样“声名远扬”，因而少为人知。其中许多的有关内幕细节，随着历史档案资料的不断开放，还有待于进一步的探寻研究。但它作为中国抗战史上的一页，这段历史亦应该受到后人的关注。

【注】

[1] 所幸的是，英国国家档案馆（PRO）按照50年的期限规定，从1996年起开放了对华特工合

作的有关档案资料，并提供查阅，使这段历史中的许多内容能够大白于天下，但因缺少中方的资料印证，这便使研究国民党特工组织的对英合作仍缺乏全面的史料基础与佐证。

[2] 《张步云致吴铁城函》(1944 年 1 月 6 日)，(台)党史馆特档 009-13。

[3] 《徐恩曾致吴铁城函》(1943 年 12 月 25 日)，(台)党史馆特档 009-13。

[4] 《中国国民党中央调查统计局海外工作人员训练班计划大纲》，(台)党史馆特档 009-13。

[5] 《中国国民党中央调查统计局海外工作人员训练班学员简历》，(台)党史馆特档 009-13。

[6] 吴铁城《对赴印工作同志训辞》，(台)国民党中央党史会藏档：特 030-38。

[7] 《海员工作队成立盛况》，(台)国民党中央党史会藏档：特 030-38。

[8] 陌生《本队党部筹备概况》载《海风》第 43 期，(台)国民党中央党史馆藏档：特 013-1。

[9] 李鸿鸣《视察留印海员战时工作队报告书》1942 年 11 月 18 日，(台)国民党中央党史馆藏：中执委秘书处档案：特 013-13·6。

[10] 《王天雄加尔各达报告》1942 年 12 月 8 日，(台)国民党中央党史馆藏：中执委秘书处档案特 013-13·6。

[11] 《中国留印海员战时工作队工作报告(12 月上半月)》，(台)国民党中央党史会藏档：特 13-13、1-4。

[12] 《海风》周刊第 42、43、55 等期，(台)国民党中央党史会藏档：特 013-1。

[13] 李文祺《留印海员战时工作队透视》载《海风》第 42 期，(台)国民党中央党史会藏档：特 013-1。

[14] 《徐恩曾致吴铁城电》1943 年 4 月 22 日，(台)国民党中央党史馆藏：中执委秘书处档案特 013-13·6。

[15] 《吴铁城电刘代理总队长》1943 年 9 月 11 日，(台)国民党中央党史馆藏：中执委秘书处档案特 013-13·6。

[16] 《缅甸马来亚中英特务合作商洽及呈报经过概要》，(台)国民党中央党史馆档案：特 013-8。

[17] 张光勤主编、徐飞编著《狼与狈——中统军统行动档案》，河北人民出版社 1998 版，第 264-271 页。

[18] (台)国民党中央党史会藏档：特 013-8。

[19] 《庄惠泉致吴铁城第11号情报》(1945年 6 月9日)，(台)国民党中央党史会藏档：特 030-356(3)。

[20] 同上出处。

[21] 《庄惠泉致吴铁城第 5 号报告》(1945 年 3 月 28 日)，(台)国民党中央党史会藏档：特 030-356(2)。

[22] 《庄惠泉致吴铁城第 5 号报告》(1945 年 3 月 28 日)，(台)国民党中央党史会藏档：特 030-

356（2）。

[23] 《林谋盛报徐恩曾转吴铁城报告》（1943 年 4 月 5 日），（台）国民党中央党史会藏档：特 013–8。

[24] 《叶秀峰致吴铁城函》（1943 年 7 月 1 0 日），（台）国民党中央党史会藏档：特 030–356（1）。

[25] 《庄惠泉与吴铁城来往电》（1945 年 10 月 3 日）特，030–356（2）。

[26] 庄惠泉《报告第 43 号》（民国 34 年 10 月 5 日）附"陈崇智报告书"，（台）国民党中央党史会藏档：特 030–355。

[27] 庄惠泉《报告第 43 号》（民国 34 年 10 月 5 日），附"陈崇智报告书"，（台）国民党中央党史会藏档：特 030–355。

[28] 《庄惠泉致吴铁城电》（1945 年 4 月 2 日—3 日），（台）党史会藏档：特 030–356（2）。

[29] 《吴铁城复庄惠泉电》（1945 年 4 月 18 日），（台）党史会藏档：特 030–356（2）。

[30] 《陈崇智报告书》（台）党史会藏档：特 030–355。

[31] 《杨达仁上陶烈林上校函》（1945 年 3 月 29 日），（台）国民党中央党史会藏档：特 030–356（1）。

[32] 《庄惠泉致吴铁城函》（1945 年 4 月 3 日），（台）国民党中央党史会藏档：特 030–356（1）。

[33] 《吴铁城致叶秀峰函》（1945 年 6 月 7 日），《吴铁城致庄惠泉函》（1945 年 6 月 9 日）国民党中央党史会藏档：特 030–356（1）。

[34] 《英使馆 Major Latham 致调统局专函》（1945 年 6 月 17 日），（台）国民党中央党史会藏档：特 030–356（1）。

[35] 《庄惠泉致吴铁城电》（1945 年 10 月 3 日），（台）国民党中央党史会藏档：特 030–356（1）。

[36] 《吴铁城致蒋介石报告》（1945 年 10 月 30 日收到），（台）国民党中央党史会藏档：特 030–356（2）。

[37] 本件藏于英国国家档案馆（Public Record Office–PRO）档号：HS1/164，由马振犊翻译。

[38] SOE(Special Operations Executive): 英国在华特别行动执行部。

[39] 英国国家档案馆（Public Record Office–PRO）藏档：HS1/164。

[40] PRO 藏档：HS1/134。

[41] PRO 藏档：HS1/159。

[42] PRO 藏档：HS1/159。

[43] PRO 藏档：HS1/159。

[44] PRO 藏档：HS1/135。

[45] PRO 藏档：HS1/154。

[46] PRO 藏档：HS1/149。

[47] PRO 藏档：HS1/134、HS1/138。

[48] PRO 藏档：HS1/180。

[49] 在英国 SOE 的档案中，有大量的“国研所”提供的情报档案和双方签订的合作协议书。

[50] 潘世宪《国际问题研究所概况》载《文史资料存稿选编》(特工组织)(下)，中国文史出版社 2002 年 8 月版，第 916–923 页。

[51] 《戴笠致蒋介石报告》(1938 年 7 月 10 日)，“国史馆”藏档：“大溪档案”特交档分类资料—军事种情报第 034 卷。

试论戴笠在国民党内的人际关系

发表于中国社科院近代史所编《民国人物与民国政治》，
社会科学文献出版社，2009 年 9 月第一版，第 236-250 页。

在国民党政治集团内，戴笠是一个较为特殊的人物，这不仅是因为他毕生从事特工情报工作的职业，还在于他的突出个性和处理人际关系的方法特点。国民党的特务组织，与一般的国家情报机构有一根本的不同点，这就是他们是一个政党的党属情报组织，更确切地说在本质上他是为蒋介石政治集团服务的特务组织。戴笠与他的军统局因其工作性质及其作为所决定，除了在社会上名声不佳外，在国民党内也是一个不受多数人欢迎的对象。提起戴笠和军统局，人人多存恐惧，唯恐躲避不及，即使是一般得宠于蒋介石的派系，多亦与戴笠敬而远之，生怕惹上麻烦。当然，其中也有与戴关系密切者，以及自恃权势对其不买账者。而戴笠本人，虽然个性张狂，但他平时也很注意努力与党内各派系大员，特别是蒋介石的亲密左右搞好关系，以为自己和军统局铺垫前程创造方便。但在对付党内政敌方面，戴笠是毫不留情的。对戴笠及其军统局在国民党内的人际关系进行研究，可以有助于民国人物与政治活动研究的深化。这一课题内容涉及面较广，且缺少档案可供利用佐证，本文根据所掌握的有关资料情况，先行初探，敬请指正。

一、戴笠与国民党要员阶层的关系

戴笠及其军统局在国民党内人际关系首要的公关对象是蒋介石的家人与亲戚。对蒋介石的夫人宋美龄，戴笠深知其重要性，投入了大量的精力与财力来大加笼络，以便获得蒋的内助的支持，更求得到她的多方面的庇护。

戴笠平时在宋美龄面前是十分恭敬的，并不时送些贵重礼品以维系良好的关系。1928年6月，第12军军长、军阀孙殿英盗掘清东陵，获得了大量的珍宝。在国内舆论的强烈压力下，南京政府下令调查捕捉罪犯。孙殿英为了逃脱法办，把盗来珍宝中的最好的部分，通过戴笠送给了包括宋美龄在内的国民党高层人物。[1]在他与中统徐恩曾的争斗中，有若干告徐的密报，就是通过宋美龄的渠道送给蒋介石的。

因蒋宋的关系，戴笠对宋美龄是不敢冒犯的。30年代初，宋庆龄在上海公开坚持孙中山的路线，反对蒋介石的政策，同情中国共产党。蒋介石对这位“国母”大姨子仇恨至极而又不敢公然加害。戴笠奉命对宋庆龄严加监视，并邮寄子弹等加以恐吓。但戴笠对宋庆龄的企图引起了宋美龄的警惕，她严厉警告戴笠不许对其姐下手，否则唯他是问，戴笠这才不敢造次，宋庆龄得以安全。这件事说明了戴笠对宋美龄的敬畏，在这个问题上，即使是符合蒋介石的意图，他也不敢去做了。[2]

在与蒋介石的亲戚关系方面，戴笠与孔祥熙、宋子文的关系有所不同。孔宋二人，身为蒋的连襟与妻舅，又前后执掌国民政府的财政大权，涉足外交，是各方都欲把结的对象，戴笠与军统自然不能免俗。

宋子文早年为蒋介石理财，他本对戴笠并无好感，但1931年7月他到上海时，在车站被反蒋的王亚樵刺杀，秘书身亡。戴笠为他提供了保护，并卖力地追捕凶手，给宋子文留下了较好的印象，两人的关系从此改善。其后，宋子文对军统一直比较友善，曾给予财政上的支持。后来，宋子文因内战经费拨付事与蒋产生了冲突，被免职远走海外。在宋子文居美期间，戴笠与其保持了比较频繁的通信联络，戴笠向宋提供他所关心的各种情报，同时托宋运用其关系为军统局在美国军政界办事。

在戴宋的来往电文中，戴笠为宋子文回国出掌外交或财政大权出谋献策。如在1942年元旦的去电中，戴笠向宋报告了蒋介石视察外交部和人事变动的情况，并提议军统与外交部合办训练班，广招大学生，以培养外交人才；暴露出军统插手外交的野心。[3]在这个月的戴宋通电中，戴笠还向宋报告了张学良做盲肠手术的情况、后方各大学“倒孔运动”的发展等宋子文关心事宜。[4]8月间的来电中，戴笠又报告了新疆军阀盛世才反共投蒋情况、蒋介石视察西北、外交部所办训练班进展等，并托宋在美为军统代购无线电台、手枪及别克车；9月电文中，戴又谈到军统对美合作的“顺利进行”，以及他对美方海军代表梅乐斯中校“其人颇热诚”的良好印象；他还讲了梅乐斯在印度遇刺受伤情形；请求宋子文对美交涉，将对华情报工作统交由梅乐斯“统一指挥”，与他合作进行，要求美方充分供给他无线电器材、手枪、轻机关枪、特种手榴弹等并派爆破、技术人员来华支援军统工作；戴笠还报告说他的对英情报合作已停止，“英方无诚意合作，器材既不能作相当之供给，特务又不能公开教授，且在我国内各战区籍合作名义自由活动，蒐集情报,实违反合作协定,故奉委座命令中止进行。”[5]戴笠提醒宋子文说英国特工负责人约瑟克“现在华府有所活动，此人鄙视我国，与我绝无好感，乞公注意。”[6]

戴笠还指示军统人员、驻美大使馆武官萧勃对中美情报合作等事宜“应时时请示宋部长多予指示。”[7]最后连戴笠与美方签订的合作协议都是由宋子文代为签字的。[8]这些史料说明当时戴宋关系之密切。

在蒋介石的亲属圈中，他的连襟孔祥熙与戴笠的关系是比较紧张的。孔祥熙接任南京政府财政部长后，对戴笠及其军统采取比较疏远和抑制的方针。特别是抗战时期的1942年3月，军统局曾在侦破孔祥熙宠信的“爱将”、中信局运输处经理林世良受贿案中，大大地得罪了“孔财神”，被孔走了亲戚后门，告到宋美龄处，于是蒋介石对戴笠先挺后贬，使他吃了大亏。因此，戴笠与孔结下了怨恨，但他拿这位“皇亲”也无可奈何。后来，在孔祥熙与法国维希傀儡政府的商人奥迪南（Audient）共做一笔经云南运河内的烟土生意时，为防止云南王龙云截获，找军统帮忙，戴笠为他负责了运输和交货，双方关系有所改善。[9]

1942年宋子文自美归国，“戴氏时正为某权要（指孔）所扼”，[10]因过去受过戴笠的“破案”之恩，宋子文对戴与军统自然不同。后来，宋子文在香港私产广东银行的经理邓惟仁，于香港沦陷后被日本人捉去，迫使他回到重庆充当“和平使者”，军统人员知晓后，于宋的公馆内将邓逮捕。戴笠想卖人情给宋，极力化大事为小，而孔祥熙插手，将邓移交军法部门处死。宋子文对此极为不满。最后直到搞清楚是广东银行内部人员向孔告的密，这才与戴笠释嫌。[11]

在蒋介石的亲属圈以外，戴笠对于蒋介石左右的亲信，一贯持拉拢态度，竭力把结以求左右逢源。但也有“走眼”和被“忽悠”的时候。如抗战时期，蒋介石的“文胆”、考试院长戴季陶的副官，一次手持戴的名片找到兼任重庆卫戍司令部稽查处副处长的沈醉，说戴的客厅中的一个古玩瓷瓶被人偷去了，要沈快速破案。沈醉唯恐得罪戴季陶，立即派了干员去调查，结论是内部作案或副官自己捣鬼。这种案子是说不清的，沈醉与手下商量结果决定给了副官一笔钱，不了了之。后来，沈醉奉戴笠之命去戴季陶府上请他题字，为套近乎，他在戴面前提起古瓷瓶案，想讨好一下，但戴季陶指着桌上说：这个瓶子一直放在这里，从来没有丢过呀。即找副官来问，他支吾其词说早上不见过，中午又有了。这下，沈醉才知道可能被人“忽悠”了。但无论如何，戴笠及其军统局对蒋介石身边的人是不敢轻易得罪的。[12]

戴笠对军事力量的向往是一贯的，他认为力量的扩张必须靠武力来支撑，因此十分注意结交蒋系亲信武将，以得到他们的支持和帮助。其中胡宗南、汤恩伯等人与戴的关系都十分密切，而对陈诚，虽然或有争斗，但在戴的苦心经营下，总体保持了友好关系局面。

关于陈诚与戴笠的关系，在国民党内素有“两雄不并立”之说。陈诚得宠于蒋介石，拥兵自重，傲藐于世；而戴笠亦峙蒋之威，以气自豪。两人难免发生争斗。特别是抗战以后，戴笠大力发展军统武装，在敌后拥有数万“忠义救国军”，包揽战地情报工作，陈诚对此极为不满：“军政部将取消若干游杂部队，如忠义军之类，某战区情报单位，将取代军统局。”[13]戴笠闻此，以为他二人如果火拼，将两败俱伤，于是决定主动向陈诚示好。1943年底他致电驻美武官萧勃说：“辞修（陈诚）先生为现任高级将领中不要钱肯苦干者，吾人自应多多接近，余对辞修先生素甚钦仰，弟可与伯羽先生言也”。[14]他想通过陈诚亲戚谭伯羽的关系，化解矛盾。这种“曲线拍马”，说明了戴笠的苦心钻营。但的确收到了一定的效果，陈戴二人得以维护了和平相处的关系。戴笠死后，陈诚给予他较高的评价。

戴笠与胡宗南的关系则更是非同一般。早在戴笠还在杭州流浪的时候起，他就结识了胡宗南，后来在黄埔军校，他们又在“孙文主义学会”中有了共事的经历。胡宗南曾为戴笠从事情报业提供帮助。戴笠得到胡向蒋介石的推荐，独立门户搞情报工作后，胡宗南已在军队中带兵，他还为戴提供过许多的物质资助，戴笠对他十分感激。后来他们在抗日与反共作战中也曾有许许多多的合作经历，互相帮助，戴笠对有关胡的情报一概亲自过问，隐恶扬善，并在蒋介石面前互为对方捧场。戴胡之间保持了几十年的友谊和合作历史。1936年12月“西安事变”发生，是胡宗南力促戴笠前往西安“保驾”，让戴笠立下功劳。戴笠说：双十二事变，我敢于飞入虎穴，下定决心，关键在于宗南的来电。[15]1943年戴笠与胡宗南、汤恩伯在洛阳有过一次秘密的会见，三人结下了政治联盟，胡宗南为此写过一首《盟誓诗》，发誓要“危舟此时共扶持”。[16]即使是在私生活方面，也不分彼此。胡宗南与家乡的结发妻子分手后长期独居，直到1947年，戴笠把与自己关系密切的军统女将叶霞翟介绍给他，使胡很为满意。戴笠死后，胡宗南深感悲痛，决定与叶正式结婚，作为对戴的纪念。据说1962年胡宗南在台湾死去后下葬时还穿着戴笠送给他的已经千疮百孔的毛衣。戴笠说过：琴斋是有恩于我的。[17]这句话说明了他们之间的密切关系。戴胡二人在特军两界互为照顾，收到了特殊的效果。

至于对蒋介石的另一位宠将汤恩伯，戴笠则是在共同的反共行动中与汤建立了密切的关系。抗战时期，汤恩伯盘踞中原，控制后方与沦陷区的交通要道，并直接担负对付中共的任务。戴笠与他合作，对延安进行特务活动，企图进行“派进去”与“拉出来”的分化瓦解。另外，戴笠主管缉私与战时货运，他与日伪间的货物来往运输车队也得到了汤的武装保护。1942年汤恩伯策反了八路军驻洛阳办事处长，抓捕了80多名中共与民主人士，并移交给军统，戴笠据此扩大对中共地下组织的破坏，受到蒋介石的嘉奖。在策反汪伪军将领方面，他二人也有合作，如先后收买过汪伪军政部长鲍文樾、绥靖公署主任庞炳勋、伪新五军长孙殿英等。所以戴笠曾说："汤长官与我配合得很妙。"[18]戴笠死后，汤恩伯还为其主持了追悼会。

除了与蒋介石的亲信将领，戴笠因某一时的特殊需要，还与孙殿英、周佛海等不同类型的军政实力人物结拜过盟兄弟关系。但在实际上，戴笠并不会器重他的这些"兄弟"，不过是一时利用而已。但他的手段足以使这些人对他感激涕零。1937年"七七事变"后，为了与华北宋哲元争夺地方军将领，戴笠在武汉密见"冀北民军司令"孙殿英，两人结拜。戴笠向孙夸下海口，从此蒋介石可做他的靠山，孙殿英感激得倒地而拜，口称："这回雨农兄引我见到了新爹娘，走上了正道，从此忠心不二，要我生就生，要我死就死。"而戴笠却对他派去孙部做监视工作的文强说："孙殿英善变多诈……派你去担任这项艰巨的任务，我才放心。"[19]

在协助蒋介石对付政敌方面，戴笠与军统也是煞费苦心地做了许多暗地里的工作，其中也就包括他们处理与各方关系的种种努力。1932年秋，国民党元老胡汉民与蒋介石因"训政时期约法"问题产生政治分歧，公开闹翻，胡汉民避居上海转赴广东。戴笠曾秘密在沪为其准备了寓所，还派人沿途暗中保护监视。戴笠声称他是怕有人暗中加害于胡而"增加政府困难"，他"身为干部，当为领袖分劳，亦当为之分忧"。[20]当然，戴笠此举也是为了日后蒋胡一旦和解为蒋留下退路。如此的用心，自然深得蒋介石的赞许。但胡汉民对戴笠的组织乃至蒋介石的所有特务机关都不买账，且公开批评蒋介石重用特务，斥之为法西斯化的产物。

在国民党内，汪精卫派系一直是一股非蒋势力，并经常与蒋介石争斗。他们反对蒋介石在党和政府内组织个人小团体。汪精卫在抗战初起之时，曾以蒋的全国团结号召为武器，反制于蒋介石，当面逼迫他解散了复兴社、力行社。所以大凡国民党内在政治上不受蒋重用的人，很多都自然地向汪靠拢，其中包括了如丁默邨这样的特工界高级干部，后来都叛蒋而投汪了，其中军统、中统组织对这些人的监视干涉，也是促成其叛蒋的原因之一。如军事委员会办公厅秘书处少将处长罗君强原系汪派人物，1938年，他在武汉结识了一名姓孔的交际花，与之同居，并欲与其妻离婚。到重庆后，他整天深夜不归，军统刺探罗的私生活情况报告给蒋介石，蒋下手令查办。于是，罗决定离蒋而去，经昆明、越南转香港，随即参加了汪伪政权。[21]汪精卫逃出重庆后，军统局在河内、上海、南京对他的不断追杀，也是使他彻底与蒋介石决裂投向日本的促进剂。此后，汪精卫与戴笠的军统遂成为水火不容的敌对两派，互相拼命厮杀起来。

二、戴笠军统与地方派系首领的关系

如果说对于蒋介石集团内的大员们戴笠还是以拉拢为主的话，那么，他和军统对于与蒋介石惯存异心的各地方派系首领与军阀们则时常免不了明暗的斗争与较量，其态度立场仍然以维护蒋介石的利益为准绳。

在与晋系军阀阎锡山的关系方面，阎锡山把持山西地盘，一贯防范和严禁南京政府的党政军特势力渗入。戴笠告知特务处的部下，在晋活动要极其小心，“力求精简严密”，避免与阎锡山势力接触，“以免误会”。但阎锡山仍然对戴的部下毫不客气，先有军统冀察绥区李果谌所组织的游击武装被阎解散，后发展到军统西北区临汾组人员全部被阎的手下杨贞吉抓住活埋，只有组长李希纯一人逃脱。戴笠对此大怒，质问之下，阎锡山竟佯装不知推脱干净，戴笠对此竟也无可奈何。[22]

在绥远，省主席傅作义对戴笠的组织也拒不合作。戴笠的“中美合作所”看中绥远对华北的战略地位，在此设立了第四训练班。傅作义要收归他有，戴笠不干。于是该班所遇困难重重。戴笠说：这些年来，我对傅宜生帮过多次忙，想不到他对我的工作，一再破坏。[23]后来直到1945年3月，戴笠为布置战后反共准备，与梅乐斯同赴绥远陕坝视察第四训练班，与傅作义面谈多次，矛盾仍然未决。[24]

此外，戴笠与桂系李宗仁、白崇禧以及四川军阀、西北军、东北军首领等的关系都比较紧张。这些实力派人物，虽与戴笠个人有各种的关系，如李宗仁是戴的老师辈黄埔校务委员，冯玉祥更是他的长辈人物，但他们对戴笠军统都很讨厌，常常是斗争较量，更谈不上合作与友好了。他们之间是立场与政治利益所决定的不可调和的关系。

虽然戴笠在国民党内呼风唤雨，又拉又打，但是仍然免不了“树大招风”，他的军统局不时也会遇到不怕死的对头，吃过几次明亏。除了中统局一帮人对他们不买帐，时常斗法外，一些老资格的国民党人，依仗自己的历史，对戴笠及其部下的飞扬跋扈从不满到斗争，甚至刀兵相见。如国民党元老陈仪与军统的恶斗就是其中一个典型的例子。

三、戴笠与陈立夫的复杂关系

在戴笠与国民党各方的关系中，最难处理的就要算他与“CC派”首领同时又是中统特务机构的创立者陈立夫的关系了。俗语云：同行是冤家。共同的工作性质决定了戴笠与陈立夫之间自始至终都存在着相互竞争的关系，因此他们不可能走向友好。但在两方面的关系上，陈立夫以柔克刚，而戴笠则表现出强硬态度。

当戴笠以向蒋介石告发黄埔同学中的20余名共产党员而发迹时，陈立夫已是蒋介石集团中的干将。以后又控制了国民党的党务系统，在党内形成了“CC派”政治派系。戴笠的“密查组”、“特务处”成立后，因未正名，只能纳入陈立夫主管的国民党系统特务组织之下，但他一直在蒋介石的庇护下独立工作，并不听从陈立夫的指挥，因此两人一直是貌合神离。中统与军统两个特务组织，从其雏形时代开始就互相争斗，戴陈关系也相应紧张。

当戴笠的组织越来越大，手下干将也越来越多，但因特务工作的特性，这些军统骨干，很少具有相应学历与资历，依法而论，他们都无法获得将官军衔。陈立夫以组织系统的主管，对戴笠尚且长期贬压为一少将，其手下想通过铨叙审核而得少将以上军衔，简直难上加难。但戴笠却有办法另辟途经，他每每亲自给蒋介石写报告，得蒋的特批而任命了许多中将级特务。1941年时，少将戴笠手下就有15位中将级特务在为他效力，少将则更多，仅是戴笠同乡江山籍的军统少将，就有14位。其中除周伟龙、王蒲臣、连谋三人外，都没得到陈立夫的认可。于是，军统局就自制纯金梅花的将军服，自封自佩，陈立夫拿他也无可奈何。

随着戴笠军统势力的恶性膨胀，渗透到军事、交通、物资、缉私等各方面，权力之大，今非昔比，陈立夫为自己利益计，也想与他缓和关系，为此他做了努力。抗战中，陈立夫曾有一次派手下左曙天到军统局重庆枣子岚垭的"漱庐"机关，找到与他交好的军统大将王蒲臣，要一份军统局科长以上官员名单，说陈立夫代表中统，要大请客，搞一次中统与军统的联欢会。王蒲臣赶紧报告给戴笠，但几次催办都无结果。最后，戴笠找来为王蒲臣送报告的王绍谦秘书，大骂一顿，说："他陈立夫要请客，跟我姓戴的有什么相干？我没有批就是不同意嘛！他陈立夫企图掌握我们高中级人员名单，竟然耍了这样的花招，我们是不会上当的。你告诉王蒲臣，让他转告左曙天：在抗战期间，我们双方的人员，要尽量避免接触。"

陈立夫的一番热心，就这样被满怀防备敌意的戴笠拒绝了。

1944年5月，国民党召开五届十二中全会，以陈立夫之兄陈果夫为中央组织部长，准备召开国民党六大，蒋介石提名戴笠为中央委员候选人，但戴笠为了避免被二陈"修理"难堪，竟决定拒绝参选，理由是不求争名夺利，他把名额让给了唐纵。当然，背后的真实内幕是不能明讲的，戴笠借此机会又给自己"贴金"："伟大，对这两个字的解释很多。对我们来说，就是'有功让给人家，有过自己担当。'要以德报怨，推己及人。民国34年，中央开会（指国民党六全大会——作者注）选举中央委员，领袖蒋校长提名要我当中央委员，我坚辞不就。后来经领袖同意，我推举唐纵为中委。我为什么坚辞不就，就是因为争权夺利，不配做一个革命者。我们必须知道，一个人生存于宇宙间，最有意义的事，莫过于获得荣誉，只有荣誉，才是最高尚的。否则的话，无声无臭，不识不知，何异于禽兽？"[25]

上述二事，说明了戴笠对陈立夫的成见和防范是多么深。但陈立夫还算不记前怨，戴笠死后他送了挽联，两年后，他还为戴母送过贺寿礼。[26]

四、陈仪与军统的交恶

陈仪，字公洽，早年参加辛亥革命，在国民党内是老资格的党人。1927年南京政府成立后，曾担任军事委员会委员等职。1933年11月，十九路军发动反蒋的“福建事变”失败后，陈仪被委为福建省主席，接受蒋介石的使命，要尽快稳定地方。蒋介石一直很器重陈仪，而陈也因其资历，在国民党内常摆老资格，不把戴笠之类人物放在眼中。

当时军统局闽北站站长张超，深受戴笠的器重，也是军统要人毛人凤的密友。张超是福建长泰县人，长得身材高大，他的公开职务是福建省保安处谍报组组长，后来升为福建站副站长，成为军统局重要干部。陈仪任福建省主席后，张超自恃戴笠的权势，不把这位主席放在眼里，暗中发展自己的武装力量，自成体系。对陈仪和省当局的工作，总是唱对台戏，不仅不予配合，而且时常捣乱。这不能不引起陈仪对张超的防备和注意。

抗战开始后，陈仪公开要求“地方官吏应与地方共存亡，弃土不守者，不论是谁，格杀勿论！”这个声明赢得了百姓的拥护。但金门县县长邝汉公然抗命，日军尚未登陆，邝汉便率先逃跑。为了严明法纪，陈仪下令将邝汉逮捕，公开枪决示众。枪决前，有人提醒陈仪说：邝汉是戴笠军统的人，按惯例，军统局的人只能由他们自己处理，其他任何机关都不能逮捕，更不宜公开枪决示众。此事是否先征求一下戴笠的意见?陈仪听了正色回答：弃土不守是滔天大罪，本主席自有处分之权，何须同戴笠商量?此事毋庸再议，枪决马上实行！邝汉被正法以后，张超对陈仪更加不满，他指使《福州日报》主编闵佛九，撰写发表了《邝案鸣冤》一文，诡称邝汉被杀系因“浙人主闽，杀人立威”所致，把矛头直指浙江籍的省主席陈仪。陈仪看后，严令调查幕后指挥者。此后陈仪与福建的军统势力关系越来越僵。

其后，张超不仅不自我收敛，反而制造新的事端，对陈仪实行报复，他指使手下特务，将陈仪的心腹、政和县县长谢荫波暗害，激起了陈仪的愤怒。军统福建站站长严灵峰见张超已无法继续在福建省立足，便将情况报告戴笠，戴下令张超办理交接手续，立即离闽赴沪，出任上海敌占区行动队长。张超接令后，认为自己可以在临走前大闹一场，给陈仪一点颜色看看，出出心中之气。于是，他指使特务到处张贴传单，揭发陈仪有“十大罪状”，特别是其中有一条说陈仪的妻子古月芬是日本人，陈仪与日本勾搭，有汉奸之嫌，号召福建人民行动起来，驱逐陈仪，实行“闽人治闽”。陈仪实在无法继续忍受，便下令福建省保安处长兼福州警察局长李进德将张超逮捕。为避免戴笠闻讯后走上层路线营救他，便采取了先发制人的手段，报请蒋介石同意后，随即将张予以枪决。

张超被处决前，严灵峰料到陈仪决不会轻饶张超，连忙化名金筠，向戴笠发出十万火急的密电，请求戴笠采取营救措施。当时，军统局机关已从南京迁到汉口。戴笠看到电报，连忙提笔给蒋介石写呈文，恳请校长电令陈仪将张超解到武汉处置。戴将呈文带在身边，亲自到武昌珞珈山蒋介石官邸晋见。蒋看罢呈文，便下令陈仪刀下留人，把张超押解武汉。不料，电令发出时，张超已被陈仪处死。

戴笠、毛人凤听到张超死讯，大怒失色，无地自容，从此发誓要进行报复。他们密商结果，准备把杀死张超的责任，全部压在李进德头上，要蒋介石同意惩办李进德，给陈仪一次打击。戴笠又一次出马，请求蒋介石电令陈仪用专机把李进德押解武汉，交军统局审问惩处。并做了相应的布置，派人等在机场，准备一俟李进德走下飞机，即予扣押。

谁知陈仪更为老谋深算，他对蒋的命令自然不得不执行，但他考虑到与戴笠斗法，首先要保护好李进德的安全，这样才不致于被动．于是，陈仪在押送李进德的专机起飞前，亲自打电话给国民党元老何应钦和张群，请何应钦准时派专车到飞机场，把李进德送到张群官邸，再请张群带李进德去见蒋介石，让李进德把张超在福建反陈仪，鼓吹“闽人治闽”的罪证，向蒋和盘托出，以争取主动。

就这样，李进德下了飞机后竟走进了何应钦派来的专车，特务们眼看着李乘上专车得意而去，只得据实回去向戴笠报告。李进德随张群进入蒋介石官邸后，向他作了汇报，并把张超在福建发展地方势力、开展反陈仪活动的标语、传单等罪证摆在蒋的面前。蒋介石当然不能允许再搞地方实力主义，他了解情况后，立即把戴笠叫来痛斥了一番。

戴笠回忆当时的情况时曾说："民国27年8月18日，因为我们福建站的副站长张超同志，无辜被陈仪杀害，上午12点钟的时候，我在武汉见蒋校长，我跪在领袖面前痛哭，要领袖给我们的同志作主，领袖当时不便答应，我就跪着不起来，领袖骂我下贱，没有人格。我说：'报告校长，这个我不承认，如果今天我是为个人升官发财而跪在这里，或者是因为工作失败，为敌人所屈服，那就是下贱没有人格。今天我们有一个很好的同志，无辜被人家杀害了，我不为他诉冤，谁来为他诉冤？而今天你不替我作主，反说我下贱，没有人格，这个我不承认。'后来我写了报告辞职。8月19日，领袖把我找去，对我说：'你不能这样要挟革命领袖，一个担当革命工作的人，是不准随便辞职的，而且我叫你做这个事情，根本就没有打算叫谁来接替你！'我当天很感动，题写了'秉承领袖旨意，体谅领袖苦心'十二个大字。我们的一切，都以这十二个字为出发点，前者是革命的精神，后者是革命的技术。须知，人的原动力是精神，'才'只是技术而已。精诚所至，金石为开，精神是主体，技术只是附庸。"[27]

为安抚军统方面，蒋也下令撤销了李进德的职务，同时命令关于张超之事，以后不许再提。他还要戴笠教育部下，今后要处理好同各地方长官的关系。

事情到此，总算暂时平息。军统在此事中虽然和陈仪打成了一个平手，却并不心甘。戴在军统内部召开追悼大会，祭奠张超，并发誓要搞垮陈仪，替张超报仇。无奈直到抗战胜利后戴笠飞机失事身亡，他也没找到报复陈仪的机会。

1933年军统局戴笠、毛人凤与国民党元老陈仪之间为"张超事件"结下的仇恨，到了1948年终于有了报复的机会。是年冬，陈仪因对蒋介石政权彻底的失望，开始向中共方面靠拢，他写信给他的学生、手握重兵的汤恩伯，劝其起义反蒋。陈仪致汤恩伯的密信，被汤交给了由军统改组的保密局局长毛人凤。1949年2月23日陈仪被保密局特务逮捕，次年6月18日，他被特务枪杀在台湾马场町刑场。

五、结语

综合分析戴笠在处理对待国民党内各方面的人际关系上的表现，我们可以发现其中所具有的特征：一、戴笠的人际关系处理原则是以他和军统局的根本利益为中心的，他与党内各方交际目的是为了维护和扩展他的军统局的势力，为他的政治理想和抱负服务。二、戴笠处理国民党内的关系的原则也是以蒋介石的好恶为标准的，他对蒋的亲信文武大员基本上都采取拉拢友好的态度，对于蒋在党内的政治对手则持着对立的立场，但是从自己的利益出发，他有时会考虑到更多的因素，在处理蒋的政治对手时留有后路，防止一旦情况有变而不得转寰，陷自己于不利。三、戴笠对蒋介石的亲属圈内人物一贯持着巴结态度，以增进其对蒋关系。除孔祥熙外，戴笠与蒋、宋家族基本上都保持了比较友好的关系，这为他和军统的发展提供了许多帮助。四、戴笠对于国民党内敢于和他的军统局斗法的势力毫不留情地进行了打击，甚至于不惜一时冒犯蒋介石也要除掉政治对手，这表现出戴笠性格中为人强悍的一面。

从戴笠在国民党内的人际交往特点来看，他是一个善于处理复杂的人际关系以有利于自己和自身组织利益发展的人物，为了利益需要，他既能卑躬屈膝，卑词厚币，甚或关怀备至，使人感动；又能飞扬跋扈，趾高气扬，甚至残酷打击至于死地。总之，戴笠一切行为和生活准则都是为他的政治前途服务的，并受其性格特征的左右，这在他的政治生涯及其军统局的发展历史上曾经起到过重要的影响作用。

【注】

[1] 李继星主编《戴笠传》，敦煌文艺出版社，1993 年 7 月版，第 266 页。

[2] 李继星主编《戴笠传》，敦煌文艺出版社，1993 年 7 月版，第 127 页。

[3] 《戴笠致萧勃电》，《重庆来电》（1942 年 1 月 14 口）华盛顿中国大使馆，现藏于 [美] 斯坦福大学胡佛研究所档案馆，BoxNo：43，FolderID：2。

[4] 《戴笠致萧勃电》，《重庆来电》（1942 年 1 月 14 日）华盛顿中国大使馆，现藏于 [美] 斯坦福大学胡佛研究所档案馆，BoxNo：43，FolderID：2。

[5] 《戴笠致宋子文电》，《重庆来电》（1942 年 1 月 14 日）华盛顿中国大使馆，现藏于 [美] 斯坦福大学胡佛研究所档案馆，BoxNo：43，FolderID：4。

[6] 《戴笠致宋子文电》，《重庆来电》（1942 年 1 月 14 日）华盛顿中国大使馆，现藏于 [美] 斯坦福大学胡佛研究所档案馆，BoxNo：43，FolderID：4。

[7] 《戴笠致萧勃电》，《重庆来电》（1942 年 1 月 14 日）华盛顿中国大使馆，现藏于 [美] 斯坦福大学胡佛研究所档案馆，BoxNo：43，FolderID：2。

[8] 《戴笠致宋子文来往电》，（1942 年 1 月 14 日）华盛顿中国大使馆，现藏于 [美] 斯坦福大学胡佛研究所档案馆，BoxNo：44，FolderID：2。

[9] 夏晋熊《在孔祥熙官邸的见闻》，载《孔祥熙其人其事》中国文史出版社，1987 年 8 月版。

[10] （台）良雄：《戴笠传》（下），《传记文学》出版社，1985 年 4 月再版，第 512 页。

[11] （台）良雄：《戴笠传》（下），《传记文学》出版社，1985 年 4 月再版，第 512 页。

[12] 李炎錩：《民国官场笑林》，江苏古籍出版社，1997 年 1 月版，第 184–185 页。

[13] （台）良雄：《戴笠传》（下），《传记文学》出版社，1985 年 4 月再版，第 511 页。

[14] “国防部情报局”编行《戴雨农先生全集》（下），1979 年 10 月初版，第 855 页。

[15] 沈醉、文强：《戴笠其人》，文史资料出版社，1980 年版，第 212 页。

[16] 沈醉、文强：《戴笠其人》，文史资料出版社，1980 年版，第 212 页。

[17] 《民国高级将领列传》，解放军出版社，1988 年版，第二集，第 389 页。

[18] 沈醉、文强：《戴笠其人》，文史资料出版社，1980 年版，第 216 页。

[19] 文强：《孙殿英投敌经过》，全国《文史资料选辑》第 64 辑，第 120 页。

[20] （台）良雄：《戴笠传》（下）《传记文学》出版社，1985 年 4 月再版，第 505 页。

[21] 韩文宁：《自诩为一条恶狗的罗君强》，《钟山风雨》2003 年第 3 期，第 42 页。

[22] （台）良雄：《戴笠传》（下），《传记文学》出版社，1985 年 4 月再版，第 513–514 页。

[23] （台）良雄：《戴笠传》（下），《传记文学》出版社，1985 年 4 月再版，第 517 页。

[24] （台）良雄：《戴笠传》（下），《传记文学》出版社，1985 年 4 月再版，第 517 页。

[25] 《戴笠自述》，载申元：《江山戴笠》，中国文史出版社，1991 年 1 月版。第 96–97 页。

[26] 此节参考申元：《戴笠轶事》，香港天马图书有限公司，2003 年 1 月版，第 77–80 页。

[27] 《戴笠自述》，参见《我们的态度与决心》民国 32 年 8 月 30 日孙总理纪念周训词。载申元：《江山戴笠》，中国文史出版社，1991 年 1 月版。第 99–100 页。

1946：蒋介石与戴笠关系异变初探

2010年4月，浙江大学“蒋介石与现代中国研究中心”召开的“蒋介石与现代中国国际学术研讨会”论文，2011年发表于会议论文集（与徐妍合作）。

戴笠是民国时期国民党特工的主要头目，他自步入黄埔始，即跟随蒋介石，蒋建特工始，也重用戴。戴笠在政治上追随蒋，工作中模仿蒋，鞍前马后做了许多蒋介石不能公开去做的事，在“安内”、“攘外”中成为蒋的“御用工具”，曾被时人冠以“蒋介石的佩剑”、“中国最神秘人物”等称号。他所做的工作，在国民党统治历史上发挥了重要作用，有些甚至对中国近现代历史产生过重大的影响。但在抗战后期，随着以戴笠为首的军统局势力“坐大”，其个人野心逐步膨胀，他与蒋介石之间“君臣”、“主仆”式的往日温情不再，双方关系暗中发生了急剧的变化。

一、蒋介石与戴笠关系的肇始

戴笠，字雨农，原名戴春风，1897年生于浙江江山县一个没落的地主家庭。上中学时因违犯校纪被开除，自此求学时代结束。1922年，他在上海一家交易所当伙计，经戴季陶介绍，初识蒋介石，[1]两人有了第一次交往。因戴头脑灵活、办事尽心，给蒋留下不错的印象，但此时两人并无深交。后交易所生意失败，蒋介石离开上海，两人的关系也就此中断。

1926年戴笠投奔广州革命阵营，考取了黄埔六期，[2]与担任校长的蒋介石在名义上有了师生之谊，也开始了他追随蒋的政治生涯。

1927年4月，蒋介石在南京另组政权，实行反共“清党”，派胡靖安到黄埔军校执行“清共”，在戴笠提供情报的帮助下，逮捕了20多名共产党员，[3]戴笠由此开始得到赏识，稍后被提拔为骑兵营党部执行委员。8月，因蒋介石下野，骑兵营缺资解散，戴笠便到上海投奔了胡，成为其主持的“黄埔同学联络小组”的一员，正式从事领取蒋氏经费的专业特务工作。

1928年1月，蒋介石复任国民革命军总司令，他接受胡靖安的推荐，任命戴笠主持在上海的“联络小组”，由此戴笠开始为蒋介石出掌情报特工工作。

已过而立之年仍无所建树的戴笠，很感激蒋介石的知遇之恩，加之他混迹社会多年，特别明白人情世故的奥妙所在，因此，益发认准只有跟定蒋介石才有前途。为使自己的工作受到蒋的重视、让其看到自己的能力。戴笠不辞劳苦地搜集各种他认为有价值的情报，不厌其烦的一次次去蒋的住地，甚至不惜冒险“拦车上书”，[4]给蒋介石留下了深刻印象。戴笠的努力，让蒋注意到他在情报方面颇有成绩，人又大胆无畏，可堪一用，便下令“准其随时来见”。[5]为激励戴笠更好地为自己工作，蒋介石还手书“坚苦卓绝”的条幅赠与他。

为不负蒋介石对自己的期望，进一步获得他的赏识，戴笠不惜冒生命危险深入敌后收集情报，在蒋桂战争、蒋冯战争、中原大战等战争中均有比较出色的表现，如他只身闯敌营，成功策反唐生智部要员周伟龙[6]等人；1930年刺探到北平“扩大会议”的重要内容，助蒋制定了拉拢东北军张学良入关相助的正确战略；[7]等等，这些努力多次帮助蒋介石消危险于无形。他的工作成果使蒋相信了其情报专长与能力，对他益发的器重和垂青。1931年底，蒋介石同意戴笠建立一个“密查组”，作为他搜集情报的正式组织，此即为“军统”组织的前身，戴笠开始成为蒋介石得力的助手。

二、蒋介石与戴笠关系的发展

（一）蒋介石刻意培养依仗戴笠

深谙中国传统政治权谋的蒋介石，对于重要且敏感的特工组织，为更好地控制利用之，采取了分而治之的原则。

早在“四一二”事变后，出于反共“清党”及党内斗争的需要，在蒋介石集团内逐渐形成了以陈立夫为首的党系特务组织，即后来的“中统”。蒋介石在“双管齐下”的方针下，又暗中培养了自己的另一“御用”特务组织，即戴笠主持的“密查组”。这说明以戴笠为首的特务组织从一开始就是作为蒋介石的“私人工具”而存在的。

1932年，戴笠又在蒋介石的安排下，出任其党和军队内部核心组织复兴社的特务处处长一职，正式成为蒋系的特工组织首领。

蒋介石考虑到复兴社终究不过是秘密团体，无法从正式渠道解决经费等问题，便于9月间将特务处划归军委会调统局第二处，[8]成为编列预算的政府机构。名义上归陈立夫管，实际指挥权仍掌控在自己手里，既给了戴笠一个公开发展的平台，又使手下的两个特务组织共同努力而互相牵制。

1936年西安事变发生后，戴笠冒死赴西安救蒋，这同其他国民党派系大员或不知所措、或欲借机杀蒋相比，戴的行为让蒋感动，宠信之外又多了几分个人感情。事情平息后，他不仅将张学良等西安事变的发动者交与军统看管，更在戴笠患病住院时，亲书慰问：“贵恙如何？甚念。希珍重为盼。雨农弟。中正。二八日。”[9]

七七卢沟桥事变发生后，中国进入全面抗战阶段。借抗战之机，蒋介石将特务机构公开化。1938年8月，“军事委员会调查统计局”（军统局）成立，戴笠出任军统局的副局长，成为该组织的实际指挥者。

军统局成立之初，仅下设处（室）、科、组三级，共有四室四处一委员会，据统计全局人员共计约1610人左右。[10]到抗战中期，特别是国民党副总裁汪精卫投敌叛国后，抗战局势益发艰难，蒋介石便更加倚重戴笠及其军统。在他的全面支持下，军统势力得以急遽扩张。

1．掌握交通检查权

日军进犯广西后，抗战后方唯一的对外通道西南运输陷入混乱状态。1940年春，戴笠向蒋建议由军统局接管交通运输系统，蒋介石采纳其意见，在军委会下设立了“西南进出口物资运输总经理处”（后改名“水陆交通统一检查处”），控制了抗战后方唯一的陆路海外通道，使得军统局敛财有路，具备了雄厚的经济基础与财政保障。

2．控制对沦陷区的贸易

东南国土沦陷后，西南后方物资供应日趋紧张。戴笠又向蒋提出设立专门机构从沦陷区抢购物资的建议。1941年5月，蒋介石“指定由戴笠负责，嘱其秉承行政院长兼财政部长孔祥熙之命，切实办理”，[11]1943年4月5日财政部“货运管理局”成立，戴笠出任局长。他们在同日伪的物资抢夺战中起了一定的积极作用，然对军统而言，发财之道又多了一条。

3．插手缉私

抗战进入相持阶段后，走私益发猖獗，严重影响了大后方的经济。1940年6月20日，戴笠见蒋介石时提出了在军委会下成立统一的缉私组织，将中央与地方的缉私武装统一指挥，想借机收权归己。11月，蒋介石批准在财政部下设缉私署，并否决了孔祥熙提出的处长人选，亲下手令：“缉私署长一职，决派戴笠兼任可也”，[12]显示出他对戴笠的宠信非同一般。从此，各地缉私富源皆入军统之手。[13]

4．掌握军队及渗入军运系统

惯于猜忌防范的蒋介石，即使宠信戴笠，在关键问题上也有保留，他从不考虑戴的建军请求。但随抗战深入，战争的需要超过了内争的防范。为辅助正规军作战，1937年国民政府颁布了《游击战教令》，蒋介石也批准军统成立了敌后武装“忠义救国军”，戴笠拥有了属于自己的第一支武装部队。

1940年3月11日，蒋介石又在参谋会议上提出了组织“便衣混城队”的计划：“我们派人化装潜入……接近敌人，攻其无备，那么一个人就可以发生一连，甚至一营的效力。”[14]会后蒋介石命戴笠草拟计划，所选队员由军统局负责督导指挥运用。1941年12月，军统局和英国合作，奉准将各地“便衣混城队”改编为军事委员会别动军（简称别动军），成为其所掌握的又一支武装力量。

这两支武装在抗战中起到一定作用，但更重要在于，戴笠及其军统有了武装力量为依托，其势力发展更为迅速。

此外，1942年后，蒋介石为加强对军队的控制，令军统加强对各部队的“防谍”调查，并在各路军司令长官部、集团军总司令部、省政府机关都成立了调查室。这些措施在加强蒋氏对军队控制力的同时，也使得军统的势力渗入军中。

5. 创办中美特种技术合作所

抗战后期，蒋政府急欲得到美国的支持，而军统势力的扩展，亦刺激了戴笠对外发展的欲望，以遂其进一步扩充的野心。“珍珠港事件”的爆发为戴提供了一个重要契机，[15]美国海军为对日作战，需要了解中国沿海地带的水文气象情况和日本海军情报，鉴于军统在破译日军密码方面的成绩，主动开始了与戴笠的合作，双方迅速走到一起。1943年7月1日，“中美特种技术合作所”在重庆成立。这样，戴笠内得蒋介石的宠信，外得美海军的支持。

在蒋介石的刻意培养支持下，到了抗战胜利前夕，以戴笠为首的军统势力，触角几乎遍布各个角落，并伸出了国门。其情形如右表所示：[16]

连戴笠自己都说：“就我们的政治环境来讲，有的人是很讨厌我们的。但抗战好几年过去了，人家都不能排斥我们，并且不能离开我们，为什么？这就是今天的基础和力量。……总之，财政、经济、治安、交通、内政、军事，今天都已掌握在我们的手里。”[17]

当然，军统能在短短几年如此迅速扩展，除却蒋介石对戴的培植、戴笠自身的苦心经营外，还在于中国当时特殊的国情为其发展提供了空间。

蒋介石想要在中国内忧外患复杂的政治环境中保持自己的统治地位，采用非常手段往往见效更快、可收意想不到的效果，而他自身也迷信特工，指望用这种手段来维护与加强其统治地位。中日开战后，两国力量对比悬殊，情报工作对疲弱的中国来讲显得尤为重要，准确、及时的情报可有助做出正确的抉择，以保存力量，尽可能减少损失。

军统局	情报	各区、站、组
		各特别组
		各流动侦察组
		各直属工作员
		各办事处
		技术研究室及各侦收台
		各战区调查室
		各谍报参谋及军事联络员
		各省保安部谍报科股
		部分驻外武官
	行动	各行动队、组
		各爆破队
	电讯	电讯总台及分支台
		各监察电台
		各航情台
	安全警卫	特别警卫组
		兵工署稽查处及各警卫部队
		特务团
	游击武力	忠义救国军
		混城队及别动队
		相关游击队与民团
	检查	各航空检查所
		各邮电检查所
	治安	各警备部及稽查处
		各警察局及侦缉队
		中央警察总队
	交通	水陆交通统一检查处及各站所
		交通警备部及交警部队
	财经	缉私署及所属处所
		货运局及所属处队
		税警各团营
		经济研究室及各地专员
		经济检查组及各经检队
	保防	中央保防组
		各地电监科
		防共特别站组
	国际合作	中美合作所
		各国合作
	民运及抗敌工作	抗敌杀奸团
		华北督导团
		部分党政军工作总队
	训练	各个公开与秘密的训练班

在这样的内外因素作用下，至抗战胜利前夕，军统的势力可谓是如日中天。有人、有枪、有钱、且组织严密、行动迅速有效，为其他任何一个国民党派系组织所不及。蒋戴这对“君臣”间的亲密关系臻于极点。

（二）戴笠努力迎合蒋介石

戴笠自被学校开除，至入黄埔军校间，有十余年浪迹于江浙沪地区，想寻得一条出人头地的门路，却一事无成，这对生性要强的戴笠是个很大的打击。因此当他考入黄埔后，异常珍惜这个机会，急于建功立业，“他一反过去豪放喜交游的性格，变成沉默寡言，处处谦让，一副老成持重的态度”[18]。在思想上，他全盘接受了蒋介石的政治立场，所以平时，特别留意同学中中共党员的活动。当胡靖安被蒋介石派到黄埔军校进行“清党”时，他毫不犹豫的站到胡的一边，并由此初步尝到情报带来的甜头，及后成为“联络小组”的负责人，更让戴笠认定此是一条立业的捷径。另外他认为仅凭自己在国民党中浅薄的资历，要想有所作为，没有蒋介石的支持，是万万不行的。因此他多次表达自己认定蒋、追随蒋的心思。他说：“革命黄埔学生之责任，在于拥护唯一的领袖”、[19]“要为领袖作耳目”[20]、“衮衮诸公，唯有英明的蒋公乃为世出之魁杰，为救国家救民族，必须信仰他，追随他”[21]，从这些阿谀之词中，反映出戴笠及其军统以为蒋介石独裁政权服务为最高宗旨的本质，他们就是蒋介石个人独裁的“御用工具”。

同时，戴笠在实际工作中也不放过任何表露忠诚的机会。他亲自出马缉捕刺杀蒋介石的昔日盟兄王亚樵；西安事变中“舍身救主”；甚至在任何时候任何场合都不忘表达对蒋介石的忠贞，等等。

然戴笠也深知，仅靠表露对蒋的忠心是远远不够的，蒋介石身边并不止一个戴笠，作为“耳目”与“利器”的，亦不止一个特务处或军统局。为获得更多信任，除却努力地为蒋介石卖力外，戴笠还时刻注意揣摩蒋的心思。

当抗战开始，蒋介石相继成立“中统”、“军统”时，对比竭力争夺中统局长的徐恩曾，戴笠主动表示：“雨农不才，学识、资历、名望、功勋均不够局长之资格，望校长另委局长一任，雨农愿竭力辅之。”[22]1944年国民党六大召开之际，蒋介石准备提名戴笠为中央委员候选人，但戴以“不求争名夺利”为由，把名额让给了唐纵，这些都深得蒋介石之心。再者，每当蒋介石有所政治意图时，戴笠总是赶在前面做好准备，若蒋垂询，便恰到好处地提出对策和可效力之处，以立功而避祸，更赢得蒋介石的欢心。如中原大战时蒋介石要到陇海路督战，他马上先将徐州——归德之间各地人和事乃至历史掌故、军要地理，尽量充实在自己心中，待蒋问及，便对答如流。[23]

此外，为迎合蒋介石，戴笠在工作中还处处效仿蒋。例一，自戴笠接掌特务处后，所接任务日益增加，急需更多人手，以蒋介石为榜样的戴笠，便刻意以黄埔军校为模板，积极开办各种培训班，并亲兼各班班主任，培植自己的“学生军”。“总计自1932年6月1日起，至1945年抗战胜利为止的13年间，……共毕业27,875人；培训作战部队人员49,180名。”[24]这些人员成为戴笠组建军统局基层干部的基础，也是军统局安插在国民政府内部各部门的骨干，组成了军统庞大的情报网，渗透到各个方面。

例二，戴笠在军统局内部的统治上，以蒋介石之好恶为标准。蒋之用人，很重要的一条是看其是不是浙江人或黄埔出身。于是戴笠在军统的人事安排上，亦多重用黄埔学生和浙江人，在军统局内的江山籍人员较多，这些人普遍文化水平较低，却大都占据重要岗位；蒋介石最为忌讳部下结党营私，戴笠对此便毫不手软。如他发现别动军“司令部几乎都是其（司令周伟龙）老乡，后把周撤掉，换成徐志道”；[25]蒋介石为更好的控制部下为己效力，很注重从感情上收拢人心，戴笠也就遵从此道，在军统局内搞了多方面的生活福利，每日供应六菜一汤的免费丰盛伙食，优待部下；[26]部下邱开基母丧时，因工作不能回去奔丧，戴笠就暗中为其寄去两千元[27]等等，以此笼络人心；蒋介石重用特务，实行独裁统治，戴笠便在军统内部建立督查室，成立“特务中的特务”，拥有自己的“耳目”，以控制特务人员的思想和行动，在军统内部大搞专制，“生杀予夺，随一人之好恶”。[28]

例三，在行动上，戴笠更积极迎合蒋介石的需要。蒋介石反共，戴笠便以共产党为敌；蒋介石抗日，戴笠便率众投入与日伪的厮杀；蒋介石对民主人士不满，戴笠便努力为他铲除一切出头的政敌和对手。戴笠的努力没有白费，他渐趋成为蒋介石的心腹重臣。

综观至抗战胜利前此一阶段，蒋戴之间的关系总体上可谓是“温情脉脉”。戴笠及其军统势力不断扩张的过程，也就是蒋介石对他和军统不断倚重、支持的结果。

三、蒋介石与戴笠关系之物极必反

然而凡事都有两面性。在双方互相依靠、彼此信任的过程中，矛盾也随之产生和发展。当双方关系最为亲密的时候，其背后就是物极必反的信任危机。

（一）戴笠渐生的政治野心

随着戴笠势力的发展，蒋戴关系也就萌发出一些不太和谐的地方，最具代表性的是“张超事件”的发生。1933年11月“福建事变”被平息后，陈仪出任福建省主席，有着深厚资历一向受蒋介石器重的他不把军统放在眼里。而时任军统闽北站站长的张超也自恃戴笠做后台，同陈展开明争暗斗，最后因张反陈过分被陈所杀。闻张死讯，戴气愤异常，“在武汉见蒋校长，我（戴笠）跪在领袖面前痛哭，要领袖给我们的同志做主，领袖当时不便答应，我就跪着不起来”，“后来我（戴笠）写了辞职报告。八月十九日，领袖把我找去，对我说：‘你不能这样要挟革命领袖，一个担当革命工作的人，是不准随便辞职的，而且我叫你做这个事情，根本就没有打算叫谁来接替你！’”[29]

对蒋介石的命令，戴向来唯命是从，然在“张超事件”中，他又是跪求，又是辞职，皆软中有硬，对蒋介石有要挟的意图，从而折射出戴笠羽翼渐丰，与蒋的矛盾也暗暗滋长，戴笠有了自己的主张和想法。

其实，一直对蒋介石表现出无限效忠的戴笠，开始就是对蒋“有所想法”的，在某种层面上，他也是把蒋介石当作一种实现“向上爬”目标的利用工具。他曾对挚友唐生明说：“顶好的菜，不要一次都拿出来。我对校长一直都是这样，……否则你什么都拿了出来，他便不会再用你了。”[30]这充分反映了戴内心深处利用蒋作“工具”的心理。

最典型的就是在军统崛起的过程中同中统的持续的争斗。这主要是因为蒋介石一贯的“分而治之”策略，同时也存在“同行冤家”等其他因素。为在蒋介石面前获得更多的信任，军统与中统一直争斗不休，最后演化至互相残杀，导致双方关系势同水火，都欲击倒对方而后快。戴笠及其军统利用中统负责人徐恩曾[31]贪财的弱点，屡屡对其进行攻击。

1943年中，军统查获徐恩曾私吞中统查获的中国银行钞票，报给蒋介石，此事最终徐虽侥幸逃脱责任，但却给蒋介石留下了极其不好的印象。然徐恩曾本性难改，1944年再次因动用公车走私被军统抓住。深谙蒋介石秉性的戴笠，虽欲把中统击垮，但又要避开陷害嫌疑，便“曲线告状”，将此事透露给与徐关系不和的朱家骅，由朱向蒋介石密告，蒋果然震怒，手令“撤去徐恩曾的本兼各职，永不叙用。”[32]戴笠借蒋介石之手，终于达到了扫除对手的目的。从此军统势力无可匹敌。这也说明做一家奴式的特工首脑并不是戴笠的目标，只是他的一种手段。及至抗战胜利前后，戴笠的这种野心表现得尤为明显。

抗战进入末期，富于政治经验的戴笠，又开始考虑如何保存自己的势力，并加强自己的政治影响。他主要在以下几方面着手运作：

1. 抢夺海军、警察重组权、交通路警权

1945年9月9日，戴笠召集手下开会，讨论战后形势。他说：“我们目前有两大工作必须全力做到，第一要护法……，第二是反共，这个工作是迫在眉睫的。”[33]他深刻认识到蒋介石为了反共，还要重用军统，因此如何发展军统这个庞大的组织，成就他的事业，成了头等大事。

戴笠首先将眼光瞄向战后中国海军的重建。因军统与美海军情报机构长期的合作，戴笠与美海军方面关系密切，特别是战后美方将援助中国军舰重建海军，而此项工作将由美海军主导，这大大刺激了戴笠的野心。他以为有美国人撑腰，可以比较方便地得到重建后的“海军司令”职位。尽管他对海军基本上是“门外汉”，但他认为凭他与美国海军的关系，手下游击武装在胜利后被改编时，其在军内的发展方向，只能瞄向海军。因此他急于谋取海军，以保持他的军权。而美方“参加中美合作所的代表，原系海军将领，……认为（戴笠）是中国特出人才，曾怂恿戴今后致力于海军建设工作，美国愿尽力协助。”[34]中美合作所美方副主任梅乐斯，向美海军总部报告说“我们现在面临着最大的因素，是俄国。在战后，我们将比其他任何地方更需要从此一战区取得情报资料，军统局是最能供给我们所需一切情报资料的机构，……并且已和戴将军取得口头协议”。[35]因此对于中国海军的战后重建工作，美海军希望把军统和中美合作所掌握的近十万武装，改造成中国重建海军的基础，而这一工作就将由戴笠来出掌。他们并把这一计划拟成一份《战后海军助华方案》，呈报给了杜鲁门总统。戴笠由此开始做起当海军司令的美梦。他曾给手下徐志道发电报说：“别动军、忠救军等部队，已决定改编，我意一是改编为纵队，二是改编为海军陆战队，如何改编，方能符合我们的要求，希速研究电复。”[36]

但美海军重用戴笠的计划却遭到来自美国国务院及陆军部的反对，他们确定的处理原则是，除部分气象、通讯及情报工作外，中美合作所的其他各项工作必须尽早办理结束。特别是抗战胜利后，美方为促进国共和谈，以马歇尔为代表的一派美国人坚信：“戴某的兴趣，乃是维护中国的一党政府，成为和谈的障碍”，[37]“必须将他排除”[38]。因此，在他们的反对下，美海军所拟的《战后海军助华方案》于1945年9月5日提交国会未予通过。而此时，在国民党内部，蒋介石也因感到了戴笠在政治上的蠢蠢欲动，断然拒绝了戴笠提出的一批海军重建干部人选，戴笠谋求插手海军之路被堵。

然关于戴笠与海军的关系，又据台湾民国海军史专家张力教授介绍，台湾所存的民国海军档案中，未发现戴谋求海军的记录。笔者认为，这实属正常，因戴笠在彼时仅是谋求海军掌控权，但并未成功，所以档案中没有反映此事的相关文档并不奇怪，但戴笠战后谋求海军的意图及其努力，却不能因为没有档案的记载而予以否定。

当时蒋介石对战后中国海军的建设问题极为重视，他曾希望梅乐斯出任美海军赴华顾问团的负责人，[39]这表明彼时蒋介石对梅乐斯是信任的，而梅是美海军方面联系中国的重要人物，也是支持戴笠掌控中国海军的积极人物，曾向蒋介石大力推荐戴笠，因此才有了上述的历史活动。但美陆军方面和政府当局对梅同戴的关系却不以为然，也不支持他的活动，因而美海军的方案被否定。到中美合作所后期，美陆军方面开始干涉与介入，在内外压力之下，梅乐斯患上了却精神衰弱症，美国军方（包括美国海军方面）从此视他为“精神病”，加以严控，此事必然牵扯影响到戴笠。上述情况都证实了戴笠希望出掌海军的野心是存在的。

当谋求海军之举失败后，戴笠又转而谋取控制警察。

在历史上，戴笠与警界渊源颇深。早在1932年10月，他兼任浙江警官学校政治特派员时，就与警界发生了关系。其后因制止“废警改团”一事，在警界颇有影响，后又策动组织过“警察协进会”，参与改组中央警官学校。戴笠认为：情报和警察工作，具有不可分割的关系，情报工作人员也需要具备警察方面的知识，战时的情报人员，也可以在战后转入警察系统从事警务工作。[40]所以很早戴笠便有意识地派遣军统人员进入警察系统，在警界布下一定的势力。他希望成立警察总监部，由军统来统一全国警察，由他兼任总监，这样，既可在面临不测时保存军统的势力，又可以警察系统来继续掩护从事其特务活动。

可戴笠企图夺取警权的野心，遭到了李士珍等警界一批元老及实力派的坚决抵制。李士珍出身黄埔二期，自认资历比戴笠老，又曾到日本学习过警政教育，比戴更有治警经验。他依靠“CC派”势力的支持，同戴笠展开了激烈的争斗，最终迫使蒋介石放弃戴笠，采取折中的办法，让军统副局长唐纵当了警察署长[41]，并没有将军统组织并入其中，而唐“因为与他（戴笠）的作风配合不起来”，“急于摆脱”[42]军统局，所以在唐掌握警察系统后，实际上脱离了军统，自成一家，破灭了戴笠掌警的企图。

最后，不服输的戴笠又很快转变方向。他“鉴于‘匪患’未已，交通安全颇为重要；乃呈准军委会，将忠义救国军、别动军、交通巡察处，以及中美合作所编练的教导营，合并编为交通警察总局，……负责全国铁路、公路、航路治安的维护和矿区的警卫工作。吉章简、马志超先后任局长”，[43]实际指挥权掌握在戴笠手中。因交通警察在政治上地位份量不大，这份提案终于被蒋介石批准，交警总局于1946年3月1日正式成立。戴笠最后总算没有白费心机，正如唐纵所述：“此乃雨农兄在政治斗争上又一成功也。彼能了解委员长之心理与适合委员长之需要，故能逆转环境，转败为胜。”[44]

2．伸手政坛的大言妄行

政治野心的膨胀，必然加剧言行的嚣张化。此时期戴笠不断地发表过当言论，暴露出他的政治企图。例如：“我们之所以要掌握许多公开机关，就是要以公开机关来掩护秘密工作的前进。而在另一方面，我们更要以秘密工作来巩固公开机关的基础。”[45]而他的左右也迎合他，提出不少直言不讳的建议：“将军统所属的文武人员作基干，大可创立一个新的政党，必能凌驾诸在野党派之上，很有发展希望。”[46]“要跳出特务工作的范畴去从事实际的政治活动”。[47]

戴笠闻言有些飘飘然，他未呈报蒋介石就指示部下，以“明了趋势，把握可能”为“八字行动方针”，在1944年夏，下令给贵州息烽集中营主任周养浩，要周把由他亲自圈定的一些被认为博学多才的政治犯人集中起来，拨款9万，组织了一个“各种问题研究会”，分为政治、经济、军事、教育4个小组，要他们对“开展本团体（军统）政治工作方案”、“全国经济检查队工作方案”、“全国学制改革方案”等进行研究，[48]这明显地是超出了特务工作的范畴，而是在为组织施政的政治团体在做准备。戴笠的政治野心因此昭然若揭。无怪乎，军统大将陈恭澍说：“军统局大部分干部出任公开职务，都是戴雨农先生有计划的安排，平津如此，其他地区亦大致相同。很显然，掌握全国的情治单位，是他的一个初步目标。”[49]

戴笠的这些越轨举动，触犯了蒋介石的大忌，他一直严防的就是党内人物对其权力地位的觊觎，更何况是来自他的学生与奴才的“异动”。

（二）蒋介石的防备与应对

1．对特务组织的防范和限制

蒋介石一向是以善于权谋而著称的，他建立特务组织的目的之一就是要对政敌进行防范打击，又岂能容特务组织成为自己的威胁？因此他对特务组织是既要用之又要限制之。

抗战后期，蒋介石也担忧军统形成“尾大不掉”之势，处处防备着。1942年因蒋介石觉得“雨农部分工作似有过于庞大之势”，[50]遂派唐纵为军统局帮办，使用“掺沙子”的方法来牵制；1943年蒋又下令撤去戴笠兼任的缉私署长一职，并表示要戴“专负特务责任，不要带兵”，甚至透露出“忠义救国军和别动军也要整理”[51]等“旨意”。与此同时，他虽然宠信戴，纵容军统的扩张，但从未放弃过“两条腿走路”原则，一直让中统、军统互相牵制，因此“两统”始终处于蒋介石的控制之中。然到了抗战后期，“两统”的斗争越来越激烈，最终戴借蒋之手将徐恩曾除掉，中统因此遭到重创，形成了军统独大的局面。

然而，这种现状是蒋介石所不能长期容忍的，而抗战胜利的到来，局势的巨变，为蒋介石提供了一个有利的时机。

2．在国内外压力下装饰民主

抗战胜利后，中国的政治重建被提上日程。历经长期的战争，百姓渴望和平、安宁的生活，而国民党特务长期以来为非作歹，被民众所仇恨，战后他们更借“肃奸”之机，大发国难财，搞得声名狼藉。当时的一首民谣“想中央、盼中央、中央来了更遭殃”，形象地描述了人民对国民党统治的不满。所以，国内舆论界掀起了一次次针对国民党特务组织和特务政治的反对浪潮。中国共产党、国内各民主党派和民主人士纷纷发表自己的看法，严厉的抨击特务组织的种种恶劣行径，要求当局撤销特务机构，停止迫害人民的特务活动，给人民以民主与人权保障，这些都反映了各界民众的心愿，得到了国外民主舆论的响应，这使蒋介石在政治上陷于被动。

除此而外，国民党内部许多派系出于各自不同目的，想借机削弱军统，戴笠的跋扈与嚣张也得罪了党内不少大员，他们也欲陷戴笠于难堪。这些人也纷纷上书蒋介石，要求削减乃至取消特务组织。当时的形势正如戴笠在8月14日对黄天迈所言：“本局工作今后比抗战时期更为艰苦，委员长外，都将主张取消特务。”[52]

在国际上，当时对蒋介石政权影响最大的当然是美国，国共重庆和谈开始后，作为国共和谈调节方的美国，以马歇尔为代表的美国国务院，鉴于戴笠及其组织“反共色彩太浓厚了，为促进今后（国共两党）和平协商，（军统）应当退出政坛”，[53]他们明确提出了取消军统的建议。

面对国内外的强大压力，为适应战后局势发展的需要，保持其“大国领袖”的地位，蒋介石要表现出民主的姿态以安定其统治基础，他不得不考虑对特务组织进行约束。于是决定重新调整国民政府的军事系统，对中统和军统进行“改组”。蒋介石被迫在政治协商会议上做出了包括取消特务机关在内的“四项诺言”，但又鉴于“匪患未除”，特务组织还有其利用价值，因此他计划“两统”的前途是“缩小组织”、“退入幕后”。

3.对戴笠军统的明改暗保

1945年底，蒋介石下达手令，指定由张道藩、余井塘、叶秀峰、唐纵、郑介民、戴笠、李士珍7人组成小组，负责设计特务组织的改革方案。

蒋介石虽然对戴笠军统的野心不满，但从本质上来说，他还是需要戴笠的，军统特务的作用对保障他的统治来说十分重要，甚至不可或缺。因此，他对戴笠及其军统的处理方针是限制、控制、使用，而不是取消，要“明改暗保”和“以改促保”，既要用之又要管控，这才是蒋介石决策的目的。

1946年1月17日，在政协会议召开期间，蒋介石召见戴笠，明确地对他说，“今后政府将要改组，各党各派均将参加，军统局需要取消，要他（戴）自己研究一办法，他（戴）不负责，而他（戴）能实际控制这机关。”[54]同中统的一蹶不振相比，蒋介石对戴笠的保护不言而喻。而一向善于揣摩蒋心思的戴笠，早于此前就洞悉了蒋介石的意图，他于1945年12月下旬于北平巡视期间，召集龚仙舫、文强等军统大将开会时就明白地说：“世界上哪个朝代、哪个国家没有特务机关？人家越喊要取消便越显得重要。但是军统局这个名称有些臭了，组织也太庞大了，经费确也筹措不易，所以要化整为零，以合法化来堵人言可畏的口。凡事要为领袖分忧着想，我跟他三十年，是深知此道的。”[55]

（三）蒋戴矛盾的爆发与解决

然而，戴笠所忽略的是，蒋介石对他的爱护是有前提的，对他的限制则是必然的。蒋介石自派唐纵为军统局帮办后，办事时就有意地偏向唐，他“时常直接找我（唐纵），或者手令饬我（唐纵）办事，而有将各情报机关交我（唐纵）指挥之模样”，[56]实际上已是在派人分掌戴的权力。抗战胜利后，蒋介石趁机欲彻底改组军统，既为己所用，又能为己所控。虽然蒋介石此举并不是单纯针对戴笠及其军统；虽然戴笠此时势力正“如日中天”，但到了1946年3月9日，戴笠为“肃奸”事再赴北平时，他从各方的情报判断中，明显地已感觉到了来自蒋的压力。

1. 在北平的演讲与计划

3月10日，戴笠在北京怀仁堂主持“总理纪念周”时，因对自己和军统局的前途已有失望之感，他发表了一次充满气愤心情的演讲。他说：“最近中央开六届二中全会，有人叫要打倒我们，我不知道什么叫打倒，只怕我们的同志官僚腐化，自己倒下去。我时刻所想的，是如何保持光荣的历史，绝没有想到别人如何打倒我！”[57]

“现在抗战虽胜利，而国家内部仍未安定，若有人以为抗战胜利，就可以停止革命，这种人，如非愚昧，便是不了解国内外之情势，不明白革命的道理。在重庆未出发前，有人告诉我，某些人士，主张取消军统局，要我留意，叫我设法转圜。我便以一笑置之，今天我告诉大家，本团体有不可磨灭的成绩，也有不可毁灭的基础。”[58]

“军统局十几年来，功过如何？社会公正人士，自有评鉴。吾人不须解释。我要告诉大家的是，真正的革命者，必不计较权利名位，没有军统局，我们亦要革命，决不放弃责任！……”[59]

戴笠的这番讲话，显然已有指桑骂槐、对蒋介石泄愤的意味，也表明了他底气十足、不肯轻易认输的态度。

此时戴笠虽有些悲观，却不甘心就此失败。在北平时，他除处理平津地区的一些汉奸案件外，更积极地为蒋介石发动反共内战作准备，筹划部署军统在内战中的活动，试图用实际行动来让蒋改变主意。他对东北地区进行了特工布置，并一再叮嘱：“一定要精研熟读与苏俄签订的十年友好条约，全力协助光亭（杜聿明）大哥顺利地接收东北。”[60]

戴笠还部署了调遣“忠义救国军”北上、用接收来的日伪海军小炮艇组建海上交通警察队、筹办北平特警班等几项具体事宜，并于3月上旬接待了来访的美国海军柯克上将，他还想抓住美海军这根“救命稻草”来救自己，只是当时戴笠尚不知道，美海军的“战后助华重建海军计划”已遭到了美国国会的否决。

当然在军统发展的后期，戴笠也考虑过自己未来的出路问题。当军统势力急遽发展时，善揣摩蒋介石心思的戴笠就已隐隐觉察出蒋对他的防范心理，“觉委座（蒋介石）对他信心动摇”，[61]他曾同自己的部属或友人谈及自己未来的出路问题，1943年秋，戴笠就同刘培初谈起自己在抗战胜利后的三个打算：一是回乡养母；一是出国考察；要么去西北开发水利。[62]1946年初，他对徐志道提及要他今后多照顾军统局人员的遗属等。[63]这些都从侧面证实了戴笠此时对自己未来的前途，颇有些消极的看法，但因此时军统的形势尚一片大好，戴笠的担心没有发生，他还比较乐观。

但3月份再赴北平时，形势的变化就让戴笠觉得了“末日的来临”。12日，已闻不利风声的戴笠对其副手郑介民讲：“我也许不能再干下去了，你要对我们死难同志的眷属生活负责”。[64]此时的戴笠似已做好被蒋介石抛弃的打算，对形势的严峻有悲观的考虑。

就在戴笠在北平活动之际，他接到军统局本部毛人凤主任转发来的蒋介石命他回渝参加会议的电报，电文后面并有化名“以炎”[65]的一段附言：

“重庆宣（铁吾）、李（士珍）、黄（珍吾）在捣鬼，谨防端锅，请亲自呈复。”[66]电文中提及的这些人都是长期与戴笠交恶和争夺警权的对手，此一消息，让戴笠意识到自己和军统前途将面临一次关键的选择，他内心充满了恐慌和愤懑，急召文强为他代拟一份复蒋介石电：“重庆以炎兄亲译。校座钧鉴：电谕敬悉。本当遵谕返渝，因平津宁沪巨案尚待清理，本月中旬始能面聆教诲，敬乞示遵。生云天在望，唯命是从。讵料煮豆燃箕，相煎何急。生效忠钧座，敢云无一念之私。不得已而晋忠言，冒死陈词，伏乞明察，生戴笠。”[67]毛人凤接到电文后，因觉语句过激而未敢转呈给蒋介石，而戴笠却因收不到蒋的安抚答复而心急如焚，眼见许诺中旬到渝时限已到，便计划飞回重庆面蒋以挽救军统局。

2. 强令飞行赶回重庆救军统

1946年3月15日，戴笠乘C－47型222号专机飞天津、济南，16日抵达青岛，他在青岛亲笔写了一份报告给蒋介石，大意说：“生追随领袖已十四年，干部达十四万人，望领袖多加爱护”。[68]17日上午，戴笠决定飞沪，但天气不好，可他急于18号赶回重庆向蒋介石报告，并探知其对军统局处理问题的底牌，且于19日参加重要会议，便不顾一切地强行起飞了。

“戴氏究因何要公，须于十八日赶回重庆？”从台湾所藏的资料中也可观其端倪。据良雄《戴笠传》中载：“一说党内若干人士，力主裁撤军统局，并另有一个七人小组，在幕后策动。另一说是有一、二特殊有力人物，在抗战胜利不久，即要求蒋公疏远戴氏，准其出国考察。并传戴氏早已预料有‘鸟尽弓藏’之一日，从三十二年（1943年）起，便在补习英文，准备必要时，赴国外定居。他要于十八日返渝，是因有一重要会议即将举行，他打算为军统局存废事，作最后之努力。揣测之言，无从证实。不过，当时在重庆，有人合谋排斥戴氏，毫无疑问。”[69]而军统另一人员在其回忆文章里更直接指出：“是当年力行社中十八位令人尊敬的负责同志，联名报请领袖，取消特务，撤销军委会调统局。”[70]由此可见，此时蒋和戴之间的矛盾已经表面化了，戴强令飞回重庆也显现出他内心孤注一掷的赌徒心理。

3. 戴笠的暴卒

17日下午，京沪上空都是雷电交加，戴笠专机无法降落，不得已准备改飞徐州，但在南京附近，飞机低飞撞上岱山而坠毁，机上人员全部死亡。直至今天，戴笠的死因仍存有疑点争论，但是戴笠的暴亡，却在客观上挽救了戴和蒋之间濒临反目的关系。随着戴笠的离去，军统已不成为蒋介石的问题，蒋对戴所有的猜忌和不满都随之而去，而紧随而至的国共内战，更让蒋介石对往昔这位能“秉承领袖意旨，体念领袖苦心”的学生产生了无比的怀念。

4. 蒋介石对戴笠的悼念与优遇

戴笠出事后，蒋介石于当天的日记中写道：“（戴笠）不幸以气候恶劣竟在南京附近遇险身亡，殊为悲痛，此生虽多缺点，但其忠诚与热心实不愧革命信徒也。今焉则无矣。”[71]“雨农之丧实为革命之损失也。”[72]

蒋介石出于对戴笠以往鞍前马后效忠的追念，给予他隆重的厚葬优遇。

1946年6月11日，国民政府发布命令，追授戴笠陆军中将军衔，褒扬文曰：“故军事委员会调查统计局局长戴笠，智虑忠纯，谋勇兼备，早岁参加革命，屡濒于危……该故局长应予明令褒扬，着追赠陆军中将，准照集团军总司令阵亡例公葬，并交部从优议恤。……此令。”[73]

12日，国民政府在南京为戴笠举行了公祭，蒋介石不仅亲自出席，还赠送“碧血千秋”花圈一副，为其作祭文，痛切呼道：“胡期一朝，殒此英贤；心伤天丧，五内俱煎！”“惟君之死，不可补偿”[74]，无一不表达了蒋介石痛失戴笠的悲痛心情。祭毕，蒋介石又亲自护送其灵柩至他为戴亲选的墓地钟山灵谷寺至公殿。

这些都显示了随着戴笠的离去，蒋介石对戴的感情重新回升。就连当时的美国特使马歇尔，也认为在停战协定签订后不久，就这么大张旗鼓地歌颂一个著名反共人物是很不合时宜的。[75]

然戴笠死后不几年，国民党兵败如山倒，1949年败退到台湾。蒋介石又扯起了“反共抗俄”、“反攻复国”的大旗。为笼络特务人员，也是出于对戴笠遗属的“关照”，蒋介石亲令保密局长毛人凤运用潜伏特务，寻找留在大陆的戴笠遗族，并将他们接到了台湾。这种优待在蒋介石对下属的关系中是比较少见的。

四、结论

纵观蒋介石与戴笠两者的关系，由起初的相互信任，到后来的彼此猜忌，这几乎是中国传统君臣关系演化的翻版，然历史的不可预知性，最后终因戴笠的暴卒而维系了双方表面的和谐。从二人关系的发展历程中，尤其是双方关系异变的过程中，我们可以总结出以下几点内容：

对蒋介石而言，他熟稔帝王御驽之术，为维护自身的统治地位，一贯坚持“多疑”、“分治”等政策。他刻意培养戴笠，让军统不断发展，与中统互相牵制，自己坐收渔翁之利。他宠信戴笠，对其恩威并施，让他从一个无名小卒渐成为“特工王”。但一切的宠信，皆以不威胁到蒋介石自身的统治地位为前提，一旦突破这个极限，蒋介石便毫不手软，绝不留情。而抗战末期，军统一头独大局面的形成，是蒋介石所不能长期容忍的，蒋戴两人之间矛盾的形成有其必然性。

对戴笠而言，出于对蒋介石的崇拜，更出于他相信只有依靠蒋才能功成名就，便死心塌地的追随蒋介石，为其出生入死，终获得了蒋的宠信。在蒋介石的刻意培养下，以戴笠为首的军统势力日渐壮大，戴笠遂成为蒋介石身边最忠实的鹰犬和杀手。但到了抗战末期，军统不断“坐大”，戴笠的心思也随之活跃，他开始不甘心久居偏门特工之列，试图在政治上有所作为而四处活动，为蒋介石所忌，蒋采取一系列的措施来进行遏阻牵制，戴笠却觉自己为蒋出生入死而得不到应有的回报，对之亦产生了不满，这使得蒋戴两人之间的矛盾渐成并明朗化。

综上，蒋介石与戴笠两人由交易所里的主仆，到黄埔军校的师生，到戴追随蒋的上下级关系，一步步发展成元首与重臣的关系；西安事变后，两人除却“君臣”关系外，又掺杂了几分个人的感情，但无论如何，这些感情都是有限度的，就是在戴笠对蒋介石没有产生威胁的情况下，存在于蒋介石所能操控的范围内。一旦越出这个范围，一切的感情便都会不复存在。

蒋介石与戴笠两人的关系是民国官场上下级间人际关系的典型范例，具有特殊的代表性意义，其开始、发展、异变、矛盾与结束，勾勒出民国官场人际关系的原型。其本质就是：他们终究没有跳出封建君臣关系的轮回，只是一场落后的官场游戏。[76]

【注】

[1] 沈醉、文强：《戴笠其人》，文史资料出版社，1980年版，第181～182页。

[2] 1926年春末夏初，戴笠在江山城里偶遇回乡奔丧的高小同学毛人凤，毛告诉戴笠黄埔正在招生，鼓励他去试试。于是戴笠便改名赴粤参加革命。参见（台）乔家才:《铁血精忠传》,《中外杂志》第24卷第3期。

[3] 此数据系“国防部”情报局编印：《戴雨农先生年谱》，1979年10月版，第632页记载。

[4] （台）《戴笠传记资料》，天一出版社，1985年版，第242页；参见（台）良雄《戴笠传》，传记文学出版社印行，1985年4月版，第38页。

[5] （台）良雄：《戴笠传》（上），传记文学出版社印行，1985年4月版，第39页。

[6] （台）费云文《戴雨农其人其事》，载《戴笠传记资料》，天一出版社，1985年版，第184页。

[7] 马振犊：《国民党特务活动史》，九州出版社，2008年3月版，第39页。

[8] 此处的军委会调统局指以陈立夫为首的“国民政府军事委员会调查统计局”，而不是后来习惯称谓上的戴笠的“军统”组织。当时此组织共组建了三个处，一处以徐恩曾为处长，二处（复兴社特务系统、军统前身）以戴笠为处长，三处以丁默邨为处长。

[9] [美]魏斐德著，梁禾译:《间谍王——戴笠与中国特工》，江苏人民出版社，2007年12月版，第334页。

[10] 此数据系参照：[日]关东宪兵队司令部“思对资料”第82号《蓝衣社的概念与其特务工作成绩》，中国第二历史档案馆馆藏日本侵华机构档案。

[11] （台）张霈芝 :《戴笠与抗战》，“国史馆”印行，1999 年版，第 230 页。

[12] 戴笠:《我们的态度与决心》，1943 年 8 月 30 日孙总理纪念周训词。转引自申元:《江山戴笠》，中国文史出版社，1991 年 1 月版，第 98 页。

[13] 注:1943 年，戴笠以工作太忙、无暇顾及为由，辞去缉私署长职务，实则因处理林世良一案，得罪了孔祥熙，孔对其施加压力，戴笠不得不辞职。

[14] “国防部”情报局编印 :《忠义救国军志》，1970 年 4 月版，第 200 ~ 201 页。

[15] 在太平洋战争爆发前，军统特务通过截获与破译日本海军的电文，得悉日本海军在太平洋地区将有大的行动，戴笠通过驻美使馆武官、军统特务萧勃通知美国方面做好准备，美方并未重视，待日军袭击珍珠港后，美方开始重视中方情报，且加上美国海军对日作战需要了解中国沿海地带的水文气象情况和日本海军情报，故主动开始与中方合作。

[16] （台）良雄 :《戴笠传》（上册），传记文学出版社，1985 年 4 月再版，第 162 页。

[17] 《戴笠自述》，参见《发扬正气》——民国二十九年 12 月 30 日在孙总理纪念周上的讲话，载申元《江山戴笠》，中国文史出版社，1991 年 1 月版，第 93 页。

[18] （台）乔家才 :《铁血精忠传》，中外杂志社，1978 年 3 月版，第 29 页。

[19] （台）费云文:《戴雨农其人其事》，载《戴笠传记资料》，天一出版社，1985 年版，第 185 页。

[20] （台）良雄 :《戴笠传》，传记文学出版社印行，1985 年 4 月版，第 333 页。

[21] （台）周念行《铁血精忠传》序，载《戴笠传记资料》，天一出版社，1985 年版，第 237 页。

[22] 马振犊 :《国民党特务活动史》，九州出版社，2008 年 3 月版，第 137 页。

[23] （台）裘轸 :《江山奇才戴雨农》，载《戴笠传记资料》，天一出版社，1985 年版，第 201 页。

[24] “国防部”情报局编印:《“国防部”情报局史》（第二篇），1962 年 3 月版，第 2 页。转引自（台）张霈芝 :《戴笠与抗战》，“国史馆”印行，1999 年版，第 265 页。

[25] （台）蔡孟坚:《我与戴笠将军》，见《戴笠传记资料》（三），天一出版社，1985 年版，第 210 页。

[26] 邓葆光 :《军统领导中心局本部各时期的组织及活动情况》，载全国政协文史委《文史资料选辑》第 86 辑，第 175 页。

[27] 参见《戴笠传记资料》，天一出版社，1985 年版，第 246 页。

[28] （台）唐纵 :《唐纵失落在大陆的日记》，传记文学社印行，1998 年 3 月 20 日版，第 243 页

[29] 戴笠 :《我们的态度与决心》，1943 年 8 月 30 日孙总理纪念周训词。见申元 :《江山戴笠》，中国文史出版社，1991 年 1 月版，第 99 页，100 页。

[30] 李炎錩 :《民国官场笑林》，江苏古籍出版社，1997 年版，第 185 ~ 186 页。

[31] 徐恩曾 :“国民党中央调查统计局”（中统局）副局长，中统的实际负责人。

[32] 陶蔚然、胡性阶等著:《亲历者讲述:中统内幕》，中国文史出版社，2009 年 1 月版，第 171 页。

[33] （台）陈祖康《忆念戴笠将军》,《中外杂志》,转引自《戴笠传记资料》,天一出版社,1985年版，第226页。

[34] （台）彬彬《戴笠其人其事》,《艺海杂志》, 转引自《戴笠传记资料》, 天一出版社, 1985年版，第10页。

[35] （台）费云文《中美合作抗日秘录》，转引自北京图书馆文献信息服务中心编辑《中美合作所与戴笠特辑》，书目文献出版社，1987年10月版，第48页。

[36] （台）徐志道《戴笠将军与我》,《中外杂志》，转引自《戴笠传记资料》，第212页。

[37] （台）费云文《戴雨农与中美合作所》,《中外杂志》,第13卷第2期,转引自《戴笠传记资料》，第25页。

[38] （台）费云文《中美合作抗日秘录》，转引自北京图书馆文献信息服务中心编辑《中美合作所与戴笠特辑》，书目文献出版社，1987年10月版，第49页。

[39] 参见杨顺仁：《撩开神秘的纱幕：党在陪都的地下斗争》，重庆出版社，1991年版，第362 ~ 363页。

[40] 李继星：《戴笠传》，敦煌文艺出版社，1993年7月版，第234 ~ 235页。

[41] 唐纵：军统发家班底“十人团”之一，曾长期担任蒋介石的高级幕僚。

[42] （台）唐纵：《唐纵失落在大陆的日记》，传记文学社印行，1998年3月20日版，第538页。

[43] （台）费云文《戴雨农与中美合作所》,《中外杂志》,第13卷第2期,转引自《戴笠传记资料》，天一出版社，1985年版，第32页。

[44] （台）唐纵：《唐纵失落在大陆的日记》，传记文学社印行，1998年3月20日版，第507页。

[45] （台）乔家才《铁血精忠传》,《中外杂志》，转引自《戴笠传记资料》，第248页。

[46] （台）彬彬《戴笠其人其事》,《艺海杂志》，转引自《戴笠传记资料》，第10页。

[47] （台）刘培初《长相忆・历久弥新——为纪念戴雨农先生去世二十年而作》，转引自《戴笠传记资料》，第200页。

[48] 陈少校：《黑网录》（内部发行），群众出版社，1979年版，第181 ~ 183页。,

[49] （台）陈恭澍：《英雄无名》丛书第五部《平津地区绥靖戡乱》，传记文学出版社，1988年版，第19页。

[50] （台）唐纵：《唐纵失落在大陆的日记》，传记文学社印行，1998年3月版，第241页。

[51] 同上，第330页。

[52] （台）黄天迈《戴笠的生活片断》，载《中外杂志》第42卷第6期。

[53] “国防部”情报局编印《戴雨农先生全集》（下），第260页。

[54] （台）唐纵：《唐纵失落在大陆的日记》，传记文学社印行，1998年3月20日版，第538页。

[55] 沈醉、文强：《戴笠其人》，文史资料出版社，1980年版，第243页。

[56] （台）唐纵：《唐纵失落在大陆的日记》，第427页。

[57] 原文可参见申元：《江山戴笠》，中国文史出版社，1991年1月版，第102页。

[58] 戴笠《牺牲的决心》，1946年3月10日北平怀仁堂孙总理纪念周演讲。载“国防部”情报局编印《戴雨农先生全集》（下），第619页。

[59] （台）良雄:《戴笠传》（下），传记文学出版社印行，1985年4月30日再版，第542～543页。

[60] 沈醉、文强：《戴笠其人》，第245页。

[61] 唐纵：《在蒋介石身边八年——侍从室高级幕僚唐纵日记》，群众出版社，1991年8月版，第294页。

[62] 参见（台）刘培初：《长相忆—历久弥新——为纪念戴雨农先生去世二十年而作》，见《戴笠传记资料》（三），天一出版社，1985年版，第200页。

[63] 参见（台）徐志道：《戴笠将军与我》，见《戴笠传记资料》（三），天一出版社，1985年版，第88页。

[64] （台）费云文:《戴雨农与郑介民》,见《戴笠传记资料》（三）,天一出版社,1985年版,第160页。

[65] 毛人凤及其迷信看相、算命和风水之类的东西，由于他认为命中缺火，他的化名便叫“以炎”，多年来一直用这个化名。参见李炎錩：《民国官场笑林》，第203页；另据沈醉、文强：《戴笠其人》，第252页；中国人民政协会议江山市委员会文史资料委员会编印：《江山籍军统将领传略》，《江山文史资料》第10辑，1994年版，第63页。

[66] 唐纵：《在蒋介石身边八年——侍从室高级幕僚唐纵日记》，群众出版社，1991年8月版，第252页。

[67] 唐纵：《在蒋介石身边八年——侍从室高级幕僚唐纵日记》，第253～254页。

[68] （台）赵龙文《戴雨农先生》,载《中外杂志》第1卷第三期,转引自《戴笠传记资料》,第182页。

[69] （台）良雄：《戴笠传》（下），传记文学出版社，1985年4月再版，第546页。

[70] （台）毛钟新：《为戴笠先生白谤辩诬——质魏大铭先生》，见《戴笠传记资料》（七），天一出版社，1985年版，第51页。

[71] 《蒋介石日记》（手稿本），1946年3月19日。藏[美]史丹福大学胡佛研究院档案馆。

[72] 《蒋介石日记》（手稿本），1946年4月1日。出处同前。

[73] 何明主编：《蒋介石十三太保的最后结局》，中共党史出版社，2008年3月版，第143页。

[74] 沈美娟：《孽海枭雄戴笠》，中国文史出版社，2003年1月版，第481页。

[75] 江绍贞：《戴笠和军统》，团结出版社，2007年1月版，第256页。

[76] 有学者认为，据“国史馆”馆藏档案所反映的蒋介石与戴笠关系与口述回忆资料中所反映的

二人关系不同，仅是一般长官与部属关系，然笔者认为，档案作为正式公文，不会反映出二者背后的真实关系，如:戴笠同郑介民、刘培初等的谈话内容是不会在档案资料上有记载的。口述资料亦有其参考价值，尤其是多方当事人都有记载时，说明其客观上是存在的，也是我们所不能忽视的。

1949：国民党特务机关的应变与结局

2010年8月，南京第六次中华民国史国际学术讨论会论文，载会议论文集。

1949年前后，国民党蒋介石政权为内外局势所困，在中共力量的打击下，进入了崩溃前的最后阶段。新年伊始，蒋介石下野引退，把残局留给桂系李宗仁，自己躲入幕后，但实际上却依然以国民党总裁的身份，控制着各要害部门与军事大权，做东山再起的准备。

在这场激烈的风云变幻过程中，南京政府内各部门、各派系乃至各级党政大员们，根据内外情况的变化，都做出了相应的应变措施，力图在党内蒋介石与李宗仁的争权斗争中顺势维持下去，并在与中共的决斗中为国民党保住最大的利益。

除了内战第一线的军队系统而外，此时最为紧张的就要算是国民党及其政府的特工部门了。

当时，国民党的特务机构表面上虽仍然是原中统与军统系统的“双峰并立”，但自抗战后期起，蒋介石从主客观情况的快速变化中，日益感觉到了来自军统与中统两大特工组织势力膨胀的威胁，再加上此刻他正想以“民主”的名义来巩固统治，在党内外反对派的压力之下，他决定动手整饬特务机构，在改组的基础上保留之，以变化了的组织形式来继续为其服务。

蒋介石利用军统与中统的矛盾，根据戴笠的举报，以涉嫌卷入假钞案、伪钞案和走私案，将中统局长徐恩曾撤职，并宣布“永不录用”；同时迫使戴笠的军统局收敛气焰作自我约束。在戴笠意外坠机身亡之后，即由毛人凤代之，实行改组。遏制了两大特务组织的急速膨胀。所以，到1946年以后，国民党的特务组织已逐渐走向下坡路。1949年后，在整体局面处于日益被动之时，对于国民党特务组织来说是到了生死攸关的关键时刻，两大特务系统表现出了不同的应变策略，结果导致了双方的不同结局。

一、“中统”改组内调局走向崩溃

由中统局改组而成的中央党员通讯局，在遭遇了1945年1月间徐恩曾被蒋介石手令免职的沉重打击后，在继任者叶秀峰的统治下，已呈现江河日下的态势。由于“人与事相联”，“徐先生倒霉，机关经费缩减”，[1]原中统局所控制下的盐、税等可赖为挹注的部门被剥离出去，所有特别补助费停发，连正常经费拨款也大打折扣，内部机构被迫缩减为指导与资料两处，外勤工作基本停滞，“中统”似已完全失去往日的威风。

自1945年初出掌中统以后，叶秀峰在中统局内把主要精力放在清洗徐恩曾的势力和培养自己的班底上，他领导下的“中统”除了一般性的工作外并无特殊的建树，两三年内只策划发动过昆明“一二·一惨案”及“南京下关事件”等针对学生与民主人士反内战运动的暴力镇压，且其后果都是搬起石头砸了自己的脚，搞得当局十分被动，自然也得不到蒋的赏识。1949年3月，蒋介石按照既往政策，对中央党员通讯局再次进行了改组与调整。具体方案是将其再次降格，划归行政院内政部所辖，改称为内政部调查局。由于叶秀峰是国民党中央执行委员，属特任级官员，不能屈就内政部调查局简任级的局长，因此改由原“中统局”上海区调统室主任、党通局副局长季源溥为内调局局长，以内政部派出张益民为副局长。

1949年5月内政部调查局在广州正式开张，“中统”组织从此更趋末路。而叶秀峰则因无法安排，仍挂名为“党通局局长”闲置。

内政部调查局人事安排表（1949年5月—1949年12月）

局本部

局长季源溥；副局长王保身张益民；

秘书室主任秘书万大宏；

第一处（辅导）处长张庆恩朱凌云副处长邹春生；

第二处(总务、文书)处长陈庆斋副处长朱韵涛；

第三处(电讯交通)处长袁更（1949.5任）副处长苏恕诚；

第四处(研究)处长徐政副处长黄九成；

人事室主任李裕德万大镛；

会计室主任王大光副主任何启明；密电室主任武子明；

统计室主任原汾；督察室主任督察朱瀚孟宪海马绍伯；

专门委员室专门委员陈国英齐耀荣朱元懋

外勤组织

重庆办事处主任徐政张益民；

云贵办事处主任陈庆斋；

海南岛办事处主任杜衡副主任王进之；

台湾办事处主任张庆恩；

留京办事处主任苏麟阁（1949.1.26任—4.23免）；

贵州调查处处长刘苏屏；云南调查处处长李宏泽；

重庆调查处处长王难三；四川调查处处长先大启；

西昌调查处处长甘青山；西康调查处副处长王安文邵平；

广西调查处处长郭文田；广东调查处处长刘华藜；

江西调查处处长马鲲；湖南调查处处长田纯玉；

湖北调查处处长杜伯埙孙守藩周文化；

台湾调查处处长郭乾辉；

香港调查处处长俞嘉庸副处长王大光；

浙江调查处处长黄华年（1949–1950.5在职）[2]

从这份组织系统人员名单来看，“中统”的队伍自然是今非昔比“凤凰变鸡”了。

在最后的几个月中，内调局的下层组织处于收缩与应付状况中，其主要几个工作点状况如下：

在上海，成立于1948年2月由“中统”控制的“经济部特种经济调查处”驻上海办事处，在参与了1948年底的“八一九限价”和金圆券的强制发行工作后，于1949年4月开始进行撤退广州工作，但大多数人员并未去广州，眼看国民党政权气息奄奄，便各自四散逃命去了。这年秋天，“中统”干将刘恭在上海与“CC”派洪兰友私下交谈时说：“趋炎附势，人之常情；看样子，如果共产党说不杀人的话，我们‘中统’的朋友，十九会输诚自请，望门投正!”

在南京局本部，就连由叶秀峰一手提拔起来的中统特务杨博清，当年曾冒险潜入延安抗大卖命搜集情报的人，也因大势已去而退出组织，前往南洋谋生去了。“中统”前局长的朱家骅，在离开南京之前，在其赤壁路七号寓所见到“中统”的旧人时，也说：“他们（中共）的工作做得好，老百姓都跟他们了。这些事实我们都知道。我看老头子(蒋)也明明知道一些，他就是不肯认输。戴先生(戴季陶)和他谈过，谈了也无益。我们这些人都上了年纪，不中用了，钻牛角尖钻到底算了。”那时候，蒋介石在大陆还保有“半壁江山”，但“中统”内部上下左右都觉得局势已无可挽回，失败的情绪弥漫全局。[3]其新任留京办事处主任苏麟阁也拿不出什么潜伏计划安排，在南京解放前夕携公款逃往上海。

在西南，原党通局云南组改称为内调局云南调查处，由孙秉礼接替原党通组长查宗藩任处长，后由李宏泽代之。查宗藩改任内调局专员，他很不服气，有关组织情况与工作线索概不移交，为此原党通局西南区办事处主任、新任内调局云贵办事处主任陈庆斋特地来到昆明进行协调，他带来了大把的银元与金条，允诺给部下发放一部分“应变费”和发报机等器材，但另一方面，他却在暗中烧掉文件，做逃走的准备，结果发报机来了，钱却被陈扣下了。12月1日，陈庆斋、孙秉礼与李品伟等在昆明孙宅开会，决定了内调局在西南的应变措施，认为在中央军的威胁之下，昆明卢汉暂时不会乱动，国共两军将在昆明有一场决战，内调局应向滇西撤退，在下关扩大组织“滇西区”，并派原“第四区公路党通组贵阳区主任”康茂生为“昆明潜伏组组长”，带领电台和一两个“从未暴露身份”的组员在昆明埋伏下来，以等待“第三次世界大战爆发”的时机到来。[4]

与此同时，内调局在最后困守的西南也做出了一些疯狂的“业绩”：

四川调查处破坏成都民革地下组织，民革川西军事负责人李宗煌等多人被捕，李宗煌被杀害于渣滓洞监狱，另12人被害于成都；

贵州调查处破坏了中共地下组织，逮捕并杀害了20余名革命人士；

重庆调查处逮捕共产党员、进步人士多人，强诬为纵火犯，予以枪决；同时，在万县逮捕数十名“共产党嫌疑”，悉数予以杀害。

此外，各地内调局特务组织还根据蒋介石的指示，将原先逮捕收押的共产党人、进步人士及革命群众，进行“紧急处理”，人数过千。

季源溥出任内调局局长后，上台伊始，便亲赴台湾建立局本部，派张益民由广州到重庆，筹建在大西南的内调局指挥中心；派朱凌云到香港，筹办潜伏特务训练班并指挥华南地区的特务活动；甚至派人前往东南亚进行海外活动，预备将来。[5]蒋介石为了给他们打气，慷慨地一次拨给内调局10万银元，想让他们“重振雄风”.

但人民解放军以迅雷不及掩耳之势，横扫江浙，进军闽南，逼向广东，于10月14日抵达广州．季源溥的新组织还没有真正形成队伍，即四散逃亡了。党通局、内调局的特务们，知道大势已去，除一部分由王保身带往台湾外，其余随政府其他部门一起，提前于9月初乘飞机逃到了重庆。

季源溥一到重庆，便向蒋介石和内政部长李汉魂再次申请应变经费，结果碰了钉子．季又找到四川省主席王陵基，要求王拨给他10个边远县，让特务刘介鲁等10人专担任县长，号称要“建成游击根据地，以与共产党周旋”。10人名单送王陵基后，还没有来得及批准，这些县就已经被解放或临近解放了，因此计划只好作罢。

季源溥见大势已去，决定逃台，他下令由副局长张益民负责，自己飞往台湾。张益民见此，也不愿殉葬，在解放军尚未进逼重庆时，他考虑经昆明外逃这条路线比较稳当，于是，一面布置特务在昆明搞潜伏，一面命令特务协助铁路公路部门，保证维持滇越、滇缅交通线的畅通，并和滇越边境金平县的土司建立联系，除加强已有的滇西区室外，在滇南、滇东再分划各建一个区调查室．但是到11月间张益民准备经昆明逃跑时，实行大迂回的人民解放军已经切断了他们的去路。此时，除了坐飞机，再也没有别的办法可以逃走．遇到这种情况，在11月23日重庆解放，特务们逃窜到成都以后，张益民便丢下手下的大批特务，藉侍从室的关系，乘飞机逃往香港。

正副局长逃走后，时任内调局西南区区长的徐政，心里十分恐慌，特别是他收听解放区电台的广播，听到中共已经把他列入战犯名单，就更是坐立不安，决定无论如何也要逃到台湾去．正巧“中统”创始人陈立夫来到成都，徐政连忙跑去见陈请示对策，陈立夫安慰道：尽可放心，只要能拖到第三次世界大战爆发，党国即可复兴。徐对此回答心里彻底失望，他便提出去台湾的要求，陈立夫要他去找总裁侍从室主任谷正纲。徐政一再恳求，谷就是不让步，绝望中徐竟当场跪在谷的面前，声泪俱下地哭求，最后才被允诺。徐政逃走以后，剩下内调局本部的一批特务不知所措，一次次地向台湾发出求救的电报，度日如年地等了一周，季源溥才来电给了逃台的几十个飞机座位．这么多特务都吵着要去，你争我夺，谁也不让步。不得已，开会商议达成三条协议：

（一）依照局本部意见，必须飞台的先飞，眷属、儿女概不照顾；

（二）科长以上的重要业务人员其次；

（三）其余位子抽签决定，去不了的每人发一两黄金，自谋生路。

特务们烧毁了所有公物，然后驱车到新津机场．当时，各机关也都想逃到台湾，互不相让，争得不可开交时，也只好采取抽签的办法。结果，内调局抽的是第13批飞机，运气不佳。到12月中旬第8批飞机飞来时，新津近处发现了解放军，国民党的空军站仓惶撤退，机场也被破坏，第13批飞机永远不会在来了。特务们此时已是上天无路，入地无门，不得不钻进农民的草垛里避寒。他们架起发报机一遍又一遍地向台湾呼救，结果连回电也没有了。留下的100多个内调局特务，把剩下的六、七十两黄金予以平分，每人拿了5

钱，各自逃命去了．当然，在后来的“镇反”、“肃反”等运动中，可以想见，他们中的大多数人是难逃惩罚的。

这就是“中统”特务的最后下场。

二、“军统”变成保密局上演最后的疯狂

自1946年10月间，军统局改组为国防部保密局后，经过一番激烈较量后上台的毛人凤，更加确立了他在局内的统治地位。面对已定的败局，毛人凤带领保密局也开始了应变的谋划。

1948年内，保密局的应变策略只是以派遣特务进入解放区建立组织为主，结果屡遭失败。1948年后，因原国统区大中城市陆续被解放，他们便采取预先布置潜伏组的办法，试图在那些地方继续特务活动。为此，保密局加紧培养训练一批所谓“全能情报员”，在南京成立了一个“全能训陈班”，由电讯处处长杨振裔主持训练。这个班的成员，都是受过无线电收发报技术训练的特务员，入班后，再加以搜集情报的训练，其后即派到前方城市居住下来，先找好掩护的职业，他们不与原来保密局的站和组织发生横的联系，而是直接由保密局所辖潜伏布置组领导。

在特潜工作中，保密局还采取了双层布置的办法，在各大中城市吸收了一批新的人员。对于担任这项工作的新特务，首先要求他们有一个正当的职业，最好是医生、会计师、工程师之类的白领人员，不易被人怀疑，才被认为容易掩蔽开展工作。

当时，保密局准备在每一个大城市都成立一至两个这样的潜伏组，组长一般由没有暴露身份的原“军统”分子担任。每组设一至二部电台。潜伏特务的工薪以黄金计算，比一般特务要高，如组长兼报务员，每月连房租津贴可得黄金二两左右。在即将解放的地区，可一次性可领半年到一年的经费。潜伏组的责任是搜集情报。至于造谣与破坏工作，则准备另派人员去进行。这些人不配电台，与潜伏组也不发生横的关系，以防被捕时发生牵累。

潜伏组的人员，在该地方没解放之前，只做准备工作，不行正式活动。

在解放以后，主要任务是搜集情报。保密局奉蒋介石的命令，要求他们最好能混入共产党里去，所以这些潜伏特务，平时言论都表现得很进步积极，借此迷惑他人，以便入党活动。

潜伏组所用的电台，一般是两瓦半的美制特工机，这种机器体积不大，可装在写字桌抽屉的后半部，也可装在收音机、留声机、桌灯里边。潜伏组建立时，一次性配发半年到一年用量的电池。因为当时国民党当局抱有一个幻想，认为不出一年，那些城市都可以在美国的直接帮助之下，次第收复，所以只作一年的预算。其中的大部分负责特务，虽然对这种看法并无信心，但为了鼓动部下的信心，也只好照样吹嘘，连蒋介石自己，也一再鼓吹第三次世界大战就要发生，并说只要大战一发生，就可以把共产党消灭。

1949年4月后，保密局在西南地区开始潜伏布置。他们原以为西南短期内不会丢失，因此也不大着急应变。到解放军渡江以后，情势变化得很快，他们才紧张起来，派出潜伏布置组第二科科长任鸿传匆匆赶到重庆，由他兼任西南特区潜伏布置专员，指导各省站协助布置。任鸿传与重庆站站长李修凯在重庆及川东等地完成布置后，于7月间再到昆明，建立了一个潜伏组和一个独立潜伏台，该潜伏组由两个医生组成，特别开设了一家私人诊所为掩护，并发给了经费。任鸿传在昆明办事后，又赶到贵阳布置。

到了9月间，毛人凤因为华北、华东、华中的一些潜伏组在解放后就陆续被破获，感到西南地区潜伏组的布置亦不够理想。为了加强西南地区的布置及企图进一步重建在解放区的组织，又在重庆“中美合作所”原址成立了一个“全能情报员训练班”。这个班由毛人凤自兼主任，王蒲臣为副，准备训练几百名潜伏特务派往各地。但开始训练不久，解放军已向西南进军，直至重庆解放前还没有训练好，便退往成都，结果在途中损失过半，抵蓉后估计再没有时间从容训练了，就把剩余人员编入交通警察第一旅何龙庆部，准备去打游击。[6]

保密局在进行潜伏布置的同时，还专门作了在大城市进行破坏暗杀的准备，他们把一些手枪、爆炸品等装备器材，预先存放在可靠而又易于取出的地方，避免存于特务家中而被搜出罪证。例如在上海，一批武器和爆炸品就是用寄存灵柩的办法，把东西放在棺材内送到墓地存放，一般是将棺材搁在条凳上，特务夜间去取用时，只要用预先装置的机关从棺材下面打开就行。那种阴森的地方本来很少人去，何况又在黑夜，更不容易为人发觉。存放一年半载甚至更久一些，也不会出问题。另外有一种办法，则是把东西藏在小棺材内，埋在近郊坟墓地区，竖上墓碑标记，需用时在夜间去取。用这种办法可以存放得更久。

1949年初，由各地逃出的特务，纷纷南逃，不少人还想逃往台湾。毛人凤看到这种情况，便向蒋介石请示保密局的应变办法，蒋介石的答复是，除了少数大特务有必要的准许去台湾之外，其余均须留下来，“与共党斗争到底”。

毛人凤根据这个指示，于3月间在重庆召开保密局会议，西南、西北及广西、湖南等省的负责人均奉命参加。他在会上提出一个发起“还乡运动”的方案，要特务们返回自己的家乡，在地方上设法立足生根。试图以此来安置和处理拥挤在“后方”城市待命的特工，想把他们抛弃。

如果这个办法行得通，保密局就可以丢掉一些包袱，蒋介石对此也赞同。而这对大批的下层特务来说，是连逃命的机会也给堵死了。

毛人凤在宣布这个办法时，要求那些参加“还乡运动”的人，在自己的家乡坚持一两年，他要他们相信，蒋介石不久便可以在美国帮助下卷土重来，只要特务们能忍受一个短时期，将来便可得到重用。毛人凤还指示他们，回到解放地区后，可以坦白向共产党交代自己过去的历史，不必隐瞒身份，但不准交代组织，特别是不准检举其他特务和揭发别人罪行。如果不遵守这些规定，不但将来要处分，甚至当时便要派人进行纪律制裁。他又指示，凡向共产党自首和交代了历史的人，要进一步取得对方的信任。如果能够在人民政府机关得到工作，保密局自然会派人去联系；在没有联系以前，可以相机行事，对有把握可以做得到的破坏活动，一定要主动进行，成功后逃到“后方”或台湾，可以受到特别奖励。对一些回到还没有解放的地区去的人，规定他们要先设法立足，进一步设法掌握地方团队武力，有把握时可以参加打游击，不然，等到解放军接近时，也可以表面上参加起义，以便混入解放军部队里去。

这些办法似乎想得很周到，要求也很严格。但是也自相矛盾，很难实施。因为从蒋介石到毛人凤本人，平日都大肆渲染共产党的“残酷”，现在却又要那些人回到那样的环境里去，还叫他们坦白交代，主动自首，又怎能说得过去?因此，特务们表面虽不敢反对，但实际上又不愿遵命，毛人凤的办法尽管已提了出来，愿意真的“还乡”者却寥寥无几。

在3月会议上，毛人凤还打算利用特务在社会上的关系，成立一个公开的政治团体，在后方进行反共活动。但很多人鉴于以往的教训，认为不会有什么成效，因此没有做具体的决定。毛人凤在会议上，还要各省站负责人分别迅速拟出“应变计划”来，在计划中，包括撤退前在各地的大破坏、大逮捕、大屠杀及打游击等几方面，毛人凤对于在西南地区打游击，颇有信心。他认为共产党是靠打游击出身的，而“军统”特务们也懂得这一套，比蒋介石的正规部队更能对付解放军，依靠他们在大陆上保留住几个据点，应该没有问题。当时，保密局在四川可掌握的部队计有何龙庆交通警察第一旅的两个总队，贵州站站长陈世贤和余万选的一个总队，在云南方面也有一部分交通警察，兵力约一个总队，加上西南地区10多个兵工厂的警卫部队，以及能够掌握的一些公开和秘密武装，总数可凑成万余人。毛人凤还向四川省主席王陵基介绍特务骨干罗国熙去泸州专区当专员，并派了几个特务去当各县长，准备把这些地方作为保密局的游击根据地。

毛人凤所设计的游击计划，并没有来及落实。在解放军进军西南后，贵州的陈世贤、余万选早就溜跑。四川的何龙庆交警旅，在成都被解决。只有从云南被赶出来的一个交警总队，被特务田动云拉到他家乡筠连县和川滇边界残喘，台湾方面将之鼓吹为“大陆上的台湾”，并授予田动云“西南军政长官”的空衔，希望他能坚持下去。但这批特务武装，不到3个月便被肃清，田动云被活捉，“大陆上的台湾”亦宣告陆沉了。[7]

在部署潜伏武装的同时，遵照蒋介石的命令，保密局开始了在大陆最后的大屠杀。

在这场空前的暴行中，保密局比之内调局，犯下了更严重的罪行。仅其在重庆一个地区，他们的屠杀暴行便足以让人触目惊心：

白公馆集中营大屠杀。遇害人员70多人，多数为中共人员，还有前东北军副军长黄显声等“高级”囚徒，也有被误捕的学生，甚至包括了狱中刚刚断乳的孩子，特务们采取了最为野蛮的残杀手段，甚至乱刀分尸；

渣滓洞集中营大屠杀。遇害人员300多人，主要是1948−1949年间在四川被保密局西南特区和西南长官公署第二处逮捕的中共人员与民革、民盟人员。因人数太多，特务们在行刑时，先是以机枪扫射，继之以汽油焚烧灭迹。许多在枪口下侥幸未死的人，最后也都被活活烧死了；

新世界饭店集中营大屠杀。遇害人员200多人，其中包括有国民党内的所谓“叛变”及违纪分子。特务们用枪扫射后，将所有受刑者统统埋入一个大坑，其中有不少受伤未死的都被活埋。

在成都，毛人凤通知四川省主席王陵基，将四川“特种会报”[8]所逮捕到的中共党员与进步人士10余人，枪杀在成都十二桥；在昆明，他又下令对保密局关押的400多人大开杀戒，结果被云南省主席卢汉阻止。[9]

在疯狂屠杀同时，丧心病狂的特务们又奉蒋介石的旨意实施了破坏计划，他们的口号是“我们决不可以让共产党完整地接收任何一座城市!”

1949年9月，广州解放前夕，特务们制订了“全面破坏广州”的计划，准备将在广州的重要工厂和大桥统统炸毁。由于解放军进军神速，加上工人组织护厂队护厂，特务们的阴谋没有得逞，仅仅只炸掉了海珠大桥。

11月中旬，毛人凤吸取广州破坏失败的教训，决定提早做好破坏重庆的工作。为此专门成立了一个机构“重庆破坏办事处”，又称“破坏指挥部”。11月28日下午，破坏行动开始，但遭到了各处中共地下党组织的工人武装顽强的抗击，多数工厂在工人们的浴血战斗下保存下来。

11月29日，蒋介石到达成都，刚刚在重庆执行完破坏任务的毛人凤接踵赶到，欲对成都再进行破坏。12月2日，特务们首先炸毁了内江大桥。毛人凤指令周讯予全权负责对整个成都进行彻底破坏，自己却悄悄逃离了成都。周讯予担心自己会像当年酆悌一样，成为别人的替罪羊，迟迟未敢下手。就在犹豫之间，解放军已直抵成都。周讯予最终未敢轻举妄动。这座历史文化名城终于被保存了下来。[10]

保密局特务们最后的疯狂并不能挽救国民党失败的命运。

三、真假保密局的闹剧

在此前后，保密局内部也发生了一场内哄闹剧。

进入1949年后，国民党的反共内战遭到了惨重失败。在刚刚结束的辽沈、淮海、平津三大战役中，蒋介石多年来积蓄的内战本钱输得精光。此时，以李宗仁为首的桂系早就等待着这个机会，把自己保存下来的部队向南京移动，以武力抢夺总统宝位，上演了第三次“逼宫”的一幕。蒋介石于无可奈何之际，被迫第三次宣布下野，李宗仁当上了南京政府的代总统。

1949年1月，下野的蒋介石回到了自己家乡奉化，住进了“丰镐房”，但他却仍悄然左右着整个形势的发展。在这里，蒋介石以国民党总裁的身份每天接见一批又一批前来请示报告的各方大员，依然发布着他的指示。对于特务系统，则更是毫不放松，除了对外，他还要依靠他们对付党内的敌手。

作为国民党内最大的地方势力，桂系一直是蒋介石所要打击和排挤的对象。这就注定了军统、中统在历史上便与桂系仇隙颇深。在国民党内历次斗争中，桂系也一贯把蒋的特务系统当作攻击的对象。军统改组为保密局后，毛人凤出任局长，为改变戴笠时期树敌过多的路线，他曾一度有意与桂系“三巨头”李宗仁、白崇禧、黄绍闳等缓和关系，但桂系并不领情，所以保密局与桂系的关系仍处于紧张状态。桂系掌握大权后，毛人凤忧心保密局的日子不会好过，而使他更为担心的是，由保密局不久前策划暗杀李宗仁的阴谋万一曝了光，恐怕就连他的性命也难以保住。

在奉化溪口，蒋介石指示毛人凤辞去保密局局长的职务，让李宗仁接管保密局，以同桂系交好的副局长徐志道去同李宗仁、白崇禧打交道，但组织不能丢。他要毛人凤亲自去上海布置，给李宗仁、白崇禧“留个门面”，毛人凤对此心领神会。

在正式宣布辞职之前，毛人凤首先通过亲信对保密局各地方组织发布命令，在任何情况下，保密局人员只能服从他的命令。接着，他召来了副局长徐志道和福建站站长林超，向他们通告自己准备辞职的消息，并决定由他们分别接任正副局长。他交给徐志道一份事先准备好的名单，说明是保密局应李宗仁提出的局本部南下广州的要求赴广州之人员名册。

徐志道突遭升迁，正在琢磨其中的内涵，看了这份名单后便恍然大悟，原来，那份名单上所列的92个人员，全是局内的一般文职人员，并无一个外勤人员和组织，是用来装点门面糊弄李宗仁的。不仅如此，即使对这个假保密局，毛人凤也还保留了一手。为牵制徐、林二人，他委任自己的亲信涂寿眉担任新的局本部主任秘书，下面只设业务、总务两个处。总务处长由徐志道的亲戚钮殿臣担任，业务处则由毛人凤的亲信黄逸公出掌。一切仍在毛的控制之中。

设置好假保密局的伪装，毛人凤又着手于处理真保密局的善后工作。他首先命令其亲信、局长办公室主任潘其武将重要档案和文件封存好，派专人送往台湾。同时，着手将保密局本部大部人员及机构分批由南京撤往上海，并在上海成立一个办事处，以此名义继续指挥各地保密局外勤组织的活动。上海办事处实际上成为真正的保密局指挥中枢。等到上海办事处布置完成，毛人凤才正式向李宗仁辞职，并由徐志道接任局长。

为防止李宗仁追查保密局档案资料的下落，毛人凤又一手策划了焚烧南京洪公祠1号局本部大楼的计划，于是，这座抗战胜利后新建的保密局大楼便在一场烈火中化为灰烬，同时保密局所有的档案就此失踪。

李代总统得到的只是新局长徐志道交来的他所辖下的保密局人员名册。

辞职后毛人凤便赶赴上海，为了避人耳目，他把手下原来的8大处机构全部降格为组。

蒋介石又向他发来指示：如李宗仁以势相迫，强令解散上海办事处，则可酌情缩小编制，并更名为“中国革命青年同志会”，使之成为一个短小精悍的团体，继续进行活动。

毛氏保密局和徐氏保密局，一真一假，本来是蒋介石耍的一个手腕，孰料却由此引发了一场真假保密局大战。

徐志道也非安于听令之人。当他得到局长的名衔后，认为既是名正言顺，又有桂系依靠，不妨与毛人凤斗一斗，或可真正取而代之。

此时，虽然徐志道的保密局只是个空架子，不执行任何秘密任务，但由于它是属“正宗”，同国民党国防部的日常交道和领取经费等工作，都由其负责，故有财权和方便的活动余地。在开始阶段，徐志道不得不听命于毛人凤，将所领到的经费基本汇到上海办事处，供毛使用。可当徐氏保密局随国防部南下广州后，他便凭借手中掌握的保密局印信，领取经费后不再交给毛人凤，而是自己截留下来，用于成立自己的外勤组织，同毛记保密局相抗衡。

徐志道计划首先派人潜往广西十万大山一带，收编那里的地方土匪武装，作为自己的外勤人员，然后分派到各地。同时，又以广州为中心，向其他地方派出人员，组建自己的情报小组，作为情报搜集的来源。徐志道假戏真做准备“大干一番事业”了。

要挤掉毛人凤，徐志道首先要办的事是建立一套自己的班子。涂寿眉、黄逸公都是毛人凤的亲信，但徐经过观察研究，拉拢了被毛冷落的业务处长黄逸公，二人结成了“反毛同盟”。在徐志道建立自己的外勤组织时，毛人凤曾电示黄逸公从中作梗，而黄却拒不服从命令。

为了维持上海办事处的运作，毛人凤决定依靠自身力量筹措经费。他指示手下干将邓葆光、刘文雄一起组织套汇走私机关，从事黑市交易赚钱自用。与此同时，他又主动派人去徐志道处说项，试图说服徐志道回头。

1949年3月，毛人凤的亲信、重庆兵工署稽查处处长廖宗泽赶到广州。廖宗泽同徐志道颇有私交，此行是奉毛人凤之命前来作说客。徐志道对他的劝说产生了犹豫。考虑到不可能一下子达成目的，也想给自己留条后路。但他又不想向毛人凤全面让步，故最后勉强同意，将他所领经费交给毛人凤小半部份，自己截留大半。

毛人凤同徐志道的这场争斗，最终以徐志道的妥协而告结束。

不久，国防部被迫由广州迁重庆，徐志道带着他那个假保密局亦随同去了重庆，而那些初建和正在组建的外勤组织就只好丢弃不管了。

这期间，国防部一再裁减人员。徐志道无力招架。到1949年11月，当徐的保密局逃到成都时，就只剩下徐志道、黄逸公等几个人了。

在这种情况下，黄逸公又重新向毛人凤示好，企图随保密局本部一同撤往台湾。毛人凤痛恨黄逸公背叛自己，命令其继续留在大陆工作，而这无异于送死。后来，黄逸公被迫逃往西昌。

在成都解放前夕，徐志道当完了最后几天光杆局长，即逃往台湾，两周后转任“国防部参议”，不久被令退出现役。而此时，毛记保密局早已在台湾“复业”了。[11]

内政部调查局的崩溃和毛人凤保密局在台湾“复业”，标志着国民党特务组织的全面退出大陆。在中国现代史和国民党历史上的“中统”与“军统”两大特务组织，就此结束了他们横行中国大陆的罪恶史。

四、覆巢之卵的历史教训

以“中统”与“军统”为代表的国民党特务组织，自抗战开始后“利用抗战坐大”，取得合法的外衣，忝列国家机构，得以暴发成势，在抗日与反共两条线上为蒋介石效力，曾立下“汗马功劳”，也得到过蒋的重用。但时过境迁，胜利后的国内外政局，迫使蒋介石欲表现其“民主”形象，加之“两统”暴发后的狂妄与互斗，使蒋感到头痛，于是决定对特务机构进行改组，这才有了徐恩曾的下台与戴笠的失势危机，并成为戴笠坠机暴卒的直接原因之一。而戴笠死后，军统势力也落入下滑的泥潭。所以到1949年大陆解放前夕，国民党统治全面崩溃之时，其特务机构的组织与活动能力都已明显下降，失去了往日的“威风”，其内部人心涣散，失去前途目标，工作计划连续失败。在这种大的历史背景之下，中统与军统都已成为“覆巢之下无完卵”，败散结果不可逃之局。蒋介石想要依靠特务来挽回大局已经是不可能的事。

这一阶段国民党特务的对手是中国共产党与人民解放军。在国共多年在秘密战线上的复杂较量斗争中，国民党特务总体上处于劣势，对中共方面既无法进行有效的渗透，而国民党的高层则被中共地下党多方潜入，在情报搜集工作中，中共也是成功者。过去在国民党的独裁统治下，在秘密战线上的较量中，中统与军统尚未有重大收获，而到了大陆临解放前夕，国民党已是大势已去，两统的反共破坏及其潜伏准备等工作，就更加面临不可逾越的困难。在中共解放区广泛发动群众与细致的反谍排查工作内外压力及有效措施之下，国民党特务几无藏身之地，破坏少有成功，潜伏更是困难，其组织体系不久之后便被陆续破获而消亡了。国民党当局曾宣传以依靠美国指望第三次世界大战来作为鼓励特务士气的“救命稻草”，当然是趁人的呓语。

客观地看，在大陆解放前夕，国民党特务奉蒋介石的旨意还是进行了一系列的活动，以图有所表现。其直接动因是特务首脑们自认为与共产党斗争多年，结怨很深，不可能得到饶恕，因此只能随蒋“一条道走到黑”。为了得到赴台湾的机票，他们要为蒋“立功”邀宠。而中下层特务们则抱着过一日算一日的心态，一旦做了恶，也怕被清算报复，便想寻机逃台，故而继续为蒋工作。但是，他们此时真是叫做恶习难改，即便死到临头，还要内哄不已，演成“真假保密局”的一场闹剧，这是国民党致命的痼疾顽症，也是其在中国大陆彻底失败的内因所在。

“捣鬼有术，也有效，然而有限”，这就是对国民党特工组织活动历史的恰当评价。从中统与军统组织在1949年的应变与其结局来看，他们的命运是与国民党蒋介石集团生死与共的。

【注】

[1] 杨者圣《特工老板徐恩曾》，上海人民出版社，1997 年 12 月版，第 433 页。

[2] 刘国铭主编《中华民国国民政府军政职官人物志》，春秋出版社，1989 年 1 月版。

[3] 陈少校《黑网录》，群众出版社 1979 版，第 298 页。

[4] 李品伟《中统在昆明地区活动的片段回忆》，载《中统特工秘录——江苏文史资料第 45 辑》江苏文史资料编辑部 1991 年出版发行，第 209 页。

[5] 中国第二历史档案馆馆藏档案《党通局组织条例及中统局之“工作改进意见”》724-27。

[6] （台）编辑小组编《风云丛书 130——国民党军统内幕》海外出版社，第 248-251 页。

[7] 陈少校《黑网录》，群众出版社，1979 版，第 234 页。

[8] 指国民党当局军警宪特机构定期共同召开的工作会议，演变成联合办公组织。

[9] （台）编辑小组编《风云丛书 130——国民党军统内幕》，海外出版社，第 243-244 页。

[10] 徐飞编著《狼与狈——中统军统行动档案》，河北人民出版社，1998 年版，第 411 页。

[11] （台）编辑小组编《风云丛书 130——国民党军统内幕》，海外出版社，第 252-254 页。

二战时期中国情报系统的重大贡献

——以猎获“珍珠港事件”及“德军攻苏”情报为例

第三届“近代中国与世界国际学术研讨会”论文，载会议论文集。

第二次世界大战期间，中国作为反法西斯同盟国的重要一员，为打败德日法西斯捍卫人类正义与世界和平，做出过重大的贡献。除了在抵抗日本侵略的亚太主战场，中国自始至终抗击了日本陆军的主力，确保了盟军在欧洲与太平洋的军事行动顺利进行而外，在二战的秘密战线上，中国的情报特工机构也曾做出过特殊的贡献。特别是在二战中两大事件——“珍珠港事件”和“德军攻苏”预报方面，中国情报机构曾猎获过日方重要情报，并通过重庆和延安国共两党高层向美苏当局做了预警通报，但可惜的是，由于多种原因，美苏均没立即全面戒备，以致双方都吃了法西斯的大亏。后来美苏得足教训，对中国方面的情报侦测能力给予了重视，美国海军情报部门并由此开始了与国民党军统局的战略合作。

过去因为有关史料阙如，这段历史曾被长期湮没，虽有少量口述回忆资料涉及，但未引起反响。本文试图利用已掌握的史料，尽可能地还原这段史实。由于台湾有关部门至今没有开放有关中统与军统的历史档案，给这段历史研究带来困难和不足，缺憾之处，希望学界同仁谅之教之。

一、国民党电讯人员破译日密通报美国

抗战期间的对日密码破译工作，是中国获取日本政治、外交、军事情报的一个主要来源，并且取得了相当的成绩。这一工作，是在抗战爆发之后才匆忙着手的。

抗战爆发前，因国民党特工情报组织的工作全用于内战，对抗日缺乏必要的准备，事到临头才匆忙布置。在对日密码破译工作方面，一开始采取了多头并进的方法。

1937年8月淞沪战役开始后，对搜集日方军事情报的需要，使国民党当局匆忙开始着手组建对日密码破译工作机关。当时国民党中央执行委员会调查统计局（中统）与国民党军事委员会调查统计局（军统）都在急招有关人材，组织密码破译队伍。而因业务工作需要而涉足这一领域的，除了中统局、军统局外，还有交通部电政司、军委会机要室以及后来加入的军政部无线电总台，真可称之为“四国五方”。正因如此，当时从事密码破译工作的人材便成为这“四国五方”都要争抢的对象，对日的密码破译工作，也在这“四国五方”的竞争中得到了可喜的进展，但各部门职能的重叠却使其中的人事与工作矛盾却变得日趋激烈和错综复杂。

这一时期，中国的5个对日密电侦听部门及其情报破译工作负责人是：

（一）军统局：副局长戴笠，电讯处（第四处，对外称军令部第二厅第四处）处长魏大铭，其中重庆总台负责收听日本陆军、军统系统的空军监察总队收听日海军及航空兵的电讯；

（二）中统局：副局长徐恩曾，总务组机密二股（国际密电室）股长李直峰；

（三）交通部电政司：司长温毓庆，密电检译所负责人霍实子、杨肆；

（四）军委会机要室：主任毛庆祥；

（五）军政部无线电总台：部长何应钦，无线电总台长王景禄。

蒋介石十分重视这项工作，他亲自下令从各机关（包括特务机关以外的机构）物色留日学生，集中在军委会从事日本密码破译工作，他曾说：“谁能译出日本密电码，等于前方增加几十万大军。”[1]

在这个新的对日密码破译工作机构里，集中了以池步洲、霍实子、杨肆等为代表的一批精干的业务人员，因此工作屡建奇功。

（一）池步洲破译日本密电

池步洲，1908年出生在福建农家，因家贫无力上学，12岁时才有机会读书。凭着过人的才智，他数次跳级，以优异的成绩高中毕业。家人卖掉田产，送他到日本东京大学深造，学习机电专业。毕业后，他在中国驻日大使馆武官署任职，并娶日本姑娘白滨英子为妻。

七七事变爆发后，池步洲从日本回国投身抗战，1937年10月，在南京经友人介绍，他参加了国民党新筹办的对日密码情报破译机关的工作，受雇于中统局总务组机密二股，任务是侦收日军密电码进行研译。他的上司是李直峰。[2]

李直峰是山西人，原为阎锡山晋系电务处电报员，后成为西北军领袖杨虎城的机要秘书、侍卫第一组长，从事破译敌方密电的技术研究。1936年西安事变期间，李直峰译出过蒋方许多机密电报，并送中共代表周恩来参考，获得赏识，他参加了中共。1937年初，他奉命打入中统局，担任机密二股股长。

李直峰以池步洲是一个单纯的爱国青年，投身抗日，特意未让他填写加入中统特务组织表和宣誓书，于是池步洲始终没有加入过中统，其身份只是中统局的一个临时雇员。

当时总务组机密二股除股长李直峰外，还有研究人员卫杰民、周叔良、武子明等，他们每天忙于研译各方中文密电报，刺探收集各类情报。因他们从来没有侦收过日本无线电报，经验不足，池步洲开始时只能从事同盟社播发的明码无线新闻电报的翻译工作。1938年6月，池步洲奉命调到汉口，加入刚组建的军委会“日帝陆军密电研究组”，结束了他与中统局8个月的雇佣关系。

1938年夏天，德国驻华大使陶德曼出面调停中日关系，日本通过他向中国提出了6项苛刻的停战条件，“蒋介石根据以往经验，认为日帝说话素来不算数，难以轻易相信。况且席卷华北，侵占京沪，正在调兵遣将，企图西上武汉。全国民众抗战情绪空前高涨，断无中途妥协之可能。”“于是，他特令军委会机要室主任毛庆祥，紧急召集蒋所属各领导侦译中外无线密码电报而取得成绩的如交通部电政司的温毓庆和霍实子、中统局的徐恩曾和李直峰、以及没有成绩的军统局的郑介民、魏大铭、陈祖舜等，借汉口银行公会会议厅开会，讨论蒋介石交下要从侦译日帝侵华陆军无线日文密码电报中探知日军是否要攻武汉，继续西进侵华，以及是否北进侵苏或南进侵略英法属地，包围困死中国等等，以供蒋介石选择决策，应付自如。会议决定先从各个侦译单位抽调一部分懂日文、日电讯符号侦译人员，集中汉口，组织日帝陆军密电研究组（简称密电研究组），以毛庆祥为组长，总负其责。霍实子为主任，李直峰为副主任，负研究破译技术。温毓庆、徐恩曾、郑介民、魏大铭为顾问，负侦译设计。这就是所谓一九三八年夏汉口紧急会议的内容，也就是我奉调汉口的原因。”[3]

1938年7月密电研究组开始工作，因经验不足加上人员来自各方缺乏合作，破译工作进展不大。1939年3月，池步洲又转到何应钦辖下的国民政府军政部无线电总台工作，日夜侦收日方密电报，开展破译，渐渐有了进展。

虽然日本的军事和外交密电是日英文皆有，代码复杂多变，但池步洲等人发挥出精通中外文的聪明才智，经过通宵达旦的努力工作，取得了重要的突破。他们从日本密电中长串英文字母的“双字母组合”入手，择出其中使用频率最高的10组，根据其使用频率，对照大量书报杂志的概率统计，初步破译了三个数目字：一、九、〇。其后，又对照密电中必然涉及的中国军队的部队番号、兵员数目、枪支弹药的数量等已知数字、人名和日语中的语法特点，经过多次试验，扩展了破译的人名代码等，用了不到一个月时间，就把日本外务省发到世界各地的几百封密电基本破译出来了。积累了数百份电报的破译经验后，他们的成绩不断上升。军政部为此给池步洲颁发了奖章，并扩充成立了军用无线电总台第四十三台，不久后改称军政部研译室，直属何应钦领导，总计有40余名人员，以池步洲等五人专事破译工作。[4]

池步洲回忆说：“日本外交密电码本每隔一段时间，就加以变换，我们随之一切从头做起。好在我们驾轻就熟，根据积累的经验，它的经常改头换面甚至脱胎换骨，也难不住我们。不过，一旦变码，那几天真是废寝忘餐，全力以赴，不分昼夜，期以必成，真够辛苦，也真够快乐”。[5]

1940年4月1日，为扬长避短解决矛盾，以收集中统一管理之效，按照蒋介石的命令，再次改组了统一的对日密码破译工作机构，在重庆成立了国民党中央军事委员会技术研究室。蒋介石亲定由交通部电政司司长温毓庆任技术研究室中将主任，他的内侄、原军委会密电研究组毛庆祥少将任副主任兼主任秘书，军统局魏大铭任少将副主任。蒋介石选择温毓庆出面，而让毛庆祥掌握实权，魏大铭则因业务实力不够，暂为陪衬。

1941年12月7日发生的日本偷袭珍珠港事件，点燃了太平洋战争的导火索，是为第二次世界大战中的重要事件。

根据目前掌握的资料来看，当时国民党政府军政各方，从几条秘密渠道得到了关于这次事件的征兆情报，现在已知的就有军技室杨肆破译日本军用密码获悉以及军统局机要室秘书邓葆光破译日本外交密电分析推断等几种说法。而池步洲在其回忆录中记述有由他破译说的另一种详细记载。比较之下，池步洲的说法有根有据，细节都很详实，最为可信。

关于此事，池步洲在其回忆录中写道：日本偷袭珍珠港情报的预知，“与我们军技室的破译外交日密成就，密不可分。在事件爆发前大半年里，我们从破译的日密中即已发现其中异兆；在前五天里，我们又作了准确的判断；惜未为美国所重视。……以下所写，主要一靠记忆，二则参考战后日本一些文献，拼凑而成。”

“当时形势下，我们军技室所侦收破译的日帝外交电文出现二方面非常奇特的内容：其一，大约在一九四一年十月份，日本外务省突然电令西南太平洋各地，包括菲律宾、安南（即现在的越南）、暹罗（泰国）、仰光、马莱西亚、印尼、新加坡以及其他群岛上所有日本使领馆，除留下最简单的LA密码本外，其余各级密码本全部予以烧毁；并颁布了许多隐语代号，例如：‘西风紧’表示‘与美国关系紧张’，‘北方晴’表示‘与苏联关系缓和’，‘东南有雨’表示‘与中国战场吃紧’（以上各隐语，只凭记忆，与原文或有出入），尚有其他几十个隐语代号，实在无法追忆。惟有‘女儿回娘家’表示‘撤侨’和‘东风，雨’表示‘已与美国进入交战状态’等二者，因印象特别深，至今仍记得清晰无误。外务省电令中还明白规定这些隐语代号在必要时都将由无线电广播电台播放，要求各使领馆随时注意收听。

当时我们破译出这些密电报时，有两种理解。日本海陆军南进，迫在眉睫，这完全可以肯定。这样一来，日本必须抽调部分侵华兵力用于进攻南洋，中国战场可以缓和一些，此其一。‘已与美国进入交战状态’一语，将信将疑，以为日本南进，占领南洋各地，美国可能由对日禁运转而宣布断绝国交，但直接交战还未敢必。此其二。殊不知据《太平洋战争》记载，日本统帅部与内阁曾于一九四一年九月六日召开御前会议，决定：‘如在十月上旬之前，日美交涉不成功便决意开战’。这些内幕，我们当时自然无从了解。战后从日本有关文献中获悉，当一九四一年十二月八日偷袭珍珠港时，炮声一响，便同时由日本无线电广播电台播出‘东风，雨’这一隐语，重复多次，旨在通知全世界各地日本使领馆日美已经开战。

其二，从一九四一年五月份起，日本外务省与驻夏威夷州首府檀香山（亦称火奴鲁鲁）总领事馆之间往来密电报突然比以前增多，而且内容也起了很大变化。过去系以日本侨民、商权、贸易等情况为主，作为一个总领事馆的职能，本应如此。对于这一类密电报，我们虽亦照译，但并不重视。五月份后竟有军事情报杂于其间，特别是完全关于珍珠港美国舰队的情报，立即引起我们的注意和兴趣。

一九四一年五月份，我们从许多日帝外交密电报中破译出两份由檀香山日本总领事馆发给外务省的密电报，内容完全属于珍珠港在泊的美舰情报。初次破译，印象特别深，至今仍记得主要内容，列之如下：

㈠发檀香山喜多总领事

收东京外务大臣

一九四一、五、十三（注：日期记不确切）

十一日停泊在珍珠港的舰艇如下：

一、战舰十一艘（……）

括弧内列记该十一艘战舰名称，但现已忘记，特此附注。

重巡洋舰五艘（......），同上注。

轻巡洋舰十艘，驱逐舰三十五艘（或三十七艘，记不清楚）、

驱逐母舰二艘，潜水母舰二艘，潜水艇十二艘，另有输送

船十余只（注：数字自有较大出入）。

二、航空母舰（附有舰名，忘记）由两艘驱逐舰护航，在×××

（忘记）航行中。

㈡发檀香山

收东京

一九四一、五、二十六（注：日期记不确切）

二十四、五日在珍珠港停泊的舰艇

战舰六艘（均有舰名，忘记）

轻巡洋舰六艘，驱逐母一艘，驱逐舰××艘，

潜水艇......（以下忘记）

航空母舰××（忘记）

当时我仍在军技室第一组当专员，组长霍实子先生对这两份密电报很重视，命我今后作记录，每月写出一份资料交给他，用意何在，我不清楚。我每月写出资料后，也择要记在一个小本子上。……

一九四一年九月份我们破译出一份由东京发给檀香山的绝密电报，……按我自己的笔记原文，录之如下。

发东京

收檀香山

一九四一、九、二十四

绝密

今后你必须尽量按下列所示，报告舰只活动情况。

一、珍珠港分为五个水域，……二、军舰与航空母舰只须报告其在港停泊者。三、扼要说明舰型、舰种。四、凡有二艘以上的军舰靠港时，盼照实登记。”

类似上举几份来往密电报，从一九四一年五月至十二月八日偷袭珍珠港事件止，约有六、七十份。……概括其主要内容若干项，列记如下：

第一、停泊于珍珠港的美国舰艇的总数，同类舰种的舰数及舰名，要求详细列报。檀香山总领事馆先后多次电告日本外务省。

第二、关于战舰及航空母舰在珍珠港内停泊的位置及出港的时间等来往电报的重点内容，反复查询及汇报。

第三、日本外务省多次电询每周中是星期几有最多的美国舰艇停泊于珍珠港。檀香山总领事馆经过多次观察调查，回电答称：‘是星期日’。这一点很重要，成为后来日本选择十二月八日（星期日）偷袭珍珠港的依据。

第四、官兵上岸下海规律，特别是星期天官兵休假起迄时间，也是来往密电报的主要内容之一。

第五、夏威夷天气气象如何问题，竟亦出现于来往密电报。当时日本和美国都还没有今天所日日常见的天气预报措施，据说气象还是作为军事机密来对待，这就难住了檀香山总领事馆。后来经过向日本侨民中一个业余天文学家请教，他三十年来一直观测天空流星。他说三十年来夏威夷地区未曾一度发生过暴风雨，东西横断奥阿夫岛的山脉，其北面多阴，南面则常晴。亦即说，任何时候飞机都可航行。事后才恍然大悟，这是为着空袭珍珠港所做的气象调查。

对于在檀香山的日本总领事馆内是由谁在担任搜集情报的工作，“在我们所破密的密电报中没有看到此人的形迹。因为密电文的抬头，多是檀香山与东京（偶尔出现外务大臣字样）两个地名，没有其他。”后来才知道，“此人本名叫吉川猛夫，一九一二年生于日本爱媛县松山市，一九三三年毕业于日本海军兵学校。一九三四年分配到巡洋舰由良号任海军少尉，旋因病疗养二年而退役。一九三七年起以‘嘱托’名义（所谓嘱托并非正式职员，类似我国之临时雇员或特约人员）在军令部第三部工作。一九四〇年五月，他奉军令部命令，上半天以‘森村正’的假名在日本外务省工作，下半天仍以‘吉川猛夫’的真名在军令部工作。目的在于日后派遣他到檀香山日本总领事馆，挂个‘书记生’名义，实际上负责刺探夏威夷珍珠港美国海军基地的情报。……他是于一九四一年三月二十日从横浜乘新田丸出发，二十七日到达檀香山的。他到任后，即经常乘出租汽车（驾驶员当然是日侨第二代会讲日语的）四处兜风，旨在观察珍珠港周围军事设施与海军舰只。”

功夫不负有心人，后来这位森村正（吉川猛夫）搜集了关于美海军在珍珠港活动的详细情况，包括进出港军舰的型号、编制、标志、数量，乃至“美国舰队之出进珍珠港是在黎明和傍晚”等第一手资料。为便于观察珍珠港内情况，他甚至住进地理位置绝佳的春潮楼妓院，以便朝夕观测，精密记录，并便于掩护，因而没有暴露身份。同时美方也因一直破译不出檀香山总领事馆与日本外务省之间来往电报密码，始终不曾觉察。“直到珍珠港事件发生后，美国人从日本总领事馆内搜出密码本，译出全部密电报，始知馆内潜有日本特务，但终未查出是森村正所为，最后只得放他返回日本。这说明，就美国方面来说，他们始终没有破译过日本的外交及军方密码，更无法获知“珍珠港事件”的情报。”[6]这一事实反证：当时来自中国的预警是多么重要。

据池步洲说:他当时所破译出有关日本偷袭珍珠港密电报的密码本是该大使馆的专用本，他还写道：

“一九四一年春，日本政府任命野村吉三郎海军大将为特命全权大使前往美国，进行日美和平交涉。其所以特派野村大将出使，是因他过去在驻美大使馆当武官时，罗斯福任海军部副部长，利用彼此旧知关系，以期打开僵局。

一九四一年七月二十六日美国政府因看到日海陆军进驻安南（越南），南进必不可免，认为日本政府对日美交涉根本没有诚意，故决定全面对日禁运并冻结日本在美资产，以资报复。于是日本政府又于九月六日召开御前会议，决定在十月上旬之前如日美交涉达不成协议，则决心开战。其后日美交涉日益僵化，和平业已无望，日本进一步决定除外交官外，民间人士陆续开始撤退。但为掩盖日本开战企图，日美间定期客船依然按期由横浜开航，迎接最后一批撤退侨民的龙田丸亦于十月十五日开出。这些日本意图，美国还蒙在鼓里，珍珠港方面毫无戒备。而日本早已根据森村正（吉川猛夫）所提供的珍珠港方面军事情报，决定于十二月早晨偷袭珍珠港，但却狡猾地派遣来栖特使匆匆赴华盛顿搞假谈判，用以迷惑美方。其实，这个烟幕早被我于事件发生前五天破译成功的由日本外务省致野村大使的一份密电报中予以揭破。该密电报主要内容，记得如下：

㈠立即烧毁各种密码电报本，只留普通密码本。同时烧毁一切机密文件。

㈡尽可能通知有关存款人转存于中立国家银行。

㈢帝国政府决定照御前会议采取断然措施。

……

我破译之后，深感该密电的重要性，立即送交当时组长霍实子先生。我根据以前所译出的有关珍珠港的军事情报，对霍说日美之间也许要‘东风，雨’了。霍实子先生点头称是，并提起笔加注意见：‘查八·一三前夕，日本驻华大使川越曾向日本驻华各领事馆发出密电说，经我驻沪陆、海、外三方乘了出云旗舰到吴淞口开会，已经做出决定，饬令在华各领事馆立刻烧毁各种密码电报本子。这就说明日寇已经决定对我国快要发动全面战争。现在日本大东亚省（注：这是日本外务省之误）又同样密电饬令日本驻美使馆立刻烧毁各种密码本子，这就可以判明日本已经决定对美快要发动战争了’。我在旁插话说：‘日期可能就是这个星期天’。霍先生点头同意，并说：‘我即当面报告毛庆祥代主任。’

当时‘霍即亲拿这份刚译出的日帝密码情报飞跑送到主任办公室交给毛庆祥主任。毛阅后也马上亲自将这份密电情报送到蒋介石手里。事后毛庆祥对霍说，蒋也立刻把密电内容通知驻渝美方。可惜的是美方低估当时中国研究日本密码电报的技术。不相信国民党中国已破译日本密码电报。同时还因为日本政府事先设置的一个骗局，派来栖特使到华盛顿佯搞谈判。美国信以为真，把中国交给她的那份重要情报，不予理会，以致珍珠港遭到日寇突然袭击，美国海军舰队受到重大损失，从而揭开太平洋战争的序幕。当时日本偷袭珍珠港的消息，立刻传到华盛顿美国国会，正好来栖特使和日本驻美大使野村假痴假呆地在美国务院搞他们的骗子谈判。美国已知受骗，马上把来栖和野村赶出国务院。这两个骗子站在国会大门口，窘态毕露，狼狈不堪，面孔尴尬，被美国摄影记者摄入镜头，随即刊登于美国画报。毛庆祥曾向驻渝美方索取这份画报给霍看过’。

关于日本偷袭珍珠港事件的来龙去脉，就我们当年破译日本密电工作的角度出发，将所知的梗概综述如上。”[7]

据池步洲在其回忆录中记载：“直到一九八三年三月十八日上海市高级人民法院特派书记员陈培娥女士到霍实子先生住处了解我的情况时，霍先生实事求是地证实珍珠港密电报是我破译的，并亲笔写信给我告知此事。”霍实子在致池的信中写道：“一九四〇年春军委会技术研究室成立。我任该室第一组少将组长，池任该组第四科科长，破译了许多日本的重要情报，如：日本偷袭珍珠港这一重要情报是池破译出来的。……从霍先生这封亲笔信，可以雄辩地证明：不是别人，正是我把日本偷袭珍珠港的密电报破译出来，这是千真万确的历史事实。”[8]

至此，我们可以看出，所谓侦译得获日本偷袭珍珠港的密电情报，池步洲肯定是获取路径之一，从他的这些回忆细节来看，伪造和杜撰是不可能的，何况还有霍实子等人的旁证。

（二）有关杨肆破译日军密码的记载

杨肆，江苏淮安人，毕业于上海光华大学数学系。1933年在南宁广西大学任数学助教。他勤奋好学，表现出灵敏气质。1935年秋，他来到南京，进入国民政府交通部电政司工作。其表弟王维钧当时是电政司司长温毓庆的秘书，介绍他与温毓庆见面，杨肆首次与温见面时回答问题干净利落，留下好感，遂被指定参加密电研究。

温毓庆是广东台山县人，宋子文的姨表兄弟。早年留学回国后，曾任清华大学教授，后改任宋子文的财政部税务专门学校校长和财政部参事等职。在蒋介石进行的内战中，精通无线电技术的温毓庆施展身手，曾破译过冯玉祥、阎锡山及唐生智、李宗仁等方面的不少重要密电，提供了及时的情报，对蒋获胜大为有助。后温毓庆改任交通部上海国际电讯局局长，去上海真如主持建设我国第一座国际电台，其所遗留的中文密电研究工作便交给他的妹夫黄季弼负责，改归军委会机要室主任毛庆祥领导。

关于对日无线电侦察工作，时掌国民政府财政大权的宋子文也很感兴趣，他曾专门找蒋介石谈过此事，准备组织专人研究破译日本外交密电。温毓庆对此提出过几点建议，认为可以从研究日本驻华使馆人员拍发的密码电报入手，并多量收集了日本使馆与我国内地各领馆的来往密电。有了这些密码做底，开展分析研究工作。温毓庆关照王维钧此项工作必须严加保密，对亲属也不可以说。不久后，蒋介石批示照办，批下每月经费1800元，编制人员由温选定。为此，电政司于1934年底加设了密码检译所，因保密之需，该机构对外并无任何标志。

王维钧因交通部电政司的工作极为繁忙，在表兄杨肆能独立工作后，即向温毓庆辞去了密码研究工作，完全交由杨肆负责，他则专任温的秘书．兼做有关密码检译所的管理工作。

密码所的办公地点距日本使馆比较近，而且很秘密，附近居民都不知道有此机构。杨肆全身心地投入工作，不久就能破译日本外交使领馆人员所发比较复杂的密码，对日本东京外务省在对华外交上的一些指示以及在华使领馆人员的行动，可以获悉一二，由此分析出日本对华政策的动态。杨肆还了解到日本在南京大使馆设有秘密的大功率无线电台和东京外务省直接通讯联系。

当时，日本侵华步步紧逼，中日两国外交关系随时有断绝的可能。万一使馆人员撤退回国，所有研究日本外交密电码的来源也就将随之断绝。温毓庆接受了杨肆的建议，一面在鼓楼青云巷设立专用电台侦察监视日本大使馆的秘密电台，随时截获往来电，一面加紧训练报务人员，准备设台直接侦收日本外交密电，以便取得今后密电报来源。他们预见到中日战争在所难免，一旦开战，进一步研究日帝侵华战争中的陆、海、空军的密电是极为重要的。

随着工作的进展，杨肆已能独当一面，因为成绩卓著，他几次受到温毓庆的表彰和奖励。1936年，密码检译所已初具规模，成立了一个研译组、一个研究组和一个侦察电台。研译组由霍实负责，研究组由杨肆负贵，侦察电台台长为粱伯仑。

在研究工作上，他们当时已能够跟上日本密电码的变换而及时破译，在报务侦收工作上，设台侦收的以东京外务省为中心的日本外交国际无线电台密电，其成绩令蒋介石、孔祥熙、宋子文等人很为满意。杨肆的才干也受到中统与军统的重视，中统想将他挖过去，许以官价和高薪、花园洋房等，他不为所动。戴笠的特务处对他也很感兴趣，密派黄逸公和张严佛两人去找畅肆，也许以高官厚禄，但杨早听说他们干过暗杀知名爱国人士史量才、杨杏佛等罪恶，因此拒绝与他们合作，结果特务处从电政司挖走了译电员魏大铭，后来当上军统的少将电讯处长。

杨肆的堂弟杨述原系清华大学历史系毕业生，读书期间做抗日救亡工作，与中共党员蒋南翔、黄敬等是战友。“一二九”运动中，他秘密加入了共产党。他每次放学回家，以及在南下宣传抗日救亡时，路过南京都和杨肆、王维钧见面。杨肆将自己从事的秘密工作告诉了杨述。

1937年“七七”抗战全面爆发，在12月中南京沦陷之前，交通部电政司连同下属的密码检译所已撤退至汉口，继续工作。

在汉口时，密码所对外已改称军委会特训班交通队，租赁靠近市郊区的两幢小洋楼，分别办公兼住宿，已对外公开。杨述这时也来到汉口，常寄宿在研究组，大家不以为意。在他介绍下，杨肆与在武汉的中共长江局书记王明和驻汉八路军办事处处长李克农见了面。

杨述、杨肆、王维钧三人在秘密与李克农见面时，向他介绍了组织和工作的详情和日本密码组织的情况，王维钧还将密码所侦察电台的一本最新侦察情况总结报告交给了李克农。李克农翻阅后，对三人说：“这个对我们是很有用的，我们也要研究日本密电。”他还提醒杨肆和王维钧表兄弟，务必注意保密和安全，防备戴笠的监视。这次特殊的会面是杨肆和王维钧正式和中共建立秘密联系的开始。以后他俩又曾数次向李克农递送有关情报。

1938年10月，在武汉沦陷前，密码所随电政司迁到湘南衡阳，又从衡阳撤退到广西桂林，最后几经辗转迁往陪都重庆，

1939年9月底，军统局戴笠想吞并密码所，他对温毓庆提议军统电讯处、中统电讯处及密码所三方的“合并”，被拒绝。随后又授意魏大铭向温毓庆请求派出两名熟练的密码人员到军统作技术指导。温因杨肆经常顶撞他，遂特意将杨肆派往军统局，杨肆本不愿去，中共组织知道这事后，让杨述做其思想工作，劝他打入军统。李克农还在重庆上清寺秘密召见了杨肆，终于说服他同意打入军统，接受了秘密任务。此后，杨肆开始去郊区磁器口军统局本部上班。在军统内，他主要从事日本军事、外交密电破译研究工作，还带了几个助手。每隔一个星期，杨肆即将破译的日本密电交给中共地下党一份，为防被军统特务觉察，他们的接头地点不定期地变更。

1940年夏，杨肆秘密加入了中国共产党，接受八路军驻重庆办事处处长周怡的单线领导。杨肆的工作认真负责，令不知就里的戴笠很满意，几次表彰他。到了1943年，杨肆已由中校破格提升为特种技术研究室少将主任。在以后几年里，杨肆成功地破译了日本太平洋舰队的12种密电码及日本关东军的17种密电码，又掌握了日本海军航空兵、特种兵、陆军乃至中国派遣军总司令部第十一军、十三军等若干种频加变换的密电码。从中对于日军在太平洋的动态，包括“珍珠港事件”的预警等重要情报都有侦知。这些情报他都设法为中共方面复制一份，及时提供，立下了大功。戴笠则以军统已弄到的上述情报向蒋介石邀功请赏，并将情报与驻重庆的美国战略情报局官员及美国海军梅乐斯准将分享。

杨肆也曾遭过危险。1944年10月，他去成都探望其生病的婶母时，曾被扮作夫妇的二名军统刑侦处特工跟踪。他察觉后很紧张，曾想就此逃走，不再回重庆，但考虑再三，还是提心吊胆地返回了军统局。不料，后来竟平安无事。原来是魏大铭出于同行间的妒忌，唆使亲信向戴笠密告杨肆突去成

都，有“通共嫌疑”，但戴笠在事后查明并无异常，也就作罢。[9]

从有关杨肆的经历中，我们可以明白许多国民党特工组织的电讯工作的内幕，特别是他们破译日本军事、外交密码的情况，也可以明了为什么中共情报人员也能够及时获得许多有关日本的重要军事情报。其中的奥妙真是常人难以想象的。

（三）邓葆光破译日本外交密电后的分析

邓葆光，1908年出生于湖北黄安（今红安高桥），原名邓宝光。早年在汉口求学，1927年，他在汉口一家花行的上海分行当会计，业余时间从事经济研究，发表不少论文。1934年春，邓葆光考入东京日本中央大学，专修日本经济。此时，中日关系不断恶化，战争迫近，邓决定暂离日本回国。1935年夏，在北平与美国女子格尼娜结婚。在妻子的帮助下，邓葆光改名换姓，重入东京中央大学。有了美籍妻子的名份，他出入日本图书馆、研究机构方便了许多。其后，他用化名在上海《申报》（经济周刊）、《新中华》、南京《日本评论》、《时事月报》等刊物上发表一批研究日本政治经济的论文，引起了社会及学界人士的注目。

邓葆光发表的系列文章引起了中国驻日使馆官员胡某的关注，当邓回国时，他给邓葆光写了一封就业保荐信，邓按其地址找到“南京鸡鹅巷五十三号戴雨农先生”，从此便跨进了军统局。武汉即将沦陷时，邓葆光接受戴笠指示：“潜伏武汉，担任军统站经济组长。”不久又被提拔为军统局经济科科长、经济研究室主任、行政院国家总动员会对日经济作战委员会常务委员等职，从事于军统对敌经济战及搜集全国经济情报工作，后晋升为少将。[10]

1941年秋某日，邓葆光到重庆军统局机要档案室里查阅情报资料，无意中发现了一本《日本帝国外交密电本》，引起了他的兴趣。早年他曾研究过密电码，并得到过电讯专家温毓庆的指导。他用两天时间就破译了这本密电本，发现密电本上有一条消息：日本政府与苏联政府在哈尔滨举行了一次秘密的商务谈判，苏联要求日本方面供应橡胶20万吨。日本则要求苏联方面相应提供80万立方米木材作为交换。双方经过月余商谈，已达成协议，并正式签字。文中还有“北方可以放心”等字样。邓葆光精明而细心，他考虑到苏联供应日本木材并不奇怪，因为苏联远东西伯利亚有大片的原始森林，储量很多，但日本位于东北亚，根本没有橡胶资源，他怎能大量供应苏联橡胶呢？如此多的橡胶，只有盛产地东南亚诸国有可能供出。而此刻深深卷入侵华战争的日本根本就缺乏巨金来购买，分析起来日本只有出兵侵占南亚再加掠夺的可能了。不久，邓葆光又得到一条情报：日本海军主力舰队出现在新加坡东面的南中国海，这一定是日本海军南下备战的信号。于是，邓葆光连忙把这些情况报告给戴笠，请求立即上报。

那么，这本《日本帝国外交密电本》是怎么被军统缴获的呢？

太平洋开战之前，在南京日军华中派遣军司令部内曾发生了一起译员韩诗荃失踪事件。韩诗荃曾留学日本庆应大学，受到日人信任，在华中派遣军司令部工作。韩诗荃失踪当时，并未引起派遣军头目的关注，因有传说韩诗荃在与人争夺一名交际花斗殴中吃了亏，才离职去了上海。这是风月场中的常见事，无人在意。但不久，日军就发现丢失了一本绝密级的《日本帝国外交密电本》，事情立即变得严重起来。特高科长荒木贞佑大佐和宪兵司令小野章少将都介入了调查。开始，他们认为韩诗荃可能是中共苏北新四军的情报人员，而不是重庆军统的人，因为近年来南京军统潜伏组织因内部不和迭遭捕杀，基本上已停止了活动。于是下令悬重赏追捕他。

实际上，韩诗荃是潜伏日军内部的军统卧底人员，早年他就在沈阳以亲日学生的面目进行情报活动，有过建树。1932年，他进入日本华北驻屯军总部担任译员，“八一三战役”开始后调到华中派遣军总部工作。由于他与汪伪政权中权贵产生矛盾，对方扬言要“修理”他。于是他便决定“走为上策”。他弄到《日本帝国外交密电本》后逃往重庆，并将密电本交给了军统负责密码工作的魏大铭。但魏大铭此刻正因被戴笠关押后情绪消沉，便随手将密码本交给了电讯处一名特务研究。可那人对情报分析不感兴趣，就将这密电本归入档案室，不再过问了。

而日方经过分析，最后认为那密电本编制得相当复杂，不致被中方破译，于是最后便放过了此事。

是邓葆光丰富的知识与精细敏锐的感觉，使他分析掌握了这一情报，并判定它极其重要。戴笠闻讯后，极重视邓葆光的报告与分析，并转告了美国海军参谋部。当时，军统与美英两国情报部门都订有交换日本军事情报的密约，但戴笠与英方关系不睦，他先将此信提供给了美方。美国人领悟到这一情报甚为重要，随即派出海军情报部副处长梅乐斯上校来重庆与邓葆光进一步交流看法。[11]邓对他明确分析说：“日军极可能不宣而战，进犯南太平洋英、美海军，袭击珍珠港！”且时间已迫在眉睫，美英所属的太平洋诸岛可能首当其冲。戴笠认为情况紧急，他通过中国驻美使馆助理武官、军统特务萧勃通知美国方面要做好应付准备。但美军方怀疑中方情报的真实性，未能落实。1941年12月8日，日本海空军突袭珍珠港，美国太平洋舰队几乎覆灭。其后，30万日军席卷东南亚，英国军队一溃千里，日军侵略气焰极为嚣张。[12]

“珍珠港事变”发生后，美国人如梦初醒，反思后感到中方的情报有极大的价值，他们以为对日密码破译工作皆是军统所为，于是，中国军统组织与戴笠的名字开始被美国人重视，再加上美国海军因对日作战之需，急需了解中国沿海地带的水文气象情况，并大量搜集日本海军情报。这样一来，在中国寻找情报合作的伙伴便提上了美国海军情报当局的议事日程。

有消息说：邓葆光在“珍珠港事件”后，曾分别受到英国的赞扬，美国的致歉电。[13]真实与否，无据可考。

除了破译“珍珠港事件”情报外，军委会军技室破译日密的其他重大成绩，概括起来有十余项内容，其中对世界反法西斯战争有重大和较大价值的有：

1．1943年4月18日，侦获日本海军大将、联合舰队司令长官山本五十六向“各队预告巡视日程”密电，通报美方，结果美空军派出16架P−38战斗机，一举将山本五十六座机击落，给予日本海军重大打击。[14]

2．1941年4月13日，苏日两国出于各自的目的，签订了《苏日中立条约》。这件事对中国的抗战产生了严重的影响。而日本派特使松冈洋右到苏联签约的全过程，中方从破译的日本密电中均有了解。在谈判中，日本特使向苏联许愿："将来日苏共同开发满洲"。苏联外长莫洛托夫则在签约仪式上说："日苏有共同的利害关系，中苏不会成为好友"。德国闻讯曾派员赴日劝阻，日方则骗德国人说"待日本占领南洋后，实力更厚，再转以北进"。其后，日本曾探知苏联计划援助中国飞机若干，就通过日本驻苏大使佐藤，以中立条约为依据干涉阻止。这份情报的破译，使蒋介石深感苏联已不可恃，而更寄希望于美国。

3．太平洋开战后，日本方面侦察到有美航空母舰数次向东京湾附近航行，对此大为紧张，密电南洋日军各基地注意，但其通讯所用密码多是外务省最简单的LA密码本，亦被我方破译。后来才知道这是美国意图轰炸东京，曾预先通知中、苏两国，为保全航母免遭日方袭击计，他们计划轰炸东京后飞机不再返回航空母舰，而是迳向西飞，分别降落在中苏两国基地。其中部分战机飞到我国衢州机场降落。但有一次国民党方面因机场主官竟因嫖妓未归，没有及时译出重庆的指示电报，所以反致以高射炮不断发射，美机不得降落，终至缺油坠毁数架，只有两架在苏联境内安全着陆。日本要求苏方引渡，被苏联拒绝。这些消息因日本驻苏大使致国内的密电被我方译出而一一得悉。

4．1944年秋，中方监听日海军的电讯，发现日海军剩余主力舰只正在向菲律宾雷伊泰海域集中，有战略意图。经过破译，得知其行动计划是为防止其"南线"资源输送日本本土的道路被切断，从而使日本及其中国、朝鲜占领区与东南亚的联系断绝，遂决定孤注一掷，计划集中剩余海军力量与盟国海军决战，击退盟军在雷伊泰岛的登陆部队，一举改变被动战局。中方当即将此情报通报了美方。结果，盟军也立即修改了攻打台湾的计划而决定先从菲律宾登陆，同时一举歼灭日本海军。

在1944年10月20日至26日的六天之内，双方开展了"雷伊泰大海战"，共有21艘航空母舰、21艘主力战舰、170艘驱逐舰与近2000架军机参与了战斗。日军还第一次有组织地发动了“神风特攻队”的自杀式攻击，但仍不能挽回颓势，其结果不出预料，日本海军联合舰队大败，巡洋舰以上重型军舰13艘被击沉，日本在菲律宾一带海基与陆基航空力量被基本歼灭。此役沉重打击了日本的全球军事实力，从此日军在太平洋战争中，不再是一个战略力量，并为后来美军成功攻下菲律宾群岛、冲绳岛等地打下了基础。中方的情报对盟军的胜利起到了至关重要的作用。[15]

据不完全统计，抗战期间，仅军统局译员就侦收破译日本密电共计抄报73万7027份，破密码839种。另加上军技室其他力量的工作成果，充分展示了中方破译日密的技术与能力。而在这一战线上，中国为盟国反法西斯事业做出了重大贡献。

二、中共地下党获取“德军攻苏”情报通报苏联

(一) 阎宝航探悉传递情报立大功

1941年，国民政府少将设计委员、国民政府军事委员会委员长行营参议阎宝航，参加了一个有德国驻华武官和国民党要员参加的一个小型酒会。席间中方大员和德国武官议论热烈，情绪兴奋。阎宝航向监察院长于右任询问缘故，得到了“6月20号左右德国就要进攻苏联”的重大信息。为进一步核实，阎宝航又问与其关系密切的孙科，孙说：“这是委员长亲自说的”。[16]阎宝航顿觉此情报关系重大，必须立刻向中共中央报告，他便借故离开了酒席，赶回家里。他派助手李正文立即去红岩村十八集团军办事处向周恩来报告，再去苏联驻重庆的大使馆，把这个重大的情报告诉了苏联驻华使馆罗申武官。

中共中央很快收到了周恩来于1941年6月16日从重庆发来的情报，译成俄文后交到了苏联红军住延安情报人员的手中。这样，一份有关苏联和第二次世界大战命运的重要情报被猎获了，其意义之重大，不言而喻。

1941年6月前后，希特勒即将入侵的情报也通过外交渠道及多方途径，送到了苏联领袖斯大林手里。此时斯大林虽对德国抱有警惕，同时却被希特

勒信誓旦旦的和平签约保证所蒙骗，怀有侥幸，甚至认为这也许会又是一种列强“挑拨苏德关系”的伎俩，此前西方国家舆论界曾散布过“德军将转向东方的”的消息，于是他对该情报的可信度还在犹豫。4月间，英国首相丘吉尔致电斯大林，提醒说德国要进攻苏联，斯大林不以为然；后来德国驻苏联大使舒伦堡在莫斯科直接向苏联驻德大使弗·杰卡诺佐夫直言不讳地说德国将攻击苏联，并说出了时间。杰卡诺佐夫立即上报，斯大林召集政治局会议讨论后认为，这还是德方的恐吓；6月16日，他居然在一份报告：“德国进攻苏联准备就绪，只待时日”的情报上批示到：“让呈送这份情报的谍报员见鬼去吧！”由此可见他当时对此信息的反感态度。

但是，随后来自中共方面的同样情报却大大增加了这条消息的可信度，使斯大林在最后的关头决定：为防备万一保险起见，下达全面战备的命令。果然，6月22日，德军对苏联发动了全面的进攻。

1941年6月30日，战争爆发以后的第8天，斯大林亲自给毛泽东发来了感谢电：“感谢你们提供了德国进攻的准确情报，使苏联提早进入了战备状态。”“从而避免了更惨重的损失，为战争积蓄了力量。”这是战争期间斯大林给中国共产党唯一的一封感谢电。

后来，苏联驻华的武官罗申还特地为此找到阎宝航说：你的情报第一，斯大林同志知道你。他转达道：斯大林说要把你的孩子们送到苏联去学习。阎宝航回复说：“谢谢斯大林同志。”[17]战争结束50年后，苏联政府向卫国战争中立功的中国人授勋，阎宝航名列其中。

那么，阎宝航是如何成为中共在国民党高层的卧底的呢?

阎宝航，原籍辽宁海城，早年从事教育活动，1924年加入国民党，后入政界。九一八事变后，致力于东北救亡工作，因交际甚广，善于从事社会活动，得到国民党上层人物的赏识。1934年任“新生活运动促进总会”书记兼国民政府军事委员会少将参议，得以接近蒋介石、宋美龄。在“西安事变”后营救张学良等活动中，他对蒋介石开始产生反感。1937年起，他与周恩来结识，交友，曾经彻夜长谈，加深了彼此的了解与友谊。在周恩来的影响下，他建立了对共产主义的信念。9月，由周恩来、刘澜波介绍，阎宝航秘密加入了中国共产党，并是周恩来单线联络的人物。

后来，阎宝航历任“新生活运动总干事”、战地党政设计委员会委员等职，头衔甚多。阎宝航运用交际手段，与国民党内各个派系主要人物都保持了良好的关系，他与宋美龄、冯玉祥、孙科、张群、于右任等国民党名流经常交往。

1941年的春天，中共决定寻找一个能够在国民党上层搜集情报的人物，周恩来、李克农等经过研究，确定由阎宝航担任此任务，当时阎宝航还在重庆经营着大通银行、大明公司等企业，有资本家的外衣掩护，因此他是最合适的人选。经过缜密考虑，最终由阎宝航及其女儿阎明诗、中共组织指派的党员李正文三人组成了一个情报小组，在重庆上层展开了秘密情报的收集工作。

阎宝航平时给人留下的印象是慈祥和蔼、待人盛情、处事稳健又谈吐风趣，特别适合与上层人物交往。他在重庆的家，成为“东北救亡总会”会址和中共地下联络点，被称为“阎家老店”。

国民党军统局曾怀疑过阎宝航及其家庭，进行暗查侦察，但被他运用关系制止了。

阎宝航出色地完成了中共交给他的重任。除了得悉“德军攻苏”重要情报外，他还向中共方面送交了有关日本偷袭珍珠港的绝密情报。这份情报也是被国民党谍报人员破获，是由多方所得的消息综合研判的结论。但在这一情报上报的过程中，被阎宝航获知了，随即报告给周恩来转延安，再通过苏联情报部门在延安的小组转告给苏联方面，同时，重庆政府也把这份情报告诉了美方。然美国人开始并不相信，怀疑中国情报人员破译日本密码的技术能力。直到1941年12月8日珍珠港事件爆发，美国人才如梦初醒，知道了中方的侦破技术已不可小觑。1944年秋，周恩来又嘱托阎宝航搜集有关日本关东军的情报，以供准备反攻需要。阎宝航又一次发挥才干，从军事委员会第三厅搞到了日本关东军的兵力部署、兵种组成、要塞位置等重要资料，名为

"借阅三天"，暗中立即派人送往苏联大使馆复制完成。次年8月9日，苏联红军据此向日本关东军发起了总攻，按图索骥，势如破竹，一周时间内就全面突破了关东军经营十几年的防御体系，彻底摧毁了日本这支主力军。

阎宝航在获取并向中共与苏联提供重要情报方面，为世界反法西斯战争的最后胜利，立下了重大功绩。

（二）袁殊—潘汉年从日方获悉情报

1941年6月13日，中共情报机构负责人潘汉年从香港签发了一份有关德国即将入侵苏联致中共中央的报告，这份情报是他布置在上海的"三面间谍"袁殊获得的。

袁殊，1911年出生于湖北圻春，少年时代随母到上海谋生，依靠半工半读学习文化。1929年他留学日本，专攻新闻学，后因经济拮据，于1930年冬回国。在日本，袁殊接触了一些进步思想，回国后他曾担任"中国左翼文化总同盟"常委，参加过左翼文艺活动，在上海文艺界具有了一定的影响。1931年10月，经中共情报负责人潘汉年的介绍，袁殊加入了中国共产党，并参加了中共情报系统–中央特科的工作。

1932年春，经中共组织批准，他利用与国民党上海特别市党部社会局局长、中统特务吴醒亚的同乡关系，加入中统，任情报股股长。这样，袁殊成功地打入了国民党特工组织。又经吴的介绍，他成为"新声通讯社"的记者，并结交了日本驻沪领事馆副领事岩井英一，两人成为朋友。

1931年"九一八"事变后，为了加强对日情报工作，袁殊有意识地加强了与岩井的关系。岩井英一是日本外务省在中国从事情报工作的资深特务，他和袁殊接触后，把袁殊看作"在华亲日势力"分子。与他建立了情报关系，给予其每月200元津贴，袁殊又成为"日本间谍"。其后，袁殊和中统、日本驻上海领事馆、帮会都有了联系，是集多种身份于一身的情报人员。袁殊巧妙地利用这种多重身份，广开情报来源，为中共中央提供了许多有价值的情报。与此同时，他当然也在有选择地为中统和日方提供情报。1937年6月，中共秘密组织负责人潘汉年以八路军上海办事处主任身份回到上海，袁殊在他领导下开展了一系列工作，取得重大收获。

全面抗战爆发后，袁殊在从事情报工作方面表现出来的特殊才能，引起了国民党军统局的注意。经青红帮大佬杜月笙的介绍，戴笠亲自出马访问袁殊，希望他为军统工作。袁殊在得到潘汉年批准后，接受了戴笠的任命，再次变身成为军统上海区国际情报组的少将组长。他一人具有中统、军统、日本、青帮和中共五重身份，是中国情报史上绝无仅有的特例。

1937年底上海沦陷后，岩井英一又回到了上海，并成立了一个日本特务机关“特别调查组”，袁殊成为其中一员。在潘汉年的明确指示下，袁殊义无反顾地“按组织的意思去向水里跳”，甘愿“落水当汉奸”。他按照岩井英一的意见，写了一篇《兴亚建国论》，在中日几家报纸上发表，成为由岩井英一扶植起来的“公开汉奸”。

事隔不久，岩井英一为了掣肘汪伪汉奸势力，就让袁殊出面组织一个“兴亚建国同盟”，加入了汪伪政府。1939年11月，该组织又扩大成立为一个由岩井控制的伪“兴亚建国运动”本部。这一机构表面上是一个接受日本外务省津贴、支配的汉奸组织，实际是中共的一个新的情报据点，不仅日本外务省每月拨给“兴亚会”的20万军票中，有相当一部分成为中共上海地下党组织的活动经费，而且在袁殊的具体操作下，一份份重要的战略情报从敌人的心脏发送到了延安。

据刘人寿等在“兴亚建国运动”本部工作过的当事人回忆，他们从“岩井机关”获得的重要情报中就有关于德军即将向苏联发动进攻的消息，还有1942年初，由日本外务省安排，袁殊作为“兴建运动”的代表到日本访问。他从组织这一活动的日本外务省野春吉三郎处得知：日本目前的国策是继续诱降蒋介石，建立一个以日本国为主体的大东亚共荣圈，日军已确定了主力南进的战略部署。袁殊汇集和分析各方面的情报，认定南进已是日军确定不移的战略决策了。潘汉年立即将此情报报告了延安。在欧战全面爆发之后，苏联始终担心腹背受敌。在有了确定日军是南进而不会北上的情报后，苏联这才果断决定从远东调出了几十万兵力到西线增防。[18]

袁殊—潘汉年的线索是中共情报人员获得“德军攻苏”以及确定日本南进而不会北上攻苏重要情报的又一来源，这对苏联来说，具有特别重要的意义。

三、简单而明确的结论

至此，有关二战时期“珍珠港事件”与“德军攻苏”的重要情报，是如何由中国国共双方情报人员猎获和传达到美苏方面的情况内幕，线索已经基本明了。

在这里有一点需要再加说明的是：由于有关的官方档案至今尚未开放，我们无法得到对这段历史更正式的资料证实，或许会有读者对本文中所引据当事人口述资料的可信度发生置疑，这一点也不奇怪。只是，我们必须看到，当事人的口述与回忆也是史料的重要来源之一，否则就没有“口述历史”的存在，也不会有许多的史学家对此趋之若鹜。就连学界目前热捧的《蒋介石日记》资料，就其根本意义上来说，也是一种个人的单方面的记录，其内容同样也不免存在着个人的偏见及美化、拔高自己之嫌，但却被引据为“黑天鹅效应”而视之为史料中的“上品”。其足见并不是所有的个人记录、回忆都是低价值而不可信的，恰恰相反，在官方档案资料缺失的情况下，只要有个人的记述，都是可宝贵的，前提是只要它符合历史的真相，得到过旁证。研究特务情报秘密工作的历史，因其工作的特殊性质，甚少档案文献的遗留，尤其如此。上述的事实，有来自多方的当事人的回忆和记录，以及具有说服力的旁证，其可信度应是无可置疑的。至少，有关的历史文件和史实细节靠几十年后的杜撰是难圆其说的，而它终究能给我们提供破解历史之谜的一把钥匙。

总结上文，我们可以发现，无论美苏双方是否从其他的渠道获悉过有关“珍珠港事件”与“德军攻苏”的重要战略情报，来自中国的有关此两件事件的情报和警报是明确无误和意义重大的。战时中国的对日情报搜集与破译工作对盟国战事居功阙伟，之所以取得如此显著的成绩，是基于以下几点因素：

一是中国情报人员的聪明才智，中国的对日密码侦破工作，是在全面抗战开始后匆忙开展的，并无前期基础，但中国的译电人员依靠爱国主义的精神激励，在极其艰难的条件下，通过苦干加聪明，很快掌握了日本外交与军用密码体系的基本规律特点，破译了他们的外交与军用密码。尽管日方一再改换密码系统，但每次均在不长的时间内即再被我方破获，由此便可对日本的政治、外交与军事战略战术动态及时获悉，日方的决策与实施内幕便暴露在我方面前，这对于中方抗战决策的制定与修改具有至关重大的作用。

二是这项任务是由国共两党的情报人员在主动或客观合作的情况下完成的。尽管其来源说法各异，但目前可以肯定的是，国民党获取两大历史事件情报的主渠道是侦译日本密码所得，加上情报人员的搜集工作。详细史实如何，还要进一步研讨。看来重庆政府由几路获得情报汇总而得出最后结论的判断比较符合实际。当时在国民政府的对日情报侦译机构内，也有中共情报人员深度的秘密介入，国共之间还有对于日本密码的正常交换的互助关系。[19]即使没有从情报破译的源头上传出，中共方面还是可以利用私人关系从国民党上层得到有关情报，而中共自己的情报机构与人员也很出色，他们也从日伪方面搞到了有关“珍珠港事件”和确定日本南进极其重要的情报。

其三，当时国民政府当局采取亲美的外交路线，在得悉有关情报后及时转告了美国，而对有矛盾的英国则有意无意地给予冷落。对于德国进攻苏联，国民党方面态度很暧昧，甚至希望德苏开战后可以吸引日本北上与德国夹攻苏联，减轻对华压力。所以，国民党政府对于“珍珠港事件”与“德军攻苏”将美苏卷入大战在根本上是持着期待态度的，因为如此便可结束中国已持续5年的艰苦卓绝的独立抗战，在世界范围内形成对抗德日法西斯的广泛战线，中国可以找到强有力的战略伙伴，为最后击败日本奠定基础。由于当时的历史背景条件所致，中国共产党在得悉有关情报后，只能将有关情报转告苏联方面，并取得了很好的效果。而且，中共的情报人员很出色，在日本、汪伪政权乃至国民党政府、军方高层都有“卧底”，做了大量的工作，甚至可以说到了重要的信息可以及时多方侦知的地步。以国共双方为代表的中国抗战阵营对美苏提供的战略情报，都是中国对世界反法西斯战争的重大贡献。

中国所获得的“珍珠港事件”与“德军攻苏”的重要情报通过不同途径传达到美国与苏联当局，对其促使其警觉和提醒其备战，具有及时和关键的作用。尽管美苏两国当时同样犯下了怀疑、轻视、忽略这些情报的错误，并先后为此在日德法西斯的突然进攻面前遭到了极为惨重的损失，付出了极其沉重的代价，但事后痛定思痛，他们都十分感谢中方的帮助，并看重中国的情报能力，还与之开展和加强了有关的专业合作。从斯大林的感谢电来看，中方的预警对苏军提前一天进入战备状态，有效减少损失具有显著的作用。因此，中国对日密的猎获对世界反法西斯战争的最后胜利，具有全球战略与世界性意义。

历史说明，中国战场对日军主力的抵抗和中国对日情报工作的成绩为盟国夺取第二次世界大战反法西斯战争的最后胜利，都做出了重大而独特的、不能抹杀也不可替代的贡献，没有中国人的重大牺牲和重要贡献，世界历史或将改写。

【注】

[1] 转引自池步洲著《一片丹心破日密——抗战回忆录之一》（未刊稿）载 www.hackchi.com/chi/people/mhyxzh004.htm 。

[2] 池步洲著《一片丹心破日密——抗战回忆录之一》（未刊稿）。文中附注：一、本人全家侨居日本，在现阶段拙著是否宜于发表，家属意见不一，故暂缓出版。二、如有报刊或出版社有意刊登或付梓，事先必需征求本人同意。同时亦请原文照登，一字不改，文责自负。1986.10. 此文系池步洲先生所写，由其侄儿池鲁生先生输入电脑。吴越附注。2000 年 2 月 14 日。

[3] 池步洲著《一片丹心破日密——抗战回忆录之一》（未刊稿），同前出处。

[4] 吴越《书生笔下十万兵——记破译日军偷袭珍珠港密电的池步洲先生》，载 www.hackchi.com/chi/people/mhyxzh004.htm。

[5] 池步洲著《一片丹心破日密——抗战回忆录之一》(未刊稿),同前出处。

[6] 池步洲著《一片丹心破日密——抗战回忆录之一》(未刊稿),同前出处。

[7] 池步洲著《一片丹心破日密——抗战回忆录之一》(未刊稿),同前出处。

[8] 池步洲著《一片丹心破日密——抗战回忆录之一》(未刊稿),同前出处。

[9] 此节参考我国著名女作家,原人民文学出版社社长、总编辑韦君宜在其遗作《思痛录》中所述其夫杨述的堂兄杨肆历史的有关内容。

[10] 彭鲁《邓葆光:误入军统的经济学家》,载“新浪博客”http//blog.sina.com.cn/s/blog_49b38e770100d8dn.html。

[11] 王炳毅《一条经济谈判情报与珍珠港事变》,《南京晨报》2003年10月23日D11版。

[12] 关于军统是否曾破译日本发动太平洋战争的密码情报,现在也有曾在军委会技研室工作过的张令澳持否定态度。详见徐福生主编《目击20世纪丛书——无形战线》,上海古籍出版社2004年12月版,第141-146页。

[13] 彭鲁《邓葆光:误入军统的经济学家》,同前出处。

[14] 池步洲著《一片丹心破日密——抗战回忆录之一》(未刊稿),同前出处。

[15] 关于“雷伊泰大海战”日军的计划,军统派往汪伪政权的高级卧底唐生明将军,也从日本海军省嘱托古川的酒后之言中得到了此情报,由军统转告美方。见唐生明:《我奉蒋介石命参加汪伪政权的经过》,载全国《文史资料选辑》第40辑,第76-77页。

[16] 凤凰卫视《我的中国心——阎宝航》,2009年9月19日。资料来源:http://phtv.ifeng.com/program/wdzgx/200909/0921_5447_1357604.shtml。

[17] 《中国人曾向苏联提供德军的突袭情报》,载《南阳党建》网。资料来源:http//www.nydj.org.cn2005.10.13。

[18] 此节参考《情报战:袁殊与敌特的精彩战斗》,载《中国国防报》,2006年03月21日,并根据其他资料补充而成。

[19] 可参见马振犊著《国民党特务活动史》第八章第四节《国共合作破译日密》一目,九州出版社,2008年版,第314-315页。

下册目 录

五、暴行篇

六、其他篇

暴行篇｜五

日本军队对被害国妇女实施性暴行及原因探析

载《民国档案》，2000 年第三期。

有关第二次世界大战中日本军队对被害国妇女施行性暴行的记录及其罪行研究，过去曾是一个被忽略了的课题。其原因是，一方面，在受害者一方，由于亚洲民族传统的性保守观念的影响，一般大多数妇女不愿再揭开自身的历史疮疤，只能默默地独自忍受一生的痛苦；另一方面，作为加害者，不论是当年施虐的日本兵或者是法理上应当承担侵略战争责任的战后历届日本政府，都不想彻底解决战后遗留问题，对包括性暴行在内的一切战争犯罪问题都采取了回避、抵赖的态度，想蒙混过关。一些居心叵测的日本右派分子甚至欲将军国主义死灰复燃，因此拒绝反省谢罪。现在，竟然发展到日本政府也允许否认“南京大屠杀”战争暴行的右派集会在大阪国际和平会议中心公开举行的地步，这真是对大阪该中心的莫大讽刺。日本政府首脑阁员，不仅参拜靖国神社，而且一而再、再而三地使用军国主义语言，恶习不改，反而引以为荣，其毫不掩饰的野心与狂妄令人发指。日本朝野右派的丑恶表演使人们不得不明白地意识到，他们的目的只有一个，就是要复活日本军国主义，让日本再做他们心目中的“世界大国”。所以，有关历史上日本侵略军性暴行的研究，就同其它日本战争犯罪问题研究一样，已经超越了历史的范围而具有了现实政治斗争的意义。

一

在第二次世界大战期间，日本军队在被害国对民众的性暴行是极其普遍和十分严重的，其普遍性、暴虐性及危害性甚至超过了德国法西斯军队的性暴行，在人类历史上是罕见的与空前残酷的。

关于当年日军在战争中的性暴行的揭露与批判研究，近年来在中国与日本学术界都有大量的成果发表。据双方的原始资料披露，日本军在中国各地及历次战争中都有普遍性的极其残忍恶劣的无可计数的性暴行。

在其数量及犯罪事例方面，具体的统计数据和记述，因其内容太多太杂，不胜枚举，罄竹难书，在这里不再重复。但我们可以说，凡日军所到之处，就有各类的性暴行，最典型的事例如1937年底至1938年初，在侵华日军“南京大屠杀”中，日军不仅屠杀了30万以上的南京居民，其性暴行与性犯罪也达到了顶峰状态，总计有数万名南京妇女被日军强奸、虐杀。经1948年11月4日远东国际军事法庭判决书的认定，“在占领后的一个月中，在南京市内发生了2万左右的强奸事件，”[1]实际上这一统计数字是远远不足的，同时有资料说南京“全城中无论幼年的少女，或者老年的妇女，多数都被奸污了。”到1938年“5月初，在南京有妇女三分之二被奸污。”这样看来，南京的妇女至少“被奸污者达8万人，可谓保守的估计”，且据日军士兵田所耕造自己的记载，“没有不强奸的兵，而且大都是强奸以后再杀死”，先奸后杀竟然仅仅为的是“免得麻烦”，[2]在一次战役之后发生如此大规模的集体屠杀与不分地点、场合、时间，不问对象的集团式强奸虐杀，这在全人类的历史上也是不多见的。

在性暴行的方式方面，日军的残暴行为可以说是总括古今犯罪之大成，其通常的方式是轮奸，“我们自从登陆以来，还没有碰过女人的身体，所以大事轮奸。当时‘奸虐致死’成了我们很喜欢说的话。”[3]中国妇女被日军掠去，绝大多数人都遭到数人以上的日本兵轮奸，许多人遭到数十人次以上的轮奸，甚至有一夜之间被轮奸了40次以上的例子，日本兵的惨无人道由此可见，因此而被害丧命者不可计数。

除了强奸外，更下流的各种各样的变态虐杀，包括用各种随手可得的东西——酒瓶、木棒、砖块甚至燃着的蜡烛塞入女子阴部；拍摄各种女子裸照及变态奸虐照片；强奸孕妇、幼女、老妇、尼姑、修女；强掠“慰安妇”设立“慰安所”；强迫母子、父女、翁媳乱伦、僧尼性交；威迫口交直至割乳破腹、食人肉、奸尸，凡一切能够想到的兽行无所不为，真是令人发指！试问几世纪以来，有谁能像日本军队这样惨无人道地胡作非为？可现在的日本居然连这一切都欲加否认，怎能不令人拍案而起？

众所周知，在第二次世界大战中，与日本帝国主义同为战争策源地的还有德国法西斯政权，德军在欧洲及苏联各地也有大量的强奸、虐杀妇女的暴行，但德军与日军的性暴行在数量、程度、方式、罪恶度等方面并不是完全一致的。

据史书所载，德国法西斯军队及其秘密警察、党卫军在战争中都犯有各类性暴行，例如在有“人类肛门”之称的奥斯威辛集中营，德国秘密警察就曾经常性地对被押的年轻犹太妇女实行强奸等暴行，而后再把她们送进毒气室杀害。[4]德国军队及法西斯党卫军在各战场及占领区实行军事进攻及扫荡反抗者的时候，也有为数不少的性暴行发生，如在侵苏战争期间，德军残害女共青团员卓娅的暴行，从卓娅赤裸身体被吊死在绞刑架上的遗照中就可以得到证明。另外，有资料表明，德国法西斯也有用苏军男女战俘进行“性行为试验”的记录，他们用女人的身体来刺激被冻昏的试验者，以取得“通过性行为使冻伤士兵迅速恢复战斗力的数据”，目的是为其侵苏战争服务。[5]德国秘密警察盖世太保的头目希姆莱还设立了“种族遗传研究所”，利用女俘进行有关性与遗传学以及放射线使人绝育的研究，为纳粹荒谬的种族理论寻找根据，并为其实行种族灭绝政策服务。[6]而从纳粹头目希特勒开始，到“冲锋队”队长罗姆等一大批的德国法西斯头目，都有不同程度的性变态行为。这说明，德国法西斯是有各式各样的性暴行犯罪记录的。但是我们也应该看到，德军的性暴行总体来说不如日军那样普遍、残忍与疯狂，还没有达到见女子就奸杀、虐杀、普遍的大规模兽行、吃人肉以及在各地大量抓捕“慰安妇”长期设立“慰安所”的地步。日军的性暴行比较德军是有过之而无不及的，日军也曾用中、朝、苏女俘进行活人性病试验，臭名昭著的日本关东军731部队及驻南京荣字1644部队等都是这样的食人魔窟。德军是具有性暴行的，但日本人在二战中干出了人类历史上空前绝后的性兽行，它比德军更疯狂、更严重，因此更应予以揭露与批判。

当然，纯粹研究侵略者性暴行的异同意义是不大的。但是，如果从进一步揭露日本军国主义战争罪行的角度出发，联系德日两国在战后认罪态度问题上表现的根本不同，为反击日本右派的猖狂挑衅，在全世界人民面前揭露其丑恶面目，促使日本朝野反省侵略战争的罪恶，就更加能体现出这一课题研究的明确意义。需要声明的是，本文决无为德国法西斯减轻任何罪恶的用意，如果说日军普遍的性暴行比德军的严重，那只是一种历史的事实。在对于全人类和平的犯罪程度上，德日法西斯是一丘之貉难分上下的，他们同是人类文明的死敌。

二

为什么日本军队会有如此般的恶劣行为呢？探讨日军的性暴行的内外原因，我们可以发现，它是有着深刻的民族历史与社会背景的，它是与日本民族的“男尊女卑”等社会风气习俗和性观念密切相关的，是与日本社会的人际关系特色和错误的中国观相关的，是日本民族性格劣质方面的集中体现。

日军的性暴行与日本人的思想观念、性意识及民族历史习惯密切相关。早在江户时代，日本国内就有了发达的娼妓业。明治以后，日本政府于1900年从法律上将娼妓业作为一种“劳动职业”来加以认可，于是便有了归属日本政府管辖的“公娼”与不受政府控制的“私娼”并存的这一特种行业的兴起，从此一发不可收拾。[7]

在日本，由于根深蒂固的男尊女卑的传统的影响，在性观念上，男子视女性为玩物与泄欲工具的观念十分普遍，男女间毫无平等关系可言，因此在两性关系的方式上，男子似乎可以随心所欲地发泄，甚至采取十分残忍的虐待手段来摧残女性的情形也屡见不鲜。这种情况至今在日本依然存在，我们从其文学作品、传播媒介甚至于日本异常发达的色情业活动中都可得以验证。因为这种原因，日本社会并不把买春与卖春当作可耻的行为，淡化了男子对女子的性侵犯的罪恶感，特别对于那些妓女，普遍的观念认为“只要是付了钱的，怎么样都可以。”

有关日本军队性暴行的另一方面的原因，还有一种比较陈旧的解释，即日本军队中紧张的上下关系对士兵造成了极大的压力，官兵关系、新兵与老兵关系、大官与小官关系都是具有日本特色的内外一致的压迫，士兵们平时在军纪与长官严控压迫之下情绪得不到释放，再加上战争的恶劣环境造成了士兵心理的与性的压抑，于是一旦有了放纵的机会，便以加倍的疯狂在被害国人民身上来发泄，而妇女则是首当其冲的受害者。在攻占南京之前，日本华中方面军司令官松井石根以下都为了对华速战速决及个人“建功立业”而有意识地纵容部下的暴行，指望通过性暴行来缓解士兵们的紧张状态，鼓舞士气。于是这便开启了日军种种性暴行的阀门。有些学者指出，日本民族的心理特征是自卑感与优越感的矛盾结合，具体体现在个人的内聚心理及自我克制与集团、民族的外倾扩张，[8]一旦在非正常的战争状态下，原有的内部压迫在达到极点之后被释放，其后果可想而知！于是乎，在日军的性暴行中便有了大量的性变态表现，如前所述之种种令人发指的残害妇女的卑劣行为，甚至于在“南京大屠杀”期间，“有些官兵终日不扣上军裤上的纽扣，将生殖器暴露在外，奸杀一个后又去追逐另一个。”[9]这真是一幅野兽横行的人间地狱图！日军的性变态表现是由其扭曲的心理造成的，其中不能排除日本社会中阴晦糜烂风气的影响。

再者，日本军队在中国的性暴行也与其极其浅薄狂妄的蔑视中国人的心理相关。由于受到日本国内军国主义宣传教育的长期影响，造成了日本人对中国的无知与对中国人的鄙薄与仇视，这从日方大量的宣传材料中就可得到证明。这样便使日军上下都感到对那些“贫穷无知”却竟敢抵抗“皇军”给他们造成了巨大杀伤力的“讨厌的”中国人，怎么样虐待屠杀都不为过。所以日军在华暴行最基本的一点就在被害者死之前要让他们（她们）受尽人间各种酷刑与虐待都不为过，而加害者却从中取乐，得到了无比的快感。这真是典型的变态狂与虐待狂的表现。

正因为如此，在日本军队中便形成了无视摧残女性犯罪感的氛围，加上战争的影响，以及急欲报复中国人抗日，要对抵抗者实行“膺惩”的思想；在对被害者施虐中寻找自我释放的劣行，这些都是日军性暴行的罪恶根源。

三

日本军队在各地的性暴行绝不是个别的或偶然的、地方性的暴行，而是整个日本军队进行的有组织的集体犯罪。在第二次世界大战中，凡有日本军队之处，便有性暴行。从方面军司令到各部队小队长、各级日军军官都公然放纵甚至“身体力行”，使日军性暴行成为极其普遍的事。“在一线部队，……干坏事的，不仅仅是士兵，有时军官先干在前头。厉害的中队长、大队长什么的，他们在去南京之前，即使是战斗中，有的也带着女人。这些女人反正都是随便抓来的，……据说他们天天晚上同女人睡觉。”[10]日军第16师团30旅团长、南京西部警备司令官佐佐木到一“他自己更无人性地每日奸污中国少女”。据在南京的金陵女子大学美籍教授贝德士证实说：“日军入城后曾连日在市内各街巷及安全地带（指国际安全区）巡行搜索妇女，其中且有将校参加”。[11]难怪就连作为日本盟国的纳粹德国驻南京外交秘书罗森，在目睹了日军官兵集体的兽行之后，也指斥日本军队为“兽类集团”，他在给德国外交部的报告中写道：“日本军队放的大火在日军占领一个多月之后至今还在燃烧，凌辱和强奸妇女和幼女的行为仍在继续，日军在南京的所作所为为自己树立了耻辱的纪念碑。……这不是个人的而是整个陆军，即日军本身的残暴和犯罪行为。”[12]有关这一点之详细论证，已有许多的研究成果发表，这里不拟重复。[13]至于日军内部有无日本宪兵及军纪条例对日军性暴行进行约束，事实上可以认定是毫无作用的。以“南京大屠杀”为例，尽管在入城前也有一纸“将严重处罚”强暴妇女的人的警告，入城后在“南京国际安全区委员会”的一再抗议下曾派出了17名宪兵来“维持秩序”，但在5万日军肆虐之中，17人有什么用处？更何况“甚至派来‘恢复纪律’的宪兵也强奸劫掠，忽视所负的责任。”[14]所以，日军的性暴行是有组织的集团犯罪，从这个意义上分析，应当承担犯罪责任的不仅有当年作为施暴者的日本兵，而且还有日本政府与军队，他们谁也逃脱不了干系与罪责。

四

日本是一个岛国，客观狭隘的生存环境造就了历代日本人的“岛国心理”，一方面是因国土资源的匮乏而产生的长久而深刻的民族生存危机感——对“日本沉没”的世纪担忧；另一方面由此而来却严重刺激了日本人的对外扩张思想，总想去抢别人的土地资源占为己有，以为万全之计。这便是上个世纪中日本政府不断对外进行侵略战争的根源所在。1945年彻底战败之后，在美国的世界战略的庇护下，日本经过埋头苦干，取得了世界经济大国的地位，随着经济势力的膨胀，日本的政治野心也开始死灰复燃了，他不再仅仅满足于已得的通过发达的经济势力吸引支配别国资源的地位，更想重温所谓“亚洲霸主”乃至世界霸王的梦想，于是重温旧梦的第一步就赖掉旧账，不承认过去发动侵略的错误与危害被侵略国人民的罪行，力图洗刷或掩盖自己身上的血迹，并使自己新的前进目标正当化。最近有一种解释说，日本现代的一些青年人也有不愿承认过去祖父辈所干的罪恶行径的意向，其原因是他们过去从来没有听说这些事情，猛然知晓，便不能接受，认为这些暴行太丑恶了，太不可原谅了，简直就不是人类的行为，因此，如承认了就永远洗刷不清。于是，干脆不如否认，以求得自我解脱。如果真的有这种现象，那么实际上，认识到过去的这些暴行太丑恶了也算是一个进步，比害了人还要赖账要强些，但由此而萌生出不愿认错的情绪，则不免是大错特错了。正因为日本社会出现了这些反动思潮，在这样的大背景下，便出现了一系列的朝野右派翻案事件，从“修改教科书事件”、“参拜靖国神社”、“否定南京大屠杀事件”到“英美老兵索赔败诉”，直到现在的“东史郎败诉案”、中韩慰安妇索赔不成及根本抵赖日军性暴行之种种劣迹，都是出于日本政治战略的需要，它根本不是历史的与个别的事件，而是政治问题，这是学术讨论所解决不了的。

日本军队在第二次世界大战中的性犯罪是抵赖不掉的，面对自己所犯下的历史罪恶靠自欺欺人式的“鸵鸟政策”是掩盖不了抹杀不掉的。如果今后日方仍不肯认罪反省赔偿，其结果当更加丑化自己，使其在世界上丢脸，这样离他们所刻意追求的“世界大国”的目标将越来越远。作为当年被害国的中国与亚洲各国及世界人民，对待日本的此种恶劣表现，只有坚决斗争之一途。一方面要更加彻底地揭露日本的历史罪恶，使其无从抵赖；另一方面，也要及早地向全世界敲响警钟，以使善良的人们保持警惕，让历史悲剧不再重演。

【注】

[1] 中央档案馆等编 :《日本帝国主义侵华档案资料选编》，中华书局，1995 年版，第 848 页。

[2] [美] 吴天威 :《让全世界都知道南京大屠杀——介绍最近出版之三本“南京大屠杀”画册及研究成果》，载《抗日战争研究》，1997 年第 1 期第 98 页。

[3] 中央档案馆等编 :《日本帝国主义侵华档案资料选编》，中华书局，1995 年版，第 997 页。

[4] 雪松 :《第二次世界大战秘闻》，北京出版社，1995 年版，第 355 页。

[5] [法] 雅克・德拉律 :《盖世太保史》，上海译文出版社，1984 年，第 359 页。

[6] 雪松 :《第二次世界大战秘闻》，北京出版社，1995 年版，第 355、365 页。

[7] 方军 :《我认识的鬼子兵》，中国对外翻译出版公司，1997 年版，第 168 页。

[8] 姜良芹 :《南京大屠杀原因初探》，载陈安吉主编《侵华日军南京屠杀史国际学术研讨会论文集》，安徽大学出版社，1998 年版，第 l68 页。

[9] 蒋公毅 :《陷京三月记》，载《南京文献》第 26 号，1939 年 2 月。

[10] 中央档案馆等编 :《日本帝国主义侵华档案资料选编》，中华书局 1995 年版，第 1000 页。

[11] 中央档案馆等编 :《日本帝国主义侵华档案资料选编》，中华书局 1995 年版，第 890 页。

[12] 罗森还将记载日军暴行的书面报告及美国牧师马吉拍摄的日军“南京大屠杀”纪录片送到柏林。有确切的消息证明，包括希特勒在内的纳粹首要们看了这些资料，但他们“几乎不相信”，并立即下令予以封锁。这起码可以说明一点，那就是他们也认为日本人的行为不光彩，不能公之于众。参见马振犊等著 :《蒋介石与希特勒——民国时期的中德关系》，(台) 东大图书公司 1998 年版，第 415 页。

[13] 杨斌：《侵华日军南京强奸暴行概述》，载《侵华日军南京大屠杀史国际学术研讨会论文集》，第211–213页。

[14] 贝德士：《1938年1月10日致友人函》，载《侵华日军南京大屠杀史料》（纪实、证言专辑），江苏古籍出版社，1985年版，第194页。

侵华日军暴行与纳粹暴行原因比较研究初探

载《民国档案》，2007 年第 2 期。

二战时的德国纳粹军队与日本军队，在战争中都犯下了惨绝人寰的空前反人类的罪恶行径，要比较二者的暴行，在一般的概念上，很容易被曲解为要判断同样吃人的虎狼谁更仁慈一样的无聊。但我在这里必须说明的是，我写这篇文章的意图，绝不是想要为任何凶手减轻罪责，我所做的工作是要比较这两个凶手在实施同样的犯罪作恶时，在其动机原因方面有着何种的区别与不同，这是导致他们产生空前战争暴行的直接原因，也是他们的暴行在方式、方法、范围及影响等方面产生差异的基本原因。至于其后果，那就是他们的罪恶行径将同样永远被世界人民牢记与诅咒。

德日军队这两头野兽，一个生在欧洲，一个长在亚洲，历史文化生长环境各不相同，在战争中，虽然他们都有吞并世界的野心，并为了暂时一致的世界战略目标而互相勾结，对人类犯下了空前的罪恶。但他们终究是两个不同的个体，就二者国家、民族而言，有着完全不同的成长历史、生活环境和社会文化传统，因此他们在战争暴行方面，无论目的、动机、手段乃至其方式方法等等都是有区别或差别的。所以，我们应当了解这种差别，这对于研究德日法西斯的形成、特点及其历史罪恶，都有意义。所以，我在本文中只是研究比较德日军队暴行原因的不同所在，而决不涉及对二者历史罪恶程度的评定。特此说明。不妥之处，敬请海内外专家指教。

直至现在，仍然有许多西方学者与政治家们，认为不应轻率地将日军在二战中的暴行与德军在二战中的屠犹暴行比较，他们的基本看法是：德军屠犹是有计划有蓄谋的种族灭绝行为，是人类历史上最严重的犯罪，而日军的暴行则是在短期内发生的战争暴行，即使将两者做比较，也应该是作为加深人们“对特定历史事件理解的基础”，否则这种比较就会降低人们对纳粹暴行受害者所受苦难的认识，因而“没有意义”。[1]对于这种观点，中国学者的基本看法是不能认同。笔者的看法是：纳粹屠犹与日军的战争暴行是两个并存的客观事实，既然都是同类的战争暴行，就可以进行具体的比较分析，即使在客观上两者存在着性质的差别，也应通过比较研究而得出，而不是武断地进行事先的结论与否定。

当然，一些西方学者在这一问题上的具体提示，如对两者暴行的具体比较，只能在一些可比的层面上进行等等，是可以接受采纳的，但是他们较普遍的根本否定二者比较意义和价值的看法是武断而令人不敢苟同的。这种看法产生的基本原因是由于他们对于纳粹种族灭绝暴行的亲身感受或深刻认识，同时也是由于他们对日军在中国暴行的普遍缺乏了解，加之个人情感上的因素所致。对于他们的这些感受，作为同样是法西斯暴行受害者的中国人，我们有着充分而深切的理解，但是，我们同时也希望西方人民乃至全世界人民也应对日本法西斯暴行的广泛性、残酷性、危害性及其对中国人民造成的巨大灾难与创伤具有同样明确的认识，在这个意义上说，我们更应当对德日法西斯的暴行进行理性的、深刻的、具体的比较与研究。

从大历史的角度来看，人类历史上的一切战争行为，都或多或少地伴随着屠杀、强奸、抢劫等暴行现象。但自人类进入文明社会后，这种战争暴行逐渐受到了道德与文明的约束，近代以来，战争暴行更为各主要大国发起签订和得到世界主流社会承认的一系列国际公法所明确制止。1864年缔结的《改善战地武装部队伤者病者境遇之日内瓦公约》（万国红十字会公约）、1907年的《海牙公约》、1928年的《非战公约》、1929年的《关于战俘待遇之日内瓦公约》等具有法律效能的国际条约，对战争中战胜方对于放下武器解除武装的敌方士兵和普通平民，都有不得杀戮和迫害的明确规定，对于没有抵抗能力的妇女和儿童，更不得施行暴力，他们是受到国际法保护的人群。但是，法律只能对文明社会的人们产生约束力，对于那些丧失了基本人性的战争狂来说，国际法只不过是他们手中被玩弄的工具，需要时捡起，不要时丢弃。所以，对二战的发动者德日法西斯军队来说，一切阻止战争暴行的国际法，都不在他们的眼里，根本是无需理会的。

德日法西斯军队在二战中对被害国人民都有骇人听闻的大屠杀、种种虐杀和人体实验暴行，这是无可争辩的事实。然而，他们二者的大屠杀等暴行的动机与目的并不完全相同。两者的区别，简单地说，德军主要是为了实行纳粹党对犹太民族的种族灭绝政策；而日军则是为了“膺惩”受害国的民众，发泄其兽欲和服务于侵略需要。

一、德国军队战争暴行的原因

在德国方面，自1939年纳粹党上台执政后，开始按照希特勒的一贯思想，确定以消灭犹太民族为战略性的政治目标。希特勒之所以如此仇恨犹太人，是因为他在青少年时代就受到了当时欧洲普遍存在的仇恨蔑视犹太民族情绪的影响。

自公元前1025年，犹太人在巴勒斯坦建立了古希伯来王国后，在后来两千多年的历史上，犹太民族几遭外族大规模的侵略，并被驱散和长途迁徙，最后主体流落到欧洲各国。但他们以独特的信仰和民族特性，与欧洲各民族长期共存而不能融合，又不断发生宗教、经济、文化上的冲突，形成了难以消除的隔阂。占欧洲主体人群的基督教徒们从基本教义上便认为犹太人是十恶不赦的异教徒，正是犹太祭司的告密，耶稣基督才被钉在了十字架上——这种“历史旧恨”注定了后来欧洲大规模反犹的悲剧性结果。

德国人及欧洲人的反犹太，有其深远的历史原因和传统。

早在1517年，中世纪的德国曾发生了著名的马丁·路德倡导的“宗教改革”运动。这场运动从根本上来说，是奉行基督教的德国人面对罗马教廷无休止的压迫和勒索，起而反抗的结果，它的实质是把受罗马教廷控制的虚无缥缈“上帝”变成了教徒们可自由接近的心中偶像，具有革命性的意义。马丁·路德在这场宗教改革中，冒着受到火刑的生命危险，通过揭露罗马教廷牧师们的世俗和腐化，向人民宣传宗教自由的思想，宣传上帝存在于每个人的心中，对基督的信仰不必受教廷的控制，反对教廷干政，主张教徒婚姻自由等等，这些观点得到了德国皇帝和民众的大力支持，取得了宗教改革的成功，路德也因此确立了他的历史影响和地位。[2]

但是马丁·路德也不是一个完人，随着“宗教改革”的成功，他的一些极端错误的思想也在传播开来，其中有两个重要的内容就是：第一，他极端地厌恶和仇视犹太民族和犹太人，“他凶狠野蛮地反对犹太人”，在其作品中曾“极其恶毒地攻击犹太人”；第二，“路德经常强调服从合法民权的重要性。也许他提出这一点的主要动机是反对教会干涉政事，但是不管路德的动机如何，他的声音看来使许多德国新教徒在政治问题上接受了专制主义”。这样，路德的思想和作品在相隔四百多年后，“可能为希特勒时代开辟了道路。”[3]

基督教是一个具有严格排他性的宗教，其在德国及欧洲的盛行，加深了欧洲人对其他民族和宗教的排斥心理；而在德国，自由主义的思潮后面，却有着专制主义的思想基础，德国人与生俱来的强调集体、遵守纪律和团体合作的传统，使自由主义的思想一旦异化为纳粹思潮之后，就很容易被民众广泛接受，形成巨大的具有破坏和侵略性的力量。

在这样的历史环境下，希特勒度过了他的童年与少年时代，在林茨中学读书时，他受到了历史老师利奥波德·波伊契的反犹思想的严重影响，初步形成了他敌视犹太人的政治立场，当他成年时，在经历了生活的坎坷磨难和进一步接受反犹主义偏激宣传后，他便把社会上一切阴暗面和矛盾冲突的焦点归结为是犹太人的存在，故而立志要彻底解决犹太人的问题，按照他们的极端想法来改变社会。

1909—1913年在他流浪维也纳期间，希特勒阅读了大量反犹书籍，从而增加了他的种族偏见和对犹太人的仇恨。他曾对人说：他发现任何放荡淫秽的事情，诸如卖淫和贩卖女人等，大部分都是犹太人干的。“当第一次，我认识到犹太人是这个大城市中的渣滓堆里进行这种令人恶心的罪恶交易的冷酷心肠、恬不知耻、孜孜为利的主使者的时候，我不免感到一阵寒噤。”[4]当时，希特勒直言不讳地诅咒：粗野的犹太人诱奸天真纯洁的基督教女郎，从而玷污了她们的血统。后来他在《我的奋斗》一书中居然写道：“可恶的长着罗圈腿的犹太狗杂种诱奸数十万女郎”。

鲁登道夫·奥尔登曾研究说：希特勒反犹主义的根源之一可能是他在性方面的压抑嫉妒心理，虽然他年龄已经20出头，根据已知的材料，他在维也纳时期从来没有同女人发生过任何关系。在这种情况下，看到美貌的雅利安姑娘投身于经济条件优越的犹太人的怀抱，就不能不激起希特勒对犹太人的嫉妒和愤恨。这也是造成希特勒性取向变态的原因之一。

当时欧洲弥漫着一种普遍的仇犹情绪，主要原因是因为民众中有一种普遍的观点，认为散居在欧洲各国的犹太民族把持了金融、贸易和企业界的重要地位，生活富裕，因此平生了妒忌之心，更有了反感之意。他们认为这些外来者抢了本国人的饭碗，理应全部赶出去。在德国，更有人把一战失败之因归结为犹太人的存在与“捣乱”，更应彻底驱除。希特勒就是其中的激进分子之一。

在第一次世界大战期间，他作为德国士兵参加了战争，因在前线中了毒气而昏迷，醒来后在休养过程中，经过自己狭隘的思考，形成了彻底的反犹政治立场。这在其所著《我的奋斗》一书中，就有明确的表白。今天来看，我们似乎不能排除中毒对他大脑的损害和影响，使他形成了偏执狂的人格，比较变态的性取向，变成了一个轻度的精神病患者。然而，他的反犹思想和行动，在当时的德国，适应了许多人的思想倾向，拥有大量的拥护者，这就是以他为首的纳粹党确立灭犹主张的思想根源所在。

1939年1月30日，希特勒在向国会发表的演说中声称：“今天我敢于再作一次预言，倘使欧洲内外的国际犹太金融势力能够使各国再一次陷入一场世界大战的话，那么，其结果绝不会是全世界布尔什维克化和随之而来的犹太人的胜利，而是欧洲犹太民族的彻底消灭。”[5]在这里，他一是把战争的罪行归结为犹太人，二是明确无误地暴露了他灭绝欧洲犹太民族的罪恶计划。直到临死前几十小时，他在写作最后的遗嘱时，还对犹太人进行了最后的恶意谩骂，说他所发动的战争是犹太人所引起的，现在断送了他和第三帝国。在他的领导和影响下，大批深受纳粹思想蛊惑的德国人，成为执行希特勒屠犹政策的刽子手，并且自甘堕落，反以为是，决无丝毫的怀疑和醒悟。二战期间，约有600万犹太人死于希特勒及其纳粹党之手，事实说明了德军大屠杀罪恶根源之所在。

关于希特勒纳粹党及其军队施行战争暴行的原因分析，过去国内外学界曾有过专门和相关的研究，出版过不少的文章。国内学者也有专文发表。[6]总结起来可以概括为以下几方面的原因：

1．欧洲社会传统反犹思想的影响及其所形成的荒谬理论体系、营造出的社会氛围，对于纳粹反犹残暴行为的纵容和支持。

19世纪的欧洲，浓厚的反犹主义社会氛围，造就了一些极端主义思想家，如菲希勒、尼采、戈平瑙等人，他们受种族偏见的左右，制造了欧洲民族“优秀种族”、“超人”等理论，而希特勒正是受到了尼采宣扬的所谓“超人”理论的影响，形成了他所鼓吹的“日耳曼种族优越论”，并且又赋之以新的政治内容，直接为施行反犹暴行制造出“理论”的根据。

希特勒在其当政时期出版的《尼采与民族社会主义》一书中宣称：“我们感谢尼采从北方——日耳曼文化出发，对威胁生命价值的犹太人的认识！在‘贵族道德’(日耳曼人道德)与‘奴隶道德’(基督教道德)斗争的背后，必然预示着北方种族反对犹太对立种族的世界斗争。”[7]他们认为:条约、人类的道德对于主宰种族和“超人”是没有任何约束力的，因为他们是超越法律与人性的。希特勒及其纳粹党就是根据这种理论，以最残酷、最野蛮的手段建立起集中营来屠杀千百万犹太人，他认为只有通过残暴野蛮的兽性活动，“最高贵的民族才能成为世界的盟主，才能为万国所拥戴。”[8]

在这种所谓的“理论”体系支撑下，希特勒与其纳粹党，对于其在二战中所施行的各种反人道暴行，都觉得是在为德意志“国家”、“民族”服务，不仅没有犯罪感，反而觉得“光荣”。纳粹军队的指挥官在向其士兵下达屠杀令时，都是这样宣传的。而这种在客观上造成欧洲民族与犹太种族民族矛盾对立加剧的形势，当时由于具有丰厚的社会群众基础，在纳粹党人的恶意夸张和推动下，终究酿成了大祸。

2．希特勒及其纳粹党的实践理论和巩固统治的政治需要。

希特勒及其纳粹党是以极端的民族主义、种族主义思想作为其起家的理论法宝和意识形态核心的，也是其施行法西斯暴行的“理论依据”。

他们的种族主义理论认为，世界历史不是阶级斗争的历史而是种族斗争的历史，日耳曼人是地球上最高级的种族、世界历史的创造者，犹太人则是世界的破坏者，是劣等种族，应该驱逐或灭绝。德意志人则是日耳曼人的核心。希特勒宣称：为了保持和发展人类的文化，日耳曼人必须保持自己血统的纯洁性，如果放弃纯粹血统而陷于种族混杂之中，就会丧失自己优越的权利、地位和创造文化的能力，“人类不会因为战争的失败而灭亡，而是由于血统混杂、种族堕落以致丧失抵抗力而灭亡”，“对于人类劣等民族犹太人和斯拉夫人，他们是引诱雅利安人堕落而使人种水平下降的罪魁祸首，因此，雅利安人应当奴役他们、征服他们、折磨他们，使他们对日耳曼人不敢正视。”[9]“对待被征服种族，应比对待野兽还要残酷，应当首先让被征服者拉犁，然后才让马拉犁。”希特勒狂热号召说：“创造者，坚强起来！抢吧、烧吧、杀吧！绝不要对被你们奴役的劣等种族发生一丝一毫的怜悯，尽量把苦头给为你们服苦役的人去吃，这样才能表现出‘超人’应有的伟大气魄，要创造‘超人’，创造英雄的种族，没有斗争、痛苦、忍受以及对弱者的伤害，是不能实现的。”[10]

根据这种极端的种族主义的“理论”的要求，纳粹党便把“选择和保存德意志民族最优秀分子”以及“淘汰劣等种族”视为己任，在二战时期犯下了灭绝犹太人和奴役其它民族的滔天罪行。

希特勒纳粹党人是通过阴谋活动由兴登堡总统特别授权上台执政的，并不具有通常的合乎法律程序的地位。为了建立起纳粹党专制的法西斯集权体制，他利用当时整个德国社会因战败而饱受战胜国凌辱、民族主义情绪炽烈的情势，以“德国的生存和发展正受到日益严重的威胁”为借口，把犹太主义与马克思学说联系起来，寻找进行镇压的根据。他大肆攻击“犹太人”的马克思主义、布尔什维克党和社会民主党，用以转移国内人民的斗争视线，以达到统一思想巩固独裁统治的目的。

希特勒在其《我的奋斗》一书中写道：“犹太人创立了马克思的学说……马克思能够用政治家的眼光认识这腐败世界中的主要毒物，用了巧妙的方法去提取而制成浓厚的毒液，用以迅速地去毁灭世上一切自由独立的国家。马克思之所以如此，那是为了谋犹太种族的利益而已。如果德国有朝一日覆灭了，那么，受布尔什维主义的鱼肉自然是毫不困难的。犹太人的目的，便是使德国国内的民族互相斗争，希望德国在经济上永远衰落，在政治上完全沦为奴隶。因为这缘故，犹太人便竭力灭亡德国。”[11]希特勒还把马克思主义胡说成“犹太学说”，视之为造成德国内外交困的根本原因。希特勒给德国因战争和革命而感到前途暗淡的小资产阶级所身受的不幸做出了一个简单的解释：“犹太人”、“凡尔赛和约”和“十一月罪人”是万恶之源。希特勒认为：德国战败而接受民族最大耻辱的《凡尔赛和约》是马克思主义的犹太人出卖的结果。共和国政府是由“马克思主义的犹太人组成的，犹太人所操纵的民主国家已经成为德国民族的祸根”。“马克思主义之终极目的在于摧毁一切非犹太民族的国家。”希特勒宣布：“吾党之运动则在消灭马克思主义并与犹太人势不两立，实无通融之地。”[12]按希特勒的这种逻辑，屠戮犹太人也就成为天经地义的事了。

通过诬陷、渲染犹太人的可怕和“歹毒”，希特勒为其实践纳粹党的“种族”理论和巩固统治寻找到根据。他们需要用犹太民族、马克思主义、布尔什维克党、社会民主党以及其他一切政治的、种族的“敌人”的鲜血和躯体来架构其残暴统治的基础，于是大屠杀及一切空前的暴行便开始上演了。

3．为实现其称霸世界的战略目的发动和维持侵略战争的需要。

希特勒上台以后曾经做过这样的论断：德国46万平方公里的土地要养活6200万人口，这是不行的。在他看来，解决问题的办法不能借助于向外移民，移民会使优等种族遗传受损；也不能靠限制生育或堕胎，限制生育或堕胎会夺走健康儿童的生命；提高国内粮食产量或进口粮食，均会有限度而非长久之计。唯一的出路便是实行对外扩张，必须依靠“剑”的威力去夺取“生存空间”。于是，希特勒便把夺取生存空间和肉体上消灭犹太人结合起来。他说：民族社会主义的任务就是以发动流血的侵略战争来保证日耳曼民族在地球应获得的领土，“当吾人今日谈及在欧洲新领土的问题，必先想到俄国，今天的俄国统治者是身染血污的罪犯，人类的败类，尤其不能忘记俄国已被无国籍的犹太人所完全统治。”[13]所以结论就是：为了消灭犹太人及其统治下的苏联，就必须发动争夺“生存空间”的战争。

居住在德国的犹太人在希特勒执政前约占德国人口总数的1%，但他们聪明能干，勤劳富有，在德国各行业，特别是在金融业等国民经济核心行业中实力雄厚，占有重要地位。许多大银行、大商店、大工厂都由犹太人开办，而在自由职业岗位上，犹太人也占有优势。如柏林市的医师中，犹太人占52%；法兰克福城的律师中，犹太人占64%；许多著名的科学家、文学家、艺术家等，也都是犹太出身。他们在德国社会上具有重要的地位和影响。

希特勒对犹太人在德国社会各界的地位和影响，特别是对犹太人在德国经济领域的领先实力极端妒忌仇视。在《我的奋斗》一书中，希特勒曾写道：“他们的经济关系，差不多包括了整个帝国的全部，一切真正的伟大企业，差不多完全在其掌握之中，凡是主要的专家和职员，多是属于他们的。国外的贸易完全是由他们经营的。如果德国再衰落的话，对总揽国际金融的犹太人是有利的。犹太人的用意，那是十分明显的，就是想要德国赤化，就是摧毁德国民族的智力，并竭力借犹太人所操纵的世界金融，来摧残德国劳工的势力，作为扩张犹太政府世界计划的第一步。”因此，纳粹党的政治目的就是要把犹太势力从德国社会各界排挤出去。

1933年4月7日，纳粹政权颁布的文官法规定：凡父母或祖父母信仰犹太教者，即为非雅利安人。而非雅利安人不得充任德国文官。此后，犹太人几乎被排斥在德国公共生活之外。犹太出身的法官、律师、医师、教授、演员被免职。犹太人的资产被没收，犹太工人失业。1938年，德国在伦敦同世界犹太人组织磋商，提出了一项犹太人有秩序地迁居国外的计划:德国将没收估价为15亿马克的犹太资产用作外迁经费的保证金。[14]在希特勒上台后，当德国面临经济困难时，为了扩军备战、讨好垄断资产阶级、减少竞争对手，以希特勒为首的纳粹政府开始掠夺犹太人的财产，把大批犹太人驱逐出境，不准携带巨款，冲锋队员抢劫犹太商店，以致发展到“从肉体上消灭犹太人”，这些举动在一个方面就是为了增加军费的来源，消除犹太人的经济势力。这样，不仅可以灭犹而且可以发财，真可谓一举两得，这就是后来纳粹在毒死上百万犹太人前后，连他们的衣服、头发、金牙都要全部劫取的原因所在。纳粹军队之残暴行为，是有着根本的动机和目的的。

4．战争中镇压人民反抗的威慑需要和德军官兵的兽欲发泄。

同历史上的一切侵略者一样，德国纳粹军队在战争中所犯下的一切屠杀、掠夺、破坏、变态性暴力等等暴行，在客观上也同时具有镇压被害国人民反抗的威慑需要和德军官兵的兽欲发泄两种目的。例如在侵苏战争中，德军曾在各地大肆屠杀平民，对他们俘获的反抗组织游击队员施以各种非人道的迫害、残杀，如德军对被捕的女共青团员卓娅所实行的强奸、轮奸、烙刑，直至最后绞杀于雪地之中并曝尸，就是一典型例子。而德军的这类暴行是数不胜数的，比这例罪恶行径更严重的事例还有很多，只不过因卓娅的遭遇因德军拍摄的施虐照片被红军缴获，引起了斯大林元帅的震怒而传扬开来，为人所知。而其他死在德军各种无耻暴行之下的男女老少，何止成千上万。德军施暴的目的，明显是出于发泄兽欲和震慑人民反抗的直接需要。

二、日本军队战争暴行的原因

前文审察了希特勒与德国法西斯对犹太人进行大屠杀等一切暴行的基本的罪恶动机。那么，在与欧洲历史地理环境和人文传统完全不同的亚洲，日本军队为何要在中国各地尤其是在占领后的南京，对中国平民和失去抵抗力的军人实行大屠杀呢？多年来，中外学者们对此也进行了广泛的研究，取得了大量的研究成果，集中起来，基本上可以归纳出日军施展暴行有下列三个方面的基本原因：

第一，日本民族性格特征、历史文化传统中的阴暗面因素。

日本民族自古以来，因封建天皇制度和长期军阀政治的影响，形成了崇拜强者鄙视弱者的观念，他们崇拜盛开之后即刻凋谢的樱花，推崇靠武力行天下的武士，对征服弱者充满快感，在强者面前又显得十分恭顺。一方面，他们善于学习别的民族的优点，消化吸收，改良补充自己；另一方面他们又因狭隘的岛国地理环境形成的封闭心理，缺乏宽容与大度。种种特征造就了日本军队在战争中的行为特点，以“武士道”伐戮精神相标榜，以海盗式的屠杀与掠夺为特征，试图以暴力达到征服的目的。另外，又因岛国环境的影响，土地与资源的缺乏，使他们生就了比较严重的生存危机感，时时刻刻盘算着如何通过“开拓万里波涛”来摆脱这千年的忧患，为在海对面的大陆上谋得一块永久的生存之地。其对外侵略的动机是长期、明确而牢固的。

日本的这种传统的出现与流传，与其历史上长期的幕府政治体制和“武士”阶层的形成与壮大密切相关。

自公元794年日本政府迁都平安京，开始平安时期后，日本的庄园制度正式形成，封建贵族们以庄园为单位，对农民进行统治和剥削，在这些庄园内，贵族们不仅拥有土地农民，而且还附有手工业者，可以自给自足，形成独立的社会经济单位。庄园的管理者称为“庄司”，由庄园主派遣，对其负责。

为了有效地维护统治，各庄园还豢养了一批武装力量，称为“武士”。他们与庄园主结成主从关系，自己占有土地，以战争和掠夺为业，势力逐渐强大。在全国各地庄园纷纷兴起的情况下，天皇的统治势力日渐没落，中央大贵族专擅朝政，随意废立天皇，统治阶级内部斗争激烈，武士也就成为各方争夺的军事力量，地位日益重要。

1185年，日本关东军阀源氏击败关西军阀平氏夺取中央政府控制权后，日本天皇被架空，“镰仓幕府”时代开始。

在幕府政治体制下，掌握中央政权的大将军，依靠各地的“守护”和

“地头”武士来控制全国，由此确立了日本历史上军事封建贵族统治的幕府时代。在这种社会体制下，武士成为了社会上的特权阶层，握有政治、经济和军事权力，武士分为将军直属武士和非直属武士两部分，他们占有大片土地，职位世袭，形成一个闭锁的军事特权等级。

武士是将军统治的支柱，他们向将军呈献名簿，宣誓效忠，结成主从关系，为将军和大名的利益而卖命征战，幕府则保护武士家传土地的所有权，并保证其拥有的社会地位与具有姓氏、佩刀等特权。平时，农民遇见武士是必须脱帽让路的，如武士认为平民对他无礼，可以迫使其下跪，甚至格杀勿论（这一幕，肯定会使我们联想起侵华日军在城门口虐待中国百姓的情景）。

统治者们还从意识形态方面培养武士为其支柱，他们把日本战国以来长期宣扬的“武道”加以发展，称为“武士道”，标榜“忠、义、勇”，其目的是竭力把武士训练成为盲目效忠主人，好勇斗狠，为其卖命的佩刀奴才。在长期的受尊崇的社会环境下，这种武士的道德行为规范被广泛宣扬，集效忠、勇敢、杀戮、团体主义、孤芳自赏于一体，崇拜武力讨伐的“武士道”精神，由此在日本社会中扎下了根，受到了全社会的推崇与效仿，流传下来。

将军、大名和武士的统治，是建筑在对广大农民残酷压迫和无情剥削之上的，幕府采取各种手段对农民进行统治和压榨，武士们曾宣称统治农民的方法就是“不要让他们困难，也不要让他们自由，这就是对农民的慈悲。”“芝麻和农民都是越榨越有油。”在这种令人咋舌的思维方式及其统治压榨下，农民年收成的一半以上都要被掠夺，还有无休止的水利、运输、作战夫役等劳役要承担，农民自己生产稻米，却被迫遵从幕府命令，平时只许吃杂粮以保证进贡；居民实行残酷的“五家联保制”，一人犯过，邻里遭殃；武士的特殊而极端的思维行动方式与其别样的统治手段匪夷所思。

在对外关系方面，幕府时代的日本，在学习中国经验保持对华友好交往的同时，也开始了对中国的觊觎。16世纪日本著名的幕府将军丰臣秀吉，不仅以荡平国内一统日本而闻名，而且有着狂妄的对外侵略野心，他首开欲征服朝鲜和中国的先河。1592年，丰臣秀吉发兵30万进攻朝鲜挑衅中国，甚至还任命了他的外甥为未来被征服后的中国的总督，气焰嚣张。但因当时日本国力还比不上中国，在中朝军队的联合打击之下，日军节节败退，丰臣秀吉忧急而死，这次侵略完全失败。

此后1603年，丰臣秀吉的部将德川家康在江户（今东京）建立了幕府，直到明治维新，日本没有发生大的改变。[15]

“明治维新”是日本近代历史的开端，具有深远的意义。通过这场维新运动，日本实现了社会的改良，国力增强，为其对外侵略创造了条件。而与之毗邻的中国则正好相反，千年来的繁荣昌盛因缺乏改革而日渐衰微，近百年来衰落的封建统治和帝国主义列强的野蛮侵略掠夺，造成了中国的积贫积弱，广阔的土地与丰富的资源，使强邻垂涎。故日本对于中国，从历史上的敬仰学习逐步演变为蔑视与侵略。

几千年来，日本在中国学习到了不少的东西，日本的学者对于中国的传统文化有着比较深刻的研究，在某些方面甚至超过了中国人。然重要的一点，日本社会主体文化意识到底也没有能够吸取中国墨儒诸家传统的非战、平和、宽容的美德。再者，日本社会封建统治等级森严的习俗和客观生存条件对于其社会集体化努力的需要，形成了他们漠视个人价值重视社会团体利益的习惯，社会生活对于个人的环境压力很大，尤其对负担主要社会责任的男子，压力尤重，于是一旦有机会，就造成了他们放纵自己以释放压力的契机。日本社会保持了男尊女卑的传统，对女子是轻视的，从根本上来说，社会的主流意识认为女子是要服从并服务于男子的，在两性关系上完全是以男人为主，男子视女人为玩物，各种对女性的玩弄与虐待方法即使是在现代日本也是司空见惯的，以至于造成日本变态色情业的长盛不衰。这些特征，造成了以社会中下层男子为主的日本军队，在对华战争暴行中的各种大规模屠杀、各种各样的骇人听闻的变态虐杀和奸淫妇女，制造出各种变态性暴行的社会根源。[16]

第二，日本当局在侵华战争中“膺惩”中国人的政治需要。

近百年来，中日关系因日本不断侵华而处在紧张对立状态。日本军政当局为了侵华的政治需要，一方面对中国进行全面缜密的侦察和有意识的挑拨离间，他们搜集中国各类政治、军事、经济乃至地理资源情报，进行仔细的研究，利用中国社会政治中的一切矛盾进行分化瓦解，准备发动侵华战争；另一方面在国内大肆进行对中华民族的鄙视仇恨宣传，向民众灌输日本为了生存和尊严，必须侵略和占领中国的观念。在日本社会中播下仇华蔑华的种子，这一切使得日军官兵在基本的观念上充满了对中国人的蔑视和轻慢，他们从心里认为中国人是劣等的民族，只要他们敢反抗日本，那么就应受到任何惩罚，即所谓的“膺惩”。他们认为对敢于抵抗的中国人怎样做都不过分。

从客观事实来看，日军比德军更无耻的一点是，他们在作恶时，大多以变态手段来杀人和虐待妇女，总是要让受害者在死去之前最大限度地饱尝各式各样的痛苦，从中得到很大的乐趣。这种普遍现象，表现了日军基层官兵的变态心理。无可否认，其中有着日本社会根源的因素。

一个参加过南京大屠杀的日本兵宫本在1937年12月16日写给家人的信中说，“我们得到了中国的首都，也得到了首都的女人；这是个没有出息的民族，五千年的历史，对他们来说没有什么用；只有建立大东亚共荣圈才有希望。”[17]由此可见，军国主义的毒素已经侵入了日军官兵的骨髓。另一名曾在中国山西作战的日军老兵近藤一，最近曾对前来采访他的记者说：“从小老师就教我们，大和民族是最优秀的民族。因此，当时我觉得怎么样对待这些身为劣等民族的中国人都不为过。现在回想起来，我犯下的罪行100年也偿还不清。”“说着说着，老人的脸便抽搐起来”。近藤一的良知，是他后来在冲绳岛撤退的时候，亲眼目睹了被卷入战争中的几百名日本平民的尸体，其中有被炸得支离破碎的尸体，有与母亲失散而哇哇大哭的婴儿，这些对于日本人的切肤之痛，让近藤想起了他在中国的所作所为。“我在中国所做的一切在冲绳重现，那个场面就像地狱。”已年过八旬的近藤，现在一有空就会回到山西忏悔当年犯下的罪行。为冲绳战场上，像蚂蚁一样被杀害的日本人，让他突然意识到，中国人是和他们一样有血有肉的人，当年在山西屠杀中国民众同样是罪恶行径。[18]

近代以来，日本视侵华为其战略目标，一切的行动以此为目的。为了顺利地吞并中国，他们注重所谓历史的经验总结，有报道评论说：日本人总结了中国历史上元清两朝蒙古和满族人占领中原的经验，认为对于敢于反抗的汉族人，只有一个“杀”字可以威慑住，“扬州十日”与“嘉定三屠”是巩固征服者外来统治的有效手段。因此，日本要占领中国，也只有对中国人大开杀戒。这种谬论居然成了他们在中国各地制造骇人听闻大屠杀的“理论指导”。从“八一三”战役后期日本军界首领狂妄叫嚣要“膺惩”中国人的历史事实来看，我们对于这种谬论是可以宁信其有的。

第三，对于中国人民奋勇抵抗侵略的疯狂报复，发泄日本军人的战争兽欲的需要。

第二次中日战争开始以后，日本军方对于中国方面的激烈抵抗表现出乎他们的意料之外，特别是在“八一三”淞沪战役中，中方的主动抵抗和决战勇气，打破了日军“三个月解决中国事变”的吹嘘，令日方“有措手不及之感”。当他们被迫一再增兵上海，最后在突破中方防线后，一种被“侮辱”后图谋报复的心理油然而生。

1937年11月19日，日本华中派遣军在攻占上海之后，决心废除原定“指令线”的限制，乘胜追击，攻占中国首都南京，[19]其中就有图谋报复中国人抵抗的因素在内。在这样的情况下，南京城破之后，日本军队为了泄愤和以屠杀来威吓中国民众，消灭其抵抗意志，实行大屠杀、疯狂的强奸、掠夺与大破坏，就是必然的事了。

战后日本右派有人说南京大屠杀的原因之一是中国人对日本军队的激烈抵抗造成的，这种借口之荒谬简直不值一驳，天下哪有遭到外敌入侵而不能抵抗的道理？日本右派否认南京大屠杀事实的种种“理由”都是出于政治因素的蛮不讲理的诡辩术，根本不是历史研究，因此不值一驳，这些无耻的政客，即使铁证放在他面前，他们也不会认账，因为他们所谓“研究”与“撰述”的目的就是为了给侵略者翻案，真理与事实对他们是没有约束力的。在这一点上，他们与当年制造南京大屠杀的刽子手们在精神上是相通和一致的。

上述三方面的原因，就是侵华日军制造南京大屠杀和在中国各地犯下无数骇人听闻的暴行的基本因素所在。

三、德日军队战争暴行原因比较的结论

从两者的对比来看，德国法西斯要杀犹太人是出于他们荒谬的种族仇恨理论及其实践，对被害国人民实行暴行也是为了镇压反抗和发泄兽欲；而日本人在中国和各被害国的各种战争暴行则是为了实现侵略目标而实行的疯狂发泄与镇压，想以暴虐来威慑住反抗，两者的共同点都是把屠杀与暴行作为他们实现称霸世界野心的必需手段，而不同点则是在动机和传统方面有差别，日本人的战争暴行有出于其民族的历史的习性，而德国人则是在走入政治歧途后，极端思维产生的反动理论的疯狂实践，两者都造成了灾难性的后果。

认识到这一点对于曾为世界战争发源地的这两个民族的反省，将有重大的价值和意义。然可悲的是，就暴行原因等因素比较而言，战后更需要彻底反省的日本，比较德国的认真表现，在对战争暴行的认罪、反省、道歉、赔偿各方面都存在巨大的差异和不足。虽然造成如此现状的因素是多方面的，但其中民族习性的影响是重要的一点，狭窄的岛国地理形成的生长环境，使日本人严重缺乏宽广的心胸，不能正视自己过去所犯下的罪孽，不仅不能坦然认罪改过，反而千方百计的掩饰、抵赖、狡辩，给世人留下丑恶的印象。因此，为促使日本的正确反省，对德日两国战争暴行进行全方位的比较研究，找出其中相同点与不同点，进行深刻分析，指出原因，可以对世人解决此问题提供有益的帮助。

【注】

[1] 在“南京大屠杀与纳粹屠犹”国际学术研讨会上以色列与美国、法国学者的发言，2005 年 8 月 10 日，南京大学行知楼。

[2] [美]迈克尔·H.哈特著，苏世军、周宇译：《马丁·路德》，人民教育出版社课程教材研究所，网址 http://www.pep.com.cn/200406/ca416196.htm。

[3] [美]迈克尔·H.哈特著，苏世军、周宇译：《马丁·路德》，同上注出处。

[4] [美]威廉·夏伊勒著：《第三帝国的兴亡》，世界知识出版社，1979 版，第 32 页。

[5] [英]阿德诺·托因比等著：《希特勒的欧洲》，上海译文出版社，1980年版，第239页。转引自王昌沛：《希特勒疯狂屠杀犹太人原因透析》，载《青岛大学师范学院学报》，2004年第1期。

[6] 王昌沛：《希特勒疯狂屠杀犹太人原因透析》，载《青岛大学师范学院学报》，2004 年第 1 期。该文列举了希特勒疯狂屠杀犹太人的五方面的原因，分析揭露比较透彻。

[7] 朱庭光著：《法西斯新论》，重庆出版社，1991 年版，第 289 页。

[8] 希特勒著：《我的奋斗》，世界知识出版社，1995 年版，第 138 页。

[9] 《西方哲学史》(下)，人民出版社，1986 年版，第 139 页。

[10] 《西方哲学史》(下)，人民出版社，1986 年版，第 347 页。

[11] 《西方哲学史》(下)，人民出版社，1986 年版，第 248 页。

[12] 希特勒著：《我的奋斗》，世界知识出版社，1995 年版，第 104 页。

[13] 希特勒著：《我的奋斗》，世界知识出版社，1995 年版，第 40 页。

[14] [联邦德国]卡尔·迪特利希·埃尔德曼著：《德意志史》(上)，商务印书馆 1986 年版，第 331 页。

[15] 北京大学历史系编：《简明世界史》(古代部分)，人民出版社 1974 年版，第 171–174 页。

[16] 据中国社科院近代史所研究员卞修跃研究统计，日本军队在中国各地屠杀中国人的各种残酷方法多达 250 种，真可谓空前绝后，惨绝人寰。见卞修跃：《日军在中国实施的杀人手段有 250 多种》。搜狐网：纪念抗日战争胜利 60 周年专题，媒体报道，2006 年 7 月 15 日。

[17] 据网络资料 http://old.hjsm.wt/adv/adv–article–top.htm/《抗日之铁血雄风》第一部《挺进》第三节“武装”。

[18] 濑口晴义：《战后 60 年的记忆——每个士兵都背负着战争的罪行》，日本《东京新闻》2005 年 7 月 23 日报道。载《参考消息》，2005 年 8 月 3 日第 3 版。

[19] 马振犊著：《惨胜——抗战正面战场大写意》，广西师大出版社，1994 年版，第 120 页

日军大屠杀期间南京军民反抗问题研究

载《抗日战争研究》，2007 年第 4 期。本文为南京师范大学中日研究中心南京大屠杀研究基金 2007 年立项项目成果（与邢烨合作）。

在有关侵华日军南京大屠杀研究史上，中外学者做了大量的工作，但至今仍缺乏研究的一个问题是：在南京沦陷后，滞留城内的几十万市民和数以万计的放下武器的中国军人，面对日本人的大规模屠杀、强奸与抢劫、纵火等暴行，表现出了怎样的应急反应和造成这些反应的原因。

在有关南京大屠杀的中外史料已经被着手大规模征集和系统出版的今天[1]，我们可以依据现有资料对这一问题进行基本的研究工作，而不必担心因史料的缺乏而犯下盲人摸象的错误。

一、大屠杀中南京军民的反抗记录

在研究日军大屠杀期间被害者态度问题时，我们首先应当看到，大屠杀期中国军民是有反抗的。

首先，集体被俘的中国军人会有濒临死亡的觉醒，少数也进行了反抗、暴动或试图逃跑。如在乌龙山边日军第十二师团山田支队的屠杀场，就曾发生过万余名被围中国人在日军机枪开火一刹那集体冲击敌军的行为，但是最后他们仍为外围日军部队全部杀害。[2]12月17日（一说是18日）晚上，在幕府山附近，也有被押的数千名俘虏进行反抗，并袭击了押送的士兵，约一千余名（一说数千）俘虏被打死，其余全部逃跑。[3]12月14日黄昏至深夜，部分中国士兵还放火烧毁了日军缴获的煤炭仓库。[4]25日深夜，一伙中国士兵袭击了日军军官宿舍，杀伤了12名正在睡觉的军官。[5]在草鞋峡大规模的屠杀过程中，被关押军民冒着密集的弹雨，高喊：“夺枪！夺枪！”赤手冲向敌人，遭到了日军的无情屠杀。[6]在城内，也有一批中国士兵，被日军围困在司法院四楼顶层，他们自知不是被推下楼摔死，就是被日军纵火烧死，因此都奋不顾身地去夺日军手中的武器，他们虽然全部牺牲了，但也当场拼死了多名日军。[7]

其次，普通南京市民也有反抗日军暴虐的行为，有些人表现得还十分壮烈。有不愿为日军开车运送子弹、与日军奋勇搏斗最后遭到枪杀的梁志成；不屈反抗日军强暴、身中三十余刀刺伤仍反抗不止的李秀英；反抗日兵强暴被劈成两半的姜根福11岁的二姐，还有身缚炸药包轰炸日军火车的无名妇女，[8]另有许多妇女宁死不受辱，以自杀来反抗日军的暴行。许多不知名的中国家庭成员，在日军施暴时，奋起反抗而当即遭到屠杀。

南京军民对日军的暴行进行的英勇反抗，这些事迹零落在当时的报刊杂志和幸存者的口述中，汇成一幅幅悲愤而壮烈的画面，让人激动！然而，从现已公布的中外史料和有关学者的著述来看，在大屠杀期间，南京军民的反抗并不具有普遍代表性，且更多地表现为个别、分散和无组织的特点。另外，在幸存者口述以及日军官兵的日记或回忆中，我们也发现了许多成批毫无抵抗意识、任由宰割的被屠杀军民的相关记录。从大量的史料来看，大屠杀期间南京军民中并没有出现成规模而激烈的反抗行为，在某些情况下还给人以相当程度上“坐以待毙”的感觉。我们认为，造成这一事实是有着多方面内外因素的，而且在第一次世界大战中与数百万犹太人面对纳粹屠刀的表现相比较，这也绝不是特例。

二、大屠杀中南京军民的基本表现

对此问题进行深入分析，应当包括两个方面的内容，其一是滞留城内的中国军人，有没有进行有规模的巷战和最后的抵抗作战？其二是南京居民有没有进行反抗及其程度如何？由此才能得出客观综合的结论。

（一）南京城陷后守军没有与敌发生大规模巷战

中国军队在城陷后的撤退过程中，确实进行了一些局部地区的战斗。不过这些战斗更多的是在突围过程中与日军开展的遭遇战，而中国守军在城陷后最初几周里究竟有没有坚持对敌展开有规模的街巷争夺战？回答是否定的。

巷战，并不是单纯指在街巷发生的战斗，它一般发生在城镇或村落的街巷内，通常是对建筑物街垒、制高点进行争夺，形成许多独立的短兵相接的战斗。[9]南京沦陷前，唐生智曾命令各部加强城防，准备巷战。南京的各城门也用沙袋堵了起来，城门外公路挖上了壕沟，各交通要道设置沙包电网，准备守卫。[10]负有掩护任务的部分队伍也做过巷战的准备，“11日，（第78）军奉令增厚城防，作巷战准备”[11]，在金陵大学附近的士兵也在校园围墙内挖战壕，增筑巷战工事[12]。12日，二十六师一团被调入城内，[13]一六O师及军属炮工兵营也集结于玄武门、水西门一带，构筑工事，准备巷战。[14]12日下午8时，中国士兵也支持着最后一两个据点。[15]但是，在日军猛烈的进攻之下，大多数可以称之为战斗的反抗都很快地溃散了，“城内几乎未曾发现敌军”[16]，日军称至13日傍晚，守军则基本撤退一空。值得一提的是，在日军迅速攻入内城时，敌我在城南也曾确实开展过激烈战斗，有部分守军突围撤退时与前进的日军曾发生了遭遇战或者突围战[17]，而将这一类战斗视为主动意识很强的巷战是不妥的。因此，仅凭日军作战日记中类似“今天（13日），南京还在进行巷战”[18]的记录，或者新闻报道中的“猛烈巷战”[19]、“枪声大作”[20]之类的描述，就认定南京城内发生了有组织的巷战，似乎不合实际。

最为关键的是，在12日傍晚唐生智下达撤退令之后，城内守卫部队的任务即转变为保存有生力量转移。此日以后，除了担任掩护任务或者争夺和保卫撤退通道的部队负有阻敌前进的任务，其余部队不会再滞留城内进行巷战，笔者也未见到有资料显示中国军队高层有明确的继续巷战命令。另外，自城破到日军完全占领南京，时间不到一天，这也足以证明中国残余守军并未进行任何有效的巷战。正如一些当时滞留城内的外国人所记载：13日之后，城内只剩零星的对日军暴行的反抗，巷战则近乎绝迹，也没有其他形式有组织的抵抗活动[21]发生，这是历史事实。据此，我们可以认为：在城陷之后几周，南京城内基本上没有发生巷战。

南京沦陷时大约有9万多士兵都滞留在南京城内外地区。我们不否认，一些官兵迫于形势暂时藏起武器，希望等状况好转再重新归队，也有人怀着强烈的抗日热情，辗转逃出南京继续抗战。但因为种种原因，大多数士兵在南京沦陷后丧失了战斗的意志，在混乱中各自逃散。为了求生，许多士兵脱下军装、卸下武器，换上老百姓的服饰，躲入难民区或者潜入民间，还有一些部队并未丧失战斗能力，然而却向兵力远少于自己的日军缴械投降。这9万名左右的军人被俘或潜入民间，最后绝大部分遭到日军屠杀，是30万遇难同胞的一个重要的组成部分。[22]

（二）南京市民应对日军暴行的反应

1.战争爆发后南京人的心态分析

七七事变爆发之后，全国投入抗日高潮，南京也不例外。随着各种抗日宣传和备战活动的陆续开展，普通民众对战争也有了越来越贴近的感觉。

到了1937年8月中旬后，日军为了配合其主力进攻淞沪地区，动摇中国军民的抗战意志，开始动用精锐的海军航空队对华东、华南地区的政治、经济和军事要地进行大规模空袭，南京作为中国首都，成为日军攻击的首选目标。日本空军用炸弹和机枪、航炮疯狂轰炸，炸毁了不少建筑物和防御工事，数千南京市民遭到袭击身亡，“城内人心惶惶，不知所措”。[23]而国家机构、政府官员及其家属的相继转移，也给普通市民带来了极大的恐慌。[24]在不断遭受空袭的情况下，南京市民对战争即将到来的不安和恐惧与日俱增，他们的应急反应基本上可分为三种：一是随着中央政府机关的陆续撤退，有钱的居民逃难迁往大后方，二是没钱的小户平民避往乡下或暂时出城躲避战火，三是因许多原因不便离家的居民（如家有老人、孩子、病人及众多不便外出不能离家者），他们只能躲在家中祈祷“菩萨保佑”，忍受战火带来的一切。

到沦陷前夕，留在城内的市民的心理状态就更为复杂了。他们一方面希望中国军队能够保卫城池，另一方面，也为中国军队即将放火烧城等一些不切实的流言而惶恐不安。[25]对于日本的大军压境，他们感到绝望而无奈，甚至有人因知识有限幻想着如“接受日军”[26]可能会保住身家性命，并结束战时的紧张和空袭的危险。[27]更有一些市民怀着对战争麻木的情绪，认为战争与他们无关，他们甚或不愿与中国军队配合，认为只要自己没进行什么反日的活动，日军就不会对他们施暴。

战争中作为弱势群体的女性，因其受到人身凌辱和生命威胁的情况会更加严重，所以在当时，除了有条件出走的妇女外，南京在沦陷前几个月内，有大量的青年女性选择了提前结婚，她们认为这样可以得到更可靠的保护，也能减轻家庭的负担，最重要的就是希望借此避免或减少日军到来时受凌辱的可能。

到12月初，许多市民在了解到市内有外国人举办的“安全区”存在的情况后，纷纷来到“安全区”寻求庇护。因为这对于那些毫无实力、只能滞留南京的普通市民来说，“安全区”不啻是最后一根救命的稻草了。而主持“安全区”的外籍人士考虑到本身各种条件的限制，只愿更多的收留妇女和儿童。还有大量的市民，因为不愿抛弃自己的房屋财产，直到最后一刻还留在家中。他们中的大多数虽然都感受到了战争即将到来的恐怖气氛，但对于如何应对这场战争却不知所措，只能听天由命。

因此，就当时南京人的基本心理状况来说，他们是茫然、无组织和缺乏准备的，更没有想到会面临空前的大灾难。

2.南京市民对暴行有抵抗但不普遍

南京城陷之后，日军从进入城市的第一刻起，就开始了长达六周甚至更长时间对放下武器的中国士兵及普通市民的大规模屠杀、抢掠、纵火及对妇女的大规模的强奸。

面对日军惨无人道的暴虐行为，滞留城内放下武器的中国军人及市民，表现出了大祸来临时的无助、恐慌和不知所措，他们基本上都采取了“走”与“躲”的策略，士兵们丢掉武器换上便装，进入难民区躲藏或混入难民流中，准备向北向西出城；而普通市民则躲在家中关紧大门，祈祷能躲避灾祸的降临，几乎没有人想到要主动地去抵抗日军的侵入。

当日本军队进入街道巷里之后，他们不问情况，见人就杀，挨家逐户破门而入“搜查军人”，对手无寸铁并未反抗的居民，大都射杀砍刺，并伴随着奸淫妇女，抢劫财产。当他们的暴虐行为很快传遍全城之时，南京居民除了更加恐慌、或奔逃四散、藏身于暗室、床底桌下之外，很少有人想到要进行抵抗。甚至在被大量集中关押的过程中，中国军民也少有集中的暴动来反抗日军的屠杀。

当然，在这当中，曾有一些家庭、居民的分散反抗。往往发生的情况是，当日本军队在冲砸家门时，善良的南京市民还出来开门，他们的动机是很纯朴的，认为只要向日本人说清楚家里没有外人，来者也不会危害自己。但是，野蛮而凶恶的日军进门后，除杀害开门者外，还要逐屋搜查，他们见青年壮丁就杀，见妇女就奸淫。因语言不通，双方无法沟通，日军往往最后杀光被发现的居民，抢了财物再烧房而去。在日军最先占领的城南地区受害最重，民居基本被烧光，大火数日不息。日军施暴之时，曾有一些市民，面对家人被杀被奸的惨景，奋起反抗，与日军搏斗[28]，但基本上无法与日军抗衡就立即惨遭暴行及杀害。仅有个别人能侥幸死里逃生，如李秀英的反抗例子等。到市内秩序相对安定之后，又有少数几人相约为伴，一起膺惩作恶的日人的例子发生。[29]然而，这也只是个别的现象，往往也只是针对单个日兵，没有有组织性的活动，一旦事成后就立即各自逃散。这样做往往也会引来日军更大规模的报复性屠杀。[30]

从客观实际来看，当时作为弱势群体的南京市民，他们没有对入侵者的暴行进行普遍有规模的主动反抗，也没有成立任何自我保护或救助的相关机构。这与中外历史上发生的多次战争暴行中被害方民众的表现相类似，更何况日军行为空前残暴，令人无法正常思考及其应变。在此情况下，有学者认为南京市民们没有反抗无可厚非，是不需研究的“态”。确实，在当时异常恶劣的环境下，市民们的表现不应当遭受批评和指责，但以此作为切入点分析当时的情况，我们认为，即便这是历史的“常态”，却也有着它的特殊性，是由一定的历史背景和众多原因叠加造成的。为了比较清楚的进行研讨，我们从战争爆发前后南京军民心理变化入手，对该问题的前因后果进行深入分析。

三、南京军民应变表现的原因分析

（一）政府当局指导布置严重缺失，官员弃责逃跑

1.在宏观方面来看，国民政府当局战前因淞沪战败所陷入的混乱状态，最高指挥层对于南京保卫战战略目标定位模糊，直接导致了南京军民对于战争认识的模糊，这是南京军民在城陷之后陷入毫无组织混乱状态的根本原因。

我军从淞沪战场撤退后，国民政府最高当局从蒋介石开始，陷入了“南京城要不要守”的战略争论之中。出于外交和政治等方面的原因，作为最高统帅的蒋介石未能公开表明自己的作战意图，而且不能正视现实，听取正确的建议做好应变善后工作，只是在宏观原则上做出了“要守”、“准撤”的命令，对于一些细节问题都没有考虑。从蒋介石战前的讲话和下令撤退的时间来看，他对于南京守城战的失败也是心中有数的，他的坚守两个月的要求以及带兵来援的允诺都不可能实现。因此造成其客观上对死守南京计划与措施的“坚定不移”，实际上却是对参战部队准备做最后的“遗弃性处置”[31]，这对守城将士的命运起到了决定性的作用，也使得南京市民不可能对战争状态有正确的估计，因此也不可能有相应的战败后物质与心理准备。

在蒋介石个人坚持要守城的主张之下，时任训练总监闲职的唐生智自告奋勇出任南京卫戍司令，他的初衷也不完全是为了南京着想，更重要的是为了借机要回军权重掌部队。因此，他对守城之战缺乏细致周密的计划。作

为南京卫戍司令的唐生智，对万一城陷之后如何有序地组织撤退等善后事宜，基本没有考虑，而且当时他的身体状况也不能很好地履行职务。王世杰在其日记中还记载到："予今日两次用电话与商南京市区救济事宜，彼均在就寝，从不恕见。"[32]此外，唐生智为了迎合蒋介石而提出了"誓与城市共存亡"的口号，自断后路，派出督战队在挹江门阻止军队退往长江边，并十分愚蠢地烧毁了渡江船只。按照唐的说法，此为"置于死地而后生"，结果"死地"是形成了，"后生"则是无望。没有客观合理地部署南京保卫战进退的详密计划和周全安排，成为在战局逆转后我守城部队陷入混乱、失去有组织的抵抗力的根本原因。

2.市政当局组织部署指导有缺陷，机关人员匆忙撤退，丢弃市民不管，是政府的失职。

为了应对战争的爆发，早在七七事变之后，国民政府相关部门曾有疏散城市居民的初步考虑。当时，军委会参谋总长何应钦在给军事委员会办公厅副主任刘光的电稿中就提到了"沿江各重镇居民，应逐渐疏散，南京市百余万人口，战时甚感不便，必要时，可先将妇孺迁移他处，各机关职员之眷属，亦宜有秘密移动之准备，以免妨害公务"。[33]淞沪战争开始后，南京成为日军空中打击的目标而卷入战火，市政府也作了不少抗战的组织和动员工作，一方面加强了城市管理，委派保甲长加强基层组织，通过联保具结，实行"五户连坐"，以防制汉奸间谍；为保证市民的日常生活需要，又于10月1日专门成立了市日用品管理委员会，组织供应物品；城市交通、供电等系统也基本稳定，城市治安良好；除了开展防空和抗战的宣传教育，各社会团体还开展了多种形式的抗日宣传和捐款活动。[34]到12月13日沦陷前夕，南京城市基本还在有序运转。

但实际上，政府应对战争的准备措施是有限的，许多政策没有落到实处，而社会团体组织的一些宣传活动远远不能覆盖南京当时的大多数人口，特别是大批涌入的各地难民。因此，政府当局对南京城陷之后如何安置和保护市民并没有详细的计划，滞留在南京未能出逃的市民也缺乏基本的自我保护和救助意识。随着战火的推进，这些公众的组织和动员工作更日渐稀少。到了11月20日，国民政府正式决定迁都重庆，市政府与国民党市党部随中央政府匆忙迁出，对广大市民前途命运，弃责不问。特别是政府在迁移过程中，首先考虑到了政府各机关人员和相关物资，并为此征用了大量的车辆民船，从而使得妇孺迁移办法中“予以种种交通上的便利”成为了一句空话。卫戍司令唐生智为表示破釜沉舟的决心，更将下关至浦口的轮渡全部撤销，一般难民要离开南京已非常困难，而到12日撤退令下达之后，这项举措更使得众多官兵无法渡江，只能滞留江边任由日军屠杀。

沦陷前夕，南京市府各机关和民间社会团体基本都处于不作为的状态，对普通民众有组织、有计划的转移和沦陷后的市民安排更无所准备。对于一些西方人士建立安全区的建议，当时的南京市长马超俊曾给予了积极回应，提供450名警察，3万担（相当于1500吨）大米，1万袋面粉，若干食盐和一些现金[35]，然之后再没有其他措施。因为中国当局的不作为，也因为其他各种原因，南京“安全区”始终未得到日方的承认，它的建立纯属私人行为，其功能也未得到国际的保障。[36]最重要的是，政府把城市全部交给军事当局，到沦陷前夕更将南京数十万民众的生命交给十余个外国人，这完全是有关当局不负责任的表现，直等于抛弃了这些民众。

因此，在南京沦陷后南京军民应变不及的问题上，国民政府当局具有不可推卸的责任。

（二）滞留军人失去指挥丧失信心

在战时的混乱状况下，中方关于南京保卫战的军事部署与社会动员准备工作存在着重大的缺失。由于军事部署与官兵心理准备方面的缺乏，导致了战局逆转，敌军入城之后，中方守军不能继续抵抗和有序撤退，直接造成了滞留城内数以万计官兵组织崩溃，陷入作鸟兽散的境地，因而无法对日军的大屠杀开展抵抗行动。

在南京大屠杀遇难同胞中，有相当数量是放下武器的军人。中方研究结论认为，放下武器后遭到日军屠杀的中国军人数在八万到九万之间[37]，不超过十万，占到了被屠杀人口的约三分之一。数目如此众多放弃了武装的军人，面对凶残的敌人，为求一线生机而放下武器，换来的却只是无情的杀戮。

如今，我们要思考的恐怕不仅只是日军的残暴，同时也应分析当时的环境对他们的影响，使得如此众多的中国军人丧失了斗志和反抗的信念，放弃了手中的枪炮，也放弃了唯一的生存机会。

1.战前部署失当，中方官兵毫无撤退弃守的计划和心理准备，渡江撤走心理“战胜”突围心理。

对于唐生智在南京保卫战中的功过，有关论述已经相当丰富了，笔者在此不再多作叙述。此处想探讨的是唐生智从“守”到“撤”命令的急剧转变对官兵们的心理影响。

唐生智临危受命，负责南京城的“短期固守”，曾多次表示要“与南京共存亡”，在日方发散“投降劝告书”的当日傍晚，他下达命令，再次向全军表示了破釜沉舟的决心，他拒绝日军的诱降，使得日军不战而胜的幻想破灭，也更加坚定了官兵守城的决心，此后几天中国军人对日军的防守战斗异常激烈，“斗志也相当旺盛”[38]，许多官兵在战斗中献出了宝贵的生命，使日军付出了沉重的代价。事实证明，只要有命令，中国军人是能艰苦奋战到最后一刻的。

然而，在日军先后占领南京各主要城门之后，唐生智即于12日下午5时在其百子亭住宅中召开了南京卫戍司令部最后一次会议，下达了全军撤退的书面命令，采用大部突围，一部渡江的策略，指令各部队的突围方向与目标方案。命令下达后，中国军队突然失去了战斗的任务，由于时间的紧迫，各部队没有能够制定合理而详尽的撤退步骤和计划，因此在战斗和撤退过程中造成了极大的损失。“在雨花台地区的军民两、三万人，在撤退时遭到了敌军扫射，哀声遍野，尸山高筑，血流过胫，一片惨状”。[39]由于指挥的不得当，除了个别部队能保持队形外，多数部队溃不成军，狼狈异常。在挹江门，人们拥挤外逃，互相推拉践踏，有的部队之间为了争抢先出城门甚至发生了枪击事件，造成了极大的混乱。在混乱中踩死踏伤不少人员，教导总队第一旅二团上校团长谢承瑞就是因激战后身体虚弱在挹江门被失控的人群踩倒身亡。

此外，由于“固守”和“撤退”命令下达相隔时间短暂，各级官兵没有撤退的计划和心理准备，也无从联系查问。在接到撤退命令之后，他们临战的紧张心情随之即被退却求生的心态左右，大多丧失了拼死一搏的勇气。往下关出城到江边的路上，遍布了中国军人丢弃的枪支、弹药、皮带、军装。在匆忙慌乱中，除了第六十六、八十二军有组织的进行了突围之外，多数官兵放弃了需要与敌战斗的“突围”，而选择了看似生存几率较高的“渡江”。然而，在缺少渡江工具和日军追击的情况下，“渡江”只是万人过独木桥，无法实现。大批官兵利用一切能够搜集到的物品，如木头、门板、油桶等漂浮过江，甚至只能泅渡逃生，而日军在岸边以强大火力射击，又出动汽艇、军舰在江中横冲直撞，被射杀和被撞溺毙者无数，成功过江的只有数千人，其余积压在江边的军人则被日军集中起来屠杀。

2.官走兵散，数万名官兵滞留南京而丧失斗志。

唐生智撤退令一下，带来一个重要后果，就是使军队丧失斗志，没有了与日军拼命的勇气，有的甚至不战而降，向兵力远比自己少的日军缴械。相关内容在日军官兵的日记和书信等材料中比比皆是。日军第十六师团长中岛今朝吾在其12月13日日记里记载：“但由于是以1000人、5000人、10000人计的群体，连武装都不能及时解除。不过他们已完全丧失了斗志，只是一群群地走来，他们现在对我军是安全的。虽然安全，但一旦发生骚乱，将难以处理。”[40]“我们还没有发动攻击，敌军已无心恋战，过来投降。我们未费一枪一弹便解除了几千人的武装。傍晚把俘虏押往南京的一个兵营，不料竟有一万多人。”[41]“敌人斗志全无，我们俘虏了450名敌兵，还缴获了大量武器……傍晚时分，又抓获了四百余名俘虏。”[42]“一路前进，上午几八时左右，碰到了一批敌人的投降部队，我好奇地睁大眼睛看着他们被解除武装，真是战败者的悲哀。又有几批前来投降，共计3000人。”[43]

另据一些材料显示，此时在中国军队官兵之间已失去彼此信任与团结力，他们在危难之际各自逃生。据时任教导总队桂永清部工兵团团副兼营长的钮先铭回忆，在率领部队撤退时就不断有下属不顾命令各自逃散。在挹江门前，他指派一名军官掌握住剩下的三四十人，“千叮万嘱不许他们离开”，自己带领三名部下探查撤退路径，而当他好不容易挤回到部队停留的地方时，他的部下已经全没了踪影。钮营长为此叹道：“人与人之间早已失去信任，他们当然不会等我回来，也想象我们一定不会回来。”[44]

日军第十六师团士兵东史郎在其战地日记中也有相应的记载：“大约七千俘虏被解除了武装，正坐在田里。他们的长官扔下他们逃跑了，只留下一个大尉军医。”“如此之多的兵力一定有相当数量的军官，但他们却一个也没留下，全狡猾地溜掉了，这实在不得不令人佩服。”[45]

在南京防空部队工作的幸存军人周绍定也回忆到，当他在战斗的间隙派传令兵与友军、司令部联系请示，却毫无音讯，在百般无奈之时，只得通知全队官兵拆散武器埋藏，各自遣散。[46]

军人的天职本来就应该是服从命令，各级官员对于所属士兵的控制，体现在军队命令能够由上而下通畅地传达，这也体现一支部队的凝聚力和战斗力。在混乱的战时状态更是如此。但是，当时中国军队的官兵却各自分散，“守南京的十多万大军，就这样像尘土一般一阵风吹散了”[47]。这些情况虽然不能够代表当时中国军队的全部状况，但却也十分普遍，不能不预示着崩溃的结局。

3.对投降日军的危险性认识不足，以为至多被拉夫或遣散。

1929年7月17日，日内瓦会议曾订立《关于战俘待遇的公约》（简称《日内瓦公约》），明文规定敌对双方对战俘生命的任何伤害或对其人身的暴力行为，均应严格制止，尤其不得加以杀害。日本是签约国之一，也应遵守这些最起码的国际准则。许多中国军人选择投降，大多以为日军会遵照国际公约，不杀俘虏，投降能够求生。此外，在中国的长期内战中，部队投降之后一般都会被收编或者遣散。中国军人多为农民出身，他们为“一粥一饭”打仗，也会为了“一粥一饭”放弃武器投降敌手。由于受教育程度低，他们对日本毫无了解，因此不会考虑到投降对象的根本不同，更不会将投降与必死联系起来，以下一份报告即明确表达了他们当时内心的真实感受：

“我们离了队伍投到大日本军队缴枪，希望给我们一个安置的办法。但是到了这处已有三天，究竟有没有办法处置？数万可怜的人，饿了四天多了，粥水都没有半点食，我们快要饿死了。在这生死的顷刻中，要求我们大日本来拯救我们数万人的命……恳求大日本维持我们的一粥一饭……伏[复]恳[48]大日本军日编队，使我们大家安心服从，或者遣散回乡，大家回去安居乐业。[49]

在失去了作战的目标、又无法顺利撤走的情况下，放下武器不能不说是他们可作的选择之一。他们“坦然”放下了自己手中的武器，期待着被收编或者遣散，在这种情绪的影响下，大批军人毫无目标可循，更不用说自发组织抵抗活动。这些军人也因此成为最没有威胁性最容易被集中“处置”的群体。往往在他们被集中关押之时，谁也没料到自己马上就会被处死，直到被分批分组拉出去的士兵随着有规律的枪声而再不见回来，剩余的人才逐渐意识到可能要被杀了，但即使如此，他们一般也只有想到要设法逃走而不是集体暴动，甚或有人仍然天真地想：“或许不会杀我”，以及“要轮到我也是天黑以后了”。这种心态，表面看来颇为费解，甚至可视为木讷、愚蠢，但分析起来，这里是有深刻原因的。简单言之，第一，以中国人的善良错信日军到最后一刻；第二，对日军的残暴性估计严重不足，并为他们残忍暴行所造成的超恐怖环境气氛所震慑，一时无法反应过来；第三，大多数来自农村与社会底层的士兵知识贫乏，见识极为有限，不会分析形势和寻求保护自己的最佳方法。

（三）普通市民自身缺陷、误信宣传

1.持续的空袭、政府对南京防守能力强大的宣传让南京市民麻痹大意。

南京在12月13日陷入敌手，但南京受到战争的冲击却是早在8月中旬就已经开始了。据不完全统计，1937年8月15日至12月13日城陷，南京市区共遭到日军飞机空袭118次，投弹1357枚。[50]如果将拉了防空警报但日机并未飞临南京的次数算上，南京市民在每个晴天几乎都要受到3次以上空袭或空袭的威胁。[51]在持续时间如此之长，频率如此之高的空袭中，南京市民也从乍听到防空警报的心惊胆颤，逐步变得麻痹大意起来。“南京的居民，现在是那么的习惯于日本飞机的空袭了。几乎是每天，当四周响起了防空警报时，他们便满不在乎地躲入防空壕和地窖去，毫无慌张之象”。[52]日本特务人员的报告中也提到：“一般市民已习惯空袭，面无惧色，态度冷静。”[53]空袭警报已经成了每天的“家常便饭”，如果响起了警报解除信号，危险过去了，大家就又平静地去做各自的工作，仿佛什么事也没有发生。[54]

这种状况的持续逐步麻痹了南京市民恐惧的神经，甚至引起了一些人的厌恶感，从而使得他们产生了盼早日结束这种威胁的强烈愿望。他们错误地认为，在日军占领南京城后，空袭就将结束。也有日本的报道说一些居民在日军进城后曾“由衷地表示宽慰，因为显然结束了战争状况与随时发生空袭的恐怖”。[55]

而守城战发生前夕，中方当局为鼓舞士气、振奋人心，开动宣传机器。一方面，军事当局对于战局抱有过于乐观的态度，认为镇江、丹阳、句容至溧阳的阵线和广德至宣城战线都足以长期抵抗日军，而镇江炮台因其地势，更可以守住一月半至两个月[56]，在这样的情况下，人们认为南京城应该有足够的时间调度兵力守卫京畿，南京号称固若金汤。媒体对当局政策的报道，势必给市民带来了“安定”的印象，直接造成了人们应变准备的不足。另一方面，为避免市民不必要的骚动和混乱，媒体也尽责地安抚市民，不断鼓动他们的抗日热情。《中央日报》11月12日的社评就写道：“首都的拱卫既然设有专责机关，市面的治安，又同样能够维持得很周密，他如食粮充足，日用品源源而来，这都是抗战中最稳定的好现象……现在，全首都的市民应该把自己感觉到的责任和如何尽责的方法，做出一个榜样来，给全国人民看看。大家照着这样凝定意志，为国奋斗，这种力量的总和是绝对不可侮的，我们期待着前途的光明由这种力量发挥出来。”[57]

市民长期处于紧张状态以及受到媒体的宣传引导，致使他们对战争的严酷性产生了麻痹情绪，对可能到来的暴行认识不足，反应迟钝。

2.一般民众受教育程度低，缺乏正常的自我保护和反抗意识。

1936年南京市常住人口的社会调查显示，民众中文盲达到53.36%，无业人口为318626人，占总数的34.76%。以保姆、佣人等为主要职业的人数也占了22.76%。[58]此外，城陷之前，还有一大批从苏南地区逃难来到南京的外地难民，由于经济水平的原因，这些人受教育程度极端低下，在战争来临前夕，他们只能滞留南京。面对日军的集中关押和屠杀的行为，他们往往缺乏正常的自我保护和反抗意识，也毫无临危时的机智和应变能力，只能任由日军摆弄，他们是南京大屠杀暴行的主要受害群体。

被俘虏的军民确实存在少数相约逃亡的例子，但由于当时普通民众在特殊环境下的天真甚至麻木和日军的残酷暴行，他们仍遭到大量的屠杀。幸存的中国军人骆中洋说："我见到日本兵用很多机关枪，成排的架好，枪口对准中国人，并限令大家面朝枪口，个个要跪下，恐怕一个也跑不掉，全部要送命。我就劝周围的人，赶快离开现场逃命……我只动员了两个人，同我慢慢地移动，走走停停，用随便聊天的办法，趁日军不注意我们离开了现场，到一里外的居民草房内隐蔽下来。"[59]在幕府山关押俘虏的营房，有个四川兵，不堪饥渴，约了众人逃跑，但有一千多人被日军射杀于外壕。[60]

而大多数同胞在被日军押往屠杀地点的过程中表现出了令人惊讶的安静和顺从，毫无抵抗的意识，"他们毫无规律、毫无秩序，就像一群愚蠢的绵羊一样"[61]，他们往往等到被日军指挥一排排坐下，被机枪环绕的时候，才反应过来要被屠杀了，而那时人们的反应也只是要相互解绳子，"做鬼也要做个散手鬼"[62]，或者是"与其被日军打死，还不如跳江寻死"[63]。

还有些难民及中国军人明知道日军将要杀害他们了，却还是坐以待毙，并无拼死一搏的勇气，这使得旁观的日人也感到不可思议。日本军人井手纯二对此回忆到："他们象一群被赶进屠宰场的羔羊，顺从地被驱赶着，对此我感到不可思议，或许是由于饥饿而无力抵抗，这是我的想象，而至今这仍是一个难解的谜。""俘虏都老老实实地坐在地上，一个接一个地被砍死”。[64]日本《朝日新闻》从军记者今井正刚目睹了在《朝日新闻》南京支局附近一块空地上的屠杀场面：“那里满是蹲着的男人，面对墙壁排好，日军从后面开枪射击。一批杀完再拉一批。”日军的兵力仅仅是“有三四个兵开枪，有五六个士兵上着刺刀负责警卫”。而且用的只是普通的三八式步枪，“一发一发地填充子弹”。面临屠杀的中国男子也“根本没有”被捆着手，但他们是默默地等死，没有反抗。今井说：“我想如果一齐动手，就是踩也把这几个兵踩烂了。可是他们一动也不动，真是……”“那种时候的心理，我实在不能理解。”[65]

被俘军民群体特殊的文化和知识背景，以及接受教育和知识的有限等因素，在他们被集体屠杀的过程中，产生了相当重要的作用，使他们在遭遇屠杀时严重缺失辨别危机和应变的能力。

3.日本人隐瞒和欺骗宣传的结果。

在城陷之前，日本飞机曾散发传单宣称：“日军是中国人唯一的真朋友，日军将保护善良的中国人。”12月9日，日军总司令松井石根在劝唐生智放弃守城的传单中，也说“日军对于抗日份子虽然苛酷无情，但对于非武装的平民与不怀敌意的中国军队，则采取宽宏和善的态度”。[66]在《告南京民众！！》的传单中也提到：“南京民众不必害怕逃离，尽管放心等候日军入城，日军对一般良善民众绝不加害。如有便衣队或正规军等隐匿城内图谋不轨者，请立即告发或予以驱逐，以免累害一般无辜为要。”[67]

在城内各处，日军张贴了大量的布告和招贴画，宣传日军的“亲善”政策，希望制造和谐的氛围，诱骗老百姓回到家园。布告大致都是“回家吧，我们会让你们有饭吃！请相信皇军！我们会救你们、帮助你们”。[68]宣传画则大多都是和蔼可亲的日本兵对贫穷的中国老百姓进行施舍的画面，或者就是“中日军民一家亲”的场景，这些伪善的宣传在残酷的事实对应下，就连在南京的第三国家人士看来也是卑劣的行径：“这类彩色宣传画与现实严重不符，只能把它看成招揽旅游生意的广告！”[69]

一些市民因为轻信日军宣传，天真地认为日军会遵照国际公约而不会伤害他们，因此许多难民包括部分军人都采取了与日军“配合”的态度，希望避免抗争带来对自己的损害。然而事实证明了他们的想法是多么的错误！在上文骆中洋的回忆中，他提到了一些被俘居民不听其劝不愿逃离的情况，他们还反过来安慰骆中洋说：“国际法是不许杀害俘虏和无辜百姓的，不要怕。”后来日军增援部队到达后，加强包围的兵力，把居民们驱赶到三汊河日军布置的一个大包围圈中，进行了屠杀[70]，只有骆中洋与两个有意识要逃离者才幸免于难。在另一大屠杀幸存者刘永兴的回忆中也提到，日军带着翻译让城中20来岁的年轻人到江边去搬货，因为他们都不是当兵的，所以大家都信以为真，怎么也没有想到会是被屠杀，来到江边才发现周围架着机枪，数千人最后大多都遇害了。[71]这样的例子还有很多。

进城最初的扫荡屠杀过去后，日军在登记难民的时候，也曾用保证生命的承诺、以招工或做苦力的方式来诱骗普通市民，再次鉴别、搜查和屠杀中国军人。而许多难民在经历大屠杀之后，仍然相信日军的谎言，前往登记，以求“验明正身”而得安全，但他们想不到仍然要遭到被屠杀的命运。在金陵大学，日军宣布：“凡当过兵或服过强制性劳役的（指军队夫役之类——译者）都站到后面去，如果你们这样主动站出来，可以保全你们性命，并且给以工作。否则一经检查发现，就要枪毙你们。”金陵大学校园内3000名难民有两三百人听了训话后便站出来，结果被日军押走屠杀。[72]而在金陵中学站出来的一批人，“其中中国兵很少，大多是剃头的、饭店里烧饭的、茶房、杂工等，因自己是单身，恐被查出不如自己站出来好，结果遭到不幸”。[73]日军为了诱骗脱下军装的军人现身，也颇费了心思。除了普遍地查看额头帽檐压痕、手掌老茧来鉴别中国士兵的身份外（其中有许多厨师挑夫等也因此而被日军乱杀），他们曾以军队的名义发出军械修理厂的招工广告，以具备处理武器的经验来确认曾在军队服役的人员[74]，加以杀害。此外，日军利用中国士兵希望被遣散的心理，骗他们说放他们回老家，在不疑有他的情况下，中国士兵顺从地按照日方的指示行动，进入日方准备的重机枪射击区后，大多有去无回了。

4.南京市民文化及性格特点的影响。

有学者认为，民国时期南京的市民文化，就整体而言，是一种相对消极的文化模式，在认知方式上表现为“尚同”，求同倾向大于求异倾向；其行为模式表现为节奏缓慢，求稳大于求变。作为首都市民，他们既无自豪感，也少有抵触心理，因此在政治上很少起到带头作用。在历次的政治更迭中，南京市民也很少有激烈的动作。[75]在这种文化的熏染下，南京人性格敦厚、纯朴，既有宽容随和的优势，也具有马虎欠精明的缺点，他们不太关心世事、时事，有时只要事不关己就高高挂起，遇事也喜欢往好处想，容易自我满足。在南京保卫战初期，他们中的一些人就对中国军队因备战所需挪借或拆毁市民住宅表现出了某些不理解和不配合的态度，甚至有人说“果真日本鬼子来了，只怕也不过如此吧！”[76]在南京迅速沦陷、日军开始入城的时候，还有单纯善良的市民竟然“出现了松了一口气的感觉，如果日本人举止文明的话，他们走出来准备欢迎他们”[77]，这种想法直到大屠杀开始才转变过来。

南京沦陷最初几周，满目所及尸横遍地，堆积如山，日军强势的血腥暴力远远超出了南京市民的想象，使得市民沉浸在恐怖的气氛中，完全丧失了任何应变的能力，只能本能地躲藏。在求同、求稳的心态下，集中被俘的市民也往往失去逃散和反抗的欲望，直到最后一刻才为时已晚地认识到了战争的残酷与日军的残暴性。

以上一些行为论述固然是人类应对突发事件时不知所措的典型表现，但以中国之大，各地民情民风及民众性格特点，自然是差异明显，如北方人的豪爽，湖南、湖北人的火爆，上海、江浙人的精明细致，其风格迥然不同。具体考察到南京大屠杀事件，作为被屠杀主体的南京市民所固有的文化和性格特征在某种程度上也必定影响着他们的行为，使之无法做出任何集中有效的反抗。指出这一点绝不意味着对南京市民文化与性格特征的全盘否定，毛泽东说过：任何事物都是一分为二的，冷静的自省总比盲目的乐观高明一层。对南京人的主流的肯定，并不意味着能忽视对其上述缺点影响的分析。

四、结语

本文主要探讨的是南京大屠杀期间、即南京沦陷最初六周内南京军民的应对状态及其相关背景、原因分析，在研究过程中，我们充分肯定在当时严酷、复杂的环境之下中国军民做出的一切不畏强权、不屈反抗的斗争行为，并对在大屠杀期间不惜付出生命代价、坚决抗敌的中国军民致以崇高的敬意！这是历史的主流，也是中华民族赖以生存繁荣并自立于世界民族之林的灵魂所在！

然而，在仔细分析这些反抗行为的同时，我们无法漠视这些反抗斗争行为所具有的分散和无组织性的特点，以及在某些场合南京军民表现出来的妥协和软弱，这在某种层面上也造成了日军暴行的扩大，因为没有遭到有效的反抗，使得日军在南京城内更加为所欲为。当然，我们不苛求前人尽善尽美，毕竟这也是受到特定的历史环境与条件所制约的。日军对放下武器的中国军人和毫无敌意的普通百姓也进行灭绝人性的屠杀，以血腥暴力作为其掩盖脆弱本质的手段，这不仅暴露了日本侵略者极其无耻极其扭曲的心态，更反映了中国军民抵抗侵略的正义立场。对大屠杀期间南京军民反抗问题进行更进一步的研究，不仅是为了对当时军民应对状态进行更进一步的分析梳理，更主要的也是借此揭露日本侵略者野蛮屠杀放下武器不具反抗能力南京军民的丑恶凶残的嘴脸，并为后世敲响警钟。

【注】

[1] 近几年来，江苏南京的学者们已经过长期的努力与集体合作，遍收中外资料，编成出版了28卷本《南京大屠杀史料集》（张宪文主编，江苏人民出版社2005年7月版），现正陆续扩充为55卷本，加上过去20多年来搜集编印的中日双方有关史料、照片、回忆、田野调查等，有关南京大屠杀期间中国人反应的资料，基本上已经可以满足研究工作之需。

[2] 转引自［日］洞富雄：《南京大屠杀》，上海译文出版社，1987年版，第71–72页。

[3] ［日］防卫研修所战史室著：《中国事变的陆军作战》（1），第437页。转引自［日］田中正明：《“南京大屠杀”之虚构》，世界知识出版社1985年版，第150页。又据笔者查阅相关资料所知，乌龙山和幕府山相距较近，记录中的日军加害者属同一部队，发生时间也基本为同日，因此若排除某些别有用心、企图抹杀大屠杀历史的日人有意改动等有关因素来看，这两次屠杀时的暴动可能为同一事件。但因在不同人物的记述中遇难人数客观上又有相当的差别，故不能完全排除为两个事件的可能，本文在不影响文章论述的前提下暂为分列。

[4] ［日］田中正明：《“南京大屠杀”之虚构》，世界知识出版社，1985年版，第148页。

[5] ［日］田中正明：《“南京大屠杀”之虚构》，世界知识出版社，1985年版，第158页。

[6] 高兴祖：《日军侵华暴行——南京大屠杀》，上海人民出版社1985年，第94页。

[7] 武汉《大公报》，1938年2月23日，转引自孙宅巍：《南京大屠杀与南京军民的反抗》，《学海》，1993年第2期。

[8] 白芜：《今日之南京》，转自“南京大屠杀”史料编纂委员会：《侵华日军南京大屠杀史稿》，江苏古籍出版社，1987年，第200–201页。

[9] 参见《辞海》注释，上海辞书出版社，1999年版普及本，第3522页。

[10] 参见《南京防务加强》，摘自马振犊等编：《南京大屠杀史料集》第2册《南京保卫战》，江苏人民出版社、凤凰出版社2005年版，第86页；《唐广普证言》，摘自朱成山主编《侵华日军南京大屠杀幸存者证言集》，南京大学出版社，1994年版，第19页。

[11] 《陆军第七十八军南京之役战斗详报》，摘自马振犊等编：《南京京大屠杀史料集》第2册《南京保卫战》，江苏人民出版社、凤凰出版社，2005年版，第187页。

[12] 参见［美］明妮·魏特琳：《魏特琳日记》，江苏人民出版社，2000年版，第187页；另参见《首都东南大激战》、《宪兵司令部战斗详报》，摘自马振犊等编：《南京大屠杀史料集》第2册《南京保卫战》，江苏人民出版社、凤凰出版社，2005年版，第114、214页。

[13] 《南京卫戍军战斗详报》，摘自马振犊等编：《南京大屠杀史料集》第2册《南京保卫战》，江苏人民出版社、凤凰出版社，2005年版，第145页。

[14] 《陆军六十六军战斗详报》，摘自马振犊等编：《南京大屠杀史料集》第2册《南京保卫战》，江苏人民出版社、凤凰出版社，2005年版，第164页。

[15] 林娜：《血泪话金陵》，“南京大屠杀”史料编辑委员会等编：《侵华日军南京大屠杀史料》，江苏古籍出版社，1985年，第142页。

[16] 中岛今朝吾：《中岛今朝吾日记》（12月13日），摘自王卫星编：《南京大屠杀史料集》第8册《日军官兵日记》，江苏人民出版社、凤凰出版社，2005年版，第280页。

[17] 遭遇战是指敌对双方部队在运动中相遇时发生的战斗，分为预期遭遇战和不预期遭遇战。突

围指突出敌人包围的作战行动，目的是保存力量，以图再战。

[18] 《泰山弘道上海战从军日志》（12 月 13 日），摘自王卫星编：《南京大屠杀史料集》第 9 册《日军官兵日记与书信》，江苏人民出版社、凤凰出版社，2005 年版，第 523 页。

[19] 见《日军进入中山门》，摘自马振犊等编：《南京大屠杀史料集》第 2 册《南京保卫战》，江苏人民出版社、凤凰出版社，2005 年版，第 132 页。原载《申报》1937 年 12 月 14 日。

[20] 佚名：《失守后的南京》，“南京大屠杀”史料编辑委员会等编：《侵华日军南京大屠杀史料》，江苏古籍出版社 1985 年，第 148–149 页。原载《闽政与公余》第 20 期，1938 年 1 月。

[21] 参见贝德士在远东国际军事法庭的证言，1946 年 7 月 29 日，载章开沅编译《天理难容——美国人眼中的南京大屠杀（1937–1938）》，南京大学出版社，1999 年版，第 70 页。

[22] 孙宅巍：《澄清历史——南京大屠杀研究与思考》，江苏人民出版社，2005 年版，第 64 页。

[23] 全国政协文史资料研究委员会编：《南京保卫战》，中国文史出版社，1987 年版，第 220–222 页。

[24] [美] 明妮・魏特琳：《魏特琳日记》，江苏人民出版社，2000 年版，第 8 页。

[25] 张生编：《南京大屠杀史料集》第 6 册《外国媒体报道与德国使馆报告》，江苏人民出版社、凤凰出版社，2005 年版，第 48 页。

[26] 《陶德曼寄往德国外交部的报告》，参见张生编：《南京大屠杀史料集》第 6 册《外国媒体报道与德国使馆报告》，江苏人民出版社、凤凰出版社，2005 年版，第 298 页。

[27] 贝德士：《南京一瞥（1937 年 12 月 15 日）》，摘自章开沅：《天理难容——美国传教士眼中的南京大屠杀（1937–1938）》，南京大学出版社，1999 年版，第 5 页。

[28] 《沈遐鸿证言》，摘自朱成山主编：《侵华日军南京大屠杀幸存者证言集》，南京大学出版社，1994 年版，第 316 页。

[29] 《唐顺山证言》，摘自朱成山主编：《侵华日军南京大屠杀幸存者证言集》，南京大学出版社，1994 年版，第 73 页。

[30] 如《读者文摘记录日军暴行》所记事例，参见张生编：《南京大屠杀史料集》第 6 册《外国媒体报道与德国使馆报告》，江苏人民出版社、凤凰出版社，2005 年版，第 200 页。

[31] 马振犊：《惨胜——抗战正面战场大写意》，广西师范大学出版社，1993 年版，第 133–136 页。

[32] 台湾中研院近代史研究所编印出版：《王世杰日记》手稿本，1990 年版，第 1 册，第 142 页。

[33] 中国第二历史档案馆编：《中华民国史档案资料丛刊——抗日战争正面战场》（上），江苏古籍出版社 1987 年版，第 389 页。

[34] 张连红：《南京大屠杀之前南京市民的社会心理》，《抗日战争研究》，2002 年第 4 期。

[35] 章开沅编译：《南京大屠杀史料集》第 4 册《美国传教士的日记与书信》，江苏人民出版社、凤凰出版社，2005 年版，第 66–67 页。

[36] 杨夏鸣：《南京安全区的错位》，《抗日战争研究》，2000 年第 4 期。

[37] 孙宅巍：《南京大屠杀遇难同胞中究竟有多少军人》，《抗日战争研究》，1997 年第 4 期。

[38] 摘自《中岛今朝吾日记》，王卫星编：《南京大屠杀史料集》第 8 册《日军官兵日记》，江苏人民出版社、凤凰出版社 2005 年版，第 279 页。

[39] [日] 洞富雄：《南京大屠杀》，上海译文出版社，1989 年 4 月版，第 26 页。

[40] 中岛今朝吾:《中岛今朝吾日记》(12 月 13 日),摘自王卫星编:《南京大屠杀史料集》第 8 册《日军官兵日记》，江苏人民出版社、凤凰出版社，2005 年版，第 280 页。

[41] 《宫本省吾阵中日记》(12 月 14 日)，摘自王卫星编：《南京大屠杀史料集》第 9 册《日军官兵日记与书信》，江苏人民出版社、凤凰出版社，2005 年版，第 31 页。

[42] 《高藤远明阵中日记》(12 月 14 日)，摘自王卫星编：《南京大屠杀史料集》第 9 册《日军官兵日记与书信》，江苏人民出版社、凤凰出版社，2005 年版，第 54 页。

[43] 《近藤荣四郎阵中日记》(12 月 14 日)，摘自王卫星编：《南京大屠杀史料集》第 9 册《日军官兵日记与书信》，江苏人民出版社、凤凰出版社，2005 年版，第 88 页。

[44] 钮先铭：《佛门避难记》，南京师范大学出版社，2005 年 7 月版，第 7–8 页。

[45] 东史郎：《东史郎日记》，摘自王卫星编：《南京大屠杀史料集》第 8 册《日军官兵日记》，江苏人民出版社、凤凰出版社，2005 年版，第 458–459 页。

[46] 周绍定：《日寇在南京屠城片段》，摘自张连红编：《南京大屠杀史料集》第 3 册《幸存者的日记与回忆》，江苏人民出版社、凤凰出版社，2005 年版，第 447 页。原载《湘潭文史》1989 年第 7 辑。

[47] 唯真:《抗战初期的南京保卫战》,摘自马振犊等编:《南京大屠杀史料集》第 2 册《南京保卫战》，江苏人民出版社、凤凰出版社，2005 年版，第 248 页。

[48] 原文如此。

[49] 摘自《天野三郎军事邮件》(12 月 17 日)，王卫星编：《南京大屠杀史料集》第 9 册《日军官兵日记与书信》，江苏人民出版社、凤凰出版社，2005 年版，第 76 页。

[50] 南京地方志编纂委员会：《南京人民防空志》，海天出版社，1994 年版，第 33 页。

[51] 张连红：《南京大屠杀对南京市民社会心理的影响》，《江苏社会科学》，2000 年第 6 期。

[52] 徐自麟译：《南京在空袭下》，《辛报》，1937 年 10 月 19 日。转引自张连红：《南京大屠杀对南京市民社会心理的影响》，《江苏社会科学》，2000 年第 6 期。

[53] 《驻沪冈本总领事致广田外务大臣函》(1937 年 10 月 27 日)，中央档案馆等编：《日本帝国主义侵华档案资料选编：南京大屠杀》，中华书局，1995 年版，第 15 页。

[54] [德] 约翰·拉贝：《南京大屠杀史料集》第 13 册《拉贝日记》，江苏人民出版社、凤凰出版社，2006 年版，第 43 页。

[55] [美] 贝德士：《日本人在反映重大事件方面的宣传》，摘自章开沅《南京大屠杀的历史见证》，

湖北人民出版社，1995 年版，第 141 页。

[56] 参见《中方加紧构筑新阵地》，摘自马振犊等编：《南京大屠杀史料集》第 2 册《南京保卫战》，江苏人民出版社、凤凰出版社，2005 年版，第 87 页。原载《申报》，1937 年 12 月 2 日。

[57] 《中央日报社评：告（南）京市民众》，摘自马振犊等编：《南京大屠杀史料集》第 2 册，《南京保卫战》，江苏人民出版社、凤凰出版社，2005 年版，第 66–67 页。

[58] 南京市户口统计专门委员会办事处编辑：《民国二十五年度南京市户口统计报告》，南京特别市地方自治推进委员会 1937 年 6 月，第 56、52 页。转引自张连红：《南京大屠杀之前南京市民的社会心理》，《抗日战争研究》，2002 年第 4 期，第 86 页。

[59] 《骆中洋证言》，摘自朱成山主编：《侵华日军南京大屠杀幸存者证言集》，南京大学出版社，1994 年版，第 37–38 页。

[60] 《唐广普证言》，摘自朱成山主编：《侵华日军南京大屠杀幸存者证言集》，南京大学出版社，1994 年版，第 20 页。

[61] 东史郎：《东史郎日记》，摘自王卫星编：《南京大屠杀史料集》第 8 册《日军官兵日记》，江苏人民出版社、凤凰出版社，2005 年版，第 459 页。

[62] 《唐广普证言》，摘自朱成山主编：《侵华日军南京大屠杀幸存者证言集》，南京大学出版社，1994 年版，第 20 页。

[63] 《刘永兴证言》，摘自朱成山主编：《侵华日军南京大屠杀幸存者证言集》，南京大学出版社，1994 年版，第 30 页。

[64] [日] 井手纯二：《我所亲眼目睹的南京惨剧》，摘自朱成山主编：《侵华日军南京大屠杀外籍人士证言集》，江苏人民出版社，1998 年版，第 97 页。

[65] [日] 今井正刚：《朝日新闻从军记者今井正刚的证言》，摘自朱成山主编：《侵华日军南京大屠杀外籍人士证言集》，江苏人民出版社，1998 年版，第 365 页。

[66] 田伯烈:《外人目睹中之日军暴行》，江西人民出版社，1985 年版，第 2 页；另参见《拉贝日记》（12 月 14 日）。

[67] 《漫画与壁报》，曹大成主编：《南京大屠杀史料集》分册，2007 年 10 月出版。

[68] 章开沅编译：《南京大屠杀史料集》第 4 册《美国传教士的日记与书信》，江苏人民出版社、凤凰出版社，2005 年版，第 192 页。

[69] 张生编：《南京大屠杀史料集》第 6 册《外国媒体报道与德国使馆报告》，江苏人民出版社、凤凰出版社，2005 年版，第 430 页。

[70] 《骆中洋证言》，摘自朱成山主编：《侵华日军南京大屠杀幸存者证言集》，南京大学出版社，1994 年版，第 37–38 页。

[71] 《刘永兴证言》，摘自朱成山主编：《侵华日军南京大屠杀幸存者证言集》，南京大学出版社，

1994 年版，第 29 页。

[72] 贝德士 :《金陵大学登记后果注解（1937 年 12 月 26 日）》，摘自章开沅 :《天理难容——美国传教士眼中的南京大屠杀（1937–1938）》，南京大学出版社，1999 年版，第 15–16 页。

[73] 朱成山主编:《侵华日军南京大屠杀幸存者证言集》，南京大学出版社，1994 年版，第 326 页。

[74] [日] 井手纯二 :《我所亲眼目睹的南京惨剧》，朱成山主编 :《侵华日军南京大屠杀外籍人士证言集》，江苏人民出版社，1998 年版，第 99 页。

[75] 杨冬梅 :《民国时期南京的市民文化研究》,《南京大学学报》(哲社版)，2000 年第 3 卷。

[76] 郭岐 :《陷都血泪录》(节录)，摘自张连红编 :《南京大屠杀史料集》第 3 册,《幸存者的日记与回忆》，江苏人民出版社、凤凰出版社，2005 年版，第 179 页。

[77] 《德国档案中有关侵华日军南京大屠杀的档案资料》,《抗日战争研究》，1991 年第 2 期，第 160 页。

侵华日军暴行与纳粹暴行比较研究初探

载于《南京大屠杀史研究》，2011 年第 2-3 期，南京师范大学南京大屠杀研究基金 2004 年资助项目。

提笔写这篇文章，我的心情异常复杂。二战时的德国纳粹军队与日本军队，在战争中都犯下了惨绝人寰的空前反人道的罪恶行径，要比较二者暴行的区别，在一般的概念上，很容易被曲解为要判断同样吃人的虎狼谁更仁慈一样的无聊。但我在这里必须说明的是，这篇文章绝不是想要为任何凶手减轻罪责，我所做的工作是要比较这两个凶手在同样的犯罪作恶时，其动机、手段和方法有着何种的不同，存在着什么样的差别以及这些不同产生的原因。至于其后果，那就是他们的罪恶行径将同样永远被世界人民诅咒。

德日军队这两头野兽，一个生在欧洲，一个长在亚洲，历史文化生长环境各不相同，在战争中，虽然他们都有吞并世界的野心，并为了暂时的共同战略目标而互相勾结，对世界犯下了空前的罪恶。但他们终究是两个不同的个体，就两者国家、民族而言，有着完全不同的生长历史、生活环境和社会文化传统，因此他们在战争暴行方面，无论目的、动机、手段乃至其方式方法等等都是有区别或差别的。所以，我们应当了解这种差别，这对于研究德日法西斯的形成、特点及其历史罪恶，都有意义。所以，我在本文中只是研究比较德日军队暴行的不同所在，而决不涉及对二者历史罪恶程度的评定。特此说明。

直至现在，仍然有许多西方学者与政治家们，认为不应轻率地将日军在二战中的暴行与德军在二战中的屠犹暴行比较，他们的基本看法是：德军屠犹是有计划有蓄谋的种族灭绝行为，是人类历史上最严重的犯罪，而日军的暴行则是在短期内发生的战争暴行，即使将二者做比较，也应该是作为加深人们“对特定历史事件理解的基础”，否则这种比较就会降低人们对纳粹暴行受害者所受苦难的认识，因而“没有意义”。[1]对于这种观点，中国学者的基本看法是不能认同。笔者的看法是：纳粹屠犹与日军的在华暴行是两个并存的客观事实，既然都是同类的战争暴行，就可以进行具体的比较分析，即使在客观上两者存在着性质的差别，也应通过比较研究而得出，而不是武断地进行事先的结论与否定。

当然，一些西方学者在这一问题上具体提示，如对两者暴行的具体比较，只能在一些可比的层面上进行等等，是可以接受采纳的，但是他们较普遍的根本否定二者比较意义和价值的看法是武断而令人不敢苟同的。

他们的这种片面看法产生的基本原因，一是出自西方传统的“西方中心主义”观念和他们作为西方人所拥有的居于支配者地位的“东方观”，这是一种混杂着殖民主义、种族歧视、对外扩张和本民族中心主义各种自傲情绪的复杂情绪，表现为对自己一切的重视和对东方民族整体的轻蔑。其代表就是如伊曼纽·沃勒斯坦（Immanuel Wallerstein）的“世界体系”论，它强调世界体系以西方为中心，其他国家或地区的地位是无足轻重的，世界的现代化就是西方化。二是由于他们对于纳粹种族灭绝暴行的亲身感受或深刻认识，同时也是由于他们对日军在中国暴行的普遍缺乏了解，加之个人情感上的因素所致。对于他们的这些感受，作为同样是法西斯暴行受害者的中国人，我们有着充分而深切的理解，但是，我们同时也希望西方人民乃至全世界人民也应对日本法西斯暴行的广泛性、残酷性、危害性及其对中国人民造成的巨大的灾难与创伤具有同样明确的认识，在这个意义上说，我们更应当对德日法西斯的暴行进行理性的、深刻的、具体的比较与研究。

在比较德日军队的暴行时，正如前文所言，首先遇到的问题是，在很多内容上二者是无法相比或无由衡量的。例如，就侵华日军在各地的大屠杀暴行和德国纳粹军队屠杀犹太人暴行的规模而言，两者虽有统计数字上的差别，但是这种差别在两大法西斯军队对各被害国人民超规模的屠杀面前，已经没有界定性的意义。何况对于两者在战争中暴行的广泛比较，应当是写作一本专著的规模，于是，在这里，我只以侵华日军和德军在战争中可以相比较的暴行内容为分析对象，就其动机目的、方法手段等，联系实际的状况，开展初步的比较分析。不妥之处，敬请海内外专家指教。

一、德日军队大屠杀暴行的动机与目的

德日法西斯军队在二战中对被害国人民都有骇人听闻的大屠杀、种种虐杀和人体实验暴行，这是无可争辩的事实。然而，他们二者的大屠杀等暴行的动机与目的并不完全相同。两者的区别，简单地说，德军主要是为了实行纳粹党对犹太民族的种族灭绝政策；而日军则是为了“膺惩”受害国的民众，发泄其兽欲和服务于侵略需要。

在德国方面，自1939年纳粹党上台执政后，开始按照希特勒的一贯思想，确定以消灭犹太民族为终极政治目标。希特勒之所以如此的仇恨犹太人，是因为他在青少年时代就受到了当时欧洲普遍存在的仇恨蔑视犹太民族情绪的影响。

有历史学家认为，希特勒的反犹思想是在他20多岁时就形成了。1909—1913年在他流浪维也纳期间，希特勒阅读了大量反犹书籍，从而增加了他的种族偏见和对犹太人的仇恨。他曾说：他发现任何放荡淫秽的事情，诸如卖淫和贩卖女人等，大部分都是犹太人干的。“当第一次，我认识到犹太人是这个大城市中的渣滓堆里进行这种令人恶心的罪恶交易的冷酷心肠、恬不知耻、孜孜为利的主使者的时候，我不免感到一阵寒噤。”[2]当时，希特勒直言不讳地诅咒：粗野的犹太人诱奸天真纯洁的基督教女郎，从而玷污了她们的血统。后来他在《我的奋斗》一书中居然写道：“可恶的长着罗圈腿的犹太狗杂种诱奸数十万女郎”。鲁登道夫·奥尔登曾研究说：希特勒反犹主义的根源之一可能是他在性方面的压抑嫉妒心理，虽然他年龄已经20出头，根据已知的材料，他在维也纳时期从来没有同女人发生过任何关系。在这种情况下，看到美貌的雅利安姑娘投身于经济条件优越的犹太人的怀抱，就不能

不激起希特勒对犹太人的嫉妒和愤恨。这也是造成希特勒性取向变态的原因之一。

当时欧洲弥漫着一种普遍的仇犹情绪，主要原因是因为民众中有一种普遍的观点，认为散居在欧洲各国的犹太民族把持了金融、贸易和生产界的重要地位，生活富裕，平生了妒忌之心，更有了反感之意。他们认为这些外来者抢了本国人的饭碗，理应全部赶出去。在德国，更有人把一战失败之因归结为犹太人的存在与“捣乱”，更应彻底驱除。希特勒就是其中的激烈分子之一，他作为士兵参加了一战，在前线中了毒气而昏迷，醒来后在休养过程中，经过自己狭隘的思考，形成了彻底的反犹政治立场。这在其所著《我的奋斗》一书中，就有明确的表白。今天来看，我们不能排除中毒对他大脑的损害和影响，使他形成了偏执狂的人格，比较变态的性取向，变成了一个轻度的精神病患者。然而，他的反犹思想和行动，在当时的德国，适应了许多人的思想观念的需要，拥有大量的拥护者，这就是以他为首的纳粹党确立灭犹主张的思想根源所在。

1939年1月30日，希特勒在向国会发表的演说中声称：“今天我敢于再作一次预言，倘使欧洲内外的国际犹太金融势力能够使各国再一次陷入一场世界大战的话，那么，其结果决不会是全世界布尔什维克化和随之而来的犹太人的胜利，而是欧洲犹太民族的彻底消灭。”[3]在这里，他一是把战争的罪行归结为犹太人，二是明确无误地暴露了他灭绝欧洲犹太民族的罪恶计划。直到临死前几十小时，他在写作最后的遗嘱时，还对犹太人进行了最后的恶意谩骂，说他所发动的战争是犹太人所引起的，现在断送了他和第三帝国。在他的领导和影响下，大批深受纳粹思想蛊惑的德国人，成为执行希特勒屠犹政策的刽子手，并且自甘堕落，反以为是，决无丝毫的怀疑和醒悟。二战期间，约有600万犹太人死于希特勒及其纳粹党之手，事实说明了德军大屠杀罪恶根源之所在。

王昌沛先生在其所著《希特勒疯狂屠杀犹太人原因透析》[4]一文中，研究归纳了希特勒反犹的原因，有以下五点：

1．千年以来欧洲反犹主义传统思想的影响，人们习惯于把一切坏事和罪恶都归咎于犹太人。

19世纪欧洲的一些反动思想家，如菲希勒、尼采、戈平瑙等人，制造了“超人”、“种族主义”等理论，而希特勒正是受到了尼采宣扬的“超人”思想的影响，他所鼓吹的“日耳曼种族优越论”又赋予反犹暴行以新的政治内容。希特勒在其当政时期出版的《尼采与民族社会主义》一书中宣称：“我们感谢尼采从北方——日耳曼文化出发，对威胁生命价值的犹太人的认识!在‘贵族道德’(日耳曼人道德)与‘奴隶道德’(基督教道德)斗争的背后，必然预示着北方种族反对犹太对立种族的世界斗争。”[5]他们认为：条约、人类的道德对于主宰种族和“超人”是没有任何约束力的，因为他们是超越法律与人性的。希特勒及其纳粹党就是根据这种理论，以最残酷、最野蛮的手段建立起集中营来屠杀千百万犹太人，他认为只有通过残暴野蛮的兽性活动，“最高贵的民族才能成为世界的盟主，才能为万国所拥戴。”[6]

2．纳粹党种族主义理论的实践。

希特勒以极端的民族主义、种族主义作为纳粹意识形态的核心内容和法西斯暴行的理论依据。他们的种族主义理论认为，世界历史不是阶级斗争的历史而是种族斗争的历史，日耳曼人是地球上最高级的种族、世界历史的创造者，犹太人则是世界的破坏者，是劣等种族，应该驱逐或灭绝。德意志人则是日耳曼人的核心。希特勒宣称为了保持和发展人类的文化，日耳曼人必须保持自己血统的纯洁性，如果放弃纯粹血统而陷于种族混杂之中，就会丧失自己优越的权利、地位和创造文化的能力，“人类不会因为战争的失败而灭亡，而是由于血统混杂、种族堕落以致丧失抵抗力而灭亡”，“对于人类劣等民族犹太人和斯拉夫人，他们是引诱雅利安人堕落而使人种水平下降的罪魁祸首，因此，雅利安人应当奴役他们、征服他们、折磨他们，使他们对日耳曼人不敢正视。”[7]“对待被征服种族，应比对待野兽还要残酷，应当首先让被征服者拉犁，然后才让马拉犁。”希特勒狂热号召说：“创造者，坚强起来！抢吧、烧吧、杀吧！绝不要对被你们奴役的劣等种族发生一丝一毫的怜悯，尽量把苦头给为你们服苦役的人去吃，这样才能表现出‘超人’应有的伟大气魄，要创造‘超人’，创造英雄的种族，没有斗争、痛苦、忍受以及对弱者的伤害，是不能实现的。”[8]根据这种极端的种族主义的“理论”的要求，纳粹党便把选择和保存德意志民族最“优秀”分子以及淘汰劣等种族视为己任，在二战时期犯下了灭绝犹太人和奴役其它民族的滔天罪行。

3．巩固纳粹独裁统治的政治需要。

希特勒是通过阴谋活动由兴登堡总统特别授权上台执政的，并不具有通常的符合法律的地位。为了建立起纳粹党专制的法西斯集权体制，他利用当时整个德国社会因战败而饱受战胜国凌辱、民族主义情绪炽烈的情势，以德国的生存和发展正受到日益严重的威胁为借口，把犹太与马克思主义学说联系起来，寻找镇压的根据。他大肆攻击“犹太人”的马克思主义、布尔什维克党和社会民主党，用以转移国内人民的斗争视线，达到巩固独裁统治的目的。希特勒在其《我的奋斗》一书中，指出：“犹太人创立了马克思的学说……马克思能够用政治家的眼光认识这腐败世界中的主要毒物，用了巧妙的方法去提取而制成浓厚的毒液，用以迅速地去毁灭世上一切自由独立的国家。马克思之所以如此，那是为了谋犹太种族的利益而已。如果德国有朝一日覆灭了，那么，受布尔什维主义的鱼肉自然是毫不困难的。犹太人的目的，便是使德国国内的民族互相斗争，希望德国在经济上永远衰落，在政治上完全沦为奴隶。因为这缘故，犹太人便竭力灭亡德国。”[9]希特勒还把马克思主义胡说成“犹太学说”，是造成德国内外交困的根本原因。希特勒给德国因战争和革命而感到前途暗淡的小资产阶级所身受的不幸做出了一个简单的解释：“犹太人”、“凡尔赛和约”和“十一月罪人”是万恶之源。希特勒认为：德国战败而接受民族最大耻辱的《凡尔赛和约》是马克思主义的犹太人出卖的结果。共和国政府是由“马克思主义的犹太人组成的，犹太人所操纵的民主国家已经成为德国民族的祸根”。“马克思主义之终极目的在于摧毁一切非犹太民族的国家。”希特勒宣布：“吾党之运动则在消灭马克思主义并与犹太人势不两立，实无通融之地。”[10]按希特勒的逻辑，屠杀犹太人也就成为天经地义的事了。

4．掠夺犹太人财产、建立侵略扩张政策经济基础的需要，发动战争的经济需要。

居住在德国的犹太人在希特勒执政前约占德国人口总数的1%，但他们在德国各行业特别是在金融业等国民经济核心行业中却占有重要地位。许多大银行、大商店、大工厂都由犹太人经营。犹太人聪明能干，资金实力雄厚，在自由职业岗位上也占优势。如柏林市的医师中，犹太人占52%；法兰克福城的律师中，犹太人占64%；许多著名的科学家、文学家、艺术家等，也都是犹太出身。希特勒对犹太人在德国社会各界的地位和影响，特别是犹太人在德国经济领域的领先实力极端仇视。在《我的奋斗》一书中，希特勒曾说道：“他们的经济关系，差不多包括了整个帝国的全部，一切真正的伟大企业，差不多完全在其掌握之中，凡是主要的专家和职员，多是属于他们的。国外的贸易完全是由他们经营的。如果德国再衰落的话，对总揽国际金融的犹太人是有利的。犹太人的用意，那是十分明显的，就是想要德国赤化，就是摧毁德国民族的智力，并竭力借犹太人所操纵的世界金融，来摧残德国劳工的势力，作为扩张犹太政府世界计划的第一步。”因此，纳粹党的政治目的就是要把犹太势力从德国社会各界排挤出去。

1933年4月7日，纳粹政权颁布的文官法规定：凡父母或祖父母信仰犹太教者，即为非雅利安人。而非雅利安人不得充任德国文官。此后，犹太人几乎被排斥在德国公共生活之外。犹太出身的法官、律师、医师、教授、演员被免职。犹太人的资产被没收，犹太工人失业。1938年，德国在伦敦同世界犹太人组织磋商，提出了一项犹太人有秩序地迁居国外的计划：德国将没收估价为15亿马克的犹太资产用作外迁经费的保证金。[11]在希特勒上台后，当德国面临经济困难时，为了扩军备战、讨好垄断资产阶级、减少竞争对手，以希特勒为首的纳粹政府开始掠夺犹太人的财产，把大批犹太人驱逐出境，不准携带巨款，冲锋队员抢劫犹太商店，以致发展到“从肉体上消灭犹太人”，这些举动在一个方面就是为了增加军费开支的来源，消除犹太人的经济势力。

5．与日本法西斯相同的侵略扩张和称霸世界的政治目的。

希特勒上台以后曾经做过这样的论断：德国46万平方公里的土地要养活6200万人口，这是不行的。在希特勒看来，解决问题的办法不能借助于向外移民，移民会使优等种族受损；也不能靠限制生育或堕胎，限制生育或堕胎会夺走健康儿童的生命；提高国内粮食产量或进口粮食，均非长久之计。唯一的出路便是实行对外扩张，必须依靠“剑”的威力去夺取“生存空间”。于是，希特勒便把夺取生存空间和肉体上消灭犹太人结合起来。他说：民族社会主义的任务就是以发动流血的侵略战争来保证日耳曼民族在地球应获得的领土，“当吾人今日谈及在欧洲新领土的问题，必先想到俄国，今天的俄国统治者是身染血污的罪犯，人类的败类，尤其不能忘记俄国已被无国籍的犹太人所完全统治。”[12]为了消灭犹太人及其统治下的苏联，必须发动争夺“生存空间”的战争。

以上的总结，可以说是审察了希特勒与德国法西斯对犹太人进行大屠杀等一切暴行的基本的罪恶动机。那么，在与欧洲历史地理环境和人文传统完全不同的亚洲，日本军队为何要在中国各地尤其是在占领后的南京，对中国平民和失去抵抗力的军人实行大屠杀呢？多年来，中外学者们对此也进行了广泛的研究，取得了大量的研究成果，集中起来，基本上可以归纳出日军施展暴行有下列三个方面的基本原因：

第一，日本民族的性格特征。

日本民族自古以来因封建天皇制度和长期军阀政治的影响，形成了崇拜强者鄙视弱者的观念，他们崇拜盛开之后即刻凋谢的樱花，推崇靠武力行天下的武士，对征服弱者充满快感，在强者面前又显得十分恭顺。一方面，他们善于学习别的民族的优点，消化吸收，改良补充自己；另一方面他们又因狭隘的岛国地理环境形成的封闭心理，缺乏宽容与大度。种种特征造就了他们在战争中的行为特色，以海盗式的屠杀与掠夺为特征，企图以暴力达到征服的目的。另外，又因岛国环境的影响，土地与资源的缺乏，使他们生成了比较严重的生存危机感，时时刻刻盘算着如何通过“开拓万里波涛”来摆脱这千年的忧患，在海对面的大陆上谋得一块永久的生存之地。对外侵略的动机是长期、明确而牢固的。

近代以来，日本通过“明治维新”，实现了社会的改良，国力增强，为其对外侵略创造了条件。而中国则相反，近百年来衰落的封建统治和帝国主义的侵略掠夺，造成了中国的积贫积弱，广阔的土地与丰富的资源，使强邻垂涎。故日本对于中国，从历史上的敬仰学习逐步就变为蔑视与侵略。几千年来日本在中国学习到了不少的东西，然最主要的一点，他们到底也没有学会中国墨儒诸家传统的非战、平和、宽容的美德。再者，日本社会封建统治等级森严的习俗和客观生存条件对于其社会集体化努力的需要，形成了他们漠视个人价值重视社会团体利益的习惯，社会生活对于个人的环境压力很大，尤其对负担主要社会责任的男子，压力尤重，于是一旦有机会就造成了他们放纵自己以释放压力的契机。日本社会保持了男尊女卑的传统，对女子是轻视的，从根本上来说社会的主流意识认为女子是要服从并服务于男子的，在两性关系上完全是以男人为主，男子视女人为玩物，各种对女性的玩弄与虐待方法即使是在现代日本也是司空见惯的，以至于造成日本变态色情业的长盛不衰。这些特征，造成了以社会中下层男子为主的日本军队，在对华战争暴行中的各种大规模虐杀和奸淫妇女，制造出各种变态暴行的社会根源。

第二，日本当局在侵华战争中“膺惩”中国人的政治需要。

近百年来，中日关系因日本不断侵华而处在紧张对立状态。日本军政当局为了侵华的政治需要，一方面对中国进行全面缜密的侦察和有意识的挑拨离间，他们搜集中国各类政治、军事、经济乃至地理资源情报，进行仔细的研究，利用中国社会政治中的一切矛盾进行分化瓦解，准备发动侵华战争；

另一方面在国内大肆进行对中华民族的鄙视仇恨宣传，向民众灌输日本为了生存和尊严，必须侵略和占领中国的观念。在日本社会中播下仇华蔑华的种子，这一切使得日军官兵在基本的观念上充满了对中国人的蔑视和轻慢，他们从心里认为中国人是劣等的民族，只要他们敢反抗日本，那么就应受到任何惩罚，即所谓的“膺惩”。他们认为对敢于抵抗的中国人怎样做都不过分。一个参加过南京大屠杀的日本兵宫本在1937年12月16日写给家人的信中说，“我们得到了中国的首都，也得到了首都的女人；这是个没有出息的民族，五千年的历史，对他们来说没有什么用；只有建立大东亚共荣圈才有希望。”[13]由此可见，军国主义的毒素已经侵入了日军官兵的骨髓。另一名曾在中国山西作战的日军老兵近藤一，最近在对前来采访他的记者说：“从小老师就教我们，大和民族是最优秀的民族。因此，当时我觉得怎么样对待这些身为劣等民族的中国人都不为过。现在回想起来，我犯下的罪行100年也偿还不清。”“说着说着，老人的脸便抽搐起来”。近藤一的良知，是他后来在冲绳岛撤退的时候，亲眼目睹了被卷入战争中的几百名日本平民的尸体，其中有被炸得支离破碎的尸体，有与母亲失散而哇哇大哭的婴儿，这些对于日本人的切肤之痛，让近藤想起了他在中国的所作所为。“我在中国所做的一切在冲绳重现，那个场面就像地狱。”已年过八旬的近藤，现在一有空就会回到山西忏悔当年犯下的罪行。为冲绳战场上，像蚂蚁一样被杀害的日本人，让他突然意识到，中国人是和他们一样有血有肉的人，当年在山西屠杀中国民众同样是罪恶行径。[14]

近代以来，日本视侵华为其战略目标，一切的行动都以此为目的。为了顺利地吞并中国，他们注重所谓历史的经验总结，有报道评论说：日本人总结了中国历史上元、清两朝蒙古和满族人占领中原的经验，认为对于敢于反抗的汉族人，只有一个“杀”字可以威慑住，“扬州十日”与“嘉定三屠”是巩固征服者外来统治的有效手段。因此，日本要占领中国，也只有对中国人大开杀戒。这种谬论居然成了他们在中国各地制造骇人听闻大屠杀的“理论指导”。从“八一三”战役后期日本军界首领狂妄叫嚣要“膺惩”中国人的历史事实来看，我们对于这种谬论是可以宁信其有的。

第三，对于中方奋勇抵抗侵略的疯狂报复。

第二次中日战争开始以后，日本军方对于中国方面的激烈抵抗表示出乎意料，特别是在“八一三”淞沪战役中，中方的主动抵抗和决战勇气，打破了日军“三个月解决中国事变”的吹嘘，令日方有措手不及之感。当他们被迫一再增兵上海，最后在突破中方防线后，一种被“侮辱”后图谋报复的心理油然而生。1937年11月19日，日本华中派遣军在攻占上海之后，决心废除原定“指令线”的限制，乘胜追击，攻占中国首都南京[15]，其中就有图谋报复中国人抵抗的因素在内。在这样的情况下，南京城破之后，日本军队为了泄愤和以屠杀来威吓中国民众，消弭其抵抗意志，实行大屠杀与大破坏，就是必然的事了。战后日本右派有人说南京大屠杀的原因之一是中国人对日本军队的激烈抵抗造成的，这种借口之荒谬简直不值一驳，天下哪有遭到外敌入侵而不能抵抗的道理？

上述三方面的原因，是侵华日军制造南京大屠杀和在中国各地犯下无数骇人听闻的暴行的基本因素所在。

从两者的对比来看，德国法西斯要杀犹太人是出于他们荒谬的种族仇恨，而日本人在中国的暴行则是发泄与镇压，两者的共同点都是把屠杀与暴行作为他们实现称霸世界野心的必需手段，而不同点则是在屠杀与暴行上的手段与方法存有区别。

二、德日军队屠杀与暴行的规模、手段与方法比较

1．屠杀暴行的规模的比较

比较德日军队的暴行，我们可以发现，两者有其基本的共同点，屠杀的规模都很大。

第二次世界大战期间，纳粹德国给欧洲及北非各国人民造成深重的灾难，被纳粹分子血腥屠杀的和平居民即达2500万以上，其中仅仅集中营和

灭绝营的死难者即达1200万人，另有900多万平民死于战火、奴隶劳动、饥饿、寒冷与疾病，其中犹太人580多万，波兰人250多万，吉普赛人52万，以及10万多名难以治愈的德国精神病人。另有苏军战俘173万被蓄意杀害。1941年10月德军在塞尔维亚制造的克拉古耶瓦茨大血案和1942年8月在苏联克里米亚的塞瓦斯托波尔进行的大屠杀可以作为例证。经过大屠杀之后，欧洲犹太人锐减了三分之二，其中西欧的犹太居民被杀害了40%以上，东欧的犹太居民则被杀害了接近90%。1938年，即第二次世界大战爆发的前一年，欧洲人口总数为3亿9060万人，而战争结束的1945年，除苏联外，欧洲人口总数为3亿8090万人。如果没有战争，根据以往的出生率和死亡率，6年间欧洲总人口本应净增1200万人，而实际上净减少了1000万人以上，加上苏联损失的2800万人，欧洲总人口损失了4600万人以上。这在欧洲历史上无疑是一场空前的劫难。[16]

在当时德国8000多万居民中，尽管大多数公众对纳粹的暴行采取了沉默的态度，甚至有相当一部分人曾经狂热地拥护过纳粹，但毕竟不应由他们承担战争的主要责任。应当对战争罪行负责的只是纳粹分子——他们仅占德国总人口百分之十一，亦即800多万名纳粹党员及附属组织成员，上百万名党卫军官兵和秘密警察，数万名涉嫌直接屠杀和平居民的国防军官兵。而这些人中的大多数罪行较轻，真正应对战争罪行负主要责任的，乃是其中的决策者与骨干分子以及积极参与者，亦即战争罪犯。战后，美国、英国、法国、苏联、波兰、南斯拉夫等盟国将造成上述罪行的纳粹刽子手列入了战犯名单，进行了广泛追捕和大规模的审判。[17]

比较德军的暴行，日本法西斯则有过之而无不及。自1931年九一八事变开始，日本侵华14年，在中国屠杀了上千万的中国人，直接间接死于这场战争的中国人民达3500万以上，如果再算上中国在和平条件下理应增加的人口数，这个损失数字就巨大了。另外，日军还在朝鲜及太平洋、东南亚各地屠杀了上百万的平民与战俘，譬如，1942年初日军占领菲律宾后，强迫大批美国与菲律宾的战俘，在没有水和粮食的情况下，顶着高温和烈日连续强行军100多公里，造成了“巴丹死亡行军”惨案，沿途死亡的战俘达1.6万余人，在圣费尔南多，幸存者又被满满的塞入卡车，许多“年轻人在你面前窒息而死，他们站立着死去。”最后抵达奥唐奈集中营时，战俘们死亡数达2.3万人。[18]但因日军在所侵略各地暴行的普遍性和随意性，具体的数字无法搞清，又因战后东方国际政治的复杂因素，伴随对日本战争罪行的清算不彻底，日本军队在二战中大屠杀的罪行实际数字，远不如对德军罪行统计得那么清楚。在最大的受害国中国，由于战后很快陷入国共内战，这项工作没能持续进行；在朝鲜及东南亚各国也没有彻底搞清。如果就单纯的数量来比较，是无法衡量对比的，况且这种统计在德日两大侵略者的屠杀暴行超出百万规模之后，其界定性意义也就不太突出了，因为他们都已成为历史上闻名的刽子手。谁杀人更多，罪孽也更重，同时，退一步说，就是屠杀量相比之下少者，也丝毫不能减轻其罪责。

除了日本人以外，大多数的人对于日军大屠杀的事实详情是毫不怀疑的。1937年11月，日本占领上海后，对中国首都发动了大规模的攻击。12月13日南京沦陷后，日本人便展开了一场世界历史上前所未见的残酷暴行。成千上万的中国男子被集合起来驱赶到市郊，或遭机关枪扫射倒地；或被日军当作肉靶，用来练习刺刀；或是在身上浇满汽油，活活烧死。日军还拿中国人进行斩首比赛。数月下来，城内尸横遍地，南京已成人间地狱。据“远东国际军事法庭”专家估计，自1937年底到1938年初，在南京有超过26万平民死于日军手中，加上被日军杀害的放下武器的中国军人，这个数字至少超过30万人。杀戮的规模史无前例。一位历史学家曾经估算，如果让所有南京大屠杀的死难者，手牵着手，长度可以从南京到达杭州，延展距离约两百英里长。他们身上的血共重达1200吨。尸体可装满2500节火车车厢。如果把这些人一个个叠起来，将达74层楼高。光看死亡人数这一项，南京大屠杀的规模，就远远凌驾于历史上许多最野蛮的行径。相较于历史上罗马人在迦太基屠杀15万人的暴行、突厥征服者帖木儿1398年在德里杀害10万名囚犯，并用这些囚犯的颅骨在叙利亚建造两座尖塔的丑行，日本军队有过之而无不及。

西方人士只知道希特勒屠杀了600万犹太人，然而，这些死亡人数是在好几年之中逐渐累积而成的，而南京大屠杀却是集中在几个星期之内，即使是从历史上最具毁灭性的战役标准来看，南京大屠杀都可算是大规模赶尽杀绝的最惨的例证。如果要比较南京大屠杀的相对规模，我们可以再看看其他一些数字，作为战时中国的一个城市——南京的死亡人数就超过了一些欧洲国家在整个战争期间平民的总死伤人数：在二战中英国总共失去61000人，法国损失108000人，比利时101000人，荷兰242000人。当时空中轰炸是造成大毁灭最恐怖的武器之一，然而，即使是其他战场上最猛烈的空中攻击，都无法超越日本人对南京的蹂躏。南京大屠杀的被害人数还超过了美国轰炸东京8万—12万的死亡人数；甚至超过了1945年底遭原子弹轰炸的广岛、长崎两座城市各为14万人及7万人的死亡人数之和。[19]

每当看到日本每年对原子弹爆炸遇难者的隆重悼念，人们怎么不会想到，当时在南京城里，曾有更多的平民惨死在这些“原爆被害者”国家军队的手中?而且死得比原爆遇难者还要惨百倍?日本人为何不为他们举行悼念式?当南京城沦陷后、当珍珠港事件发生后，日本举国上下都热烈地进行了庆祝活动。东京、大阪、横滨、京都和奈良等地彩旗飞舞，连续三天三夜游行庆祝。人们奔走相告，交相赞颂，全国沉浸在一片欢庆的海洋之中。在皇宫外参拜的人群如山如海，络绎不绝。男人们手举膏药旗高呼“天皇陛下万岁！”妇女也身着盛装，前来祝贺，向皇宫深深鞠躬。看看当时日本报纸的狂热报道吧！[20]这时候，日本人怎么不想到有那么多正死在他们的炸弹、刺刀、枪口下的无辜者？怎么没想到为侵略犯罪暴行欢呼终究是要付出代价的？广岛、长崎的两颗原子弹的爆响是什么?它不是美国在侵略日本，而是代表全球千百万被日本军队残杀的无辜的灵魂，在向加害者杀人狂讨回公道!杀人者必须偿命!

2．屠杀暴行实施对象的比较

在暴行的实施对象方面，德国军队有一特征，就是他们主要是有计划地屠杀犹太人和以暴力来镇压各地反抗组织与反抗者，对被占领地区的不反抗的平民，一般情况下较少以动辄大杀大烧的方式来进行威慑，当然在德国法西斯的暴政统治下，被冤杀的平民也有许多，但大规模的屠杀并非十分普遍；而日本军队则不然，在中国沦陷区，日军每到一地，必然杀人，而被杀者绝大多数是平民，而且他们的胡乱杀人充满随意性，是一种发泄甚至是取乐的手段，这是历史的事实，例证举不胜举。另外，日军有着丝毫不顾任何影响的暴虐习惯，为了达到目的，他们可以随便进行大规模的屠杀，真正的是杀人不眨眼。

在前南斯拉夫电影《瓦尔特保卫萨拉热窝》中有这样一个情节，当德军利用被杀害的游击队员尸体，引诱乡亲们前来认领再加杀戮时，众人在地下党的鼓动下，数百人一齐默默走向前来。这时，德国军官眼看目的无法达到，便对部下下达了“立正，向后转，齐步走”的命令，在悲壮的伴乐声中，德军撤退了。每当看到这里，人们一方面佩服南斯拉夫人民的英勇，另一方面也看到了德军与日军在这一点上的不同。因为人们自然会想到，如果这一幕情景发生在中国占领区，那么，司空见惯的和可以预料的是，日本军官会下令开枪，一阵狂射之后，又一场惨绝人寰的大屠杀是不可避免的，外带的还要烧房毁物。请看铁证：

1941年1月25日，日军在河北省丰润县潘家峪村包围了一千多村民，逼迫他们讲出八路军的去向，人们拒不回答，日军便开始杀人。他们先用汽油烧死了30余人，并在人群中拉出30多名妇女，公然强奸后烧死，并将一名孕妇剖肚，胎儿掉在地上，暴行之恶，令人发指。当日军得不到情报后，便大开杀戒，将一千多村民集中到院落中，日军军官佐佐木说：“为了日中亲善，到村中大院有一出好戏给你们看”。结果他们用机枪对准人群疯狂扫射，并在预先铺好浇上了汽油的大量柴草上放火，把1200余人全部残杀，整个村庄全部烧毁。这就是日本军队对中国人的“亲善”！[21]在日军眼里，哪有国际公法？哪有战争公约？哪有一点人性？

在潘家峪惨案中还有一个令人叹息的故事。在抗战中，众所周知的八路军政委聂荣臻将军在百团大战中善待两个在战场上被救出日本孤儿，并把她们送回了日方。当时这一幕体现中国军队人道主义的生动场景，被八路军的战地记者拍摄下来，留下了千古传颂的佳话。但是，这个战地记者后来却疯了，刺激他得病的原因，就是在潘家峪战斗前，他所在的小部队烧了一锅开水准备做饭，得知日军进村的消息后，他们立即撤到村外，等日军走后，他们回到村内，所看到的是惨绝人寰的一幕，两个中国幼儿被日军煮在那口开水锅里，其中一个就是部队干部的儿子，而他年轻的母亲全身赤裸被挑死在门口！对比中国人的善待日本儿童，日军兽行造成的巨大的反差怎能不令人发疯！[22]

又据日军老兵近藤一的回忆，1940年，他跟随日本陆军独立混成四旅独立步兵第十三大队，开赴中国山西省的辽县(现在的左权县)，与抗日的八路军作战，那里是日中战争的最前沿。近藤说："我不得不正视自己在1945年以前那4年里，在中国大陆都做了些什么。"到达辽县后，日军新兵接到的第一个上级命令，便是进行用刺刀刺杀中国人的训练。训练的靶子，就是两个被反剪着双手绑在木杆上的中国俘虏。近藤说："接到教官的命令，我们就冲上去向准那人的左胸刺下去，刺刀刺进了他的胸膛。那一瞬间，我的腿突然停止了抖动，就像拿筷子插进豆腐里一样，毫无罪恶感。和我同一个部队的老兵们，乐与在山间的村落里寻找年轻女性，然后集体轮奸她们。在一场"讨伐战"中，他们还让一名被轮奸过的、刚刚分娩的年轻母亲，浑身上下只穿一双鞋子和我们一起行军正路。也许是为了减轻行军中的负重，行进中一个老兵突然夺过母亲怀抱里的婴儿，狠狠地抛到了山谷里。母亲撕心裂肺地哭喊着，也追随婴儿跳进了山谷。士兵们看到这一幕，都高兴得哈哈大笑起来。而这，就发生在我的眼前。"各位读者，日军士兵还算是人吗?

近藤也曾为了搞清楚一发手枪子弹能穿透多少个人，找到了10名中国男性．让他们前胸贴后背地排成一列，用枪抵着第一个人的后背扣动了扳机……尸体被扔到了猪圈里。日本兵还用刺刀拉开孕妇的肚子，削掉老人的耳朵。在这场望不到边的拉锯战中，日军部队日日夜夜重复和继续着他们残虐的暴行……[23]

“事实上，日军的在华暴行遍及大半个中国，屠城、屠镇、屠村惨案之多，罄竹难书。日军屠杀暴行，几乎贯穿日本侵华战争的整个过程，而且是在军官指挥下，有组织的行动。日军每攻陷一城一池，一般是四面设防，关起城门，逐户搜寻中国平民百姓，或当场屠杀，或集体屠杀。日军所到之处，必是以屠杀开始，焚烧房屋后撤走，这已成为日军各部队对待和平居民与城镇的行动准则。何以如此？答案只有一个，日军这些公然违反国际公法的犯罪行为，是完全得到日本最高当局的认可与默许，是出于日本军方首脑机关有组织有计划的安排。”[24]

对于日军在中国战区各地这样普遍存在的暴行，中国人已经数不胜数非常熟悉了，因为日军向来就是这样做的！如果说德日军队在实施暴行上还有区别的话，这就是两者的差别所在。

另外，我们可以看到，德国人的无耻暴行会在一个个监狱中发生，因为那里是他们为所欲为的场所，他们可以按照既定的方针对犹太民族实行灭绝性的屠杀，但在欧洲一般的占领区，对普通的百姓，要实行放肆的屠杀，德军可能还有某种顾忌。其中，德军官兵所受的教育形成的素养也有一定的约束性影响，他们不太习惯于随时随地的大规模疯狂杀人施暴，把他们的占领地变成人间地狱；而日本人则不是这样，他们在中国、在印支半岛、在南洋各国，要杀要奸，随心所欲，什么国际公法，什么人道主义，根本不加考虑，一切以自我放纵“扬皇军之威”为目的，日军表现如同中世纪的野蛮人，有过之而无不及。

3. 屠杀暴行手段与方法的比较

日本军队在实施屠杀暴行时，不只把人处死，而且要在被害人死亡之前尽可能地让他（她）饱受痛苦，进行穷凶恶极的虐待，以图从中得到快乐，这是日军杀人方式的一大特点。因此，他们杀人时的各种残暴景象触目惊心，令人作呕，使人发狂。甚至于几十年后，看到记载日军暴行的文字，依然使人惨不忍睹。

日军在攻破南京城时，曾对城内残余南京守军抵抗力量许诺，放下武器将给他们留下活路！于是有大量的国军士兵放下了武器，换来的是什么呢？是活埋、是挖心砍头、是绞杀、是虐杀、是用来给日兵练习刺杀……日本在其侵略中国的70余年中所犯下的罪行，罄竹难书。他们割占中国土地，勒索战争赔款，奴役中国人民，抢劫财产，烧毁房屋；奸淫妇女，上至老妇，下至幼女，无一幸免；割去妇女的乳房，用刺刀插入妇女的阴户，挖出孕妇的胎儿；刑讯中国革命志士，枪毙无辜；对中国人进行集体活埋，或挖眼，割鼻，活体解剖无所不用其极，给中国造成无比深重的灾难和耻辱。

我们知道，在实施屠杀的手段方面，德国法西斯军队也有许多极端的杀人办法，除了集中和分别的枪杀，最主要的还是关入毒气室的大批屠杀，以及做活人实验等，最典型的是在奥斯维辛等各个集中营内的杀人场所，德军无所顾忌地实行他们的大屠杀；但与日本军队相比，在杀人手段方面，他们就是“小巫见大巫”了。据中国社科院卞修跃研究员的统计，日军在中国实行杀人的方法有250余种之多，其内容惨无人道，集古今中外之杀人大全。仅在南京大屠杀中，就有个别和集体枪杀、用机枪扫射、用炸药、地雷大规模的炸死、以活人当靶子练刺杀、砍头、奸杀、烧死、破腹、狗咬、溺毙和各种虐待致死等等，其方法之残忍，手段之恶劣，无法用语言来形容。例如，日军常用的杀人方法之一就是割去人的各种器官来杀害，从耳鼻手脚到男性的生殖器、女性的乳房，凡是人体上凸出能够被割除的部位，都曾被日军割去。在浙江农村，日军厌腻了一般的杀人术，竟然处心积虑地发明新的屠杀方法，他们把数根碗口粗的毛竹拉弯，把中国农民绑在中间，然后砍断绳索，竹子巨大的弹力一下把人拉裂成多块，残肢内脏挂在竹梢抛洒一地。日军在一旁疯狂取乐，真是禽兽不如！这种暴行真是旷古未闻，令人发指！日军的劣行除了杀人外，还有一重要的目的就是为了取乐，他们把中国孩子倒插在水田里闷死，还曾把中国人用盐腌、水煮而死[25]……以此来给士兵们发泄兽欲，缓解战斗的压力。在东北、山西、华南等地，他们还纵容、命令士兵们煮食被害人的肉体和内脏，用来泄愤和“练胆量”。这种兽行习惯一直被日军带到南洋战场，号称“马来之虎”的日军师团长山下奉文就曾在马来吃过人肉。相比之下，我们还没有听说过德军在杀人之余有命令士兵吃人肉之事。在德军占领区，人们能够常见的是面无表情的德军排着整齐的队伍在街道上巡逻，或手持冲锋枪围剿抵抗他们的游击队，最残忍的不过是他们四处追捕犹太人，把他们送往集中营以便有秩序的处死，对不服从的当街枪毙。德军还有加倍杀害占领区平民以惩罚抵抗者袭击的记录（当然日军也有同样的记录）。虽然这一切暴行，除了对人民的戕害外，最明显的是给四处躲藏的犹太人和一般被占领区的民众以巨大的精神压力，使他们惶惶不可终日，大有末日来临之感。但无论如何，这比日本军队的见人就杀、到处“杀光、烧光、抢光”，强奸虐待无所不为，无人可免的暴行，其方式与程度在客观上是不是有所不同呢？毕竟，我们可以看到，在德军占领下的欧洲沦陷区各国首都，还没有一个向南京那样被残暴的日军杀成了尸山血海的人间地狱。

以上种种是日军与德军不同的地方，它表现的是，同样作为法西斯军队，日军的野蛮暴行程度比德军要更深更强，这是客观事实。请看下列南京大屠杀中的史料：

“敌军入城，凶如虎狼，自武定门冲入，凡武定门大街居民留守者，男女老幼见则杀害，无有幸免，尤惨者，见妇女先奸后杀，可怜妇女尸体皆裸体，无一着裤，如斯暴行，皆中岛部队所为……”[26]

又据日军自己的记载：在太平门外，门右的一角工兵打了桩，然后围起铁丝网，把那些支那军队围在里面，底下埋着地雷，在白纸上写着“地雷”，以提醒日本兵不要去踩，我们把抓来的人集中到那里，一拉导火线，“轰”的一下，地雷被引爆了，尸体堆成了山一样，据说是用步枪打来不及，所以敷设了地雷……第二天早上分队长命令新兵“刺致命的一刀”。检查尸体，把还活着的人刺死，我也踩在软绵绵的尸体上查找还活着的人，发现了只说一句“这人还活着”，接着就有其他的士兵上来将他刺死。刺刀往喉咙口猛刺下去，血就像水一样喷射出来，人的脸色“唰”地一下就白了，经常听到“啊呀”的惨叫声。[27]

据当时在宁的外国记者的亲眼所见，南京大屠杀期间，城北挹江门内被杀害者的尸体堆积如山，有5英尺高，“已有数百辆日军卡车、大炮在尸体堆上开过”。在城南中华门外的外秦淮河，因桥被炸毁，日军用被害中国人的尸体填入河中以供军车通过，当尸体堆被压下陷后，日军就再用新尸填平，继续车压炮碾，其状之惨，令人欲绝。“离开南京之际，我们最后见到的场面是一群300名中国人在临江的城墙前井然有序地遭处决，那儿的尸体已有膝盖高。”[28]南京城确实已变成了末日来临的人间地狱！就连当时留在南京的纳粹德国使馆在给国内的报告中也明确无误地指出“整个日本皇军就是一个兽类集团！”被纳粹官员骂作“兽类集团”的日军，难道不是世界上最残暴的军队吗?

又据当时参加红十字会掩埋尸体工作的徐金德老人的陈述；“板桥有一件事很惨，一个国民党兵打败仗死了，他的绑腿袋里面有钱，正在摸的时候，公路上来了日本兵，那个人心狠，他拿起刀，把这条腿砍下后背了就走，这是一条士兵的腿，士兵保不住国土，连自己的尸体都保不全。”[29]“最惨的是一个妇女，蛮年轻的，光着身子泡在水里，一只胳膊砍掉了，小便的地方插着一把刺刀！我看见的这个最惨，妇女的尸体都是披头散发，脸上抹灰，没有一个穿好衣服的，好的衣服也是故意撕坏的。”[30]“倘有孕妇购米入城，日军以为其腹部之膨大系藏食米，亦用刺刀刺入腹部，致孕妇当场腹破胎出而死，本人尚目睹有妇人被日军用刺刀由阴道内刺入，刀尖透出臀后而死。亦有八十岁之老妇人被日军强奸而死。有令其子奸其母使父在旁观者。”[31]

战后南京市民秦李氏呈文说：“时故夫年36岁，体尚健壮，该日军问曰：尔是否军人？故夫不懂日语故默然未答，日军急捉去，先施以酷刑，死而复苏数次，致被刺刀遍体连戳七八，登时气绝殒命……[32]

南京市民陈福宝在远东国际军事法庭作证时陈述：当南京屠城时，我只是一个十三四岁的顽童，日本军队搜到了我，绑在壮丁一起，一共39个人，连续杀了36个人，留了3个没杀，罚挖坑埋尸首。“一个满脸胡子的皇军嫌我力气小，挖得太慢，把我身子一抬就惯在地上，我被惯得吐了好几口鲜血，半死半活的躺在地上。”日本人把那两个挖洞的杀了，留下了我便扬长走了……[33]

在南京大屠杀中，日本军队对其屠杀无辜平民的罪恶行径是毫不隐讳的，并且决不把国际公法放在眼中。据在南京大屠杀中死里逃生的骆中洋回忆，日军军官曾公开向被他们围困住的两万多中国平民和放弃武装的士兵们询问“想被枪杀还是烧死”？当时他们被赶到三汊河木桥以西数百米的南面河边，“人靠着人挤在那么一大块地方，比我们一个军一万多人集合时候占的地方都大，我们集合时队伍之间还有点距离呢。”很多人都已经意识到自己将要被屠杀的命运，骆中洋说，“他们不想受日军屠刀之辱，有的用头撞墙，有的跳入河中自溺而死，有的会游泳，则想从河里逃生，被日军射击而死在水中。”日军没有在河边实施屠杀，而是把人群赶到岸上，这里是大同面粉厂的广场，这时大约是上午9时。一个身材矮小的日军头目开始向人群喊话，喊话通过一个翻译传出来，让骆中洋异常气愤的是最后一句。“现在问你们要怎么死法？你们是要用机枪扫射、用步枪打，或是用汽油烧、燃烧弹烧死呢？还是用刺刀刺死呢？”“人群中有的嚎啕大哭，有的喊冤枉，哀鸣声震天。”没过多久，日军头目宣布采用刺刀来杀人，并且马上开始行动了。他们从人群的前面排头，每次十个人，用绑腿布绑成一排，押到河边，用刺刀刺死，尸体倒在河水中。骆中洋离排头位置只有十几米，看样子很快就要绑到他了。“我灵机一动，从人群的前沿很快移动到了最后的排列”……日军一排一排地刺杀，到下午4时多的时候，“被围困的军民已经有70%被杀害，推倒在水中”。正处隆冬，日短夜长，4点多，天就快黑了。而日军也改了杀人的方式，把剩下的人赶到河边改用机枪扫射。骆中洋和另外两个人趁机挖墙进了草屋，进入隔壁躲了起来，伺机再逃。河边频频传来机关枪射击的声音。

三汊河的两万人集体屠杀只不过是日军进城后集体大屠杀的其中之一，南京城的其他地方，江东门、燕子矶、草鞋峡、幕府山等地也发生了几千人到几万人不等的集体屠杀。据国民政府战后历时三年调查做出的统计，南京大屠杀中被集体屠杀的一共有19万人，加上在城内外各处的分别屠杀，共计有30万以上的中国人被日军杀害，这种大规模的一次性集体屠杀，在人类历史上也为罕见。

日军的这些暴行，是得到了上级军官的明确命令而犯下的罪恶行径。英国记者田伯烈（H.J.Timperley）在其著名的记述南京大屠杀的书《外国人目睹中之日军暴行》中写道：当时一个在大屠杀中的幸存者向他叙述说，在"他觉得凶多吉少"时，"便向一个态度和善的卫兵表示忧虑，卫兵静静地用棒子在地上划出几个大字：大人命令。"[34]

曾参加南京大屠杀的日军士兵回忆说："在城内扫荡残留的中国军人，如果捉到军官，就绑在杨柳树上，教新兵射击及劈刺的方法当活靶，士兵被捉了，就让他坐在坑前砍头。我是二等兵，只用刺刀刺中国兵。这样的事，在城内外连续了十天。……那时，我们在下关，将铁丝网的铁丝拆下，用来捆绑捉到的中国兵，每十人绑在一起，架起来浇上油放火烧。那时的感觉，就象杀猪一样，如此继续下去，杀人变得蛮不在乎了，因为是奉令行事，也不会感到后悔。也曾经用机枪扫射的，机枪架在山上，左右各一挺，交叉扫射。""到处的尸体与血腥味，把人的神经都麻醉了。"[35]

上述的记录，在南京大屠杀中多得不可胜数，这里只能选出一小部分，以供引证侵华日军的极其野蛮的暴行。

在这当中，有一些行径是纳粹军队也没有做出的劣行，当然，这只是两者在杀人规模方式方法上的差别，而不涉及对其罪恶程度的评价。

4．性暴行、人体试验手段与抢掠罪恶的比较

除了屠杀之外，日军比德军还要恶劣的是他们无处不在的强奸与性犯罪暴行。

在历史上，战争暴行除了杀人外，强奸和其他的性暴行是最常见的现象，因此妇女也是战争中主要的受害者。

在欧洲战场上，德国法西斯军队有许多的性暴行，德国及其附庸国军队

在战争中也曾经强奸和虐杀过妇女。但有一点应该指出，这就是出于希特勒“种族优越论”的要求，纳粹对于其士兵在战争中的性暴行是有比较明确的限制的，但这不是出于正义和人道，而是纳粹头目们担心其军队对所侵略地区的所谓“劣等民族”妇女大规模的强奸与性暴行会混乱“日尔曼民族的血统”，降低他们的“种族优越性”，因此纳粹军队比较严格地限制其官兵胡乱地与别的民族的妇女发生性关系，命令不许强奸。但在客观上，德军并未完全执行这一禁令，特别是许多德国的附庸国军队，在协助德军作战时，曾有许多性暴行发生，这些罪恶账都算在了纳粹头上。例如，德军陆军第197师第235团某连副连长舒尔茨中尉，在苏联占领区逮捕了从事地下抵抗的女共青团员卓娅·科斯莫杰·米扬斯卡妮，卓娅坚不屈服，舒尔茨便下令对她施以百般酷刑，并进行了轮奸，还惨无人道地割去了她的左乳，最终将她杀害。卓娅在冰天雪地中半裸着上身被吊死在绞架上的照片传出后，激起了苏联人民的无比痛心与愤怒，红军高呼着为卓娅报仇而冲锋陷阵，苏联统帅斯大林曾亲自下令，凡俘获残害卓娅的德军第235团官兵，要全部枪毙。[36]

除了强奸外，德军的性暴行主要表现在他们在集中营内拿犹太等民族的妇女做与性有关的试验。这些试验并不是出于真正的科研目的，而是为了给纳粹荒唐的种族理论寻找所谓的“科学”根据，甚至于就是这些医生本人要进行个人感兴趣的试验。在那种特殊的环境下，他们拿犹太或异族人的身体与生命当作不值一文的物件，随便地像猪羊般进行宰割，毫无人道怜悯之心。

按照纳粹主义的理论，由于以德意志民族为主体的雅利安民族具有非凡的能力和才华，他们具有领导全世界的神圣职责，是不容置疑的统治民族。而犹太民族是世界上最为卑劣、无耻、恶毒、贪婪、淫荡的民族，他们只能给世界带来灾难，是必须加以彻底根除的败类。吉普赛民族的危害只比犹太人稍好一些，可以缓办死刑；斯拉夫民族不具备任何创造力，只有在雅利安人管理下，才不会对世界发生负面影响，他们中的大多数只配当奴隶。

纳粹党认为：从纯洁雅利安种族的需要出发，世界上最危险、最可怕的事情就是种族间的不负责任的混交，德国妇女只要同犹太男子发生一次性关系，她的后代就会全部退化为杂种。因此，纳粹的理论家告诉德国的医生护士，他们的首要任务并不是为病人解除病痛，而是维护德意志民族血统的纯洁。因此医务人员中的忠实党员应当不遗余力地完成四大任务：一是确保种族卫生，限制和缩小犹太人和其他各种劣等民族的生存空间和活动能力，最终使用医药手段从肉体上消灭他们；二是研究各种科学高效的杀人手段，尽快推进“最后解决”；三是对那些眼下需要他们做苦役的犹太人和苏军战俘、异族劳工，必须实施强制绝育，确保他们不致玷污德意志民族血统的纯洁；四是利用犹太人、茨冈和斯拉夫人进行新技术、新疗法、新手术、新药品的实验，哪怕这些劣等种族在试验中死去。

纳粹医生与科学家进行的活人试验主要分为两大类：第一类是服务于种族卫生的医学试验。绝育即其中的一项重要内容。30年代以来，纳粹政权将绝育作为一种国策加以推行，实施在那些被认为患有难以治愈的重病人群身上。而在战争期间，被纳粹政权认为不允许繁殖的种族——犹太人、吉普赛人和斯拉夫人，在被其占领的领土上为数众多，使用传统的绝育方法对付他们，既昂贵又无效率。因此，党卫军司令官希姆莱下令大力开展这方面的科学研究，以求发现一种快速进行绝育同时又使受害者难以觉察的方法。国际知名的妇产科专家、党卫军少将卡尔·克劳贝格致信希姆莱，称他可以通过将一种名叫贝母制剂的化学物质注入子宫的手段达到使大批妇女简便地被进行绝育的目的。由于宫内注射往往是常规妇科检查的必要组成部分，即使偷换注射液的种类，受害妇女也不易感觉。这样，一个医生带领10名助手，在一日内即可给至少1000名妇女作完绝育手术。元首府办公厅负责人维克托·布拉克则向希姆莱推荐另一名研究绝育新方法的医生霍斯特·舒曼。他使用爱克司光照射的办法对大批男性进行绝育，后来又把妇女也作为绝育对象。这两名专家均先后在奥斯维辛和拉芬斯布吕克集中营对数以千计的男女囚犯进行了反复试验，导致他们丧失生育能力、伤残甚至死亡。著名的纳粹医生，号称“死亡之神”的门格尔等人也使用注射新制剂的办法，对女囚进行绝育试验。除上述两个集中营外，布亨瓦尔特、达豪、毛特豪森、弗洛森堡、纳茨维勒和贝尔森等集中营的纳粹医生和科学家也利用男女囚犯进行各种方法的绝育试验。尽管绝育试验造成男女囚犯大量伤亡，预期的目的也没有达到，舒曼的方法首先宣告受挫，但没有一个纳粹医生和科学家停止绝育试验，一直到第三帝国覆灭。限制非优等种族的人口增长，是纳粹党征服欧洲庞大计划的核心组成部分。因而，如果第三帝国再延续几年，斯拉夫人、法国人、意大利人、希腊人等都将成为大规模绝育受害者。同时，纳粹医生们进行的绝育试验也是为纳粹德国的化工与制药垄断财团牟利服务的。直至德国战败，纳粹的人类绝育实验暴行才告终结。

另一名奥斯维辛集中营的纳粹医生科尼，虽然是医学系毕业，却并非妇产科专业出身，但他又有掌握人工流产技术的强烈愿望。于是，那些女囚中的孕妇就成了他练手的绝好试验品。1943年6月，他在挑选一批从波兰克拉科夫来的犹太人时，发现了68个孕妇，这真使他喜出望外。他马上安排她们住进医院，从当天起“奋战”一周，使用不同的方法，给她们全部实施了人工流产，促使她们过早地产下婴儿。对于婴儿，他却没有多大兴趣，很快就交给了党卫军护士们，听任她们给婴儿注射毒剂。他更感兴趣的是截取囚犯们的肢体，摘除她们的器官。这样，来到奥斯维辛一年多，他已经学会了做胃切除、肾切除、子宫切除和卵巢摘除等难度较大的外科手术，付出的代价自然是由囚犯们承担，几十人死于他那不够成熟的手术。他还多次配合门格尔，给年轻的犹太女囚做惨无人道的电击疗法，毫无任何意义地把她们弄死，他们的做法对解决任何医学难题根本没有任何推进作用。

另外，德军为了进行冻僵的人体快速复苏的试验，还强迫苏军男女战俘性交，由他们在一旁观察。总之，德军为了自己的需要，大量地实行过性暴行。他们对待俘虏和犹太人等如动物一般毫无人性。

德军的性暴行虽然也是极其地野蛮，但他们有一个规律，这就是相比之下其规模比日军的性暴行规模要小些，大都在集中营内发生，影响相对弱些。

对比德军的性暴行，日本军队在战争中的性犯罪就明显地要极其普遍并且恶劣，其程度可以说是空前并可能绝后。

日军在中国各地，每到一处，除了杀人，就是强奸和虐杀残害妇女。

在南京大屠杀中，有数万起强奸和各种性暴行事件发生，外国记者目睹后报道说，每天都有上千件日军强奸、轮奸和奸杀案发生，被害的中国妇女从10余岁的小女孩到70岁的老妪，统不放过，稍为年轻漂亮者，动辄被日军几十人轮奸，然后被刀劈、枪杀或破腹、割乳而死，阴部还要被插入刺刀、木棍等各种东西。在这场无耻至极的污行中，约有2万到8万名中国妇女遭到强暴。许多日军不仅强暴妇女，还遵照“不留活口”的命令，在强奸后把受害者弄死，破腹取出内脏，切下乳房；日军还强迫中国父女、母子乱伦，强迫僧尼性交，让他人观看，完全是性变态。

“在南京南郊六郎桥十八村处，……敌兵放火烧房，又进内搜索，在福音堂内找到陈姓老妪三名，皆六十岁以上，敌兵无法泄愤，竟将三老妪毒打，要强逼脱去衣履，老妪不允，敌兵乃强行剥去，三老妪脱得精光，敌兵驱之遍游各处，倍加羞辱，用刺刀划其身上各部，禁止老妪哭喊，或用拨动老乳，令其怪叫，后用小刀乱戳其阴户，老妪疼得昏厥，敌兵割下小足，狂笑而去，真残忍极了。

城外沙洲街有朱姓人家，某日突去敌兵四名，将朱姓儿媳强行奸污，当敌兵轮奸该妇时，强逼她的公公、丈夫、儿子在旁边看着，轮奸后又逼其公公去奸淫，残暴的敌兵说：‘老头，你快活快活’……这老头也只好照办，伏在他的儿媳身上做个样子，可是敌兵认为不对，又殴打老头，叫他认真去做……公公奸了儿媳，敌兵又逼该妇之子去奸其母，……真是丧却人性，凶残绝伦！”[37]

据战后国民政府南京敌人罪行委员会的调查：“凡被日军所遇见之妇女同胞，不论为高龄老女或少女幼女，几均不获免。据主持难民区国际人士之粗略统计，当时本市遭受此种凌辱之妇女不下8万之多，且强奸之后，更施以剖乳、刺腹种种酷刑，必置之死地而后快。”

一位当时从南京逃出来的女同胞说："当敌人初来的时候，只要看见妇女就拉，不管老少，更不问白天和夜间，因此，上自五六十岁，下至八九岁的女同胞，只要被敌人碰到无一幸免。"

1937年12月26日，一个11岁的幼女在金陵大学院内被日军轮奸致死。目击者说，她的两腿之间肿裂并沾满血污，死后的样子惨极了。

"证人欧阳都麟供称：日军谷寿夫部队攻陷南京，由中华门首先进城，就此两天内（十二十三两日），中华门内外，遍地尸首，惨不忍睹。有的用刺刀刺孕妇腹部，致腹破胎坠而死；有的用刺刀从妇女阴户刺入，刀尖透出臀部致死。亦有八十岁老妇，被强奸致死。"[38]

另又据一位目击者说，日军对中国妇女"有时用刺刀将奶子割下来，露出惨白的肋骨；有时用刺刀戳穿下部，摔在路旁，让她惨痛呼号；有时用木棍、芦管、萝卜塞入下部，横被捣死，日寇则在旁拍手大笑。"这种以割去妇女乳房及用各种器物插入被害人体内来发泄兽欲的性虐待行为，是日军残害中国妇女的惯用方式，这与其在国内时普遍的性行为习惯有关，只是在中国，他们因失去了一切限制而变得更加肆无忌惮与疯狂。日军自己还拍下过许多被害妇女的照片来取乐。[39]当时在南京城内，有许多日军士兵干脆露出下体拿着刀枪，四处嚎叫在追逐"花姑娘"，这真是一副鬼魅横行的地狱图，闻之令人不寒而栗。西方国家的居留者对此有详细的记载与报道，这里已不用再一一列举证明。[40]

在整个侵华战争中，日军在东北、华北、中南、西南，在其所到中国各地，到处都有强奸和各种性暴行，中国妇女所受的日军的残害，是无法用语言来描绘的。大规模的强奸与性暴行，出于日本对中国人"膺惩"的目的，也是日本社会追求淫欲风气的表现。例如，日军在对华北农村的大扫荡中，就曾把年轻妇女集中到场院上，剥去衣服，在她们乳头上拴上铃铛，强迫其跳舞，日军在一旁哈哈大笑。这种兽行，亘古未闻，正是日军性变态的铁证。我们应当看到，许多的日本男子在国内就习惯于对妇女实行多种反常道的性虐待，日本侵华军从最高层开始就带头强奸妇女，在这种情况下，他们在中国各地的性暴行性虐待是极其普遍的现象，如同中世纪未开化野蛮人的恶行。

日军除了强奸，还有各种除了在战争中普遍的大规模的实行性暴行外，还首创了随军“慰安妇”制度，把被害国妇女作为泄欲的工具，强迫她们为官兵提供性服务。这种“服务”绝大多数是以死来强迫的，所谓“慰安”就是对受害妇女无休止的轮奸。除了大量的被害死的人外，即使是侥幸活下来的“慰安妇”们，她们的一生也就因此被全毁了，留下了心灵和身体上的痛创，永远无法弥合。到目前为止，日本政府仍然拒绝给这些不幸的耄耋老人予任何的道歉赔偿，甚至不肯认罪，企图以拖延下去等待一代人的终结而免除罪责。这种行为真是无耻至极，善良公正的世界人民，除了睁大眼睛对其保持警惕外，应当没什么可与之谈的。

我们说日军的暴行比德军的更严重，是以大量的事实为依据的。德军的主要暴行之一是拿集中营的囚犯不当人，随便进行惨无人道的试验，这种情形，日军当然也有，而且更甚。臭名昭著的东北日军731部队、100部队和南京日军荣字1644部队等等，都是日本军队拿中、朝、苏联军人和平民作为“马鲁大”（木头、材料）进行人体实验的机构，在这些地方，他们同德军一样，拿囚犯进行各种活人解剖实验和冻伤冻死、细菌传染、真空环境下人的反应等试验，虽然目的不同于德国人，不是为了灭绝一个种族而做绝育，但日军是为了军事作战的需要，取得相关的人体耐受力的数据和为日军寻找快速治疗冻伤等的方法。更严重的是日本法西斯公然违反国际公法，在中国进行了大量的细菌战与毒气战、化学战，为了研制生化武器，他们就拿这些被他们称为“木头”材料的活人，进行各种试验，并拿他们检验生化武器的效果。在日军的囚笼中，这些人的命运就像在德军集中营里的犹太人一样的悲惨，被以731部队机关长石井四郎为代表的日本法西斯医生当做猪羊般地宰割，许多人在冰天雪地中被剥去衣服裸露四肢，一遍遍地浇上凉水，直到将手足冻烂发黑，肌肉脱落仅剩白骨；许多人在被抽去空气的罐子内遭受撕心裂肺的痛苦，死后五官变形；还有人被抽去血液，注入空气或毒药、细菌，全身溃烂而亡，更多的人被绑在试验场的木桩上，听凭日军在他们附近投下细菌毒气弹，然后再来记录杀伤效果……

一位亲自参加过在中国人体实验的原731部队日军队员，在回忆录中写道："在一间透明的玻璃房里，关着母女两人，小女孩只有四岁左右。就在毒气渗入的一瞬间，女孩突然从母亲怀里抬起脑袋，瞪着一对圆圆的大眼睛，向四周张望。母亲似乎在拼命地保护孩子，让孩子尽可能少受毒气的残害，然而剧烈的毒气很快将母女俩毒死。母亲在临死前的痉挛之中还死命抱着孩子不肯松手。我拿着秒表，一边冷漠地观察着这全过程，一边做记录。这一切至死都留在我的记忆里。"[41]总计死于日军手上的"马鲁大"牺牲品究竟有多少人，因日本有意的销毁罪证，已无从考证清楚。但1958年中国方面仅在731部队一处埋尸场，就挖出了三大卡车的受害者的骨骸，而有记载的是，1945年8月10日夜，该部队就把千余件人体标本扔进了松花江。[42]

日本军队用他们以残忍的人体试验手段制成的细菌与毒气弹武器，在中国的川、浙、赣、晋、冀、鲁、豫等地进行了大量的实战，每当日军在战斗中处于劣势时，他们就施放毒气，这些手段，对于缺乏防毒装备的中国军队，具有奇效，日军往往靠此反败为胜。[43]日军还有计划地在中国各抗日根据地抛洒带有传染病菌的鼠类、跳蚤，造成瘟疫流行，死于日军制造的瘟疫和传染病的中国平民，总数逾万，在浙江省金华、衢州等地农村，许多家庭乃至村庄曾因此而死绝。[44]据统计，抗战时期，日本在中国的24个省市播洒过细菌和瘟疫，死伤中国军民100万人以上，其中仅在鲁西南就死亡了22万人。日军的罪行真是罄竹难书。其罪恶的后果，在战后半个多世纪，至今还在作祟。当年日军在中国东北、海南等地掩埋遗留的大量化学毒气弹还在伤害威胁着中国人，日本政府在处理这些他们遗留的祸害问题时，表现得吞吞吐吐，态度暧昧，令人气愤。

值得指出的是，战争结束时，日军731等化学细菌部队，为掩盖罪恶，奉命尽可能地销毁了一切罪证，包括档案资料、试验记录、器具设备、厂房场地等，都加销毁、烧光、炸平，他们想把罪恶全部埋进历史，逃避惩罚。

731部队的首恶石井四郎，战后被美军逮捕，本拟判处绞刑，但美国人要得到他头脑中记忆的人体试验资料，与他做了一笔肮脏的交易，在美国高层人物的干涉下，最后竟然判他“无罪释放”，使这个恶魔得以逃脱惩罚。后来，据说美国人在越南战场上进行化学战时，还用上了那些资料。[45]石井四郎虽然未被法办，但他的余生应是在无数被他残害而死的冤魂围困之下煎熬着的，他的灵魂永远不得解脱。

德国法西斯在集中营里用毒气大批地处死犹太人和其他民族，临死前他们逼迫受害者们脱光衣物，排队进入毒气室，与此同时，德军还在广播中播放巴赫与莫扎特的钢琴曲，在悠扬的乐曲声中进行他们的杀人恶行。德军虽然残暴无耻，但仍不忘以现代文明来掩饰其罪恶行径；而日本法西斯在处死中国人时，除了让他们遭受人间最残忍的痛苦外，只有日军的狞笑与围观，毫无人性，野兽不如。

5．日本与德国战争抢掠罪行的比较

上述比较，只不过是对德日法西斯战争暴行的一个初步的探讨。有关这一课题的细致比较和更深入的研究，还有大量的工作要做。随着世界范围内对日本二战暴行揭露研究工作的深入，许多新的内容又需要我们去研讨。例如在战争掠夺罪行方面，德国军队在二战中有大量的抢掠罪行，例如德军在被占领各国对其公私财产、艺术品的大量掠夺，德国纳粹头目戈林等人为中饱私囊而对抢劫品的霸占等等罪行，尤其令人发指的是德军在把无数犹太人送进毒气室之前，对他们钱财、首饰、衣服及所有财物的彻底搜刮，和在他们死后对其金牙乃至头发的劫取。法西斯的暴虐性质于此充分暴露无遗。但战后德国政府对此也进行了深刻的反省，并主动被动地进行了归还和赔偿，世界犹太民族组织对纳粹的抢劫罪行也进行了穷追和清算。

与德国法西斯相比，日本在二战中对中国及东南亚各国也进行了骇人听闻的抢掠，其罪行及其手段比德国军队毫不逊色。由于当时中国，民间有收藏金银珠宝的习俗，日本兵在大屠杀中，有计划有准备地进行了用篦子篦发般的抢夺，将中国政府与民间的财产、文物、图书、艺术品等洗劫一空。据美国学者所著《黄金武士》一书的记载，在南京大屠杀开始之前，日本就制定了一个有计划有准备的抢劫中国的“金百合计划”。

“金百合计划”正是在这个时候开始实施。1937年，日本军队蜂拥中国沿海，之后向南京挺进，参与的部队是如此的众多，阵线是如此的宽广，日本的统治者担心因为各指挥官争夺战利品，在钱财方面失控。陆军和海军军官一直有顺便捞取大量战利品的事，更不用说士兵们小规模的抢劫了。同时，大批的日本黑社会分子来到这新近占领的地区，为非作歹。日中黑社会头领的联手使得局势更加复杂。为了控制整个局势，日本最高统帅部开始了金百合行动，由天皇的弟弟秩父宫负责。该行动的时间所以被外界知道，是因为日本最高统帅部——大本营自身是在1937年11月在东京的皇宫中成立的，也就是在南京大屠杀即将开始的时候。成立大本营的目的是要让天皇和他的高级顾问可控制战争的进程，避免重复在满洲发生的事情——关东军变得独立。

在南京，金百合行动的第一批执行者是宪兵队。被调遣来的宪兵特别行动小队四处搜查，扣押所有中国政府的财产，炸开银行的库房、抢劫富家及中产阶级的商人和其他人士的黄金、宝石、珠宝、艺术品和货币。1000多年来，南京一直是一个富裕的城市，许多有钱有地位的中国人在南京城里有别墅，在近郊有其他不动产。南京也不是第一次被其征服者洗劫，但这次却是最仔细和系统地进行的。据说，在这一阶段，秘密宪兵至少收集了6000吨黄金。对这个问题的历史研究显示，官方报道的掠夺数量往往只是实际数目的一个零头。另外还有无数中国人喜欢储存的小金块、白金、钻石、红宝石、蓝宝石、艺术品和古董也遭抢劫。这些都来自私人家庭和农村的坟墓。日本人做得如此彻底，甚至把尸体镶的金牙也敲下来。

宪兵小分队忙于洗劫房屋——搬走家具、镜子、地毯，装箱，通过铁路运往日本。金百合别动队——日本特务机构的精英则把注意力集中于银行老板、行业协会首领、连锁当铺老板及帮派头目，所有这些人的身份事先都早已弄得一清二楚。“三合会”头目和黑社会的老大特别被盯住。他们中有人逃出城后，亲属被拘留作为人质。这样，日本人远远超过了19世纪英法联军士兵在北京圆明园的狂暴行为。

金百合行动出于贪欲也出于需要。1937年，日本黄金储备因为战争开支已减少一半。[46]因此，日本皇室成员亲自为抢劫物编制详细目录，随后将这些物品装上铁路货车和卡车，由参与金百合行动的军队贴封守护，运往上海，沿途的日本军官对冒犯皇室的事情都会三思而后行。

秩父宫被选来监督该计划是经过深思熟虑的。不像天皇裕仁，作为太子，……由于秩父宫接受的教育范围广泛，又有国外的经历，成为皇室直系成员中的最佳人选。他思路比较开阔，抓住了他的顾问提议的形形色色的战争掠夺。

为了监督掠夺物最后的登记造册及运回日本前的贴封，必须由皇族成员来完成，这已费了秩父宫九牛二虎之力。这些战利品从上海直接船运日本，或由火车、汽车运往满洲处理，稀有金属进行分等，其他的首饰被融化后，重新浇铸为统一尺寸的金锭，然后再运回日本。

在这个阶段，有数名皇族成员参与了金百合行动——在战争中使日本致富，而又不是那么刺激、那么危险的战斗任务。除了朝香宫外，我们知道秩父宫和竹田宫当时也在南京，因为两人后来都悄悄地告诉他们的朋友，他们目睹南京的暴行后，都做了噩梦。[47]一些资料坚持认为裕仁天皇最小的弟弟三笠宫也在南京，但这无法确认。他后来被人发现出现在菲律宾的金百合藏宝地点。

日本在掠夺中极为重视具体细节，其中一个重要的例证是，当时有一支经过精心挑选的、对珍贵书籍和文稿有专门知识的搜集文物的特别行动组织，其中一些是日莲宗的和尚，他们的任务是在图书馆、博物馆、私人藏书或寺院的佛经里挑选这类书，然后把这些珍宝运到东京。在掠夺前，他们已在中国四处游历，与私人收藏者交朋友，编制了最珍贵书籍和文稿的目录。

1938年春，南京大屠杀之后，1000多名这样的专家来到南京，开始从珍贵的藏书和文稿中挑选。尽管南京相当一部分已成为废墟，但储藏这些书籍的建筑则处在严密的安全保护下。日本的皇家图书馆有优先挑选的权力，最珍贵的物品被挑出供天皇亲自过目。每一件东西都被仔细地编号、打包，然后放入防水的箱子里。他们还编制并复制了多本详细的目录，以确保在运往日本的途中不会丢失任何东西。大约2300名中国劳工为物品打包，400名日本士兵监督他们的工作，用了300多辆卡车把这些箱子运往上海，然后装船。

这些书中的一部分被用来建立位于东京的东亚研究所、东方文化研究所、东亚经济研究所、东亚地方病研究所、大东亚图书馆及其他的机构。

战后，中国学者要求归还这些文化财富。美国了解这一情况，美国曾进行调查，确认日本有17处地方存放这些战时抢来的书籍，其中有日本皇宫、皇室内宫(ImperialHouseholdMinistry)、靖国神社、东京科学博物馆、东京美术学院、早稻田大学、东京帝国大学和庆应大学。美国占领当局的结论是日本有300万册从中国各地图书馆抢来的珍贵图书和手稿。今天的学者们称日本的图书馆是亚洲最好的，因为日本仅归还了其抢来的图书中的一小部分，大约16万册，不足6%。[48]

当金百合行动队在全力以赴地抢劫中国最好的艺术品和文物的时候，一些日本大亨也在干，如住友公司的总裁住友(Kichizaemon)，专门收掠中国古代青铜器。[49]他的收藏开始于1900年八国联军攻打北京之时，之后继续到日本占领东北和华北时期，但是他的收藏品中绝大部分是在1937–1945年“中国事变”的8年中得到的，其质量之高，完全可以同埃弗里·布伦戴奇(AveryBrundage)的媲美，其藏品是世界上最好的。关于他是怎样把这些藏品弄到手的，完全可以写出一本有趣的小说来。

在南京大屠杀之前6个月，土肥原将军调来了一个人负责抢劫中国的黑社会，他就是儿玉誉义夫，日本黑手党中的顶尖人物。他的基地通常在东京，现在他迁到中国，成了土肥原与杜月笙及青帮的主要联络人。[50]在战争结束前，他成为了金百合行动中与其他国家黑社会进行谈判的高手，这些国家是印度支那、暹罗、马来西亚、缅甸、菲律宾和印度尼西亚，其手段有将

对方的脚放在火上烤，或者在必要时枪毙了他们。”……[51]

还有记载道，在南京大屠杀中，一日本兵在鼓楼杀人现场，为了得到一具女尸上的手镯，竟举刀砍掉了死者的手腕拿上便走！[52]在这场大屠杀中，日军在南京掠走的公私财产无可计数，甚至于连南京百姓棉衣上的一颗铜纽扣也不放过。这真是与德国纳粹一样的贪婪、残忍和无耻！日本上自皇族下至士兵都参加了这场抢掠。战争结束前，日本将从中国和南洋各地抢来的财宝分藏在菲律宾175个秘密地点，又由前述受过“范围广泛”的教育，又有“留学西方经历”的那位日本皇族秩父宫亲自督办，为了保密，他还下令将埋藏者全部杀害，真是坏事做绝，天理难容！

天下没有不透风的墙。60年后，日本的这件暴行终于仍被揭露了。可恶的是，日本在战后，由于与美国人私分了这笔天文数字的赃款，用来支持在各地的“反共”活动和日本的经济复兴，非但没有对各受害国赔偿，就连理应归还的被掠财物，绝大多数至今仍然被日本强占着。看看日本的皇宫、国家的图书馆、博物馆吧，在东京帝国大学、早稻田大学、庆应大学等各处，数百万册战时从中国抢来的图书上分明还盖着中国大学的藏书章！本应是人类传承文明的高等学府中，却心安理得地保存着强盗先人抢来的别人的财产，至今赖着不还，这真是对文明的绝大讽刺！中国价值连城的“北京猿人”头盖骨化石，被日本人处心积虑地夺去，其下落不是至今还是一个“世纪之谜”吗？[53]

真的不想多写了。不是有谁诚心要与日本过不去，而是日本在战争中和战后的所有的一切暴虐无赖行为，一定要使一切还有一点良知的人无法想象，无从理解，更无可忍耐！

6．日本与德国有什么样的不同

总结上述论述，我们可以从以下几个方面对德日军队在二战中的暴行做出初步的对比分析：

第一，在战争暴行的缘由和理论指导方面：德国法西斯比日本法西斯显得更细致、周密而有准备。德国军队施行战争暴行有其荒谬理论的指导，出于明确的目的，以消灭整个犹太民族为最终目标。其暴行是以有计划、有秩序、颇具“科学”性的方式来实行的；而日本暴行则是表现出在各级指挥官的放纵、参与和总体上有蓄谋、有目的的前提下，在其实施过程中具有极大的普遍性与随意性，其手段则是具备中世纪疯狂杀戮的野蛮特征。

第二，在战争暴行规模与影响方面：由于德日军队暴行的发生形式、内容方式手段并不完全相同，其规模与影响并不是一项可做明确对比的指标。但我们综观二战中这两支法西斯军队的暴行表现，可以发现：一是德军暴行比较起来相对地集中在监狱与集中营中，实施对象大部分为反抗者，而日本军队的暴行则更具普遍性，暴行在各地占领区都有发生，施暴对象的主体是手无寸铁的平民大众，且规模之大、危害之深，空前未闻。

德军暴行具有很深的残暴度，因此影响之大令世界震惊。但比较之下，日军的残暴较之德军有过之而无不及，甚至在暴行方式、程度、规模方面，都有超过德军暴行的表现。但因在战后，日本当局的无耻抵赖与刻意掩盖，美国人的短视袒护，日本战争暴行在西方的影响度远不如德军之大。一种客观的事实是：因为德国在战后对暴行的检讨反省比较充分，对其暴行的揭露也较充分，影响也大，而日本则反之，想以拖延时间来淹没其历史罪行，刻意的掩盖、抵赖、狡辩，加上美国的庇护，在客观上造成了在西方发达国家，大多数民众对日军二战暴行罪恶的了解远不如了解德国。

第三，在暴行后果方面：德日法西斯军队在二战中所犯下的各种反人道暴行的后果，是给受害国国家与人民，造成了历史上的空前罕见的巨大损失与伤害，给他们留下了不可磨灭的惨痛回忆。但是两者相比，有一点不同的是，德国军队所犯暴行，在某些方面，如大屠杀等等，有其特定的民族指向，主要是对犹太民族。而日本军队则是不分民族与人群的普遍的滥杀与施暴，其后果的罪恶程度与德军难分上下，而其在被占地区的恶劣恐怖的影响，则比德军要大。两者相比各具不同特征。

第四，在实施暴行的目的方面：一个需要辨明的问题是，有西方学者认为，从战略的高度来分析德军暴行，他们是为了实现消灭全世界犹太民族的战略目标而犯下了种族灭绝的罪行，这种罪行在人类历史上是空前的，因此产生了严重的后果，必须得到彻底清算。在这个意义上认定，德军的战争暴行是历史上最严重的，应予明确定性和彻底清算。相比较之下，他们认为日军的战争暴行虽然残忍与普遍，但在战略上，日本人施暴的主要目的是为了战争进行的需要，是一种服务于侵略的战争手段。如他们杀人是为了“消灭对手力量”，抢掠是为了“补充军需”，烧毁村庄房屋是为了“清除作战障碍”，甚至强奸和性暴行也是为了“鼓励士气”……。战后美国人还对日军的“人体试验”所得出的数据和他们抢掠来的黄金财宝很感兴趣，为了占有这些肮脏血腥的数据与如同天文数字般的财富，他们可以公然包庇日本战犯，与日本右派同流合污。正因如此，美国与西方某些学者的上述观点，是出自于他们一些比较狭隘的意识和出于自己利益的自私考虑，完全不符合日本在二战中对被害国及其人民施行各类暴行的实际情况，且有明显的无理包庇倾向。

学者们在分析研究这一问题时决不能碍于自己的利益而作出狭隘的考量，有偏轻重。我们认为无论其战略动机如何，对他国的侵略，对民众的屠杀，对妇女的摧残，一切暴行的本身就是犯下了反人类的罪恶，而不能以其是战争的“需要”和“手段”来做借口。如果说是“需要”、“手段”，那么德国法西斯也是出于这种“需要”，也是其实现目的的“手段”；而对德日共同而言，这种“需要”和“手段”已经是完全的犯罪，都应受到惩罚与清算。在这个意义上说，西方人对德日法西斯暴行的区别看法，特别是对日本暴行的轻淡化是完全不能成立和站不住脚的。

二战时的德国与日本有着许多的相同之处，他们都是在法西斯军国主义的统治下，犯下了无数伤天害理的罪恶。对世界人民犯下了不可饶恕的罪行，包括无休止的侵略、大规模的屠杀、强奸、纵火、掠夺，死在他们手中的无辜者数以千万计，他们给世界文明造成了空前的灾难。在这些方面，德日法西斯的罪行以及他们施行罪恶的手段都是相同的。

德军与日军都有超规模大屠杀的暴行；都有强奸、纵火、掠夺、虐俘的罪行；都有拿活人进行人体试验的暴行，在称霸世界的共同野心驱使下，他们犯下了大量反人类的暴行，这是法西斯的本质。

但日本与德国也有着根本的不同。

德国地处欧洲中心，有着欧洲文明的历史影响，所以，具有古老文明对人类历史作出过贡献的德国，虽然在近代走上过法西斯的歧途，但他们的社会教育、文化根底是欧洲文明中的自由、理性与科学精神，正因如此，这就使得德国人在战争年代失去人类基本准则的疯狂中，主要会以“工业化”、“科学化”手段来进行大屠杀的原因，更是他们在得到战败的惨重教训后，在战后能够认真反思，承认错误洗刷耻辱，以达新生的基本精神保证；而日本则不然，对于世界文明来说，日本不论在东方还是在西方，都是开化较迟的后来者。

明治维新之后，日本学习西方，国力突飞猛进，但他们学到的主要还是器物与技术层面的进化，在思想文化精神方面，虽也效仿西方，但自由、理性与民主的精神始终都是外来的，与传统的专制、尚武、征服思想相比，总是处于次要地位，加上近代以来，日本通过甲午、日俄战争，以武力攫取了大量的利益，更加倾向于对外侵略，国内的民主与开明派受到多方的压制，已经不起作用，整个国家向侵略机器迅速转化。一个建立在封建思想基础上的军事国家，一旦开始对外战争，其落后的思想基础决定其本性就是中世纪的、“农业化”的，绝大多数基层士兵缺乏近代文明教育，军官深受封建军国主义毒害，在这样的军队，就如同中世纪的野蛮人，什么罪恶行径都能干出来。这就是日军在战争中大规模施暴、蜕化为野蛮人群的基本原因之一。

在世界历史中，很少有哪些暴行，在强度上能与二次世界大战期间纳粹屠犹及日军暴行相比较。自1937年12月13日日本侵华军占领南京城后，随即展开了为期六周的大屠杀，估计有30多万中国百姓遭到惨无人道的杀戮。后来，由于当年执行屠杀的日军部队，在二次大战末，基本上在硫磺岛被歼灭，而在日本宣布投降到美军占领日本的一个月间隙内，日本政府与军方把绝大部分不利于己的作战档案全部销毁，这就使得战后日本政府在掩饰暴行方面更加容易，进而发展到根本否认战争暴行。而以美国为首的政治势力，出于战后政治的需要，从清算日本改为扶植日本，对日本军队的战争暴行，采取了“睁一只眼闭一只眼”的态度，只相信日本的和平谎言和其右倾政府紧跟美国的表态，要利用他反共反华，做自己的全球战略的帮手，为此他们对日本为侵略战争罪行翻案的种种行为万般容忍，甚至对日本右派攻击以美国为首的“东京国际法庭”对日本战犯的历史审判也一言不发；对美国国内提醒之声也置之不理。这种养虎遗患的后果，正所谓“好了疮疤忘了痛，”到头来，他们似乎还要吃上几颗“珍珠港的炸弹”才能清醒！聪明的美国人呵，怎么也有极其糊涂的时候，日本是个怎样的国家，你们不知道吗？问问你们的祖父辈吧！但他的实力不如你的时候，怎样的好话都能说，什么低卑的姿态也能做，可一旦他们翼毛丰满，美国人，想听听日本怎样坚决地说“不”吗？

在世界范围内，南京大屠杀至今仍是一个蒙昧隐秘的事件，并不像德国屠杀犹太人或美国用原子弹轰炸日本一样广为人知。亚洲以外的人，大都不知道南京大屠杀的恐怖。在美国出版的历史书籍上，大部分都忽略了这则大屠杀事件。如果仔细检阅美国中等学校的历史教科书，就会发现，美国大众阅读的普通的二次大战史书，几乎没有一本叙述到南京大屠杀。比如，多年来一直是美国战争图片历史单行本中销量最好的《二次世界大战美国传统图片史》一书中，就没有只字片语，甚至没有一张照片提及这件事。在著名的丘吉尔《二次世界大战回忆录》及亨利 · 马歇尔经典之作《第二次世界大战》中，也完全没有提到南京大屠杀。只有在赖基的《自罪恶解放：二次世界大战的故事》一书中，能找到一段间接的评论：“希特勒领导的纳粹，再怎么做出让他们的胜利蒙羞的事情，也比不上在松井石根将军领导下的日军暴行。”直到美籍华裔作家张纯如写出一本英文专著《被遗忘的大屠杀》，在美国大量出版，大洋彼岸的人民才逐步知道当年日本军队在中国在南京干下了怎么样的罪恶行径，他们比德国纳粹还要野蛮残忍。难怪就连纳粹德国驻华大使馆致国内的报告中也说：“目睹日本之野蛮部队在反共运动及解放中国两事中负主要任务，似足贻笑大方。”“日军在南京之卑污暴行即德国亦甚为之震惊……并谓日军部队在南京所施之暴行，纵火、奸污及各种罪行，不特表示日本兵士缺乏纪律，抑证明整个日本军队无纪律。”[54]一个被纳粹外交官骂作“兽类集团”、使德国人也为之“震惊”的军队，他们的战争暴行是否比德军更加残忍些呢？读者自己鉴别吧。

以色列的历史学家们，怀着对纳粹暴行的切齿痛恨，为二战中德军对犹太人实行“种族灭绝”的暴行起了一个专用名词为“Holocaust”，其含意为“实行种族灭绝”的大屠杀，他们认为德军的大屠杀是“Holocaust”，而日军大屠杀则不是“Holocaust”，其理由为纳粹屠犹的计划与行动是经过长期预谋的，蓄意制造的暴行，与日军“在短期内发生”的暴行有着区别与不同，这种观点，得到许多西方学者的认同，甚至包括许多日本左翼学者在内，也持有同样看法。这些西方历史学者和政治家们，因为对于日军战争暴行的严重程度缺乏了解，加上他们对纳粹暴行的熟知、体认乃至亲身的体验，故而认定德军的战争暴行是最严重的，应该受到最严厉的批判和最彻底的追究。按照他们一种具有代表性的观点，就是德军犯下的是种族灭绝之罪，而日军犯下的是殖民战争之罪，两者相比，前者更甚。[55]这是一种基于普通概念的认识，但在事实上并不完全符合二次大战中日军暴行的实际情况。例如，在谈及日军在中国制造的“三光”等暴行时，西方有学者认为，在世界历史上，异族入侵战争中也有过如古罗马镇压斯巴达克起义后以及清军入关后在江南的大屠杀，其程度不亚于日军在南京大屠杀等暴行。这种观点，站不住脚。因为在人类社会充分发展文明进化的20世纪，日军还干出中世纪也少有的大规模野蛮暴行，其本身也就说明了其本质是“一群兽类集团”，理应受到加倍的声讨与追究。还有少数人，包括日本方面的一些人在内，有这样一种观点认为，在中国历史上也曾有过多次民族内战中如“扬州十日”、“嘉定三屠”等的大屠杀等暴行，因此日军不是首恶，中国人只盯住侵华日军的暴行是片面的，以此来为日军开脱罪责。这种论调更是谬误。中日战争是两国之战，民族战争，与中国的内战性质完全不同，更何况日军在华的暴行，就数量、规模、内容、手段等各方面来看，都超过了历史上中国内战时的暴行，别的不说，仅就细菌战、化学战和人体实验而言，日本军队便是开历史先河的首恶，这一点，谁能否认？何况在中国历史上，有哪一次战争死了数千万人？又有哪一个政权、哪一支军队创下过在全中国范围内，从南到北从东到西这样的到处作恶，强奸、屠杀、抢掠、纵火，不一而足？侵华日军是中国历史上乃至世界历史上最野蛮的军队之一，在整个中日战争中，哪里有日军，哪里就有暴行，“鬼子来了！”已经成为当时中国大地上特别流行的最恐怖的话语，在全体中国人的心中留下了几十年都抹不去的阴影。

日本人具有浓厚的武士道精神，这种精神在本世纪30年代与“现代”的法西斯主义相结合，便恶性地膨胀起来，发展到了一个新的阶段，产生了一种更加反动、更加野蛮的法西斯武士道精神。这种武士道精神浸透了当时日本人的肉体和灵魂，使他们在被侵略民族面前是杀气腾腾的凶神恶煞和刽子手，而在日本天皇和各级军官上司面前却又是十足的奴仆和炮灰。他们神魂颠倒，兽性大发；他们充满了强烈的愚忠精神，视死如归，甘愿充当“肉弹”，在战场上宁死不屈；他们丧失了正常的理智，恶毒地屠杀手无寸铁的中国妇孺；他们像疯子一样驾驶飞机去撞美国飞机和军舰。所有这些现象所体现出的好斗和凶残的精神，在当时是日本民族精神的体现。正如日本学者新渡户稻造所说：“哪怕是思想最先进的日本人，只要揭开他的外衣，就会发现他是一个武士。”很显然，好斗、凶恶和愚忠的武士道精神是存在于日本人的灵魂中的。日本从天皇到平民，从官兵到工农，从妇女到军妓，从老人到小孩，从知识分子到文盲，在军国主义的狂热煽动下，无一不在支持着日本的侵略战争。在整个国家变成了一部疯狂的战争机器，日本发动战争的罪责无可推卸。

直到战后，一部分日本人在严酷的事实教育下，才有了觉醒与悔悟。特别是那些曾在中国被俘的老兵，在中国共产党的教育感化下，绝大多数有了根本地转变。他们回国后致力于日中和平友好，忏悔过去对中国人民犯下的罪恶，做了许多有益的工作。在被中国政府释放回国的千余日本战犯中，仅有一二人改变过态度，这说明外界的教育与影响力是非常巨大的。军国主义可以把人变成鬼，把普通的工农、市民乃至教师都变成杀人者、虐待狂，变成战犯；而正义的感化与教育，也可以把鬼变成人，使他们回归理性，恢复人性。但可悲和危险的是，现在的日本政府，被右翼势力所左右，不仅不认罪服罪道歉赔偿，反而愈发地顽固不化，种种为侵略历史翻案的表演令人发指。看到那些日本政界的头面人物，一个个衣冠楚楚地去参拜供奉着包括强盗战犯先人在内、窝藏着战时抢来赃物的“靖国神社”，还“不理解”受害国的抗议之声，强辩说是他们自己的事，要别人“理解”，说这样的人已经对战争罪行反省，谁能相信？听听日本老兵近藤一的感慨吧：“如果日本不再发动第二次战争，我那些战友的死尚且有意义，但看现在的状况，他们在九泉之下也会抬不起头来。”[56]

历史总是曲折螺旋式发展的，虽然日本走上正确的路途的过程还很漫长，但我们相信，在和平发展的世界潮流中，正确历史观终究会被绝大多数人接受。因为历史事实是客观的存在，是任何人都抹杀不掉的。

历史事实告诉我们，在日本法西斯的旷古暴行面前，德国法西斯也许会自叹不如！

德国法西斯的历史罪恶基本上已被清算，日本法西斯的历史暴行终究也要被彻底清算，这是包括日本人民在内的全世界人民的共同任务。

【注】

[1] 在“南京大屠杀”与纳粹屠犹国际学术研讨会上以色列与美国、法国学者的发言。2005 年 8 月 10 日，南京大学行知楼。

[2] [美] 威廉·夏伊勒著：《第三帝国的兴亡》，世界知识出版社，1979 版，第 32 页。

[3] [英] 阿德诺·托因比等著：《希特勒的欧洲》，上海译文出版社，1980 年版，第 239 页。转

引自王昌沛:《希特勒疯狂屠杀犹太人原因透析》,载《青岛大学师范学院学报》,2004年第1期。

[4] 王昌沛:《希特勒疯狂屠杀犹太人原因透析》,载《青岛大学师范学院学报》,2004年第1期。

[5] 南京师范大学南京大屠杀研究中心"中日网"www.sjhistory.net转载。

[6] 朱庭光著:《法西斯新论》,重庆出版社,1991年版,第289页。转引自上注出处。

[7] 希特勒著:《我的奋斗》,世界知识出版社,1995年版,第138页。转引自上注出处。

[8] 《西方哲学史》(下)人民出版社,1986年版,第139页。转引自上注出处。

[9] 《西方哲学史》(下)人民出版社,1986年版,第347页。转引自上注出处。

[10] 《西方哲学史》(下)人民出版社,1986年版,第248页。转引自上注出处。

[11] 希特勒著:《我的奋斗》,世界知识出版社1995年版,第104页。转引自上注出处。

[12] [联邦德国]卡尔·迪特利希·埃尔德曼著:《德意志史》(上),商务印书馆,1986年版,第331页。转引自上注出处。

[13] 希特勒著:《我的奋斗》,世界知识出版社,1995年版,第40页。转引自上注出处。

[14] 《抗日之铁血雄风》第一部《挺进》第三节《"武装"》,同上出处。

[15] 濑口晴义:《战后60年的记忆——每个士兵都背负着战争的罪行》,日本《东京新闻》2005年7月23日报道。载《参考消息》,2005年8月3日第3版。

[16] 马振犊著:《惨胜——抗战正面战场大写意》,广西师大出版社,1994年版,第120页。

[17] 据新浪网载冯存诚等文《正义之剑——全球追捕审判纳粹战犯史鉴》第四章《纳粹战犯的规模与确认》一节所提供的数字。

[18] 《正义之剑——全球追捕审判纳粹战犯史鉴》第四章《纳粹战犯的规模与确认》,同上出处。

[19] 《亚洲对日本暴行刻骨铭心》法新社泰国桂河大桥8月1日电。载《参考消息》,2005年8月8日第3版。

[20] 本节数据出自http://old.hjsm.net/adv/adv_article_top.html《抗日之铁血雄风》第一部《挺进》第三节《武装》一文。

[21] 张宪文主编:《南京大屠杀史料集》第六册《外国媒体报道与德国使馆报告》,江苏人民出版社,2005年7月版,第213–239页。

[22] 军事科学院外国军事研究部编:《日本侵略军在中国的暴行》,解放军出版社,1986年版,第87–88页。

[23] 中央电视一台《抗战》专题片第八集《突破囚笼》,2005年8月27日播出。

濑口晴义:《战后60年的记忆——每个士兵都背负着战争的罪行》,日本《东京新闻》,2005年7月23日报道。载《参考消息》,2005年8月3日第3版。

[24] 陈铁健:《抗日战争史研究浅议》,载《南京大学学报》,2005年第4期,第8页。

[25] 卞修跃:《日军在中国实施的杀人手段有250多种》,载搜狐网:纪念抗日战争胜利60周年专题,

媒体报道，2005 年 7 月 15 日。

[26] 二史馆馆藏档案：《陈光敬调查张杜氏被害“备考”》（1945 年 12 月 12 日），五九三 29。

[27] 《日兵德田一太郎证言节录》（1999 年），载（日）松冈环编著：《南京城：寻找被封闭的记忆》上海辞书出版社，2002 年版，第 133–134 页。

[28] 《芝加哥每日新闻报》，1937 年 12 月 15 日。载张宪文主编：《南京大屠杀史料集》第六册《外国媒体报道与德国使馆报告》，江苏人民出版社，2005 年 7 月版，第 92 页，另见第二阶段 87、111、145 页等。

[29] 徐志耕著：《南京大屠杀》，江苏文艺出版社，1994 年版，第 224–246 页。

[30] 徐志耕著：《南京大屠杀》，第 241—242 页。

[31] 《石美瑜等调查日军在中华门内外屠杀笔录》（1947 年 1 月 18 日）二史馆馆藏档案，五九三 182。

[32] 《秦李氏呈文节录》南京市档案馆馆藏档案，1003/3/1232。

[33] 《陈福宝在远东国际军事法庭作证词》二史馆馆藏档案，五九三 870。

[34] 孙俍工：《沦陷区惨状记节录》，二史馆馆藏档案，七八七 1780。

[35] 《日本〈读卖新闻〉随军记者小行男证言》，台北中央日报社编译本，1984 年版。

[36] 《正义之剑——全球追捕审判纳粹战犯史鉴》第四章第七节《死于被害国军民复仇行动的纳粹战犯》，同前出处。

[37] 李克痕：《沦陷后之南京》二史馆馆藏档案，七八七 1780。

[38] 《军事法庭对战犯谷寿夫的判决书及附件》二史馆馆藏档案，五九三 870。

[39] 《关于影片<南京暴行纪实>的引言与解说词》，载张宪文主编：《南京大屠杀史料集》第四册《美国传教士的日记与书信》四、马吉，江苏人民出版社，2005 年 7 月版，第 185–186 页。

[40] 日军在南京大屠杀和中国各地的各种性暴行例证，无法胜数，请参阅张宪文主编：《南京大屠杀史料集》丛书，这里不再一一枚举。

[41] 军事科学院外国军事研究部编：《日本侵略军在中国的暴行》，解放军出版社，1986 年版，第 231 页。

[42] 军事科学院外国军事研究部编：《日本侵略军在中国的暴行》，解放军出版社，1986 年版，第 246 页。

[43] 马振犊著：《惨胜——抗战正面战场大写意》广西师大出版社，1994 年版，第 197–198 页。

[44] 军事科学院外国军事研究部编：《日本侵略军在中国的暴行》，第 242 页。

[45] 王秀华：《细菌战元凶石井四郎逃脱国际审判揭密》，载《档案大观》《中国档案报》，2005 年 9 月 9 日第 1 版。

[46] 参见 Barnhardt:JapanPreparesforTotalWar. 第 109 页。——《黄金武士》原书注。

[47] 竹田宫对其菲律宾男仆本・维尔莫雷斯说过恶魔的事，当时他并不知道南京在什么地方。参

见作者对本·维尔莫雷斯的采访。——《黄金武士》原书注。

[48] 有关日本特别行动小组对中国书籍和手稿的抢劫的细节来自赵建民教授，这是 1999 年 12 月 10 日—12 日在东京举行的“日本的战争责任与战后补偿”国际市民研讨会上提交的论文。——《黄金武士》原书注。

[49] 参见：Robert:Mitsui，第 380 页。——《黄金武士》原书注。

[50] 参见：“Korean Opium for Japan’ swars”，网址：www.kimsoft.com。——《黄金武士》原书注。

[51] [美]斯特林·西格雷夫妇著：《黄金武士——二战日本掠夺亚洲巨额黄金内幕》，中国对外翻译出版公司，2005 年 10 月第 1 版，第 54–56 页。

[52] 《“金百合” 南京掠金 6000 吨》，载南京《晨报》，2005 年 12 月 12 日 A2 版。

[53] 曾携带北京猿人化石转移，途中被日军缴俘的美国海军中尉威廉·福利（William T Foley）曾多次说过：“我可以对一堆圣经发誓：这些化石和其他的财宝一起被放在皇宫的地下室里”。原载《黄金武士》第三章《掠夺中国》，同上出处，第 61 页。

[54] 《关于德国驻华大使馆人员曾目睹日军在南京的暴行》，载《中央日报》1947 年 10 月 5 日。

[55] 资中筠：《日本为什么认罪这么难》，载《读者》，2005 年第 13 期，第 15 页。

[56] 濑口晴义：《战后 60 年的记忆——每个士兵都背负着战争的罪行》，日本《东京新闻》，2005 年 7 月 23 日报道。载《参考消息》，2005 年 8 月 3 日第 3 版。

其他篇 | 六

有关陈立夫档案与其回忆录比较之几个问题

发表于《一九二五年至一九五零年之中国——陈立夫回忆录讨论会论文集》，

（台）“国史馆”，1997年6月版

陈立夫先生早年自美国留学归国后便投身国民革命，参加北伐战争，担任蒋介石机要秘书，其后几十年内他一直身居国民党及国民政府最高领导阶层，经历了中国现代历史上各阶段风云变化，先后出掌国民党中央党部、中央调查统计局、组织部、中政会及国民政府立法院、教育部等机构，是孙中山之后民国历史的直接参与者及见证人。1993年，他发表了洋洋数十万言宏篇之著《成败之鉴——陈立夫回忆录》[1]，对自己从政一生的历史做了详细的回忆与总结，为民国历史资料库增添了一份重要证言。同时，该回忆录中所披露的不少历史细节还为这段历史的研究者提供了独成一家之言，尽管其中不免有若干讳误之处，但仍值得民国历史研究者引为参考。

为给学界同仁讨论陈立夫回忆录及开展陈立夫个人历史研究提供方便，本文拟结合陈立夫回忆录中有关章节内容，对中国第二历史档案馆所藏陈立夫个人档案情况作一概要介绍，并对这部分史料研究价值进行简略评述。

中国第二历史档案馆所藏陈立夫档案中并无其个人全宗之收藏，亦无专题目录可供检索，但这并不意味着其内容之空乏。有关陈立夫之个人档案，数量依然很多，其保藏状况是分散于陈立夫所历任各党政学机关全宗之内，文件虽多但查寻不易。由于馆藏档案卷宗目录标题多数比较笼统，大量包含陈先生文件之卷宗不得反映其详，因此查寻工作犹如大海捞针，只能依据时间、事件等进行推测查找，从而获得一鳞半爪。从笔者历经月余查寻情况来看，幸而有所收获，然可以断定地说，更多的资料仍然有待进一步的发掘，所需要者唯投入更多的时间及精力而已。

馆藏陈立夫先生档案集中于国民党中央执行委员会秘书处(全宗号七一一(1)至七一一(6))，中央民众训练部(七二二)、中央调查统计局(七二四)、军事委员会委员长侍从室(七六二)以及国民政府立法院(十)、教育部(五)等多项全宗内，其数量难以估定。从已掌握的情况来看，在中统局及教育部全宗内较为集中，例如教育部档案中，仅各方亲友及各党政军部门官员致函陈立夫，请求为友人介绍作之函件便有近千封之多，整整装订为三个卷宗。细细翻阅，颇具研究价值。以下对于有关陈立夫先生之重要文件逐项加以介绍。

馆藏陈立夫先生档案最多者为国民政府教育部全宗。陈立夫先生在抗战期间出掌教育部长达7年之久，为全力推进我国战时教育事业的发展作出了贡献。有关其任职教部期间的工作概况，已详载于回忆录中。但从馆藏档案来看，值得提出及补充者则内容仍多。

（一）陈先生在其回忆录第五章《全力推展战时教育时期》一节中写道："音乐可调和人性，为社教有力工具，所以我在战时也竭力提倡，先在部内设音乐教育委员会，从事计划与研究……又接办中华交响乐团，提倡社会音乐。"[2]

馆藏教育部档案中就有《一九四二年三月三十一日晚陈部长立夫对中华交响乐团全体的训话》一份文件，[3]陈立夫在这篇讲话中详细阐述了他对于中国音乐发展的观点及对中国当代音乐家的希望。

他说："我对于中华交响乐团你们诸位是抱着很大的期望，……你们每个人将来都是中国新音乐的开创人。今天我更要借此时间简括地把三点意思贡献给你们诸位：第一是要多读中国书，我们不能老是听人家的东西，人家好的，我们当然要吸收接受，但决不能只是接受，没有贡献。

可以利用西方的音乐技术，再加上中国的精神，以文学家很深的造诣，来创造中国的新音乐。

第二：要有真挚丰富的情感。音乐是一件具有很大力量的东西……音乐家的生命应该格外丰富，应该把爱人类的热心发挥出来。

第三：要努力创作，要产生出中国伟大的音乐家，创造出中国的音乐，这是中国音乐家的重大责任。

我的意思，不是不赞成外国的音乐，我们中国人向来都是很伟大的，并不反对外国的东西，但是我们决不能老是接受，老是模仿，我们必须创造中国自己的东西。

大家应该深切明白，一个国家文化必须独立，独立不是孤立，文化不可以孤立，但必须独立。文化独立就是以我为主，容纳人家好的东西。

这次世界大战打完以后，东方文化定要复兴起来。

我们要加紧准备多些创作的东西，在音乐方面，至少要有五十个曲子给各国演奏。”

以上这些观点，就是以今天的环境与立场来看也是值得肯定和推崇的，因为它体现了以民族文化为本汲取国外之特长，发展中国音乐事业的宗旨。

（二）关于战时中小学教材问题，陈立夫先生在回忆录中有下列叙述：

“抗战时间书荒的严重情形可以想见……旧书的供应，由于限于物力，又都是版本缩小，纸张粗劣，印刷模糊，不合标准。教育部为了维持中小学教育水平及维护学童健康，势不能不采取根本的解决办法。”[4]

馆藏教育部档案中对此也有生动的反映：

1943年12月4日，冯玉祥先生曾为此专门致函陈立夫，并附赠小学课本3册，反映教科书印刷太差影响学生视力及身体健康问题。次年2月5日，陈立夫回函冯玉祥，对其关心教育之情“尤为感谢”，他写道：

“抗战以来，坊间出版之小学教科书版口缩小，印刷模糊，不但字体细小，伤害儿童目力，且纸张脆薄，不能久用。本部见于问题之重大，一面严令各书局改善，一面由部编辑统一课本，督责固定中小学教科书，兹已陆续出版，印刷纸张在可能范围内力求改善，预定本年秋季小学统一课本出全后，各书局自编之课本当可一律禁止发行。知关锦注，特为奉告。”[5]

由此可见，当时国内外或有完全指斥陈氏统编教科书其目的在于“统制思想”、“与民争利”之说，具有一定偏向性。从提高出版印刷水准角度而言，统编教材当然有其有益的一面。当然，在“统编”过程中贯彻“党化教育”，进行统治宣传也是极自然的事，作为主管教育同时又掌管国民党“党统”特工的陈立夫来说，这是他的份内工作。因为国民党一贯的统治方针就是“以党治国”。

（三）1948年5月17日，国民政府举行“行宪”后第一届立法院正副院长选举，陈立夫曾回忆道：

“因为孙科没有当选副总统，为了安慰他，蒋公就提名孙科为立法院院长，在竞选时是由党支持的，另一个候选人是傅斯年，……开票的结果当然是我当选，我的票多很多。”[6]

根据馆藏档案显示：

“五月十七日上午，在国民大会堂互选院长，发出票数六一四票，……选举结果，委员孙科得五五八票当选为院长。同日下午，仍在国民大会堂互选副院长，发出票数六一九票……选举结果委员陈立夫得三四三票当选为副院长。[7]

由此可知，陈立夫当时虽有国民党全力支持，得票率为百分之五十五点四，但比孙科的百分之九十点八要少得多。

陈立夫上任立法院副院长之后的第一件事就是奉蒋介石之命“赴美英考察民主政治之施行经过”，首先赴美参加“世界道德重整会大会”。陈氏对此次经历十分重视，特在其回忆录中作专节记述。馆藏档案中亦有陈立夫于1948年6月30日从美国纽约寄立法院院长孙科报告一份，[8]详述其赴美参会及在美活动经过，竭力强调该会议之“反共”宗旨，并附有在会议期间与日本代表崛内谦介会见记录，双方谈到了刚刚结束不久的中日战争，陈氏表达了“在日本确属走上和平民主之大道及根绝一切再侵略之前提下，中日两国，自可再做朋友，和平相处”之愿望。崛内对此回答说，“日本诚无以对其友好之邻人。日本于过去错误，惟求中国之宽恕，愿共努力于未来和平与民主之建立云云。”[9]

（四）抗战胜利后，因为国民政府财政当局公布“黄金储蓄券六折还本”，引发金融混乱，财政部长宋子文又在上海等地抛售黄金，导致金融风潮高涨，人心惶惶，南京政府信用一落千丈。上海工会罢工，商会罢市，蒋介石眼见“后方失火”，急遣陈立夫赴沪，动用警特力量“调解”。陈立夫在回忆录中对此亦有专门记述。[10]

1946年7月5日，陈立夫在上海致电正在庐山的蒋介石，报告沪上动态及工作情况。电文写道：

“总裁钧鉴：职支晨抵沪，业已分别召集党政军团首长及两调统局之实际工作同志举行会报，详询沪上近日社会动态并报告钧座对沪市工作指示之方针与吾人当前措施之步骤。”

陈氏进一步报告说：目前上海中共活动已转入地下，民主同盟亦无积极行动，但因政府金融措施引发之事件，“为上海多数人民所共同反对，共党正企图利用此二事酝酿风潮，定能得民众同情。已商宋院长迅速自动改正，毋授人以柄，并建议具体改进办法，宋院长已允电呈钧座核示”，“张镇司令微晨到沪，军警方面已有新布置，并正在商议加强保护公用事业机构及防范公用事业工人之轨外行动办法”，[11]蒋介石对陈立夫之处置举措深表满意，他在来电上批道：

“复：函电均悉，甚慰。中正”

陈布雷于9日代表蒋介石复函陈立夫，指示其“对同志多多策励以鼓其气为本”，并“宜多针对第三者之愿望而争取其谅解与同情也”，[12]然陈立夫等虽竭尽力量，但却因蒋氏“过分信任宋子文”，以致战后南京政府金融财政步入下坡，最终成为导致经济崩溃原因之一。最后陈立夫不得不下结论说：

“蒋公是军事天才而非经济长才，所以打了天下而不能守之。”[13]

（五）从馆藏国民政府教育部档案中有关陈立夫先生处理各方求职函件情况来看，可以概要反映出陈立夫先生从政治事的作风。在此数百封介绍求职函文中，包括许多国民政府各方大员的亲笔函，其中如王世杰、邵力子、张治中、汤恩伯、柏文蔚、徐恩曾、贺耀组、毛庆祥以及其兄陈果夫等，几乎每封求职函背后都有陈立夫批示意见，不论介绍人职务高低，陈立夫一律郑重处理，或加录用，或介绍给有关部门考虑取舍，事无巨细，每必躬亲，反映出陈立夫治事风格。

在整个抗战期间，陈立夫出掌教育，在馆藏档案中曾收入陈立夫先生论抗战及战时教育、青年工作之讲话20余篇，纵览之余，给人以清晰的印象：一为陈氏强调战时教育必须坚持全面发展的方针，在抗战后方保持教育工作的连续性、系统性、基础性，不仅要为抗战服务，而且要为战后重建国家培养贮备人才。为此必须将重要的教育科研机构迁往大后方，保持教育工作之继续发展。二为陈氏大力倡导学校教育、社会教育、家庭教育之系统均衡发展，三者分别以“智、德、体”育为中心。他号召以学校教育为中心，同时发展社会教育，社会教育的推行应以家庭为对象。[14]三是他重视师资的培养与教材之改良。他曾说：“教育设施的效果并不决定于制度问题，而是要看师资的良窳与题材的是否合适。教育是立国根本大计，不从实际上使民众具有现代知识，或不先事培养成能担当推行新教育之师资，什么理想都将是徒托空言的。”[15]四是强调贯彻孔子学说及传统道德教育思想，在战时教育方针上突出“管教养卫”合一，即政治、教育、经济、军事相结合的“总体战”思想。陈立夫的这些思想言论确定了国民政府当局抗战教育的基础方针，成为国民政府战时教育工作之指导思想。

（六）从馆藏档案资料来看，《陈立夫回忆录》中所述之“中山舰事件”经过及其对于事件是“共产党阴谋”之性质判断，有与历史事实不相符合之处。本馆所藏蒋介石档案中有一卷《镇压中山舰案》专卷，其中收录了有关“中山舰事件”文件多宗，包括蒋介石报告事件经过致军事委员会呈文、事件当事人黎时雍、欧阳钟、李之龙夫妇等之报告、供词以及陈立夫在回忆录中所提及的、经他亲笔抄写的蒋介石致汪精卫长函等等。通过这些数资料完全可以明了，所谓“中山舰事件”其起因基本上是出自于一起偶发性事件，而决非“共产党的阴谋”，但这件事情之发生因正值广东政府内部即将产生分裂之际，正好为人利用，故使这一偶发事件产生了完全不同于其本身性质的严重后果。

根据档案资料显示：1926年3月18日晚，黄埔军校交通股驻省城办处股员王学臣接到另一股员黎时雍从学校打来电话，说奉军校教育长邓演达命令(此系王听误所致，应是军校孔主任命令)，因从上海开来之商船“安定号”遭土匪抢劫，现泊黄埔鱼珠上游，要求派军舰一、二艘前往保护。19日凌晨，军校交通股长欧阳钟立即赶赴海军局通知其派舰前往黄埔，因李之龙代局长外出，其作战科邹科长答应即派舰前往。当晚，“宝璧舰”奉令开赴黄埔，海军局并发公文一件致交通股备案，文中没有提及中山舰。

19日晚11点李之龙回局后，接报告说欧阳钟要求派二艘军舰去黄埔听令，于是他一面要求交通股补办公函前来存档，一面派中山舰(此时宝璧舰已派出)开往黄埔，中山舰当时因正在修理中，“乃升水火试试汽笛”，造成了该舰尚未奉令而升火，随后又奉令出发黄埔之事实。中山舰抵黄埔后，向邓演达教育长请示任务，邓回答他没有发出调舰命令，于是中山舰便停泊黄埔等候。

李之龙致电蒋介石询问对中山舰下步行动的处理意见，按照蒋的命令，中山舰开回省垣。当夜，李之龙却在睡梦中被蒋派来的士兵逮捕。事情简单经过即是如此。[16]

此事原本比较简单，经过各方调查审讯，事实真相也已清楚，但后来却越闹越大，导致李之龙、欧阳钟甚至广州警察局长吴铁城都被逮捕，其中下免有“贼喊捉贼”、“混水摸鱼”之嫌。问题之关键便在于蒋介石当时对于中共、对苏俄顾问及其貌似“左”倾的汪精卫的极端反感与不满，他的这种情绪及其认为有人要暗害自己必须“先下手为强”的反共动机，已经在陈立夫所亲笔抄写的、现仍存于档案中长达17页信纸的致汪精卫长函中，充分表达清楚了。

正如陈立夫在其《北伐前历史性的建言》一节[17]中所表述的那样，“军事权在校长掌握之中，为什么我们不干一下？”[18]至此，所谓“中山舰事件”始因及责任所在之真相，大体也就清楚了。

总结上述六端，《陈立夫回忆录》给我们提供的大量历史回忆资料中有不少内容已经馆藏档案所验证，证明陈先生过人的记忆力及对半个多世纪前经历的清晰回顾。正如一切回忆录那样，其中也不免有若干漏误失实之处，有待进一步依据历史档案资料加以考证补充。但总体来说，《成败之鉴》仍不失为一本有关陈立夫一生的生动记录。

中国第二历史档案馆所藏陈立夫先生档案，是这座历史资料宝库中重要的一函，因为陈立夫在中国现代历史上所占之显要地位，特别是其在推进第二次国共合作、主持抗战教育时期的历史贡献，以及其所经历的民国历史上各个时期重大历史事件，使其个人档案对研究这段历史具备了特殊参考价值，如何更充分地加以发掘与研究这一专题档案资料，尚有更多更繁杂的工作有待我们去做。

附：本文参考之馆藏陈立夫先生档案索引

㈠ 陈立夫参加世界重整道德运动会议会报(1948年8月)十0155。

㈡ 立法院推举正副院长案(1948年6月)十0306。

㈢ 教育部长陈立夫要求将中央药物研究所改属教育部给卫生署长函(1938年)五221。

㈣ 教育部长陈立夫办理移交案(1945年)五226。

㈤ 陈立夫与朱家骅来往文件五1826。

㈥ 陈立夫教育部长任内为各方人员介绍工作来往函五1827—1829。

㈦ 陈立夫与蒋介石关于中共在沪活动来往函(1946年7月)七一—752。

㈧ 陈立夫抗战言论集七八七946。

【注】

[1] 陈立夫：《成败之鉴——陈立夫回忆录》，台北，正中书局，1994年版。

[2] 《成败之鉴——陈立夫回忆录》，第 268 页。

[3] 中国第二历史档案馆馆藏教育部档案：五 1885（1）。

[4] 《成败之鉴——陈立夫回忆录》，第 261 页。

[5] 《陈立夫致冯玉祥函》，二史馆馆藏档案：五 1220。

[6] 《成败之鉴——陈立夫回忆录》，第 366 页。

[7] 《立法院秘书长报告正副院长互选结果致总统府秘书长函》(1948 年 5 月 21 日)，二史馆馆藏档案：十 0306。

[8] 《陈立夫致孙科报告》(1948 年 6 月 30 日)，二史馆馆藏档案：十 0155。

[9] 《陈立夫致孙科报告》(1948 年 6 月 30 日)，二史馆馆藏档案：十 0155。

[10] 《成败之鉴——陈立夫回忆录》，第 340–342 页。

[11] 《陈立夫致蒋介石代电》(1946 年 7 月 5 日)及陈布雷复函，二史馆馆藏档案：七一一（6）111。

[12] 《陈立夫致蒋介石代电》(1946 年 7 月 5 日)及陈布雷复函，二史馆馆藏档案：七一一（6）111。

[13] 《成败之鉴——陈立夫回忆录》，第 343 页。

[14] 《陈立夫在社教讨论茶会席上之发言》(1939 年 1 月 13 日)，二史馆馆藏档案：七八七 946。

[15] 《教育设施与抗战建国——访谒教育部陈部长记谈》(1939 年 1 月 19 日)，二史馆馆藏档案：七八七 946。

[16] 详情可见二史馆馆藏档案《镇压中山舰案卷》(1926 年 3 月)三 0 四一 1，并可参阅杨天石《中山舰事件之谜》、《中山舰事件之后》两篇文章，载于《历史研究》，1988 年第 2 期、1992 年第 5 期。

[17] 《成败之鉴——陈立夫回忆录》，第 51 页。

[18] 《成败之鉴——陈立夫回忆录》，第 52 页。

吴佩孚盖棺不能论定

载《史学月刊》，1997 第 3 期。

（台）《国史馆馆刊》，1998 总第 22 期。

获江苏省中国现代史学会优秀成果一等奖

在中国现代历史上，吴佩孚也算是一位著名人物，这不仅是因为他曾发动军阀内战、镇压“二七”工运以及抵抗广东革命军北伐，还因为他在生命的最后阶段，在沦陷后的北平与日伪头目周旋与交往，最终又忽因区区牙疾竟不治而亡，死得蹊跷。于是乎，人们由吴氏之暴死，联系到他生前在与日伪周旋过程中所表明的种种姿态，似可简明地得出这样一个结论：日伪逼吴佩孚“出山”充当华北汉奸头目，吴不肯，反向他们提出了不能答应的条件，意图维护国家主权，结果惹恼了日方，惨遭谋杀。如此，吴佩孚便当然成为一个晚节坚贞的爱国者，受到了当时重庆国民政府的隆重褒奖及各方的赞颂，对吴氏“民族英雄”的认定，似乎已成为一个“盖棺定论”。

然而，最近一段时间来，伴随着史学研究的求新意识，出现了一种与此不同的见解，意在对吴氏其人其事以今日的资料观点来重新审视一番，以取得新的认识与结论。对于吴佩孚之死，长期以来似已有定论，但笔者总有几点基本的疑惑不能解除，这就是：其一，如果吴佩孚是一位百分之百的爱国者，那么，他为什么要与日本侵略者反复进行旨在“落水为奸”的谈判？其二，如果说他是身陷逆境不由自主的话，那么他除了与日伪“和谈”之路外，至少还有两条路可走：第一，若他能下定决心决不附敌，完全可以置生死于度外，效仿“蓄须明志”的梅兰芳式的榜样，坚决与日伪抗争，真正保全名节；第二，如果他勇气不足而又不愿背上骂名。也可选择另一逃避之途，学杜月笙一跑了之；实在走不了的话或可效仿靳云鹏，以“心有余而力不足”来搪塞，佯作老朽状，使敌寇无隙可趁。然而十分可惜的是，吴佩孚没有这么做。那么，他为什么不这么做?其三，正当中日两国进行生死大战之时，吴佩孚不仅不断拒敌方诱引，反而反复而认真地与敌伪头目进行接洽、磋商、讨价还价，并在谈判中不止一次地称我们民族之敌人为“友邦”，对日本进行吹捧，甚至对日本“近卫声明”中“插入”他的“私见”而“尤感荣幸”，最后公然在致头号汉奸汪精卫的多封函件中为汪捧场，赞扬其投日叛国之举，表示自己对汪逆的“神移意远”之情和与汪精卫卖国理论“多针芥之合”云云，其例不胜枚举。吴佩孚在有关国格人格的大是大非问题上，乐于与敌伪勾结，他的立场起码是含糊不清的。从这一点分析，他的上述表现不能不成为证明其晚节不贞的致命弱点。这样便有了第三个疑问：吴佩孚与日伪之间究竟是为敌呢，还是为友?

为了彻底弄清楚这一问题，笔者搜集了一些资料准备深入地做些研究。一个偶然的机会，我接触到了一批有关这一问题的新资料，于是，令人惊诧的许多漏洞出现在我的眼前，使我不能不对吴佩孚的晚节产生了严重的怀疑。

就在这时，上海的一家杂志，发表了一篇短文，以原国民党军统组织“国际密电室”主任李直峰的回忆，说明吴之暴死，并非死于日人，而是因为重庆方面已截获“日吴会谈”文件，确认吴佩孚已答应降日，出任伪“华中绥靖委员会”委员长，于是为粉碎敌人阴谋，就像前次刺杀准备降日的唐绍仪一样，按预定计划，让吴的副官、一位军统特工利用吴氏“牙疾”，当机立断地把他“解决”了[1]。这篇短文当然只是一篇回忆资料，并未提供什么令人信服的档案史料根据，但它却不能不算是一个新说法，从而引起了史学界的注意。台湾《传记文学》杂志除全文转载外，还连载配发重新公布了一组有关吴日会谈的档案文件[2]，意在反驳李直峰的观点，为这场关于吴佩孚死因及晚节的争论又增添了新的内容。有鉴于此，笔者更觉得有必要把现存的疑问及个人的研究观点公诸于世，并求教于方家。

关于吴佩孚与日伪的交往及被谋杀的经过，过去已有详文叙述与研究，[3]其基本的事实经过及其现能引证的材料，[4]这里不准备重复说明。笔者只想根据这些档案及资料，从以下几个方面再做一次深入地分析，以求得一个更贴近史实的结论。

我以为判断吴佩孚的立场态度，可从以下三个方面找到明确答案：即（一）他对日本及华北伪政权的态度；（二）他对汪伪的态度；（三）他对坚持抗战的国共两党的态度。兹分别说明如下：

一、吴佩孚对日本及华北伪政权的态度

吴佩孚与华北汉奸的关系由来已久。早在1935年11月，汉奸殷汝耕在日人唆使下成立“冀东防共自治政府”。为了和“隐居”北平的吴佩孚拉关系，这一傀儡组织在每年春节、端午节、中秋节及吴氏生日都“馈送五千元”；并聘吴氏的“秘书长”陈廷杰为顾问，月薪500元，聘其部下赵子彬、汪崇屏为伪“参议”，月薪200元。吴氏对日伪这番“好意”一一笑纳。

1937年日本大举侵华，7月底平津沦陷，12月日本华北驻屯军在北平扶植汉奸王克敏成立伪“中华民国临时政府”。“临时政府”自成立之日起就“聘任”吴佩孚为其“特高顾问”(后改咨询委员)，月送“车马费”4千元。当时伪政府高等顾问分3级，一级顾问月俸才2千元，吴佩孚“价值”超级，故称“特高顾问”。严格地说，从这时起，吴佩孚已经成了伪政权的“注册人物”，领取了卖国政权的“车马费”[5]。

吴佩孚为什么要拿汉奸的钱呢?原因很简单，此时“大帅”囊中羞涩也。

吴氏自封为“儒将”，过去“红火”之时，当然不愁吃穿，他也不大注意敛财，但北伐战败之后开始走下坡路，到了在北平做“寓公”之时，虽无大宗收入，但他却仍是死要面子，“大帅行辕”、“八大处”机构照旧保存，随行“食客”部下及眷属不下一、二百人，每天公馆三餐仍是八盘六碗，甚至常年自制葡萄酒大宴门客，一年下来，开支惊人。吴佩孚自己对家用开支不闻不问，全由夫人张佩兰掌握，张氏过去虽有积蓄，但天长日久也

就所剩无几了。为了解决生计，吴佩孚不得不依夫人之计，派内弟张锡九及其部下四处“筹措”，正因如此，也就不免饥不择食，只要有钱，不问来源，对汉奸之“馈赠”，装聋作哑收之不问了。俗语说：拿了别人的手软。吴佩孚此刻对日伪之态度如何能硬得起来？

1938年6、7月间，日本为了进一步“稳定”中国占领区，决定迅速组建伪“中央政府”，以贯彻“以华制华”的方针。关于华北伪政权之组建调整，交由日本陆军部土肥原贤二中将全权负责，为此专门成立了“土肥原机关”(亦称竹机关)开展“土肥原工作”，目的是扶植北洋政客唐绍仪、靳云鹏及吴佩孚三人“出山”，充任华北汉奸首领。

日方“土肥原工作”的前两项目标因唐绍仪被国民政府派员刺杀、靳云鹏装病婉拒而遭失败，剩下的便只有一个“吴佩孚工作”了。

1938年8月，“土肥原机关”派出大迫通贞少将来到北平，正式对吴开展“劝降”工作。

吴佩孚是一个怀有宏大政治野心的人，过去充任直系军阀首领时代，他的抱负是“统一中国”。下野之后，力量虽失而痴心不改，在国民党政权的压力之下，还打着“孚威上将吴”的旗号，指望重振旗鼓。力量与野心之对比反差，使他在心理上产生了不平衡，逐渐变得日益“唯我独尊”与“狂妄自大”，他的“自信心和夸大狂几乎达到令人惊奇的程度，他平素说话，是什么大就说什么，好强求胜之心溢于言表”[6]。北平沦陷后，吴佩孚不顾时局险恶，不肯后撤，自称：“自卢沟桥变起，兀坐故都，本所信念，日以启导和平为事。”[7]

当时吴氏的政治立场是，他一则反对蒋介石与国民党政权，因为他们曾互为死敌，旧怨未消；二则他坚决反共。在政治观念方面，他相反地却与日本扶植的华北、华中伪政权相接近，关系密切，他们有一个共同的希望，这就是由日本人让他们出面组织政府，重掌大权，“收拾局面”。这样分析起来，吴佩孚在政治上具备了两项条件：第一，他与国共两党格格不入，此时，也就是与国共合作为基础的“抗日民族统一战线”不能合作，甚至相对立；第二，他雄心虽大而力不逮，在蒋介石的压力之下生活，时刻等待机会，一旦时机到来，长期的忍耐与压抑不住的爆发欲望会使其干出一些“饮鸩止渴”之举，这正与汪精卫投日前的处境与心态十分相似。

土肥原机关正式向吴佩孚“劝降”之后，吴的反应是：(一)他可以“出山”；(二)条件是必须由他自己组织一支军队和一个政府。他说：“事变若由余来调停，大概可望得解决！如果举国舆论寄希望于余，余则可任此劳。但是，在调停之前，余须先行培植一势力，足以迫使重庆政府接受调停。为此，余思招抚华北之土匪。如余发布命令，各支土匪部队将会立即汇合，如此，就易于培养军政势力。作为军、政势力之骨干的军队一旦建立，即可组织政府，扩大行政区域，取消临时政府。若蒋介石不听调停，则可把新政府之行政区域，扩至重庆，以解决事变。”[8]吴佩孚是想利用日本侵华之机，依托日本的力量东山再起，至于他“再起”后与日本人的关系——对此实质问题，他却想蒙混不谈，而日本人却不答应。

1939年1月间，“土肥原机关”与日本陆海军、外务省有关人员召开第三次联合会议，由土肥原亲自部署“吴佩孚工作”，并决定把这项计划向华北、华中伪政权头目传达，以“取得谅解”。紧接着，一场对吴佩孚的“劝进”活动在华北沦陷区各地展开，一些“落水”之吴氏“旧友”，纷纷与吴联络，最后终以42名汉奸组成“和平救国会”，以此组织名义请吴出山。1月30日发表《和平救国会宣言》，敦请吴佩孚“出就绥靖委员长，以抚揖党府各军。庶和平早日可现，政局早日可安”，并“用极诚恳之意与邻国敦睦邦交，以保持东亚和平之幸福”。[9]

一番鼓动之后，日本人容不得吴佩孚有一刻喘息之机会，宣布于次日(1月31日)在吴的寓所什锦花园举行记者招待会，让吴自己宣读日本人写好的讲稿，宣布“出山”，组织汉奸“中央政府”。

在此前后，吴佩孚受到了来自抗战阵营及各方爱国人士的多次警告，对“落水”之顾虑加深，再加上吴氏本来对日合作的重心是要发展自己的力量，现在日本人不顾一切地强迫他按日方的计划无条件“就范”，这便违反了他的心意。于是，吴佩孚在记者招待会上甩开了日方拟就的讲稿，向众人明确表示了他自己的心意，他说：

“余受‘和平救国会’之推荐，组织绥靖委员会着手准备建立政府机关以实现和平，第一阶段当先编成作为其骨干之军队，为此，余打算首先使华北游击队归顺，若在华北巩固了地盘，则可在日华之间实行武力调停，解决事变。因为武力调停，余在国内战争中已有数次经验，所以对此是有自信的。”[10]他进一步提出了“出山”的三个前提条件：一要有实地，以便训练人员；二要有实权，以便指裕自如；三要有实力，以便推行政策。[11]

在这三项内容中他特别强调要有“实权”，视之为一切之基础。吴佩孚曾说过：“实权这个问题是最要紧的，也可以说是先决条件，日本一日不肯让出主权，则余一日不能出山，把握住主权之日，即余出山之日。”[12]

纵观吴氏的讲话，给人的印象是，他依旧是不切实际地自大与傲慢，竟然要做中日两国间的调停人，并要以招降华北游击队(土匪)来作为自己的实力，像过去军阀内战时代一样，以武力居中实现“调停”。无疑地，这完全是一种梦呓。且不说他用何术去招降土匪武装，即使招降之后，这小帮乌合之众既不是日军的对手，更不是中国抗日军的对手。另外，吴佩孚自称要“出山”调停“日华之争”，请问他自己是哪国人？如果连这一点也没明确的话，谁能说他是“中华民族的英雄”？简言之，此时吴佩孚在土肥原贤二逼迫之下不得不亮出了自己的最后底牌，可惜，这张底牌是含糊不清的。吴佩孚在中日生死之争中，给自己安排了一个十分模糊的定位，他的计谋完全是行不通的。

吴佩孚的这种表态，表明了他的这样一种心理，即：他想火中取栗而又不烫了手，想借助日本人的力量东山再起，要他们的钱、枪和帮助，但又不能公开卖国卖身求荣，于是抱着“只占便宜不吃亏”的心理，想让日本人“充分”给予他“主权”，放手让他“大干”，有地，有权，有力，当日本平起平坐的朋友，而不是奴才走狗。他后来对日本代表宣称“余出山之后成为中国之元首，当与贵国之天皇立于平等之地位，余所任命之国务总理，当与贵国总理立于平等之地位，余所任命各部总长，在进行交涉时与贵国各省大臣平等”[13]一节，以及他“不欲如临时、维新两政府成为日本政府之玩物”[14]之表态，都是吴氏这种心理的最明确的证明。当然，这完全不合日方的计划。日本人要的是奴才而不是“朋友”，因此这根本是不可能实现的。

问题在于：吴佩孚向日本侵略者要“主权”之举是否正常?其在根本上是否已背离了民族的大义与立场?

抗战开始后，全体中国人，不论其政治立场观点如何，在国难当头之时，一时间也分成了两大派，这就是抗战派与投降派。且不说那些在前线与日本侵略军浴血奋战的抗日军队，就是在那些被迫滞留在沦陷区伪政权统治下的中国人中，也有忠奸之大分别，象吴佩孚这样既不言抗日救国，反而热心与日伪勾搭在国家政权之外再组“中央政府”，并称民族敌人为“友邦”的人算不算“抗战派”?他向日本人索要的“主权”，是一种寄托于日军侵略“成果”之上的“主权”，这与汪精卫汉奸政权成立后与日本签订的冠冕堂皇的充满了“互相尊重其主权及领土”、“互为善邻”、“于政治、经济、文化等各方面讲求互助和睦”[15]等漂亮字眼的卖国条约之间，两者有没有原则区别？试想，如果当时土肥原也像汪政权炮制者影佐桢昭那样狡猾，采用“先哄你上钩，满口答应给你主权，等你入了彀中，不怕你不服”的策略来骗吴佩孚，或者就给他一份如《日汪协定》式的足可满足对方虚荣心的条约文件，那吴佩孚还会拒不出山吗？可惜的是，土肥原直了点、板了点，而吴佩孚也并无汪精卫整日寄蒋介石篱下度日如年的苦衷，他有充裕的条件与日方讨价还价，差这么一点也不上钩，结果竟然因此为吴“保全了名节”。

吴佩孚在记者招待会上的表现使土肥原饱尝了“欲速而不达”的苦味。而日本华北驻屯军则更是激烈地要求东京大本营“土肥原机关的工作应当立即停止”，他们认为吴佩孚“肆行破坏与华北军队的协定，搅乱华北治安”，“对吴数次繁多的背信行为已不能容忍……决不允许由于吴的背信弃义行为，而使临时政府濒临崩溃”，华北日军方认为：“如果成立以吴佩孚为首的新政府只有害而无利”。[16]

土肥原在恼羞之余仍然对吴不死心，他一方面命令各报刊照他原拟的宣传稿见报，宣布吴已答应日方条件“出山”，大造舆论；另一方面对内部反对派再加说服，宣传吴的“价值”。而更主要者则是向吴佩孚再加压力，迫其就范。土肥原当时的态度是“只要他（指吴）的行动有利于我们，就是打打抗日招牌也是可以的。”[17]

3月25日，土肥原亲赴北平与吴佩孚谈判，吴佩孚为能见到土氏而“兴奋不已”，“倍极殷勤”，表示他“依然以和平救国为念，有意出马，以大总统自居，和平运动成功之晓，再行隐退”，他又对土氏吹嘘他在河南、四川等地拥有实力及威望，至今仍保持密切联络，希望日方大力资助，特别是经费。一旦他行动，云、贵等地将随之而起等等。但同时又声明他不作日本的“玩物”，希望日方给他“主政”名义，持“中立”立场，不干涉他的内部问题。[18]

4月，大迫通贞少将奉命再次访吴，未果，“吴佩孚工作”陷入僵局。6月25日，吴佩孚通过陈中孚向日方开出价码，他出山后要“党政军”大权一把抓，需担任：1．“和平救国会总裁”；2．“和平救国军总司令”；3．“和平救国军政府主政”。三项条件，缺一不可。日方对此一时不肯允诺。

到这时为止，吴的基本立场仍然是：他是愿意“出山”的，只不过有一些“但是”的条件罢了。这表明他的基本立场是愿意与日伪“合作”。不仅如此，吴佩孚的对日合作不止仅仅停留在口头上，他已经有了实际行动。9月1日，吴氏电召伪“开封绥靖委员会主任”胡毓坤进北平，并于4日与吴会见，吴向胡详询了河南伪军招编情况并讨论了下一步组织政权问题，次日，他们又与日方代表大迫等进行了会谈。

造成日吴谈不成交易的原因，除了吴本人“开价”不低而日方内部有人反对而外，华北伪临时政府的汉奸们从中作梗也是其中重要因素。

日本人对吴佩孚的“器重”召来了华北汉奸政权头目们的极端嫉妒与敌视，他们既不能要求日方放弃“扶吴”计划，又不甘心将来要做“奴才的奴才”，于是，他们只能耍两面手法，一方面遵从日方安排“请吴出山”，另一方面却暗中使绊“加以牵制”[19]，伪“临时政府”首脑王克敏、王揖唐等人摸准日本人的心理，建议吴佩孚出山后就任管辖范围在河南、湖北等地的“绥靖委员会”首领，借口便是“发挥吴在河南的影响力”云云，其宗旨在于不让吴在华北和自己“抢食”，从而影响到自身利益，对吴实行“支出去”的策略。而“土肥原机关”在“对华分而治之”的原则之下，目的是再弄出一个以吴为首的位于华中地带的伪地方政权，不论其名称如何，它是不包括已成立的“临时”、“维新”两个伪政府及其所辖地盘的。土肥原更认为吴佩孚所即将招募的任何武装都应当属于未来的汉奸“中央政府”，而决不能属于吴本人，他不允许吴拥有其“自己的军队”。[20]日本与伪“临时政府”的这些设计与吴佩孚的愿望是背道而驰的，吴还在坚守他那条原则“要当就当大太太”，到这时为止，吴的基本立场是：他愿意“出山”，只不过有一些“但是”的条件，这表明他的基本立场是愿意与日伪“合作”。不仅如此，吴佩孚的叛国不止停留在口头上，他已经有了实际行动。9月1日，吴氏电召伪“开封绥靖委员会主任”胡毓坤进京，并于4日与吴会见，吴向胡详询了河南伪军召编状况并讨论了下一步组织政权问题，次日，他们又与日方代表大迫等进行了会谈。

二、吴佩孚对汪精卫汉奸政权的态度

就在吴佩孚与日本讨价还价之际，由日本军方影佐祯昭主持另一个特务组织“梅机关”，对国民党内第二号人物汪精卫所进行的代号“渡边工作”的策反计划却取得了突破性的进展。1938年底，汪精卫公开叛国，投入日本怀抱。

由于汪精卫在国民党内的显赫地位及其影响，使他对日本的“利用价值”远远超过了早已退出政治舞台的吴佩孚。于是，日方的兴趣与注意力一下子转向了汪精卫。1939年5月间，日本内阁作出决议，将争取吴佩孚的工作改为促成“汪吴合作”，准备以此二人联合组成未来的伪“中央政府”。

由于汪精卫的势力当时尚达不到华北及两湖地区，日本的方针是将未来的新中央政权造成“汪吴联合体”，并未准备“专宠”汪一人。5月26日，日本驻上海总领事佐藤在致崛内参事官的一份电文中，明确表示了日本政府的下列意图：“随着汪兆铭和平工作的进展，应再次考虑吴佩孚的起用问题，汪在政治、军事上有一定力量与背景，但在华北及湖南、四川等地汪的势力却不如吴，因此，汪吴如合作对解决时局是有利的。”[21]

在这一方针指导下，5月底至8月初，大迫通贞、冈野增次郎等人频频访吴，就促成吴氏与汪合作问题进行商洽。

在开始阶段，日人仍逼吴佩孚表明基本态度，即愿不愿与日本及汪精卫“合作”。在与冈野、大迫等计11次的会谈中，吴佩孚表明了如下态度，以下让我们逐次引用吴在会谈中的原话加以考察：

（1）5月30日，吴向日方说明：第一：“即使像世间所传的那样，余出山，亦并不会主张日本兵立即撤兵”，他要冈野把他“作为自己之心腹。”[22]

（2）6月3日，他又表示：“吾人最后决心已定，不日待大迫少将归燕之时，将百尺竿头，更进一步，”但他又提出条件“余事且暂置之，而尤以主权问题为关键。”[23]

（3）在6月7日的会见中，吴佩孚又要求“时机成熟时与贵国政府代表杉山司令官（作者按：驻华北日军司令）面晤以讨论一切大事。”但他担心：“余今仍属在野之身，故不能与贵国政府相约何等条件，而以私人密约形式，则不仅将来不能向中外公布，且公布之亦不易为国民所承认，因此不能履行之。”为此，吴佩孚还担心“然则失信于友邦也。”

吴佩孚要求日方让他的“着手行政、教育及编练军队”等工作，先从“担任治安之职”开始，“方可将中日两国之国交纳入正轨。”为了保他上台，他再次说明“所谓要求日本军撤退，为时尚早也，”在这一点上他比汪精卫的卖国条约走得更远。试想在日本不撤军的情况下，吴佩孚的“主权政府”能是一个什么角色？

对于日方对他的计划的催问，他仍故弄玄虚地说："余欲随机应变，因时制宜，即因事所异而想方设法，譬如蜘蛛欲吐丝作网者，作网之蜘蛛腹中充满了丝之原料，但先剖腹以观其结网之原料则不可，如是则蜘蛛必死无疑，弗能吐其丝作其网也。"他进一步指责日方"彼等工作终未成功，皆因未理解余之意思故也。"

（4）6月18日，吴佩孚及其亲信与日方大迫、冈野及华北伪政府代表进行了正式会商。首先，大迫转达了日本政府的决定："请吴将军出山以收拾时局"，"汪先生同时并出来与吴将军一致合作，此点乞吴将军谅察之。"吴佩孚对此表示"实在感激，"他说："与汪先生合作以解决中日纠纷，收拾时局，更乃余所最赞同者也。"其次吴提出以下的"出山"条件：（一）要"临时、维新两政府先将接办之名册造好送来，余接收后方能产生权力，得令彼等光听余之命令，从事工作"；（二）他要与日本天皇"处于平等地位"，[24]（三）"今后，余与汪先生之合作，亦当彼此礼让而行，对此可不必操心。"[25]吴的这番表示，使日方极感为难，深感彼要价太高，冈野打断吴的发言，表示他对大迫将军所言尚有"未充分理解之处"，他明确表示：吴指派交涉代表权仅指在未来吴政府成立前具有有效身份，而日方对吴"一切均委托阁下"则是指未来伪中央政府成立之后。意思即为：你不下水我们不会答应你的条件。冈野深刻体会了"吴佩孚工作"目前的困难，他私下对原田说：日本政府对未来中国中央政府的构想是"汪七吴三"，而吴的想法是"吴七汪三"，现在想要让"吴氏之当元首的心理状态降至三，于今后决非易事也。"[26]

（5）6月24日，吴佩孚对冈野表示，对汪精卫来北平约他在顾维钧住宅会见一事表示"极为欢迎"，但按"中国之礼仪作法，应为'行客拜坐客'，即在平等地位上之主客访谒"，"乞来敞舍一晤最为妥当"，他想在这"谁拜见谁"的问题上，先胜汪一筹以争取主动。

（6）7月15日，吴与冈野再次会谈，吴表示"目前正欲调整日、满、中三国国交，以图亲善，故以居北京为便，正者居北京，副者居陪都（南京）

可也。”

冈野催问吴氏“迟迟不出庐”的原因，吴答曰：“日本有日本之立场，中国有中国之立场，日本专断强迫中国接受其立场则为不可”，“若要予出庐担当收拾时局之责任，则必须使予树立予进行工作所必需之体面。中国人之难以治理，余较任何人更为深知。”冈野又委婉希望吴能“下决心”赴日访问，进入日方圈套，吴以“此地日本文武官俱在，接洽并无不便”加以拒绝，并再次强调他“出山”要“待水到渠成”，“不可依仗技巧”云云。他再次对日方表示，“自觉负有建立日中亲善国交之大使命，愿为此而生存。”[27]在这里，吴佩孚关于“中国有中国之立场”一段话，过去多被用来证明吴佩孚的“爱国”，殊不知吴在这里只不过是在陈述一种客观事实，即日本不能强迫中国人民屈服，这才有中日之战。吴之言论并不是说他有他的立场，日本不能使他屈服，而是指两国关系的客观状态。因此，这才会有了下文“若要予出庐担当收拾时局重任”的后话。特加说明。

（7）7月13日及15日，就与汪关系问题，吴对冈野增次郎明白表示（一）“汪先生担当起收拾时局之任，乃余之所望也，余切望先生之事业成功”。但“汪先生对西南诸将之号召力似亦微弱也”，“于汪氏终究未能收拾起时局之际，余始出山亦无不可，时机成熟则全力以赴，愿为日中两国而尽力也”，“阁下宜从长计议，而不宜操之过急。”“此举实乃为了日中两国也，但倘非使之似专为中国之利益而行，则中国人民不拥护，中国人民不拥护则将一事无成矣，结果是对不起日本，此乃余之费心处也。”[28]（二）“余果出山，则可让四川将领中杨森及邓锡侯所部于武汉集结，在河南省准备中之武装民众作为余之卫队及借为各地区防军可也。”吴佩孚在中日交战之际一口一个为了“日中”两国而要“费心”设计骗中国人民“使之似专为中国之利益”而跟他走，唯恐“对不起日本”云云。看了这些言论，请读者鉴别，他是什么人？

（8）7月18日，冈野再次与吴佩孚在其住地什锦花园进行了交谈，冈野再催其“抓住时机，迅捷而行”，吴佩孚则表示了下列态度：（一）“近卫公爵之第二次（对华）声明，于大体上余欣然赞同，此中插入余之若干私见，尤感荣幸。”（二）“贵国所提倡之皇道，与中国固有之王道差别甚小而实极相似。日中循行此道，则必当振兴东方文化，实现东洋和平也。”（三）“余信守欲速则不达之格言，操之过急则于事无补。只要能达到最后目的，足矣。此亦恰如余之出山问题，不可焦急，不久，水到渠成之时将至也。”[29]

（9）7月26日，吴佩孚针对日方日益重视汪精卫而发表一通妒言，并威胁要向日方撂挑子：“日本有日本之立场，中国有中国之立场，任何人若无立场则将一事无成。闻日本政府欲使汪氏担任收拾时局之任，故汪氏当有自己之立场也，然现地之将帅恐未必同意耳，……故尔，只能暂时静观时机，此外别无他法”。

（10）7月29日，日方要求吴“以最高军事长官之身份，立刻与汪氏合作”。吴表示：“于今不再念及武力矣”，“关于与汪氏合作之事，若一致于今后实行王道平明之政治，则当一步一步接近，为使达到目的而努力。”他不肯只当司令，而还要当政治元首。

（11）8月10日，冈野要吴对汪精卫的和平运动正式表态。吴在嫉妒之余，猛烈攻击汪氏：“汪精卫言论甚雄，……而昧于中国民意之动向”，“他表示要与我合作，已多次转达此意……我愿开诚布公地表态，惟在日军监督之下组织御用政府之形式，到底不如老蒋在支那大众特别是中青年层中得人心。”但他同时又表示：其实日中两国目标一致，当然应协力同心，但表面上应取中国第一主义……目的是收揽民心，否则，中国大众不拥护，则一事无成，结果将更失信于友邦。汪氏没看到这一点，今后相见时可与之讨论。我对汪将本中国传统礼义相让而安实行合作。

总结上述11项内容，吴佩孚对日方的劝降态度是：第一，他肯“下水”，愿为“日中亲善”工作；第二，他要有权，所谓“国家主权云云”，不啻可视为吴个人之“主权”，因为从他全部言论内容来看，他不仅从没为中国民族根本利益着想过，反而要搞“中日满”亲善，为“日中和平”而生存，要“费心”治理“难以治理”的中国人，以免“对不起日本”，这不是地地道道的汉奸理论是什么？第三，他要“临时”、“维新’两汉奸政府及汪伪“听他指挥”，否则就向日本要赖。正因如此，在日本未明确“一切均委托阁下”以前，在未答应以“吴七汪三”组成汉奸“中央政府”以前，他决不轻易下水，还故弄玄虚，不让日本人看他这只“蜘蛛”腹中究竟有什么“原料”，把冈野、大迫搞得糊里糊涂，以至这桩吴日“买卖”始终没有做成，吴也就迟迟未能公开落水为奸。其实说穿了，吴佩孚到底要组织一个什么样的汉奸政府，向日本具体要什么条件，恐怕他自己也心中无数，因此只好以故弄玄虚来掩饰一番。至于他在愤激之下攻击汪伪是日本的“御用政府”等言论，并下能说明他自己是清白的，因为他已经表明了自己的真实立场。

在此前后，汪精卫与吴佩孚之间就“合作”一事进行了密切联络，双方虽因“主客”之争互不让步，未能见面，但书信往来也忙得“不亦乐乎”。在这些信函及吴氏代表与汪会见纪要中，充分反映出吴佩孚的政治立场，我们不妨顺序一观。

1939年5月22日及27日，汪精卫两次致函吴佩孚，以国民党领袖身分，以“期与海内豪俊共谋挽救”危局相号召，希望“老成谋国”的吴氏在卖国之途上助他“一臂之力”。[30]其后吴佩孚于6月7日、8日及9月3日三次复函汪精卫，全面表达了他对汪氏叛国之举及汉奸理论的态度。他写道：“拜展手书，读竟怆感不置，中日辅车相依，为敌为友，利害本自昭然……徒因乘隙抵衅，积渐已久……迄于‘九一八’事变，隐忍依违……正如痈疡附身，终归一溃，而又内外情复杂，因风纵火，更有促使炽燃者。平情论事，国民党不过适逢其会，傥然亦国运有以致之，不必尽在人为也”，“公怵惕危亡，于喧豗抗战之中，径议寝兵，翰音登天，宙合皆晓，复眷眷于风雨同舟之谊，暗口哓音，冀反众迷，终且险患亲尝，高振六翮，嘤求海内仁人志士，共计匡维，为国忠贞，至堪敬佩。并承谦忠见访，履基远劳，翘跂风犹，弥增感奋。窃谓中华国民，四万万民众，实为主体，果以抗战为然，则任何牺牲，均可弗计。若民皆厌战，相战之国，复有感于穷兵黩武之非，即宜矜恤同胞，戛然而止。有史以来，从无久战不和之理。弟分属军人，昔亦误以武力为万能，经体察国情，默视世界大势，乃以太公所谓全胜不斗，大兵无剑微通，鬼神者一，以政治之原理，权衡其际，益憬然经国之略，初不必尽恃藉于疆场之决胜也。故自卢沟桥变起，兀坐故都，本所信念，日以启导和平为事。和平要领，则以保全国土，恢复主权，为惟一之主张。区区此志，窃幸与公尚有针芥之合。九皋鹤鸣，敢云道不孤矣。尊论谓非组织统一有力自由独立之政府，无以奠定和平，确为扼要之言，与鄙见亦正相符。盖不如是不但无以奠定和平，且无以见谅国人，并无以致国际之观听。愿共本斯义，力图迈进，友邦诚能具充分理解，悉予赞同。中日真正之亲善，固可依次以举，而彼所揭橥于世界之圣战意义，并可即事实为之证明。……弟委质国家，……幸叩不弃，更当追附贤者，竭毕衷忱。如能教益频施，资为鍼圭，更所欣盼而不容自己者也。”[31]

吴佩孚在此信中对我国全民抗战进行了贬义之评论，并对国民党当局表示蔑视，所谓“四万万民众……果以抗战为然，”一句，以前又被引为吴“抗日”立场之证明，其实不然，这句话不过是下句“若民皆厌战”一句话的铺垫，而吴之关键含意就在这第二句诬骂抗战为“穷兵黩武”之中了，他要出而使之“戛然而止”，后文中吴氏更直言他的“保全国土、主权”概念原与汪精卫的想法相同，他真是“敢云道不孤矣”！

次日，吴佩孚又去函汪精卫，介绍陈中孚代表他与汪联络：“倾中孚兄北来，再奉琅函，过承奖掖，感愧交并。国家鱼烂之势既成，人情险怪，更虞糜沸。释公沦胥之言，倍增不寒之栗。《易》曰：‘二人同心，其利断金。’敢倾肝膈，请事斯语。……但期确能救国，与彼此共同宗旨，不相违越，自当审度情形，与公同进止也。”[32]

9月3日，吴佩孚三函汪精卫，在全国一片讨汪声浪之中，他对汪氏进行了肉麻的吹捧，表示了与汪在政治立场上的完全一致：

“精卫先生执事：自公振迹上海，回翔所唳，屡聆雄谈，卷雾笼霄，不徒使人神移意远，尤幸与鄙见多针芥之合。中孚兄北还，更释复书，籍承伟抱，益增契结。先生相参，敢谓道同，谋勰所宜，特为注念者，即国权如何规复与规复之方式耳。愿再与中孚兄从长计度，期对国人稍减遗憾。此区区之志也。此后与公处接洽，专托中孚兄，以免纷歧。谷风黾勉，并为分掬诚诵之。余请中孚兄面罄，恕不一一。敬颂勋绥。吴OO拜启。”[33]

汪精卫与吴佩孚之间一个拉一个靠，很快气味相投，开始了“合作”卖国之谈判。

10月2日，汪精卫与吴佩孚的代表陈中孚进行了会谈，这场会晤，目的在弥合双方在组建伪中央政府问题上的分歧。

关于伪政府沿用“国民政府”名称问题，汪氏欲坚持之以示“正统”。而吴氏因与国民党有旧隙，不愿加入那个曾经捣他下台的“国府”，汪劝陈对吴加以说服；关于“定都”问题，吴主北（京）汪主南（京），最后汪答应以北京为“陪都”，吴只要参加伪府，不去南京“也无妨”；关于汪吴职务地位问题，汪建议“主席”仍由在渝之林森兼，自任“行政院长”，以吴为“军事长官”，陈中孚表示，吴“既欲掌管军事，又欲担任华北行政”，“取王克敏现任之职位而代之”，“如决定其仅任最高军事长官，余需回京进行说服工作”。[34]陈中孚并转达说吴佩孚的意思是要以“中央政府下之政务委员会”之类名义，统治华北、四川、湖南、湖北，最关键的问题是，是否承认“国民党党统”及吴的随员如何安排。

关于吴佩孚地位如何，汪精卫做了以下解释：“余觉得对年长之吴氏进行任命，或置于自己之下实为不妥。当作为荐任官也。（陈注：吴之地位问题搁置于后，于此未再深入下去。此即说不取由汪任命吴之形式。而采用荐任之形式也。）”[35]陈中孚居中分析汪吴关系说：“总之，对于汪来说，关键在于吴能否承认党统问题，而此对吴说来，即使能谅解国民政府之法统，亦不能谅解国民党之党统，此是明白无疑的”。[36]说穿了，吴不承认“法统”、“党统”，其现实意义就是不承认汪的正统性，目的还是要在日本人面前争一个“汉奸老大”。

10月19日，汪精卫亲书长函一封再致吴佩孚，一针见血地点出他不尊汪氏“国民政府正宗”的实质是要与他争权力，并对之加以规劝。

“窃念铭之与公，为国为民，心事相同而立场不无稍异。数月以来，事势日急，茹而不言，将来必有失人之悔。素仰公忠鲠正直，能受尽言，故终以一吐为快。……至于易政府换国旗，则内政干涉，国将不国，不可不慎也。为今之计，国民政府急须恢复……而主席地位不宜更易，以省纠纷而利进行。至于国民政府之职权及名称以暨种种制度，如有更改之必要，于国民大会中议定之。如此则对内对外不相混淆，国权民意两得顾全矣。由是言之，今日国民党人主张恢复国民政府，其为国民政府谋，忠也；非国民党人亦主张恢复国民政府，其为国民政府谋，侠也。一忠一侠，其立场虽异，而为国为民之心事则同。铭窃愿公以一忠字对民国，以一侠字对国民政府，则公之风节必照映宇宙，而旋转乾坤之功业，亦必成于公手。铭之与公并未谋面，接杯酒之欢，而于公之人格，夙所倾仰，故敢以率真之词，负起诚悃，惟垂察之，幸甚幸甚。”[37]

面对汪精卫带有挑衅性的劝告，吴佩孚在来函封面上亲笔批到：“复。公离重庆，失所凭依；如虎出山入柙，无谋和之价值！果能再回重庆，通电往来可也。”表示了他对汪精卫的不满与蔑视。11月4日，吴亲书一封回复汪氏，发泄他对国民党统治的不满，并对汪的劝告正面做了回复。他写道：

“辱承搁示，中情无气，勤勤恳恳，令人益深感仰。大难同膺，救亡图存，为举国一致之心理。漏舟风雨，旧事宁复堪言。因公之坦怀，遂亦不得不稍攄固陋。民国初建，英俊云兴，同气相求，政团蔚起，政策政论，亦即丕振于时，先进国家数十年乃至数百年结营缔造而始获者，吾皆咄咄便办，未几隙末凶终，相互排陷，一星之火，驯至燎原。政党政治，本宪治国家共由之常道，吾所取，则不惟未进国家于隆平，甚至导人民于涂炭，淮橘为枳，适反所期，……国家经百余年之积弱，曩函曾以为国民党不过适逢其会，初不必有所归咎，然若作法理上之讨论，抗战基于政府之政策，且国以党治为帜，今因军事之挫败，惟军事当局是问，似不免稍失其平。愿公持宽大之论，藉免内滋不协，外复示人以间，大难未夷，尤以共相谅能为宜也。闻公发自重庆之日，关于和平论列，已得政府多数之赞同，近在南京，与友邦研讨意见更日趋于接近，谓宜趁此时机委曲求全，与重庆为全面之商洽，用使内外交融，悉归一致也。……自接大札，关于此节，考虑数回，深恐遂如所料，诚国家不幸中之尤不幸矣。弟与公曾为同心断金之约，公诚于主权、土地之保全悉得其把握，于弟所鳃鳃过虑者并得确实解决之法，不致重生枝节，则其余一切悉可迎刃即解，不烦过计也。”[38]

这两封信暴露了吴汪之间在谈及“合作”实质问题时，彼此矛盾有加大之趋势。吴佩孚在此又一次举起“保全主权、保全土地”之幌子，意在抵挡汪精卫的吞并攻势，同时也再次表示了吴对汪的不信任。而其意图也并不是真正意义上的为了国家民族而保土地保主权。何况，一个与头号汉奸“为同心断金之约”的人，又怎能算是坚持民族立场？

吴佩孚与汪精卫的谈判最后遂同吴日勾结一样，以“价码”未谈定而告流产。但总观所有材料，既不见吴氏痛斥汪伪卖国逆行，也不见他与日伪划清界限，相反地，却满纸皆是吴汪互相吹捧共表“决心”，要在卖国之途上“合力共进”，“中日满共存共荣”，吴佩孚称日本为“友邦”，并以敌酋近卫声明“插入余之私见”而“尤感荣幸”；称汪伪为“贤者”，表示要与大汉奸“同进止”。在全国上下抨击日酋诱降、声讨汪伪卖国的巨大声浪之中，吴佩孚的言行与抗日潮流是多么的格格不入，甚至截然相反！他的表现，甚至比自称“看不下去汪逆卖国”而从南京逃回重庆的高宗武、陶希圣之流还不如。

既然吴佩孚对日伪的态度如此友善和极具“认同感”，那么我们再来看一看他是如何对待抗日民族统一阵线及国共两党对他的挽救与警告的。

三、吴佩孚对国共两党的规劝警告及对抗日阵营的态度

吴佩孚一向仇视国共两党。在历史上，他镇压共产党发动的“二七”工运，杀害工人领袖、共产党员，以“讨赤”相标榜，是地地道道的军阀头

目。他在北伐战争中是革命的主要对象之一，曾率部首先抵抗国共合作的北伐军，结果被彻底打垮，率残部逃往四川，依靠地方军阀庇护而残存。为此，国共分裂之后，他仍视南京国民政府、视蒋介石的国民党为仇敌。而蒋介石对他也毫不客气，虽未要他死，但时时处处给他压制监视，使之不能“东山再起”。对此，吴氏一直耿耿于怀，一有机会便要抨击国民政府及国民党，对其怀有深刻敌意。这从吴汪会谈争吵内容中便可得以验证，这也是吴宁愿赖在沦陷区与日伪勾搭而不愿避往后方继续接受国民党统治的基本原因。在抗战爆发前，吴氏曾一再拒绝南京政府的要求和各地爱国团体的呼吁，拒不南下避日，他为了糊弄国人，一边高唱爱国调，一边又与日伪暗中联络，关系暖昧。吴氏这一时期言行颇多矛盾之处，似不能仅听其言就判定他的爱国立场[39]。

为了防止吴氏落入日伪圈套，成为新的汉奸头目，分化、破坏抗日阵营，国共两党的领导人都针对他的思想及活动，做了一些工作，意在教育、挽救他，并在必要时在某种程度上对他实行正式警告。

就在吴佩孚被迫在“记者招待会”上露面后不久，2月21日，中共领袖之一董必武便在《群众》周刊上发表了《日寇企图搬演新傀儡》一文，对吴的问题进行了分析。董必武首先对吴佩孚在记者招待会上的表现给予了肯定，指出其不俯首听从日人安排之举“尚能维系全国人民之望”，并进一步要求他“自全晚节不要被日寇所利用”，“弃所谓‘绥靖委员长’的伪职于不顾”，“不做日寇的傀儡”。董必武严正警告吴氏：“目前抗日的都是友人，附逆的都是仇敌，不管他过去的历史如何，凡甘心借日寇利用来阻碍抗战者，都一定为国人所反对。”[40]在此前后，吴佩孚也收到许多爱国人士的警告函与匿名信，甚至登门密访，劝其自重，有人还以唐绍仪降日被刺为例正告吴氏：“请看上海唐绍仪！”并提醒他“一失足成千古恨，再回头已百年身！”希望他面对日伪的引诱“保持中国军人的气节”[41]。

吴日勾结闹得沸沸扬扬，重庆国民党当局通过其情报机构对吴的情况了如指掌。他们害怕吴汪合流投敌，徒增日敌之势，给抗战造成负面影响，因此也开始插手干预。

1938年12月上旬，国民政府行政院院长孔祥熙找到吴佩孚的旧属、时在四川省银行工作的刘泗英，派为密使，携带孔祥熙致吴佩孚密函一封，经香港抵达北平，面见吴氏，函中写到：

“前年弟因华北环境复杂，日趋恶劣，曾托谭君敦请尊驾南来，共商国事，不意去春弟奉使海外，及归国后，又值战事紧急，复经多方设法，托人辗转致意，未知能达清听否?迩来道路流传，奸人妄思假借名义，以资号召，遂致愚氓揣疑，谣诼繁兴，弟及中枢诸同仁深知先生正气凛然，不可侵犯，惟念居处困难，辄为悬系不已!……所虑者华北环境恶劣，先生对于此间真象恐未洞悉，屡拟设法奉闻，苦无妥人可托，适晤刘君泗英，知其曾隶麾下，关怀亦甚殷切，且愿间道北上，亲谒阶前，特托代为奉候，并将此间一切情形详细面陈。素稔先生精忠贯日，肝胆照人，对于救国大计有何高见，即祈赐予指导，俾作南针!近来国际情况好转，益为有益于我!只须国内精诚团结，则抗战建国必有成功之一日也。掬诚布臆，务希垂察为幸!北地苦寒，并望为国珍重。”[42]

孔祥熙连哄带吓，意图十分明显，只要吴不落水，什么高帽也肯给他戴，外加形势分析，让吴头脑冷静些，最后还来了一句意味深长的警示之语。这封看似亲切的函件实际上柔中有刚，是孔代表国民政府对吴下的“最后通牒”。

吴佩孚是决不糊涂的，他懂得孔祥熙的话外之音，在刘泗英返回重庆时，他复孔祥熙短函一封，对来函做了答复，文为：

“庸之仁兄惠鉴：泗英间关万里，赍到手书而述尊旨，慰甚!惟刚柔相济，古有明训，似相反而实相成，我兄公忠体国，计当如此!弟处境安如泰山，应付绰有余裕，请释远虑!一切详情，统由泗英面达，惟照不既……”

他又怕意思未达，特在另一纸条上写下一行字句，以为复函注解：

“‘纯刚纯强，其国必亡；纯柔纯弱，其国必削；能柔能刚，其国乃昌。’此为太公语录。”

过去人们对吴的这封复函，习惯地理解为是他立场坚定、抵抗日本引诱的证明，其实细细读来，这是一封极富含意的信件，它充分表示了吴佩孚的立场与主张。笔者认为，其内容与隐意为：

(一)虽为致孔密函，不会为外界获知，但吴在文中也未表示一丝忠于祖国、决不与日伪合作的决心，这反证他的立场并不在抗日阵营这一边。如果他有忠于国家之心，完全可在复函中对代表当时中国政府的孔氏明言之，以释众人之疑。但他没有这么做。

(二)信中吴佩孚不对孔的劝告做任何正面表态回复，反而在不足百字的回函中强调两点，第一，他现在“安如泰山，应付绰有余裕”，但没有讲明他如何应付，是“下水”呢，还是“抗拒”?两种可能都有，而字面意思往往给人予错觉，认为他会“抗拒”。但谁能保证他不“绰有余裕”地“落水为奸”?第二，他强调“刚柔相济”，其隐意是批评抗战派只会“刚”不会“柔”，而他正要来对日本人“柔”一下，并怕孔氏不理解，更附便条引古训加以注释，同时以教训的口吻要求孔氏按他的主张去做——“计当如此”。整个回函的隐意是：“你们国民党不行，看我的，我安如泰山，不必为我操心!”如此，怎能将这一纸复函视之为吴佩孚忠于国家的证据？最起码吴氏没有表示对国之忠心，给了国民政府方面一个含糊不清的回文。

至于对于中国共产党的劝告及爱国人士的警告，吴佩孚没有理睬，他反而让刘泗英带口信给蒋介石，要他加紧反共，“妥谋善后之策”[43]。

吴佩孚对国共两党劝告的反应与表态，更使我们认识到，在抗日还是降日的大是大非问题上，吴佩孚的立场有问题。

由于吴佩孚的扭捏作态，不肯就范，使不耐烦的日本军方渐渐失望。1939年8月24日，日本驻华大使馆堀内参事官向日本外相有田八郎呈报了一份由冈野增次郎所写的《吴佩孚和日本意图之比较》一文，对“土肥原机关”的“吴佩孚工作”进行了阶段性总结，说明了吴日双方的分歧，分析了吴的心理，对这项工作之前景作了悲观性的预测。

这份文件的主要内容，说明吴佩孚之出山“尚无明显之征象”，原因是吴“表面上为面子问题”，“至今对日本待以睥睨之态”，为的是“有效地收揽天下人心”。因为吴对日方提出的条件“若不可能允诺，则于收拾时局上出山显然无意义也。”[44]冈野分析说：“（吴）彼亦是人而非神仙”，“则亦必有富贵心及功利心”，“吴氏周围不乏鸡鸣狗盗之徒，而吴氏之心境又难以揣摸也。”“吴氏曾流露如此想法：日人畏我，商谈不洽盖因此。吴氏时常激怒者，并非出于衷心，乃逢场作戏之举也。”“尤甚者，（吴）极惧汉奸之名。彼之心境，乃俟时机成熟而自发出山，如有顺应民心之诚意，亦愿得到日本之援助。吴氏虽以清廉洁白为本，而实际上张夫人有爱钱之事例。”“若未啼待啼之杜鹃，跃跃欲试，引而不发，此为吴氏日下之心境。”“出山而不能成事乃蠢庸之辈“，“如使余能有所作为，则出山”，此即吴氏心情之表露。“纵横捭阖全凭乃公之智囊也”。

至于吴汪关系，冈野认为：“日本对于此次汪、吴合作，动辄有将吴置于汪下之异说，此则如缘木求鱼，到底不值一提。而□□□又非吴、汪不可。于此点必须效仿以前所进行之‘唐（绍仪）吴合作’之法。吴佩孚既有表面上谦让之美德，而又有内心中坚定不移之自信力。此种信息于月前汪氏入燕时即有端倪可见。彼以‘行客拜坐客’之古礼等待汪氏来访。汪之左右以国务总理相对抗，吴方则以代理大总统之职来应酬。……今后之于吴、汪关系上，若不彻底认识中国之古风，则吴、汪之合作必不能成。”

冈野最后总结说：“杜鹃若不叫，便要使它叫。此为我方之主张。对于吴氏之等待瓜熟蒂落态度，日本方面以各种各样手段诱其出山。”但“敲钲不得其法而和尚不入经堂；叫门不得其法而主人不予接待”。因此，目前对于“吴佩孚工作”唯一的选择便是：“水到渠成，可认为此为中国普遍之行事方法。”[45]

应当说，冈野增次郎的这份报告，出自他与吴佩孚多次会谈、观察的结论，是他站在一个日本人立场上对吴的分析，虽然也透露了对吴“贪心”的不满，但其基本结论还是符合实际的。这便是：吴佩孚“想出山”、“愿得到日本的援助”。现在，吴“因面子问题”，“为有效收揽天下人心”，对日方提出了给他“主权”的要求，“如使余能有所作为，则出山”，实则是因为他“极惧汉奸之名”。而吴某些“激怒”与“保卫主权”之高调“并非出于衷心，乃逢场作戏之举也”。由于“吴之心境难以揣摸”，对他的工作只有再等待“水到渠成”之日，着急不得。

冈野不着急，但整个日本军方对华侵略战争形势却非急不可，吴佩孚扭扭捏捏不肯就范，而比他野心更大处境更差的汪精卫却自甘“下海”，首先充当了日本人的头号奴才。随着汪日间关系的快速发展，吴佩孚在日本人心目中的价值急剧减小，再加上他仍然是一副“难以揣摸”的态度，使暴躁的日本军人逐渐有大受愚弄之感，由此产生嫉恨，杀机油然而生。

而此时另一方面，重庆政府见吴佩孚不听劝告，自作主张，亦觉得他十分讨厌，按过去处理类似人物的一贯方式，中统、军统奉命制裁吴氏的可能性大大增加。

吴佩孚自以为他聪明绝顶、“刚柔相济”，总是“玩人的主”，在中日之间“游刃有余”，岂不知以区区“一条好汉”与两大集团作对，“待价而沽”的“抢手货”耽搁久了就会变成不值钱的破烂，最后直至变成双方都要“杀之而后快”的对象。一旦到了这一地步，吴的命运也只能是“血流如注”、“一叫而绝”了，究竟是日本人杀了他，还是重庆特工“牵了牛”、日本人来“拔桩”，其中历史真相还有待慢慢探究。

文章写到这里，吴佩孚的真相也就基本清楚了。但是，我们都懂得研究历史应当全面、客观，就吴佩孚个人表现而言，绝不是说他从来就有卖国思想，甚至相反地，在他早期历史上，一贯以“孝悌忠信、礼义廉耻”相标榜，对于日本侵华，从煽动反蒋以图东山再起的角度出发，他在口头上也曾激烈抨击过，1932年他曾通电主张“和内攘外”抵抗日本，声讨日本扶植“伪满政权”，实际上此电为章太炎手笔，非吴所撰。吴当时高喊抗日，有借机反蒋争夺民心的用意在内。1935年他指斥华北汉奸受日本挑唆搞“自治”为“自乱”；1936年他托人致书日本天皇“劝尊重中国主权、领土”等等；他的这些举动，无论如何表面上是正确的。但最主要的是，在最后中日两国公开交战之际，吴佩孚却放弃了他作为一名中国人的基本立场，从要居中做“日中的调停人”，直至“愿得到日本之援助”。纵观吴氏在最后阶段的综合表现，我们得不出他最终仍坚持了一个中国人根本立场的结论，他在中日之间的立场起码是客观上“中立”的，而且是偏向日本的，他对日本的“与虎谋皮”企图和犹豫扭捏态度，加上汪精卫、王克敏之流汉奸从中干扰，抗战阵营的威慑，国内舆论的压力，最终使其没敢也没能公开投敌而已。

吴佩孚当时的心理状态是不太正常的，长期闲居受压的结果，使他渴望被人器重、影响政局及有朝一日重登政坛，加上他仇视国共两党的报复心理、眼前生活经济来源之实际需要，狂妄自大之自我感觉，一切都使他有了投日的动机与需要，但他对当汉奸的下场又有深刻的认识，因此，在不到“物有所值”时，他绝不敢冒天下之大不韪。这是他的实际选择。只是，我们在对吴的思想进行分析时，不应仅看到他做了什么，还应该看到他想做什么，并探讨他下一步行动的现实与思想动机。

因此，分析过去若干对吴佩孚“民族英雄”的赞誉论，我们可以打个生动的比喻说，这就好像是一名法官在面对一名有动机、有准备，并且已付诸行动的杀人犯时，只凭他最后杀人未遂的一点，就宣布将其“无罪释放”，并且连呼“好人”不已，请问，天下会有这种怪事吗？

根据吴佩孚所作所为所言所论诸种事实，我们只能得出一个结论，这就是：吴佩孚在其晚年或不是一个真汉奸，而是一个汉奸嫌疑或一个抗战中的亲日派分子，但他绝不是一个“爱国者”、“民族英雄”，他的晚节是有污点的。

【注】

[1] 李直峰：《吴佩孚死因新说》，上海市文史研究馆编《上海文史》，1995年第2期。

[2] 马芳踪《吴佩孚死因又一说》，载（台）《传记文学》，第六十七卷第5期，第24页；刘泗英原作，

张文若提供《由重庆潜赴北平劝说吴佩孚经过》，载（台）《传记文学》，第六十七卷第6期，第36–40页。

[3] 参阅吴根梁《日本土肥原机关的“吴佩孚工作”及其破产》一文，载《近代史研究》，1982年第3期，第92–113页。

[4] 有关这一专题的档案史料，集中在《中华民国史资料丛稿》中丁小强、吴根梁译《“吴佩孚工作”档案资料》，中华书局1987年7月版，本文所引用者皆出于这部分档案资料，特此说明。以下简称为《档案资料》。

[5] 陶 莽：《吴佩孚与日伪的勾结》，全国政协《文史资料选辑》第35辑，第220页。

[6] 陶 莽：《吴佩孚与日伪的勾结》，全国政协《文史资料选辑》第35辑，第216页。

[7] 吴佩孚《复汪兆铭》(一)(1939年6月7日)，同前引出处《档案资料》，第29页。

[8] [日]晴气庆胤：《上海恐怖工作76号》，《每日新闻社》，1960年版，第18–19页。

[9] 《发表和平救国会通电之件》、《和平救国会宣言》，同前引出处《档案资料》，第28页。

[10] [日]晴气庆胤：《上海恐怖工作76号》，同前引出处《档案资料》，第22页。

[11] 苏开来：《吴佩孚之死》，北平新报社，1946年版，第23页。

[12] 苏开来：《吴佩孚之死》，北平新报社，1946年版，第30页。

[13] 《昭和十四年六月十八日吴佩孚、大迫少将会见记录》，转引自《近代史研究》，1982年第3期，第106页注文[4]。

[14] 《土肥原吴佩孚会谈》，同前出处，第103页注文④。

[15] 日汪《中日调整国交条约全文》、《关于中华民国日本国间基本关系条约》，南京大学编《汪精卫集团卖国投敌批判资料选编》，1981年5月版，第246页。

[16] 晴气庆胤：《上海恐怖工作76号》，第15–16页。

[17] 这段话是1930年土肥原在策动吴氏参加日方倡议的意在分裂中国的23“北洋派大同盟”时，针对吴表面上抗日言论而讲的。当时吴表面上谴责日本侵华，但实际上却积极与日联络，准备参加日方组织的旧北洋派反蒋大同盟，要与南京国民政府公开作战，分裂中国。详情参见许念晖《土肥原策动“北洋派大同盟”内幕》一文，载全国《文史资料选辑》第二十九辑，第152页。

[18] 《土肥原·吴佩孚会谈》756–16–199。转引自《近代史研究》，1982年第3期，第103页注[4]。

[19] 土肥原贤二刊行会编：《土肥原贤二秘录》，日本芙蓉书房，1973年版，第326页。

[20] 晴气庆胤：《上海恐怖工作76号》，第20页。

[21] 《吴佩孚工作》75–1–199。转引自《近代史研究》，1982年第3期，第105页注[3]。

[22] 同前引出处《档案资料》，第8–9页。

[23] 同前引出处《档案资料》，第8–9页。

[24] 同前引出处《档案资料》，第 12–13 页。

[25] 同前引出处《档案资料》，第 10 页。

[26] 同前引出处《档案资料》，第 14 页。

[27] 同前引出处《档案资料》，第 14–16 页。

[28] 同前引出处《档案资料》，第 10–11 页。

[29] 同前引出处《档案资料》，第 7–8 页、11 页。

[30] 《汪兆铭来函》(1939 年 5 月 22 日 》，同前引出处《档案资料》，第 28 页。

[31] 《复汪兆铭》(一) (1939 年 6 月 7 日)，同前引出处《档案资料》，第 29 页。

[32] 《复汪兆铭》(二) (1939 年 6 月 8 日)，同前引出处《档案资料》，第 30 页。

[33] 《吴佩孚致汪精卫函》(1939 年 9 月 3 日)，同前引出处《档案资料》，第 31 页。

[34] 《陈中孚汪精卫会谈纪要》《1939 年 10 月 2 日 》，同前引出处《档案资料》，第 25 页。

[35] 同前引出处《档案资料》，第 26 页。

[36] 同前引出处《档案资料》，第 26 页。

[37] 同前引出处《档案资料》，第 26 页。

[38] 同前引出处《档案资料》，第 26 页。

[39] 参见《文史资料选辑》第二十九、四十一辑上《土肥原策动“北洋派大同盟”的内幕》、《吴佩孚流寓四川五年中的阴谋活动》等多篇文章，可对吴佩孚的“抗日”高调有所认识。

[40] 董必武 ;《日本企图搬演新傀儡》，载《群众》周刊，第二卷第 15 期 (1939 年 2 月 21 日)。

[41] 苏开来 :《吴佩孚之死》，第 50 页。

[42] 《孔祥熙吴佩孚来往信函》:《孔祥熙函》(1938 年 12 月 8 日 》,同前引出处《档案资料》,第 31 页。

[43] 刘泗英:《由重庆潜赴北平劝说吴佩孚经过》,(台)《传记文学》,第六十七卷第 6 期,第 38 页。

[44] 《吴佩孚想法与日本意图之比较》，同前引出处《档案资料》，第 20–21 页。

[45] 《吴佩孚想法与日本意图之比较》，同前引出处《档案资料》，第 21、22、23 页。

“偶然”之中的“必然”

——1926年“中山舰事件”性质论

载《民国档案》，1999年第4期。

《纪念武汉抗战暨中山舰遇难60周年国际学术研讨会论文集》湖北人民出版社，1999年9月版。

1926年3月18日发生的“中山舰事件”暨“三·二〇事件”，是中国现代历史上具有特别意义的重要事件，它是国民党内蒋介石集团走向分共与反共的开始，也是国民党内实力派背离国共合作的开始。

“中山舰事件”的历史真相究竟如何？几十年来，由于事件本身扑朔迷离，加之事发后当事双方互相指责对方“蓄意制造”了“中山舰事件”，这样一来便使事件更加复杂，不易搞清。

国民党蒋介石一派，认为共产党“唆使中山舰异动”，“无令而开进黄埔”，目的是要劫持蒋介石，将其送往苏联海参崴，夺其军权，实行“工农革命”；而中共则指责蒋介石“蓄意制造”了“中山舰事件”，目的是为了“嫁祸于人”，找借口排挤打击共产党并夺取国民党最高统治权力。

鉴于“中山舰事件”的重要性，面对如此针锋相对的两种定性，我们有必要对此事件加以进一步透彻的研究，彻底弄清其中的历史真相，明确是非与责任，使之不再成为历史之谜。

“中山舰事件”本身的起因并不很复杂，从近几年来披露的有关档案史料及研究成果来看，中山舰进出黄埔的经过已基本搞清楚了。但是，表面的清楚并不代表事件真相之大白。其中还有一些深层次的因素有待于进一步的探讨，其中问题的关键在于事件的主角之一蒋介石在此期间暗中做了些什么？他发难的原因与动机是什么？欲达成什么目的？我们从事件发生后的客观结果来看，中共方面是事件的受害者，而蒋介石是事件的收益者，他通过事件一手打击了共产党，一手打击了国民党内对立派汪精卫，为夺取国民党最高领导权扫除了障碍。这一事实说明，蒋介石一派是事件中主动、积极的一方。退一步讲，即使按蒋介石自己的解释他是“防卫出击”，那么这种“出击”也远远超过了“防卫”的需要而饱含了“先发制人”的意味。

关于“中山舰事件”性质的认定，本文拟从以下几个方面加以分析讨论，不当之处，敬请学界同仁赐教。

一、有关事件发生时间的界定及其意义

有关“中山舰事件”发生时间的界定，是直接涉及到对事件本身性质判定的一个重要方面。在这里，我们不妨将“中山舰事件”发生前后经过情形列出一张时间表，以使事件发生与发展的情况一目了然。

1926年3月18日午后6：30：黄埔军校交通股驻省城办事处股员王学臣接到另一股员黎时雍从学校打来的电话，说军校管理科赵科长奉军校校长办公厅主任孔庆命令：从上海开来之商船“安定号”遭土匪抢劫，现泊黄埔鱼珠上游，要求派巡舰一、二艘运卫兵16名前往保护。因黄埔无船可派，即通过电话请驻省城办事处办理。王学臣在接电时因“未听明系奉何人之谕，但既有饬赵科长之字样，据理推之想情系（军校）教育长（邓演达）之谕，故此请欧阳股长向海军局交涉”。[1]请注意，在这里出现了第一个错误——命令转达过程中的错误，邓演达被误牵入内。

3月18日晚8：30：军校交通股长欧阳钟赶赴海军局通知其派舰前往黄埔，因海军局代局长、中共党员李之龙外出，海军局作战科邹毅科长答应立即派舰前往。当晚，欧阳钟又率随员二人到李之龙家中，声称“奉蒋校长命令，有紧急之事，饬派能战斗两舰开赴黄埔，听候蒋校长调遣。”[2]并留下邹毅科长一函。再请注意，在这里出现了第二个错误，蒋介石第一次被欧阳钟牵入事件内，假传了“圣旨”，成为日后他“蓄意制造”事件的证据。另

外，请求派遣之“巡舰”一、二艘也变成了战斗舰二艘，然而，事实上这完全是欧阳钟的随口捏造，是不真实的。

3月18日晚11：00：李之龙回家，视邹函，内云：“军校办事处欧阳钟秘书来局谓，接黄埔邓教育长电话谓：奉蒋校长面谕，命海军局派得力军舰两艘开赴黄埔，交蒋校长调遣，职已通知‘宝璧舰’预备前往，其余一艘只有‘中山’、‘自由’两艘可派，请由此两舰决定一艘。”李之龙阅后，一面根据规定要求交通股补办公函前来存档，一面当即去对门“自由舰”舰长谢崇坚住处，商请“自由舰”开黄埔一行。谢告之以该舰新自海南航归，机件损坏，不能立即开行。于是李遂决定开“中山舰”前往，并书手令二纸，一给持邹科长函前来换开舰令的“宝璧舰”黄舰长，另一给“中山舰”舰长章臣桐，令曰“着该舰长即将该舰开赴黄埔，归蒋校长调遣。”[3]此时“中山舰”因正在修理之中，“乃升小火试试汽笛”，[4]造成了该舰尚未奉令即升火，随后又奉令前往黄埔的事实。当日上午9时，李之龙曾收到海军军官学校副校长欧阳格的来函，特别询问有关“中山舰”无令升火的原因，李根据章舰长的报告作了如实回答，并强调说“中山舰”“乃升小火试试汽笛，并非他故，如系开动升火，则必须升足三百马力的火才能开动。”[5]随后“中山舰”也已熄火，直至当晚11时奉令才又“临时升火”准备开往黄埔。[6]

3月19日，“宝璧舰”奉令开赴黄埔。海军局同时发出公文一件致黄埔军校交通股备案，因非李之龙所撰，文中没有提及“中山舰”。这天早上，李之龙也收到了欧阳钟补办的公函，“此函现在海军局存案”。

3月19日上午7：00：“中山舰”驶向黄埔，9点左右抵达。章舰长持令到黄埔军校报到，请示任务，并说：如无紧要事情，则让其回省，另换一小舰来用。军校教育长邓演达对此十分吃惊，他对副官说：“我并未调舰来黄埔，现在手头很忙，请舰长听候命令。”

十分凑巧的是，这一天以联共（布）中央委员布勃洛夫为团长的苏俄使团正在广州考察，他们仰慕孙中山之名，要求参观“中山舰”，李之龙通过电话请示蒋介石，可否调“中山舰”回省？蒋介石闻讯感到意外，既而说：

你要开回来就开回来好了。蒋介石的意外自然有其道理，因为他并不知道“中山舰”调动事宜。于是——

3月19日下午6：00：“中山舰”重又驶回广州。

从严格的意义上来说，所谓的“中山舰事件”应该到此结束了。但是事情远没有那么简单，3月20日凌晨，情况忽然发生了急剧变化。

3月20日凌晨；正在熟睡中的李之龙被蒋介石与欧阳格派来的士兵从家中逮捕，同时被捕的还有“中山舰”舰长章臣桐，他们被莫名其妙地关押起来，欧阳格别有用心地问他们那么一大早起来干什么？李之龙与章臣桐抗议道：是被你们抓来的。[7]与此同时，“中山舰”及海军舰队全被蒋介石的嫡系部队接管，蒋系第一军武装出动，将广州市内“省港罢工委员会”占领，其工人纠察队被缴械。同时，驻广州苏俄顾问鲍罗廷等人的住宅、国民政府主席汪精卫住处亦被包围监视；黄埔军校教育长邓演达、政治部主任高语罕、训练部主任严重、军官团团长张治中以及中国共产党在广州的机关与负责人均被严密监视起来。

第一军军长何应钦奉蒋介石密令，逮捕了军中的共产党员，并取消了党代表制度。第一军第二师以集会的方式将军内的共产党员与左派分子拘捕于造币厂内。[8]

蒋介石以军事手段控制了广州大局，又想趁机赶走他一贯讨厌的全部苏俄顾问，无奈其他几个军长反对，最后他只能以反对北伐为由，辞退了季山嘉等3名苏俄顾问，总算出了一恶气。这样一来，身为黄埔中央军官学校校长的蒋介石，未得命令，却擅自以武力控制了作为国民党中央党部及国民政府所在地的广州市，迹近造反。由此而来的“三·二〇事件”在中国现代史上留下了深深的一笔。

在这里，如从时间上划分，所谓的“中山舰事件”与“三·二〇事件”本不是一回事，前者是3月18－19日的事，而后者则是3月20日发生的事件。从严格的意义上讲，所谓“中山舰事件”是指发生在3月18－19日的“中山舰”从广州开往黄埔而后又开回来的事件，它可以不包括3月20日以及在此后所发生的一系列以蒋介石为主导的含有政变性质的“三·二〇事件”。以3月19日为界，“中山舰事件”就是一件完全偶然的事件，它事出有因，误传命令过程清楚，可以断定其偶发性质。而次日以后发生的所有其它相关事件，则具有了完全不同的性质，其蓄谋性质是十分明显的。“三·二〇事件”只不过是以“中山舰事件”为藉口，而两者的性质则是截然不同的。

因此，有关“中山舰事件”发生时间的界定是足以影响其性质判定的一个重要因素，其意义十分重要。

二、蒋介石及其亲信在事件中的行为

现在，我们从另一个角度来研究一下有关“中山舰事件”前后蒋介石及其亲信在这次事件中的行为，以便更加清楚地明了事件的性质。

根据前文所述，在事件一开始，蒋介石是不知道有关“中山舰”的调动情况的，因此也就是说他不可能去蓄意制造这次事件。但是因为当时广州十分复杂的社会背景和蒋介石与国民党内汪精卫派、与中共之间、与苏俄顾问之间的矛盾，使蒋介石主动介入事件之中，充当了主角，导演了一幕“中山舰事件”之余的“三·二〇事件”，使蒋的名字与“中山舰事件”紧密地联系在了一起。

孙中山死后，国民党内左右派力量迅速分化，国民党左派领袖廖仲恺被刺杀，导致国民党元老之一胡汉民的去职与国民党内“军事强人”蒋介石政治地位的上升，国民党与共产党及俄国顾问之间矛盾尖锐化，而国民党内部矛盾则更是错综复杂，汪精卫虽任国民政府主席，但无军事实力做靠山，个人性格懦弱，优柔寡断，与新崛起的蒋介石一相比较，实在难与匹敌。在角逐领导权的斗争面前，蒋、汪矛盾不可避免地趋于激化。

蒋介石自出任黄埔军校校长后，刻意培植自己的军事班底，暗蓄实力，通过平定商团叛乱以及东征等军事行动奠定了个人发展基础，掌握了作为国民党党军的黄埔系军队的指挥权。随着实力的膨胀，自然开始有了政治上的权力要求，汪精卫在蒋与其他军事领袖之间搞相互制约与平衡，但他也知道，广东政府中的地方军阀是靠不住的，他在很大程度上还是要依靠统率国民党“党军”的蒋介石。而蒋对汪的处境则是心如明镜，因此他敢于利用手中的资本向汪挑战，虽然他是汪的下级，但军权上的优势很快会转变为政治上的优势，使他在国民党内的地位得到提升，而在汪一方就没有这种优势，这便是蒋之长汪之短，有了这种长短之分，蒋汪矛盾便埋下了祸根。

除了国民党内的矛盾之外，此时期广东政府内部还有国民党右派势力（西山会议派）与共产党的矛盾、蒋介石等军队将领与苏俄军事顾问之间的矛盾。国共矛盾是出于阶级利益之争，而国民党军事将领与俄国顾问之矛盾则是出于争夺“党军”指挥权的之缘故。正因如此，蒋介石对苏俄军事顾问季山嘉等人严加防范极力攻击，急欲除之而后快。这两种矛盾渗入国民党内矛盾之中，造成了广东政坛复杂多变的局面。概括起来说，当时汪精卫是表现为亲近苏俄与中共的，而蒋介石则在根本上（不是表面上）是反对苏俄与中共的，虽然汪的亲共亲俄骨子里是基于利用的需要，而蒋在公开场合还在宣称中共是他“亲爱的同志”。

蒋汪斗争的第一回合是“王懋功被捕事件”。

王懋功原是许崇智的部下，任第二师师长，因军权在握，被蒋介石相中拉拢，引为亲信，授予重任，曾在蒋介石第二次东征时代理其广州卫戍司令之职。[9]就是这样一个亲信，在他与汪精卫及苏俄顾问季山嘉接近之后，也引起了蒋氏的激烈反应，蒋介石一回广州，立即便以王懋功与季山嘉勾结“预谋不轨”为由，将其逮捕扣押，派其亲信刘峙接任第二师师长。蒋介石这一举动的作用是一箭双雕，既打击了他所讨厌的苏俄顾问，同时又直接向汪精卫提出警告，使汪分化拉拢蒋系军队的图谋彻底破产。蒋汪由此开始了公开的较量。

在“中山舰事件”发生之前，蒋汪矛盾斗争已经发展到了十分激烈的程度，2月27日，蒋介石强烈要求汪精卫罢免苏俄顾问季山嘉，并以辞职相威胁。[10]一时间，广州城内谣传纷纷，右派分子故意造谣说“共产党要暴动，推翻国民政府，成立工农政府”，“汪精卫、王懋功都加入了共产党，共产党准备倒蒋，正在黄埔军校查帐”等等，以致时局纷乱人心惶惶。3月10日，蒋介石在日记中写道：“近日反蒋运动传单不一，疑我、谤我、忌我、诬我、害我者亦暂[？]明显，遇此精神打击，而心志益坚矣。”[11]蒋介石拥兵自重，锋芒毕露，为汪精卫与苏俄顾问季山嘉所深忌，蒋氏以上下矛盾进退两难，曾试探性地上书辞职以试汪，汪氏对之既不批也不驳，使蒋“内心十分痛苦”。这时的蒋介石在政治上尚欠老练，不像后来那样善于纵横捭阖，玩弄大小军阀于股掌之中。在纷扰压力之下，他曾带上秘书陈立夫，买了船票，“准备由香港搭船去海参崴”。[12]

然而蒋介石最终没有走。不出半月，便发生了震动中外的“中山舰事件”。

下面让我们来看一看“中山舰事件”发生时，蒋介石在干什么。

正如前文所述，3月18日午后至晚间，当“中山舰事件”以误传命令而告开始时，蒋介石尚蒙在鼓中并不知晓。又据《陈立夫回忆录》所载：“我记得在18日深夜12时半，有人到官邸来敲门求见，他说：‘我姓胡，有十分紧急的事情要当面报告校长。’我说：‘他已经睡了3个多小时了。’他继续要求面见，我不得已，才去通报，因为几天以前蒋校长曾有吩咐，如有十分紧急的情事，可以准我叫醒他。他听说是姓胡的，立刻答允起来接见他，他们密谈了半小时多，胡才离去。我后来才知道他是胡××，是一名重要高级共产党干部，和蒋校长是浙江同乡，而且是老朋友，他所以那么晚来见，一定是为避人耳目，而且有紧急情报，非面陈不可。那晚蒋校长与胡某低声密谈，我照例是不参加的，但知道一定是很重要的事，不过后来我想谈话的内容，一定和3月20日的事有关。”[13]按照陈立夫的说法，18日晚上蒋已经得到了有关情报，或者说是有关共产党“异动”的警告，那么，他理应有所警惕。然而，在19日的上午，他还是尚在闷鼓中，以至于李之龙向他电话请示“中山舰”抵达黄埔以后的行动安排时，他竟然“丈二和尚摸不着头脑”，只是顺口说到：“你要开回来就开回来好了”。直到此时，蒋才有所察觉，感到有人冒用他的名义下令调兵不是一般的问题。尽管如此，蒋也未立刻做出什么决策，更没有想到要立即行动进行镇压。

根据各方面有关当事人的回忆以及档案资料证实，蒋介石在19日以后的行动大致如下：

19日上午，仍如陈立夫所说，蒋还是无事一般地去了黄埔。但是，陈立夫在此记错了时间，把19日记成了20日，这在《陈立夫回忆录》中是屡见不鲜的错误。“蒋先生于20（19）日上午刚抵黄埔，一见这种情况，（指“中山舰”一副枕戈待旦、随时准备发射的样子）就知道情形有异，立刻登上汽艇返回广州，跑到一座水泥工厂（应为造币厂——作者）暂行栖身，在那里指挥军队，部署一切，以应付事变。”[14]这种说法迹近吹捧，把蒋介石视为有“先见之明”，实际上蒋介石在黄埔有所见闻之后，一时也曾失去了主张，曾一度决定要“一走了之”。据他在自己的年谱中记载，“回寓会客，恨共产党陷害，决赴汕【头】避祸。午后五时行至半途，猛思‘我何为示人以弱？’仍返东山，誓牺牲个人一切，以救党国。竟夕与各干部密议，至四时，诣经理处，下定变各令。”[15]当日蒋介石又在其日记中写道：“上午（19日），准备回汕头修养，而乃对方设法陷害，必欲使我无地容身，思之怒发冲冠。下午五时行至半途，自忖为何必欲微行，予人以口实，气骨安在？故决回东山，牺牲个人一切以救党也。否则国魂消尽矣。终夜议事。四时诣经理处，下令镇压中山舰阴谋，以其欲摆布陷我也。”[16]

关于这一点，蒋介石后来曾亲笔将上述年谱中的这段文字加以删改，有意隐瞒，目的是不想给人留下闹事的印象，以免失去主动。而他的日记，据说是要等他死后才让外人看的，因此未予修改。然而到了1995年，当时陪同蒋介石出走的秘书陈立夫在其回忆录中，把蒋的这段历史和盘托出，作了下述详细说明。

陈立夫写道：“出发那天，我们二人驱车前往长堤码头，在到达码头之前数分钟，我就问蒋先生：‘校长，为什么我们一定得走？军事权在校长掌握之中，为什么我们不干一下？’那时我年青气盛，并不清楚局势的复杂，所以就信口问他，蒋先生也未责怪，他听后就吩咐司机开回寓所，但在未到寓所以前，他又吩咐司机再把车开往码头，这时，我又问蒋先生：‘我们如果走了，总理所交给校长的任务将由谁来担负呢？’蒋先生听了想了又想，最后毅然决然对司机说：‘开回东山公馆’。……

蒋先生决定留下来干了，这一明智的决定，对以后中国的历史发生了极大的影响。这件事除了蒋先生和我二人知道以外，无第三人知道，所以我有责任在八十岁时接受本党颁赠中山奖章典礼时向中央诸同志宣布出来，这是国民革命转折点之一，十分重要。……我们回到东山公馆后，蒋先生就忙碌不堪，时时在紧张中，像有所准备似的。”[17]

从上面的记述中，我们可以明白一点，这就是蒋介石经过反复思考，最终决定留在广州与对手一斗，由此奠定了“三·二〇事件”的发生基础。这是蒋介石肇事动机之所在。

陈立夫的回忆与其它资料都可以证明这样一个事实，这就是蒋介石是在19日下午下定了动手的决心，并立刻开始付诸行动。

促使蒋介石借“中山舰事件”发难的直接原因第一是蒋的神经过敏；第二是黄埔学生中“孙文主义学会”右翼分子的挑唆与谎报军情。

当时在广州黄埔学生当中，存在着左右两派组织“青年军人联合会”与“孙文主义学会”，他们斗争得很激烈，蒋介石表面上不偏不倚，实际上在思想感情上都偏向支持“孙文主义学会”，他的左右亲信都是“孙文主义学会”分子，在“中山舰事件”中起主要误导作用的重要角色之一欧阳钟就是“孙文主义学会”的骨干，其余如执行逮捕李之龙任务的第20师师长王柏龄等人都是该团体成员。“孙文主义学会”在“中山舰事件”中起了重要的作用。其中之一是假传“蒋旨”引发事端，之二是在蒋介石面前夸大其词，危言耸听，说共产党要造反，利用“中山舰”劫持蒋送往苏联。而这种谣言却正中蒋介石的下怀，使之深信不疑。于是乎“谣言重复便成了真理”，使蒋氏确信必须动手的时机已经到来了。

蒋介石在黄埔“遇险”之同时，他听说“有人”当天上午三次打电话到他的家里，询问他是否去了黄埔。据陈立夫回忆，此人是汪精卫的夫人陈璧君，陈璧君“一定要我把蒋先生的去处告知她，我只有委婉地应付她，到第三次她发怒了，骂了我，把电话用力一摔……”[18]汪派人物如此积极侦探蒋的行踪，在更大程度上增加了蒋的疑惑，他认定汪与共产党合谋要害他，于是决定主动出击，以攻为守。

19日晚，蒋介石与欧阳格、欧阳钟、王柏龄等人在造币厂彻夜开会密谋，制定了各部行动计划。20日凌晨4点，蒋介石到经理处指挥行动，发出如下命令：（1）宣布广州戒严，以陈肇英为戒严司令。（2）任命欧阳格为海军舰队司令，派兵逮捕李之龙，占领中山舰。（3）派刘峙率部600余人，由黄埔乘舰至东堤，于拂晓登陆，包围搜查省港罢工委员会、苏俄顾问团住处、海军局、航空局参谋团、制弹厂等要害单位，搜缴工人纠察队、顾问团卫队的武装，监视汪精卫等人住所。[19]于是，“三·二〇事件”的硝烟笼罩了整个广州城。

以后所发生的诸般事态已多见于各类史书中，这里不再重复。总之，蒋介石通过利用“中山舰事件”，蓄意策划制造了“三·二〇事件”，既打击了共产党，又气走了汪精卫，巩固了自己对军队的统治，提高了他在国民党中的政治地位，最终达到了预期的目的。尽管后来蒋介石为了总体战略的需要，不得不后退一步，对中共及苏俄方面采取了一些让步措施，甚至作了一些表面的“请罪”姿态，但在关键问题上，他已经取得了决定性的胜利。蒋介石在20日当天的日记中写道：“今日决心甚坚，故能贯彻一半主张。”[20]实际上，“三·二〇事件”是一次蒋介石在政治上的冒险行动和赌博行为，通过这次演练及所取得的成功经验，他迅速成为了政坛上的老手。3月24日，蒋介石在对黄埔第四期学生训话时便充满自信地说：“我自信我是一个富于革命性的人，我敢说，我可以继续总理革命的精神。我要做总理真正的一个信徒。这句话，只有我能说，亦只有我敢说。这是不用客气的”。[21]蒋介石不仅口气变大，其心理上也“成熟”起来了。3月26日晚，他夜宿虎门沙角台，深夜独思近来“斗争经历”，终于得出了以下结论：“政治生活，全系权谋，至于道义，则不可复问矣。”[22]

三、中国共产党对事件之态度

综合前文所述，“中山舰事件”是如何发生以及怎样被利用的经过已经基本清楚了，但是为了进一步提供论据，我们有必要再对被蒋介石诬陷为肇事者的中国共产党在事件中的情况作一基本回顾。

应当说中国共产党及其领导人事前对“中山舰事件”即将发生是完全不知道的，否则作为事件最重要当事人的中共党员、海军局长李之龙，在事件过程中又怎会向他的“欲加害对象”蒋介石打电话来请示下一步的行动安排呢？另外，李之龙是在家中熟睡时被捕的，天下哪有关键时刻在家中熟睡的“政变者”？仅此两点，便可说明所有关于共产党肇事的传言都是站不住脚的。3月24日蒋介石在黄埔军校讲话时曾遭到学生们的当场质问，要他回答同样的问题，蒋对此不能答复，只有推托说原因复杂，要明白真相只有等他死后大家去看他的日记，以这种虚词推托手法遮掩过去。[23]这更从反面证明了共产党人的无辜，因为蒋介石实在是找不到什么确实的证据来证明他的推测是正确的。

“中山舰事件”发生时，中国共产党正面对一个比较复杂的局面，一方面广东的革命形势发展势头良好，中共在国民政府内部掌握了不小的政治军事力量，完全可以影响政局；另一方面，中共内部受到共产国际的影响，对于中国革命的性质以及中共目前任务的争论不能统一，严重影响了党的战斗力。时任中共中央总书记的陈独秀持右倾观点，认为现阶段是国民党领导的国民革命阶段，中共必须甘当国民党的助手，不能实行工农革命，“照全中国的政治环境，共产党若不是一个疯子的党，当然不会就要在广州建设工农政府。”[24]他接受共产国际指示，拒绝了党内要求“扩大左派、孤立中派、打击右派”的正确主张，想以妥协让步来换取国民党右派的合作，结果造成国民党“二大”上右派力量的上升。“二大”以后，苏俄顾问鲍罗廷回国，季山嘉代其职务，他不善处理国共关系问题，对蒋介石与汪精卫的矛盾又未予重视，结果各方面矛盾渐趋激化。蒋介石惩办王懋功时，季山嘉认为对之不必小题大做，中共领导人也没有反应。这一切，造成了对蒋介石的有利态势。

“中山舰事件”之前，中共中央总书记陈独秀称病在上海疗养，中共两广区委书记陈延年刚从上海回广州，“中央无主”，尽管有毛泽东、周恩来等人对蒋介石的态度变化有所觉察，提出应当警惕，但尚未来得及部署应变措施。

3月18日下午，时任代理国民党中央宣传部长的毛泽东听闻“中山舰”“异动”的消息后，立即打电话给李之龙询问情况，李之龙回答是奉了蒋校长的命令，毛泽东又问陈延年，陈说：“事出有因，查无实据，只能提高警惕，静观其变。”毛泽东预感到要出事了，他对同住的沈雁冰说：莫非再来个廖仲恺事件？[25]“三·二〇事件”发生，毛泽东听说李之龙被捕，叹道：现在是查有实据了。紧接着，毛泽东冒险来到已被包围的苏俄顾问住处，与陈延年及苏俄顾问会商对策，他力主反击，通电讨蒋，他说：“这几天我都在思考。我们对蒋介石要强硬……蒋介石此番也是投机，我们示弱，他就得步进步，我们强硬，他就缩回去……”针对蒋的行径，毛泽东提出两方面对策，一是“动员所有在广州的国民党中央执监委员……开会通电讨蒋，指责他违犯党纪国法，必须严办，削其兵权，开除党籍。”二是争取非蒋系的国民革命军，“至少可以使他们独立”，“摆好这阵势对付蒋，蒋便无能为力。[26]

毛泽东的主张得到了陈延年的支持，但苏俄顾问却以军力不足为由，对此断加否定。[27]“季山嘉这样一反对，陈延年也犹豫起来，我再三跟他们辩论，没有效果，最后决定请示党中央。……如决定对蒋让步，最好的结果大概是第一军中的共产党员要全部撤走了。重要之点不在此，在于蒋介石从此更加趾高气扬，在于国民党右派会加强活动，对我们挑衅。”[28]毛泽东的论断真可谓一针见血。

周恩来在3月20日上午接到包惠僧有关事件的电话报告，他带着4个卫士赶往造币厂去见蒋介石，当面质问此事，斥责他破坏国共合作，迫使他下令释放被扣的中共党员。但周恩来也被缴械扣压，一天后才予释放。

面对蒋介石的进攻，中共最高领导采取了动摇退让的方针，并且认为“三·二〇事件”是由于“当退让而没有退让的结果”所造成的。陈独秀在开始阶段不明事情真相，提出的对策仍然是要团结蒋介石，中共此后对广东革命要“办而不包”，对国民党要“退而不出”。[29]他一方面写信给蒋介石推卸责任给李之龙，说他上了“反对派的圈套”，否认其行动与共产党有关，另一方面放过蒋介石，指责“孙文主义学会”是肇事的祸首。后来得到了有关问题的详细报告，陈独秀一度也很气愤，曾“主张与国民党、蒋介石斗争”。[30]他写信给共产国际，要求让共产党退出国民党。陈独秀自述说“我在三月二十事变事后对国际报告中，陈述我个人的意见，主张由党内合作改为党外联盟，否则其势不能执行自己的独立政策，获得群众的信任。国际见了我的报告……严厉的批评中共有退出国民党的意见……那时，我又尊重国际纪律和中共多数意见而未能坚持我的提议。”[31]

共产国际在“三·二〇事件”后作出的决策是继续“利用蒋介石”，对蒋作“有一条件的妥协”，[32]并通过当时在广州的苏俄使团团长布勃洛夫与蒋介石达成妥协，3月24日在广州召开的全体苏俄顾问会议，归责于苏俄与中共对蒋不友好，决议“不同意反击”，并压迫中共执行，又按蒋介石的意图将季山嘉撤职。[33]鲍罗廷代表共产国际说：“国共是要分家的，不过分得越迟越好，北伐打到北京的时候，可能便要实行分家，现在应继续容忍合作。”[34]季山嘉也认为“不能反击”，“真要打仗，独立团（指中共领导的叶挺武装）不能坚持到一个星期”。[35]在这种情况下，中共只能对蒋妥协。

中共广东区委接受上级指示，决定对“三·二〇事件”采取“暂时让步的政策，以保留在国民党内，同时积极准备着新的进攻。”[36]

于是，中共方面在退让方针指导下，便有了下面的一系列令人费解之举：4月间，总书记陈独秀发表文章《中国革命势力统一政策与广州事变》，文中公开赞扬“蒋介石是中国民族革命运动中的一个柱石”；事变后的第19天，中共中央局委员、中央军事部部长、国共两党联席会议中共方面代表张国焘匆匆抵达了广州黄埔军校，与蒋介石共进午餐，“我先告诉蒋氏，我是代表中共中央特来看望他的，说明中共始终支持他，希望彼此仍能精诚无间的合作，使广东局面更加稳定，进而达成统一全国的革命愿望。……蒋氏也表示了类似的意向。”张国焘又进一步向蒋介石表示“黄埔同学中的中共党员一向是爱戴和服从他的，他们犯了错误，不知道他将如何教导他们。蒋氏……说：‘黄埔学生中的中共党员都是我的好学生，我素来爱护他们，一定要重用他们的。’”[37]谈话至此，双方似乎已经取得了谅解与一致，结局理应是美满的，但是仅仅一年后，中共在蒋介石发动的“四·一二”政变中却遭到了更大的损失。历史判定了孰是孰非。

从中共在“三·二〇事件”发生前后的情况及其对事变的对策综合考察，可以认定中共决不是“中山舰事件”的制造者，而只是其受害者。

综上所述，“中山舰事件”的性质可以说已经基本清楚了，它不过是一次偶发事件，但在当时的历史条件下，被人为的利用和扩大化了，从而演变为一次由“偶然”变“必然”的大事件，在中国历史上留下了深深的一笔。“中山舰事件”是“偶然”的，而“三·二〇事件”则是“必然”的，是蒋介石及其追随者们刻意谋划并一手制造的。这一点已被正反两方面的史料所验证，即使没有“中山舰事件”，“三·二〇事件”也必将以另外的形式发生，这是历史的必然。至此我们明白地说：就“中山舰事件”本身来说，它既不是蒋介石更不是中国共产党‘蓄意制造’的，以往的传统说法应予纠正。蒋介石的反共行为在于他利用“中山舰事件”制造了“三·二〇事件”，这才是历史的真相。

【注】

[1] 《黎时雍致邓演达报告》《王学臣致邓演达报告》，载《民国档案》，1996年第1期第6页、第7页。

[2] 《李之龙夫人致蒋介石呈文》，同上出处，第9页。

[3] 《李之龙供词》，同上出处，第8页。

[4] 《李之龙供词》，同上出处，第8页。

[5] 《李之龙供词》，同上出处，第8页。

[6] 《李之龙关于“中山舰”案报告书二则》(二)《被捕的详情》，载李之龙《三·二〇反革命政变真相》，广东档案史料丛刊《中山舰事件》，第22–23页。中共广东省党史委员会及广东省档案馆编，1981年6月内部版。

[7] 《周恩来同志关于中山舰事件的回忆》(1943年春)，载《中山舰事件》，第4页。

[8] 《三·二〇反革命政变真相》，载《中山舰事件》，第17页。

[9] 王永钧：《黄埔军校三百名将传》，南宁人民出版社，1990版，第58页。

[10] 《蒋介石日记类钞》(1926年2月27日)，中国第二历史档案馆藏：蒋介石个人档案。

[11] 《蒋介石日记类钞》(1926年3月10日)，同上出处。

[12] 《成败之鉴——陈立夫回忆录》，(台)正中书局，1994年6月版，第52页。据陈立夫书载：蒋介石打算去海参崴，早有此念，也做了准备，但陈立夫在回忆录中将3月19日蒋打算去汕头避风一事与他计划赴苏之事混为一谈了，但无论如何，蒋是在当日出走并又回头的。

[13] 同上出处，第53–54页。

[14] 同上出处，第53–54页。

[15] 中国第二历史档案馆编《蒋介石年谱初稿》，档案出版社，1992年版，第547页，注1。

[16] 中国第二历史档案馆编《蒋介石年谱初稿》，同上出处，第547页，注1。

[17] 《成败之鉴——陈立夫回忆录》，第54页。

[18] 《成败之鉴——陈立夫回忆录》，第54页。

[19] 马文车：《中山舰事件的内幕》，载《中山舰事件》，第188页。

[20] 《蒋介石日记类钞》(1926年3月20日–21日)，同前注出处。

[21] 蒋介石:《关于中山舰案对第四期学生训话》(1926年3月24日)载,《中山舰事件》,第223页。

[22] 王德胜：《蒋总统年表》，(台)世界书局，1982版，第106页。

[23] 周士弟:《蒋介石制造三月二十日反革命事变与独立团的反映》，载《中山舰事件》，第188页。

[24] 陈独秀：《中国革命势力统一政策与广州事变》(1926年4月)，载《中山舰事件》，第38页。

[25] 茅盾：《中山舰事件前后——回忆录(8)》，载《新文学史料》，1980年第3期。

[26] 茅盾：《中山舰事件前后——回忆录(8)》，载《新文学史料》，1980年第3期。

[27] 茅盾：《中山舰事件前后——回忆录(8)》，载《新文学史料》，1980年第3期。

[28] 茅盾：《中山舰事件前后——回忆录(8)》，载《新文学史料》，1980年第3期。

[29] 华岗：《1925–1927年大革命的中国共产党》，转引自同上出处，第206页。

[30] 郑超麟：《怀旧集》，第146页。

[31] 《陈独秀告全党同志书》，1929年12月，载郑超麟：《怀旧集》，第208页。

[32] 格鲁宁：《论三·二〇事件后中共的策略问题》，载《中国革命与苏联顾问》，第146页。

[33] 王若飞：《关于大革命时期的中国共产党》，载《中共党史革命史论集》，第112页。

[34] 张国焘：《我的回忆》(二)，载《中山舰事件》，第209页。

[35] 茅盾：《中山舰事件前后——回忆录(8)》，载《新文学史料》，1980年第3期。

[36] 茅盾：《中山舰事件前后——回忆录(8)》，载《新文学史料》，1980年第3期。

[37] 张国焘：《三·二〇事件以后》，载《中山舰事件》，第147-148页。

民国档案中的谬误及其鉴别处理

载《民国档案与民国史学术研讨会文集》,《民国档案》,2001 增刊第 1 期,民国档案杂志社,2001 年 5 月版。

民国历史档案，是中国近现代历史档案宝库中的珍贵之藏，是研究中国近现代历史、中华民国史乃至中共党史、中国革命史不可或缺的史料依据。中国第二历史档案馆经过50年的奋斗，于今已将数量浩繁的馆藏中华民国史档案资料初步完成整理编目工作，对外开放利用，并适应时代之要求，开展了电脑、光盘技术在档案管理、整理利用工作中的运用，有力地推动了档案馆工作向现代化方向的发展。与此同时，经过近20年的努力，二史馆在史料编纂、出版及民国历史研究方面也取得了显著成绩，取得了近百项编研成果，其中一些项目的研究工作，达到了国内同行的先进水平，并为祖国统一、现代化建设与民族团结大业做出了较大贡献，这些都是值得肯定的成绩。然而回顾我馆民国历史档案对社会开放利用20多年来的历程，我们却不能不以冷静的头脑来全面看待历史档案，对档案史料利用中时常出现的一些谬误，根据以往的工作经验，加以归纳总结分析研究，找出针对性的解决办法，以利于我们今后的工作。

一

谈及历史档案对历史研究的巨大作用，不言而喻，其作为第一手原始资料的价值功效是显而易见的，并已为无数例证所证实。

档案资料是研究与著述工作的基础，是生产社会科学产品的原材料，缺乏这个基础，研究工作就会流于空泛的议论而不能做出真正的成绩。周恩来早在1956年1月就提出："为了实现向科学进军的计划，我们必须为发展科学研究准备一切必要条件，在这里，具有首要意义的是要使科学家得到必要的图书、档案资料、技术资料与其他工作条件"。[1]我国档案学界知名学者、中国第二历史档案馆创始人之一的王可风曾就这一问题进一步论述说："史料是研究历史的基础，历史研究是史料的融化与结晶。历史研究没有史料有如无本之木，史料没有历史研究就不能更好的发挥作用。史料工作者做一点研究工作，更可以提高业务水平，反过来又可以更好的做好史料工作。我处同志[2]是整理史料与科学研究结合起来进行的，以整理史料为主，进行研究为辅。有计划的整理史料，整理一段史料计划完成了，就已掌握的史料进行研究写论文。这一节一节的互相推动着去做，工作水平不断提高，工作质量也不断的相应提高，这也是我们几年来在史料工作中又一点体会。"[3]这是结合我馆民国档案工作实际，阐述档案整理与利用研究两者关系的生动描述。多年来，我馆正是沿着这一条编研相结合的道路而付诸实践，在取得档案整理巨大成就的同时，也取得了《中华民国史档案资料汇编》及众多专题资料等编研成果，出版了已成为国内史学核心刊物的《民国档案》杂志。据粗略统计，自建馆以来本馆通过各种形式(查阅、复印、抄写、咨询、出版汇编及专题资料、《民国档案》杂志、缩微品、影印本等等)，向社会公布的民国档案资料总字数当在5亿字以上。[4]这巨量的档案史料编纂与史学研究的成果对我馆民国档案的整理工作、对馆内人员业务素质的提高极具作用，同时也向社会提供了高质量深层次的档案利用成品，收到了良好的社会效益，受到国内外史学界的欢迎与赞誉。

在取得这些成绩的背后，无庸讳言的是民国档案在其利用编纂过程中也存在一些问题及许许多多的谬误之处，这些谬误与不足的出现，原因是多方面的，基本归纳起来可概括为以下几方面的原因：

一是由历史假象本身所造成的错误史料；

二是档案资料本身存伪；

三是整理编纂过程中由于学识水平不足或工作不细致而产生的问题。

这些谬误资料存在及被利用的结果，使档案利用与编研工作遇到了误导．给社会利用及史学研究造成了障碍，因此，就不能不对此加以研究与分析，从而找出识别与克服的方法。

二

以下我们分别来加以分析。

第一、历史假象所造成的错误史料。

中华民国的历史是中国近现代史中容量巨大而十分复杂的一个阶段，是中国社会急剧地从封建专制的落后体制向现代社会模式发展的一个过渡时期。各种社会矛盾与各种新旧势力的较量冲突，外敌入侵与反抗侵略的斗争，在这短短的不足半个世纪的时间内，达到了白热化的程度，造成民国历史上连绵不断的战争与异常激烈的政治斗争。在这些斗争冲突十分复杂的社会背景中，出现了许许多多的历史假像。这里所说的历史假像，不是指历史资料记载有假，而是指历史表象本身不符合实际，而呈现出一种错误状态，而历史档案史料，却往往真实地反映了这种错误的表象而于历史事实有悖。因此这些史料本身遂成为历史之伪证。

举一个例证。1933年5月，德国“国防军之父”塞克特(Seeckt)将军应邀来华访问。当时蒋介石正在庐山，指挥何应钦率领国民党军对中共苏区发动第五次围剿，而此时在华帮助蒋介石进行内战的德国军事顾问团团长为佛采尔(Wetzell)，他刚从北方回到南京就立即赶往南昌，协助指挥“剿共”。鉴于前几次失败的教训，佛采尔发明了“分区围剿、分进合击”的进攻方法，改变了前几次“围剿”中长驱直入而被各个击破的战术。加上当时中共中央被“左”倾路线控制，实行了冒险主义的盲动方针，命令红军实行“阵地战”与强敌拼消耗，导致“反围剿”失利。当时社会舆论，包括中共红军将士在内都认为蒋介石的手下没有那么聪明。蒋军改变战术，一定是有外国顾问在幕后策划，而一般人是不知道佛采尔及其秘密在华活动的德国军事顾问团的，根据有关报道与德国人帮助蒋的传闻，联想到刚刚来华的德国将军赛克特，于是“塞克特帮助蒋介石制定碉堡战术”的说法便普遍传扬开来，以致当时许多报刊资料甚至部分公函文件中都有了同样的记录，流传至今便形成了所谓的史料根据。然而，经我们根据同时期形成的塞克特与佛采尔在华活动的档案来作考证，所谓新式战术，其发明者是佛采尔而决非赛克特。当时赛克特在他紧张的访华日程安排中，并没有去过作为“剿共”指挥中心的南昌、武汉以及任何战地前线，故而连间接参谋的机会也没有。据当时情况分析，塞克特是不大可能以一个访华团国宾的身份去江西前线助蒋作战的。在江西前线帮助蒋军“剿共”的只能是佛采尔。但是我们也应指出，塞克特在他访华之后及后来第二次来华接任军事顾问团长之后，对蒋介石的军队提出了不少整理意见，这是事实，但这并不能证明他曾帮助蒋围剿过红军。[5]虽然半个世纪以来的历史书籍资料中都有前述以讹传讹的记录，但它却是与历史真像不符的，故而前述所谓相应的一系列的有关塞克特帮助蒋介石围剿红军的史料，其内含表面上是“正确”的，实际上是错误的，因而是不能引为论据的。如此类同的情况在民国历史上尚有许多，此不过为一典型例证而已，这是值得我们在编研及利用民国档案中加以注意的问题之一。

第二、历史档案中客观存在着大量的人为因素搞错或故意制造、篡改的伪证资料。

这是一个不争的事实，造成了我们在利用与研究中不时可能被误导的情况，因此很有必要运用我们过去的经验与教训对此加以阐述，以利于今后的工作。

情况之一：被伪造的档案文献资料。如：

例一：众所周知，蒋介石1936年12月在“西安事变”中被张学良、杨虎城扣押，最后在中共调解下被迫接受了“停止内战一致抗日”的条件，“西安事变”和平解决，蒋被释回南京。为了挽回面子，蒋介石不仅反扣了张学良，而且令御用文人陈布雷炮制了伪造的文件《西安半月记》及《对张杨训话》，以证明他没有向张杨屈服。陈布雷在炮制文件过程中心情十分烦恼，认为这完全是一件不该做的丑事，但迫于压力，最后还是勉强写了。于是这份文件便成为人所共知的伪造品，并公开流传至今。

例二：1938年底汪精卫集团叛国投敌之后，急于拼凑伪政府班底，召开伪国民党“六大”以示接续国民党“正宗”，无奈肯“下水”为奸的人毕竟不多，无法凑足代表“全国”各地的党员人数，于是情急之下，汉奸头目便干起了伪造“党员花名册”的勾当。于是，上行下效，从伪“中央”到“地方”，层层伪造，以求造成“轰轰烈烈人心所向”的假象。不仅伪“党员名册”如此，乃至伪军人数也有编造冒领兵饷之普遍情况。这在中国第二历史档案馆馆藏汪伪政权档案中有明显的例证。[6]这些编造出来的“档案”资料，屡见不鲜，且在汪伪政权档案中特别突出，如果我们今天据此参考就得出“落水者日众”的结论，未免就与历史真像大大地不合了。

上述两端是可归为“硬造”的伪证，其他还有“篡改”与“拚凑”等多种造伪手法。如：

例三：自1927年发动“四一二”政变之后，蒋介石一直以共产党为死敌，不惜使用一切手段实行反共“剿共”的“国策”。为了配合反共宣传之需，诬蔑中共“投靠苏俄出卖国家”，他们便使用特务手段，将特工窃取搜查到的中共中央文件如《中共八七会议记录》、《中共第六次全国代表大会文件》、《前方军委致中共中央的信》以及《中国土地法大纲》等中共正式文献，加以部分删改、增补，添入他们需要的内容，而后编印，下发各省“参考”，以达宣扬反共之目的。[7]对于这些由国民党印发的共产党文件，当然不能轻信，必须仔细对照这些文件的原件，才可发现其中被偷梁换柱和“注水”的地方。这是“篡改”方式之一。

例四：又如关于抗战中国民党军歼灭日军数量问题，这又是一个难究之迷。战争初期，中日军队在“七七”、“八一三”、“台儿庄”、“忻口”等战役中都进行了大规模作战，虽然总的形势是敌强我弱，但我方由国共合作组成的抗日军也曾给予日本侵略者以有效抵抗与较大杀伤。当时国民党军事及宣传部门为了“扬我抑敌”的策略需要，曾明确下令各部队在对外宣传中将歼敌毙伤数“以一报十”，加以“扩大宣传”，藉收“鼓舞民心士气”

之效。因此，在用于宣传的公开文件中，击毙击伤日军数量经常(当然不是全部)掺有“水份”。这些“战果”数目之档案文件，其可信程度也就下降不少。[8]无独有偶，日本方面也存在同样情况，只不过在他们的记录中是尽力缩小自己伤亡数而扩大“歼敌”数量罢了。可见此类现象不足为怪。但今日我们研究历史参考这些资料时就不能不多一份考虑，以求得历史之真实。实际上，在这一问题上，比较可信的“战果”及自己方面比较真实的损失数字都记载于《机密作战报告》或《作战日记》中，当时控制在一定范围内传阅，并不是完全无从查考的，只不过需要花点力气去查证罢了。

情况之二，在分类、立卷、编题甚至搬运调整等整理编目过程中被无意识搞错内容的档案，如：

例五：我们在调阅我馆民国时期中德易货贸易卷宗时，偶然发现有少数中德贸易档案卷宗被冠以“中美贸易”的标题，使这部分档案的利用工作遇到了困难。究其原因则十分简单，即在五十年代整理这些卷宗时，由于一些整理者不具备外文基础知识，再加上当时的时代历史背景，误以为与蒋介石有贸易往来的大概只有“美帝国主义”，因而便有了这样的拟题。这是典型的在档案整理过程中出现的错误。除此之外还有在工作中将同姓、谐音历史人物搞混等多种错误现象，这些都是使档案利用编研人员被误导的重要原因。

上述各种弊端，都是在利用历史档案过程中所发现的问题，当然，这并不能穷尽档案利用中的所有问题，但至少反映了一方面的实际情况。如何有针对性地预防妥处并解决这些问题?这就需要我们做加强基本功的努力与培养鉴别错误史料的本领。

三

首先，我们在历史档案整理编研中必须坚持历史唯物主义的立场，遵循实事求是的方针，客观公正地对待历史与历史资料，这样才能为做好历史档案的整理编研工作奠定正确的思想基础。在工作中既不能戴着有色眼镜，按照自己的主观想象与观点，有选择地取舍注解历史资料，又不能一味地强调“史料就是历史，就是一切”，“让史料说话”，而不加分析区别地机械排列历史档案，视之如同“流水线”式的工作，不进行科学的鉴别与分析。在档案的整理编研工作中如何避免上述两种情况而把握好这个“度”，是一项有分寸而无明显标准的复杂工作，需要正确的思想原则与扎实博学的业务功底作保障，而其中思想指导原则是首要的因素。

其次，发现与纠正历史档案中的谬误需要以丰富的历史学与档案学专业知识为基础，特别是对于史实性错误以及人为伪造篡改的档案，一定要在研究其历史背景，明了其来龙去脉的基础上，一步步细心地鉴别考证，做好由此及彼、由表及里，去粗取精、去伪存真的工作。透过复杂的历史表象去探寻历史的真实面目。在此基础上再进一步考订有关历史资料之真伪，最后达成鉴伪存真的目的。当然，要实现这一目标并不容易。如前所举例之诸端史实，如果没有对这些历史的较为深入的了解与研究，是不可能具备一定的鉴别水准的。因此，做好历史档案的整理、编研工作，最基本的功底是有关历史知识的学习与积累。

在这里便涉及到了一个新的问题，即历史档案工作相对于一般现行档案、科技档案等工作而言，是否有它自身特点的问题。也就是说，作为历史档案工作者，其业务技能标准相对于一般档案工作者而言，是否具有其特殊性与独特的要求?从历史档案馆工作实际来看，回答应当是肯定的。因为要求专业人员学习有关史学知识是熟悉本馆馆藏的基本条件之一，是从事历史档案一切工作的基础。如果忽视了这一点，而按一般档案工作的标准衡量要求，那历史档案馆的工作基础便成了无本之木，而有关档案管理的基本原则之运用在此亦成为纸上谈兵、缘木求鱼。因此，贯彻“因地制宜”与“实事求是”的原则是其唯一正确的方针。

基于以上这种观点，我们便找到了处理避免在档案整理编目工作中可能造成的错误的方法，这便是历史档案工作者，除了具备档案学专业知识技能外，还应增加对于有关历史知识修养的要求以及相应的最基本的(或至少有一部分人员具备较高水准的)外文、古汉语基础知识。这样才能保证在整理、保管利用、编研历史档案的过程中不出和少出错误，以提高我们的工作质量与服务质量。对于档案馆的编研人员来说则更是如此，并且需要具备进一步的高标准条件。

最后，还需特别指出的一点是，从某种意义来说历史科学是一门依靠积累的学问，而史料学则更是一门依赖点滴积累而逐步完善健全的学问。在这个意义上说，提高专业知识水平，增强鉴别真假档案和档案中所反映的真假历史的能力，也需要从不断的学习，并在工作实践中锱铢积累而慢慢培养，不可能一蹴而就的。从事历史档案工作的青年，应该虚心地向经验丰富的长者请教学习，不断充实提高自己的专业知识，这样一代代继承下去，我国历史档案事业的发展才有希望。

胡绳先生曾精辟地论述说：“史料(实物或文献)的考订工作可以分为两个方面，外形的考订是区别史料的真伪，确实其时代与作者，对历史文献的版本文字进行研究，使其尽可能恢复原来的面目。‘内部’的考订就是辨明史料的实际价值，把有价值的史料和价值不大的史料区别开来，把错误的记载与正确的记载区别开来”，“由于史料工作的繁重和需要各种辅助性的专门知识(如古文字学、年代学、古文书学、古文献学、历史地理学、版本学、印鉴学等)，所以有一批专门的人来担负这种工作是必要的，他们就是史料学家”。[9]

愿我们历史档案工作者都成为专门的史料学家。

【注】

[1] 周恩来：《关于知识分子问题的报告》(1956 年 1 月 14 日)，载《周恩来选集》(下)，人民出版社，1984 年版，第 186 页。

[2] 指中国第二历史档案馆的前身——中国科学院近代史研究所南京史料整理处。

[3] 《王可风档案史料工作文集》，档案出版社，1989 年版，第 134 页。

[4] 《中国第二历史档案馆九五工作规划》。

[5] 参见马振犊等《德国与中国抗日战争》第三章第五节“塞克特倍受推崇”，广西师大出版社，1997年6月出版。

[6] 参见二史馆档案：汪伪政府档．全宗号十三，7096、7240卷。

[7] 参见王可风《关于整理档案史料的方法和问题》，载前引《王可风档案史料工作文集》，第119页。

[8] 马振犊：《惨胜——抗战正面战场大写意》，广西师大出版社，1994版，第183页。

[9] 胡绳：《社会历史的研究怎样成为科学》，载《历史研究》，1956年11月号。

金陵一代地方文献学家陈作霖

本文为陈鸣钟先生生前拟为其祖父所作传记，不幸先生罹患疾病，临终前交待我代为完成该文，余于惶恐之中受命，终不负所托，竭力完成，有以告慰先生。

载陈鸣钟主编《清代南京学术人物传》，华星出版社，2001年11月版。

陈作霖(1837—1920年)，字雨生，号伯雨，晚年又号可园老人，是清末民初我国东南地区一位有名望的地方志学家，亦是南京近现代史上一位著名的学者。

陈作霖先生的一生，致力于中国传统文化遗产及乡邦文献的搜集、整理、辑存，撰写了大量著作，其所涉猎的研究范围主要集中在史学、文学、金石学、训诂学、文献目录学、历史地理学以及经学等与地方史志密切相关的各学科，集中体现在他几十年如一日地从事南京地方史志编纂整理工作之中，他所取得的成绩不仅仅是整理编纂了大量的地方志书，更重要的还在于他的这些成果填补了一个历史时期金陵文献资料的空白，挖掘与保存了许多极具价值的南京地方史资料，取得了这一学术领域的卓越成绩。

清道光十七年(1837年)四月十四日，陈作霖出生于南京城南红土桥本宅中。陈氏家族以诗书传家，先世由河南颖川迁居南京，传至此辈已凡七世。幼时的陈作霖聪慧过人，4岁起开始接受旧式儒学启蒙教育。识字读书过目不忘，深得先生长辈嘉许，被誉之为“秀才种子”。

就在他的启学之年(道光二十二年即1842年)爆发了中国历史上重大的政治事件——鸦片战争，英帝国主义炮舰驶入长江，以坚船利炮迫使闭关自大的清王朝签订了第一个中外不平等条约《南京条约》，中国历史由此开始了由封建社会向半殖民地半封建社会形态的转变。这一巨大变化以及随之而来的多灾多难的民族历史创伤亦对陈作霖的成长道路产生了直接影响，使他在尚未彻底摆脱封建时代旧知识分子立场局限的同时也接受了一些新的思想，成为一位开明的、主张自强救国的爱国主义者，最后直至抛弃封建桎梏拥护辛亥革命。

1849年，陈作霖十三岁，开始随父亲入斗门桥私塾读书，在他父亲着意栽培带领之下，他踏遍南京城四周风景名胜，每到一地详记其自然风貌历史掌故，从中汲取文学历史知识。父亲又带他参加一些文人间交往活动，“每有文谯必携予往。”这种游学交织的生活使他自幼培养出广泛的治学兴趣，为后来他从事多学科的研究工作打下了基础。

1852年(清道光三十一年)，太平天国军兴，起义军攻至南京城下，“二十八日，‘贼’前锋至，城门堵闭。”“自是举家遂在围城中。”在这种战乱危急形势下，二十九日，元配席氏来归，与十七岁的陈作霖“草草成礼”。其后第十天，二月初十日，“江宁城陷，”太平军斩杀陆建瀛等清廷守将攻占南京，改称天京，并定都于此。

从南京失守到化装潜逃出城，陈作霖与其家人在太平天国政权统治下生活了120天，亲身感受到了这场急风暴雨般的农民起义给人民生活带来的巨变。他开始时对太平军不太了解，无认识，但能如实记录其说教、言行，最后，由于实在无法接受这场农民革命及其“拜上帝教”的理论，无从忍受太平天国统治下拆散家庭、扫荡儒学的生活，加上他本人因躲避劳役而被太平军士兵砍伤头部，1853年7月14日(咸丰三年六月初九)，他终于设法化装逃出“天京”，避往江淮乡间。9月间，其妻席氏又在战乱中染病，因得不到治疗而亡故。是时其祖居(建邺区安品街20号新宅)已被太平军占为天朝的一所小王府。

清咸丰九年(1859年)，陈作霖随家人流徙于宝应、句容乡间。九月十一日，续娶赵氏为妻，“是科江南借浙闱举行乡试，予以祖母病不赴”。同年九月十二日，“祖母李太宜人疾终于乡寓。”又过五年避难生活，到同治三年(1864年)十月，陈作霖从其供职之姜堰厘局返回已被清军克复的祖籍南京城，参加乡试，这是他在战争结束后首次返乡，“一路荒营废垒，满目凄凉。”这一年，他肄业于钟山书院并结识了通州姜璜溪(渭)、扬州刘恭甫(寿曾)以及同乡秦伯虞(际唐)、陈耘芬(兆熙)、何善伯(延庆)等同窗学友，科试结果“取一等四名，得食廪饩。”次年三月，陈氏又肄业于惜阴书院，应叶晋卿之聘担任其子家庭教师，“自是馆叶宅六年，塾中多藏书”，陈氏得以“恣意涉猎”。同治七年(1868年)陈作霖得入“吾知斋”随汪梅村(士铎)先生学习古文，并与崔琴友(澄)、汪仲伊(宗沂)、朱仲我(孔彰)等人同学，并屡次参加历年岁试，其间他还参加了金陵官书局校勘刊刻经史书籍的工作，并以此机会得以进一步“博览群籍”，丰富学识。

1873年(清同治十二年)正月初七(人日)，可园先生与刘寿曾、秦际唐、朱绍颐等好友，取“七种共挑人日菜”之意，集会于莫愁湖水榭，首创“挑菜会”。自此“挑菜会”每年一次，参加的人数不固定，为当时南京文学青年以文会友的一种重要形式。次年正月二十一日，他又应江宁府学教授赵彦修之约，与唐仁寿、刘寿曾等人于飞霞阁(今朝天宫后)借白居易生日作文会。

1874年(同治十三年)，清廷两江及江宁府县当局，再议金陵政局善后工作，陈作霖上书《整顿金陵善后事宜议》一文，提出“请维风俗，兴水利，修志乘，惩刁猾”四事。他认为：“江宁府志，自嘉庆至今，久未续修，其间文献阙略，及今修之，犹有一二耆宿，闻见可征，……若于本府七属开设志局，延德望素著者为总纂，遴选学校中知名之士襄其事，庶一方掌故，不至湮没无传。”而“修志乘”之意义亦不仅在于书其历史，更重要者在于“修志乘以耸民听”，可以起到“激顽起懦”之效果。他的这番建议受到当政者赏识，上元知县莫善徵、江宁知县甘绍盘同年在南京金沙井开设志局，开修《上江两县志》，以学儒汪梅村(士铎)为总纂，同时聘任陈作霖、秦际唐、刘寿曾等八人为分修，历经十月而告成，其中可园先生所修《大事考》及刘寿曾之《艺文志》得到了总纂的赞扬。除了《大事考》外，陈作霖还完成了《兵制考》及“五传”的名宦、乡贤、孝悌、忠义等部分。这次参与官修志书，为其日后撰著《金陵通纪》等大部学术著作，积累了经验，对其日后工作影响颇大。

在这一时期前后，陈作霖先生又开始撰写生平两大部代表性著作之一的《金陵通纪》，该书后于1877年前十卷辑成，1880年全书40卷脱稿，1907年刻印而成。

可园先生之父陈葆常先生曾对南京文献资料之搜集，做了大量工作，上自元朝下逮明清，凡公私史记文献碑刻无所不收，尽其所猎，这为陈作霖写作金陵史书提供了丰实的史料。

《金陵通纪》是可园先生用以记录金陵历史的第一部著作，为其在年富力强的青壮年时代所成。该书所述内容上自先秦下迄清代时越千年，博采历代地方文献，详载金陵舆地沿革、典章制度及重大事件，突出南京地方特点，作了概要性叙述。然凡建都南京各朝代“建储立后、下逮百职、国政朝章”等等他都以为不属于南京地方志范畴，因而“非系地舆，不轻泚笔”。这一特点纠正了唐朝许嵩《建康实录》体例不精当，“不专建康”的弊病。当时著名学者汪士铎在为之书序时曾誉为“不浮誉，不隐恶”之作，“详载郡中丰歉忧乐之曲，寇乱时诸军屯戍之地，措置先后得失之机，后世可奉为鉴戒。”陈可园之友张士珩亦曾赞誉说：该书“详因革损害之故，著治乱兴衰之迹，非徒文献之存，抑亦鉴戒所系。至搜葺详雅，赡而不秽，叙述简要，直而不俚，洵乃惬心贵当，堪称极笔。”

1875年(光绪元年)，是陈作霖学术生涯中重要的一年，这一年他在乡中举，“秋闱中式第八名”，而后随即在南乾道桥(今安品街20号)利用宅后隙地筑“可园”而居之，读书著述于其间。园中原有楹室三间，题额为“征文考献之室”，后因园内丽春花(虞美人)竞放，又称之为“瑞花馆”，可园先生分修《上江两县志》时即居之于此。可园地虽不及一亩，亦无亭台之胜，然因陈作霖之声名远播，

四方学者多来此访问，于是可园与清凉山“薛庐”、张士珩的“竹居楼”、陈三立的“散原精舍”等齐名而同为南京之名园，历时四十年而不衰。

此后1876、1877年及1880年，陈作霖三次赴京参加会试而先后“报

罢”，从此摒弃科考，立志专心“就职教谕”，并从事于史志撰述事业。

1878年7月，他开始着手一生中最大一部金陵地方人物传记志《金陵通传》的编纂工作。编撰《金陵通传》的想法，最早起于1870年，可园先生在撰写《通纪》时已萌发了要撰写一部古今金陵人物传记的志愿，并开始积累资料。除《二十四史》、《建康实录》、路鸿休《帝里人物略》、朱绪曾《诗汇姓氏录》等著作外，他还广泛甄录了府县诸志、大家谱牒以及稗官小说笔记中的有关资料。1874年以后，可园先生利用参加官修《上江两县志》之机会，进一步搜集素材，为编撰《金陵通传》作好了准备。1878年，可园先生一边着手开始撰写《通传》，一边又入江宁府志局任分纂，在丰富的实践经验基础上，他系统地提出了自己的一整套编撰地方志人物传的体例标准，并在《通传》实践中加以贯彻，这便使《金陵通传》成为可园先生一部高质量的代表作。

《金陵通传》全书凡45卷，内容起自春秋，止于清光绪二十六年(1900年)，共50万言，所作各传不列子目，按年代顺序排列，以为纵系，各人各事又从其类以为横系，以家族谱牒为中心，合诸小传为一大传，使上下两千年间金陵土属可传之三千余人物集于一书，故称为《通传》。该书之体例既继承了传统又有发展创新。其中新意体现于：一是采用世传体写法，合一家族立传者为一传，继承发扬了《史记》中世传体特色，使金陵地区六朝世裔文化世家特色得以体现，当时据统计，沿袭五世以上的金陵文化世家就有梅曾亮、邓廷桢、甘福、陈作霖、朱绪曾、夏堜、司马钟等家族。这些文化世家之各名人传记，因采用世传体方式在《通传》中得以“详叙始末，昭穆了然”且“事有相联、人有相友、左萦右拂，各以类从”，“一至之行，卓然可传，则割归本类，其无多事迹者，悉附家传。”克服了旧志中分散列传祖孙父子昭穆次序不清甚至颠倒之弊。二是采用合传体手法，把历史人物归入各类而事迹相近者合为一卷，分别各类，以便把握其共性，以利于撰述、阅读与研究，使读者对于政治、文学、科技各方面发展过程有一个比较完整的认识，这对旧志体例是一大突破。三是严格而科学的写作态度。可园先生在编撰《金陵通传》时以极其认真严肃的科学态度来对待入传人物之遴选。

他认为“金陵山水之乡，名贤多爱而居之”，但“是卷不载寓贤，必定居再世生长斯土者，始为甄人，至自郡他徙者亦俟其子孙除去本籍始不载。”即在《通传》入选人物中严格注意其籍贯，而在金陵本籍人士中又注重“布衣”，不以地位官职作为取舍标准，而以其人事迹成就为甄选依据。他表明收载历史人物的原则是“略于达官而详于士庶”，甚至包括了出身寒微的劳动人民，如做烧饼的工人等等。可园先生在其所著《中国机器学家考》一书中甚至记载了宋代杨么起义军发明的一种战船，“四轮激水，船行如飞”，足证其严谨公正的治学立场及精神。

《金陵通传》编撰工作前后历时30年始告成。其后，可园先生又作《金陵通传补遗》4卷，于光绪三十年(1904年)合刊付梓。这部巨著问世后受到广泛好评，其与《金陵通纪》合称为可园先生两大传世之作，而《通传》更为人重，何允恕先生曾誉之为“自陈氏《南畿志》、路氏《帝里人物略》后三百年无此作也”。

1910年《通传》传入欧洲享誉海外，该书曾被当代著名历史学家谭其骧先生推崇为清代地方志中善作之一。

在完成“二通”之后，陈作霖先生还进行了大量金陵地方志的搜集整理编纂工作，其中较重要者如：《金陵琐志》五种，该书历经实地考察访问，而后对照文献资料，一一落实编成。光绪九年(1883年)二月辑《运渎桥道小志》，以城内运河及各桥梁为主线，展示“父老旧闻，乡贤嘉言懿行，城市变易、人情风俗。”光绪十二年至二十五年(1886—1899年)间，续编成《凤麓小志》共12篇，其中地志者三：街道、古刹、园墅；人志二：历代及明朝名贤；事志者五：灌圃、机业、诸市、倡义、鼓铸；文志二：杂著、诗歌。这部《小志》翔实记录了南京风土人情文化及生产，其中许多资料如南京丝织业发展情形等等，为其他史籍所不载，因而具有极高史料价值。而其中《倡义》一篇还记载了太平天国定都南京之初张继庚等人勾结清廷图谋里应外合推翻天朝政权之史实细节，堪称珍贵。与《小志》同时成书的还有《东城志略》为其同类志书，只是内容方位有别。以上三书概述了南京城内外三大地区之面貌。

在独立从事金陵史志辑撰工作的同时，可园先生继续参加官修地方志工作。

以1874年参加《上江两县志》为始，可园先生承担了“两考”、“五传”的撰写任务。光绪元年(1880年)，他受江宁知府蒋启勋之聘，再度出任《续纂江宁府志》分纂，仍在汪梅村先生主持下，负责《续志》军志(1卷)、先正传(3卷)、《孝友传》(1卷)、仕绩传(1卷)部分。在其人物传写作过程中，可园先生采用了他自己创造的新体例，因而使其作品颇具特色。这两部《府志》及《县志》，在南京地方志撰修史上成为承上启下的代表作，具有深远的历史意义。

光绪二十七年(1901年)，可园先生又被编译官书局聘为分纂，“纂成《孝弟图说一百条》、《礼经初编》(2册)、《江宁地形考》(1册)、《江宁先正言行录》(4卷)、《格言类证》(4卷)、选《古文初编》(4卷)”等。

宣统元年(1909年)，已届耄耋之年的陈作霖，除仍独立撰写《上元江宁乡土合志》(6卷)外，又再次受聘出任江苏通志局总校兼编纂，完成了《江苏兵事纪略》、《古迹志》(10卷)、《先贤传》(11卷)、《烈女传》(1卷)、《杂人传》(1卷)的撰写。宣统三年(1911年）辛亥革命爆发，编纂工作告停，而陈作霖的作品遂成为《江苏通志稿》中除缪荃孙《江苏金石志》外唯一的完工之作。1918年可园先生以81岁高龄继续应冯煦之聘出任江苏通志馆总纂，直至1920年逝世。可园先生一生致力于乡邦地志之撰述，真可谓鞠躬尽瘁。陈三立先生曾在《江宁陈先生墓志铭》中写道：“凡省府县志局、书院、学堂、官书局、官报局、图书馆之属，先生皆在董其役终其身，亦因以著书百数十卷，跻为通儒。”此非溢美之词。

除此而外，可园先生在其后半生中还编撰整理刊印了大量有关南京地方史文献资料及其研究著作，其中如：

光绪十三年(1887年)，编成《金陵诗征》，二十年(1894年)又成《金陵续诗征》。

光绪二十二年(1896年)，与秦际唐共同校编《国朝金陵文征》，次年又编《国朝金陵词征》。

光绪二十四年(1898年)，编成《养和轩笔记》。

光绪二十六年(1900年)，陈作霖整理已故学者孙文川所辑《金陵南朝佛寺志》，共录226寺。又与秦际唐共刊《金陵词选》。

光绪三十三年(1907年)，始刊刻《可园文存》一书，宣统元年(1909年)完成。

光绪三十四年(1908年)，撰成《金陵物产风土志》，保存了近代南京土特产、民情饮食文化之稀见史料。

宣统元年(1909年)，“续刻物产志、六朝梵刹志及诗存”。

宣统三年(1911年)，刊刻《炳烛里谈》一书，为记载研究南京民俗之专著。

民国2年(1913年)，编辑《历代遗民传》。

民国8年(1919年)，刊成《寿藻堂诗集》、《续金陵通传》。

民国9年(1920年)，可园老人在辞世前刊印《可园诗话》。

陈作霖先生的这些辑录编著作品，基本包括三方面的内容：一是以“二通”为代表的金陵方志类史学著作；二是古文、诗歌为主的文学作品；三是以考据、训诂为内容的经学著作，(如《可园文存》载《一切经音义通检》)。而其采集编成的大量地方文献则是其中另一重要内容。他继承发扬了乾嘉学派精耕细作的治学传统，以丰富的史料为基础，史论结合，寓论于史，考释相间，以“不苟同、不立异、剖析可否，斟酌时宜，必求久无弊而后止”为治学原则，继承了陈氏家风传统，经过数十年的努力，将原本分散、零乱的文献资料搜集、积累、整理，先后辑存了《金陵文征小传》、《金陵诗征姓名录》、《秣陵风土小记》等乡邦文献记36种，洋洋160大册之多。这是对南京地方史志事业的巨大贡献。可园先生亦因其“以一身系金陵文献者数十年”，而“岿然负东南文望”，为后世所敬仰。

可园先生自摒弃科考之途后，一方面将主要精力致用于修史治学，另一方面亦积极从事教育事业，受聘在各公私立学校任教，数十年间培育了大批学生。除了早期受聘在各官宦人家私塾教书外，亦曾于光绪十六年(1890年)

出任文正书院讲习。光绪二十七年(1901年)地方官府为了响应慈禧的“变法上谕”，作出姿态，下令“废钟山、文正、惜阴、奎光四书院，罢八股诗赋”，在“城中设立省府县三学堂”，但仍以“策试四书经义策论”为主要任务。可园先生“奉(江宁)府尊照会延为县学堂正教习”，并于光绪三十一年(1905年)改称为“堂长”，同年，他又出任由“崇文经塾”改建的“崇粹学堂”堂长。至光绪三十四年(1908年)辞去县学堂长职，改充名誉堂长。

可园先生在晚年还经常与南京的文人在一起饮酒赋诗，大概在光绪二十四年左右，他与秦际唐(字伯虞，号南冈，1865年入钟山书院结识陈作霖等南京地区著名人士。1902年废书院为学堂，以尊经、风池两书院为校士馆，后改为师范传习所，奏任总教习，1906年又改为初等师范学堂，秦任教务长。秦擅诗文，著有《南冈草堂文存》、《南冈草堂诗选》。)、朱绍颐、何延庆、顾云、邓嘉缉、蒋师辙等人结成“石城七子”诗社，号称“石城七子”，共同从事诗的创作及研究(七人都留有诗集)，他们继承袁枚、魏源之所长，形成了“南京诗派”的独特创作风格，抵制了“同光体”复古僻拗的文风对南京的影响。同年冬天，他又与司马晴翁、周柳谭、秦际唐、郑叔龙等作“五老消寒会”，后来，参加消寒会的不限于五人，如当时在南京的缪荃孙也常参与这一活动。清末，政局动荡，灾祸频仍，米价奇贵，人民深受其苦，可园先生对此痛心疾首，可园先生与秦际唐等常常奔走于官府，为民众请命，并组织了“救生局”、“平粜局”等公益事业。

宣统三年(1911年)，可园老人75岁，为庆祝他“入学六十年，同学禀请李梅菴(瑞清)学使，蒙赠以‘芹藻长春’匾额，”这是学术界对可园老人一生学术成就的嘉奖。

是年八月，“革命党起义于湖北武昌，远近皆响应。十月联军攻江宁，总督以下皆弃城走，金陵遂归民国焉。”“自此以后，予所办图书馆、通志局、崇粹学堂皆罢，目力渐昏，可以闭户养疴矣”。次年“六月黄兴率革命党独立，半月消去，七月，何海鸣又独立，八月，张勋以北军入城大掠，详载后癸丑所见录。”

此时可园老人的心情是复杂的，他一方面对辛亥革命表示理解与同情，所以称之为“起义”，“金陵遂归民国”，另一方面，又因长期的封建思想影响，而对清王朝的覆灭，心中总有一种怅然若失之感，并由此认为自己一生所致力的史志文化事业将从此结束了，加之年事已高，对世事已生厌倦。

1918年，82岁的可园老人“受京师晚晴簃诗社之聘”，1919年被“公推为续纂同治上江两县志总纂”一职，携子治学。这是老人最后一次参加学术活动。

1920年“正月二十三日”，金陵一代史学文学大师陈作霖先生病逝于南京，终年84岁。江宁学界名流纷纷著文悼念。陈三立先生为其撰写《江宁陈先生墓志铭》，对可园老人一生及贡献给予了高度评价。

可园老人之墓最先位于清凉山古井庵后。1937年5月，当可园老人百岁纪念之时，其弟子及在宁文人学者尊其为“孝通先生”。抗战胜利后，市府当局因在墓地附近建立国立音乐学院(今南艺前身)，曾有迁墓之议，当时国民政府教育部长朱家骅出于对老人历史贡献之尊重，决定保留其墓。1955年，得南京市人民政府市长彭冲资助关心，由其后裔迁葬于栖霞区迈皋桥乡，与其子陈诒绂合葬一处。1987年5月18日，当可园老人诞生一百五十周年之际，江苏省暨南京市学界隆重集会，并举行学术讨论会，纪念陈作霖先生，可园老人对南京地方史学文化事业的贡献终于得到了历史的肯定。

总结陈作霖先生的一生，他是一位勤勤恳恳地为祖国传统文化事业贡献良多的学者。他对于中国文化特别是东南地区地方史志学的继承、传播与发展贡献卓著，人民将不会忘记。

注：本文主要参考陈作霖《可园备忘录》，《可园文存》，《可园诗存》等

辛亥革命前后的林森

载《孙中山与辛亥革命——纪念辛亥革命90周年论文集》,江苏古籍出版社,2002年3月版。
《民国档案》，2001年增刊第2期。

一

林森，字子超，号长仁、天波，晚年别署“青芝老人”。是国民党元老之一，曾任国民政府主席长达12年，是一位“勤廉淡泊”的虚位元首。他早年曾追随孙中山先生，参加反清革命，为推翻清王朝的腐朽统治而出生入死，立下了汗马功劳，由此奠定了他在国民党内的地位与基础。由于林森的特殊地位及其“虚位元首”的特质，过去学术界对他的研究评价不多，本文仅就林森在辛亥革命前后的历史活动，作一概略考察如后。

公元1868年3月4日，林氏出生于福建省闽侯县尚干乡凤港村。他的生父名林道举，母张氏。林森出生后不久便由其父做主，过继给他的叔叔林道炳为嗣子。林家有兄弟四人，其为长，以下顺次为长义、长礼、长智、长信。林家先世本以务农为生，到其祖父时，家境已趋衰落。1870年，林森随其嗣父林道炳举家迁居福州仓前山土地庙街转营皮革生意，开设了一片店铺，家庭境况逐渐转而小康。[1]

鸦片战争以后，清廷开福州为通商口岸，各国商人、传教士纷纷涌入福州，仓前山一带是洋人的集中居所，开设了不少新式学堂。林氏兄弟在此得以接受早期西式教育，这对于他们后来投入反清革命具有重要作用。

林森六岁起读经书以为启蒙，1877年，他进入美国教会所办之培元学校读小学课程至1880年毕业。1881年他升入福州英华书院学习。神州英华书院是美以美教会新创设的八年制学校，其课程包括了中学及大学前期的学习内容，各科教学都是以英文讲授。林森在此求学四年，较为熟练地掌握了英文，了解了美国独立运动历史以及华盛顿、林肯等人的故事，逐渐萌发了民主政治的意识，在学校里，他参加了学生会的活动，抗议各国传教士在华的侵略行为。1884年他从英华书院肄业，渡海赴台湾寻职，1886年考入台北电报局。[2]

林森少年时曾由父母包办与邻乡郑氏女儿订婚。1890年，他奉父命自台湾返回福州举行婚礼，时年22岁。林森夫妇感情弥笃相敬若宾，但不幸的是仅两年后，郑氏便身患重病，林森尽力照料无效，终于1893年冬不治亡故。[3]爱妻的死给林森留下了巨大的感情创伤，他发誓不再续娶以保留对妻子的永恒怀念。因郑氏身后无子，林森便将其三弟长礼之子林京过继为嗣。林京成年后曾赴美留学，归国后任职绥远省政府秘书，1937年10月在抗战爆发太原沦陷时遇难。所以在林森的一生中，他几乎始终过着独身生活。由于他的这些经历不为人知，以至于在他出任国家元首后，社会上曾流传起对他私生活的种种传闻。抗战爆发前，林森巡视广西，随身总带有一只手提箱。当时广西及香港一些报刊都曾刊载传闻说林森将其所保存的妻子遗骨藏于箱内，从不离身，每晚必抚摩再三而始入眠。无论此说确实与否，林森对其妻之挚爱由此可见一斑。

中日甲午战争失败以后，清廷将台湾割予日本，这一卖国行径受到全国人民的强烈反对，台湾各界人士纷纷电斥清廷，电报局每天收发大量悲愤抗议文电，林森目睹台湾人民自发的抗日爱国之举十分感动，他决心投身救亡运动。因奔走各方联络台湾志士组织抗日军积劳过甚，林森终于病倒，内渡福州休养。待身体稍见好转后他又赶去上海，争取对抗日义军的资助。在沪期间，他与孙中山先生取得了联系。[4]

1897年，林森秘密潜返台湾，从事反日活动。这时的台湾已在日本殖民主义者严格控制之下。林森隐居台北友人家中一年余，终于引起日本刑事警察的注意，他转移到嘉义，在台南地方法院嘉义支部谋得翻译职位，藉以掩护。在处理台湾人民反日诉讼案时，他利用职务之便尽力掩护抗日志士。

1899年春，因在台工作进展不大，林森在友人资助掩护下，最后离开了他度过青年时代的台湾。[5]

二

1902年12月，林森在上海考入上海海关工作。为了拯救国势陲危的祖国，他联络长江一线在各地海关服务的志士，组织团体议论时政，讨论救国方法。1903年春，林森在上海发起组织“旅沪福建学生会”，被推举为会长，会本部即设在江海关，并在福州设立了分会。这一组织是反清革命团体，会中约定不用满清年号而用“黄帝纪元”，以示参加者的反满决心。林森在这一时期将主要精力都用在革命工作上，在孙中山先生的影响下，他尽自己的所能奔走各处宣传革命，用自己的薪金购买宣传书刊在同志中散发，在他的带动下，他的兄弟及不少的福建青年投入革命洪流。1905年8月，孙中山先生在日本东京组织同盟会，各地革命分子纷纷加入这一组织，林森率领“旅沪福建学生会”集体加入同盟会，其中如林觉民、方声洞等会员后来都在同盟会起义中为革命献身，“黄花冈七十二烈士”中就有十余人来自“福建学生会”。“旅沪福建学生会”当时在上海、福州两地开展了大量革命工作，产生了较大的影响。

1907年，林森自沪回闽探亲并指导工作，同盟会元老黄乃裳等数十人聚会福州，欢迎他的到来。黄乃裳在致欢迎词时说：“林君在沪组织福建学生会，聚东西洋及省内外福建学界名人于一堂，共同研究政治社会文化事业，为改革中国之准备，其旨趣实堪为世人所崇拜。其关怀公益、嘉惠后进，其国而忘家、公而忘私尤属难能可贵”。[6]由于林森在领导“旅沪福建学生会”工作中的成绩，使他在闽沪两地具有了一定的号召力，成为孙中山领导之下的同盟会重要干部之一。

三

1909年，林森从上海海关调往九江海关工作，他一到九江便与吴铁城等人共同创办了一所“浔阳阅书报社”，集资购置了大量革命刊物，继续从事宣传鼓动等革命活动，其中最有影响的一件事便是和英国领事打官司，为中国农民伸冤。

事情的经过是这样的：一日，湖口农民余程发途经九江英租界，不慎触犯了在租界巡察的印度巡捕，被巡捕殴打至死。本来这在当时的中国并不是一件罕见之事，驻九江的英国领事也想大事化小，庇护杀人凶手。此事被林森知悉后，他深为外人暴行所激怒，决心为死者鸣不平。他派人找到死者家属，劝其拒绝英人收买，同时派社内人员帮助起诉，社里又设法聘请美籍律师越过“治外法权”的限制，把官司打到了伦敦。经过多方努力，终于获得胜诉，印捕被判徒刑、英领事亦被调职。在案件处理过程中，由于“浔阳阅书报社”同人的广泛宣传发动，在长江中下游地区掀起了抵制英商运动。“阅书报社”也因之而一时名声大振。[7]

随着革命的深入发展，林森感到只停留于宣传鼓动已远不能适应斗争的需要，为了推动反清革命向武装斗争的方向发展，林森与吴铁城等人商定在九江组织“商团”，发展革命武装力量，并与驻九江“新军”五十三标官兵开展秘密联络。

1911年4月27日，同盟会在广州组织了一次起义，林森领导的“福建学生会”成员在起义中发挥了重要作用，其中林觉民等人还献出了宝贵的生命。林觉民烈士牺牲后留下了致其妻及其父绝命书两件，由其父保存。《与妻书》一文中充满了烈士献身报国的革命精神，读来催人泪下。1924年，林觉民父亲将这两件珍贵遗物寄给林森，林森遂令将之印出广布，使之得以传播开来。

同年10月，武昌起义爆发，举国振动。清王朝已面临崩溃的命运。九江官府企图封锁消息，官方报纸诬称武汉“土匪起事”蒙骗人民。清廷江西巡抚冯汝揆奉命调派军队赴汉镇压，清军集中九江待船上驶。林森与“阅书报社”同志得到武汉方面起义的消息后，立即将刊载革命真像的报道以醒目的红线框出，张贴于街头。社内同人还备以茶水，招待停足观看的行人及清军士兵，借机广为宣传革命党起义的意义与目的。一时间，有关武昌革命的消息迅速传播开去。许多清军士兵得知武汉方面真情后纷纷表示不愿赴汉参战，军心动摇。冯汝揆强压无效，最后只好令清军撤回原防。后来，因苦于无法向清廷交代，冯竟羞愧自尽。

与此同时，林森等人还进一步开展了策动九江驻军反正的工作。10月19日，林森舍弃了在九江关的职务赶赴驻军五十三标标统马毓宝处，利用私谊晓以大义促其反正倒向革命。经过林氏耐心说服，马毓宝终下决心于10月23日宣布九江脱离清廷独立。这一举动使武昌起义军在长江下游得到了声援与屏障，有力地扩大了革命力量。

九江独立后，随即成立了新的领导机构军政府，公推马毓宝为九江军政府都督，林森为副民政长。[8]但林氏因需负责同盟会方面工作，并未就任。10月间，林森又组织了策动清廷海军在九江宣布起义、派福建学生会员林知渊赶赴镇江策动驻军起义等多项工作，他还受命亲自带队赶赴武昌前线协助黄兴指挥作战。在革命党人拚死奋斗下，上海、南京等地先后光复，长江中下游革命力量联成一片，清廷为之震慑，革命大局甫定。

武汉起义后不足二个月间，十七省先后光复。各省军政府联合召开代表会议共商国事。林森被推举为江西省代表出席了在南京举行的会议。他首先提议推选孙中山先生为首届中华民国临时总统候选人，得到了多数代表的支持。

1912年元旦，中华民国临时大总统孙中山宣誓就职，同时通电各省推举参议员组织国会。林森被推举为福建省参议员。1月29日在参议员会议上又被公推为参议院议长，时年44岁。从此，他结束了秘密的革命工作生涯，公开担负起共和政府的领导职务，成为创立中华民国的革命元老之一。

从1月29日至4月30日，林森担任国会议长职务总计三个月。在这段时间内，他协助孙中山完成了创建民国的一系列重大任务，在建立民主宪政制度方面作出了贡献，其中尤其得称道者为他主持制定《临时约法》及反对袁世凯的斗争。

2月13日，孙中山为了促成推翻帝制后南北议和的早日实现，决定让位给袁世凯。但共和政府又对袁氏的阴险狡诈深为忧虑。孙中山与林森等人一致认为有必要制定一部临时约法，以约束袁世凯的行为，保护革命成果。在林森的主持下，参议院临时约法起草委员会经过月余努力，终于在3月8日完成了《临时约法》的三读程序。3月11日，由临时大总统孙中山予以公布。林森在制定约法过程中对孙中山所提各项主张如定都南京、采用青天白日国旗等都给予了积极的支持。4月1日，孙中山正式离职，月底，参议院应袁世凯要求迁往北京复会。当袁世凯以临时大总统身份临会致词时，林森面对趾高气昂戎装佩剑的袁氏，毫不畏惧地上前阻挡，请其解除武装。林森说："此地乃代表全国人民之最高机关，不得携带武器，请先生解除佩剑以崇法治。"袁世凯闻言变色，不得已而从之。后来，林森又对袁氏演辞中媚外辱国内容进行了坚决的批驳。

林森对袁世凯的本质逐渐有了根本的认识，他决计离开北京。4月间，他南下福州。8月在闽主持了福建国民党支部的组建工作，次年4月，他又被选为参议院全院委员长，但他仍坚持不与袁世凯合作，申请了去美国游历的护照。11月，袁世凯撕下伪装下令解散国会，取消国民党员议员资格，公开镇压革命党。林森遂东渡日本避难。

四

林森在日本见到了正在筹建中华革命党的孙中山先生，他表示愿意追随孙中山加入中华革命党，随即办理了入党手续并被委任为美洲总支部负责人，前往美洲巡视党务。

1914年春，林森乘轮抵达檀香山，开始了他的美洲之行。

在檀香山，林森身着民国政府官员礼服前往当地中国领事馆登记签证。他的护照上所署官衔为"中华民国大总统府高等顾问"。领事馆官员以为他是袁的亲信，顺利地给他办完了手续。但林森的这一头衔也给他带来了麻烦。在与檀岛革命党人联络时，他往往被认作袁世凯的人而遭冷落，直到孙中山从日本寄来证明，林森这才得到同志们的信任。6月，林森抵达旧金山，出任国民党（时美洲革命党仍称国民党）美洲总支部副部长兼为讨袁筹饷而设立的“民国维持会”会长。不久，他便去古巴各地筹募讨袁军费。

1914年冬，国民党美洲总支部换届选举，林森当选为正支部长，冯自由为副。在总支部大会上，冯自由向三千多华侨革命者介绍说：“这就是当日逼令袁世凯解除佩剑的参议院议长林森先生”。全场热烈鼓掌，对林森表示了极大的崇敬。[9]

林森在美洲历经美国、古巴、加拿大等地，向各地爱国华侨募集了大量捐款，前后以“民国维持会”名义向东京党的总部汇款日金120余万元，有力地支援了国内反袁斗争。孙中山特授其以“领袖支部”的荣誉称号。[10]虽然林森手中握有巨额公款，但他从不挪用一分，他个人过着极其朴素的生活，有时甚至连起码的生活费都难保证。他没有一分钱工资薪金，日常生活都靠同志们帮助。为了维持生活，他利用空余时间教授华侨子弟汉语，或出售雨花石之类小件物品赚些补贴。因生活流动不定，这些收入也难以保证。孙中山在东京得知林森生活困状很是不安，函令“民国维持会”一次赠予林森美金3000元为个人生活费，这才稍舒危困。

林森在美洲工作期间，主持举办了1915年全美国民党“恳亲大会”，[11]为华侨青年创办了各种形式的训练班，教授军事、航空等课程，以为祖国革命培养专门人才。他还保送了陈庆云、黄光锐、杨仙逸等一批优秀青年进入美国航空学校就学，为创建中国空军培养了骨干力量[12]。在这当中，有一件值得一提的事情就是有关黄远庸被刺案件。

黄远庸，又名黄远生，是当时国内著名的新闻记者，历任《时报》、《申报》、《东方日报》及《亚细亚报》特约记者，在新闻界享有较高声誉。1912年以后，因为他曾撰写过《记者眼中之孙中山》等文章，批评过国民党及其林森等议员在参议院中的活动，因而与国民党人交恶。1915年，在袁世凯加紧帝制复辟之时，“筹委会”分子曾以重金贿胁相加压迫黄远生写过赞同帝制的文章，但袁阅后仍不满意，进一步催逼黄继续为其服务。黄远生认清袁之倒行逆施决无出路，乃离袁出走。他在上海声明辞去《亚细亚报》职务，声明所写赞同帝制文章乃“出于不得已，而主旨尚未过于没却良心”，自己“大受苦痛”，表示“此后当一意做人，以求忏悔居家数年堕落之罪”[13]。1915年10月24日，黄远庸自上海乘轮去美国。林森及其国民党美洲支部同志对其政治立场的转变毫不知悉，又闻传言以为黄此行是为袁氏复辟筹款而来，于是新仇旧恨一并清算，决计杀之而后快。12月15日，林森派遣人员在旧金山将黄远庸误杀刺死。

1916年6月，袁世凯在国人唾骂中病死，黎元洪继任总统。段祺瑞内阁重开国会。林森奉孙中山之命启程回国。

五

国会重开后，林森与国民党议员张继等组织“宪政商榷会”，与“研究系”的“中央集权”主张相对立。以林森为首的“丙辰俱乐部”成为国会中反对北洋军阀段祺瑞的激进派。1917年3月，中华革命党通告党员准备恢复国民党名称。6月间黎元洪再次宣布解散国会，段祺瑞利用“参战”以图私益，北京政局大乱。

孙中山率海军南下广东发起“护法运动”，林森等联袂南下追随之，8月25日在广州召开国会“非常会议”。孙中山出任护法军政府大元帅，以林森为大元帅府外交部长，并曾一度派其前往南洋募集经费。[14]次年4月，桂系军阀强行改组军政府，排挤孙中山，孙愤而辞职离粤赴沪，嘱林森继续留在广东维持和局，8月，林森当选为护法国会参议院议长。

林森在粤期间，以参议院议长名义发起了募捐修建黄花岗七十二烈士墓的活动，“所有费用只向国内同志募捐，立意不向各衙署开口，因虽口言护法者，未必与吾党宗旨相合”。

1920年春，桂系军阀为了谋求同北京政府的妥协，停发了国会维持费，大部分议员只好离粤。4月16日，林森离粤去沪，他在海轮中手书一封寄海外同志报告国内情况，他写道："桂系压迫国会更毒于袁氏，是以坐而待毙，不如离去贼群另图进取，可知中山先生之辞职，其见机之早实，有过人之眼光。吾人护法，本以拥护约法为宗旨，今武人违法，南北皆然，是再不可容忍矣"。[15]表达了他对军阀的愤慨之情。

1920年11月，陈炯明逐走桂军夺回广州。孙中山率林森等回广重建军政府。1921年1月12日，广州国会复会，选举林森为议长，5月5日，林森代表国会向非常大总统孙中山授印并致词。[16]次年6月，陈炯明发动叛变，孙中山的北伐计划再次受挫。与此同时，奉令进攻福建的许崇智占领福州，孙中山命令林森与蒋介石、汪精卫一同去闽处理时局，准备经营福建以为反攻广东之基地。1922年11月10日，林森受命出任福建省长。当时，福建在军阀李厚基虐政之后局面混乱，财政问题尤为突出。为挽救危局，有人倡议增发纸币以应急。林森认为滥发纸币必将造成祸害殃及人民，决不允许，使闽人免除了一次灾难。1923年1月，许崇智奉命回粤，闽军王永泉乘机叛变，在炮火威胁之下，旁人纷纷之劝说林森退回广东以求安全。林森毅然表示"我奉命而来，不能违命出，生死进退唯孙先生之命"。[17]福建再沦入军阀之手后，林森被迫辞职回广继续督工修筑黄花岗烈士墓，并与邹鲁详细考订了死难者姓名93人，比传说之72人为多。[18]

1923年2月，孙中山击败陈炯明重就大元帅职，7月24日，林森被任命为大本营建设部长兼治河督办，督导修建了广东北江芦苞钢铁水闸工程及西江肇庆防洪大坝，并疏浚了珠江。

1924年1月，经过周密准备，孙中山在广州主持召开了国民党第一次全国代表大会，确立了联俄、联共、扶助农工三大政策。在国民党"一大"会议期间，林森与胡汉民、汪精卫、谢持、李大钊五人被孙中山指定为大会主席团成员，轮流主持大会。1月20日下午，林森在大会上就"组织国民政府之必要案"进行了说明，他表示坚决支持孙中山的政治主张，首先组织国民政府推进国民革命。在这次大会上，林森被推选为国民党中央执行委员会委员兼海外部部长。[19]

1925年3月，林森与邹鲁等去北京主持北方党务工作，3月12日，孙中山在北京病逝，林森在中央公园主持了千人规模的国民党党员公祭孙中山典仪。他又与邓泽如一起担负了勘定墓地修建南京中山陵的工作。直至1937年，他一直兼任中山陵修造工程的总监工。

1925年7月1日，广州国民政府成立，林森是16名国民政府委员之一。

综观前文所述，林森不仅有其个人早年追随孙中山进行反清革命的历史，而且于武昌首义之后，又在长江中下游的重镇九江发动反清革命取得成功，光复江西，此举成为辛亥革命一个重要的组成部分。林森还曾带队赴汉直接支援武昌前线的义军，并派人去镇江等地起事，为辛亥起义的最后成功立下了汗马功劳。在政治上，林森又为中华民国的诞生与孙中山的回国主政作出了重要的贡献。南京临时政府成立后，他又担任了参议院院长等要职，在对北洋军阀袁世凯的斗争中，积极支持孙中山，做了许多工作，成为其主要的干部与帮手，以后便成为中国国民党的元老之一。林森在辛亥革命前后的历史活动是他个人历史上的光彩一页，也为他后来长期担任国民政府主席奠定了政治与历史的基础。尽管他后来曾一度反共，但总其一生仍有许多可以肯定的内容，而他为辛亥革命所做的贡献就是其中的一个方面。

【注】

[1] 中国第二历史档案馆馆藏国史馆档案三四：《国民政府林主席事略》。

[2] 关于林森首次赴台时间，国内外有关林森的传记中有 1884 及 1890 年两种说法，据考证，林森 1886 年已进入电报局供职，故以 1884 去台为可信，但他曾于 1886 及 1890 年两度回闽探亲。

[3] 谭慧生：《民国伟人传记》，二史馆馆藏图书。

[4] 张其昀：《林主席之风范》，（台）《传记文学》第八卷第二期，第 3 页。

[5] 丘斌存：《林子超先生与台湾》，（台）《传记文学》第八卷，第二期，第 14 页。

[6] 林湘：《林森与辛亥革命》，（台）《传记文学》第 41 卷第 3 期，第 38 页。

[7] 林湘：《林森与辛亥革命》，（台）《传记文学》第41卷第3期，第39页。

[8] 过去有关史书多载林氏为正民政长，罗大信为副，据二史馆藏“国史馆”档所载，罗氏后裔曾致函林森询问此事，林回函中加以明证。

[9] 谭慧生：《林森》，载《民国伟人传记》，（台）百成书店版，第397页。

[10] 石映泉：《林森》，《林森纪念集》，第92页。

[11] 张其昀：《林主席之风范》，同前出处，第4页。

[12] [美]包华德主编《民国名人传记辞典》，中华书局版，第68页。

[13] 转引自黄席群《远生遗著新版序言》。

[14] 吴湘相：《民国百人传》，（台）《传记文学》丛刊第二册，第39页。

[15] 吴湘相：《民国百人传》，（台）《传记文学》丛刊第二册，第40页。

[16] 娄献阁：《林森》，李新等编《民国人物传》第二卷，中华书局版，第122页。

[17] 吴湘相：《民国百人传》，（台）《传记文学》丛刊第二册，第40页。

[18] 张其昀：《林主席之风范》，（台）《传记文学》丛刊第二册，第6页。

[19] 台湾出版林森传记中有记载其当选为监察委员者，与史实不符。

南京国民政府时期蒋介石思想理论简析

载《民国档案》，2003 年第 1 期。
人大复印资料《中国现代史》，2003 年第 7 期。

在孙中山时代，国民党内唯孙马首是瞻，无论是在领导权或是在理论权威性上，党内没有人敢于超过孙中山而凸现自己。那些舞文弄墨的国民党文胆们，如胡汉民、戴季陶等人，也只不过埋头于为孙中山的思想理论做进一步的诠释工作而已。但到了1926年，国民党进入蒋介石时代以后，由于蒋的长于行动的特色，使其在理论上显露出不足。在这种情况下，国民党内出现了多种理论派别，他们都以孙中山的三民主义理论继承者自居，并对之加以各自大同小异的解释，演变成为各式的“三民主义”理论流派。在20世纪30年代前后，这些论说成为蒋介石时代国民党思想理论的主要组成部分。

从严格的意义上来说，蒋介石不算是一个理论家，在他一生中所崇尚的是“行动高于理论”的原则，按照他自己的说法就是“力行主义”。在他统治中国的几十年内，先后由他的秘书陈布雷等人代笔，按照他的意图，对国民党的政治理论多次进行了修订和阐述，而蒋本人除了由他的秘书等代写的各种演讲稿、报告书外，并没有出什么自著的系统理论著作发表，其思想脉络，基本上都是体现在上述的这些演讲、书稿之中的。

在整个蒋介石时代，他在执政思想理论基础方面并没有什么特别的建树，只不过是在继承和阐述孙中山三民主义思想体系时，对其进行了适合自己需要的修改与演绎，主要是汲取了中国传统思想中唯心主义的内涵，将中国传统文化中的儒家学说与三民主义思想进行了嫁接，使孙中山的三民主义理论中的消极成份扩大，从而削弱了它的革命精神。其具体表现便是产生了具有蒋介石个人思想特征的“儒学化”的蒋记三民主义。

一、蒋介石个人经历对其思想形成的影响

蒋介石思想内涵的形成，有其深刻的社会历史及个人经历的背景。

蒋介石自小失去父亲，与母亲相依为生。他的母亲王太夫人是一位生性要强的中国传统式妇女，因为自己身为女性，为当时的封建社会环境所迫而不能有所作为，又加上早年丧夫，她便把所有的希望都寄托在了她的儿子身上，对蒋介石从严要求，倾注了全部的希望。在母亲的压力下，蒋介石虽从小顽皮桀骜不驯，但也被迫读了不少的传统经书典籍，从而深受中国传统文化儒家学说的影响，在他的思想深处奠定了中国传统思想意识的根基。这从他成年以后对传统儒学的提倡、发动新生活运动以及竭力倡导忠孝仁爱、四维八德的封建思想中可以在在得到证实。

与许多的同时代的青年人一样，蒋介石的幼年，也是从读“四书五经”、“诗云子曰”开始文化启蒙的。他的老师便是其故乡浙江溪口镇上著名的汉学家蒋谨藩。他师从蒋老先生读《大学》读《中庸》，“不知道背诵过多少遍”[1]，在不知不觉中便受到了中国传统儒家文化思想浸淫。当然，这时的蒋介石学习目的只是为了给将来参加科举考试打下基础。

进入青年时代后，蒋介石受到了资产阶级民主与反清革命思想的影响，与其他激进的革命青年一样，他曾在一时间内对传统的儒家文化思想嗤之以鼻，说它们都是些“腐朽的空论”。蒋介石自己曾回忆说：

“我到18岁的时候在箭金学堂，顾葆性（即顾清廉）先生重新要我再读这一本《大学》，当我读到这两句话（自天子以至于庶人，壹是皆以修身为本），看到‘天子’两个字，乃以为《大学》一书，不过是讲忠于帝王和如何统治天下那一套腐朽的空论，觉得很讨厌，便从此丢弃不顾再读了。”[2]

但是，又过了10年之后，蒋介石却在那本《大学》的影响下，完成了他的人生观的确立：

“到28岁的时候，总理为我们讲明《大学》一书的价值，我重新又来

看，……才知道这部书是一部最有价值的政治哲学，将它彻底研究之后，我更体会到这部《大学》，亦是一部最有价值的军事哲学。后来再不断研究，就觉得其中每一句话，都有其深切的道理。于是我的人生观，乃由此建立，亦可说我的革命人生观，在28岁时，就确定了。”[3]

这一例证，十分形象地说明了蒋介石在青年时代思想上转变的过程，在他成年后，革命的思想已渐渐为守旧的思想所代替，回归到中国传统儒家思想框架内。

二、蒋介石思想理论基础来源

（一）蒋介石思想基础来源之一：传统的儒家思想——《大学》

《大学》一书，原为我国古代战国秦汉间儒家论说及解释礼制的丛书——《礼记》中的一个篇章，在以后600年间，历代儒教理学家对之进行了考注补充与推崇吹捧，使之成为了与《中庸》齐名的儒家经典著作，其地位凌驾于群经之上。由于《大学》已被孔孟之后的一代名儒思想家、宋明理学的代表人物朱熹推崇到了“古之大学所以教人之法也”，“教之以穷理、正心、修己、治人之道”的地步，因此在占据中国传统主流的儒学圈内，这本书被认为是教导人们如何做人做事，如何成为一个知书明理、有高尚道德品行修养的人，特别是如何统御他人方法的一部人生及政治教科书。

在蒋介石的一生中，他最崇尚的一本书，就是这本中国古代的儒家典籍“四书”之一的《大学》。

在中国传统的典籍中，蒋介石对《大学》的赞誉评价最高。他说：

“我以为这《大学》一书，不仅是中国正统哲学，而且是科学思想的先驱，无异是开中国科学的先河！”[4]“一部《大学》，就是孔子所讲为学做事，成德立业的科学方法。其由小而大，由本而末之精微开展的系统理论，实在是孔子最重要之科学的遗教。因为《大学》是科学的，所以我说《大学》可以称之为‘科学的大学’。尤其是《大学》的第一章，乃为世界上最早的科学理论，亦即科学的祖宗，或者说是基本的科学方法论。其实《大学》一书，不仅是讲基本科学方法之科学的祖宗，同时更是我们中国正统哲学之唯一的宝典”[5]。“‘大学’为做人做事成功立业之大道，所谓做人的道理即在‘大学’之道。”[6]

蒋介石进一步说明道：

“就‘大学’所讲的道理来概括的将科学的内容即基本的科学精神和方法提示几个要点：第一就是要即物穷理，第二就是研究与预备，第三就是分工合作，第四就是精确真实，第五就是要条理与系统，第六就是要自强不息。”[7]‘大学’所云“博学之，审问之，慎思之，明辨之，笃行之”，“笃与诚在意义上是连用的。笃行，就是贯彻始终完满达成的意思，亦就是我常常所说的‘力行’。”

蒋介石不无夸耀地说：这是他“自己三十年来读书和做事的经验与心得，关系于个人和学校乃至国家的前途与革命的成败非常之大”！[8]

《大学》之道的本质就是“明德”与“亲民”，其方法是“格物、致知、意诚、心正”而后“修身、齐家、治国、平天下”。所谓“格物”就是分析事物，分析社会与形势以求知，但求知并不是最终目的，改造社会就是要按照自己的思想去实行所知，这便是所谓的“致知”，也就是孙中山先生提出的“知难行易”的思想。

其实《大学》一书所宣扬的中国古代儒家封建思想与个人品德修养方法。以今天的观点来看，综其内容也提不到蒋介石所讲的高度。蒋介石之所以那么推崇《大学》，是他对中国传统儒学思想及其传播功效崇拜和迷信的体现。

（二）蒋介石思想基础来源之二：王阳明的“知行合一”与“致良知”

以我国明代著名的主观唯心主义哲学家王守仁（王阳明）为代表的宋明理学思想，在我国历史上有着深刻的理论渊源，它被尊为中国历史上理学思想的发展巅峰。其最高理论阶段是王阳明的“心学”。

王阳明“心学”的实质，以一言以蔽之就是“心外无物”、“致良知”与“知行合一”三个要素。在本质世界观上，王阳明是以自己的“心”的存在为世间万物存在的基础，他顽固地认为只要他的心死了，世界也就不存在了，这是完全彻底的主观唯心主义。

王阳明在“心外无物”的思想基础上又提出“致良知”与“知行合一”论，目的是强调人类与生俱来的“良知说”，他说：“良知良能愚夫愚妇与圣人同”，而“圣人”保持了这种“良知”，“愚夫愚妇”们则因私欲过重而蒙蔽了“良知”，造成了他们道德上的缺陷。为了让人们都能同登“极乐世界”，就必须要他们恢复过去的本质，这就是“致良知”，也就是要扫除一切私欲，服从封建统治及其道德规范，“存天理，灭人欲”，切不可造反闹事，一切听天由命。

此外王阳明还首次提出了他所创造的“知行合一”论，说人的意识与行动是一个整体，“知是行的主意，行是知的功夫，知是行之始，行是知之成。若会得时，只说一个知，已自有行在，只说一个行，已自有知在。”意思也就是说人们的一切“恶念头”的出现也就同行动上犯了罪一样，不仅不能造反，即便是造反的念头也不能有，否则就成不了圣贤了。这种理论宣扬的目的，十分明显地是为了维护当时的封建思想与封建统治服务的。

但是，以辩证的观点来看，王阳明的“知行合一”思想，在当时对于打破宋代以来程朱理学片面强调“知”而无视“行”的一统天下，活跃人们的思想，是有一定的作用的。他强调“行”的作用，在客观上也鼓励了后来的思想家去创新，这在实际上也违背了王学的宗旨，这是王阳明所没有想到的。[9]

蒋介石对王阳明“心学”理论崇拜有加，特别是对其“致良知”与“知行合一”的论说十分欣赏，他曾饱含感情地说过：

“王阳明的‘知行合一’的哲学，我是自18岁从顾葆性先生时候起，就开始研究的，以后50年来，更曾经读了再读，研究了再研究，他的《传习录》与《大学问》这两个小册子，真使我百读不厌，心向神驰，不知其乐之所止”。“我最初就很得益于王阳明‘知行合一’哲学的心传”，王阳明的《传习录》“阐明‘致良知’的道理，奠定了我求学做事的根本。”[10]

由此可见王阳明的学说对蒋介石思想形成的影响及在其中的作用。

（三）蒋介石思想基础来源之三：封建帮会思想

1906年5月间，蒋介石在日本东京初次结识上海青帮头目陈其美，[11]这对于他的一生影响至大。在历史上，出于团结一切反清力量的需要，孙中山领导的革命党人曾与青红帮等民间会党组织保持了密切的合作关系。当时同盟会为了借助帮会的力量推动长江流域的革命，任命陈其美为中部同盟会庶务部长。蒋介石与陈其美一见如故，他对陈的江湖作风及在帮会中的地位十分折服，两人意气相投，引为知己，后又结为“盟兄弟”。在陈其美的影响下，蒋介石沾染了不少的帮会习气。

武昌起义后，蒋介石应陈其美之召，于10月30日从日本回到上海，混迹于上海帮会组织之中，次年1月14日，他奉陈其美之命潜入法租界广慈医院暗杀了正在这里治病的光复会领袖陶成章。蒋介石与陶成章在历史上并无恩怨，只因为上海光复前后陈其美与陶成章为争夺领导权，产生矛盾，愤恨之下动了杀机。蒋介石刺陶之后，拿着陈其美给他的丰厚报偿，匆匆逃往日本躲避，直至是年冬，该案风声渐渐平息，才悄悄返国潜回宁波老家。[12]

蒋介石刺陶“一枪成名”，开始了他正式登上中国政治舞台的活动史，从此中国现代史书上出现了蒋介石的名字。过去曾有评论说：“刺陶事件对蒋氏政治生涯有很大的影响，这是蒋氏登上政治舞台前所从事的第一件反革命的行为。但是由于这行为，更加博得陈其美的青睐与信任。陈是江浙财团的政治代表，透过陈的关系蒋氏逐步靠向江浙财团。上海帮的财经集团及帮会组织，终成为二七年政变以后蒋的最大支持实力。”[13]

其后在1914年，蒋介石又追随陈其美参加了在上海等地的反袁起义。1916年5月18日，陈其美被袁世凯派人暗杀，蒋介石异常悲痛，以至在后来的几十年中，他对陈其美的两个侄子——陈果夫与陈立夫偏爱有加，授予治党大权。陈其美死后，蒋介石在上海混迹了6年，虽与孙中山保持了联系，但他仍然摆脱不了他的帮会作风，曾委托“海上闻人”虞恰卿介绍，礼拜青红帮大亨、上海头号帮会头领黄金荣为师，并向黄投了“门生帖子”。这是蒋介石一生中的一个特殊的标记，足证封建会党思想对他的影响深度。

后来，蒋介石发迹为北伐军总司令，率部回到上海，黄金荣连忙派人向蒋退还了他的“门生帖子”，但蒋介石仍亲自登门拜访，对他持以师礼，直到1947年农历11月初五黄金荣80岁生日时，蒋介石以一国总统之尊，还亲驾上门，叩首贺寿，他不惜以国君之尊来履行江湖上的“规矩”，这一方面说明蒋黄之间师徒关系之密切，另一方面暴露了蒋介石受封建帮会思想侵蚀的严重程度。[14]

曾有人分析说：“蒋介石当年之所以充当杀手，和他的性格、教育环境及其交游有重大的关系”。[15]关于蒋氏的个人性格，据他自己的描述是：“幼性顽钝，弗受绳尺”，“放嬉跳跃”，常遭“刀棒之伤”，[16]他的老师毛思诚也记述说，蒋在学堂常“以同学为玩物，狂态不可一世，个性粗鲁，动辄拳打脚踢”，“如果有人反抗他，他是不惜以拳力支持其领导权的”[17]。他的这种暴戾性格，直到成年以后并无太大变化，正如蒋介石自己在给胡汉民、汪精卫的一封信中所自承的那样：“弟本一贪逸恶劳之人，亦一娇养成性之人……至今不惟皮玩难改，而轻浮暴戾，更甚于昔日”[18]。蒋介石的这种性格特征，加上后来他所受到的“粗浅的日本军主义教育”及对德国“铁血主义”的崇拜、混迹上海滩时所受陈其美等人帮会作风之影响，终而形成他狂暴、偏狭、蛮干以及对外惯于玩弄权术靠阴谋取胜，对内愚忠个人、进行“龙头老大”式的封建独裁统治等“上海滩”帮会流氓的心态。

（四）蒋介石思想基础来源之四：日本武士道精神与德意法西斯思想

蒋介石早年留学日本，毕业后又一度进入高田日本陆军第十三师团当兵。从青年时代起，他便深受日本军国主义思想的影响，逐渐认同了日本武士道传统的“尚武”精神与对武力统治的信仰，并把它与王阳明的“知行合一”与“致良知”观结合起来。

1932年6月6日，他在中央军官学校讲话说：

“王阳明的‘知行合一’的哲学，就是被日本人拿去做了他的武士道精神，武士道的内容，没有旁的，简单说，明治维新以前，德川幕府时代，他们就拿中国程朱与陆王等学说来研究，有些士人是讲程朱之学，有些士人是讲陆王之学，结果就对于王阳明的‘知行合一’学说有了所得，就是说，士道不仅是知，还是要来行，他们得到了‘致良知’与‘知行合一’的学说，做他们的立国精神，他们就拿这个动的哲学来侵略别人的国家。……我相信中国人若是拿几千年遗留下来固有的民族道德，以阳明的‘知行合一’动的精神，再加上总理‘知难行易’行的哲学来阐明，融会贯通为一种新的民族精神，我相信中国一定不会做侵略民族，他一定是一个世界上的和平之主，而同时也至少可以保障我们国家民族不会给人家侵略。”[19]

1934年7月20日，在庐山军官团总理纪念周上，蒋介石又讲话说：

“王学的要义，一个是叫人‘致良知’，一个就是‘知行合一’（即知即行），日本的武士道，就是袭取了这两句口号，而能继续不断的力行，乃有今日的日本。”[20]在这里，我们可以看出，蒋介石是把日本武士道作为他心目中成功的精神典范来加以推崇的。

除了深受日本武士道的影响外，蒋介石更曾对于德国法西斯情有独钟。在旅日期间，他曾两度准备赴德留学，“在日专习德文，为留学德国预备，并创办军声杂社……盖力思研究外交与军事，为政治上辟一条途径，勇迈前进耳。”[21]他在自己办的《军声》杂志上发表过文章，盛赞德国的军事教育与训练制度，主张应向德国学习。他对德国首相俾斯麦的“铁血主义”政策十分崇拜。虽然他加入了反清革命，但他对于这场革命性质意义的认识是很浅薄的，“蒋先生的两只脚一脚虽踩在革命的大道上，但对革命的认识却是模糊不清的”，对他来说“革命就是狭义的打天下”做皇帝[22]的新名词，基于这种思想，蒋介石对“武装力量的培养向往之至”。他十分佩服德日民族的“尚武”精神。在他的政治思想尚处在萌芽状态之时，“他已从俾斯麦的‘铁血政策’中找到了精神和实践两个方面的秘诀”，并“力主将‘铁血政策’作为中国的指导原则”。[23]这种“尚武”思想与蒋氏倔强固执的性格相结合，造就了他一生的“独裁”与“专制”的作风，及至他在掌握了国民党大权以后，这种作风随着他地位权力的增长而愈演愈烈。而其最具体突出的表现便是蒋对于强权政治的器重与依赖，为了确保并贯彻他的强权统治，蒋介石一是靠军队，二是靠特工，即从公开的和秘密的两个方面依赖枪杆子与暴力镇压手段来“坐天下”。

在20世纪的20−30年代，西方刚刚兴起的法西斯主义名噪一时，其对外侵略对内镇压、残暴奴役人民的面目尚未完全暴露，名称并不腐臭。相反地，它作为一种有力的增强国家机器统治机能的良方，对于那些具有浓厚封建主义传统、缺少民主精神的国家还具有极大的诱惑力。在当时的中国便是如此，许多政界与知识界著名人物，出于救国之迫切愿望，认为法西斯主义的集权与强力政策，对医治一盘散沙的中国，无疑是一剂良方。大量的出版物都在介绍和研究法西斯主义与中国、与国民党及其三民主义的关系。包括希特勒、墨索里尼等人的著作也被很快翻译成中文出版发行。在国民党内，党政军大员如胡汉民、汪精卫、戴季陶、宋子文、孔祥熙乃至张学良等，纷纷出访德意考察，大批的中国留学生、军校学员与商界、军界代表团也被派往德意学习。

作为国民党最高领袖的蒋介石，在思想理论甚至感情上，都对德意法西斯怀有好感，把学习德意的经验作为一个方面的重要工作。他说：“法西斯蒂之政治理论，本超象主义之精神，依国家机体学说为根据，以工团组织为运用。认为国家为至高无上之实体，国家得要求国民任何之牺牲，为民族生命之绵延，非以目前福利为准则，统治权乃与社会并存，而无后先，操之者即系进化阶段中统治最有效能者。”

经过比较，蒋介石得出结论认定：“挽救迫不及待之国家危难，领导素无政治经验之民族，是非籍经过有效能的统治权之施行不可。”而且这还是出于“民意”的要求：“今日举国所要求者，为有效能的统治权之行施，以达到解除民众痛苦之目的。[24]”1932年4月2日，蒋介石更在高级军事会议上明确提出：“德国强盛的先例，就是我们的榜样”[25]。

在20世纪30年代初蒋介石受欧洲法西斯思想影响较大的时期，他把上述思想与法西斯主义的“国家至上”理论联系起来了，一度时期在其建党与建军方针上大力效仿德意法西斯，组织了“力行社”、“复兴社”等带有特务组织色彩的军人团体，在组织内部明文规定以蒋介石个人为最高领袖，成员们闻蒋之名就要立正致敬，实行从内容到形式的完全个人效忠。在蒋介石的鼓励下，在国民党及军队内产生了大量的公开鼓吹实行法西斯主义的言论与行为，甚至连国民政府陆海空副总司令张学良在考察德意回国后，也发表文章认为“独裁是中国解决一切问题的唯一途径”，“复兴社”分子则大声疾呼“通过法西斯主义，一个国家就能迅速地摆脱苦境，实现军事化和统一”，国民党要人张继甚至公然主张推举蒋介石做“中国的希特勒”。这股宣扬法西斯主义的浪潮持续多年，所以有学者说：“蒋介石深入分析德国的成功的经验，取来与中国传统道德相结合，以后者界定前者。”[26]这也就是蒋介石在20世纪30年代大力推进联德外交政策，发展他与纳粹德国关系的基本原因所在。直到后来德意法西斯的对内残酷镇压对外侵略扩张的真面目暴露无遗，法西斯名称已臭，蒋介石这才渐渐不提此话。

蒋介石对日本武士道军国主义及德意法西斯主义思想的向往与崇拜，是他的思想历程中重要的一个方面，他推崇武士道与法西斯主义的目的，仍然是要把这些来自国外的暴力统治、独裁思想及其组织形式与中国的封建统治传统结合起来，训导人民做自觉的愚民与顺民而驯服于他的统治。

三、蒋介石思想体系组成要点述评

蒋介石在统治大陆期间对内实行的是封建法西斯主义的统治，他在20世纪20年代曾较为狂热地崇拜日德意等国的军事法西斯主义，视之为巩固其统治的法宝。但作为一个孙中山的信徒，蒋介石也不能丢弃“三民主义”的政治理想，于是，他折衷地兼顾两者，提出了“三民主义为体，法西斯主义为用”的口号，想把两者融合为一体，为己所用。

在公开的场合，蒋介石大讲“三民主义”，言必称总理，他说：“我们要在二十世纪的世界谋生存，没有第二个适合的主义，只有依照总理的遗教，拿三民主义来作中心思想才能统一中国。……再不好有第二个思想来扰乱中国了。”[27]此来作为对抗共产主义和反共的理由。

蒋介石把他的三民主义划分为政治建设、物质建设、心理建设与社会建设、伦理建设五个部分，称为“五大建设的理论体系”。而其中以政治、心理、伦理三部分为其理论之构成基础。

（一）政治建设

蒋介石将孙中山参考西方国家的三权分立学说而创立的“军政、训政、宪政”三阶段权能分立学说定为他的政治建设理论的基本框架。但他也对之进行了适合自己需要的修改。在训政理论方面，第一，他强调以“革命的民权”来代替孙中山的“充分的民权”；他说“总理所主张的民权，不能随便赋予于不了解革命主义以及没有誓行革命主义决心的一切人……”；对于“个人自由”，蒋介石提倡所谓“合理的自由”，他表述说：“限制个人的自由，以保持人人的自由；牺牲个人的自由，以求得国家之自由。”[28]这些话，被他用来曲解为压制民权与自由的理由，这就与孙中山先生的原意背道而驰了。第二，他特别强调“党国不可分”的观点和国民党在中国的独裁统治地位。他说“自国家有机体的生命上说，没有了三民主义，中国的建国工作就失去了指导的原理。所以三民主义是国家的灵魂。自国家的有机体的活动上说，没有了中国国民党，中国的建国工作就失去了发动的枢纽。所以中国国民党是国家的动脉”[29]。此正所谓“没有中国国民党便没有中国”之意。在将国民党与中国的命运强加在一起之同时，蒋介石似乎又为国民党在中国的一党统治地位找到了他的“合法依据”，1931年，他在国民会议上说：“必经过训政之阶段，挽救迫不及待之国家危难，领导素无政治之民族，自非籍经过较有效能的统治权之行施不可”[30]。遵照蒋的这一思想，这次国民会议通过了以“训政时期由中国国民党全国代表大会代表国民大会，行使中央统治权”为主旨的《中华民国训政时期约法》，以法律的形式确定了国民党在中国独一的统治地位[31]。蒋介石曾不无得意地写道：

“中国国民党乃是全国国民共有共享的一个建国的总机关。中国国民党如能存在一天，则中国国家亦必能存在一天，如果今日的中国，没有中国国民党，那就没有了中国，中国的命运，完全寄托于中国国民党”[32]。

蒋介石的这些思想是继承了孙中山资产阶级民主政治观中的个人英雄史观等错误思想，加以扩大所至，一方面反映了蒋介石的个人思想中的消极面，另一方面它也是和当时中国的社会历史背景与落后的经济发展条件相对应的。这就是蒋介石思想理论产生的主客观原因。

（二）心理建设

蒋介石的心理建设理论的构成，包括有两个主要方面的因素。其一是他的国家民族精神，第二是他所理解的孙中山“知难行易”学说即“力行哲学”。

第一个方面，蒋介石把心理建设与中国人的民族精神建设联系在了一起。他认为在孙中山的思想中，心理建设就是民族主义思想养成的重要一部分。他说：“凡是一个民族，能够立在世界上，到几千年不被人家灭亡，这个民族一定有其立国精神的所在，就是所谓‘国魂’……‘国魂’是什么？就是民族精神。凡一个国家总要有民族的精神，然后他的民族性才能养成”[33]。

从比较全面的客观角度分析，撇开政治立场的考量而综其一生的历史，总的来看，我们应当承认，蒋介石是一个民族主义者。这不仅出自于他的言论，而且得证于他早期的坚持抗日到底与晚年的坚决反对台独与维护国家统一。

在第二个方面，蒋介石认为御辱救国之根本在于恢复“固有的民族道德”，同时吸取新的外来思想，形一种成新的民族性。从心理学的角度来分析，就是要贯彻“知难行易”与“力行哲学”的思想。蒋介石说：

“现在我们要恢复民族精神，要中国的国家民族复兴，就先要恢复中国固有的忠孝仁爱信义和平的民族道德，尤其要实行总理知难行易的革命哲学”[34]。

他将孙中山的“知难行易”学说解释成为是对中国传统文化的继承发挥，并从中引导出他的“力行哲学”的理论。关于这一点，将在下文论述。

总的来看，在“心理建设”方面，蒋介石表现和强调了对国家、民族立场及其传统文化统治思想的继承，但他乞灵于其中的落后方面，试图把儒学传统学说嫁接到三民主义上来解决现实的问题，用传统的儒学人生观、道德观与价值观来医治当时中国的社会，以造成一个蒋式三民主义的社会构架，结果没有成功。

（三）伦理建设

蒋介石宣扬复古的儒家思想，当然不能离开现实的考虑，他的一切思想宣传，其直接意图是为他的政治目的服务的。因此，在以其思想指导社会新的伦理建设实践方面，他就要宣扬恢复封建道德，欲以之来安定社会，收拢人心，而达维持统治秩序的目的。

蒋介石对于伦理的理解“是说明人对人的关系”，“亦即是人对于家庭、邻里、社会、国家和世界人类应该怎么样。阐明他各种关系上正当的态度，诉之于人的理性而定出行为的标准。”[35]他从儒家“人之初性本善”的思想出发，认为一切人都有与生俱来的“爱人”的天性，因此只有建立在这种爱心基础上的伦理政治才是最有根底、最完善的政治，而法制则只不过是代表着带有强制性的国家公共权力，有其局限性。因此，他把国民党统治下中国社会伦理建设的目标定为“倡明我国固有的人伦关系”，“恢复民族固有的道德”，一言以蔽之，仍然是要复古。

在蒋的眼中，所谓的“固有道德”就是传统的儒家伦理思想，其具体内容就是：“四维八德”（礼义廉耻、忠孝仁爱信义和平）与“三达德”（智仁勇）、“五达道”（君臣、父子、夫妇、兄弟、朋友）。这些旧道德是高于和重于国家法律的。他说：“政治上一切法律制度，和负政治责任者的生活行为态度，皆要合乎礼。”[36]他又说：“我提倡四句口号作为我们民族立国之精神的基础，这四句口号就是‘明礼义，知廉耻，负责任，守纪律’。我们要个个人尚礼守法，见义勇为，负起责任，严守纪律。”[37]其意思是要人民个个“从我做起”，注重道德修养，由内而外，由己及人，由亲至疏，从而达到“对家庭、社会和国家完满负责”的效果，实现几千年来历代封建统治者们所梦想的秩序和儒学信徒们所谓“内圣外王”的理想[38]。

除了主张这种以血缘关系强调单方面的义务的内容外，蒋介石的伦理建设第二大内容就是“忠君爱国”，他把这作为新伦理建设的基础。他在《中国之命运》一书中要求全体国民“对国尽忠，对民族尽孝”，又说“国家得要求国民任何之牺牲。”另一方面，在要求国民党员及属下效忠于他个人方面，蒋介石一直是在不遗余力地做努力，他自己曾有过自比皇帝的言论。1934年9月11日蒋介石在对庐山军官训练团学员训话时，就曾说过：“无论专制国家、民主国家，乃至于社会主义国家，都必须有一个元首或领袖，在帝制国家里，称为皇帝与天子，民主国家，便称为大总统与主席，名义虽不同，而其为代表国家的领袖则一。所以《大学》里的天子，我们可以广义解作国家元首。”[39]这番话，暴露了蒋氏内心深处的一点不便明说的意图。

正是因为有了这些基础，蒋介石早年就对日本军国主义与德国“铁血主义”思想向往之至，这是他的思想历程中重要的一个方面，他推崇德意法西斯主义的目的，仍然是想把这些来自国外的独裁思想与组织形式与中国的封建传统结合起来，训导人民做自觉的愚民与顺民而服从于他的统治。这也就暴露了蒋介石的新伦理本质之所在。

蒋介石为了贯彻他的复古思想，曾经采取了许多的措施。1933–1934年，南京国民政府把四书五经编为教科书，在广东等省中小学里实行强行推广阅读；国民党中央政治会议还通过了在全国进行尊孔祭圣的决议，以每年的8月27日为“孔诞纪念大典”日，在全国学校举行纪念活动；1934年蒋介石在南昌前线，为贯彻他的“三分军事七分政治”的“剿共”方针，抵抗共产主义思想的传播，亲自提倡发动了一场“新生活运动”。这场运动的宗旨是要“提高国民的道德”，所宣称的就是要以“四维八德”的封建规范来约束人民的衣食住行各种行为，使之符合于蒋介石的思想观念行为准则。通过这场运动，蒋希望人们都能有“规规矩矩的态度”、“正正当当的行为”、“清清白白的辨别”、“切切实实的觉悟”，“其意义就是要使我们全国同胞，都能恢复我们中华民族固有的道德精神。”[40]实际上，这场所谓的“新生活运动”，就是蒋介石把自己的思想付诸实践的规模与影响最大的一次尝试。在这场运动中，蒋介石全面公开地提倡“恢复我们中华民族固有的道德精神”，要把他的“新伦理”灌输到全国人民中间，以之来“抵抗共产主义的辩证唯物主义”，这首先在科学理论上就是以落后来对抗先进，是不可能成功的，其次，在当时国破民穷外敌入侵的情况下，人们连基本的生活都不能保障，又怎能去享受这种“新生活”？尽管国民党的各级组织在“CC派”党干的大力推动下普遍推行这场运动，但实在是收效甚微，到了抗战后期，也就渐渐无疾而终了。

作为中国国民党的最高领导人，蒋介石个人的思想对那个时期的中国国民党产生了较大的影响，同时也在中国现代史上留下了某些痕迹。但是，因为蒋的思想本身并没有什么具有发展意义的东西，而只是一味地追求复古，因此它就没有创造力，也就没有了适合于历史潮流的生命力。

总而言之，蒋介石是一个深受儒家思想侵蚀的政治家，他从中国落后的封建意识出发，以儒家的价值观方法论和思维方式去衡量一切考虑一切，甚至用他们来理解阐述孙中山的三民主义思想，其结果当然是将三民主义扭曲化，并在其实践中碰壁，引导国民党政权走上了一条不归之路。蒋介石思想的特征是一种充满了封建主义色彩与内涵的旧思想意识，它是对孙中山民主思想的一个倒退。经过蒋介石统治中国二十四年的历史经验证明，这种有悖于历史发展的新瓶装旧酒的理论是行不通的。因此，在蒋介石的国民党的统治下，以封建专制思想为基础的南京国民政府是不可能建设起一个民主的国家的。而近代中国走向民主的大趋势也正如孙中山先生所说：“世界潮流，浩浩荡荡，顺之者昌，逆之者亡。”

四、蒋介石的三民主义儒学化思想及其实践

（一）蒋介石将三民主义儒学化

蒋介石把孙中山的三民主义理解为是对中国古代《大学》之道的继承，而不是新的革命思想，其本质就是“明德”与“亲民”，其方法是“格物、致知、意诚、心正”而后“修身、齐家、治国、平天下”。在这一基础上，蒋介石又将明代王阳明的“知行合一”的哲学思想与孙中山的“知难行易”思想相联系起来。他说：“孔子之道，至汉儒而支离，至宋儒而空虚，至王阳明而复兴，迨至我们总理而集大成。”[41]这样一来，孙中山便成为孔子、

王阳明的继承者，三民主义与孔孟儒学、宋明理学于是便成了师承关系，而他蒋介石也就是孙中山的继承人。

蒋介石思想中的哲学部分是继承了宋代王阳明的“知行合一”的哲学思想与提倡其自行总结的“力行理论”。他明确地说过：“总理的‘三民主义’与‘知难行易’的学说，即是始于衣食住行之微，而极于大同之治。所以知难致其知，而以行易致其用。所以，总理的主义学说，除形式上富有时代的色彩外，其本质、方法、作用，完全与大学之道相符合的；所以可以说‘三民主义’就是‘明德’、‘亲民’的道理。要信仰‘三民主义’，实行‘三民主义’就是‘在止于善’的道理。”[42]

王阳明的理论是几百年前的陈货，为什么蒋介石对其有那么浓厚的兴趣呢？这是因为蒋介石与王阳明在认识论上有着共同点，那就是注重“行”的哲学。

蒋是一个实干家，他对纯理论的东西不太感兴趣，而集中精力试图比较简单地从理论上来说明他的“快干”、“硬干”、“实干”方针的正确性，但他又要继承孙中山的理论遗产，继续鼓吹三民主义。于是，他便自然地要把两者结合起来，作为我所用的阐述。

实际上，孙中山先生提出的“知难行易”思想只是借用了古代的行知观的概念，其实质是与王阳明的理论内涵完全不同的一种近代民主革命思想，他是以整个的宇宙为对象，要求人们把认识建立在对客观事物的科学与理性思维的基础之上，从局部的深入了解发展到整体的归纳总结，以掌握客观事物的规律，从而得到真知。按照孙中山的哲学思想，他是承认“客观事物的存在是先于理论”的，这与王阳明的思想完全相反，两者毫无承续关系。不仅如此，孙中山的“知难行易”思想还强调人类在改造自然的同时，自身的认识也会在实践中得到不断的提高，从“不知而行”到“行而后知”再到“知而后行”，体现出他对知行两者“由行得知”“知可导行”辩证关系的完整阐述。应当承认，孙中山先生的这种革命的哲学思想是有其进步的意义的，可以指导当时中国革命的实践。在这一点上，蒋介石也承认孙中山的“知难行易”思想在其“知”的对象方面比王阳明的广泛而进步，他说：“王阳明所讲良知的“知”，是人的良心上的知觉，不待外求；而总理所讲“知难”的知，是一切学问的知识，是不易强求。”[43]

但在对待两者之时，蒋介石似乎更喜欢王阳明。他特别喜欢强调孙中山与王阳明的一致性：“王阳明所讲的是‘知行合一’，总理所讲的是‘知难行易’，统统是反对从前‘知易行难’只知静而不知动的哲学。这两个哲学，就作用方面说，可说只有一个，因为统是注重在动的方面，而且统是注重在行的哲学。”[44]

他否认“知”后对于“行”的能动作用，直接说“知难行易”的根本就是要人们去“力行”。

1939年，蒋介石曾专门写过《行的道理》一文。在这篇文章中，蒋介石把他所谓的“诚”的理论与他的“行”的理论相配合而形成一个思想体系。他把“诚”作为他的理论本体，把“行”作为实现“诚”的方法，即所谓以“诚”为体以“行”为用。蒋介石对“诚”的解释是“择善固执”、“贯彻始终”，其具体内容为“明礼义”、“知廉耻”；而为了实现“诚”的目标，“则必有一方法焉，此方法为何？曰‘行’。”[45]蒋介石说：“有了这个‘诚’字和智、仁、勇三个字做革命的原动力，我们还要能够‘力行’。”[46]他又进一步阐述说：“古往今来宇宙之间，只有一个‘行’字才能创造一切。”“人类一切真实的成就，都基于力行。”“古往今来凿山治水的巨大工程，腾空钻地的伟大发明，旋乾转坤济弱扶倾的革命工作，都是我们人类‘力行’所成就，所以问题完全在于我们有没有贯彻始终的决心和自强不息的精神。”[47]他把“行”作为他唯一的人生哲学行动的准则，并认为“行”与“诚”是不能分离的。他写道：“‘行’的出发点，只要是发乎天性，出乎至诚，是利他而不是利已，是救人而不是害人，那么，所谓‘诚者物之始终’，开始的时候就已伏有最后成功的因素，循此而行，前进不辍，就不见有什么难行之事，亦决没有不成功的道理。所以我们行事，只要以‘至诚’去‘力行’就必能笃行实行。唯有笃行实行，才能算是

‘行’。”[48]“古人说‘诚之所至，金石为开’，这一个‘诚’字就是‘力行’之神髓，可以克服一切、战胜一切。”[49]

蒋介石所阐述的无非是“以‘诚’行‘行’”和“以‘行’成‘诚’”的“诚”与“行”两者的辩证关系，但他万变不能离其“孙”，最后总是要和孙中山的思想理论达上联系才罢。于是有人歌之曰：“总裁发扬光大国父‘知难行易’之遗教，首倡‘力行’哲学，教人笃行实行，亦即硬干实干；复明白指示‘力行’之效，乃以国父‘知难行易’学说为其基点，而从‘能知必能行，不知亦能行’之认识上出发。不但此也，总裁更秉其天赋之英明，大声疾呼而续一语曰：‘不行不能知’。”[50]以此为视之为蒋氏的理论大发明与对孙中山理论的发展。

为什么说“不行不能知”呢？蒋介石解释说：“因为我们都是后知后觉，我们除了基本的革命大义以外，所知的实在有限，因此我们一方面固然应当竭力求知，同时还应该从‘力行’中去求‘真知’，凡是我学问经验中认为已经获得的知识，如果不是经过实行而证明为有效，就不能断定所知者为真知。所以我们一切的事业，必须实行而后始有真知，也唯有能行而后能知。”

由此，我们可知蒋介石对孙中山理论的继承与发展，关键一点就在于他加上了一个“不行不能知”。表面上看，这里似乎包含有“实践出真知”的意思，但蒋的本意却不然，在“行”与“知”的关系问题上，他把‘行’的层次提高到了一个新阶段，加以特别强调，实际上是对孙中山理论的一个反修改，从而为其政治服务。

蒋介石十分坚定地说：“这个‘行’的精神，就是革命精神！”[51]

蒋介石对中国古代封建传统及其儒学思想的推崇，也反映在他对历史人物的偏爱上。在中国历史上，蒋介石最崇拜的历史人物是曾国藩、胡林翼、戚继光等人，他们有一个共同的特点就是生于乱世而最终成为匡世扶倾的干才，而他们同时又都是中国封建传统的卫道者与忠臣孝子，所信奉的是孔孟儒学人生观与价值观；其中如蒋对曾国藩的崇拜，便是典型的例证。

曾国藩是晚清的名将与功臣，在镇压太平天国运动期间，他靠组织湘军为清政府效力而扬名，最后剿灭了足以威胁清王朝的太平军，立下了显赫战功，成为清廷重臣。同时，曾国藩在清末乱世之际，有感于政治废弛，主张以理学经世，以实学砥砺，毕生崇尚程朱理学，又兼取各家之长，是一个典型的孔孟儒学的卫道士，同时又领兵治政，自创体系，开办洋务，扶大厦于将倾，现儒将之风度，成为蒋介石一生崇拜的对象。

蒋介石对曾国藩的崇拜达到了近乎膜拜的地步，他长期熟读《曾文正公全集》，并将曾国藩的义理之学、经世思想及治兵用人之道编为曾氏语录携带于身，时常对照检查自己。他还下令将《曾胡治兵语录》颁发所辖各级军官，要他们遵照办理。在他的眼里，曾国藩是德才智兼备的完人，在思想及行动上都是值得效法而终生受用不尽的。故而蒋的孰帅毛思诚在《蒋介石年表》中曾记述说他“尤喜读王阳明、曾文正、胡文忠三集，手未暂释，”其“所学的曾国藩的精神……为其以后终生的精神食粮。”[52]

从蒋介石对王阳明的‘知行合一’的哲学和《大学》的迷信，结合他对孔孟及其他中国传统典籍的喜好、对曾国藩之类中国古代封建思想与统治的捍卫者、即为儒学知识分子所崇拜的“修身齐家治国平天下”的样板人物的全心推崇分析，我们可以看出他受旧的封建思想理论影响之深。相比之下，他对孙中山的革命思想乃至于三民主义理论的兴趣也远不如前者，蒋介石反复强调孙中山对古代儒家思想的继承性与统一性原因也就在于他更推崇后者。

蒋介石对孙中山三民主义理论及其哲学思想的儒学化阐述，并不仅限于“力行理论”一点，而是全方位的。这与他的世界观及人生观有本质的联系。正如前述，蒋介石从小所受的中国传统的封建思想教育根深蒂固，并未因为他后来投身于反清革命而有根本的改变。这从他主政中国的几十年内醉心于独裁统治和最终实行“父子相传”等行动中已得到在在的证明。而更加突出的是蒋介石的言行不一，总其一生中的所作所为，其违背中华优良传统与儒学道德训诫的例证比比皆是，不可胜数。

（二）言行不一的蒋介石

蒋介石具有极强的个人自信和权力欲，他的一生是追逐权势的一生，他为了实现当中国的“帝王”的梦想，极善于运用权术，甚至于为了达到目的而不择手段。因此，他常常说的一套做的却是另一套。他要求别人仁爱宽厚、信义和平，“养天地正气，法古今完人”，还以基督徒的“良心”相标榜，但他自己却言行不一，甚至今天与过去的所做所为都不同，常常表现出无信无义及寡廉鲜耻。其核心只有一个，即服务于自己的根本利益。

1921年12月5日，蒋介石在偕新婚之妻陈洁如自沪赴港的航程中，他曾在得意忘形之中自承：经“反复思考，终于下定决心，要成就三件事情，”一是要得到陈洁如为妻；二是“要赢得我们领袖孙中山的信任，以便将来成为他的继承人”，最后是“要成为中国唯一的军事领导人，并且要将全中国统一于一个中央政府之下。”他决不为他人“做嫁衣”，而是要开创自己的基业。他还坦承“我很有野心”[53]。1926年3月26日，他又在日记中写道：“政治生活全系权谋，至于道义则不可复问矣。”[54]

综其一生之作为，从早年为“龙头大哥”陈其美两肋插刀，亲手暗杀与他毫无怨仇的光复会领袖陶成章，并混迹于上海帮会；到后来在广东十多次以“脱队”来要挟孙中山；利用“中山舰事件”、“廖仲恺被刺案”进行反共排斥异己；发动“四一二”血腥政变；软禁“党国元老”胡汉民；用“银弹”收买阎冯桂系军队将领；成立“中统”、“军统”特务组织，以军警特为鹰犬，用暴力暗杀对付反对派，直到后来自食其言长期囚禁张学良；残杀杨虎城全家，最后在台湾搞掉孙立人、白崇禧……蒋介石的种种劣迹在在说明了他的口是心非，心狠手辣与阴谋权术。这与他在公开场合所大声疾呼的“四维八德”形成了多么鲜明的对比！

蒋介石的所作所为使他的说教显得那样的苍白无力。

所以，总而言之我们可以说，在哲学、心理、思想及人生观、世界观理论方面，蒋介石并不是一个具有独立性的创造者，而是一个趋于守旧的被动的接受者，他所做的工作，自始至终都是在阐述别人的和过去的东西，并希望用这些千年陈规来训导现代中国人的思想与生活。他所需要的是其中对他有利的封建统治思想与方法，而对另一些出于人生基本道德规范的标准，他自己却不愿和不能以身作则。

但是，人类历史已发展到了20世纪，如果这些过时的封建思想儒学规则还有一点点可以维系社会生存于不坠的生命力，那么清王朝和封建制度也不至于垮台，国民党的反封建革命也就失去了意义。这一点，蒋似乎没有想到。他一辈子所大力提倡的这些封建思想和进行复古实践的结果证明，他错了，这使他统治下的中华民国成为了一个短命的朝代。

【注】

[1] 蒋介石:《科学的学庸》,《先总统蒋公全集》,第一卷,中国文化大学出版部,1984年版,第91页。

[2] 蒋介石:《科学的学庸》,(台)《先总统蒋公全集》, 第一卷, 中国文化大学出版部, 1984年版, 第91页。

[3] 蒋介石 :《科学的学庸》,(台)《先总统蒋公全集》, 第一卷, 第96页、第95页。

[4] 蒋介石 :《科学的学庸》,(台)《先总统蒋公全集》, 第一卷, 第96页、第95页。

[5] 蒋介石 :《科学的学庸》,(台)《先总统蒋公全集》, 第一卷, 蒋介石 :《为学办事与做人的基本要道》(1935年2月1日),(台)《先总统蒋公全集》第二卷, 第949页。

[6] 蒋介石 :《大学之道》, 转引自易君左《总裁思想体系之研究》二史馆藏档七六二 1612。

[7] 蒋介石 :《为学办事与做人的基本要道》(1935年2月1日), 同前注出处。

[8] 蒋介石 :《为学办事与做人的基本要道》(1935年2月1日), 同前注出处。

[9] 关于王阳明的思想, 可参考《王阳明全集》, 上海古籍出版社, 1992年版。

[10] 蒋介石 :《哲学与教育对于青年的关系》(1941年7月),《 蒋总统言论选集》, 台北中央文物供应社, 1977年版, 第154页 .

[11] 参阅 Loh:The Early Chiang Kai_shek, P121–122.

[12] 《蒋介石年谱初稿》二史馆编, 中国档案出版社, 1992年12月版, 第197页。

[13] 江南《蒋经国传》, 中国友谊出版公司, 1993年10月版, 第16页。

[14] 汪荣祖、李敖《蒋介石评传》, 青海人民出版社, 1999年版, 第42页。

[15] 陈鼓应《蒋介石的第一次暗杀事件》, 转引自李敖所著《蒋介石其人》, 人民文学出版社,

1994年版，第17页。

[16] 蒋介石《先妣王太夫人事略》，二史馆藏书。

[17] （台）董显光《蒋总统传》，二史馆藏书。

[18] 蒋介石《与展堂、精卫书》，载（台）《蒋主席名著全集》第四集，复兴出版社，1947年版，第1205页。

[19] （台）《先总统蒋公思想言论总集》，卷十，演讲，第602–603页。

[20] 同上出处，卷十二，演讲，第357页。

[21] 《蒋介石年谱初稿》二史馆编，中国档案出版社，1992年版，第197页。

[22] 江南《蒋经国传》，中国友谊出版公司，1993年版，第16页。

[23] [美]陆培涌《蒋介石的思想追求》，载《现代亚洲研究》第4卷第2期(1970版)第232页。

[24] 转引自河阳等著:《蒋介石揭密》中共中央党校出版社，1994版，第322页。

[25] （台）《先总统蒋公思想言论总集》，卷十，演讲，第483页。

[26] [美]柯伟林:《蒋介石政府与纳粹德国》，中国青年出版社，1994版，第223页。

[27] 蒋介石:《中国建设之途经》,《先总统蒋公全集》，第一册，中国文化大学出版部，1984年版，第577页。

[28] 蒋介石:《总理遗教概要》,《蒋总统著作全集》，第14–15页。

[29] 蒋介石:《中国之命运》,《蒋总统著作全集》，第166页。

[30] 蒋介石:《中国之命运》,《中国法西斯主义资料选编》(一)中国人民大学中共党史系1987年编印，第105页。

[31] 《中华民国训政时期约法》《中国国民党历次代表大会及中央全会资料》(上)第97页。

[32] 蒋介石:《中国之命运》,《蒋总统著作全集》，第166页。

[33] 蒋介石:《革命哲学的重要》,《中国现代思想史资料简编》，第3卷，浙江人民出版社，1983年版，第586页。

[34] 蒋介石:《革命哲学的重要》,《中国现代思想史资料简编》，第3卷，第587页。

[35] 蒋介石:《政治的道理》,(台)《蒋总统著作全集》第107页.

[36] 蒋介石:《政治的道理》,(台)《蒋总统著作全集》第187页.

[37] 蒋介石:《为学之目的与教育之要义》同上出处。

[38] 所谓“内圣外王”的含义,指的是在儒学家们在个人品德修养达到至高的“内圣”基础之后，能够有机会来运用他的这种底蕴与才干去经邦济世，干一番事业，达到“外王”的目的。它是儒学家思想中的至高的境界，也是历代封建知识分子们所刻意追求的目标。

[39] 转引自河阳等《蒋介石揭密》，中共中央党校出版社，1994版，第288页。

[40] 蒋介石:《二十五年元旦告全国军民同胞书——国民自救救国之要道》,(台)《先总统蒋公全

集》第三册，第 3150 页。

[41] 蒋介石:《自述研究革命哲学经过的阶段》，秦孝仪主编:《总统蒋公思想言论总集》，第 10 卷，台北中央文物供应所，1984 年版，第 544 页。

[42] 蒋介石 :《革命哲学的重要》,《中国现代思想史资料简编》，第 3 卷，第 593 页。

[43] 蒋介石 :《自述研究革命哲学经过的阶段》,《总统蒋公思想言论总集》，第 10 卷，第 537 页。

[44] 蒋介石 :《革命哲学的重要》,《中国现代思想史资料简编》，第 3 卷，浙江人民出版社，1983 年版，第 588 页。

[45] 易君左 :《总裁思想体系之研究》，二史馆藏档七六二 1612。

[46] 蒋介石 :《三民主义之体系及其实行程序》，转引自易君左《总裁思想体系之研究》。

[47] 蒋介石 :《行的道理》，转引自易君左 :《总裁思想体系之研究》，同上出处。

[48] 蒋介石 :《行的道理》，同前注出处。

[49] 蒋介石 :《三民主义之体系及其实行程序》，同上出处。

[50] 易君左 :《总裁思想体系之研究》，二史馆藏档七六二 1612。

[51] 蒋介石 :《为学办事与做人的基本要道》(1935 年 2 月 1 日)，转引自易君左《总裁思想体系之研究》二史馆藏档七六二 1612。

[52] 毛思诚《蒋介石年表》，二史馆藏档。

[53] 陈洁如著《蒋介石陈洁如的婚姻故事》,(台)《传记文学》1992 年 2 月号。

[54] 王德胜《蒋介石年表》,(台) 世界书局，1982 版，第 106 页。

宋子文、陈嘉庚与新马华侨战时捐款

载《宋子文与战时中国（1937—1945)》，复旦大学出版社，2008 年 3 月版

在民国历史上，宋子文是一个十分著名的人物，他的角色定位，可以用一个新的“财阀”概念来界定，即他是一个拥有政治背景，在财界极具权力影响的政坛巨擘。然在政治上，宋子文却始终是一个温和派人物，他对战争、屠杀抱着厌恶的态度，并为此与军人出身的蒋介石产生过多次的矛盾与冲突。

抗战爆发前夕，宋子文在关系国家存亡的西安事变中挺身而出，扮演了在蒋介石与张杨之间、国共两党之间的特殊的中间人角色，发挥了不可替代的特殊作用，促成了事变的和平解决。但蒋介石认为经过西安事变的考验，表明宋子文在政治观念上有同情中共的倾向，故后来在对日战争开始后，他没有让宋子文在政坛上发挥更大的作用，只是在为抗战敛聚财力方面，蒋介石利用了宋子文的影响与专长。

1937年抗战爆发后，国民政府军政开支骤增，为缓解财政危机，于该年8月决定发行救国公债5亿元。当时财政部长孔祥熙访问欧洲未归，在国难当头之时，宋子文受命主持了救国公债的劝募工作。[1]他为此倾注了很高的热情，投入了大量的精力，也取得了不小的成绩。这段经历，虽然在他的一生中，并不算是显赫的功绩，但从所遗存的许多相关档案资料来看，宋的这项工作及其成绩，的确是值得一书的。他在募集抗战捐款方面与宋庆龄当时的努力，具有同样的作用。他们以在野之身，运用其影响力，为救国奔波，做出了突出的贡献。

一

宋子文受任救国公债的劝募工作后，拟定了他的工作方针和基本原则。他计划由一些具有一定社会地位和影响的人士出面，组成遍及全国各地的劝募机构，以收广泛之效。他的设想，得到了宋庆龄的全力支持，她担任了该机构的常委。

1937年8月24日，救国公债劝募总会正式成立，宋子文任会长，陈立夫为副会长。总会初设于上海福开森路393号，不久即迁至杜美路70号。房东出于爱国之情和仰慕宋子文、宋庆龄的声望，无偿提供了办公处所。该会常务委员中，除宋庆龄外，还有孙科、李石曾、刘尚清、何东、胡文虎、张伯苓、施肇基、顾维钧、郭泰祺、俞鸿钧、杜月笙、宋汉章、曾养甫、徐新汝等政界、实业界的知名人士。救国公债劝募总会随即在全国各省市都设立了分会、支会以及劝募队，具体办理劝募事宜。

救国公债劝募总会首先大力宣传购买救国公债的意义。1937年9月1日，发表了《告全国同胞书》，宣称“现在全国四万万同胞大家都有一颗赤心，要贡献给国家，大家都有一腔热血，要共同来救国……政府已经决定发行五万万元的救国公债，而且已经开始募集……购买救国公债，就是直接把力量贡献给政府的一个最好办法”。目前国家“经济建设和国防建设都还不够，所以人民的生命财产，还不能有适当的保障……只有把自己的财产先贡献出来，使政府能够进一步充实经济建设和国防建设!……到了将来政府把公债本息付还的一天，就已经是自己的生命财产有了充分保障的一天，那才是大家安居乐业的时候”[2]，在当时外敌入侵国难当头的情形下，这些通俗达理的宣传在民众中收到了实际的效果。

宋子文随即公布了认购救国公债的具体办法。劝募总会连续在《大公报》、《新闻报》等新闻媒介上刊登了广告，宣布中央、中国、交通、中国农民、中南、盐业、大陆、金城等数十家银行及邮政汇业储金局为救国公债收款处，除了现金外，外币、硬币、汇划款项及未到期存款亦均可以购买救国公债。

为了打消人们的其他顾虑，宋子文决定率先做出表率，他在公债发行之初便认购了5万元，相当于救国公债发行总额的万分之一。[3]在宋的带领下，中国银行各级行员纷纷以不低于月薪的数额认购了公债，仅中国银行总管理处的员工便认购了14万元，而中行集团则认购了1000万元。宋子文直接控制的金融、实业机构，也以各机构的名义认购了巨额救国公债，总额达2000万元，即相当于公债发行总额的二十五分之一。[4]

宋子文与中国银行等机构率先认购巨额救国公债之后，得到了各界人士乃至广大民众的热烈支持，带动了国内外认购救国公债的高潮。发行一个月，救国公债的认购总额已达2.4亿元。而在劝募总会开支方面，从宋子文到所有常委、委员纯尽义务参加劝募工作，不支薪俸和津贴，各报登载救国公债劝募广告也不收任何费用。在上海工作期间，劝募总会工作开支仅占到公债收入的万分之一，真正做到了廉洁高效。

1937年11月12日上海沦陷后，救国公债劝募总会迁往武汉，归财政部管理，纳入孔祥熙的权力机关继续工作。宋子文的职责脱离了直接的捐款收支运作，主要在于联络各地分支机构，向财政部捐款支援抗战。他在捐款人、财政部、各地中国银行之间充当联络人，居中协调，说明情况，处理矛盾，发挥了重要的作用。

救国公债发行后，得到了海外华人的积极响应，尤其在南洋新加坡马来亚地区，反应极为热烈，在全球华侨捐款额中占有相当的比例。

在国民革命的历史上，海外华侨向来是一支极其重要的依靠力量。从孙中山从事反清革命活动开始，直到中华民国建立，因为历史的关系，孙中山一直把海外华侨当做是革命的主力军。虽然他们不能全体回国参战，但各地华侨同胞，本一腔爱国热情，为了祖国的强大与民族的复兴，出钱出力，毫不迟疑，甚至不惜毁家纾难，支援国内革命，涌现出许多可歌可泣的英雄事迹。当日本侵华，国内掀起抗战救亡高潮之时，海外华侨又一次站到了爱国运动的前列，他们在世界各地纷纷成立救亡组织，爱国输将，掏出自己的血汗钱，支援祖国抗战。其中南洋新加坡、马来亚地区的华侨，在爱国侨领陈嘉庚的组织领导下，在认购救国公债支援祖国抗战方面，表现出了极大的热情与牺牲精神。就全球华侨抗战捐款而言，“南洋方面，占十之八”，其重要意义，自不待言。[5]

这一时期，宋子文的劝募总会在新马地区救国公债的发行推广方面，与南洋侨领陈嘉庚进行了密切的联系与合作，取得了较大的成绩。在中国第二历史档案馆馆藏档案中，保藏着宋子文、陈嘉庚就新马华侨的战时捐款与救国活动完整的来往函电，总数百余件，其中有许多是宋、陈两人的亲笔批签。这些档案文电的字里行间，充分反映出新马地区华侨为国捐输支援抗战的历史事迹，读来十分令人感动。同时，这些文电也从一个方面，反映了宋子文与陈嘉庚两人为抗战大业所做的历史贡献，这段历史是他们政治生涯中光彩的一章。

二

自1937年8月救国公债开始发行后，新马地区华侨在陈嘉庚的领导下积极行动起来，踊跃捐款，支援祖国抗战。他们在新马地区各地很快成立了各级救国公债劝募分会组织，召开大会，举行各种宣传活动，号召华侨人人认捐，尽力输将。

在这当中陈嘉庚和当地的劝募委员、华侨知名人士率先认购，起到了模范作用。根据档案中蒋介石致陈嘉庚等人的嘉奖电所载统计，救国公债发行后，一次认购大额公债而受表彰的侨界人士就有：梁燊南15万元；陈嘉庚10万元；陈延谦10万元；叶玉堆10万元；张玉才10万元；叶祖意10万元；陈振贤5万元；李伟南5万元；林金殿5万元；许生理5万元；庄来福5万元；来兴5万元；曾江水4万元；[6]为此蒋介石于1938年1月27日分别致函上述人员给予表彰。[7]

令人特别感动的是，陈嘉庚代表新马华侨在捐款时提出，他们汇往祖国的捐款不要兑换公债，而是单纯的捐款，为了挽救祖国抵抗强敌，他们不图任何回报，因此请宋子文的救国公债劝募总会转告财政部，切不要兑换公债回寄，否则就是对他们的轻视。言之切切，爱国热情跃然纸上。

1938年1月21日，宋子文在致陈嘉庚函中写道："顷又奉十二月十六手书，备审吾兄领导侨胞踊跃捐输，至深敬佩。承示全马特别捐至年终约有一千万元左右。月捐每月计有七十余万元，尤见侨胞爱国之热忱。且适合蒋委员长感日通电海外各地，继续输将之旨，望吾兄努力劝促，多多益善，以资国家长期之抗战。至函嘱转知总会，勿再寄债券及变更办法四条各节，均已转达财政部，请其函复吾兄，并请迳与接洽……再自淞沪沦陷后，劝募总会停顿，交通梗阻，邮递滞缓，海外侨胞未明国内情况，仍有寄函汇款至京沪各地者，因经此变乱，不无稽误之处。弟抵港以来，深知侨胞盼复之殷，敦促经管机关，从速清查核复，一面由蒋委员长暨财政部通电海外。关于二十七年一月一日起，国外部分捐债各款委托中国银行主持办理，弟复通电奉达计荷鉴及，尚祈将经过情形向侨胞释明，以免误会而慰其喁望也。"[8]

24日陈嘉庚又致宋子文一函，详细说明了新马地区华侨爱国捐款情况：

"全马义捐，不接受公债，分两种：（甲）特别区预计至本年底，约有一千万左右（年终多半可以结束）；（乙）（月捐）全马预算，月有七十余万元，至寇平为止。因近遭土产跌价市景恶转，加以募债分其余力、南京失守等，影响甚巨。能否达到预算，未敢确定。全马分十二区，每区成立一筹赈会，然间省二、三处意见各殊，或用个人名义迳汇捐款，惟义捐性质则一。各区双十节曾在吉隆坡开联合大会，议决任何社团或个人，不得接受公债。除公布外，并已呈报政院，暨由王外长转陈钧察。

昨接槟方电告，谓总会寄债券于槟埠及麻坡等处之个人捐款，深虑厚此薄彼，将引起纠纷，且其中小数给债票，甚难支配，故即电请知照总会制止再寄。已寄出者，速予追回。至前嘱募债二千万，根（限）上述环境，恐难如愿，大约至多千三四百万元可募，而此邦政府复限制每券最低须百元票面，须贴印税叻银四角五分，如五元十元票面亦同此税费，似损失太重，兹略变更办法……以便转慰侨望。"[9]

27日，宋子文致电陈嘉庚转马来亚救国公债劝募分会，对马来亚华侨义捐月捐一律不换公债的爱国之举，给予了高度的评价：

“新加坡陈嘉庚先生转马来亚自由公债各劝募分会鉴：查捐款虽有可换发公债之规定，但据闻马来亚去年双十节，在吉隆坡开侨民代表大会，已决定义捐月捐一律不换公债，爱国热诚，至为钦佩，自应照办，以副侨胞盛意，而资长期抗战之接济，希既转达为荷。”[10]

然而陈嘉庚与新马救国公债劝募分会的这项决定，并未得到全部捐款人的一致赞同。有人认为既是购买就要有公债债券，起码要收取收据才算落实。而陈嘉庚等许多激进爱国派对此不能理解，他们要求宋子文、中国银行及财政部方面不予理睬。对此宋子文在感动之余仍持有“按章办事”的立场，令中行方面对需要者仍发给收据与公债。

1938年3月4日宋子文致电陈嘉庚说：“惟近来各地侨胞来函，多以未接收据或未见债票，失其信仰，时有烦言，因此均存观望，行将中断，影响于海外接济颇巨。……如何补救，俾使海外债捐各款，不致停顿之处，均祈贵部注意。”[11]

除此之外，在整个义捐活动中，虽然也有少量问题出现，如新加坡劝募分会委员林炯轩、王吉士等6人，对陈嘉庚认为他们在分会内只有发言权而无表决权的做法有意见，曾电请宋子文调解；[12]又如新加坡救国公债琼帮委员会对广东琼山公债劝募支会扣留新侨吴淑琫眷属勒索500元捐款事电请宋子文干涉等等[13]，这些问题的解决都得到了宋的帮助。然档案中记载更多的是新马华侨爱国捐款的生动例证。

新加坡东方实业有限公司经理陈振传，原籍福建思明，义捐公债国币5000元，并要求将债券全数转赠中央政府作慈善公益费用，“其仁心热肠，弥可佩矣”。陈振传写信给陈嘉庚表示“此抗战期间，出钱出力乃国民天职”，他还建议成立“马来亚华侨救济中国残废伤兵义金委员会”，专项资助抗日受伤致残将士。这一建议得到了陈嘉庚等人的认同，很快在马来各地区成立了相关组织，并决定号召华侨捐出所购买的公债券，作为救济祖国残废伤兵义金。

5月26日，陈嘉庚致函宋子文报告说：“此间同侨，鉴于祖国战地前线将士英勇杀敌，残废负伤，在所不免。弟前日曾倡组献赠债券，业已先后以‘马来亚华侨救济祖国残废伤兵义金委员会’名义提出办法各条，并用马联通讯处发出第二十二、二十三各号通告，及侨界闻风兴起连日献金成绩债券收到数目，印稿、剪稿附函送请参阅。”[14]宋子文闻讯回电道：“台端领导侨众，迭输巨款，兹又倡议筹组马来亚华侨救济祖国残废伤兵义金委员会，倡导侨众献赠债券，关怀祖国惠及残废，良用感佩。斯项工作，政府因应付全面抗战，故现时尚未计及。我兄能在后方倡议于先，将来各地侨胞定能相继于后，成绩定卜可观。附来尊拟办法甚妥，请即照此手续办理，一俟集有成数，存储银行，将来再俟政府定有办法统筹支配，以副侨胞热忱。即希分别察转为荷。”[15]

“马来亚华侨救济祖国残废伤兵义金委员会”在陈嘉庚等的热心推动下成立，该会委员名额分配，以各区所购公债数量为基准，凡购债满五十万元之区域推举委员一人，多购则递增。委员会委员订为30名，新加坡为9名，雪兰莪4名，霹雳4名，柔佛3名，槟城3名，马六甲1名，森美兰1名，彭亨1名，丁加奴1名，吉兰丹1名，吉礁1名，玻璃市1名。[16]委员会成立后，立即开展了工作，并收到了效果，5月26日，已向中国银行新加坡分行交捐所购救国公债4020元，同时还有下列组织和个人，登报声明，捐出所构救国公债作为“残废伤兵义金”使用：源春公司10000元，老板张金荣个人追加50元；广有成绸布庄陈炎林100元；颜金程等二人215元；柔佛南益树胶有限公司史联对320元、洪于谅210元、黄玉华110元、李伟才55元，共695元；温州会馆同人95元等；仅5月22日一天就共收义金款5055元；25日收款5345元；26日又收款10177元。[17]由此可见，该委员会的成立和将华侨所购救国公债转为捐献性质“残废伤兵义金”筹款工作，是卓有成效的。

新加坡香汕郊、金果行、酱园三郊委员会11月14日致函香港中国妇女慰劳会、红十字会，函中写道“敝会同仁鉴于前线军士在冰天雪地中忠勇抗战，后方救援工作责无旁贷，爰集捐款五千元：（一）四千元作为寒衣二千件之代价；（二）一千元系捐助伤兵医药费。附呈汇票一纸，请代转负责机关核收，以资公布而昭大信。”[18]

1938年2月21日，陈嘉庚接到广西军李宗仁总司令、白崇禧副司令、黄绍竑省主席来电称：“广西省健儿数十万众出发前线抗敌，近因春时多雨，缺乏雨具，艰苦之状不可形容，非速设法购备，必至削弱抗战力量，特欲请吾侨捐助雨衣二十万件，胶鞋二十万双。”陈嘉庚接信后，当即在马来亚各区华侨筹赈祖国难民会联合通讯处通告第十三号上撰文写道：“此次暴日侵我，惨无人道。凡我黄裔，莫不敌忾同仇。而广西省地方之贫、人口之少，赴前线杀敌者男女总计达三十万众，几占我各前线人数四分之一。无论质量与既立功绩，皆远非他省所能及。岂不大可感佩耶？自抗战发动以来，我全马十二区侨胞各组织筹赈祖国难民会，公决所有捐款既该交行政院，以归统一而便支配，故凡省当局之自行要求者，皆不便加以接受。……然李白总副司令此番来电欲请捐助雨具一节，情形特殊……新加坡区会鉴念及此，不忍推动，又不便抽拨月捐义捐致违前议，爰变通办理，另向热心家捐筹，除雨衣南洋不能制造外，先认购胶鞋五万双……拟赶就近日运去，惟缺额尚多，谨征求我全马各区侨胞，共起协助。”[19]

1939年3月29日，宋子文接陈嘉庚来电，报告英属新加坡总督颁布了限制海外筹赈活动的有关条例，“对抗战捐款工作不无影响，侨胞难免因此懈驰”，后又报告“现此间当地政府着全马来亚各筹赈会注册，其条件虽苛，然以庚所知，似可照旧进行，前途并无多大阻挠。各筹赈会当局间有危疑震惧者，庚亦已屡发文告，加以申释鼓励，唯注册之后，对于账目，当地政府或有时要来查询，故新加坡筹赈会不便将赈款别汇及作别种开支以动摇统筹统汇之原则”[20]。陈建议应由蒋介石或孔祥熙来电，“鼓励英法荷暹缅各属努力募集藉资观感”，宋子文随后回电陈嘉庚：“查每外侨胞除购买救国公债外，其义捐月捐亦殊踊跃，热心毅力，至堪敬佩。业将各地一年余捐输情况陈报蒋委员长，奉电深为嘉慰。经由委座微日电达，计荷鉴察。值兹战事正殷，端赖后方源源接济，还祈继续努力，历久不懈，裨益于抗战前途殊匪浅鲜。”同日，蒋介石应宋子文之请专函陈嘉庚，嘉奖之余，要求他们继续努力。电文道：“新加坡。中国银行密译送南洋华侨筹赈祖国难民总会陈嘉庚兄：溯自抗战军兴，已历二十一月。海外侨胞节衣缩食，踊跃捐输，先事购买救国公债，继则义捐月捐，其爱国热忱，殊堪嘉尚。现在第二期抗战方殷，必须资源有持久之力量，始克获最后胜利。仍冀各侨团振发以前之精神，继续努力，源源汇寄，俾裕军用。并希转知各属侨团查照为荷。蒋中正。微。”[21]

从这件事情的处理结果我们可以看出，当时国民政府最高阶层对与陈嘉庚新马华侨界的重视。

除了募集捐款而外，新马侨界的支援抗战行动还扩大到了直接招募青年回国参加抗战。1939年7月，陈嘉庚电告宋子文，应西南运输处及后方勤务部函电之邀，在南洋地区征募驶车修机等人才数千人归国服务，“庚以运输重要，极力鼓吹，计由安南入口往昆者七批，由仰光入口者一批，合共二千二百人。此外尚欠三四百人，大约须多一个月乃能募足。至所募机工，荷属侨胞不上百人，其余概属马来亚侨胞，而新加坡除第六、第七两批未计外，以前五批共占六百一十三人，每人包费至昆及应办出口手续、制服、零用及其他等费约四十余元，合计则为叻币三万四千四百九十七元零七仙，新加坡筹赈会已另列清单随函寄呈，并将该款作为寄汇义捐性质，记入行政院台账，俾免此间查账员有所干涉，想此项征募开支，亦属国家公务之一，此间奉令办理，暂由义捐拨付，再请政府追认，谅不至有乖理法。”

7月24日宋子文回函说：“关于尊处代西南运输处及后方总务征募机工费用，嘱函达行政院追认，作为义捐性质，掣给收据，以后续报，亦照此办理等由。兹已函请行政院查照办理矣。”[22]此事顺利进行，实赖陈嘉庚与新马华侨的踊跃报名与尽力而为，这说明新马华侨爱国抗战活动上升到了一个新的阶段，他们对祖国抗战的贡献进入了直接参战的新阶段。

据陈嘉庚致宋子文函电统计，到1937年12月底止，新马地区华侨共募债款230万4190元（内中国银行经收149万4205元，华侨银行经收80万9985元）；[23]1938年2月12日，又收捐款国币184万765元；[24]到1938年6月，新马华侨每月认捐国币20万至30万元，7月起至10月常月捐款上升为50万元，[25]11月时前后已汇回月捐款一项就达230万元，[26]7月间还另汇中行义捐款12万元。[27]新马华侨捐款是按外汇汇率每百元国币为新币30元所捐的，其原则也是由陈嘉庚与宋子文电商所定。到是年10月10日南洋各属华侨筹赈祖国难民会代表大会召开之时，陈嘉庚代表新马侨界宣布："今后常月捐义款，总计每月约近四百万元，尤当分别依其自定标准，努力求其实践。"标志着新马地区华侨爱国捐款达到一个新的高潮，他们对祖国神圣抗战作出了巨大的贡献。[28]

为此，蒋介石与宋子文联名致电陈嘉庚，对他及新马华侨所表现出的爱国精神给予了高度评价，并希望再接再厉支持祖国抗战：

"嘉庚先生大鉴：征电敬悉。海外月捐增加长期抗战力量所关至巨，各侨胞爱护祖国夙具热忱，尚祈登高一呼，积极倡导。转请马来各地侨团努力促进，藉收宏效。除分电各埠筹赈会负责人外，特电洽照。蒋中正、宋子文。齐。"[29]

是年春夏，为慰问新马华侨爱国捐款，陈嘉庚等拟邀请国内著名京剧艺术家梅兰芳率团来新马地区演出，并承诺担负全部费用，但梅兰芳此时正困居上海孤岛，被敌伪监视中，南行演出本无可能，宋子文回电陈嘉庚，告之梅剧团南行确有困难，对此表示遗憾。[30]

为总结新马地区华侨爱国捐款运动的成绩，激励侨界再接再厉，掀起捐款新高潮，新马救国公债劝募分会决定采纳华侨庄西言的建议，在这年国庆日举行南洋各属华侨筹赈祖国难民会代表大会，号召更多华侨投入捐款爱国支援祖国抗战。9月13日，陈嘉庚致电宋子文，报告了新马侨界准备召集大会的消息："弟此次承孔院长电令，筹备南洋各属侨领集星开会，共商加强筹赈效率，团结全侨力量，以为祖国抗战后盾。现经订本年双十节举行，所拟通启及大会会议秩序单均附呈一份，仰即赐照，并盼不吝箴言，用匡不逮。尤所祈祷。”9月26日得宋子文复电，对会议即将召开表示祝贺：“接展本月十三日公函暨附件等，备念如是。台端热忱救国，夙所钦仪。所拟双十节在星召开南洋全侨大会，集思广益，自可增强筹捐效率，有裨于抗战前途诚非浅鲜，所有会议情形尚祈随时函告，尤所盼祷，专复。”[31]

南洋各属华侨筹赈祖国难民会代表大会于1938年10月10日上午10时在新加坡开幕，开幕式上推举了临时主席，宣读了各部代表姓名及各方寄来的文电，并为全国死难将士人民默哀三分钟。陈嘉庚在大会上发表了热情的讲话，来自新马各地的代表报告了救国捐款的募集情况以及有无换领公债券的情形，并通报了附近尚未进行筹款的地点，准备开展进一步的工作。大会决定：通电拥护国民政府抗战到底，通电慰劳前线受伤将士、人民。

大会持续六日，于结束时，发表了充满爱国热情洋溢民族精神的《南洋各属华侨筹赈祖国难民会代表大会宣言》，文中写道：

“南洋各属华侨筹赈祖国难民会代表大会，建议于荷属华侨庄西言，经中国国民政府行政院孔院长同意而召集。大会目的在谋组织领导机关，增筹赈款，推销公债，以救济中国抗战中之难民，并协助政府完成建国大业。……各属参加者有香港、菲律宾、爪哇、苏门答腊、西里伯斯、波罗洲、安南、暹罗、缅甸、马来亚等地代表，凡四十五团体，百六十八人。此华侨史上之空前盛会，蒙新加坡居留政府赞许，得于本年十月十日开幕。……

中国立国五千年，夙以和平正义昭天下。不幸邻邦日本，军阀专横，妄图吞并中国以为征服世界之准备。民国四年二十一条件之提出，十七年济南惨案之发生，特荦荦大端，世所共闻者。其他无理压迫，非法要求，擢发罄竹，难以具举。二十年“九一八”，日本更挟其坚甲利兵，攫夺中国东三省，继以占据热河。翌年“一·二八”，又不惜启衅于淞沪。……乃侵略者野心未戢，变本加厉，转鹰瞬为虎瞰，舍蚕食而鲸吞。去岁卢沟桥炮声，盖世界和平与国际盟约之丧钟，中华民族与人类公理生死存亡之警号也。中国政府鉴于最后关头已至，毅然发动全面全民长期抗战。将以争取领土主权之独立完整，将以争取国家民族之平等自由，故中国之抗战，实为御侮而战，实为自卫而战，实为维护国际盟约而战，实为保障世界和平而战，……大会同人，集议伊始，用首决议通电拥护国民政府及蒋委员长抗战到底。

同人于此，愿更揭橥数义，为我南洋八百万侨胞告：

其一，抗战十五余月，敌财消耗百万万元，敌兵伤亡七十万众，我之物质损失虽巨，敌之物质损失亦巨，我之国土，虽涂满黄帝子孙之血，亦涂满三岛鬼夷之血。惟我有无限之资源足以支持，我有无穷之人力足为后盾，忍万屈以求一伸，拚千输以博一赢，艰苦奋斗，义无反顾，否极之后，终有泰来。敌则资源有限，人力易穷，踵决肘见，百象不安，时间愈延长，危机愈逼近，墓由自掘，祸由自取，行鼠窜而败，鱼烂而亡耳。故当前领土之沦敌，无关大局，最后胜利之属我，绝对可期。此种理势，吾人必须认识，此种信念，吾人必须坚抱！

其二，华侨素有"革命之母"之令誉，爱国精神，见重寰宇。"七七"以来，输财纾难，统计不下一万万元，南洋方面，占十之八。此在道德的义务上，可谓已尽；而在国民的天职上，究有未完。盖国家之大患一日不能除，则国民之大责一日不能卸；前方之炮火一日不得止，则后方之刍粟一日不得停。吾人今后宜更各尽所能，各竭所有，自策自鞭，自励自勉，踊跃慷慨，贡献于国家，使国家得藉吾人血汗一洗百年之奇耻，得藉吾人物力一报九世之深仇，而吾人之生存与幸福，亦庶几有恃而无恐。大会开幕之日，……各代表所报告，今后常月捐义款，总计每月约近四百万元，尤当分别依其自定标准，努力求其实践。

其三，南洋各属华侨，山海修阻，云天遥隔，声气欠沟通，感情失联络，常时犹病其不可，非常时更何能集中力量，效劳国家？大会同人，有鉴及此，爰议决组织'南洋华侨筹赈祖国难民总会'于英属新加坡，其使筹赈购债之效率，得以增强；抗战建国之功业，有所补助。是项组织实现，不特各属筹款机关，可密切联系，而冶于一炉；即全南洋八百万侨胞，亦可精诚团结，而化为一体。吾人既共成之，既共有之，则吾人必须养之育之，予之以生命，赋之以灵魂，俾能发挥活力，为国家用。敢假借此组织以遂个人之私图者，固为吾人所不许；敢破坏此组织以快个人之私意者，亦为吾人所不容。

其四，吾国丰于矿藏，吝于产品，故建设难以进步，贸易难以发达。今欲一面抗战，一面建国，藉自力之更生，谋自强之不息，则开发矿藏，推销产品，实不容缓。惟政府专力御侮，未遑兼顾。海外侨胞，应速分负其责。南洋华侨筹赈祖国难民总会之设立，于此亦将加以注意，务使国产品深为侨胞所认识，永为侨胞所乐用，以振我工商业，而厚我经济力。更拟组织公司，开发祖国富源，维持难民生计。凡此加强战时经济机构，奠定战后复业基础；皆属至急至要之图，为我国内外同胞所当尽心尽力以求之者。

其五，南洋各属当地政府，平昔爱护华侨，不存歧视。此次吾国发动抗战，各属侨胞，本慈悲之怀，为救济之举，当地政府皆能深表同情，予以协助。凡我侨胞自愿致其敬佩与感谢。然各属环境不同，法律不同，我侨胞宜各顺适环境，遵守法律，屏叫嚣而尚沉着，崇理智而制感情，步伐必求其齐，路径必取其正，使各方获好印象，而利我进行。吾人须知：吾人之敌只有一个，敌以外皆吾人之友，吾人应以左手挥拳以击敌，应以右手伸掌以握友；然后足以孤敌困敌，然后足以加速博取最后之胜利。

以上五端，为吾人之态度，亦为吾人之方针。本此态度，循此方针，以求达目的，则在乎大会全体代表与南洋全体侨胞之共同努力。大会同人谨乘休会之时，更郑重致意曰：惟精诚始足以言团结，惟团结始足以言力量。精诚充，则团结未有不固；团结固，则力量未有不宏。愿我八百万侨胞自今日起，充大精诚，固大团结，宏大力量，以为我政府后盾，则抗战断无不胜，建国断无不成。鞠躬陈词，幸相与勉之！中华民国廿年十月十六日。”[32]

会议开幕之日，国民政府主席林森发来题词：“急难轻财，护兹祖国”；军事委员会委员长蒋介石题词：“财力增厚，即战力增强。”宋子文及中国银行亦于会议开幕日致电陈嘉庚，对大会成功举行表示祝贺：“陈嘉庚先生并转各侨团代表公鉴：大会开幕，侨胞爱国热忱益为国内外所景仰，各侨团有此集中领导机关，力量增加，进行一致，今后关于捐赈、汇款、宣传、联络等工作，当易收宏速普遍之效，中国银行向以服务社会为职志，南洋方面，现正推设分支机关，与侨胞同谋福利，所期益加淬厉，共济艰难，抗战前途，实多利赖，特贺。宋子文。”[33]10月30日，陈嘉庚回函宋子文致谢：“宋会长勋鉴：敬启者。本会国庆日在新加坡开南洋各属代表大会，远承关注，颁赐贺电，代表同人咸深感奋。经组织总机关于新加坡，谨函致谢，并奉大会宣言一份，藉供参考。尚祈时惠箴规，俾资楷模。至所感荷，专此。”[34]

三

总结宋子文与陈嘉庚及新马地区华侨爱国捐款运动的关系，我们可以看出：

第一，宋子文在抗战初期的救国公债劝募工作中发挥了重要作用。此时虽然他是以在野的民间组织负责人身份来发挥作用的，但从其取得的巨大成绩来看，这种作用对于中国的抗战大业，同样有着至关重要的意义。

对于宋子文在这一阶段中从事救国公债劝募工作的历史和成绩，过去学界研究很少，论著中多数语焉不详，这在很大程度上是因为有关史料的缺乏所致。历史研究的突破，大大小小的进展，端赖于新史料的发掘与公布。有关宋子文从事救国公债劝募工作的研究，也证明了这一点。从我们新发掘的这些档案史料来看，宋子文在这项工作中，不仅以身作则，带头捐输，而且投入了大量的精力，举凡有关救国公债劝募事宜，无论是国内国外，还是数额多少，大到百万，小到几元，他都亲自过问，亲笔回复函电，统计数额，调解矛盾，鼓励嘉奖，甚至运用自己的特殊关系，把蒋介石、孔祥熙、林森等党国要人运用起来，为抗战募捐、筹集军费、慰劳伤残，做了许多默默无闻的工作。看到档案中他经手的那么多电函、签批，可以想见，在1937年抗战爆发后到1939年的两年间，宋子文日理万机，为抗战筹款做了大量的工作，其中包括调解华侨界、国内外、各部门各方面的关系，甚至还直接组织华侨回国参加抗战。他以自己的努力，得到了新马华侨界的高度信赖，从陈嘉庚到各地募捐组织，一遇到问题，首先想到的是向宋会长报告，以求得解决。虽然蒋介石不信任他，但国内外拥护抗日的民众却给他投了信赖的一票，这是宋子文一生中重要而又光彩的一页。

第二，在祖国神圣抗战大业中，新马及南洋地区华侨在陈嘉庚的带领下，踊跃捐输，回国参战，行动迅速，成效显著。为了祖国，他们甚至不惜毁家纾难，舍弃生命，表现出了高度的觉悟和爱国精神，体现了华夏儿女的崇高美德。

从档案中保存的来自世界各地华人成百上千件的有关爱国捐款的信函、文电、声明来看，华侨们对日本侵华野心、战争暴行的深刻揭露与批判，对自己与祖国前途唇齿相依关系透彻的解读说明，以及对自己的捐助对于祖国抗战大业意义的认识，都是激昂言辞，字字珠玑，其情意之真切，动人心扉。或许有人以为这些都不过是爱国高调，但读者分明可以从华侨同胞的这些高调的爱国言辞和他们高调的爱国行动中，体会到了他们对正在受难中的祖国，如儿女对父母般的孝心情感，这就是——只讲贡献奉献，不图回报，为了这份炎黄子孙血缘的爱，可以不惜付出自己的一切！有了这种精神，有了这种气概，中国就不会灭亡，中华民族将不可能被征服。

第三，有关宋子文一生中活动的历史档案资料，还存在着比较大的发掘空间，有关的搜集利用工作还有待继续进行。虽然在斯坦福大学胡佛研究所、台湾有关档案机构内有着比较集中的宋子文日记等主要资料的收藏，但就宋氏一生所从事的内政外交诸多方面活动而言，记载他各种历史活动的许多档案资料还分散在中国海峡两岸各档案机构和国外相关机构里，需要有兴趣的研究人员花费大力气，加以收集、整理和利用，这样才能使宋子文研究向更加深入的方向发展。档案馆之馆藏，犹如名山之宝，可以为辛劳者所获，我们应当努力加以掘取，以此为基础，才能登上学术研究的高峰。

【注】

[1] 康泽:《我在国共第二次合作谈判中的一段经历》,载全国《文史资料选辑》,第71辑,第21页。

[2] 《中国全面抗战大事记》，华美出版公司，1938年9月版，第1-2页。

[3] 当时，宋子文作为中国银行董事长，月薪为1200元，另有“公费”1000元、膳费60元，5万元对他来说，相当于两年多的工资。

[4] 《申报》1937年9月2日。

[5] 《南洋各属华侨筹赈祖国难民会代表大会宣言》，二史馆藏档三九七（1）3358。

[6] 《蒋介石致陈嘉庚等嘉奖电》(1938年1月27日)，二史馆藏档三九七（1）3358。

[7] 《蒋介石致陈嘉庚等函》(1938年1月27日)，二史馆藏档三九七（1）3358。

[8] 《宋子文致陈嘉庚函稿》(1938年1月21日)，二史馆藏档三九七（1）3358。

[9] 《陈嘉庚致宋子文函稿摘由》(1938年1月24日)，二史馆藏档三九七（1）3358。

[10] 《宋子文致陈嘉庚转马来亚劝募分会电稿》(1938年1月27日)，二史馆藏档三九七（1）3358。

[11] 《宋子文致陈嘉庚电稿》(1938年3月4日)，二史馆藏档三九七（1）3358。

[12] 《林炯轩等致宋子文函》(1938年5月26日)，二史馆藏档三九七（1）3358。

[13] 《新加坡救国公债琼帮委员会致宋子文函》(1938年2月25日)、《宋子文致曾养甫函》(1938年2月25日)，二史馆藏档三九七（1）3358。

[14] 《陈嘉庚致宋子文函》(1938年5月26日)，二史馆藏档三九七（1）3358。

[15] 《宋子文致陈嘉庚函稿》(1938年6月20日)，二史馆藏档三九七（1）3358。

[16] 《马来亚各区华侨筹赈祖国难民会联合通讯》(1938年5月22日)，二史馆藏档三九七（1）3358。

[17] 《总汇新报》(1938年5月26日)，二史馆藏档三九七（1）3358。

[18] 《新加坡三郊委员会请转中国红十字会等函》(1938年11月14日)，二史馆藏档三九七（1）3358。

[19] 《马来亚各区华侨筹赈祖国难民会联合通讯处第十三号通告》(1938年2月28日)，二史馆藏档三九七（1）3358。

[20] 《陈嘉庚致宋子文函》(1939年7月4日)，二史馆藏档三九七（1）3358。

[21] 《陈嘉庚致宋子文电》(1939年3月29日)、《宋子文致陈嘉庚电稿》(1939年4月5日)、《蒋介石致陈嘉庚电稿》(1939年4月5日)，二史馆藏档三九七（1）3358。

[22] 《陈嘉庚致宋子文函》（1939年7月4日）、《宋子文复陈嘉庚函稿》（1939年7月24日），二史馆藏档三九七（1）3358。

[23] 《陈嘉庚致宋子文函摘抄》（1938年2月18日），二史馆藏档三九七（1）3358。

[24] 《陈嘉庚致宋子文函》（1938年2月12日），二史馆藏档三九七（1）3358。

[25] 《陈嘉庚致宋子文电》（1938年7月21日），二史馆藏档三九七（1）3358。

[26] 《陈嘉庚致宋子文函》（1938年11月20日），二史馆藏档三九七（1）3358。

[27] 《陈嘉庚致宋子文电》（1938年7月21日），二史馆藏档三九七（1）3358。

[28] 《南洋各属华侨筹赈祖国难民会代表大会宣言》（1938年10月10日），二史馆藏档三九七（1）3358。

[29] 《蒋介石与宋子文致陈嘉庚电》（1938年6月9日），二史馆藏档三九七（1）3358。

[30] 《陈嘉庚致宋子文电》（1938年5月22日）、《宋子文致陈嘉庚快邮代电》（1938年6月18日），二史馆藏档三九七（1）3358。

[31] 《陈嘉庚致宋子文函》（1938年9月13日）、《宋子文致陈嘉庚函稿》（1938年9月13日），二史馆藏档三九七（1）3358。

[32] 《南洋各属华侨筹赈祖国难民会代表大会宣言》，二史馆藏档三九七（1）3358。

[33] 《宋子文致陈嘉庚电抄稿》（1938年10月9日），二史馆藏档三九七（1）3358。

[34] 《陈嘉庚致宋子文电》（1938年10月30日），二史馆藏档三九七（1）3358。

宋子文与“西部开发”

载《宋子文生平与资料文献研究》，复旦大学出版社，2010年5月版。

上世纪30年代国民政府的“开发大西北”是民国历史上一次重要的西部开发尝试。这次西北开发是在特定的历史背景下进行的，在许多方面取得了一定的成就，因当时的客观条件所限，其实施效果并不大，但却可为我们今天的西部开发提供有益的历史借鉴。

1928年，南京国民政府成立后，因国防战略和经济发展的需要，开始关注西部地区的开发。

1928年1月和1931年3月，国民政府分别成立了建设委员会和全国经济委员会筹备处，为开发西北作了准备。1928年，南京国民政府确定了“开发西北、建设西北”的方针，并相继派出西北科学考察团、西北实业考察团等进行实际考察。1930年，国民政府又制定了《开发西北计划》，对西北的开发进行了整体规划，拟定了具体的开发措施。1931年5月，国民会议第七次大会还通过了《开发西北办理工赈以谋建设而救灾黎案》等决议，确定了“以工代赈”的开发计划。但这一时期正是蒋介石政府忙于军阀混战和“剿共”内战阶段，根本无法集中精力于建设，因而其开发西北的种种计划和决议大都是一纸空文，并无太多的实际效果。

1931年“九一八”事变后，随着东北的沦陷，国破家亡，危险临头。蒋介石对日不抵抗和“攘外必先安内”政策破产，国内舆论强烈要求加强国防建设、积极备战。与此同时，朝野之间许多爱国人士再次发出了“开发西北”的呼声，“认为西北是中华民族的出路，要恢复中国版图，必须以我民族发祥地的西北做大本营，要集中全力来开发西北”。[1]这一时期，全国成立了30多家社会团体，如开发西北协会、中国边疆协会、中国边疆建设协进会、西北问题研究会、新西北社等等，致力于研究开发西北的具体事宜。一批关注西北的刊物，如《开发西北》、《西北研究》、《新西北》、《西北问题》等相继创刊出版，宣传论述开发西北的重要意义。社会呼声触动了国民党上层及其要员，蒋介石、宋子文、何应钦、张学良、冯玉祥等都受此影响，纷纷表达了相似的意见。国民党元老邵元冲就曾明确指出："以今日之国势而论，东北则藩篱尽撤，东南则警耗频传，一有非常，动侵堂奥，故持长期奋斗之说，力主建设西北之，以保持民族之生命线……"[2]军政部长何应钦在其发表的《开发西北为我国当前要政》一文中也认为，"西北为中华民族摇篮，又是中国大陆之屏蔽。从国防考虑，从经济考虑，从文化考虑，都需开发"。[3]

1932年3月，国民党四届二中全会通过决议，决定以长安为陪都，并定名为"西京"。并随即成立了以张继为委员长的西京筹备委员会和以褚民谊为主任的该会驻京办事处，"西京市政建设实为建设西北之起点，建设西北之策源地"[4]不久后，国民政府又颁布了《开发西北案》、《关于开发西北之各种决议应即速实行案》、《西北国防经济之建设案》、《拟请提前完成陇海线西兰段铁路以利交通而固边防案》、《促进西北教育案》等文件，逐步落实其"开发大西北"政策。该年12月间召开的国民党四届三中全会又通过了《边疆建设决议案》，决定设立"西北拓植委员会"。

1934年4月，蒋介石派考试院院长戴季陶到西北视察交通、水利、农业和教育，为开发做准备。戴季陶在考察时表示了开发的部署和原则："现在中国整个之国防计划，主力即全集中西北，则建设国防，自当西安始。关中之建设完毕，乃经营兰州，而以甘肃为起点，完成整个中国国防建设。"[5]这一时期，国内外人士争相到西北地区进行考察、采访、旅游。中央银行、中国银行、交通银行等公私营银行财团，以及上海银行附属的中国旅行社等，都争相到西北地区设立分支机构，扩展业务。6月间，全国经济委员会也通过了《西北建设实施计划及进行程序》，对西北的水利、公路、畜牧、农村建设等各个方面都作了一番筹划。国民政府开发西北的计划由此逐步深入。

但是，到1935年后，随着全国币制的统一和川、黔、滇等省地的政治“中央化”，国民政府遂将西南与西北相提并论。[6]西南战略地位的提升促使了开发西北热潮的降温。到40年代初，由于战争造成的西南交通线路的封锁，国际援华陆路交通断绝，而西北地区与苏联之间的陆空运输仍畅行无阻，西北的战略地位再次凸显出来，开发西北的呼声才再次高涨。

在国民政府大力倡导开发西北时期，民国政要宋子文在其中扮演了重要的角色，他曾先后担任国民政府行政院副院长、代院长、财政部部长、全国经济委员会常委，并兼任社会经济、慈善机构多项职务，于是不可避免地参与了当局“西北开发”的计划与实施工作。

就有关档案记载来看，当时国民政府党政军经界许多大员都参与了“西北开发”工程，他们纷纷前往西部考察，提出设计与建议，有些报告与提议十分具体周密，例如杨虎城、邵力子、于右任、张学良等人的报告。其中，宋子文也以多种形式表达了他的意见。

关于宋子文与“西部开发”的关系，从他个人拟草的有关建议、提案或联名批复有关提案的情况以及处理有关西部发展问题的措施来看，特别是他1934年及1936年亲自前往西北与海南岛视察并设计有关甘肃、海南建设事宜等诸多事例来分析，我们完全可以了解宋子文对于西部开发的基本态度与具体设计。

在宋氏一生的思想与政治经济活动中，有关西部开发只是其中的一小部分内容，与他在政治、外交、财政等方面为国家民族所做的工作相比，可能显得微不足道。但是，作为民国时期一位著名的政治活动家和主管财政经济建设的大员，宋子文对“西部开发”的作为与贡献，当然是其生平活动中的一项内容，不可忽视，它是有关宋子文研究中具有特殊意义与价值的一个方面。

因有关档案材料的零散特点所限，我们无法探悉有关宋子文“西部开发”活动的全部内容，但已知的史实足以证明，宋子文是民国时期西部开发的积极倡导者和实施者。

一

1932年9月9日，国民政府以林森主席及行政院代院长宋子文领衔，转发国民党中央政治会议决议，对中政会委员陈果夫要求清理积欠教育经费与制定开发西北土地办法的提议案，拟出了组织河套宁夏调查团、开展考察工作等三项办法，令行政院等有关部门落实。这份文电说：

“案准中央政治会议函开，准陈委员果夫提议，查年来教育经费积欠过多，影响于教育之进步甚钜，亟应设法清偿，拟请以西北未开发之荒地作担保．发行垦殖证券，分偿各校积欠，并以证券之一部分，向银行抵借现款，作开发西北荒地之本金。如此教育积欠既可清偿，同时开发西北之计划亦易于积极实施。谨拟办法六项，请公决，等由。经本会议第三一四次会议决议，交教育、财政两组审查，由朱委员家骅召集，嗣本会议第三一八次会议复经决议，关于陈委员果夫提议清理积欠教育经费与开发西北土地办法一案，业经济组会同审查，各等因在案。兹准教育、财政、经济三组报告称：奉交审查陈委员果夫提请清理积欠教育经费与开发西北土地办法一案，遵经会同审查结果认为：(一)西北幅员辽阔，非先指定地点无从着手开发。故拟由中央划定河套、宁夏为尽先垦殖之区；(二)殖边应先根据当地实况，制订计划，方能进行。故拟由内、教、实三部，联合银行、华侨及学术界知名之士，组织调查团，限一月内成立出发，前往河套、宁夏切实考察，负责起草具体方案；(三)俟调查团计划提出后，再行筹商发行公债办法。是否有当，乞公决，等由，到会。当经提出本会议第三二二次会议讨论，并经决议，由内政、财政、教育、实业四部联合银行、商会、华侨及学术界知名之士，组织调查团，由内政部主办，余照审查意见通过。相应录案，并检附原件函达，请烦查照，转饬遵照办理为荷，等由，准此。合行抄发附件，令仰该院转饬遵照办理。此令。”[7]

次月，兼任财政部部长的宋子文，依然关注这一提案的落实情况。10月7日，他与教育部部长朱家骅等联名呈文行政院，对河套宁夏调查团的组织活动等进行了具体的筹划与安排。文曰：

"案奉钧院第三四零号训令内开：为令行事：……计抄发陈委员果夫提议清理积欠教育经费与开发土地之办法案一份。奉此，迭经内政部召集各部委派代表出席开会讨论，当经拟定河套、宁夏调查团组织章程草案，并编订河套宁夏垦殖调查团二十一年度临时经费概算书，均经分别议决通过，纪录在卷。是否有当，理合缮同上项章程草案暨概算书呈请鉴核，指令祇遵。谨呈行政院。计呈送河套宁夏垦殖调查团组织章程草案暨河套宁夏垦殖调查团二十一年度临时经费概算书各一份。教育部部长朱家骅、财政部部长宋子文、实业部部长陈公博、内政部部长黄绍竑。

附：河套宁夏垦殖调查团组织章程草案

第一条　本调查团定名为河套宁夏垦殖调查团(以下简称本团)。

第二条　本团由内政、财政、实业、教育四部及银行、商会、华侨、学术界各选派代表一人至三人组织之，其选派方法如左：

一、内政、财政、实业、教育四部代表由部令指派之；

二、银行、商会代表由实业部商同全国银行公会、全国总商会推派之；

三、华侨代表由侨务委员会介绍之；

四、学术界代表由教育部商同中华农学会、水利工程学会及其他农垦学术团体推派之。

第三条　本团设主任一人，由内政部代表一人担任之，副主任一人，由实业部代表一人担任之。

第四条　本团出发调查时得分组考察，各组设组长一人，由本团推定之。

第五条　本团为增进办事效能起见，得向关系各部就职员中商调垦殖技术人员及办事员各三人至六人。

第六条　本团之任务如左：

一、实地考察河套、宁夏荒地及垦殖情况；

二、选定垦殖区域；

三、拟定垦殖计划；

四、编制调查报告。

第七条　本团调查期限暂定为三个月。

第八条　调查员、技术员及办事员舟车膳宿旅费概由本团供给，其规则另定之。

第九条　本章程自呈准公布之日施行。”[8]

这份文件是宋子文参与落实西部开发工作措施的实际证明。

1932年12月14日，甘肃省政府主席邵力子电请国民政府从速设立西北工赈委员会，“特定工赈办法，广罗工程人才，专就陕甘两省交通水利之急宜举办者，实行以工代赈，俾劫后　遗获延喘息”。25日，邵力子专电时任行政院代院长的宋子文，解释其提议原由，并特请宋子文主持此项工作。电文曰：“弟提案动机，固由目击陕甘遍地灾民，急须举办工赈，尤因深知兄主办水灾救济会成效卓著，极盼兄既造福东南，更拯救西北，故工赈会关键在仿水灾救济会办法，必须兄亲为主持，并集合中央之人才财力，切实进行。成规既有可循办法，无难即定，惟希兄当仁不让见义勇为，无任企祷。”[9]

次年1月11日，行政院秘书长褚民谊奉宋子文之命回电邵力子，“奉代院长渝：甘肃省主席邵力子电为西北工赈关系至巨请为擘划主持一案，应交铁道、交通两部于附加项下拨给，等因。”[10]15日邵力子再回电褚民谊：“子文院长注意西北工赈，拨定办理款项，至深感佩。惟弟建议原意，固因开发西北急须举办工赈，尤见于水灾救济会之成绩优美，故请一切组织仿照水灾会，而更希望子文兄主持其事。现原案交中政会审议，尚未闻结果如何……其是否请子文兄主持，亦希公决。”[11]

邵力子之所以坚持希望宋子文主持西北工赈，是因为他对宋之为人和工作能力的敬佩。当时宋子文虽为行政院副院长，政务繁忙，但仍乐善公益及救灾事业，他在主持1931年后连年大水灾而图救难民的水灾救济会的工作中，显示了有效的领导能力，有力地推进了救灾工作。这一方面或许是因为宋子文的家庭政治背景给他在与蒋介石合作时提供了有力的支持与保护，另一方面则更是因为宋的工作能力与他一贯的对于公益救灾事业的热心与全力以赴的精神。从宋子文对西北开发的关心与关注来看，他对邵力子之请求理当当仁不让，但此期宋是在蒋汪合作的国民政府中以行政院长汪精卫的副手地位出现，对于能否主持西北工赈事宜，他只能取决于蒋汪二人的“公决”了。

1933年6月2日，军事委员会委员长蒋介石从江西“剿共”前线给行政院长汪精卫发电，内称：“陕省政费积欠甚巨，本年粮赋已征尽，复苦旱灾，再不得雨，秋粮亦难下种，尤为可虑。职在京曾催政治会议速提西北工赈建设委员会案，并拟定棉麦借款大部分为经费，务乞钧座主持以救陕灾而定开发西北大计，等语。……惟中决必须积极主持，多方设法，所有西北工赈建设委员会之设置自属不容再缓，此事关系重要，工赈委员会之组织及工赈建设之进行，请兄详加拟定，并商催政治会议速予议决为盼。”[12]

1933年6月12日，邵力子又致电南京国民党中央政治会议，报告他去西安途中所见陕西灾情，他写道：“沿途视察及咨访所得，深知陕省灾情确属惨巨，本年麦收既极旎薄，刻值秋禾撒种，旱象又呈，设使雨泽延期，秋收绝望，来日大难尤堪危虑。当此灾祲频年、公私交困之余，关于救济事业，无论治标治本，本省财力均属为难，惟有恳请钧会迅将西北工赈建设委员会决议成立，俾得负责主持，妥筹进行。……拟请俯准□订美国棉麦之款，多予拟付，以便分头改施工赈，克期观成，全陕民生更深利赖。……”[13] 6月23日，中政会开会决议：“以棉麦借款，虽拟划分一部分救济农村，然纯属于建设而非放赈，且缓不济急，恐不能拯救陕灾之迫切，惟中央必须积极主持，多方设法，西北工赈建设委员会之设置，自属刻不容缓，请催中央政治会议速予议决，特转请核议等由到会，后经本会议第三六二次会议决议：交行政院拟议具体办法。”此文件上并附有两条批注为“电宋部长征求同意后再议”及“奉院长面渝，已自行拟电宋副院长，俟宋副院长有复电到再议。此件请议事科暂为保存”[14]。

6月27日，行政院长汪精卫致电正在南昌指挥“剿共”的蒋介石，文曰：“特急。南昌。蒋委员长赐鉴：中密。接养机赣电后，因须征子文兄同意，故即电询。顷得复电谓：西北已成国家决大问题，亟宜根本注意，但办法宜俟与兄及介兄面谈等语，惟力子兄电陕西工赈亟须进行，委员会事能否待子文兄回，请酌复为荷。弟兆铭。”[15]

从上述文电来看，蒋、汪二人对于陕西工赈救灾之事的态度是比较尊重宋的意见。而宋子文对此则十分重视，除批拨专款办理外，还表示了必须亲自与蒋汪面商西北救灾与建设诸事的意见。这充分表明了宋氏对西北救灾及开发的积极态度。

1934年4–5月，宋子文以常务委员身份代表全国经济委员会前往西北视察。5月5日他抵达兰州，与甘肃省主席朱绍良会见。他们讨论了开发西北建设甘肃的有关问题，并议定了若干具体建设项目。9日，宋子文致电行政院院长汪精卫、立法院院长孙科、行政院副院长兼财政部部长孔祥熙，具体陈述了他的开发甘肃计划：

“南京。汪院长、孙院长、孔部长勋鉴：弟抵兰州后，与朱主席商洽甘省建设事项如下：（一）修筑西（安）兰（州）路甘省段公路；（二）修筑全省紧要水渠；（三）公共卫生及兽医之组织；（四）创办畜牧计划。以上议定各项均系依照经济委员会常委会决定之西北建设范围及经费内妥为支配。歌。印。”[16]

汪精卫收宋电后，即将此电批交行政院秘书长褚民谊，“除电复并抄送全国经济委员会外，应交铁道、实业、内政三部”办理。[17]

宋子文的这次视察之行，在西北交通建设等方面取得了一定成绩，更重要的是，它再次把人们的目光转向了西北广阔的土地，如宋子文所说：“西北经过许多厄运，人民痛苦的呼声，竟没有人理会，但最后是大不同了，中央的人纷纷到西北去，社会领袖也纷纷到西北，到西北去，已成一种‘国是’了。”[18]

可惜的是，国民政府当局对开发西北的设计，后来因日本发动侵华战争而被迫中辍了。

抗战中期的1940年6月，宋子文受命为蒋介石的私人代表，赴美洽商财经借款，他在美的工作范围，由财经进而发展到外交，直到1945年8月完成了中苏友好同盟条约的签订后，回国出任行政院长，宋子文在美居留了五年。在这期间，他与蒋介石及其他“党国要员”有大量的电文往返，其内容丰富，极具价值。其中就有零星的有关中国西北开发的内容，也从一方面体现了宋子文的西北开发观念和他所做的工作。

1940年11月30日，蒋介石致电宋子文，嘱其转告美当局，要美方推动中美合作开发中国西部，文电中称：“华西物资与宝藏，日人常称为以后三百年虽用东亚全力开发此富源，亦不能完尽，可知其垂涎之切。我国以后经济建设之基础，与国防工业之建立，亦全在华西，川、康、滇、桂、黔、粤、湘、赣诸省皆在内。万一中日恢复和平，其对我华西物资之开发，必争先着，有所要求，故此时不得不先为之。所以我国战后之经济建设全赖美国，否则日本必先争取，如此时中美对华西有一合作基础，订立条约，或即以我所提三万万美金为美国预付之资金亦可。如此则敌对华西之经济不敢再有所觊觎。但此时要有整个计划与设计，故须先催其派经济、交通、军事顾问来华切实进行也。希以此意转告美当局从速推动为要。”[19]虽然蒋介石的来电是要宋子文争取美国支持当时中国的西部开发，提供合作，使日本不敢再对我国的西部资源存有野心，但这份电报同时也说明了即使是在抗战期间，国民政府领导人也没有忘记西部开发的设想。而宋子文接电后，虽然在相关资料中我们没有找到关于这份电文的复电，但一年后的1941年12月1日，宋起草了一份给蒋的拟电稿，内容为就关于开发甘肃与新疆油井一事报告蒋介石说：“美当局现介绍著名油井地质专家克拉普来华探勘石油储藏量，以一年为期，连同助手三人薪旅、仪器等费，约美金六万元，如需探井钻机等，另加美金九万元。”宋推荐说：“此人探井经验丰富，又为美当局介绍，对保守秘密，可无问题。如能得其来华，于我国开发油井，不无裨益。”“应否照聘，祈电示遵。”[20]

这份电文说明，宋子文在40年代初驻美期间，仍在致力于西部开发事业。他对于西部开发的思想与实践是有连贯性的。

二

1936年12月，时任全国经济委员会常委的宋子文，还乡海南文昌。这是宋子文第一次回乡并视察海南岛。除归乡探亲外，宋此行的重要内容是规划海南的建设与开发。

宋子文此行酝酿已久，但因天时地利条件不具备，迟迟不能成行。

海南当时是属于广东省管辖的地盘，被军阀陈济棠控制。1929年，陈济棠利用广东军政首脑李济深与蒋介石的矛盾，取代李济深独揽了广东大权，长达8年之久。此期陈济棠、李宗仁分掌了两广实权。直到1936年6月1日，两广以抗日为名发动倒蒋事变，演变成内战。蒋介石以炮弹与银弹双管齐下，对陈济棠内部开展收买和分化。一个多月后，陈济棠部内讧失败，离粤赴港。而被蒋收买的陈济棠部属余汉谋，于7月22日进驻广州，被任命为广东绥靖主任兼第四路军总司令，至此广东又重归蒋介石控制。“两广事变”解决后，南京国民政府明令取消西南政务委员会，“还政中央”，结束了广东的半独立状态。

南京政府从陈济棠手中接管了海南岛。广东撤销了东、南、西北、中、琼崖五个绥靖委员公署，将全省划为九个行政督察区，琼崖设为第九区行政督察专员公署，派黄强为第一任行政督察专员兼保安司令，并兼琼山县长。

这就是宋子文作为南京国民政府要员还乡海南的历史背景。

宋子文此次海南行，由于其特殊的政治背景与身份，受到了外界极大的关注，尤其受到旅居广东与香港的海南人士的热烈欢迎。同乡们不仅是欢迎宋氏返乡，而且对其发挥优势作用于开发琼崖实业、发展故乡经济抱有无穷希望，而宋子文也是在尚未踏上故土时，便开始热情发表其对开发琼崖的意见。

11月下旬，宋氏抵达香港。23日，香港琼崖商会开会欢迎宋子文，席间宋发表了热情洋溢的讲话，他说：

“今天承各位同乡的厚爱，非常感谢。兄弟虽然是琼州人，但是从未回过家乡，许多年来，时时想回去看看，因为没有相当的时间，总未如愿以偿。今天得许多同乡欢聚一堂，仿佛是已经回到琼州，精神上觉得非常愉快。”然后宋说到了海南的悠久历史文化，并指出其近代以来落后的原因：“在许多人心理中，以为琼州是蛮荒瘴疠的地方，或者不值得一顾，其实我们把历史看一看，琼州的开化已是有一千多年的经历，如唐朝的贤相李德裕、北宋的文豪苏东坡、南宋的中兴名臣李纲，曾因贬谪来到琼州，而且在琼州住得很久。还有我们乡贤海忠介、邱文庄两公，为明朝有数名臣，其学问品行，可以做我们的模范。现在一切事业，所以落后，都因为受地理上限制，不能和时代潮流一同进化。”[21]这种由地理条件限制所造成的落后，是交通问题，这正是后来宋子文要全力建设海南交通的认识基础。

宋子文论述说：“琼崖面积有九万多方里，土地肥沃，矿产丰富，如树胶、咖啡，椰子尤为唯一特产，其他物品，亦应有尽有。若能尽量开发，实在是我国的一个富源。譬如台湾开化还在琼州之后，自从日本经营以来，不过四十多年，已成为繁庶之区，如果我们把琼州开发起来，其地位在南洋之重要，自不待言。”

宋子文告诉诸位同乡：“兄弟在时间上事务上，如果可以分身，拟回故乡一行，实地考察，做初步设计的张本。更希望与各位同乡，共同努力，为桑梓谋幸福，为党国辟富源，建设一个新琼州。”对于琼崖的开发，“全国经济委员会早已注意，曾经遴派专门人员前往考察。最重要的是，首先注意交通，而交通最感困难的，是沿海缺乏深水的口岸，但亦未尝不可以人力来补救。在经济上，将来自以发展岛内至出海港之交通为首要。”

在讲话中，宋子文还把海南开发与台湾的开发做了比较。当时台湾在日本人的霸占经营之下，台湾经济向殖民化快速发展。孙中山在1912年曾说过："甲午之役，台湾割让于日，日人经营十年之久，自铁道开设，行政、教育制度整理以来，昔者硗确之区，今变为膏腴之府，旅行台湾者，不胜今昔之感焉。"同年，孙中山在其发布的《琼州改设行省理由书》一文中又写道："夫台湾一岛，其幅员与琼州相等，自日本经营之后，每年岁入数千万。倘琼州改为行省，数年经营之后，其收入必有可观，无庸疑也。"时间又已过去40余年，所以宋后来12月3日在故乡文昌对乡亲发表讲话时说：因为是头一次来到琼崖，不仅仅是来游故乡，而是各位长官"对于琼崖都是抱着实行总理国防经济建设遗训而来。琼崖的开发，自总理提倡以来，更有无数的继续主张，都以为琼崖有天赋富源，而琼崖人民最有魄力，既然能开发自己家乡，但是直到如今，还未实现。"这表达了他要实现孙中山开发海南遗训的决心。

11月26日，宋子文抵达广州。琼崖旅省同乡会四千余人聚会广州中山纪念堂，欢迎宋子文、宋子良兄弟。主席陈策致欢迎词后，宋子文讲了话。他说：开发琼崖计划有二：(一)由海口至内地及矿山，应有健全铁路。(二)开放投资。

宋氏在广州、香港关于海南开发的论述为他的返乡之行做了浓厚的铺垫，对此当时的报章舆论进行了多方报道。11月28日《中央日报》香港讯称："粤省琼崖，远处南疆，地居热带，气候温暖，土地肥沃，森林矿产，蕴藏之富，实为华南各省之冠。且四面环海，鱼盐等业尤为富裕。近数年来，岛上治安，日臻巩固，各地华侨，前往投资举办各种实业者，先后接踵，琼崖前途之发展，必无限量。此次宋子文南来，闻对开发琼崖，负有重要使命。"中央社11月29日香港电稿亦称："宋子文夫妇偕贝淞荪、郑铁如，廿九日晚十时乘佛山轮赴省，将会同曾养甫等赴琼视察，开发富源。"

宋氏返乡随行者除了亲属，还有广东的军政要员、穗港的银行家及铁路专家曾养甫等，这是宋子文计划在海南修建铁路的实际准备。

12月2日上午，宋子文、宋子良兄弟一行14人分乘三架飞机，从广州飞往海口，上午10时30分，宋子文等抵达海口。当日，在海口市中山纪念堂举行了海南各界欢迎大会，宋子文及广东绥靖公署主任余汉谋相继演讲，阐述开发琼崖之意义。宋子文说："父亲嘱咐，做不成人，不能回去文昌认祖宗，见父老。现遵父之嘱，兄弟第一次回故乡，同父老兄弟众乡亲见面，非常高兴。"午后，宋在地方官员陪同下视察海港。[22]

3日，中央社自海口发出《宋子文余汉谋乘飞机环游琼岛》的报道："宋子文、余汉谋、曾养甫暨偕来人员，三日由黄强、陈章陪同，乘机凌空环游琼岛一周，视察五指山及沿海榆林、清澜、新英各港形势，并接见第九区保安副司令王毅、琼崖商会主席唐品三、禁烟委员云瀛桥、督学韩国清、六师校长白学初及各界代表，谘询地方情形甚详。"

当天下午，宋子文回到老家文昌。在云龙楼前的广场上，出席欢迎大会的乡亲们早已在等候着，主楼和广场四周，挂满三角彩旗，五彩缤纷，气氛隆重而热烈。当宋子文等人在阳台上出现的时候，会场上响起热烈的掌声。县长杨柱国介绍贵宾后，请宋子文讲话。

宋子文感慨地说："各位父老兄弟姊妹：兄弟虽是琼崖人，但是从来未回过家乡。今天到文昌，得与各位同乡见面，真是平生最愉快的事情，同时对于故乡抱有无穷希望。"感慨地说："今天承大会宠招，原定二时到达，因沿途耽搁，到文昌时已迟，劳各位同乡辛苦等待，十分抱歉。所以耽搁的缘故，为是乘飞机环绕全岛一周，且飞越五指山观察形势，多费了时间，但因此回想到从前意欲环绕全岛一周，并登五指山，非一两个月不能完成，今天三个小时竟可如愿达到，由此可以证明从前所办不到的，现在必能办到；从前非常困难的，现在轻而易举，是开发琼崖最确当最良好的一个比喻。"

然后他既转而陈述开发建设海南的大计，如开铁矿、筑铁路、建设清澜港等，宋子文说：他的父亲宋耀如曾向孙中山提出"十年之内在中国建设二十万里铁路"的计划，可惜志未竟成。宋子文决心继承父志，决定投资3000万元修建环岛铁路。

宋子文讲到琼崖人含辛茹苦，远涉重洋求生路的情景："我们琼崖人很像欧洲爱尔兰人，在家乡无容身之地，只有向外以血汗换衣食，此种不甘坐以待毙、奋斗冒险的毅力，便是我琼崖人真正魄力”，“琼崖既赋有天然的富源，又蕴有毅力的民族，何以至今不能发展?”

宋子文根据自己的观察与思考，提出开发琼崖的三大障碍：第一是治安问题，第二是政治问题，第三是交通问题。

就交通问题，宋子文说：“我们知道开发任何区域，最大关键，首须解决交通问题。琼崖沿海，现无海港建设，腹地更无铁路运输，兄弟此次与余总司令、铁道部曾次长、宋厅长、黄专员，几度讨论，已将交通基本计划，定有办法，且琼崖的开发，与全国国防上、经济上，有重大联系，用各省的财力，来帮助完成交通计划，一定可以办到。”

最后，宋子文满怀信心地说：“兄弟相信，在中央与余总司令、黄主席暨各位长官领导之下，加以全国经济力量的帮助，并以我数百万同乡开发南洋的魄力，移到本乡，共同合作，在此三五年内，成绩一定可以超过从前三五十年的进步；我更相信，在最短时期内能够实现总理开发琼崖的遗训。兄弟是琼崖一份子，从前虽抱着开发愿望，还是仅凭一种理想，今天实地到了故乡，觉得脑海中有无限的感动。在奉行总理遗训之下，和琼崖同乡、全国同胞所渴望之中，无论何时何处矢以全力，追随各位之后，以底于成。”[23]

欢迎会下午四点多钟结束，宋子文一行直接驱车返海口。因为那时文昌无电无自来水，是没有条件接待宋子文住宿的。车队回到海口，夜幕已降临。

“在宋子文回文昌的同时，在他的祖居昌洒古路园村一带的群众，也陆续到他的韩姓墓地拜祭、参观，热闹一番，祝贺宋子文回乡。文昌县的国民党政府，为了纪念宋子文的回来，便将县城的第一小学改名为‘子文小学’。”

4日早上，宋子文等离开海南飞广州。他在海南停留的时间比计划提前结束了一两天。宋氏兄弟历史性的回乡之行就此结束。12月6日，宋子文偕随员应邀前往广西视察。

宋子文的海南返乡之旅，其意义早已超过了单纯的怀旧念祖之情，而在海南开发历史上留下了浓重的一笔。他关于开发建设海南的思想，在此行中得到了比较全面具体的阐述，对此我们可稍加归纳。

宋子文的开发海南思想源于孙中山的国家建设蓝图。

早在1918年，孙中山在其谋划《建国方略》时就提出了开发海南的思想，他曾用笔在中国西南铁路图南端画了一条线，直抵与琼岛一水之隔的海安。这便是孙中山《建国方略》的第60幅插图。孙中山说，应该有一条铁路“于化州须引一支线，至遂溪、雷州，达于琼州海峡之海安，……于海安再以渡船与琼州岛联络。”他勾勒出以火车、渡船连接海南与大陆交通的最初设想。[24]

孙中山又在《建国方略》之《实业计划》中写到；“海南固又甚富而未开发之地也。已耕作者仅有沿海一带地方，其中央犹为茂密之森林，黎人所居，其藏矿最富。”他并期望“全岛悉已开发”。

在此前后，孙中山多次提出海南建省问题，并陈述其理由在于巩固海防、启发天然富源、文化政策、国内移民殖民、便宜行政等等。这些都是民国时期最早开发海南的书面计划，但在军阀割据统一未成情况下，这些设想不能付诸实施。

由于孙中山的积极倡导，海南岛丰富的资源逐渐引起国人的注意。一时间，海内外官方的、民间的有识之士以及学者、华侨团体等纷纷对海南岛进行调查和考察，发表许多开发建设海南的言论，这就是宋子文所说因“总理提倡”而造成的局面。

《建国方略》中将海口港列为我国十六大港之一，榆林港列为十五大渔业港之一，而无关于清澜港的论述，也没有将洋浦港列为中国未来的大港之一的内容。尽管《建国方略》中没有写到清澜港，但是清澜港的开发确实是此时的一个热点。“清澜为琼崖最良好最适中最合时代之商港”，清澜筑港后，有往来之便利，不特增加琼崖商务繁荣，来琼游历者，必增加无数。“如此则琼崖商港有海口清澜、军港有榆林、环岛铁路、黎境公路，四通八达，可成为一新琼崖矣。”

按照宋子文的计划，随后应成立琼崖铁路工程局，以临高县马袅港为起点，经澄迈、琼山抵海口，再出文昌经加积、陵水而至榆林作为首期东线道路，全长361公里；二期西岸线经福山、和舍而至那大，全长67.2公里，统称环岛铁路。其后，调用四个测量队奔赴海南，对马袅港至海口段进行了初步勘测。宋子文甚至准备将浙赣铁路拆下来的旧铁轨，运来海南建铁路，以节省经费。[25]

过去曾有人说，宋子文此次回乡，是想把海南的丰富矿藏攫为己有。他借回乡祭祖之名，携同矿务专家，来回海南勘察。只以时机未成熟，又无适当的人合作，未曾着手。[26]从史料及史实来看，这种说法应是没有事实根据的。

12月13日，宋子文一行到达上海。当天，宋子文收到张学良自西安给他的信，告之“西安事变”发生，宋立即投入到营救蒋介石的紧张工作中。

宋子文本人对此次家乡之行十分满意，并且当时在国内造成了很大的反响。

12月5日，宋在广州接受中央社记者采访，发表游琼感想：“略谓此行匆匆两日，但印象甚佳，且承地方当局暨各界人士供给许多资料，藉作发展琼岛实业之参考尤可珍贵。琼岛物产丰富，属吾国唯一热带区域，交通除有轮船外，复有民航飞机与省城联络，今后若对岛上交通先予发展，则开发经营，殊无若何困难。琼崖十六县同乡，在省港及海外各地者颇不乏人，深盼咸以各人经验与资力，返乡参加开发事业。本人为琼人一分子，自当尽力协助。在琼蒙地方当局暨原籍父老殷殷招待，尤为可感。”

12月14日他又在上海中国银行接见新闻界发表了谈话，宋子文在说明蒋介石在西安“绝对安全”后，仍然不忘对记者谈起了赴粤桂视察之经过。他谈到此行曾往海南岛视察，以该岛有热带物产，开发后可挽不少漏卮，至于开发计划之最要者为：(一)开辟海南港，(二)建筑铁路，约需费二千五百万至三千万元。

宋子文视察海南，让海南迎来历史上最受看重的时刻。时人对宋子文视察海南的评价与期望都很高，一时间出版了不少的有关文章与著述。如潘瀛江的《对全国经委会常委宋子文先生返琼的希望》、王少平著的《菲岛琼崖印象记》等等。张维汉在其所著《海南岛》一文中写道："琼岛今日地位之重要，已非昔比，自宋子文先生飞琼视察以后，已引起全国人士之注意。……嗟呼！东北已失，白山黑水，已非我有，今琼岛得失，实为我国之生死关头，及今不图，必将贻噬脐之悔也乎。"这些舆论确实反映了宋子文视察海南所带来影响的热烈程度。

香港海南商会会长周成泰，是宋子文在回海南之前提议香港琼商组织的海南先遣考察组成员之一。1936年11月间，周成泰带领香港考察组抵达海南，他们日夜兼程，从海口出发西行，沿途经过金江、那大、八所、三亚、陵水、万宁、嘉积、文昌等地环岛进行考察，草拟了一个环岛铁路策划报告，准备在宋子文来到海南时当面汇报，以便决策。在宋子文离琼后，周成泰和考察组人员，仍然在三亚工作了一段时间，后因时局变化，修环岛铁路一事停办。周成泰回忆说："遵循孙中山先生的三民主义和《建国方略》行事，宋子文甚至对'方略'中有关开辟海南岛清澜港的论述都记得很清楚。"

宋子文还乡海南之行，在另一方面又刺激了海南改特区的舆论再次泛起。军政部次长陈诚也认为"琼崖关系两广及国防甚巨，有设特区必要"。同时，广东省主席余汉谋正式申请在琼崖划置特区，直接由中央管辖。

1937年5月3日，国民政府行政院举行了第一次"琼崖划设特区讨论会"，由参谋本部召集内政、外交、实业、交通、军政五部开会并提出：

(一) 琼崖划区制度问题，以行政系统应属于广东省政府，国防建设应属于中央；

(二) 琼崖设特区，长官以军事资历最深人充任；

第一点内政、实业两部主张直隶中央，第二点未加研究。财政部报告：琼崖财政情形，岁入八十九万余元，岁出一百二十四万余元。内政部又专门报告了民国二十一年(1932年)海南岛筹设特区之经过。

会议讨论的结果，其一是令实业、交通、铁道三部会同全国经济委员会，商拟琼崖各种经济建设及海港建设之初步计划。

这次会议之后，5月下旬行政院、军委会及内政、外交、财政、实业、交通、军政等各部召开联席会议，又再行讨论琼崖设立特区事宜。经过反复斟酌商讨，并征询广东省政府意见后，由各部门会同全国经济委员会参照青海、宁夏、西康等先例，就海南设特区后的行政、铁路、公路、航运、商港、航空、水利、实业等方面提出了较为翔实可行的计划。至于行政问题，各方均认为琼崖设特区，行政长官应以军事资历最深人员充任，以突出其军事位置之重要。[27]

广州《中山日报》1937年5月11日发表社论《开发琼崖之三种力量》，文章说："我国政府久有开发琼崖之计划，最近中央尤为积极进行，实业部次长程天固日前率领京粤有关系机构之长官及专家十一人飞琼崖视察"，"中央政府之开发琼崖事业，确具绝大决心，集中资本，广揽人才，并限期完成铁道之建筑及港湾之开辟，此乃国人周知之事实。"[28]

1937年6月10日，铁道部部长张嘉璈致函全国经济委员会秘书处，报告有关海南岛开港及修筑铁路进展情况：该岛环海铁路路线，现正由测量队实地施测，尚未完竣，其详细计划，应俟全部路线实测完竣后，方能规划编制。

该函所附《琼崖铁路计划书》内容为："(一)路线经过地点：本路拟自那大起，经马袅港、琼山、文昌、嘉积、万宁、陵水，以达榆林港为止，共长约四百五十公里。查那大为矿产及森林出产区域，马袅(即新兴港)、榆林两港，拟与铁路同时兴筑，作为陆海吞吐港埠，其余诸地，均属本岛人口繁密及出产丰富之区。(二)路线测勘情形：路线经过，除马袅、榆林两港外，计有竹络岭隧道一处，长约五百公尺；南渡江、合口溪、陵水溪大桥三处，各约长三百公尺；龙滚河、太阳溪大桥两处，各约长二百公尺。全线地势，岗丘起伏，平原较少，惟工程尚不十分艰巨。(三)工程计划：轨距，采用标准轨距1.435公尺。钢轨，采用每码重三十五磅轻轨，正侧线合计长五百公里。枕木，采用本岛所产硬木，共需七十万根。桥梁，采用钢筋混凝土正式建筑。海港，马袅港筑防浪堤一处，停船码头一处，榆林港筑停船码头一处，两港均可同时停泊五千吨海轮六艘。”

实业部为此提出了设立广东铁路股份有限公司的计划，“予以在琼崖境内筑路开港及开发实业之特权”。此后不久，在《国民政府特许广东铁路股份有限公司条件》中对此项业务权利进一步作了说明。至于资金筹集，“资本暂定国币五千万元，第一期先缴半数，由铁道部担任一千万元，广东省政府担任五百万元，余则招募商股，商股予以相当保息。”另与交通部合作提出了琼崖公路建设、水利建设规划。公路部分内容为：“查琼崖全岛公路，已筑成环岛省道及各县县道，共约三千余公里，惟所成县道几大多偏集于该岛东北部。为巩固全岛国防，普遍发展地方经济起见，似宜积极促进开发西南两部，构成东西南北连贯路线，联络海岸线与腹部交通，并增进已成公路交通效用。兹依据上述各原则，草拟该岛公路建设初步计划纲要如左：(一)完成环岛省道之全线交通，所有局部地段未筑桥涵，应尽先建筑完全，并视实际需要，将原有各项工程，酌量改进，择要加铺路面，以利交通。(二)增筑岛南腹部各县间联络公路，以开发黎地，并加展长，以构成东西南北连贯路线，及腹部重要产区与出口海港之联络。(三)就岛北腹部原有公路，择要改进加筑路面，俾内地政治商业中心区域及原料产地，与海岸铁道线及出口海港直接联络。(四)改进全岛公路行车管理，整理商营公路，将环岛公路全线先行集中管理，以资统一改进。”

1937年，广东省建设厅长杨澄波宣布琼崖建设计划，称敷设环琼铁道之款，将向英国洽借，所有交通机构，及改造马袅港之所需，由国府、省府、南洋侨团三方面分担。不久，又宣布琼崖建设资金以中国为主，一亿元中，外资约占40%。向英国所借款项，用于购订机械材料。

在此前后，铁道部还派遣外籍顾问斯德利勃，偕同上海英商合盛洋行金姆鲁等60余名专家，到海南岛勘察一月有余，并派杭甬铁道曹家段工程处主任张海萍为琼崖铁道筹备主任，专司测量、制图、设计事务。

1937年2月1日，中华棉产改进会在南京举行第五届常年大会，拟具开发琼州岛植棉计划，呈送全国经济委员会。计划中分析海南岛之温度、湿度、土质等气候地理条件，为发展海南岛的植棉业提供了科学依据。不久，上海永安公司经理、永安纱厂经理郭顺在考察海南后也决定投资，在海南西北新墟购地2万亩，试种棉花。

2月15–22日，国民党中央在南京举行第五届三中全会，确定了与中国共产党重新合作共同救国的方针。在这次会议上还讨论制定了《琼崖建设计划大纲》，内容共七项：(一)开发机构之设置；(二)交通建设：分航道、铁路、公路等；(三)农林建设：设立国营农场、林场及农林教育机构；(四)水利建设：河渠之开凿、河道之疏浚以及建筑堤防、水井、贮水池等；(五)农村建设：关于土地分配、农村教育之普及、合作事业与副业之奖励、封建势力之铲除、修筑道路、卫生设备等；(六)黎民教育；(七)国防建设。[29]

直到七七事变前的半个月的6月18日，宋子文又率领财政金融官员及专家陈行、贝祖贻、戴铭礼等一行10余人到港转抵广州，整顿粤桂金融及计划开发海南。宋子文对记者发表谈话称：此来除规划开发琼崖，并指示整理粤金融计划，彻底解决粤粮食供应问题。[30]

这一切，都是在日本加大侵华步伐，战争形势日益紧张的情况下进行的。由此可见，宋子文的海南之行和他的全力推动，在引起国人关注开发海南岛方面所带来的影响之大。

王少平所著《菲琼游记》一书中曾总结说："廿五(1936)年宋经委长到琼视察以后，政府对于建设海南，颇见积极。故马袅港，已实行测量开为商港，而环海铁路，其起点亦在斯地，将来落成，水陆交通，均臻便利，成为南中国之最良商港，海南岛之中心要地矣。"[31]

1937年7月7日，中国抗日战争全面爆发。海南改特区以及诸项建设事业遂告中止。

及至抗战胜利后的1946年1月22日，担任行政院长的宋子文抵穗视察灾区，27日，他再次偕张发奎、罗卓英、陈策等飞琼崖视察。但时隔不久，国共内战全面爆发。

随着国民党败退台湾，民国时期的海南乃至西部开发诸事便进入了历史。孙中山所拟的宏伟建国蓝图，历史性地交由中国共产党领导全国人民继续完成。

三

宋子文在民国时期的西部开发中扮演了重要的角色，他运用自己的智慧和影响力，为中国西部包括西北和西南的开发建设事业，做出了他的贡献，具体表现为：其一，他是遵照其父的理想与孙中山的思想投入西部开发的事业，特别在海南建设方面，他有着强烈的责任感与使命感；其二，他运用自己的政治地位和社会影响力，大声疾呼，总结历史，宣讲意义，对西北与海南的开发，唤起了国民党高层人士、有关当局与各相关方面的重视和社会舆论的关注；第三，他亲自深入当地调研，筹划和主持了海南、甘肃等地的多项交通与建设事业规划，联合金融、财政、交通等专业人士，尊重科学，切实制定开发建设方案，实际推进了各地的开发与建设。即使在他居美活动期间，在繁忙的外交工作之中，他也没有忘记联络外援投入西部开发事业，可见其心系此念之深。

中国西部开发历史上，宋子文与许多民国名人一样，留下了规划与建设的思想财富，但他还有着自己的特点和独到之处，特别是他对于规划海南开发的贡献。在宋子文一生的政治与社会活动中，这是不能遗忘的重要一页。

【注】

[1] 朱铭心：《九一八与西北》，载《西北问题》1934 年第二卷第一期。

[2] 邵元冲：《西北建设之前提》，载《建国月刊》1936 年 2 月第 14 卷第二期。

[3] 何应钦：《开发西北为我国当前要政》，载《中央周报》1932 年第 199 期。

[4] 《筹建西京陪都档案史料选辑》，西北大学出版社，1994年版，第5页。

[5] 戴季陶：《中央关于开发西北之计划》，1932年4月21日。

[6] 李云峰等：《抗日时期的国民政府与西北开发》，载《抗日战争研究》2003年第3期。

[7] 《国民政府关于陈果夫提议清理积欠教育经费与开发西北土地办法致行政院训令》(1932年9月9日)

[8] 中国第二历史档案馆馆藏档案 二（2）33。

[9] 《朱家骅、宋子文等拟具〈河套宁夏垦殖调查团组织章程〉致行政院呈文》(1932年10月7日)，中国第二历史档案馆馆藏档案 二（1）2710。

[10] 《邵力子请宋子文主持进行西北工赈电》(1932年12月25日)，中国第二历史档案馆馆藏档案 二（2）34。

[11] 《行政院致铁道、交通二部关于在附加项下拨款办理西北工赈笺函》(1933年1月11日)，中国第二历史档案馆馆藏档案 二（2）34。

[12] 《邵力子请中央速定设立西北工赈委员会办法并请宋子文担当其事电》，(1933年1月15日)，中国第二历史档案馆馆藏档案 二（2）34。

[13] 《蒋介石为设立西北工赈委员会等事致汪精卫电》(1933年6月2日)，中国第二历史档案馆馆藏档案 二（2）34。

[14] 《抄邵委员力子原电》(1933年6月12日)，中国第二历史档案馆馆藏档案 二（2）34。

[15] 《国民党中政会议决由行政院筹设西北工赈委员会函》(1933年6月23日)，中国第二历史档案馆馆藏档案二(2)34。

[16] 《汪精卫为筹设西北工赈委员会事致蒋介石密电》(1933年6月27日)中国第二历史档案馆馆藏档案二（2）34。

[17] 《宋子文致汪精卫电》(1934年5月5日)，中国第二历史档案馆馆藏档案四二二(3)152。

[18] 《诸民谊致实业部电》(1934年5月9日)，中国第二历史档案馆馆藏档案四二二(3)152。

[19] 《中央日报》(南京版)1934年4月28日。

[20] 吴景平 郭岱君编：《宋子文驻美时期电报选》，复旦大学出版社，2008年3月版，第53页。

[21] 吴景平 郭岱君编：《宋子文驻美时期电报选》，复旦大学出版社，2008年3月版，第139页。

[22] 此节内容及所引资料参考《1936，宋子文还乡海南的前前后后》，载《海南日报》2009年4月13日及《海南百年铁路梦》载中国经济网，http://big5.ce.cn/ztpd/xwzt/guonei/2004/jdzg/ydpl/jdyk/200406/25/t20040625_1153037.shtml。

[23] 《1936，宋子文还乡海南的前前后后》，载《海南日报》2009年4月13日。

[24] 《1936，宋子文还乡海南的前前后后》，载《海南日报》2009年4月13日。

[25] 前引《海南百年铁路梦》。http://big5.ce.cn/ztpd/xwzt/guonei/2004/jdzg/ydpl/

jdyk/200406/25/t20040625_1153037.shtml。

[26] 前引《海南百年铁路梦》。http://big5.ce.cn/ztpd/xwzt/guonei/2004/jdzg/ydpl/jdyk/200406/25/t20040625_1153037.shtml

[27] 《1936，宋子文还乡海南的前前后后》，载《海南日报》2009年4月13日。

[28] 《1936，宋子文还乡海南的前前后后》，载《海南日报》2009年4月13日。

[29] 《1936，宋子文还乡海南的前前后后》，载《海南日报》2009年4月13日。

[30] 《1936，宋子文还乡海南的前前后后》，载《海南日报》2009年4月13日。

[31] 《1936，宋子文还乡海南的前前后后》，载《海南日报》2009年4月13日。

[32] 《1936，宋子文还乡海南的前前后后》，载《海南日报》2009年4月13日。

从六个事件看民国外交突发事件应对的成与败

载中共中央党校《中国党政干部论坛》，2010 年第 5 期。

民国时期是中国历史上自然灾害和内政外交事件频发的多事之秋，由于国力的衰弱与日本帝国主义的侵略，民国时期曾先后发生了多起外交危机和外交突发事件，国民党政府从当时的条件、环境和自身的需要出发，对这些涉外突发事件主动或被迫地采取了一系列的应对措施，最后导致了事件处理的不同结局。这些突发事件的发生，有其特殊的历史与国际背景，国民政府当局的应对方法也极具历史特征。殷鉴不远，这些经验教训对我们今天仍有一定的参考作用。

事件回放

一、济南事件

1928年4月，南京国民政府决定继续进行二期北伐。5月1日，北伐军占领济南。就在蒋介石率军准备继续北进时，意外的事情发生了：驻济日本军队忽然向北伐军发起全面攻击，占领全城，并大肆屠杀中国军民，制造了震惊中外的济南惨案。

面对日本的出兵，中国政府进行了抗议与交涉，[1]但中国政府的所有努力，都没有取得成效。5月3日，日军部队在济南各处制造流血事件。疯狂的日军“遇中国人，不论兵民，即开枪射击，一时尸体满街”。[2]由于部分中国军队奋起抵抗，日军就更肆无忌惮，而且不顾国际公法，闯进外交部驻济南交涉署，残杀国民革命军总司令部外交特派员蔡公时等17人，更用大炮轰击北伐军驻地和济南市民，制造了骇人听闻的济南惨案。据调查，在这次惨案中，中国军民死亡3254人，受伤1450人。[3]

面对突如其来的惨案，当时中方在济案发生后所采取的应对之策，主要在两个层面进行：一是蒋介石在济南采取避战措施，与日军就地交涉；二是由国民政府进行外交交涉和全面应对。

惨案发生后，蒋介石即派外交部长黄郛到日军司令部进行交涉，不料黄郛因拒绝日方无理要求，竟被拘禁18个小时。4日晚，日军用飞机和大炮向济南城内轰击，向北伐军发起总攻，限令城内守军一小时内缴械离城。面对福田的蛮横态度和日军在济南城对中国军民的疯狂屠杀，蒋不得不放弃在阵前与福田交涉的打算，要求国民政府“立即向日本政府提出严重抗议，并以此事实宣告全世界”。[4]

济南惨案发生后，国民党中央和国民政府委员会连续召开会议，决定北伐继续进行，济案由外交部继续提出抗议，严重交涉。同时制定了一系列应变指导方针，比如，国民党采取了指导各地民众团体游行抗议、组织抵制日货活动等行动，甚至组织军队也参加游行示威。[5]在上海、南京等地就成立了对日经济绝交委员会。

6月8日，国民革命军占领北京，北洋政府统治结束。此后济案的交涉由国民政府外交部与日方进行，历经多次变化，直到1929年3月中日双方才达成协议。该协议内容没有追究日方的军事责任，而只决定了两个月内，日军从山东撤军和共同组织中日调查委员会另行调查双方损害问题等事项。

济南事件由此结束。

纵观济南事件中日交涉过程，我们可以看到：国民政府与蒋介石对事变的应付之策只想妥协退让，完成第二次北伐。先采取的是就地解决方法，不行则诉诸外交解决，辅以内部动员抵制日货等民众运动。但这种一味地妥协退让的交涉方式，使得日军越发肆无忌惮，济南一度为日军所占，中国人民遭受到巨大的生命财产损失。国民政府这种做法，既不能获得公正解决的结果，又让国内民众觉得失去了尊严，自然引起了民众的不满。特别是从此开启了南京国民政府对日妥协外交的大门，使得日本今后在中国大地上一再重复上演类似的突发事件。

二、中村事件与九一八事变

1928年国民政府宣布统一全国后，日本加快了侵华步伐，他们不断派出间谍在东北各地活动，为发动侵华战争做准备。

1931年2月，日本参谋省情报科情报员、陆军大尉中村震太郎等四人潜入我国禁区黑龙江兴安屯垦区猎取情报，被我驻军第三团关玉衡部捕获，当场搜出地图等证据。中村在受审时武力抗拒，与我军人搏斗，被打死。驻军考虑到如与日方交涉，软弱的当局最后将会屈服，情报将会被日方取走，随即决定将日谍全部处死。

关玉衡将情况和证据向在北平的东北军副总司令张学良作了报告，但他却没有向沈阳东北长官公署主持政务的参谋长荣臻报告。

8月初旬，日本驻沈阳领事向东北长官公署提出抗议，要求中国方面调查，9月上旬，中国政府被迫承认了处死中村等人的事实。

在东北方面，由于张学良与荣臻也没有对此事及时通气，更没有研究应变的对策，荣臻没有思想准备，以致日领询问时，荣以不明真相含糊其辞。日本军部乘机大肆制造舆论，在军事上咄咄逼人。于是，张学良向荣臻指示了对中村事件的方针："俟该事件充分调查后，根据事实，决与圆满公平解决，并充分地努力，使两国国交不发生阻碍。"这一目的在日本蓄意挑衅之下是不可能实现的。

中村间谍罪行确凿，中方代表据此与日方据理力争。在确证面前，日本领事的态度顿时大变，转而提出要中方道歉、处罚责任者、赔偿损失和保证以后不再发生类似事件的四项解决条件。中方以请示为由拖延之。

事实上，日本外交谈判不过是掩盖战争准备的手段，在此期间，日本军方决心用军事手段占领东北，已经悄悄完成了侵略中国东北的军事部署。

1931年9月18日夜，日本关东军借口南满铁路遭到破坏，突袭东北军沈阳北大营，进而出兵侵占了中国东北全境，制造了震惊中外的“九一八”事件。

对于南京国民党政府来说，“九一八”事件是一起典型的遭受外敌入侵国土沦陷的重大突发事件。

“九一八”事件后，蒋介石确立的应付原则仍本一贯的妥协方针，可概括为“忍”、“韧”、“拖”三个字，即军事上不抵抗——“忍”；外交上不屈服——“韧”；不绝交，不宣战，不与日本直接交涉，不签丧权辱国的条约，尽力拖延与日本直接摊牌的时间——“拖”；同时诉诸国际联盟，将事件国际化，争取国际同情，希望通过国际干涉，迫使日本撤兵。

具体运作，则分为以下几个层面：

一是加强对外宣传，控制国内舆论；二是调整运作机制，成立专门决策机构来应变；三是对日本方面只提抗议、提要求，不与之进行谈判；四是在军事上忍耐的前提下，将日本侵华真相诉诸国际联盟，希望西方列强主持公道，压迫日本撤兵。

日本对此采取反诬手段，颠倒黑白、混淆是非，亦向国联申诉中国挑起事端。从1931年9月到次年秋，国联多次召集会议听取双方陈述，并曾派以英国李顿伯爵为首的调查团到东北实地调查。在得知事件真相后，国联多次作出决议，要求日本从中国撤兵。但日本拒不执行，反而迅速占领东北全境。后来干脆宣布退出国联，使南京国民党政府依靠国联迫使日本撤兵的计划完全破产。

国民党对应日本制造的中村事件与“九一八”事件方法成败因素，有几点值得注意内容是：

1．战前的日本是一个极富侵略性的国家。近百年来，他对中国的基本政策就是尽一切可能来破坏中国安定统一，阻止中国富强，其做法就是不断在中国制造内乱和矛盾，破坏其政治与民族团结，欲陷其于永久的一盘散沙状态，以利其侵略蚕食。所以，对于中国的在野派反对势力，不论其是孙中山的革命党还是北洋军阀，他们都给予庇护、支持、援助，而绝非出于同情中国革命。日本为了国家的利益，无视国际组织、国际法与已订立的条约，一旦回避不了，就作片面解释，蒙骗不了则耍起流氓手段，宣布退出国联，欲让中国“有冤无处申”。他还特别注意舆论宣传，凡是有利本国的就大力宣传，凡是不利本国的就回避或歪曲之，以蒙蔽本国民众，在国际上混淆视听。如中村间谍案中因事实确凿，日本心虚，便在其控制的《盛京时报》等报刊上或不提原因，或歪曲事实真相，纯系淆惑世人听闻，企图推卸其间谍活动的责任，并在国内掀起战争狂热。

2．就中国而言，当时在蒋介石“攘外必先安内”的政策指导下，国民党当局上下对日本的侵略行为忍气吞声，一味忍让，出了事怕事，越怕越出事。如中村事件中，本来中国方面事前已向驻东北各国领事发了照会，不许外人进入禁区，有言在先。事件发生后，中村间谍罪行确凿无疑，中方本可以通过舆论将日本的间谍行为昭告天下，争取主动，占据话语权，但东北当局始终将事捂着，开始时不承认，当事实掩盖不住了，才承认处死中村的事实，还一厢情愿地要“以镇静与稳慎的态度，希望和平解决”。在思想和行动上都十分被动。蒋介石中央也不敢向日本提出抗议，反要将行使正当职权的关玉衡“进行军事审判，予以严惩”，想以“自虐”来换取日本的让步，“与虎谋皮”的结果客观上适得其反。

3．在处理外交突发事件中，东北地方当局内部及其与南京国民党中央上下之间缺乏通气与协调。如中村事件中，关玉衡及时向张学良作了报告，但是张既未向国民政府报告，也未向在沈阳代理副总司令职务的荣臻等通气，更没有准备应付的办法。待到日方提出抗议后，沈阳方面的荣臻与在北平的张学良及南京的蒋介石对此事件的看法与说法各异，使日本有空可钻。九一八事变后，南京与东北联系也不顺畅，中央忙于核查事件情况，对日应付总是慢一拍，陷于被动。

三、藏本事件

1934年6月8日，日本驻南京领事馆副领事藏本英明外出失踪，引发了中日关系的又一场危机。

藏本英明，时年42岁，任日本驻南京总领事馆副领事。6月8日晚，刚回到阴阳营住宅不久的藏本英明，对太太说他有事要出门，并交代不要等待。次日上午9时30分，国民政府外交部突然接到日本驻南京总领事馆的通知：领事馆副领事藏本英明失踪，请速代为调查。

为防日方再度利用这一事件发难，汪精卫迅速训示首都宪警机关："尽全力访查，务期藏本失踪事有一着落，以维中日睦邻邦交。"

随后，自9日至11日，首都警察厅派出宪警分头出动，往各处查访，戴笠主持的特务处也奉命派出人员到处寻访。

为了寻找藏本，中方出动人力之多、查访范围之广、搜寻程度之细密，状况空前。但蒋汪政府的重视和努力，并没有得到日方的肯定。因为他们本来就是"醉翁之意不在酒"，其意在于把事情搞大，最终为全面侵华找借口。

12日，日本外相广田弘毅在内阁会议上正式向中国政府发出了威胁。作为中国行政最高负责人的汪精卫又惊又怕，全无主张，只是对宪警拍桌训斥，一再斥责他们查访不力。

日方面对中国政府的软弱，决定采取更加强硬的态度。除舆论宣传的大肆鼓噪外，日本更以付诸"采取断然处置"的行动来激化事态。对于日方的恐吓与无理要求，南京政府既不敢批驳，更不敢拒绝，只是一味忍让。南京宪警包括戴笠特务处侦探们都倾巢而出，集中力量搜查藏本。6月13日凌晨，藏本被找到。

藏本活着回来，形势有利发展中方，日方慌了手脚，焦思苦虑如何来掩盖藏本失踪的内幕。藏本失踪后，日方曾一口咬定他绝不会自杀，而今人找到了，却说其出走是为了自杀。中国舆论界出于义愤，纷纷撰文揭露日方颠倒黑白的伎俩。

15日上午藏本在日警监护下被送回国内。

"藏本事件"是在日本帝国主义发动侵华战争前出现的一件外交突发事件，国民政府当局在应付这一事件时，表现出了慌乱、紧张和无奈，事后又一味地迎合日方的无理狡辩，态度软弱，使人觉得可欺，这更使日方胆大妄为，其中的历史教训值得汲取。

四、成都事件

成都事件发生于1936年8月。当时蒋介石已在国民党在五届二中全会上提出了对日本侵略的“最后牺牲”说，采取了比较强硬的态度，该事件处理的结局反映了国民党当局对日本侵略态度的转变。

1935年12月，日本侵略者制造了“华北事变”后，加快了侵略步伐。处于大后方的四川，在1935年1月蒋介石派贺国光率南京政府参谋团进入之后，便被确定为将来抗战的基地，积极经营之。

日本为侵略中国，在华重要地方均设有领事馆，并派有伪装成商人、旅游者、探险者的谍报人员，搜集与侵略战争有关的各类情报，而各地领事馆则是日本特务的联络点与情报汇总地。为搜集四川的情报，扩张在成都的势力基地，日本政府于1936年6月未经与中国协商，借口“保护侨民”，擅自宣布在成都设立领事馆。

岩井英一于1936年7月19日离开东京来华，8月17日乘船到达重庆，打算率两名日警乘飞机到成都，造成设领的既成事实。

日本蔑视中国主权的行径激起四川人民的愤慨，他们集会游行，发表“告民众书”，还向蒋介石的重庆行营、省市政府请愿，强烈反对日本设领事馆。24日下午，成都群众涌入日人下榻的大川饭店，痛殴了4个日本帝国主义分子。日本人渡边恍三郎、深川经二被打死，其余二人被打伤，由军警抢出，群众与警察亦有多人受伤。此即“成都事件”，亦称“蓉案”。

事件发生后，南京政府明令主管机关迅速处理。9月8日和10日，日本通过驻南京总领事向中国外交部长张群提出了下列条件：

与日本缔结防共协定；

在华北设立特种制度；

彻底禁止“排日”；

政治、军事各机关聘用日本顾问；

与日本缔结关税协定，降低税率；

福冈与上海之间建立航空联系；

成都开埠，中日合作开发四川经济。

可以看出，这些要求基本与成都事件毫不相干，而是8月11日日本政府制定的《对支（中国）实行政策》和《第二次北支（华北）处理纲要》有关内容的具体化。

从9月14日起，中国外长张群与日使川樾进行会谈。张群主张就事论事谈成都事件，不要与其他问题混为一谈；川樾则认为“蓉案不难解决，但仅解决蓉案，仍不能缓和日方空气，须先解决若干政治问题，始可商谈蓉案”。在23日第三次会谈中，川樾坚持提出的七条要求，张群则针锋相对提出五条对案：要废止中日所签的《塘沽协定》，取消冀东伪组织，日方必须停止包庇对华走私，华北日军及日机不得任意行动及飞行察东与绥北。双方互不相让，中日会谈陷入僵局。

同年11月14日，由于发生了关东军进犯绥远的事件，中日谈判中辍，12月又发生了西安事变，中国内部形势出现了重大转折，中国停止内战，准备抗战；日本则加快了全面武装侵华的步伐。由于日本专注于准备武装侵华，成都事件拖延下来。

成都事件是在全国抗日高潮日益高涨、中国抗日民族统一战线将要形成的情况下发生的，与前期发生的中村事件等多起中日外交突发事件的背景有所不同。事变中，中方应变态度明确，打破了日本将事件处理扩大化的企图。日本强行在成都设立领事馆无理，成都人民出于义愤殴死日人可以理解，国民政府对日态度强硬应该，特别是蒋介石对日本明示“外交事项应由外交部办理，外交部之方针即政府之方针。”使日本在外交上无计可施。

五、卢沟桥事变

1937年7月7日发生的卢沟桥事件，是一次严重影响中国历史进程的涉外突发性事件。事件本身是驻扎在北平市郊的日军借口士兵失踪要求进入宛平城搜查而蓄意挑起的，中国守军严词拒绝了日军的要求，结果发生了交火冲突，进而引发了中日全面战争。

卢沟桥事件爆发后，面对日军的蓄意挑衅，国民政府与冀察当局认为此次事件不比往常，是日军有计划的侵略行动，于是，采取了一系列措施，从外交与军事方面来应对这场危机。

首次，在外交方面，国民政府在与日本的交涉中，采取了前所未有的强硬立场。其次，中方认识到事变的严重性，丢掉幻想，做好了全面的应战准备。当年7月8日起，各地援军奉调北上到石家庄、保定一线抵抗日军，10日，蒋介石下达了全国总动员令。[6]中国全民抗战开始。

从国民政府外交与军事上的应对措施我们可以看出，蒋介石与国民政府在卢沟桥事变发生后，对日本的侵略本质有较清醒的认识，对日本蓄意扩大侵略的意图判断准确，蒋介石多次表达了抵抗侵略的决心，还向北平地方当局明确表达了中央的处理方针，不断提醒、督促其做好军事准备，同时在宣示原则的基础上也对其对日交涉给予了必要的谅解，使日军分化拉拢的图谋破产。

由于战略判断准确，其所采取的应变措施，从政治、军事、外交、内政各方面全面动员，准备抗战，使国家体制转入战时轨道，其所采取的“应战而不求战”的方针，虽然还有所保留，但总体上来看，其应变方针是正确的。

六、沈崇事件

1946年12月24日平安夜晚上，在北平发生了一件涉外突发事件。北京大学先修班女生沈崇在由王府井走到东长安街时，突然被美国海军陆战队伍长威廉斯·皮尔逊和下士普利查德绑架到东单广场，在这里，沈崇遭到皮尔逊的强奸，随后被市民发现一起送到警察局。

事件发生后，当局并未对其严重性有足够的认识，当时他们对事件的处理本能地确定为以下目标：1．就沈崇案件本身与美方交涉，争取对肇事美军士兵绳之以法；2.对汹涌而来的学潮设法加以监控和平息；3.对学潮背后中共及民主党派的政治攻势实行反击，试图化解这场突如其来的政治危机。

基于以上目标，在具体做法上，一是控制舆论宣传；二是加紧对美交涉，争取惩办肇事者以平民怨；三是试图对学潮与反美运动加以控制；四是对中共发动政治反攻势。

国民党当局应对方针，表面看已比较周全，但在当时社会不稳、对国民党当局不利的大背景下，因人心向背的原因，加上当局的工作基本上是浮于表面，因此并没有收到实效。

而中共的群众基础工作则收到了很好的效果，全国学潮不仅没有减弱，反而不断扩大。加上美方决策当局试图包庇罪犯，迟迟不做最后裁定，最后竟然推翻有罪判决，更加激怒了中国民众。工人、市民加入抗议行列，知识界也支持学运，造成了全国性反美反政府运动，甚至后来连国民党的一些大员出面也表态支持学生。

北平市长何思源对南京《中央日报》记者称，他自己年事已长，若在青年，也将参加学运；上海市长吴国祯称，应付此事，应以民主作风；重庆的党政军联合会议竟决议准许学生游行，报刊报道说：各地学生游行秩序亦佳。这一切，说明了当时人心向背，南京政府对此似乎已束手无策。

沈崇事件的处理效果从国民党方面来看总体是失败的，其结果是客观上助长了全国性的反对国民党政府高潮的到来，当局应对方法失措重要原因是对客观形势估计不足分析错误，应对方法在于治标不治本，另加上手法拙劣，效果适得其反。

历史启示

综观上述颇具代表性的六件民国外交突发事件，我们可以从中得到以下历史启示：

处理外交突发事件，要在对世界大局和我国外交角色具有全面清醒认识的基础上，首先确立处理方针和目标，尽力化解事件负面效应，争取事件处置的最好结果。尽管所谓外交突发事件特征在于“突发”，但从本质上来看，正如毛泽东同志在《矛盾论》中所阐述的那样：“外因是变化的条件，内因是变化的根据，外因通过内因而起作用。”任何事件的发生，总有发动的一方和发生的原因，形式上突发的背后往往存在必然发生的因素。因此，我们必须对全球大局和我国各个时期的外交重点领域和任务、对外矛盾焦点等有明确的分析和认识，在此基础上才能做到心中有数，有备无患。要根据不同阶段外交的战略目标，制定好应付外交突发事件之预案，做到切实可行。要注重培养精通国际法律与外交业务的专业人员，组织参谋班子，针对各种不同类型的突发事件，提供及时可行的应对方案，供决策参考。而作为各级决策者和外交系统具体执行人，在执行交涉处理过程中，应沉着应对、审慎决策，既要避免以情绪化、简单化措施来应对外交突发事件，又要防止消极请示等待，推卸责任，以免错过处理事件的有利时机。要善于整合利用国内各方力量，统一协调指挥，共同应对危机，做全面的努力。同时，还要争取国际舆论及有关国家、国际组织、同盟的支持，争取主流舆论同情，抢占舆论先机，削弱孤立对手，并要充分汲取历史的教训，立足于自己，切不可盲目地完全依赖外部力量的介入与干涉，对此应有清醒的认识。

任何外交事件的处理应对，都必须以国家实力为后盾。“弱国无外交”。对于外交突发事件，当然应该凭借国力处理应对，国力强大也是在国际上确立地位、争取外援的基础。正如邓小平同志所教导的那样：“发展才是硬道理”，从扼制、减少到有效处理外交突发事件，强大的国家实力才是根本的依靠。所以，我们必须致力于国家建设，全面提高综合国力。

随着近半个世纪来人类科技水平的快速提升，世界经济得到空前的发展。中国改革开放后的飞速进步，使其国际地位不断上升。今日之中国，其综合国力与国际地位较民国时期已有了翻天覆地的变化，中国已自立于世界强国之林。

反观民国时期，中国积贫积弱．在国际舞台上没有地位。当时国民政府是想要改变这种落后状况的，但帝国主义列强要保住其在华殖民利益，不想让中国翻身，因而竭力阻止。野心勃勃的日本更是公然出兵侵略中国，欲彻底吞并之。当时一切外交突发事件，皆源于此。而今，尽管我们已经实现了民族独立、自由和初步的繁荣强盛，但是，由于各种内外因素的存在，外交突发事件出现的可能性将长期存在，对此我们必须有充分的思想认识和准备。从这个意义上看，今天我们回顾民国时期外交突发事件的历史，总结和研究其经验教训，是很有必要的。

在全球化进程不断加速的今天，“地球村”正在步步“变小”和“整合”，各国之间的政治、经济交流频繁，文化加速融合，民族与宗教问题的全球化、国际化已成趋势。在这样的大环境下，外交问题变得日益多样化、复杂化。事实说明，今天的国际形势比半个世纪前更复杂、更严峻、更难应对，这就需要我们站在更高的高度、从更广的角度来看待和处理外交问题。

【注】

[1] 朱汉国主编 :《南京国民政府纪实》，合肥，安徽人民出版社，1993 年版，第 56 页。

[2] 《济南五三惨案亲历记》，中国文史出版社，1987 年版，第 28 页。

[3] 杨天石主编 :《中华民国史》第二编第五卷，中华书局，1996 年版，第 683 页。

[4] 黄沈亦云 :《济案交涉》，蒋永敬编《济南五三惨案》，第 264 页。

[5] 中国第二历史档案馆编 :《中国国民党中央执行委员会常务委员会议录》第四册，广西师范大学出版社版，第 195—197 页、第 223 页。

[6] 《蒋介石致各行营、绥署及各省市灰电》(1937 年 7 月 10 日)，见《抗日战争》军事 (上) 第二卷，第 60 页。

《蒋介石日记》原本与毛思诚作类抄、年谱比较初探
——以1926年7月为例

本文为2010年12月台北《蒋中正日记》与民国史研究学术讨论会论文，发表于《蒋中正日记与民国史研究》（上册），台湾世界大同出版有限公司，2011年4月版。

蒋介石日记是研究民国历史的第一手资料，其重要性与学术价值不言而喻。在中外学者争先恐后发掘这一史料宝库的时候，我们不应忘记，最早摘录利用蒋介石日记作为史料来撰述蒋介石个人历史活动的，是他早期的秘书毛思诚。

1927年至1939年间，毛思诚为给蒋介石编修《年谱》等个人传记资料，收集保存、抄录整理了一批蒋介石的日记、来往函电、家书公文等文献，后来依此著有《蒋公介石年谱初稿》（1888–1926）（即《民国十五年以前之蒋介石先生》）一书。因此而形成的数据，如今也已形成了另一类的蒋介石个人档案。[1]

蒋介石日记有手稿原本、分类抄本和仿抄本、引录本等几种类型，后三种原本的衍生品，在中国第二历史档案馆都有收藏，其中仿抄本从内容到格式都和手稿本相仿，而日记的“分类抄本”是主体，这些由毛思诚所作的“类抄本”，其基本内容均已为毛编入其所著《年谱》中。“日记类抄”与《年谱》成稿后，经过了蒋介石亲自审阅删改，价值更为珍贵。实际上，这是蒋介石为他准备公之于世的日记做了一次内容修订，以判别日记中哪些内容是可以公开的，而哪些内容必须保密删去；哪些文献可以和值得保存，哪些文档可以舍去。从这个意义上来看，“日记类抄”与《年谱》的蒋改版档案，比较其日记正本，具有不同的价值与意义。

在蒋介石日记的有关研究中，对比日记原本内容与毛氏抄本及其所著《年谱》一书中的相关记载，其内容文字的异同比较及蒋介石修删内容的研究，是一项非常有趣而极有意义的工作，它不仅可以对照补充日记原本因年代久远原件腐坏而造成的内容缺漏，而且可以从毛思诚摘录内容时的取舍改写、蒋介石审阅时的删改增批中，窥见当事人的心理状态和其欲达到的目的。

由于蒋日记与毛抄本、年谱总体篇幅过于庞大，难以在一文中详细比较说明，本文拟以蒋介石日记1926年7月的内容为主，先将三者做一试行比较，得出初步的结论，以供商榷研讨。之所以选择1926年7月，是因为必须兼顾藏于美国史丹福大学胡佛研究院的蒋日记原本与二史馆的毛抄本及年谱三方档案的兼备与重合及其他有关档案资料的完备，还要注意同时期日记类抄共9个种类数量的最大化，因为这9类内容并非每日每月都有。这样才能做出具有代表性的对比研究，得出相对准确的结论。

1926年，是蒋介石个人历史上的重要年份，这一年，蒋氏已进入国民党领导阶层。3月，发生了“中山舰事件”，7月13日，蒋介石就任国民党中央常务会议主席，27日，率军开始北伐。当时，他表现出还在国民党内左右派立场之间摇摆，一面声称“谨守总理遗策”，一面准备与中共及苏俄反目。据蒋介石自述当年历史言：

“我总理为集中革命势力而容共，为联合以平等待我之民族而联俄。余虽未受共产党洗礼，而谨守总理遗策，凡属共产党员，借为他山之助，精神弥见团结，而于本党同志视如一家人，不以姑息为爱，形迹因之转多落寞。在本党同志尚有若干人谅解者，而共产党员则一致以我为仇敌，苏俄顾问为之伥。本党跨党者盲从之，挑拨离间把持侮弄，曲尽其能事，务陷余于绝地而后已。虽经苦心调解，悉力排除，罢黜苏俄党员政务官，驱逐恶化分子王懋功，卒难冲破难关。变乱于以爆发，遂有三月十九日中山舰之事。当是时仓猝定难处置，非常事非获已，余甘受擅专罪名而以非常处置。事平后查办附逆军官，撤回嫌疑客卿，精卫于时出走，余亦遁居孤岛，党事暂告停顿。然余终以联俄为总理政策，不可不维持之，因与鲍罗廷切商两党协议事项，制止西山派在粤开伪第二次全国代表大会，并取消孙文主义学会与青年军人联合会，不偏不倚，誓为三民主义信徒（**屹然砥柱中流**）（括号内黑体字句为蒋介石后加改之内容，下同。——本文作者），特（**乃**）党内情势凶险不可以测像（**益加严重**），演至北伐进行时而益烈（**真有不可收拾之势**）。六月六日国民政府军事委员会任余为国民革命军总司令，嗣于七月九日就职，举行盛大授旗典礼，即日下动员令。二十七日余出发韶关。八月十一日抵长沙。二十七日如蒲圻，时汀泗桥已攻克，（**后军势颇见进展，惟**）第二师师长王柏龄指挥无能，攻南昌大挫，乃决心独挡江西一面，冀以退避名位，（**塞忌疑者之口**）。其时退出军队之共产分子，怀恨图报复，而鲍罗廷又深嫉本党势力扩张，反动派邓演达、徐谦等则在中央执行委员会、国民政府委员临时联席会议尽量鼓煽。直属内外军官率多同床异梦，革命军万岁之喊声与反蒋倒蒋之口号回应和，前后方闹成一片。身为众矢之的，无地可以避死。非奋我大无畏精神，与横逆决斗，杀出一条血路，成功安可企哉！九月七日，江西开战。十九日，余由长沙诣醴陵万寿宫、祥符观、箬溪各处，辗转鏖抄，在涂家埠消灭孙□□力，南昌城中之敌犹死守（**顽抗，于是**），督师进攻三簿始克，损失甚巨。……幸江西迅定，否则东南大局不堪设想矣。数月以来，军事与政务日趋泯棼，本党与共产党态度亦日益显明。中央党部与国民政府由粤迁鄂，各方迎汪之空气甚盛，余亦力促其出山，以应革命之怒潮，以分个人之政治责任。”[2]

而毛思诚为其所作之《蒋介石先生四十以前年谱》，则记其1926年行踪如下：

“广东内部既肃清，国民革命军亦编制就绪。是年始，计划出师北伐。至六月六日，国民政府军事委员会始任命先生为国民革命军总司令，先生乃于七月九日就职。在先生被任为总司令之前，广州曾发生重要事变，即三月二十日所谓中山舰事变是也。汪精卫因此离职出国，共产党之阴谋因此未能即逞。国民革命军之中心势力未被摧毁，北伐之阻力遂消灭。至其事变之关键所在，不外乎俄党跋扈阴狠，肆其包围鼓惑之技，将谋不利于国民政府也。汪精卫离粤后曾致先生一书，先生以汪书有‘弟已厌我，使我不得不去’等语，即复一书解释之，列举数事，兹录其略，以见当时俄顾问跋扈之一斑。……（原信略——本文作者）读此书可见当时先生处境之艰苦矣。是年五月，中国国民党举行第二届第二次中央执行委员会，先生提出“党务整理案”，其要点三：（一）凡他党党员加入本党者，对于总理及三民主义不得加以怀疑或批评。（二）跨党分子不得在国民党各高级党部中喧宾夺主，垄断要职。（三）凡属于国民党党籍者，不许在党部许可以外，有任何以国民党名义召集之党务集会，并不得别有政治关系之组织及行动，或未准予脱党以前擅自加入其它党籍。此案当经大会通过，国民党容共限度乃渐分明，共党势焰为之稍戢，北伐之出师准备亦以次完成，七月九日开始动员。至是，先生年已四十，参加革命运动亦二十一年矣。[3]”

以上这两件史料虽都是出自蒋氏政治立场的观点，但从中我们可以知道，在1926年内蒋介石大致做了些什么，以及这一年在蒋介石的历史上具有何等重要的意义。

因蒋介石日记原本以及其早期与后期抄本现分藏大洋彼岸及海峡两岸，有关这一课题更大范围和更深层次的研究，还待海峡两岸、中外史学界的共同努力。

一、毛思诚“日记类抄”与“年谱稿”的由来及其价值

毛思诚(1873—1940)，原名裕称，字彩宇，号勉庐，浙江奉化溪口镇岩头村人，与蒋介石的原配毛福梅家同村。毛思诚早年考上秀才，在村上设学馆教书。1902年，因榆林村陈春泉介绍，15岁的蒋介石前往就读，毛思诚便做了蒋介石的老师，结下师生之情。此后毛思诚一直从事教育，曾先后执教奉化龙津学堂、镇海培玉学堂、宁波府中学堂、衢州省立第八师范、浙江第八师范等学校。

毛思诚曾于文中披露早年的蒋介石“以讲舍为舞台，以同学为玩物，狂态不可一世”，[4]但随从他学习以后，因蒋已娶毛福梅为妻，因此在岳丈家

所在地表现有所改变，“为时虽不长，但师生颇为相得。”[5]这才有了以后的著述之缘。

1925年4月，他应校长蒋介石之邀，到广州出任黄埔军校秘书处少校秘书兼校史编纂委员会委员，时年已52岁。次年，蒋又派他转任广东潮阳县长，因不习做官，8个月后辞归。1927年后，毛思诚历任国民革命军总司令部中校秘书、总司令办公厅文书科上校科长、中央第一编遣区办事处文书科上校科长（少将级）、国民革命军战史编纂委员会常委、国民政府主席办公室秘书等职。1934年7月任监察院监察委员，1936年9月任国民政府临时高等考试监试委员。[6]

1937年七七事变爆发后，64岁的毛思诚以年事已高辞归故里，1940年7月在奉化病逝。

毛思诚是一个典型的旧时代中国知识分子，工文能诗，恪守传统道德，擅长写作。蒋介石将自己的手卷、日记、毕业文凭、公牍等44部个人档案资料一并交由他保管整理，并嘱其代草个人传记年表。“先生（指蒋）以缄藤数具，亲付收藏，检其所储者，手卷也、日记也、公牍也、其余杂存也。反复披览，悉外间所不克具，而为历来珍秘之故楮，惊喜如获至宝”。[7]1931年，毛思诚为蒋介石编成集其文牍书翰而成的《自反录》6卷，其后又编有《民国十五年以前之蒋介石先生》、《蒋介石大事年表》，另著有《评注国文》、《性灵诗》等。1985年，毛思诚所遗这些数据、手稿等182件档案，在历经“文革”劫难后，由其孙毛丁捐献国家，入藏南京中国第二历史档案馆。

中国第二历史档案馆藏毛思诚作《蒋介石日记类钞》（1919—1931年），系毛为编撰《蒋介石年谱》而分类摘录蒋介石日记的抄本，是目前中国大陆唯一保存的一份蒋氏日记档案，共分为“党政”、“军务”、“杂俎”、“文事”、“学行”、“家庭”、“旅游”、“身体”、“气候”等9类，约26万字。[8]

《蒋公介石年谱初稿》（即《民国十五年以前之蒋介石先生》）一书是毛氏的代表作，共13册，采用编年体编纂，按年月日先后分为8编，依次叙述蒋氏出生至40岁（1926年北伐开始时期）的生平要略。书中首册附有蒋介石的照片及墨迹，书后并附蒋氏家庭及外家各传志全文，文中夹插介绍有关事件背景文字及附录有关文稿，详录了蒋介石早年比较完整的历史。该书“旁引诸多同志事迹及电牍，以资参证”、“所印极少”，并经于右任、陈布雷、吴稚晖等修订，于1937年3月正式出版时，改名为《民国十五年以前之蒋介石先生》，编为20册印行。该书出版前，经过蒋介石本人逐页审定，删改了不少的内容。当时因原稿内容涉及蒋氏个人隐私，原件均被标上“秘密”字样，其内容依据蒋介石日记及其他个人档案编成，的确是记录蒋氏前半生历史的重要数据。

《蒋公介石年谱初稿》原稿13册，现存于中国第二历史档案馆。1992年，由该馆万仁元、方庆秋主编，将《蒋公介石年谱初稿》对照《民国十五年以前之蒋介石先生》，逐一校勘，注明改动处，更名为《蒋介石年谱初稿》，由档案出版社出版发行。[9]

毛思诚作《蒋介石日记类钞》和《蒋公介石年谱初稿》，都是以蒋介石日记原本为基本素材，分类摘录编辑而成，与日记原件相比，其中的改变有三类：一是毛思诚在分类摘录《蒋介石日记类钞》时有所取舍及文字改动；二是蒋介石在审定《日记类钞》和《年谱初稿》时所做的原则性删改；三是蒋介石后来的秘书陈布雷等人校定时所做的文字梳理工作。

本来，自蒋介石日记原本在美国史丹福大学胡佛研究院档案馆公开提供查阅后，中国第二历史档案馆所藏类抄本、年谱稿作为其衍生品，利用价值似乎应该下降，但国内外的学者们，本着认真钻研的态度和好奇的心理，对其抄本的兴趣反与日俱增。实际上，经过对比勘校，我们也的确可以看到它另外一方面的价值，即毛思诚《蒋介石日记类钞》及其所撰《蒋公介石年谱初稿》底本，比较其与正本之不同点，其价值意义大致包括以下三个方面：

第一，毛氏抄本与年谱，其内容不是原本简单的照录与重复，而是经过了编辑、增删再加工后的作品，其价值更高。

第二，蒋介石日记正本，因保存年代久远，纸张损坏，许多字迹已经模糊缺漏，难以辨认。但我们对照日记抄本与年谱，就可以做到基本上的补齐与还原，这对提高日记原本价值，具有重要作用与意义。

第三，在这些改动中，以蒋介石对于其日记特别是党政、军务、家事类内容的亲笔整段删除与改写最为显眼，它体现了蒋氏在其日记即将公示前的政治因素考虑与自我隐私保护观念，反映出蒋氏的思想变化，因此极具研究探讨价值。

毛氏抄本与《年谱》的编辑加工者主要是蒋介石本人、毛思诚以及于右任、陈布雷、吴稚晖等少数人员。因他们在国民党内的地位，使得日记的改抄本与《年谱》内容更具价值。这种价值具体体现在加工后的产品与原本相比，已有许多的不同，除了纠错改误补漏等技术性改进外，重要的是能够反映出当事人在事后再回顾时，立场观点已发生的变化，更重要的是蒋介石自己在亲笔修改日记时，他的感觉与考虑应对问题的思路，比当时的第一观感反应要更为冷静和成熟，这便更能体现他真实的为人与面貌。

在这些改动当中，于右任、陈布雷、吴稚晖等人对校订年谱稿所做的工作，主要是文字的梳理与纠错，另加上一些对于年谱稿写作提炼要点的建议等。如1926年7月7日毛抄本日记“军务类”页眉上有批：“‘诣’字上空一格、‘点’字上空一格”；9日页眉上有批：“‘晚’字上不空”；11日页眉上有批：“‘宪’字上空一格”。[10]毛著《蒋介石先生四十以前年谱》稿本“1926年”起始页上有眉批：“叙述第二次东征不能以三四语了之”[11]。而1926年8月15日年谱稿存录蒋介石在株洲对第十二师官兵训话稿中，页眉上方有毛笔加批：吴“‘贼’字皆改为‘佩孚’二字”，[12]表示出一种对人物评价回归客观的态度等等。从这些批注的字迹来看，显然不是蒋介石的手迹，应为出自于于、陈、吴三人之手。当然，他们不会也不能对日记内容进行原则性的修改。

因此，值得关注的就是毛思诚与蒋介石两人对日记的修改和删增的内容。

二、毛思诚“日记类抄”改动及其年谱稿取舍之分析

当年毛思诚为了编写蒋介石年谱时的方便，仿照蒋介石所喜爱的《曾文正公日记类抄》体例，对蒋日记分为9类做了摘抄，9类名目的确定自然也是毛和蒋的选择。其中，“政治类”与“军务类”为其主体，内容也最多，记载的是蒋氏的公务活动；“学行类”、“家庭类”最引人注目，记载了蒋氏的思想活动与家事感情纠葛，最富有可读性，对了解蒋介石的品行很有价值；“文事类”、“身体类”记载其读书写作与健康状况；“旅游类”、“气候类”为客观的记录；“杂俎类”是内容不能明确分类者的综合。

蒋介石对毛氏所作抄本非常重视，除逐一审改外，他还命其将其中“学行类”“此册请即另抄一本寄下以备常览”[13]，以增加其自在身心修养过程中的参考警示作用。所以，在二史馆毛抄本中，“学行类”有两本，[14]一本是被蒋改过的比较杂乱的草稿本，另一是毛又抄成的较为工整的正式本，两者内容基本一样。

从本文所附1926年7月的蒋介石日记原本、抄本与年谱三种文本的对比表中，我们大致可以看出，毛思诚在为蒋做日记分类抄本时，基本上是尊重蒋介石日记原文的。但是也并非只字不改地照抄，而是加上了他自己的一些润色和修正。据杨天石先生的研究：“毛的做法是首先摘抄蒋的日记原文，然后加以文字润色，并不改变蒋的原意，所以还是可信的。但是，仍有个别地方，毛思诚为了将蒋的形象显示得更完美些，有些改动和原文相差较远。例如，蒋早年比较激进，主张将资本家‘扫除殆尽’，毛思诚就改为‘如不节制资本’。又如：九一八事变后，蒋日记曾有‘以忍耐不屈之精神维护领土’的说法，但毛思诚却修改为‘以坚强不挠之气概吞压强虏’。这一改，蒋的形象‘完美’了，但也就不真实了”。[15]

以1926年7月1日日记为例，这天蒋介石因上午工作时“打电话不应”，又犯了脾气，“躁激非常”。于是在日记中大书“极恨国人无心肝，所部无

血心，每生亡国之欢！如何能使一般馁弱残夫振奋有为？无雷廷霹雳之威，何以能消散阴霾沉雾！”[16]对此激愤之言，毛思诚在当日“军务类”抄本中改写为“国人、所部无血心，每生亡国之欢，何能使一般馁弱残夫振奋有为？无雷廷霹雳之威，何以能揭散阴霾沉雾耶？”，又在当日“杂俎类”中抄到：“上午打电话不应，躁激非常，极恨国人之无心肝也。”[17]，其语气已见和缓些，但后来又被蒋再次修改，他先删去了“国人”二字，变为“所部无血心，每深败亡之惧，如何能使一般荼疲病夫振奋有为？无雷廷霹雳之威，何以能击散阴霾沉雾耶？”[18]最后，到了《年谱》正式出版本中，此段内容改定为：“公叹：国人无心肝，所部无血性，不自求进步，而一般萎靡若此，若非济之以猛与严，**何能复兴民族，完成革命？**（黑体字句为蒋亲笔所加——本文作者注）不施雷霆霹雳之威，阴霾何由击散乎？（何以消散阴霾?）（此句为蒋所改——本文作者注）”[19]。

从这一节内容的几次改动来看，毛思诚作类抄时是要把蒋介石的冲动与激愤之言“磨磨平”，蒋介石自己事后再改日记时是要把内容“拔拔高”，于是，本来生动形象而反映出真实情感的日记，最后就变成了富有官书特征的说教之言，一声“公叹”、几分严谨之中，却完全失去了原文中“极恨”的色彩与意义，一个血气方刚又急性暴躁的蒋介石，就此变成了深沉善“耶”的政客，一点“革命精神”也就此消失得无影无踪了。

毛思诚当时手中占有许多蒋介石的资料，除了日记外，还有蒋的手稿、文作、公函、杂记等等，所以，他针对日记所载蒋的行踪，在年谱中逐日补入相关文稿，使抄本内容更为丰富。但对于蒋日记，他在分类抄写时，虽连枯燥的天气情况也专册抄写，却忽略了蒋介石每日在日记前后必写的警示与自勉部分。

1926年前后，正是蒋介石仇恨英帝国主义最甚的阶段。前一年的6月23日，广州租界的英国军队悍然开枪射击为支持香港工人大罢工举行游行的中国群众，打死我50余人，伤170余人，是为“沙基惨案”。“事件发生后，蒋介石在日记中写道：‘国势至此，不以华人之性命为事，任其英贼帝国主义所惨杀，闻之心肠为断，几不知如何为人矣！自生以来，哀戚未有如今日之甚也。’他自黄埔赴广州途中，觉得一路景色凄凉，天空‘顿呈不可思议之红灰色’。第二天，他在发病高烧中仍集合士兵讲话。第三天，他在日记提要栏目中写下：‘如何可以灭此横暴之阴(英)番？’自此，他逐日在日记中书写‘仇英’标语，总计约近百条。”[20]在1926年7月的日记中，每日开头都有“社会记事”一栏，蒋介石总以强烈的愤慨心情写下“阴（英）番可杀！”、“阴（英）番必灭！”、“我灭阴（英）寇！”、“阴（英）番何日可以驱逐？”、“阴（英）番捣乱！”等口号，既是抒发仇恨又以之自勉。7月21日，因英侨拒绝我方检验货物，广州工人纠察队扣留英商两名及其船舶，港英当局随即报复，派兵占领深圳车站，引发了广东国民政府与英方的又一轮冲突。蒋介石在当天日记中记到：“蛮番不问理由，即将我深圳车站派兵占领，事之可耻孰甚于此！”次日再记：“得阴(英)番占领深圳之报，不胜愤激，乃与鲍顾问磋商应付诸事。”[21]“沙基惨案”及其后来的对英斗争对他的刺激实在太深，以致十多年后到了抗战时期，在与英国结为反法西斯同盟之后，他对英人仍绝无好感，不断批评之。

除了“社会记事”外，毛思诚在类抄中对日记前部之“提要”及后部每日自警之句，如“色念疑虑忿怒愧悔诸过未改。静敬澹一，发强刚毅诸箴未守也”等也未抄录。其实，这些日记前后的内容虽有重复，但非天天都写，且内容也有变化区别，可见其是有针对性的，反映出蒋的心理变化，具有研究参考价值，弃之实在可惜。[22]

1926年7月的日记类抄，包括有“党政”、“军务”、“杂俎”、“文事”、“家庭”、“身体”、“气候”几类内容。“气候”类除书记每日周几及天气、温度外，别无他事，故不录于附表，而“学行”、“旅游”两类7月空缺，概因为当月正为北伐军兴，蒋介石无暇旅游，至“学行”，一般记载蒋的自省、感悟与思想动态，比较重要，故特录其8月主要内容于附表中，以飨读者。其中既有他对办事犹豫、动手打人的反省，也有他对午睡时不良习惯的愧悔，更有他为自己加勉的决心，实为生动。

通过阅读毛抄本，我们可以发现，实际上，毛思诚把蒋日记分作9类摘抄似乎是个吃力不讨好的选择，因为蒋介石每日作记，基本上是按照时间顺序来记事议论的，而毛思诚却要把每天原本顺畅的记录打乱，分别抄为9类，除了需要反复阅览原文外，如何断句也是件费神之事。常常原本中的一句话，因涉及两方面，就需要断开或重复抄，所以完全照抄原文是办不到的，必须有毛的再加工。除前引1926年7月1日“极恨国人之无心肝”一例外，又如当月30日，蒋介石记到：“下午休息后看邓文仪由俄来信，其中以土地制度重要。土地制不外土地国家外[化]（即归国有）与土地社会化（即归社会分配），如太平天国制是也。余复之，记事。其言军队为青年人民之学校，余深惭有意而所不及也。”[23]毛思诚在当日类抄“党政类”中抄录到：“下午，看邓文仪由俄来讯，其中以土地制度为重要。土地制度不外土地国家外[化]即归国有与土地社会化即归社会分配，如太平天国制是也，余复之。”[24]又在同日“军务类”中抄录到：“邓文仪由俄来讯，有言军队为青年人民之学校，余深惭有意而所不及也。”[25]此皆为一事分抄两处，也挺麻烦。此种分类复抄情况多了，毛思诚自己也记不住，故而重复抄写就在所难免了。如1931年2月1日的日记，毛思诚在“家庭类”中抄录到：“上午与爱妻往谒谭组公灵，以其今日诞辰也。”[26]同日在“杂俎类”中又抄到：“晨起祷告后与爱妻往谒谭组公灵，以其今日诞辰也。”这真是难为了毛秘书。

此外，类抄中还存有另一些问题，如“军务类”的内容比较庞杂，并非单纯军事，包括一些感想、观察，甚至非军事的宣传、组织工作等等。如前引7月1日打电话引发的愤慨之言；北伐出师时与蒋纬国“含泪而别”之感慨等等，统统归入了军务类。这也难怪，因为当时作为北伐军总司令的蒋介石，总是以军务为工作主体的，他的基本活动，都与军务有关，连主持同学会演讲，也是军务，因该会乃为黄埔同学会也[27]。但这同时也说明了毛氏作类抄时选材标准并不太细致，只是聊作参考罢了。

总体来看，毛思诚的分类抄本基本在内容上是忠实于蒋介石日记原本的，没有什么原则改变。字句的修订和内容分类的鉴别选择，虽有若干特色或可视为存在某些问题，也不影响对日记原意的了解。只是类抄本被多次审改，特别是蒋介石或于右任等人常常在毛氏旧改字迹上再次改涂，致使页面较乱，阅读辨别较为费事。但无论如何，在填补蒋日记原本缺漏字方面，毛抄本仍不失为最好的依据。

至于毛思诚在利用分类抄本写作蒋介石《年谱稿》时的内容变化，一是基本用其党政、军务两类日记的内容，逐一补充附入了蒋介石相关的讲演稿及文字稿，并增加了一些人事任免、命令部署、军事动态、来往交际的记载，凡无存稿的还注上了“稿未留”的说明；二是对其文事、身体、旅游、杂俎等，择其要而录入，每日气候虽有专本类抄，但也舍去未录；三是对其家庭类，则删去几乎全部与宋美龄、陈洁如、姚冶诚有关的蒋氏情感生活的记录，只留下其中能够公开的内容。如1926年7月2日记：“傍晚，纬国省亲抵粤。”而略去了同日类抄中有关宋美龄、姚冶诚的记载。[28]而同样记一事，在年谱稿中也在文字上改为平叙，改写了含有贬义的内容。如7月26日日记原文与抄本所记“为战费事，子文吝刻，使人难堪。”一语，到年谱稿中则改为“与宋部长切商军费。”[29]由此可见，《年谱稿》比较类抄的内容要比类抄比较日记原文的内容改动更大，其选材原则与目的是能够公开和为蒋介石书存正面的历史。

三、蒋介石审阅“日记类抄”与“年谱”时的删改分析

正如杨天石先生的分析，蒋介石写日记时是不准备公开的，所以他在其中记载了许多隐私，但他也知道毛思诚的抄本除了备份之用外，是要用来写年谱出版的，故他对抄本和年谱稿本在百忙中进行了认真的审改。从目前校勘的情况来看，蒋介石对其日记抄本与年谱初稿的原则性删改主要集中在政治与家事、个人言论品行等几方面的内容。分析其情况与缘由，可归纳为以下几点：

一是因为政治背景时过境迁，个人立场发生变化，蒋介石对自己过去的讲话、文稿中的内容不再认可，需要全删或全改，以便“与时俱进”。

如1926年8月15日年谱稿存录蒋介石对第十二师官兵训话稿中，原有以下一段他痛斥吴佩孚和帝国主义“讨赤”口号的文字，其内容口吻非常革命，慷慨激昂，读来令人拍案叫绝，兹附录如下，供鉴赏：

“吴贼（佩孚）所资为号召者，厥为‘讨赤’。夫讨赤，乃帝国主义者用以对抗全世界被压迫民族，破坏全世界革命联合战线之口号也！‘赤’为何意？苏俄之白党与赤军，以赤帜表示其革命民众之赤血，换得其国家独立自由之代价也。解放人类之痛苦，保障人民之利益，以民众为基础，而推翻其帝制之白党，反对国际帝国主义，实行废除国际不平等条约，而为世界十二万万五千万被压迫人类谋解放者也。帝国主义口中之所谓赤化者，实则革命之民众化耳！……以民众化之国民革命军，拥护多数被压迫之人类，即使云赤，何嫌何疑！”[30]

但诸如这样充满革命激情的文字，却被蒋介石在审改时以红笔一圈悄然删除了，其原因不言自明，这时的蒋介石已经变了，他已不再反帝亲俄，甚至，他已经不再“云赤”，甚至还率领“讨赤”的队伍，亲自向中共红军作战了！于是，当年蒋氏所发表过的这类相似于共产党革命的“左倾”言论，自然必须删除。

二是因为蒋氏个人婚姻的变化，他与宋美龄的美满结合，使其在对外宣传中必须避讳乃至完全隐匿他过去与陈洁如、姚冶诚的关系。

1926年前后，正是蒋介石的婚姻关系最复杂的时期。当时他的正式妻子是陈洁如，但与过去的“侍妾”姚冶诚关系未断，与宋美龄（1927年12月1日结婚）正处热恋的时期，正所谓处于情感纠葛阶段。在他的日记中，既有与陈关系的大量记述，又录有与姚氏的来往，更有许多他倾慕宋热恋宋的表白。这时，他与陈洁如（1921年12月5日结婚）刚结婚五年，按常理应仍是感情较好之时，实际关系却已处于“亦爱亦憎”的动摇状况。

关于蒋介石与陈洁如此期的关系，可以以下的一段毛抄本“家庭类”日记中的有关内容摘要来说明。

1925年

4月11日：洁如不见来，殊劳跂盼。

4月20日：近日不满意于洁如，亦爱亦憎，情思缭乱。

4月26日：下午，携洁如赴汕。途次为情魔缠绊，怜耶？恼耶？殊无已时。

4月30日：下午，与洁如游西湖，途中又生气。我为此碧玉，几病神经矣！

5月28日：夜由汕头搭船往海丰，睡至三时，浪入船中，锦衾尽湿。此为洁如之物，不胜牵念。

6月6日：近日思念洁如，疼忿交并，留舍莫决，……女子情漓，英雄心醉，何其痴也！何其痴也！

6月15日：今日精神疲倦，时时欲睡。又为洁如事发怔移，特电纬国母子（指姚冶诚与蒋的次子蒋纬国——本文作者注）来粤。

6月16日：为洁如事痴想良久。男女问题，令人不解决如此，其奈之何？

6月26日：今日洁如逗港，不能到省垣，殊云霓之望。

6月28日：今日洁如未到，暴性大肆。

7月29日：今日佣人误进药物，随吸一口，迁怒洁如，噪闹镇[整]日。

8月1日：下午，又与洁如纠缠。

8月15日：今早下床，发火气。近日性躁而僻，洁如耐心侍奉毫无奥怒之态，亦可恕其既往矣。

11月16日：候洁如不来，恨极！

11月27日：上午，闻冶诚到汕，心殊怦怦，恐洁如不悦也！

1926年

1月1日：晚，宿于办事处，与冶诚、纬儿同床。

2月13日：下午，同纬国母子等往游鱼珠炮台。

2月15日：今洁如受屈，余心觉不安。

2月18日：晚，与洁如同观平冈烈士墓基。

6月20日：洁如仍是一女孩子，不知治家之道，无奈她何。[31]

从以上的日记中我们可以看出，蒋介石此时对陈洁如“亦爱亦憎”的感情纠葛，其原因基本上是出于陈的某些不成熟和蒋对她的爱仍在、憎又生。实际上，此时蒋对陈还是比较有感情的，故而仍对她“殊劳跂盼”、“不胜牵念”、“情思缭乱”、“何其痴也”、“殊云霓之望”，以至“洁如受屈，余心觉不安”等等情感一再出现，而蒋自己也检讨道“近日性躁而僻，洁如耐心侍奉，毫无奥怒之态，亦可恕其既往矣”，“迁怒洁如，噪闹镇[整]日”，这说明蒋对两人矛盾之产生，也负有一方面的责任。而“我为此碧玉，几病神经矣”、“为情魔缠绊，怜耶？恼耶？”、“亦爱亦憎”、“男女问题，令人不解决如此，其奈之何？”皆表明了蒋对陈的矛盾心理。而他应对的方法却是“特电纬国母子来粤”，还“与冶诚、纬儿同床”，此岂非火上浇油之举，无碍乎要“心殊怦怦，恐洁如不悦也”。最后他的结论是“洁如仍是一女孩子，不知治家之道，无奈她何？”

在此复杂情况下，又因宋美龄的出现，使蒋陈关系濒于破裂。于是，在蒋介石1926年7月后的日记中，对陈洁如的记载更是恨多爱少了。

从日记内容来看，蒋介石对宋美龄是真心爱慕的，这事发生在他与宋、陈之间者，不外乎就是天下被演绎过无数遍的男女情感之变，也很似蒋过去从姚到陈感情迁移的再现。而宋与陈之间从外貌、学识、品行、修养到家庭背景的巨大落差，必然成为引起这种改变的原始动因。因为有了宋，对陈的爱就有了改变，从爱怜渐变为挑剔，直到横竖看不顺眼。

1926年7月中，蒋介石在日记里已对宋用尽溢美之词，表达出无限的爱慕，“下午美龄将回沪，心甚依依”。[32]及至婚后，蒋在日记中依然一直对宋恩爱有加，“晚，爱妻明日欲回沪，彼此无限缱眷，甚不愿舍。夫妻日久更爱，信矣。”[33]而对陈洁如则由爱怜、不满，渐变为指责、批评乃至厌恶，“洁如治家无方、教育幼稚，不胜怨恨”，“以洁如无了[聊]，心甚懊闷，致函规之读书治家。”（毛抄本改为：“以洁如不谙家事，心甚懊闷，驰函劝令读书”），“得洁如书，知其迁赁月租七十二元华屋，不胜愤恨，奢靡趋俗，（此句为毛抄本所加。——本文作者）招摇败名，年轻妇女，不得放纵也。”[34]甚至发展到自我怀疑和慨叹：“洁如胶执骄矜，岂余有不德乎？”（毛抄本改为：“洁如胶执性成，岂余有不德乎？”）[35]但不久他还记录着：“洁如晚到南昌，住署西洋房，余入室。”[36]

不仅如此，此时被蒋介石称为“纬国母”的姚冶诚也在7月的日记中再次出现了。

蒋介石次子蒋纬国为日本女子所生，自小由蒋交给他的“侍妾”姚冶诚抚养，原因是蒋要把离异后的姚氏定位为“纬国母”，以明确他与姚“非配偶”的关系。1925年11月底和1926年7月2日，姚冶诚带着蒋纬国两次来广探望蒋，说明他们的联系依旧频繁。日记中存有这年7月姚氏再次来粤的记载如下：

蒋介石在1926年7月2日日记中又一次记载道：“晚傍回黄埔，以纬国母子来粤也。”，[37]毛思诚在当日家庭类抄中记道：“傍晚回长洲，以纬国母子来粤也”，[38]其后，蒋介石在审阅时将此句删去了[39]。于是，到了《年谱》正式出版时，仅剩下了“傍晚，纬国省亲抵粤”[40]这一句话。在此，日记原本、抄本与年谱三种版本内容的变化，非常生动形象地向读者展示了三者的关系和改动的情况。

这样，包括前引日记及抄本中几乎所有的有关陈洁如、姚冶诚的记录，在年谱中全数都被蒋介石亲笔删去了。[41]

至于蒋介石删去有关陈、姚二位记录的动机，不必多言，这大概是作为一个政治家和男人的必然选择。

对于自己与三位女性之间的感情与生活纠葛，蒋介石也感到了麻烦与厌倦，他曾在日记中写道：“总理之物质建设完全以国为家，奈何余时时以家为计也，可耻。改之。”[42]

毛思诚在抄本中对蒋介石家事的记录，实际上已经改写得充分和缓化，但本着纪实的态度，仍有记录；而蒋介石在审改时，对有关陈洁如、姚冶诚的绝大部分记录都以毛笔涂抹或红笔勾圈毫不犹豫地删去，个别留存的（如对陈洁如所犯错误的指责）也是符合他意图的内容，让读者理解他的“休陈”的缘由。这样一来，从出版后的《年谱》上来看，一个个人生活情感世界比较清洁完美的蒋介石就此“诞生”了。

三是蒋介石对自己性格缺点的掩饰，以维护自己的正面形象。

在蒋介石日记中，一个重要的内容就是自我检讨与反省。除了前述日记中每天必写的“社会记事”、文后自警之句外，他对于自己性格中的暴躁、多疑、色欲、愤懑及打骂下属等行为，多有记录及反省。如7月23日记：“以戴立夫……令余为难，不胜怨恨愤激，怒辱(使)其不堪，暴躁暴横已极，不改必败也，切戒之”；28日又记：“轿夫贪懒，佣人无用，司令部办事紊乱无状，行军次序纷乱，不胜躁急。愤怒蛮骂（不胜躁急愤怒）（括号内黑体字为毛抄本所改——本文作者）。”对于这类记录，毛抄本中也做了和缓处理，蒋对此是首肯的，但到了《年谱》里有关这些也已全然不见了踪影，原因还在于在正式出版品中为蒋掩饰性格缺点以维护其正面形象的需要。当然，蒋介石能在日记抄本中记录和保留自检缺点并日日自戒的内容，也是需要勇气的。可惜的是，看了蒋的日记，给人一强烈的印象就是，他日日自检自责，但却不断复犯，“他也曾设法改正，例如立誓做到‘四不’，即‘口不骂人，手不打人，言不愤激，气不嚣张’。又立誓作到‘四定”，即‘体定、心定、气定、神定’。还曾提出‘三要’，即‘谨言、修容、静坐’，但是，收效不大，暴躁狠蛮，几乎成为他的终身‘痼疾’。”[43]真可谓积习难改秉性难移也。

对于毛思诚所著《年谱稿》，蒋介石非常认真地进行了全文审阅，然后在封面上亲笔写下了“阅”字，以示认可。由于前面对毛抄本日记已进行过改删，毛思诚就此也知晓在年谱中应回避哪些内容，于是，蒋对《年谱稿》的再改动相对已不是很多，皆以红笔标明。总体来看，他主要是对一些文中的用词进行了改动，不涉及原意的修改。值得指出的还是因政治局势变化，他把原文中“吴贼”改为了“吴佩孚”或“北洋军阀”；[44]将“电诰各征收官吏”附文及“电何应钦拿办抗拒公债之方文雄”、“电催何应钦并转陈楚楠、李钰变卖海滩济饷”等不宜公开的有搜刮敛财催饷之嫌疑的记录文件删去；[45]将在株洲对第一、二师官兵训话中追加上了"当时共产党对第一军竭力诋毁使之军誉颓败，（冀逞其报复之意）（括号内字句为蒋介石后加改之内容——本文作者）"，"还有一般反动派专造本军谣言，说是第一军官兵如何如何……"等反共言论。[46]这些改动，基本上为出自政治因素的考虑，也是《年谱》本身的政治化性质所使然。

总的来看，蒋介石对抄本与年谱的审改保留了基本的史实，并做了相应的删、改、增，其出发点是基于政治的需要与考虑。现在，我们对于这每一类记录的改变，如政治、思想、言论、婚姻、家事等等，都可以继续依据专门的分类，结合各专题的史实研究，再进一步进行细化深入的探讨，这对于相关历史研究具有重要的推进作用，或将产生具有全新结论的观点，成为"寻找真实的蒋介石"的前提与史料基础。

这就是我们今天研究蒋介石日记及其抄本、年谱版本之异同的价值意义之所在。

附表：

1926年7月蒋介石日记、抄本与年谱内容之比较表

说明：

因日记抄本分为9类，内容间续，本兼顾原则，以1926年7月为主，照录如下。其中日记原本藏于美国史丹福大学胡佛研究院档案馆，分类抄本及年谱稿本藏于中国第二历史档案馆。

凡该日无抄录内容之类别及"天气类"不录。

被蒋中正亲笔删除的内容以【】号标出，增、改后内容以{}号标出。

日记原件因年代久远，多有腐朽，许多处字体难辨，本表中已依抄本复原其可确认的内容。

"学行类"、"旅游类"本月无内容。

日期	日记原本	毛思诚分类抄本	毛撰《年谱稿》本
1926年7月1日	社会记事：阴番可杀 上午批阅文件，打电话不应，躁激非常。极恨国人无心肝，所部无血心，每生亡国之欢。如何能使一般馁弱残夫振奋有为？无雷廷霹雳之威，何以能消散阴霾沉雾！中十时往国民政府纪念□□□□□毕，往第三军军官学校参□□□□□□。二时后回寓，会客、休息、阅报，□□□□□回寓记事。 □□□□□□□□□□骄矜诸过未改。静敬澹一，发强刚毅诸箴未守也。	（党政类）上午十时，参加国民政府成立周年纪念。 （军务类）上午批阅档。【国人】所部无血心，每｛深败亡之惧｝，如何能使一般｛苶疲病夫｝振奋有为？无雷廷霹雳之威，何以能｛击｝散阴霾沉雾耶？｛上午诣｝第三军军官学校参加毕业典礼。 （杂俎类）上午打电话不应，躁激非常，极恨国人之无心肝也。	上午，国民政府成立一周纪念毕，旋参第三军军官学校毕业典礼。 任命陆福廷为总司令部交通处处长，姜师望为第一军政治队队长。 成立野战卫生处，组织病院［凡三所，定名第一、二、三后方病院］及野战救护大队，并设立卫生材料库。 公叹：国人无心肝，所部无血性，不自求进步，而一般萎靡若此，若非济之以猛与严，【何能复兴民族，完成革命？】不施雷霆霹雳之威，阴霾何由击散乎？｛何以消散阴霾？｝
2日	□□□□排事□事，往医牙科，往□□□□访鲍顾问谈至下午二时半回寓。余甚以其对党意见为不然也。以本党有历史、有主义，不可强勉也。餐后会客，往访嘉伦将军与静江兄。晚傍回黄埔，以纬国母子来粤也。 色念愧怍疑虑诸过未改。静敬澹一，发强刚毅诸箴未守也。 美龄将回沪，心甚依依。	（党政类）上午，往访鲍罗廷，谈至下午二时半回寓。余甚以其对党意见为不然也。以本党有历史、有主义，不可勉强也。 （家庭类）上午往访美龄，下午美龄将回沪，心甚依。傍晚回长洲。【以纬国母子来粤也】（方括号内为蒋亲笔涂抹去的内容，下同。——编者） （军务类）上午排定办事日程，办事。 （身体类）上午就医牙科。	上午医牙。 会鲍罗廷，谈至二时半，公终以“其对党意见为不然；盖本党有历史、有主义，岂可任意矫诬之耶？” 傍晚，纬国省亲抵粤。

3日	社会记事：阴番必灭 上午巡行平冈先烈墓、旧营盘之经理大队、大陂地之补习班炮兵队工兵队，乃至本校再至分校，回归司令部。经理大队漫无纪律，各处宣传多是CP，心甚不□□。拟誓师词。下午在校办事，晚回司令部，批阅档，至十二时后睡。 □□□□□念愧悔疑虑诸过未改。静敬澹一，发强刚毅诸箴未守也。	（军务类）上午巡行平冈先烈墓、旧营盘之经理大队、大陂地之补习班炮兵队工兵队，乃至本校再至分校，回司令部。经理大队漫无纪律，各处宣传多是CP，{心滋不悦也}。下午在校办事，晚回司令部，批阅档，至十二时后睡。	派总监部主任参谋黄振兴，率一部分职员出发韶关。 上午，巡视平冈公墓及大陂地之补习班、炮兵队、工兵队，至旧营盘之经理大队，见其漫无纪律，各处宣传，多是CP，心滋不悦，旋由本校赴分校。
4日	社会记事：阴番必灭 □□□□□□□□□办公。九时后到中央执行委员全体会议，议出师宣言、训令党员及誓师典礼案。下午会客，会议整理兵工厂案。写孔夫人等信，往访孙老夫人及子文弟。晚会客，与静兄谈天记事。 躁急色念虚伪忙迫愧悔虑诸遇未改。静敬澹一，发强刚毅诸箴未守也。	（党政类）上午九时后，出席中央执行委员全体会议，议北伐出师宣言、训令党员及誓师典礼案。 （军务类）上午办公，下午会议整理兵工厂案。	上午，开中央执行委员会全体会议，议出师宣言、党员训令及誓师典礼等案。 下午，开军事委员会，议决整理兵工厂案。
5日	社会记事：阴番必灭 上午批阅文件，致学生信，往访包顾问，到全体中央会议。下午与静江、组安先生谈商政治委员会归并中央委员会常务会议，而彼则欲常务会议归并于政治会议。夜，会议卒，以常务会议存在而政治会议归并也。下午□□□□□会议，十二时后睡。	（党政类）上午，参与全体中央会议。下午，与静江、祖安先生谈商政治委员会归并中央委员会常务会议，而彼则欲常务会议归并于政治会议。夜，会议卒，以常务会议存在而政治会议归并通过也。 （军务类）上午批阅档。	上午，续开中央全体会议，通过任公为中央党部军人部部长。（有任免所辖革命军及军事机关党代表之权。——毛注） 下午，公与张、谭商谈政治委员会归并中央委员会常务会议，而彼等则欲常务会议归并于政治会议。夜会议，卒以常务会议存在，而政治会议归并通过。 任命钟奇为入伍生第一团参谋长，邵企雍为炮兵大队长，杨德良为炮兵团第二营长、许康为该团第三营营长。 复赵恒惕电，劝其改图讨贼。

6日	社会记事：阴番必灭 上午六时半点验第二团毕，参加中中央全体会议，选余为常务委员会主席。下午，开中央组织部登记会议。四时□□□□□。见中山舰来电，风浪大接械船不能到达目的地，沉没二艘。用人不良，准备不周，中国不负责任，思之痛心。另派船去接，不知能顺利否，甚念。为此忧闷忙碌半天。晚与静兄谈天，批阅。午夜睡。 惭惶忿怒色念怕烦灰散疑虑诸过未改。静敬澹一，发强刚毅诸箴未守也。	（党政类）上午，中央全体会议选余为常务委员会主席。下午，开中央组织部登记会议。 （军务类）上午六时半点验第二团，见中山舰来电，风浪大接械船不能到达目的地，沉没二艘。用人不良，准备不周，中国｛人多｝不负责，思之痛心。另派船去接，不知能顺利否，甚念。为此忧闷忙碌半天。晚批阅至午夜睡。	上午六时半，点验第一军第二团。 中央全体会议推选公为常务委员主席（张人杰以足疾辞——毛注）。北伐期间，仍请张代理。 下午，中央执行委员会组织部，会议登记办法，公演讲。 组织总司令部于河南士敏土厂，分参谋、副官、秘书、军务、训练、军需、审计、交通、军械、军医、军法、海军、航空、征募等处，暨政治部、兵站总监部。 俄舰运械抵粤。公阅中山舰来电：风浪滔天，接械船难驶近，中流沉没二艘。自恨用人不当，准备不周，另派船往替，忧皇者竟日。 唐生智率本军会同第四、第七两军，分四路进兵攻叶。李品仙任第一路，取湘乡、湘潭，第四军之张发奎师叶挺团助之，何键、刘兴任第二路，乘涟水盛涨，冲险突进；第七军胡宗铎、钟祖培部任第三路，袭宁乡、益阳；周斓师及第四军陈铭枢师任第四路，出湘东茶陵，直逼醴陵。
7日	社会记事：我灭阴寇 上午办事，第七团士兵毫无纪律且无仪容，见之忿恨，大加申斥。至十一时回寓。为接械事忙碌愁闷，以风大小船不能出口，该舰又大不能进来，时日延久恐被泄漏也。□□宣传会。下午会客，对政治大队训诫，□□组安先生，晚宴客，十二时睡。 □□□□□□□□□□□悔疑虑诸过未改。静敬澹一，发强刚毅诸箴未守也。	（党政类）上午，诣组织宣传会。 （军务类）上午办事，诣组织宣传会。点第七团士兵名，｛纪律仪容俱无可观｝，大加申斥。为接械事忙碌愁闷，以风大小船不能出口，而该舰又大不能进来，时日延久恐被泄漏也。下午对政治大队训诫。（页眉上有批："诣"字上空一格、"点"字上空一格。——编者）	上午，点验第七团士兵，既无纪律，又无仪容，痛斥之。 通令各军各立兵站、病院一所（约容五百人。——毛注） 公为接械事异常焦灼，以风大船小，不能出口，而俄舰巨大，又不能进口，时日稽延，恐被泄漏也。 主席组织宣传会。 下午，训诰政治大队（稿未留）。

8日	社会记事：阴番可杀 上午点第四十团名，训诫毕。□□□□□□□□为玉龙办事胡涂不遵命令，忿恨非常，痛斥不止。尝以为国人性情馁弱胡涂，不自研究进步，只有亡国。若不振之以猛与严，尚有济乎！与鲍顾问谈天后外交与土地问题，访朱军长后往黄埔与纬儿散步解愁。晚九时睡。 忿恨色念恍惚愧悔怠惰诸过未改。静敬澹一，发强刚毅诸箴未守也。	（家庭类）下午牵纬儿散步。 （军务类）上午点第四十团名，训诫，下午为玉龙办事胡涂不遵命令忿恨非常痛斥一番，尝以为国人生性馁弱，不自策励进步，甘滋为亡国奴状态，不振之以猛与严，尚有济乎？	上午，点第四十团名，并训诫之。（稿未留） 下午，会鲍罗廷，谈外交与土地问题。 是日周斓（第八军教导师——毛注）、李品仙（第八军第三师——毛注）两师，击敌渡易俗河。
9日	提要：本日就总司令职并誓师 社会记事：阴番可杀 五时卅分起床，同纬儿由黄埔回省。阅报，九时就国民革命军总司令职。在东校场誓师，群众到者约五万余人。吴敬恒先生代表党部、谭延闿先生代表政府致训词，授印旗。□□□下午休息后阅报，批阅，晚公宴，十二时散席回寓。 □□□□□□□□□纪念怠惰疑忌诸过未改。静敬澹一，发强刚毅诸箴未守也 今日不见总理亲授印旗及训诫而使我领导革命悲痛惶恐之至。	（军务类）上午九时就国民革命军总司令职。在东校场誓师，群众到者约五万余人。吴敬恒先生代表中央党部、谭延闿先生代表国民政府致训词，授印旗。晚公宴，十二时散席。（页眉上有批：“晚”字上不空——编者） 今日不见总理亲授印旗及训诫而使我领导革命｛悲感曷其痛极！｝悲痛惶恐之至。	广州东校场，举行国民革命军总司令就职典礼，国民政府委员会主席谭延闿给印，中央党部代表吴敬恒授旗，委员孙科奉总理遗像，各致勖词，公谨受宣誓毕，校阅、演讲。总指挥李济深、警卫司令钱大钧、司礼张治中，参加者合民众五万余人，发宣言通电。夜宴会。 公日：今日不见总理亲授旗印及训诰，而｛乃｝使我｛负｝领导革命｛之责｝，悲痛惶恐之至。 是日夏斗寅师（鄂军第一师）渡河，进占湘乡。

10日	社会记事：阴番必灭 □□记事，□□□□□团花名，宪兵教练□□□□□。下午休息后会客，与静江、组□□□□□□□常务会议及政治会议名单。政治委员会不取消而停止，归并政治会议也。会客，批阅档，晚会客嘉伦同志，报告其飞机及器械到齐也。今日见洁如，治家无方，毫无教育。又见上海伪党部评论整理党务案，以余为众矢之的，不胜沉闷息激，而终日忧惊。 慌忙愧悔疑虑色念诸过皆未改正。静敬澹一，发强刚毅诸箴未守也。	（党政类）下午，与静江、祖安二兄会议中央常务会议及政治会议名单，政治委员会不取消而停止归并政治会议也。【批阅档。嘉伦同志报告其飞机及器械到齐】。（括号内之文字为原稿中删去部分，下同。——编者注）今日见上海伪党部评论整理党务案，以余为众矢之的，不胜闷烦。 （家庭类）晨五时半起，携纬儿由黄埔往省垣。【今日以洁如治家无方教育幼稚不胜怨恨。】 （军务类）上午点验第四团花名，宪兵教练所毕业训话。加伦将军报告飞机及器械到齐。下午批阅档。（页眉上有批："宪"字上空一格。——编者）	上午，点第四团士兵名。 宪兵教练所举行毕业式，公施训话。（稿无查） 下午，与张、谭审定中央常务会议及政治会议名单，政治委员会不取消，但停止会议，归并于政治会议也。 复何应钦庚电请示各节。 晚，嘉伦将军｛来见。｝报告飞机及各军器到齐。 公以上海伪党部抨击整理党务案，集矢于己，不胜郁愤。 是日午后三时，各军占领长沙。 袁祖铭联合贺龙，进据常德，图攻鄂西。
11日	社会记事：阴番必灭 五时后起床，即点验第五、第六两团，至正午毕。下午访泳安、嘉伦诸同志，接唐孟潇总指挥昨日午后三时占领长沙之报。五时往长洲休息，晚早睡。	（军务类）五时后起床，即点验第五、第六两团，至正午毕。接唐孟潇总指挥昨日午后三时占领长沙之报。	晨五时，点验第五、六两团，至正午毕。 电复唐生智，已与袁、彭代表尽量接洽。 野战卫生处全部开赴韶关，随军推进。

12日	社会记事：阴番必灭 □□□□□□□□□平在校主纪念周讲演后，即往省垣总司令部主纪念周毕，理事。蒋鼎文团长失却贰万元饷项，不胜疑虑。下午□□后会客，往静兄处会议关于中央常务会议、政治会议人员问题及解决罢工，会议北京关税会议之对付方法。余以关税会议为卖国条件，决心与吴佩孚宣战，通告中外。晚办公，九时后睡。 色念疑虑忿怒愧悔诸过未改。静敬澹一，发强刚毅诸箴未守也。	（党政类）上午，诣校主纪念周讲演后，即往省垣主总司令部纪念周。下午，诣静江兄处会议关于中央常务会议、政治会议人员问题及解决罢工，会议北京关税会议之对付方法，余以关税会议为卖国条件，决意与吴佩孚宣战，通告中外。 （军务类）上午理事。蒋鼎文团长失却二万元饷项，深致疑虑。晚办公。	早起，电复唐生智贺捷。 电复李宗仁贺捷。 致电陈铭枢，张发奎慰劳。 答谢潮州分校致贺电。 复孙传芳电。（稿无查） 上午，主中央军校纪念周，讲演后，即回省垣主总司令部纪念周。 下午，诣葵庐，复议中央常务会议、政治会议委员，及解决罢工，并对付北京关税会议。
13日	社会记事：阴番必灭 五时后起床，改正讲演稿。九时后往中央党部开常务会议，就主席职，至十四时半始闭会。回寓改正稿件，七时方毕。晚入浴后往子文及静江兄。十一时后回寓睡。洁如胶执骄矜，岂余有不德乎？ □□□□□□□麻烦怠怒忙迫诸过未改。静敬澹一，发强刚毅诸箴未守也。	（党政类）上午九时后，往中央党部开常务会议，就主席职，至十四时半始闭会。 （家庭类）【洁如胶执性成，岂余有不德乎？】 （文事类）五时后起床，改正讲演稿。下午改正稿件。	中央党部开常务会议，公就主席职。 电诰各征收官吏。

14日	社会记事：阴番倒乱 上午批阅档，□□□开宣传委员会议。决战地民政、财政处置事项。下午休息后会□□□□□□会客。晚主席同学会常务会议，以对汪之感想及事实为干部言之。十二时睡。 色念忿怒专横愧悔忧愁疑虑忙迫诸过未改。静敬澹一，发强刚毅诸箴未守也。 受经济束缚，苦痛忧患无已，人才缺乏，事事受窘。可叹也！ 周公恐惧流言日，王莽歉恭下士时。三旬不胜古今同辙之感，历史与舆论皆非事实也。	（军务类）上午批文件，开宣传委员会议。决战地民政、财政处置事项。下午往总司令部办公。晚主席同学会常务会议，以对汪之感想及事实为干部言之。【十二时睡。】 受经济束缚，苦痛忧惧无已，人才缺乏，事事不能举，尤可叹也！ （文事类）读“周公恐惧流言日，王莽歉恭下士时”之句，不胜古今同感，历史与舆论皆非事实也。	上午，主席宣传委员会，议决战地民政，财政办法。 公因｛前方｝情况变更，另定各军集中地点。 呈请任命李济深为国民革命军总参谋长，钮永建为总参议。 举陈果夫代组织部长。 任命萧友松为入伍生部步兵第一团团长。（吴思豫辞职） 晚，主席黄埔同学会常务会议，【以对汪之感想及事实为干部言之。】 公因军事受经济缚束，人才缺乏，事不能举，二者深感痛苦。
15日	社会记事：阴番可杀 上午改正稿件，在中央党部开政治会议。下午往总部会客办公，与嘉伦商分配械件事。晚与岳军谈天，十一时后入浴睡。 色念□□愧悔忧患拙呆忙迫诸过未改。静敬澹一，发强刚毅诸箴未守也。	（党政类）上午，诣中央党部出席政治会议。 （军务类）下午办公，与嘉伦商分配械件事。 （文事类）上午改正稿件。	上午，参与政治会议。 电复王天培兼程前进常、澧。 与嘉伦将军谈分配军械事。 是日国民政府代表与英人开解决省港罢工案会议。

16日	社会记事：阴番可杀 上午改正讲演稿。往访嘉伦将军，回寓会客。下午休息后批阅档，往总部□□□□会。十一时回寓睡。 今□□□非常，色念疑虑愧悔谣佚诸过未改，静敬澹一，发强刚毅诸箴未守也。	（军务类）下午在寓批阅档，往总部办公。 （文事类）上午改正讲演稿。	军事委员会议决命李参谋长坐镇广州。 下午，诣总司令部办公。 电准胡谦布防及剿匪办法。
17日	社会记事：阴番必灭 上午批阅文件，往中央开常务会议，推静江兄与组安兄为常务与政治会议代理主席。下午休息后与鲍顾问谈政治军事与党务问题。晚宴客，十一时回睡。 色念□□□智忿怒愧悔骄横诸过未改。静敬澹一，发强刚毅诸箴未守也。	（党政类）上午，诣中央党部主席常务会议，推静江兄与组安兄为常务与政治会议代理主席。 （军务类）上午批阅档。	上午，中央开常务会议，推张人杰为代理主席，谭延闿为政治会议代理主席。 【电奖胡宗铎追敌勤劳。】 【电令何应钦拿办抗拒公债之方雄文等。】
18日	社会记事：阴番必灭 上午会客办公，十时后往黄埔休息。下午休息后与纬儿讲笑话。晚早睡。	（家庭类）下午与纬儿讲笑话。 （军务类）上午办公。 （身体类）上午十时后往黄埔休息，下午仍然。	为贺耀组加入革命军，电复湖南省特别委员会。 电斥倪弼越级渎请。
19日	社会记事：阴番必灭 上午批阅档，主本校纪念周席并到欢送会讲演约一时余。下午会客，批阅档，四时回省，在总部会客办事。晚会子文，回寓后以伤风早睡。 忿怒□□□忌色念躁急诸过未改。静敬澹一，发强刚毅诸箴未守也。	（党政类）上午，主本校纪念周。 （军务类）上午批阅档。莅欢送会讲演约一时余。下午批阅公牍、办事。 （身体类）晚回寓后以伤风早睡。	上午，主中央军校纪念周，并莅本校欢送会讲演。（词稿略） 下午，电奖袁、王、彭兴师讨吴【北伐】。 电令胡谦剿办陆丰会匪。 晚，以伤风早睡。 是日国民政府派蒋作宾为湖北宣抚使。

20日	社会记事：阴番必灭 本日以伤风发热精神困疲终日休养，改正讲演稿及告华侨书。 □□忿恨□恶色念愧悔躁急诸过未改。静敬澹一，发强刚毅诸箴未守也。	（身体类）本日以伤风发热，精神困疲，终日摄养。 （文事类）改正讲演稿及告华侨书。	体发热，精神困顿，屏纷摄养。 电唐生智，并转前敌各将领，罗觐光已受改编。 电闻袁祖铭，中央已任彭、王为军长。 中央军校设兵器研究处，以方鼎英兼处长。
21日	社会记事：阴番必灭 上午会客办事会议。下午看俄国共产党史，撰我少年轶事。晚会客，十一时睡。 懒慢躁急愧悔色念骄矜诸过未改。静敬澹一，发强刚毅，诸箴未守也。 我政府与英夷于十五日正式开解决省港罢工案会议，而昨日阴番挑衅，特使小火轮至深到华界破坏纠察队检查仇货，纠察队即将阴番二名及火船扣留。彼□番不阅理由，即将我深圳车站派兵占领。事之可耻甚于此。	（党政类）我政府与英夷于十五日正式开解决省港罢工案会议，而昨日英夷挑衅，特驶小火船至深圳华界诘责纠察队检查仇货，纠察队即将英虏二名及火船扣留，乃蛮番不问情由，即派兵占领我深圳车站，可耻孰甚。 （军务类）上午办事会议。 （文事类）下午看俄国共产党史，撰述我少年轶事。	下午，看俄国共产党史。 笔述少年轶事。 是日纠察队因英侨拒检货，乃扣留其二商及船，【乃扣留其船舶及二商人，】港酋［英］遽派兵占领深圳车站。
22日	社会记事：阴番可杀 上午得阴番占领深圳之报，不胜愤激！乃与鲍顾问磋商诸事，到中央政治会议报告军事、党务、外交详情毕，往航空参加开幕礼。下午到总部办事。晚办事，十二时睡。 犹豫客气忧虑慌忙愧悔色念骄矜诸过未改。静敬澹一，发强刚毅诸箴未守也。	（党政类）上午，得英夷占领深圳之报，不胜愤激，乃与鲍顾问磋商应付。 （军务类）上午与顾问磋商诸事，到中央政治会议报告军事、党务、外交详情毕，往航空处参加开幕礼。下午到总部办事。晚复然。	上午，赴中央政治会议，报告军事、党务及外交毕，参加航空处开幕礼。 电知胡谦，已派营连长来惠。 电何应钦应付闽敌方略。 电复惠州人民代表大会，已令胡师长痛剿。

23日	社会记事：阴番必灭 上午批阅档办公。下午以戴立夫不得余命令而交代军械库长，令余为难，不胜怨恨愤激，怒辱其不堪，暴躁暴横已极，不改必败也，切戒之。与鲍顾问就谈革命方略及政治主张，彼以余言为然，而独以土地问题□□□□念也。晚宴上海商人代表，十一时后睡。 躁急慢横侮辱□□□□□迫诸过未改。静敬澹一，发强刚毅诸箴未守也。	（党政类）下午，与鲍顾问谈革命方略及政治主张，彼以余言为然。 （军务类）上午批阅档，办公。下午以戴立夫不得余命令而交代军械库长，令余为难，不胜怨恨愤激，怒辱｛使｝其不堪，暴躁暴横已极，不改必败也，切戒之。	上午，电令胡谦，注意李克成部行动。 复陈铭枢，饷款已电汇衡州。 下午，鲍罗廷就谈革命方略及政治，甚以公言为然，独谓不应缓提土地问题。 公以戴任不得命令，交卸军械库长，而使有为难，大动刚气，既而悔之。【即交卸军械库长为怪。】 晚，宴沪商代表王晓籁等。
24日	提要：致溥泉信 社会记事：阴番可杀 上午办公会客，往访□□齐未晤，往访古湘勤回寓。下午会客，与静江、组安二兄谈政治，□行方钺□王盛二代表谈总工会与工人代表□□□□纷。工人代表在党部要求扣留陈森不休，各常务委员无法来见余，后余准其将陈森随传随到，始了事。晚来黄埔，与纬儿谈天，早睡。 骄矜躁急侮辱愧悔色念忙迫诸过未改。静敬澹一，发强刚毅诸箴未守也。	（党政类）上午，与王、盛二代表谈总工会与工人代表会起纠纷，工人代表在党部要求扣留陈森不休，各常务委员设法来见余，余准令将陈森随传随到，始了事。 （家庭类）晚来黄埔，与纬儿谈天。 （军务类）上午办公。	上午，公划广东全省为七警备区域，各区设一戒严司令，以何应钦等各就防地分任之。 复张继书，表明护党苦衷。 电令胡谦，专任惠州防务。 电任何应钦为潮梅惊（警）备司令。 下午，与张，谭二主席谈政治方针。 调解总工会与工人代表会哄争。

25日	社会记事：阴番必灭 上午往烈士墓地观察工程，回要塞部休养、整书。下午记事，回校整理函件，收拾一切，为出发之准备也。四时回省，在总部办事□□登同未晤。晚应党部与政府北伐出师公饯讲演。略带骄矜之意，戒之。 忧虑躁急色念客气侮辱愧悔诸过未改。静敬澹一，发强刚毅诸箴未守也。	（党政类）晚，应中央党部与政府北伐出师公饯演讲，略带骄矜之色，戒之。 （军务类）下午回校整理函件，收拾一切，为出发之准备。四时回省垣，在总部办公。 （杂俎类）上午往烈士墓地观察工程。 （文事类）上午整书。	上午，视察平冈墓工程。整理书籍函件。 下午，手书格言赠同志。 晚，赴中央党部与国民政府饯筵，演讲。
26日	提要：闻石井兵工厂罢工 社会记事：阴番必灭 上午会客，写同学会信。下午在总部会席办公，嘱托后方事务。为战费事，子文吝刻，使人难堪。晚应子文宴，与鲍□□□天，静江兄谈天。二时后睡。 忧患愧悔疑虑色念躁急诸过未改。静敬澹一，发强刚毅诸箴未守也。	（军务类）下午在总部会席办公，嘱托后方事务。为战费事，子文吝刻，使人难堪。闻石井兵工厂罢工。	上午，发留别本校全体官长学生书。 复电唐生智，并告出发日期。 电唐、李、朱，令第三军改道集中醴陵。 电令俞飞鹏、冯轶裴，即刻起解军械。 下午，以后事务嘱托留守人员。 与宋部长切商军费。 电饬王、刘等严肃行军纪律。 电唐生智、李宗仁，令唐直接指挥各军，并勿与美舰启衅。 黄绍竑电告黔军，王天培加入国民革命军。

27日	社会记事：阴番必灭 六时起床会客整装，七时半由东山寓中出发，八时半到黄沙车站。同志已来站鹄候多时矣。纬儿能送此行，心甚乐。而离别亲友未免有感，含泪痛别，足证心里之强健不如从前也。九时半开车，车中看俄国共产党之建设，六时到达韶洲，各界来站欢迎已簇聚矣。□□读共产党之建设感言，寄果夫信。晚会议。	（军务类）晨起整装，七时半由东山寓启程，八时半到黄沙车站。{一般同志早已鹄候多时}。纬儿来送此行，于心甚乐。而离睽亲友未免有感，含泪而别，足证心里之强固不如从前也。九时半开车，车次看书，六时到达韶洲，各界来站欢迎者已簇聚矣。晚会议。 （文事类）是日北伐启节，在车中看俄国共产党之建设完，撰共产党之建设感言。	上午七时半，公自东山寓发轫，八时半，至黄沙上车。总部第二组人员同行，各界欢送甚盛，张、谭二主席亲临，次公子纬国亦候站，洒泪怆别。车次，看俄国共产党建设篇。午后六时，到韶关。 电准李宗仁请济饷款。 电商黄绍竑派船运送新兵。 晚，撰共产党建设篇感言。开会议。 黄绍竑电告袁祖铭加入国民革命军。祖铭与王天培，因吴佩孚派唐瑞桐为贵州宣抚使，王绍民筹办军务善后事宜，故决意贰之。
28日	社会记事：阴番必灭 三时后起床整装。本定四时由韶州出发，应副官办事生疏，而其处长又病，迁延至六时催迫出发，方得起程。出北门经布头，居民约五百家。午后三时始达盏头村之东，乃一韶关对乐昌之防御阵地也。驻于兵站，批阅档，复蔼琳函，伤风又作矣。晚九时睡。轿夫贪懒，佣人无用，司令部办事紊乱无状，行军次序纷乱，不胜躁急，愤怒蛮骂。 色念愧悔诸过未改。静敬澹一，发强刚毅诸箴未守也。	（军务类）因天热早行。三时后起床整装。本定四时由韶州出发，应【因】副官办事生疏，而其处长又患病，迁延至六时，催迫再三，方能起行。出北门经布头，居民约五百家。午后三时始达盏头村之东，乃一韶关对乐昌之防御阵地也。驻于兵站，批阅档。 轿夫贪懒，佣人无用，司令部人员办事【紊乱】无状，行军次序纷乱，不胜躁急愤怒。 （身体类）韶关军次，伤风又作矣。	晨六时，公由韶关进发，出北门，经布（市）头，午后三时，始达盏头市之东，乃一韶关对乐昌防御阵地也。驻节于兵站。 中央军事政治学校第四期同学录将完版，公预为之序。

29日	社会记事：阴番何日可以驱逐 三时起床，本定四时出发，又迟延至五时方能起程。途中甚热，轿夫皆病，只有步行约二十里。正午至乐昌城，途经八里碑及杨溪等处，土匪放枪示威，胆大如此，可恨也。下午休息后中餐，与嘉伦将军谈天，副官招待不周，斗室陋狭，行李迟缓，心甚抱歉也。旁晚阅城街，狭隘居密，城堞砖砌而高度约有丈□也。晚与建生谈天，十时后睡。 疏忽散漫躁急疑虑色念愧悔淡薄诸过未改。静敬澹一，发强刚毅诸箴未守也。	（军务类）三时下床，本定四时出发，又迟延至五时方能起程。途中甚热，轿夫皆病，只有步行约二十里。正午至乐昌城，途经八里碑及杨溪等处，土匪放枪示威，胆大如此，可恨也。旁晚阅城街，狭隘居密，雉堞砖砌而高度约有丈五六。	晨五时，启程，途中酷热，舆子皆痛，徒行二十里。午正，至乐昌城。 下午，休息，与嘉伦将军聚处，副官招待不周，斗室湫隘，行李在后，心甚抱歉。 电唐生智，饬属协助征募员。 电令胡谦会剿惠属土匪。 晡，阅城，砖建，高约丈五，街小户稠，不成规制。 晚，与白崇禧谈。
30日	社会记事：阴番必灭 七时后起床，以洁如无了心甚懊闷，致函规之读书治家。十时后对行营人员训话，以时间与空间（即地点距离）为办事之原则，而其方法则分轻重缓急与先后也，组织系统范围与统计亦为办事方法之要素也。下午休息后看邓文仪由俄来信，其中以土地制度重要。土地制不外土地国家外［化］（即归国有）与土地社会化（即归社会分配），如太平天国制是也。余复之，记事。其言军队为青年人民之学校，余深惭有意而所不及也。 愧悔色念客气怨恨机心诸过未改。静敬澹一，发强刚毅诸箴未守也。	（党政类）下午，看邓文仪由俄来讯，其中以土地制度为重要。土地制度不外土地国家外［化］即归国有与土地社会化即归社会分配，如太平天国制是也，余复之。 （家庭类）【上午七时后起床，以洁如不谙家事，心甚懊闷，驰函劝令读书】 （军务类）上午十时后对行营人员训话，以时间与空间（即地点、距离）为办事之原则，而其方法则分轻重缓急与先后也，组织系统范围与统计亦为办事方法之要素也。 邓文仪由俄来讯有言军队为青年人民之学校，余深惭有意而所不及也。	上午十时，训诰行营人员。 下午，阅邓文仪由俄来书。其言土地制不外土地国家化（即归国有）与土地社会化（即归社会分配，如太平天国制是也）。至言军队为青年人民之学校，公尤赞许，复之。 是日，湖南省政府成立，唐生智为主席，兼军事厅长，以冯天柱、刘岳峙、周鳌山、邓寿筌、代理民政、财政、教育、建设厅长。 吴佩孚令在湖南前敌各军坚守防地，非有军令，不许进攻。

31日	提要：对总理失敬记大过一次 社会记事：阴番必灭 二时前起床，早餐毕起程。由乐昌城北门行卅里至风门坳，其路阔度约有丈许，斜度并不大。由是坳行十五里至牛颈坳，相连路亦可行也。十时半到达九峰村，由乐昌至此约六十五里，其地有学校，学牛皆俊秀，不如其它山中人也。户口仅百余家，惟沿途人烟颇密也。休息后对军民联欢会演讲，看建国方略，记事。 愧悔色念疑惧机心诸过未改。静敬澹一，发强刚毅诸箴未守也。 近日甚思研究土地问题有一解决之方也。	（党政类）近日，甚思研究土地问题有一解决之法。 （军务类）二时前离床，早餐毕起程。由乐昌城北门三十里至风门坳，其路阔度约有丈许，斜度并不大。由是坳行十五里至牛颈坳，二坳相连路亦可行也。十时半到达九峰村，由乐昌至此约六十五里，其地有学校，学生皆俊秀，不如其它山中人也。户口仅百余家，惟沿途人烟参差不绝。休息后对军民联欢会演讲。 （文事类）在九峰村军次看建国方略。	二时前，公出乐昌城北门，行三十里，至风门坳，复行十五里，至牛头坳，十时半，至九峰村，约共六十五里。休息后，莅军民联欢会讲演。（稿未留） 任命詹忠言为第一军第四补充团团长。 电嘉胡谦收复淡水。 电饬广东各县长填具匪情报告表。 公研究土地问题，欲得一解救之法。 自三月至此，中央军校陆续招收入伍生共一千余名，编为第二团，以陈复为团长，陈联璧为该团第一营营长，杜廷英为第二营营长，张鼎家为第三营营长。按部规定，凡本年七月三十一日以前入伍者称为第五期，以后入伍者称为第六期。
8月1日		（文事类）上午公平进发，途次看建国方略。及至耒阳憩息若干时，复看之物质建设完毕。此部方略全以经济为基础，而以科学方法建设一切，实为建国者必须之学。总理规划在前，中正继述于后，中华庶有豸［望］乎？ （学行类）动手打人，蛮狠骄横｛自逞｝，毫无耐力，甚至误打｛殴｝僚友，暴行至此极矣。	

23日		（学行类）处境之｛实｝难，忧无已时，然天下那｛焉｝有不忧而成之事？则忧亦常情也。	
24日		（学行类）下午假眠不成，愧悔交作，怯惴渐生。 办事应有强毅精神，何以自馁为哉！德业不进，趋事迟钝，是吾之忧｛吾用忧｝。	
26日		（学行类）上午寸衷郁结，取《嘉言钞》及《菜根谭》阅之。知天下之长而吾所处者短，则横逆困穷之来，当少忍以待其定。又曰：逆来顺受，居安思危等条，｛志为之踔｝气为之振，应｛吾誓｝以大无畏精神，做长期决｛奋｝斗，顺应环境，以破此当前难关也。将其计而就之，因其势而导之，则天下【无】难事｛何有哉？｝ 下午假寐不成，终未释然于怀。	
27日		（学行类）今日愁闷之怀比前昨稍减，以适应环境之心既决，可得逆来顺受之法也。唯愧悔未绝，恍惚时现耳。	

【注】

[1] 毛思诚所著蒋介石《日记分类抄本》及《蒋公介石年谱初稿》等 182 件档案数据，在 1985 年 6 月 7 日由其孙子毛丁捐献给了中国第二历史档案馆，现藏于该馆特藏“蒋介石个人全宗”。

[2] 《蒋介石三十二岁至三十九岁年谱稿》(1926 年)，中国第二历史档案馆馆藏档案，三〇四一，62。

[3] 毛思诚著《蒋介石先生四十以前年谱》，封面上盖有毛思诚印，并注明“秘密”字样。中国第二历史档案馆馆藏档案，三〇四一，33—4。

[4] 汪校芳：《访毛思诚先生长孙毛丁》，资料出处http://wangxiaofang1.blshe.com/post/13103/497799。

[5] 毛丁：《蒋介石〈自反录〉及其编者毛思诚》，资料出处 http://wangxiaofang1.blshe.com/post/13103/497799。

[6] 《毛思诚履历》，中国第二历史档案馆藏档案，三〇四一，44。

[7] 毛丁：《蒋介石〈自反录〉及其编者毛思诚》。资料出处 http://wangxiaofang1.blshe.com/post/13103/497799。

[8] 该馆馆刊《民国档案》杂志曾于 1998—1999 年分 4 期刊载了“蒋介石日记类钞”中“党政”(1919.6—1926.12)“军务”(1919.1—1922.12) 的部分内容，约 5 万余字。

[9] 万仁元、方庆秋主编：《蒋介石年谱初稿》，档案出版社，1992 年版。该书现拟由北京九州出版社再版。

[10] 《蒋介石日记类抄》(军务类)，1926 年 7 月，中国第二历史档案馆藏档三〇四一，39。

[11] 毛思诚：《蒋介石先生四十以前年谱》(1926 年)，中国第二历史档案馆藏档三〇四一，33—4。

[12] 毛思诚：《蒋公介石年谱初稿》(40 岁，十五年五月至八月)，中国第二历史档案馆藏档三〇四一，33—3。

[13] 毛思诚：《日记类抄》(学行一)，封面页，中国第二历史档案馆藏档三〇四一，115。

[14] 《蒋介石日记类抄》(学行类)，中国第二历史档案馆藏档三〇四一，40、115。

[15] 杨天石：《蒋介石日记的现状及其真实性问题》，载《找寻真实的蒋介石》，山西人民出版社 2008 年 5 月版，第 3 页。

[16] 《蒋介石日记》(原本)，1926 年 7 月 1 日，[美]史丹福大学胡佛研究院档案馆藏档：BOX5。

[17] 《蒋介石日记类抄》(军务类)、(杂俎类)，1926 年 7 月 1 日，中国第二历史档案馆藏档三〇四一，39。

[18] 同上出处。

[19] 万仁元、方庆秋主编 :《蒋介石年谱初稿》，档案出版社，1992 年版，第 604 页。

[20] 杨天石 :《蒋介石日记的现状及其真实性问题》，载《找寻真实的蒋介石》，山西人民出版社 2008 年 5 月版，第 20—21 页。

[21] 《蒋介石日记》（原本），1926 年 7 月 21、22 日，[美] 史丹福大学胡佛研究院档案馆藏档：BOX5。

[22] 参见本文所附比较表中 1926 年 7 月日记原文每日首末部分。

[23] 《蒋介石日记》（原本），1926 年 7 月 30 日，[美] 史丹福大学胡佛研究院档案馆藏档：BOX5。

[24] 《蒋介石日记类抄》（党政类），1926 年 7 月 30 日，中国第二历史档案馆藏档三〇四一，39。

[25] 《蒋介石日记类抄》（军务类），1926 年 7 月 30 日，中国第二历史档案馆藏档三〇四一，39。

[26] 《蒋介石日记类抄》（家庭类）、（杂俎类），1931 年 2 月 1 日，中国第二历史档案馆藏档三〇四一，112；三〇四一，36。

[27] 《蒋介石日记类抄》（军务类），1926 年 7 月 3、29、1、27、14 日，中国第二历史档案馆藏档三〇四一，39。

[28] 万仁元、方庆秋主编 :《蒋介石年谱初稿》，档案出版社，1992 年版，第 605 页。

[29] 见文后附表。

[30] 毛思诚 :《蒋公介石年谱初稿》，（四十岁，十五年五月至八月），中国第二历史档案馆藏档三〇四一，33—3。

[31] 《蒋介石日记类抄》（家庭类），1925 年 4 月—1926 年 6 月，中国第二历史档案馆藏档三〇四一，112。

[32] 《蒋介石日记》（原本），1926 年 7 月 2 日，[美] 史丹福大学胡佛研究院档案馆藏档：BOX5。

[33] 《蒋介石日记类抄》（家庭类），1931 年 1 月 11 日，中国第二历史档案馆藏档三〇四一，112。

[34] 同上。

[35] 同上。

[36] 同上。

[37] 《蒋介石日记》（原本），1926 年 7 月 2 日，[美] 史丹福大学胡佛研究院档案馆藏档：BOX5。

[38] 《蒋介石日记类抄》（家庭类），1926 年 7 月 2 日，中国第二历史档案馆藏档三〇四一，112。

[39] 《蒋介石日记类抄》（家庭类），1926 年 7 月 2 日，中国第二历史档案馆藏档三〇四一，112。

[40] 毛思诚 :《蒋公介石年谱初稿》，1926 年 7 月 2 日，中国第二历史档案馆藏档三〇四一，33—3。

[41] 参见本文后附对比表，1926 年 7 月 30 日。

[42] 《蒋介石日记类抄》（家庭类），1926 年 8 月 6 日，中国第二历史档案馆藏档三〇四一，112。

[43] 杨天石 :《找寻真实的蒋介石》，山西人民出版社，2008 年 5 月版，第 50 页。

[44] 蒋介石 :《告海外侨胞书》，载毛思诚 :《蒋公介石年谱初稿》，（四十岁，十五年五月至八月），1926 年 7 月 9 日，中国第二历史档案馆藏档三〇四一，33—3。

[45] 毛思诚 :《蒋公介石年谱初稿》，1926 年 7 月 13、17 日，8 月 5 日，中国第二历史档案馆藏档三〇四一，33—3。

[46] 同上出处，1926 年 8 月 15 日。

辛亥革命与南京

载南京市社科联《学习与传播》，2011 年第 1-2 期。
南京市地方志编委会《南京史志》，2011 年第 1 期。

一、辛亥革命发生的历史背景

1840年发生的鸦片战争，一般认为是中国近代史的起点，这次历时两年多的战争，最终以清廷的战败，在南京签订了中英《南京条约》而结束。但是对于清政府来说，这才是风雨飘摇、命运多舛的开始。饱受了屈辱的南京，在中国走向近代化的过程中，也似乎因此注定了会承担不平凡的使命。

整个19世纪的后半叶，清政府就一直忙于应对各个列强的强取豪夺，虽然这一时期清政府也开始了“自强”、“求富”的“洋务运动”，并取得了一定的成绩，但这并不能从根本上改变它腐朽和虚弱的本质。到了19世纪末，在以慈禧太后为代表的守旧派残酷镇压了“戊戌维新”运动后，即宣告了改良派梦想的破灭。一批热血青年转而主张以暴力革命彻底推翻由满人把持的清政府，建立类似法国和美国的共和政体，孙中山、黄兴、宋教仁、蔡元培这些人都是革命的中坚分子，他们组成了兴中会、华兴会、光复会等革命团体，在各地开展革命活动。

1905年8月20日，孙中山成功联合兴中会、华兴会、光复会等革命团体，在日本东京成立了第一个全国性的革命政党——中国同盟会，提出了“驱除鞑虏、恢复中华、创立民国、平均地权”纲领，并以《民报》作为其机关刊物进行理论宣传，他们的主张深得民心，迅速在全国各地组建了组织网络。

二、孙中山及其反清革命志士的起义

从1895年至1911年间，兴中会、同盟会等先后发动了十次反清革命起义，而其他革命组织自立军、光复会等也发动了多次起义。其中，孙中山先生还亲自参加了1907年12月广西镇南关起义，他不仅到阵地为伤员包扎，还亲手发炮轰击敌军，他慨言道："反对清政府二十余年，此日始得亲发炮击清军耳！"镇南关起义后因炮弹不得补给而告失败。

革命党人发动了一系列的反清起义，但因内外条件的不具备，先后遭到了连续的失败。孙中山等人在失败面前毫不气馁，他们决心在广州发动一次更大的起义，以此推动全国革命形势的发展。

1911年4月27日下午5时30分，同盟会领袖黄兴率800名敢死队员在广州起事，分四路攻打两广总督衙门、小北门、巡警教练所和南大门。黄兴率队攻入总督衙门，决心生擒两广总督张鸣岐。不料张越墙逃遁。由于清军人数众多，起义队伍又得不到接应，各路队伍虽与清军展开激烈巷战，彻夜相攻，但都先后失败。黄兴侥幸脱险。30日凌晨，赵声、胡汉民率200增援部队抵达广州城外，但是大势已去，遂返回。起义失败后，广州革命志士潘达微收殓牺牲的革命党人遗骸72具，葬于广州郊外的红花岗，并将红花岗改为黄花岗，史称"黄花岗72烈士"。这次起义因而也称为"黄花岗起义"。

其后，孙中山在《黄花岗烈士事略》序文中高度评价了黄花岗之役："是役也，碧血横飞，浩气四塞，草木为之含悲，风云因而变色，全国久蛰之人心，乃大兴奋。怨愤所积，如怒涛排壑，不可遏抑，不半载而武昌之大革命以成。则斯役之价值，直可惊天地、泣鬼神，与武昌革命之役并寿。"

孙中山的描述，生动地表现了在反清革命斗争中，青年志士们为挽救中华民族的危亡，不惜抛头颅洒热血舍身救国救民的革命精神与气概。

三、辛亥武昌起义的爆发

黄花岗起义失败后，革命党人决定把目标转向长江流域，在以武汉为中心的两湖地区发动一次新的武装起义。

在武昌起义爆发之前，1911年(宣统三年)5月，清政府以“铁路国有”之名，将民间所有的川汉、粤汉铁路筑路权收归“国有”，马上又出卖给英、法、德、美4国银行团，此举激起湘、鄂、粤、川等省人民的强烈反对，各地纷纷组织“保路同志会”，进而掀起了“保路运动”。运动在四川省尤其激烈，参加者数以十万计，清政府下令镇压，激起四川人民更大的愤怒，民众将各处电线捣毁，沿途设卡，断绝官府通讯。9月25日，老同盟会员、后来成为中共“延安五老”之一的吴玉章与同盟会员王天杰、龙鸣剑等人领导荣县独立，荣县成为全中国第一个脱离清王朝的地方政权，此举把“保路运动”推向高潮，成为武昌起义的先声。

清廷为扑灭四川的人民起义，派出大臣端方率领部分湖北新军入川镇压，致使清军在湖北防御力量减弱，革命党人遂决定在武昌发动起义。

1911年9月14日，文学社和共进会在同盟会的推动下，建立了统一的起义领导机关，联合反清。9月24日，两个革命团体召开联席会议，决定10月6日发动起义。革命党人的活动被湖北当局察觉，严加提防，再加上同盟会的重要领导人黄兴、宋教仁等未能赶到武汉，起义延期。

10月9日，革命党孙武等人在汉口俄租界配制炸弹时不慎引起爆炸。俄国巡捕闻声而至，搜去革命党人名册、起义文告等，秘密泄露。湖广总督瑞澄下令关闭四城，四处搜捕革命党人。情急之下，革命党决定立即于10月9日晚12时发动起义。但武昌城内戒备森严，革命党人无法取得联络，当晚起义计划落空。

新军中的革命党人自行联络，约定以枪声为号于10月10日晚发动起义。10月10日晚，新军工程第八营的革命党人打响了武昌起义的第一枪，夺取位于中和门附近的楚望台军械所，吴兆麟被推举为临时总指挥。缴获步枪数万支，炮数十门，子弹数十万发，为起义的胜利奠定了基础。

此时，驻守武昌城外的辎重队、炮兵营、工程队的革命党人亦以举火为号，发动了起义，并向楚望台齐集。武昌城内的29标的蔡济民和30标的吴醒汉亦率领部分起义士兵冲出营门，赶往楚望台；尔后，武昌城内外各标营的革命党人也纷纷率众起义，并赶向楚望台。起义人数多达3000多人。

10月10日晚上10点30分，起义军分三路进攻总督署和旁边的第八镇司令部，并命已入城之炮8标则在中和门及蛇山占领发射阵地，向总督署进行轰炸。起初，起义军没有一个强有力的指挥，加上兵力不够，进攻受挫。晚12点后，起义军再次发起进攻，并突破敌人防线，在总督署附近放火，以火光为标志，蛇山与中和门附近的炮兵向火光处发炮轰击。湖广总督瑞澄打破总督署后墙，从长江坐船逃走，第8镇统制张彪仍旧在司令部顽抗。起义军经过反复的进攻，终于在天亮前占领了总督署和镇司令部。张彪退出武昌，整个武昌已在起义军的掌控之中。

汉阳、汉口的革命党人闻风而动，分别于10月11日夜、10月12日光复汉阳和汉口。起义军掌控武汉三镇后，湖北军政府成立，新军协统黎元洪被推举为都督，改国号为中华民国，并号召各省民众起义响应，敲响了清王朝封建统治的丧钟。

武昌起义胜利后的短短两个月内，湖南、陕西、江西、山西、云南、浙江、贵州、江苏、安徽、广西、福建、广东、四川等省市，先后独立；关内十八省中只剩下甘肃、河南、直隶、山东四省尚属清廷。

四、南京的光复与中华民国临时政府的成立

1．南京的光复

清末，清廷在南京设有两江总督府，驻重兵于南京防守江南要地，除满族骑兵外，另有巡防队、水师共万余兵力，另外还驻有新军第9镇步兵队第

18协（团）。当时南京城内也是风雨欲来之势，不仅社会上人心思变，对清廷失去信心，连新军也军心动摇，武昌起义消息传到南京更是火上浇油，局势已有一触即发之势。

驻南京的新军第9镇士兵，多为江南陆军师范与将备学堂的毕业生，学识水平相当于中学以上，因读过新学，对国家危局与清廷本质有一定认识，具有革命的思想基础，其中五分之二以上都加入了兴中会、同盟会、光复会等孙中山及其他革命首领领导的组织，暗中形成了地下组织网络，成为革命的主要力量。其第18协革命党领导人为林述庆。

林述庆，福建闽侯人，时任第18协第36标第一营营长，与国民党人黄兴、宋教仁、欧阳振声都有联系，成为好友。孙中山委托黄兴等在上海组织中部同盟会机关部，林述庆加入同盟会，并发展卢祥麟、沈家炜、陈凤安等一批军官士兵加入组织，扩充了革命力量。当时除了这些革命党及其受影响者已占新军一半以上外，其他新军部队也有同情革命之势。

新军是以汉人为主训练组建的，当时在客观上受到满清统治者的歧视与排斥。

自清朝开国以来，执行的是不平等的民族政策，已历两百多年。在清代，满族贵族自然是锦衣玉食良田万顷，而一般的旗人也有无功之俸禄，八旗子弟腐朽不堪，都成了纨绔子弟，只知道斗鸟喝茶赌博，八旗部队已无战斗力。清朝统治者鉴于1860年以来对外屡战屡败丧师失地，被迫学习西方的坚船利炮，派袁世凯在天津开始“小站练兵”，在各地逐渐成立了以汉人为主的新军武装，掌握新式武器，但他们要用汉人又不放心，故采用了许多限制与防备措施。例如，控制士兵的弹药，平时都不配发枪弹，以免肇事。而新军官兵与同城驻守的旗兵也是矛盾重重，互相看不惯，旗兵认为新兵掌握新武器，思想激进，都是脑后有反骨，而新军则因旗人民族歧视与压迫政策，国家面临绝境，早已心怀不满，普遍心态是准备一拼。

武昌起义发生后，清廷两江总督张仁骏十分紧张，他不愿附和革命，曾表示：“我世代受清朝厚恩，怎么可以反叛？你们自己选择吧，我回故乡去。”时掌握军权的江宁将军铁良，令新军统制徐绍桢，将其所部驻城内之17协及马、炮、工兵与辎重部队一律移驻城外百里的秣陵关，以防他们闹事，并收缴了他们的子弹，每人只发三粒，同时调他们认为比较可靠的江防军张勋部镇防营王有宏等人住城内。此举激发了新军的义愤。林述庆乘机煽动代理17协协统沈同午等，约集同志秘密协商，最后他们公推林赴沪与总部接洽起义日期，决定响应武昌革命起义光复南京。由于当局防范严密，新军协统、标统等军官有所畏惧，纷纷称病不出。营队官召集各营营长开会，决定立即派人去各营游说，同时派人去上海领取子弹。

9月17日夜，驻镇江新军于岘凉山集合宣布起义，公推林述庆为镇军都督，并立即围攻镇江，清廷镇江都统无力抵抗而自杀，各道府县官吏纷纷潜逃，次日午后旗兵投降，巡防炮台守军响应起义。19日，17协新军各标营向南京前进，由秣陵关进攻雨花台，三面包围了江防军阵地，清军统领张文生有作战经验，放革命军进入，正面猛轰，两面夹击，使革命军3000余人死伤过半，退却中又遭追击，败退龙潭。南京城内虽有苏良斌所率四五百人响应起义，但被江防军张勋部镇压，清军残杀平民百余人。革命军向镇江撤退途中分兵占领了龙潭、溧阳。

上海同盟会派柏文蔚率炸弹队援军来南京增援新军，编为镇军第一师，负责收容溃散士兵，此举加强了革命军兵力。

当时清廷南洋海军奉命镇压革命，派出十余只兵舰由上游下驶，被林述庆下令沿江炮台开炮阻止。新军又派出许崇灏登舰，说服海军首领宋文翙起义，调转炮口，并任命宋为海军司令。革命军还说服了扬州盐务缉私徐宝珊“徐老虎”所部倒戈投向革命，所部编为镇军第二师，以徐为扬州军政分府防守把守扬州，另派淮安籍的臧在新率领以韩恢为排长的部队前往收复淮安，编为淮安混成旅。淮扬地区光复后，镇军编为三个支队，由许崇灏、柏文蔚与刘君成分别统率。这样，南京周边地区大都光复。

中部同盟会机关总部决定派第9镇统治徐绍桢为联军总司令，与林述庆会商，指挥起义军陆海联攻南京，务期占领这块东南要地。当时南京城拥有突出的战略地位，是将起义成功的东南地区与还在鏖战的武汉联系起来的要点，如攻下南京则革命形势大好，如攻不下就会被清军各个击破。于是革命党人决定全力进攻南京，志在必得。为此，他们决定派周边各光复各省义军调兵会攻南京，以期成功。

当时江苏附近起义各省新军各派一支部队会攻南京，队伍有：苏军刘元洁一部，浙军朱瑞部一支，沪军黎天才部两营及沪军洪承典部等。

林述庆认为江北浦口战略地位重要，要先攻克。他派柏文蔚、季竞成为正、副司令率军由十二圩渡江占领仪征、六合攻占浦口，总司令徐绍桢率部向南京进发，在抵达尧化门时，又派人带五万银元去幕府山炮台运动守军起义，炮台守军张文山率水师二营起义，提出：革命军要派兵保护他们，于是林又派黎天才部去占领炮台。当时沪报载：黎天才部攻占了幕府山炮台，实际战斗只是很短时间，守军江防军周干臣因天黑，搞不清虚实，率部弃炮台逃走，张勋派部反攻，大战一昼夜未能取胜。

徐绍桢率军攻击孝陵卫，与清守军王有宏部战斗两昼夜，革命军有退却不支状，王大喜，他穿着清廷赏赐的黄马褂骑马冲锋在前，当时他的官衔是记名提督，赏穿黄马褂，平时一直穿着显摆，战时便成为显眼的目标，革命军士兵集中射击，王身中百余弹死在阵前。革命军击毙敌首，士气大振，反攻大获全胜。张勋闻之为王之死捶胸大哭。

孝陵卫战后，徐绍桢命令组成敢死队攻占南京城制高点紫金山天堡城。张勋派江防军三营、旗兵一营，附20门大炮60挺机枪守之。敢死队冲上山，被全部打死。后革命军又编军冲锋，血战两昼夜，清守军弹尽撤退。占领天堡城后，革命军架炮轰击太平门、富贵山江防军据点，张勋亲自上阵指挥，但江防军已丧失战斗士气，除雨花台之外，各处渐渐战败。

当时传闻革命军发过三炮，一轰张勋指挥部，二轰北极阁，三轰太平门城楼，对战事起到了大作用。

张人骏、铁良在北极阁上大本营用望远镜察看战况，一炮弹飞来，当场血肉横飞，打死几名卫队，北极阁也坍塌一角，二人魂飞魄散，被卫士背下山，躲进日本领事馆，次日由日轮送往上海。

张勋一看主将跑了，灰心丧气，加上南京商会为维持市面不致糜烂，也出钱要他撤退。当天半夜，他就率卫队及余部3000人逃走，渡江到浦口，又被柏文蔚部截击，大败，余两千人逃往徐州。他走后，部将张文生等也放弃雨花台，率残部退往苏北。这样，清朝军放弃了南京。

当时张勋曾向主持清廷的袁世凯求援，袁说部队已调武汉，无法援助南京，可相机放弃该地，保住实力扼守徐淮，以为屏障，使革命军不能北上，所以张勋逃北是遵袁之命。随后，袁给张军补充了粮弹并批准其扩编为40营，组成了“辫子军”。12月，清廷革去张人骏两江总督职，改以张勋担任，他在苏北镇压各地起义军多支，杀人无数，次年又率军反攻南京，出任长江巡阅使，成为革命军大敌。

张勋走后，巡防营余部由美国传教士马灵与革命军交涉，开太平门投降。

12月12日，南京光复，革命军从朝阳门等入城，其中苏良弼部在旗人居住地烧杀，死伤无数，旗人纷纷改服易装，并给女孩缠足，以图自保。镇军派出执法队镇压乱兵并收容旗人，集中在都统衙署内给予保护。

当时武汉战斗革命军失利，袁军冯国璋火烧汉阳，黎元洪派人向南京求援，林述庆答应了黎天才之请求，并将投降的江防军4000人归他指挥，编为第二师驰援武汉。

徐绍桢、林述庆光复南京后，派代表黄家濂到上海欢迎孙中山归国来宁主持革命，孙中山令徐节制南京，并奖励光复南京部队士兵每人金质奖章一枚，当时南京商会也出款十余万慰劳革命军，被林扣留，告发到徐处，每人才发了三元。

胜利后，徐绍桢命林述庆为北伐临淮军总司令，北上讨伐张勋，以柏文蔚为第一军军长，徐宝珊为第二军军长。但当时南方临时政权决定与袁世凯进行南北和议，下令中止北伐。林述庆不同意和议，1912年被迫辞职下野，后南方政府任命柏文蔚为安徽皖军都督，率部去皖驻扎，镇军宣告解散。

后来，1912年袁世凯上台后，封林述庆为陆军中将加上将衔，10月，去北京出任国民党名义理事，袁总统府的顾问。1913年2月，他发起“国事维护会”，反对袁世凯独裁。宋教仁被刺后，他公开发表“此仇不报非丈夫也”的言论，为袁记恨，其后，林又在北京与黄兴通气讨袁，并返回老家福建活动反袁，最后被袁世凯总统府秘书长梁士怡“宴请”，次日发高烧便血不止，暴死。当时日本医生初步诊为中毒而死，后又被迫声明诊断错误。一代英雄就此死于袁世凯之暗杀。

2．中华民国临时政府的成立

武昌起义之后，清政府的统治分崩离析，组建革命政权迫在眉睫。当时，孙中山远在美国，黄兴客居香港，革命党人一时群龙无首，只好暂推湖北新军统领黎元洪出任湖北军政府都督。10月11日晚，宣布中国为“共和的中华民国”，废除清王朝年号。但革命中心及未来首都地点尚未确定。

随着各省各地区军政府的相继建立，迫切需要组建全国统一的共和临时政府，武昌与上海两地都坚持将自己设为筹建临时政府的会议地点。11月30日，共有11省代表23人在汉口英租界举行了第一次会议，湖南人谭人凤被公推为议长，决议在临时政府成立之前，由湖北军政府代行中央军政府职权。

会议期间，江浙联军光复南京，消息传来，联合会即议以南京为临时政府所在地，各省代表于7日内齐集南京，俟有10省以上代表报到，即召开临时大总统选举会。

同时，江浙地区的革命党人在南京光复3日后，由陈其美等人领衔，邀集各省在沪代表举行会议，决定临时政府设于南京，公推黄兴为大元帅，组织临时政府。同时举黎元洪为副元帅兼任鄂军政府都督，仍驻武昌。汉方代表对此并不满意，要求黎元洪以都督名义电请取消。不过汉阳失守和南京的光复，在筹建政权竞争中为上海方面增加了有力的砝码。

14日，各省代表聚于南京举行会议。尽管选举大总统已是刻不容缓，但是会议始终未做出最后定论。黄兴以种种理由拒绝就大元帅职，无奈之中，代表会只得推黎元洪任大元帅，黄兴副之，但黄兴还是不从。21日，黎元洪致电接受大元帅名义，并委黄兴代行大元帅职权，黄兴推脱不过，正要就职，即传来孙中山回国消息，于是他决定去南京接孙出任革命政府元首。

武昌起义时，孙中山正在美国北部科罗拉多州的丹佛城。这天早上，他在饭馆吃饭，看到报纸新闻："武昌被革命党占领"。孙中山十分惊喜。为了办理外交，争取外国同情，他并未立即回国，而是从美国又跑到英国，又从英国来到法国，积极奔走活动，准备募集美金一千万、兵船十艘带回国支援革命。最后却因为各种原因没有实现愿望。直到12月25日，他才东归抵达上海，他对记者称："我没有带回来一个钱，带回来的仅是革命精神而已。革命的目的不达，无和议之可言。"随后，立即和同盟会的主要负责人讨论组建临时政府的相关事宜。同盟会决定分别向各省代表示意，选举孙中山为临时大总统，并由马君武著文在《民主报》上披露。

此时袁世凯军队在鄂亦停止进攻，并派秘密代表秘密与革命军代表协商，如举袁为临时总统，袁可设法使北方军人赞助，劝清帝退位。南方代表团对袁的代表说："到宁协商后，再可奉告。"当时，南方代表团对袁在北京是否真正赞成共和仍存疑问，认为非先设政府，举出临时总统，清廷不会退让，袁在北方亦难着手。故在南京组织临时政府与袁赞成共和，两事并不妨害。孙中山了解情况后，复电称："袁如赞成共和，情愿将所得之临时大总统退让与袁，以促共和早日实现。"并一面电知袁之代表：在宁组织临时政府，实助袁在北方促清帝退位，易为着手。

孙中山的回国，使难产的大总统选举，一下子出现转机。各省代表团在南京开会，选举林森为议长，决定《中华民国组织法》为组府依据，以各省代表团员组成临时参议员为立法机关，定各省无论代表几人，均只有一票选举临时大总统，共17省代表与会。

29日上午9时，17省代表共45人再次齐集江苏谘议局，开始就选举临时大总统进行表决。候选人分别是孙中山、黎元洪和黄兴三人，最后孙中山以16省选票当选为中华民国临时大总统。

1912年1月1日，孙中山来到南京。晚上11时，中华民国临时大总统就职典礼正式举行。孙中山宣读了誓词，宣告中华民国政府正式成立，陆军部总长黄兴，海军部总长黄钟英，外交部总长伍廷芳，内务部总长程德全，实业部总长张謇，教育部总长蔡元培，财政部总长陈锦涛。孙在会上讲话时百感交集："予三十年如一日之恢复中华，创立民国之志，终于得以实现。"中国历史上第一个共和制的国家政权，与南京一起载入史册。

孙中山就临时大总统后，通电全国，并希望由袁世凯派代表议和。袁复电派唐绍仪为全权代表，中华民国派伍廷芳为全权代表，在上海召开和平会议。议决清帝退位后，优待清室、满人及蒙古王公办法。清帝退位后，优待费每年400万两，八旗兵丁若干两，蒙古王公仍照清廷时袭爵如故。数次争论，几乎决裂。然中经北方陆军将领段祺瑞等领衔通电赞成共和，清帝见大势已去，卒于2月12日发诏退位，南北宣告统一。

南京临时政府的成立，虽然一开始就处于不稳定的状态，可是他是中国历史上第一个共和国政府，不仅给独立各省树立了共和的旗帜，也宣判了封建帝王制度的垮台。

此后，孙中山先生按照原定密约，向临时参议院提出辞职。他在辞职咨文中又提出了三项附加条件：(1) 临时政府地点设于南京，为各省代表所议定，不能更改；(2) 辞职后，俟参议院举定新总统到南京就职之时，大总统及国务院乃行解职；(3) "临时政府约法"为参议院所新定，新总统必须遵守颁布之一切章程。

随后，临时参议院再开临时大总统选举会，于民国元（1912）年2月15日选举袁世凯为临时大总统，决议袁世凯必须到南京就职，以南京为国都。袁表面允至南京就职，暗中唆使第3镇曹锟驻京津部队闹兵变，袁借口留京镇抚，不能南下，乃派国务院总理唐绍仪代表南下，提出国务员名单，请求参议院通过。后袁于3月10日宣誓，北京政府于是宣告成立，南京政府机构被迫移至北京。南北政府统一以后，孙中山离开南京，在南京设留守府，以黄兴为留守，最后被唐绍仪接收。

五、南京在辛亥革命中的历史地位

古城南京在中国近代历史上拥有特殊的地位，在辛亥革命中成为中国第一个共和政府的诞生地，其历史地位表现为：

第一，南京的光复从军事上呼应了武昌起义并奠定了东南革命大局。

武昌起义敲响了清王朝统治的丧钟，为封建统治体系在中国腹地打开了一个缺口，并在全国燃起燎原烈火。武汉战斗革命军失利的时候，黎元洪派人向南京求援，林述庆派出第二师驰援武汉，在实际上支援了武昌革命。

南京光复后，革命势力完全控制了长江下游地区。江、浙、沪连为一片，不仅巩固了上游湖北的独立，而且推动了长江沿岸安徽、江西及其他省区的独立，对于革命势力奠定东南起到了重要的作用，从而将反清革命推向高潮。

第二，南京在政治上成为全国革命的中心。

南京是清两江总督驻节之地，南京光复，对清政府的打击来得更为猛烈。同时，南京在武昌和上海两地之间，革命的成功对沟通各省更为便利。中华民国首都定都南京，各省代表云集于此议建共和政府，南京在政治上已成为全国中心。

第三，中国的共和体制在南京诞生。

1912年1月1日，孙中山在南京宣誓就职，定国号为“中华民国”，以中华民国为纪元，五色旗为国旗，建立了中央政府机构。

在孙中山的主持下，3月11日，临时参议院颁布《中华民国临时约法》，按照西方资产阶级的民主制度和立法、行政、司法“三权分立”的原则，在中国建立一个实行议会制和责任内阁制的资产阶级共和国。

南京临时政府颁布了一系列有利于推行民主政治和发展资本主义的政策和法令。如：命令各省官厅焚毁刑具，废止刑讯；取消清朝律令中各类“贱民”条令；保护华侨；禁止买卖人口；废除主奴身份；通令剪辫子；禁止赌博、缠足、吸食鸦片；鼓励兴办工商业，振兴农垦业，奖励华侨在国内投资；提倡普及教育，删除旧教科书中的封建内容。这些政策法令，移风易俗，革故鼎新，促进了民族资本主义的发展和民主观念的传播。

第四，六朝古都由此名垂青史，开创历史新纪元。

中华民国南京临时政府的成立，标志着中国历史上第一个资产阶级共和国的诞生，其不仅结束了二百多年的清朝统治，也结束了绵延两千多年的中国封建帝制。

六朝古都由此名垂青史，辛亥记忆成为南京历史上的光彩一页。

马振犊1985—2011年作品总目

个人简历

1983年8月毕业于南京大学历史系，进入中国第二历史档案馆工作。先后在编研部、《民国档案》杂志社、利用部，历任编辑、史料组长、副主编、主编，利用部主任。1998年12月被评为研究馆员。2001年9月任副馆长。

现兼任：南京大学“中华民国史研究中心”客座研究员；

浙江大学“蒋介石与近代中国研究中心”客座研究员；

南京师范大学“南京大屠杀史研究中心”客座研究员、硕士生导师；

扬州大学社会发展学院档案专业指导委员会副主任；

中国现代史学会理事；

中国档案学会常务理事、档案整理与鉴定专业委员会主任；

中国近现代史史料学会副会长；

江苏省历史学会副会长；

江苏省海峡两岸关系研究会理事；

江苏省中国近现代史学会副会长；

“南京大屠杀史”研究会副会长；

南京历史学会理事；

南京民国史研究会副会长；

南京市江宁区政府历史文化顾问；

江苏省警察博物馆、江苏省禁毒展览馆专家委员会委员；

水利部黄河水利委员会《民国黄河史》编写组特邀顾问。

1997年10月，被评为“江苏省跨世纪学术带头人333工程”培养对象；

1998年1月，获“英国学术院王宽诚奖金”，赴剑桥大学做访问学者；

2001年1月，受台湾“中央研究院”近代史所之邀赴该所作访问学者；

2001年4月，被南京市江宁区人民政府聘任为江宁历史文化研究会顾问；

2001年12月，被江苏省政府授予“江苏省有突出贡献的中青年专家”荣誉称号；

2005年10月，获国务院特殊津贴；

2007年3月，受美国斯坦福大学胡佛研究所之邀赴该所作访问学者；

2007年4月，被评为“江苏省333高层次人才培养工程”中青年科学技术带头人。

完成和承担的科研项目与研究方向

完成和承担的科研项目：

1．1996年国家社科基金资助项目《民国时期的中德关系》，项目负责人，已完成任务结项。

2．国家档案局2000年科技项目《民国档案与西部开发》，项目负责人，已完成任务结项。项目编号（2000–R–04）。

3．南京师范大学“南京大屠杀研究基金”立项课题《二战时期日军暴行与德军暴行比较研究》，项目负责人，2005年完成结项。

4．主编中国社会科学院精品工程《中国国民党史》——《国民党的统治工具》分册，已完成任务交稿出版中。

5．南京大学“中华民国史研究中心”承担教育部重点攻关课题《民国史研究》丛书——《民国档案研究》、《民国行政区划研究》两分册负责人，正在进行中。2003年12月。项目编号（03JZD009）。

6．武汉大学历史系承担的教育部重点攻关课题《反法西斯战争时期的中国与世界研究》第九卷《战时德国对华政策》分册负责人，已完成出版。项目编号（05JZD00010）。

7．国家档案局2007年科技项目《民国档案案卷级目录整理与划控工作规范》，2万元项目负责人，已完成。项目编号（2007-R-12）。

研究方向：

国民党史、国民党特务活动史、中日战争史。

作品目录（除注明者著者外均为独著）

论文类：

1．《抗战胜利后蒋介石在江苏地区收编汪伪军记略》，载《中华民国史文集》，江苏省现代史学会编，1984年11月版。

2．《南京国民政府成立后胡汉民曾出任主席质疑》（合著），载《民国档案》，1985年第2期。

3．《邵元冲与张默君》，载《民国档案》，1986第1期。

4．《八一三淞沪战役起因辨证》，载《近代史研究》，1986第6期。1988年3月，获江苏省政府优秀社科成果三等奖。

5．《1923年广东革命中的孙中山与蒋介石》（合著），载《爱国报》，1987年4月。

6．《1936—1937年国民党政府国防作战计划剖析》，载《民国档案与民国史学术讨论会论文集》，档案出版社，1988年10月版，第411-422页。

7．《胡汉民是否当过“国民政府”主席》，载《周末报》，1989年12月23日。

8．《蒋汪关系与华北危局》载《民国档案》，1990第2期，及《卢沟桥事变与八年抗战》，北京出版社，1990年10月版。1991年1月获江苏省政府优秀社科成果三等奖。

9．《林森家世散记》，载《民国春秋》，1991第2期。

10．《华北地方实力派抗日态度之比较研究》，载《民国档案》，1993第2期，及《第二届近百年中日关系史国际研讨会论文集》,中华书局,1995 年 7 月版。

11．《评述五年来大学界对于抗日战争正面战场之研究》，载（台）“中央研究院”近代史所《近代中国史研究通讯》，第 16 期，1993 年 9 月。

12．《中国第二历史档案馆馆藏民国时期对德外交档案述论》，载《民国研究》第 1 辑。南京大学出版社，1994 年 11 月版。

13．《中国第二历史档案馆馆藏中德关系密档简介》，载《民国档案》，第 3 期。第 52 页。

14．《关于台儿庄战役背景的几点考察》,载《台儿庄大战和中国抗战——台儿庄大战 55 周年国际学术研讨会论文集》,山东大学出版社,1997 年 8 月版。

15．《开辟淞沪战场有无“引敌南下”的战略意图？》,载《抗日战争研究》,1994 第 2 期。

16．《再论抗战后期周佛海的思想变化》，载《学海》，1994 第 4 期。

17．《5 年来国内抗日战史研究简介》，载《社科信息》，1995 第 9 期。

18．《近年来国内抗日战史研究观点述评》，载《南京社会科学》，1995 年专刊。

19．《德国军事总顾问与中国抗日战争》,载《档案与史学》,1995 第 3 期。

20．《略论抗战中后期正面战场研究中的若干问题》，载《中国人民抗日战争纪念馆文丛》，第 5 辑，北京出版社，1995 年 8 月版。

21．《新的视野,新的成就——“中国抗日战争史读后”》,载《民国档案》,1995 年第 3 期。

22．《中日战争期间的德国军事顾问》,载(台)《历史月刊》,1996年1月号。

23．《中国第二历史档案馆馆藏中德关系档案及其价值研究》（合著），载[德]柏林自由大学《中国研究》，总第 31 期，1996 年 1 月。

24．《蒋介石身边的德国军事顾问》，载《民国春秋》，1996 第 1 期。

25．《有关陈立夫档案与其回忆录比较之几个问题》，载（台）《1925 至 1950 年之中国——陈立夫回忆录讨论会论文集》,“国史馆”,1997 年 6 月印行。

26．《庆祝抗战胜利 50 周年两岸学术讨论会综述》，载《民国研究》，

1996第1辑，南京大学出版社，1996年1月版。

27.《德国军火与中国抗日战争》，载（台）《庆祝抗战胜利50周年两岸学术讨论会论文集》（上），联经出版公司，1996年版。

28.《抗战爆发前德国军火输华述评》，载《民国档案》，1996第3期。

29.《阴错阳差——蒋介石发动“中山舰事件”的可乘之机》，载《周末报》，1996年4月6日。

30.《关于十世班禅灵童转世的辨误》，载《周末报》，1989年7月1日。

31.《近5年来国内史学界对于抗日战争研究状况的概述》，载《以史为鉴启迪今人》，南京出版社，1996年7月版。

32.《民国时期的三峡工程规划》（合著），载《老照片》，第1辑，1996年12月。

33.《鲜为人知的孙中山第四遗嘱》，载《中国档案报》，1996年11月7日。

34.《1938年德国特使佛德秘密访华述评》（合著第一作者），载《民国档案》，1997年第4期。

35.《吴佩孚盖棺不能论定》，载《史学月刊》，1997年第3期，（台）《国史馆馆刊》，1998年总第22期转载。2001年8月，获江苏省中国现代史学会优秀成果一等奖。

36.《孔祥熙的柏林之行》（合著），载《老照片》第6辑，1998年5月。

37.《平心静气才能立于不败——反评周惠民对〈蒋介石与希特勒〉一书之解读与评论》（合作、执笔人），载（台）《近代中国》，第127期，1998年10月25日版。

38.《偶然之后的必然——1926年“中山舰事件”性质论》，载《民国档案》，1999年第4期，及《纪念武汉抗战暨中山舰遇难60周年国际学术研讨会论文集》，湖北人民出版社1999年9月版。

39.《日本军队对被害国妇女性暴行及其原因再析》，《民国档案》，2000年第3期。

40.《民国档案与西部开发——中国第二历史档案馆馆藏西部开发档案

介绍》(合著)，载《中国档案报》，2000 年 7 月 14 日，被人大复印资料转载。

41.《第四次中华民国史国际学术研讨会述评》，(台)《国史馆馆刊》，2000 年 12 月第 29 期。

42.《抗战爆发后德国军火输华述评》，载《历史的足迹——纪念德国汉学家费路教授 65 岁诞辰》，(港) 新大陆出版有限公司，2002 年 4 月版。

43.《平心静论“八一三”》，载《抗日战争研究》，2001 年第 1 期。

44.《第四次中华民国史国际学术研讨会述评》，(台)《国史馆馆刊》，2000 年 12 月第 29 期。

45.《民国档案中的谬误及其鉴别处理》，载《民国档案与民国史学术研讨会文集》，《民国档案》，2001 增刊第 1 期，民国档案杂志社，2001 年 5 月版。

46.《台北中研院近代史所档案馆藏档评介》，载《民国档案》，2002 第 3 期。

47.《金陵一代地方文献学家陈作霖》，载陈鸣钟主编《清代南京学术人物传》，华星出版社，2001 年 11 月版。

48.《辛亥革命前后的林森》，载《孙中山与辛亥革命——纪念辛亥革命 90 周年论文集》，江苏古籍出版社，2002 年 3 月版，第 320—328 页。《民国档案》，2001 增刊第 2 期。

49.《〈盖世太保枪口下的中国女人〉中的冯 · 霍夫曼将军》，载《档案大观》，第 63 期，《中国档案报社》出版 2002 年 4 月 12 日。

50.《南京沦陷后国民党地下市党部的重建及活动》，载江苏省政协《钟山风雨》，2002 年第 2 期。

51.《民国纪念邮票——中国近代历史的一段缩影》(合著第一作者)，载《东南文化》，2001 年第 8 期。

52.《冯·法肯豪森将军在中国的传奇经历》，载山东省政协《联合日报·文史周刊》，2002 年 5 月 17 日。

53.《郑介民》、《毛人凤》载《民国人物传》丛书，第 11 册，2002 年 10 月版。

54.《南京国民政府时期蒋介石思想理论简析》，载《民国档案》，2003 年第 1 期。又人大复印资料《中国现代史》，2003 年第 7 期转载。

55.《抗战时期中苏情报合作内幕初探》，载（台）《近代中国》第154期2003年6月30日、《抗日战争研究》2003年第3期。

56.《抗战期间军统组织南洋地区活动述评》，载《档案与史学》，2003第4期。

57.《夏威夷，历史与地理的交汇点——哈佛大学“1937—1945中日战争军事史会议”印象》，载《民国档案》，2004年第1期。

58.《中国第二历史档案馆有关抗战时期四川省档案概述》，载《四川档案》，2005年第5期。

59.《1920年代国民党人的联德思想与实践》，载中国社科院近代史所等编《1920年代的中国》，社会科学文献出版社，2005年9月版。

60.《斯坦法尼访华与中意关系》，载《民国档案》，2006年第1期。

61.《抗战时期国民党中统特工的对英合作》(合著)，载《抗日战争研究》，2006年第3期。

62.《笔谈抗日战争与中国现代化进程》（合著），载《抗日战争研究》，2006年第3期。

63.《八一三淞沪战役起因揭密》，载《中国档案报·档案大观》，2006年8月11日。

64.《侵华日军暴行与纳粹暴行原因比较研究初探》，载《民国档案》，2007年第2期。

65.《日军南京大屠杀期间南京军民反抗问题研究》(马振犊、邢烨合著)，载《抗日战争研究》，2007年第4期。

66.《中国的抗日战略》，载《中日战争国际共同研究之二》——《战略与历次战役》，社会科学文献出版社，2009年1月版，第64—102页。

67.《试论戴笠在国民党内的人际关系》，载中国社科院近代史所编《民国人物与民国政治》，社会科学文献出版社，2009年9月第1版，第236—250页。

68.《二战时期中英情报特工合作概论》，载《近代中国：政治与外交》（下卷），社会科学文献出版社，2010年8月版。

69.《蒋介石日记原本与毛思诚作类抄、年谱比较初探——以1926年7月为例》,2010年12月台北"《蒋中正日记》与民国史研究学术讨论会"论文,载《蒋中正日记与民国史研究》(上册),台湾世界大同出版有限公司,2011年4月版

70.《宋子文、陈嘉庚与新马华侨战时捐款》,载《宋子文与战时中国(1937—1945)》,复旦大学出版社,2008年3月版。

71.《宋子文与"西部开发"》,载《宋子文生平与资料文献研究》,复旦大学出版社,2010年5月版。

72.《从六个事件看民国外交突发事件应对的成与败》,载中共中央党校《中国党政干部论坛》,2010年第5期,第19–23页。

73.《民国时期外交突发事件与应对策略分析》(桑竹)(上)(中)(下),《办公室业务》2010年第2–4期,第58–61页、第59–60页、第59–60页。

74.《1946:蒋介石与戴笠关系异变初探》,2010年4月浙江大学"蒋介石与现代中国研究中心"召开的"蒋介石与现代中国国际学术研讨会"论文,2011年发表于会议论文集。

75.《1949:国民党特务机关的应变与结局》,2010年8月南京大学等第六次中华民国史国际学术讨论会论文。

76.《二战时期中国情报系统的重大贡献——以猎获"珍珠港事件"及"德军攻苏"情报为例》,中国社科院近代史研究所第三届"近代中国与世界国际学术研讨会"论文。

77.《蒋介石与希特勒的交往秘闻》,载《2010天一讲堂》,中国文史出版社,2011年3月版,第238–260页。

78.《蒋介石与军统、中统之滥觞》(上)(下),分载上海市档案局主办《档案春秋》,2010年第12期,第47–52页;2011年第1期,第19–22页。

79.《"黑室"的组建与权力之争》,载国家保密局主办《保密工作》,2011年第4期,第62–64页。

80.《辛亥革命与南京》(上)(下),分载南京市社科联主办《学习与传播》

2011年第1–2期，第10–14页、第7–9页；又载于南京市地方志编委会《南京史志》2011年第1期，第9–13页；及南京鼓楼区政协《学习资料》2011年第1期，第14–21页。

81.《特务政治，揭开民国最黑暗的一面》（一）（二），分载上海市档案局主办《档案春秋》，2011年第5期，第6期。

82.《“黑室”的破译专家》，载国家保密局主办《保密工作》，2011年第5期，第60–61页。

专著类：

1.《山西王阎锡山》（合著），河南人民出版社，1990年10月版。

2.《民主先锋》（合著），河北教育出版社，1992年12月版。

3.《惨胜——抗战正面战场大写意》，广西师大出版社，1993年9月版，1994年再版时改名《血染辉煌——抗战正面战场写实》。1994年3月获中国近现代史史料学会优秀成果一等奖，1994年10月获江苏省现代史学会、省政协文史委优秀成果一等奖，1995年12月获国家新闻出版署第二届国家图书奖提名奖（丛书）。

4.《日中战争的悲剧》（合著、第一作者），（日）柳原书店，1996年3月版。

5.《全民抗战气吞山河——中国新民主主义革命史（三）》（合著），上海人民出版社，1995年7月版。

6.《友乎？敌乎？——德国与中国抗战》（合著、第一作者），广西师大出版社，1997年4月版。

7.《蒋介石与希特勒——民国时期的中德关系》（合著、第一作者），（台）东大出版公司，1998年2月版。

8.《台前幕后——1949–1989年的国共关系》（主编），广东人民出版社，2002年9月版。

9.《百年沧桑——中国国民党史》（合著），厦门银鹭出版社，2003年版。

2007 年 12 月获江苏省政府第十届优秀社科成果二等奖。

10.《国民党特务活动史》（独著），九州出版社，2008 年 3 月版。台湾灵活文化出版社 2010 年 12 月在台再版，改名《国民党特务活动大揭密》（上、下）。2011 年获南京市政府第十次优秀社科成果一等奖。

11.《鏖兵台儿庄》（参编），重庆出版社，2008 年 11 月版。

12.《战时德国对华政策》——《反法西斯战争时期的中国与世界研究》（第九卷）（主编），武汉大学出版社，2010 年 1 月版。

史料专辑类：

1.《抗日战争正面战场》（上、下），参编，负责其中"台儿庄战役"与"武汉会战"两章，江苏古籍出版社，1985 年版。

2.《台儿庄战役资料汇编》参编，负责其中档案部分，中华书局 1989 版。

3.《台湾光复及光复后五年省情》（上、下）参编，第一编辑，南京出版社，1989 年版。

4.《台湾"二二八事件"档案资料》（上、下）参编，第一编辑，档案出版社，1991 年版，台湾人间出版社 1992 年版。

5.《中德关系密档 1927—1947》（主编），广西师大出版社，1994 年 10 月版。1997 年 10 月获中国档案学会优秀成果二等奖。

6.《中国国民党中央常务委员会会议录》（影印丛书）（副主编），广西师范大学出版社，2000 年版。

7.《四联总处会议录》（影印丛书）（编审），广西师大出版社，2003 年 8 月版。

8.《旧中国海关史料》（影印丛书）（170 册）（主编之一），京华出版社，2004 年版。

9.《日本帝国主义侵华罪行档案资料丛书——汪伪政权》分册（编辑），中华书局部 2005 年版。

10.《南京大屠杀史料集》丛书（1–70册）（丛书副主编），其中《南京保卫战》（2）、《民国出版物中记载的日军暴行》（64）、《南京保卫战军警宪阵亡名录》（65）三分册（合编、主持），江苏人民出版社、凤凰出版传媒集团2005–2011年版。2007年10月获南京市政府十大文化精品奖。

11.《南京保卫战殉难将士档案》（影印丛书）10册（主编），南京出版社2007年12月版。2010年获新闻出版总署纪念抗战胜利65周年优秀图书奖。

12.《抗日战争正面战场》（上、中、下）参编，审稿、统稿，凤凰出版传媒集团，2005年版。

13.《馆藏民国台湾档案汇编》（影印丛书）300册（主编），九州出版社，2007年版。

14.《抗战时期西北开发档案史料选编》（主编），中国社会科学出版社，2009年版。

15.《中国第二历史档案馆所存西藏和藏事档案汇编》（影印丛书）10册（主编），中国藏学研究中心出版社，2010年版。

16.《北洋政府档案》（影印丛书）196册（主编），中国档案出版社，2010年版。

17.《中央通讯社参考消息汇编》（影印丛书）50册（审编），九州出版社，2010年版。

工具书类：

1.《中国国民党大事典》（合著），中国华侨出版社，1993年12月版。

2.《全国民国档案通览》10册（主编之一），中国档案出版社，2005年12月版。

图片类：

1.《图片中国百年史》（合编），山东画报出版社，1994年12月版。

1995 年 10 月获 1994 年度中宣部“五个一工程”奖（集体）。

2．《老照片——民俗风光》（合编、常务副主编、执行编辑），江苏美术出版社，1998 年 2 月版。

3．《老照片——服饰时尚》（合编、常务副主编），江苏美术出版社，1998 年 2 月版。

4．《老照片——社会百业》（合编、常务副主编），江苏美术出版社，1998 年 12 月版。

5．《老拉萨》（合编、常务副主编），江苏美术出版社，2002 年 4 月版。

6．《中国第二历史档案馆馆藏邮票邮品精选》（主编），中国档案出版社，2001 年 5 月版。

7．《中国旧海关与近代社会图史》（4 册）（主编），中国海关出版社，2001 年 5 月版。

译文类：

1．《1937—1938 年德国驻华大使馆收集的有关中国抗战档案史料》（德）安悟行著，载《民国档案》，1988 第 1 期。

2．《国防设计委员会工作概况》，载《民国档案》，1990 第 2 期。

3．《新计划下的德国经济政策》，载《民国档案》，1991 第 4 期。

4．《关于美国对台湾的投资问题》，载《台湾光复及光复后五年省情》一书。

5．《全国经济委员会发展公路建设计划书》（英文部分），载《民国档案》，1992 第 4 期。

6．《日本侵华与中意关系》，载《民国档案》，1993 第 4 期。

7．《中德关系密档 1927—1947》中的英文档案部分。

8．《蒋介石与意大利特使斯坦法尼会谈纪要》，载《民国档案》，1994 第 3 期。

9．《SOE 在远东的行动》，载《国民党特务活动史》第 444—446 页。

文学作品类：

1.《赴台旅途历险记》，载《家庭科技广角镜》，1997 年 1—2 期合刊。

2.《伦敦英国国家档案馆查档散记》，载《中国档案报》，1998 年 7 月 20 日。

3.《为热情所误》，载《扬子晚报》2000 年 1 月 23 日。

4.《美丽剑桥》，载《扬子晚报》2000 年 6 月 18 日。

5.《献给马克思的鲜花》，载《中国档案报》，1998 年 8 月 13 日。

6.《赴台查档散记》，载《民国档案》，2002 年第 1 期。

7.《深切怀念费路教授》，载《民国档案》，2001 年第 3 期。

8.《希特勒密见蒋介石特使》，载《建设者》，2005 年第 2 期。

9.《诲人不倦——茅家琦老师印象》，载《焚膏补拙——历史学家茅家琦》，南京大学出版社，2001 年 9 月版。

担任责任编辑及主副编：

1.《江宁县志》，档案出版社，1989 年版。

2.《民国外债档案史料》丛书第 2、5、6、7、8 册，档案出版社，1991 年 8 月版。

3.《中国银行行史资料汇编》（上中下），档案出版社，1991 年版。

4.《中华民国金融法规档案资料汇编》（下），档案出版社，1990 年版。

5.《海林县志》，中国文史出版社，1989 年版。

6.《民国史与民国档案论文集——馆庆 40 周年文集》，档案出版社，1991 年 10 月版。

7.《民国档案与民国史学术研讨会文集——馆庆 50 周年文集》（副主编），《民国档案》，2001 增刊第 1 期。

8.《辛亥革命与中国现代化道路——南京纪念辛亥革命 90 周年国际学术研讨会论文集》（编委），民国档案杂志社，2001 年 10 月版。

后 记

本人自1983年进入中国第二历史档案馆后，即从事民国档案与民国史编研工作。28年来，共计在国内外发表论文80余篇，出版专著12本，参编档案史料集17种。因篇幅所限，本书中只选择了其中43篇较有代表价值的论文，留为存档，也是对过去个人学术成果的一次总体回顾。

本书编辑过程中，因早年作品并无电子版留存，必须逐篇搜集、扫描并加注释调整，而后校对、编辑，乃至完成，量大而事繁，幸赖诸位同事及我的学生鼎力帮助，始克阙成。感谢九州出版社领导与编辑为本书付梓提供了优质的条件与服务，是为本人50岁生日最好的留念。

路漫漫其修远兮，吾将上下而求索。